两岸文化与青年交流：
拓展与深化

第六届两岸文化发展论坛·青年论坛文集

—

刘小新
吴巍巍
郑长铃

主编

九州出版社 JIUZHOUPRESS | 全国百佳图书出版单位

图书在版编目（CIP）数据

两岸文化与青年交流 ：拓展与深化 ：第六届两岸文化发展论坛·青年论坛文集 / 刘小新，吴巍巍，郑长铃主编. -- 北京 ：九州出版社，2021.7
ISBN 978-7-5225-0354-7

Ⅰ. ①两… Ⅱ. ①刘… ②吴… ③郑… Ⅲ. ①海峡两岸－文化产业－产业发展－文集 Ⅳ. ①G124-53

中国版本图书馆CIP数据核字(2021)第152828号

两岸文化与青年交流：拓展与深化：第六届两岸文化发展论坛·青年论坛文集

作　　者	刘小新　吴巍巍　郑长铃　主编
责任编辑	郝军启
出版发行	九州出版社
地　　址	北京市西城区阜外大街甲 35 号（100037）
发行电话	(010)68992190/3/5/6
网　　址	www.jiuzhoupress.com
印　　刷	北京九州迅驰传媒文化有限公司
开　　本	720 毫米 ×1020 毫米　16 开
印　　张	41.5
字　　数	760 千字
版　　次	2021 年 11 月第 1 版
印　　次	2021 年 11 月第 1 次印刷
书　　号	ISBN 978-7-5225-0354-7
定　　价	128.00 元

目　录

青年交流与两岸关系篇

历史与传统文化篇

文学篇

艺术篇

文教交流篇

青年交流与两岸关系篇

两岸文化与青年交流拓展深化的实践探索与思考

郑长铃 洪方舟*

中共中央总书记、国家主席、中央军委主席习近平特别重视两岸文化与青年交流活动。习近平指出："两岸青少年身上寄托着两岸关系的未来。"在2019年3月4日下午，习近平看望参加全国政协十三届二次会议的文化艺术界、社会科学界委员，并参加联组会，听取意见和建议，习近平指出，人心是最大的政治，共识是奋进的动力。实现"两个一百年"奋斗目标、实现中华民族伟大复兴的中国梦，需要汇聚全民族的智慧和力量，需要广泛凝聚共识、不断增进团结。由此，两岸关系和平发展需要两岸青年的积极参与，两岸统一更需要他们的努力追求和积极参与。我们认真学习习近平有关讲话精神，贯彻落实《关于促进两岸经济文化交流合作的若干措施》、文旅部对外和对港澳台文化工作会议精神，就两岸文化与青年交流的拓展深化进行积极实践探索和思考。

一、两岸文化与青年交流拓展深化的实践探索

1. 立意高远，主题明确，两岸文化发展论坛使两岸学者达成文化共识。"两岸文化发展论坛"是2013年中国艺术研究院与福建师范大学、福建社会科学院等单位发起设立的学术论坛。论坛以"增进两岸文化交流、深化两岸文化合作、扩大两岸文化共识、促进两岸文化发展"为主旨，力图打造两岸人文思想的对话平台、两岸文化交流政策的研讨平台、两岸人文教育的交流平台、两岸文化发展协同创新的学术平台，为两岸和平发展和文化交流的深度开展提供人文思想基础。论坛的成功举办引起了学界和社会各界的广泛关注，多家境内外主流

* 郑长铃，中国艺术研究院研究员；洪方舟，中国艺术研究院助理研究员。

媒体予以正面报道。目前，论坛已成为两岸人文知识界交流思想、增强认同和战略互信的重要平台。

“第一届海峡两岸文化发展论坛”，于2013年8月5—6日在福建师范大学举行。由福建师范大学、中国艺术研究院、中国社会科学院台湾研究所、福建社会科学院、两岸关系和平发展协同创新中心、海峡两岸文化发展协同创新中心共同主办。来自北京、上海、台北、福州、厦门等地的60余位专家学者出席会议。在为期两天的与会研讨中，各位专家学者就“两岸视域下的传统文化与文化传统”展开了较为深入的讨论，就海峡两岸共有的传统文化、文化传统的内涵，海峡两岸传统文化的特征，多视角的海峡两岸文化传统，文化传统在两岸人民现实生活中的作用，如何赋予它们以新的时代特征，如何加强两岸文化交流合作、共同续写中华文化发展新篇章等问题，发表了诸多卓见，取得了较为丰硕的成果。“第二届海峡两岸文化发展论坛”，于2014年10月25—26日在福建师范大学举行。原有主办方除中国社会科学院台湾研究所外，继续共襄盛事，本届又有中华文化联谊会、福建省闽南文化发展基金会、中国战略文化促进会台湾问题研究中心等加盟主办，并由文化部两岸文化研究基地参与协办。来自北京、上海、台北、福州、厦门等地的150余位专家学者出席会议。在为期两天的研讨中，各位专家学者就“两岸文化发展的合力”展开讨论，就两岸商签文化交流协定的现实意义、两岸中小学文史音美教材的比较研究、两岸文化话语体系的交流对接、两岸传统文化认知的异同、两岸文化传统与现代的融合等议题，发表了诸多卓见，取得了丰硕的成果。“第三届两岸文化发展论坛”于2015年8月22—24日在福建师范大学举行，台湾世新大学联合主办，来自海峡两岸的70余位专家学者参加了该论坛。第三届两岸文化发展论坛的主题为“两岸文化交流的拓展与深化”，并分设三个议题：即两岸公共文化服务的合作与发展；两岸民间文化交流的问题与化解；闽南文化与海上丝绸之路。“第四届两岸文化发展论坛”于2016年10月2—7日在台湾世新大学举行。由福建师范大学与台湾世新大学、中国艺术研究院、福建社会科学院等单位共同主办，北京大学、南京大学、厦门大学、福建社会科学院，台湾世新大学、成功大学、铭传大学、明道大学、嘉义大学等科院机构和高等院校的150余名专家学者参加了论坛。第四届两岸文化发展论坛的以“两岸文化发展与创新”为主题，围绕在“两岸传统文化的再现与表现”“两岸流行文化的差异与比较”“两岸文化产业发展的合作机制”“两岸文化交流”等4个子议题展开，发表论文40篇。“第五届两岸文化发展论坛”于2017年11月在新加盟的主办方厦门大学召开，来自中国社会科学院、南京大学、厦门大学、福建师范大学以及中华两岸和平发展联合会、中华两岸一家亲交流协会、台湾世新大学等两岸科研机构、高等院校的130余名专家学者参加了本次论坛。本届论坛以“两岸文化深耕与融合”为主题，围绕在“两岸传统文化研究”“两岸历史与教育研究”“两岸艺术研究”“两岸文学研究”和“两岸妇女与性别研究”设立五个分论坛，收到参会论文近140篇。“第六届两岸文化发展论坛·青年论坛”于2018年12月7—9日在福州举办，由福建师范大学、中国艺术研究院、福建社会科学院和台湾世新大学等单位联合主办。来自中国艺术研究院、中国社会科学院、清华大学、福建社会科学院、厦门大学、台湾大学、台湾政治大学、台湾清华大学、台湾交通大学等40多所两岸高校和研究机构的100多位专家学者参加了论坛，围绕“两岸文化与青年交流的拓展与深化”议题展开了热烈的交流与讨论，两岸青年是未来两岸关系和平发展的维护者与推动者，此次论坛为两岸青年学者提供了一次交流的契机。

“两岸文化发展论坛”是两岸人文艺术思想交流、学术发展协同创新的重要平台，论坛举办六届以来广邀来自海峡两岸的专家学者，以深化和发展两岸文化的交流合作为宗旨，为推动两岸关系和平发展提供有益借鉴。历年来围绕会议议题展开深入而卓有成效的讨论，从不同角度阐述文化定义，挖掘文化价值，探讨两岸在文化、教育等领域的深耕与融合，一致认为文化事关两岸人民福祉，引起了学界和社会各界的广泛关注，多家境内外主流媒体予以正面报道，会议论文结集出版，论坛的影响力和辐射力不断扩大，已成为两岸人文知识界交流思想、促进认同的重要品牌，为推动两岸关系和平发展做出了应有的努力和贡献。

2. 以字为媒，文脉相同，两岸汉字艺术节使两岸文化交流认同加深。“两岸汉字艺术节”是2010年由中华文化总会与中国艺术研究院共同发起、合办的一项活动，旨在传承汉字文化，发扬汉字精神，推广汉字艺术，通过在海峡两岸之间搭建高规格、高品位的汉字艺术交流平台，延续汉字书写的文脉，为推动两岸学术、文化和艺术上的繁荣和发展做出贡献。“两岸汉字艺术节”通过汉字以及汉字历史的美学梳理、经典文本的记忆呈现等内容，分别从汉字的字象与字义两个角度，揭示汉字所承载的历史与文明内涵，并折射当下，引发公众对汉字文化的再思考。“汉字艺术节”活动历年来被国务院台办列为重点对台交流项目和文旅部台办长期的资金支持项目。2010年9月16日以“汉字艺术源远流长”为主题的首届两岸汉字艺术节在北京举行；2011年9月23日第二届两岸汉字艺术节在台北故宫博物院举行，本届汉字艺术节期间以“两岸传统与实验书艺展及两岸篆刻名家展”为媒介，邀请两岸近百位书坛精英，分别展出传统、实验两种不同风格作品及两岸各50位篆刻名家共同呈现汉字艺术的金石趣味与方寸之美；2012年9月5日第三届两岸汉字艺术节在山东枣庄的台儿庄古城举行，本届汉字艺术节主题是“汉字的渊源与流变”，共展出书法、篆刻作品151件；2013年9月4日第四届两岸汉字艺术节在台北的松山文创园区举行，本届艺术节设三个展区，分别是“一化乾坤游字林”“印山水篆刻展”“觅汉林书法展”，除展出两岸书法篆刻名家的近200件书法篆刻佳作外还特别展出了《急就篇》汉觚复刻版；2014年9月22日第五届两岸汉字艺术节在江苏常熟举行，本届汉字艺术节主题为“翰墨千秋、金石永年”，来自海峡两岸的艺术家、学者们，通过举办书法篆刻作品展、两岸书法家笔会、书画篆刻学术研讨等系列活动，对汉字的文化与艺术价值进行深入挖掘与丰富呈现；2015年10月1日第六届两岸汉字艺术节在台北孙中山纪念馆举行，本届汉字艺术节以“天下为公”的思想精神为主题，邀请两岸书法、篆刻家共200人参与活动。

2016年9月26日第七届两岸汉字艺术节在贵阳孔学堂举行，本届汉字艺术节以“文脉诗心”为主题，包含了书法篆刻作品展、两岸书法家笔会、汉字文化的学术研讨以及传统文化讲座、祭孔大典暨开笔礼等系列活动；值得一提的是本届汉字艺术节举办的以“汉字艺术与中华文化”为主题的研讨会，研讨会专家认为，源远流长的中国汉字、书法，至今仍在深深影响我们中华民族的思维方式、心理结构、价值取向；两岸汉字艺术节致力于延续汉字书写的文脉，为推动两岸学术、文化和艺术上的繁荣和发展做出了贡献。主办方中国艺术研究院对于这一交流平台未来的发展，提出了三点倡议：第一，把汉字艺术交流活动，逐渐从“小学”汉字的范畴，引向“大学”汉字的研究，也就是将汉字交流从“术”的层面提升至“道”的格局。五四新文化运动以来，随着白话文的普及，训诂、音韵等传统文脉逐渐消亡，所以从“小学”的角度研究汉字，推广汉字的艺术价值、文化价值是非常重要的。但是，“大学”汉字的研究更应该成为一个重要的发展方向。要通过汉字及其文化、历史内涵的挖掘，解决两岸文化认同的问题；通过汉字艺术的宣传和推广，传达情感和价值观认同。这是道的层面、大学的层面。第二，汉字艺术的交流与研究要从学术和精英的层面走向大众普及和推广提高层面。要把两岸民众特别是青少年吸引进来，把汉字书写的本领和技巧、汉字艺术蕴含的思想和文化价值观传播给他们，这样才能形成一种更广泛、更深入、更持久的交流机制和发展局面。第三，弘扬汉字艺术和中华文化一要传承、二要创新，但最本质、最核心的是传承。古往今来，真正的书法家、艺术家要有坚实的基本功和传承基础，才能经得起历史的考验。因此，倡导当代的书法创作，要扎扎实实地学习领悟古人的作品，在传承的基础上有所创新。总之，本届活动以汉字的多元面貌向大众呈现汉字富有张力的多元价值，以汉字的“形、音、义”的内在属性为依托，以文本、图像、声音等为媒介，以静态呈现与动态呈现、历史与当下、传承与创新相结合，对汉字艺术的传承创新与中华优秀传统文化的继承发展进行深入挖掘与丰富呈现。

2018 年 9 月 26 日至 10 月 10 日第八届两岸汉字文化艺术节活动在台北举办，中国艺术研究院和台湾中华文化永续发展基金会作为本次活动主办方，组织邀请了两岸共 100 位书法家和 100 位篆刻家的作品在台北孙中山纪念馆举办的“汉字荟萃—两岸名家书法篆刻展”“汉字青春——两岸青少年书法展”“汉字记忆——金石碑拓展”“汉字书法之当代趋向学术研讨会”等活动。本届展览规模空前、展览面积、展品质量和艺术水准、参展艺术家人数均为历年之最，充分体现了两岸艺术家对于交流的渴望和对汉字艺术这个中华文化传统文脉的认同，让两岸艺术家再次相聚，使此前“两岸汉字艺术节”活动的精髓得以延续。“汉字青春——两岸青少年书法展”的参展作者为两岸 14—18 岁的学生，大陆学生的作品体现了扎实的书法基本功，而台湾学生的作品更多融入了创意，展现了汉字艺术的活力和学生们的创造性；这是“汉字艺术节”举办多年以来首次邀请青少年作者参展，旨在鼓励青少年在繁忙的课业之余坚持书法练习，进一步培养年轻一代对汉字艺术的热爱。

第九届两岸汉字艺术节于 2019 年 7 月 22 日至 8 月 2 日在内蒙古呼和浩特市举办，围绕草原文明、生态文明与汉字文化文脉进行对谈；并举办两岸名家书法展、两岸名家篆刻展、内蒙古岩画与居延汉简艺术展、两岸青少年书法篆刻展等活动。这届两岸汉字文化节将呈现出以下特点：一是继续发扬光大前八届两岸文化交流的重要品牌作用，举办书法作品展览和主题研讨会；二是用汉字之美解读中共中央重视生态文明建设战略布局空间，更好地理解“生态兴则文明兴，生态衰则文明衰”的规律；三是依托内蒙古自治区区域文化优势，在内蒙古博物院举办古代文字文献特展，包括契丹文、西夏文、蒙古文、八思巴文等珍贵的文字文献资料，扩大中华文字范畴，加深对中华民族文化理解，更好地促进两岸文化交流和认同。

3. 讲演并举，突出特色，中国传统文化台湾校园巡讲使两岸青年接受常民文化。中国传统文化台湾校园巡讲由中华文化联谊会与中国艺术研究院联合主办的，于 2017 年 12 月 17—25 日在台湾举行。此次活动由中国艺术研究院文化发展战略研究中心牵头，组织福建省泉州市木偶团与山西面食文化团两个文化展演团体，在台湾台北、新竹、南投、彰化、高雄等地的社区、高中、大学校园进行了以“文化薪传与世代创新”为主题的系列展演与文化交流活动。在台北·台湾戏曲学院、台北·大安中学、台北·台湾艺术大学、新竹·忠信学校、新竹·新国社区、台中·台湾美术馆、台中·青年中学、彰化·福田社区发展协会等地，就泉州木偶戏和山西面食文化进行了完美的展演。泉州傀儡戏于明末清初即开始在台湾流播，成为当地人生活的重要组成部分；提线木偶古称“悬丝傀儡”，在当地闽南地区被称为“嘉礼”，表演难度最大，数百年来，一直以活态的方式在当地婚丧嫁娶、寿诞生辰、迎神赛会、谢天酬愿等生活大事中，是当地一种重要礼俗。充分利用台湾文化源自闽南的历史、人文特点，以乡音、乡情打破当前交流的壁垒。此次泉州木偶团的文化巡演剧目选择了传统剧目（《小沙弥下山》《钟馗醉酒》《青春梦》《驯猴》等）与现代新编剧目（《命运傀儡》）组合的方式，意义不仅在于展示始于秦汉、流行于闽南方言区的古老珍稀剧种，而且以傀儡戏为“形”，重在讲述现代人对于人生、命运的思考这个“核”，将文化传承在多重层面上进行阐释与传播。

山西面食文化，山西面食文化体现了作为人类文明摇篮的黄土高原上，有着经历千年历史沉积所形成的独特饮食文化景观；面粉经过非物质文化传承人王张龙之手，时而变幻成万根如发丝般的银丝，吹气可断，入水即化；时而充气而成为面气球，可用毛笔在其上书写汉字；时而变身为千万根面鱼从头顶飞入水中，博得现场阵阵掌声。面塑艺术的历史更为久远，早在汉代就已有文字记载，至今历经千年依然繁盛，深深地融入人们的寿诞、祭祀、节庆、民俗等生活之中，已经成为中国文化的一个重要组成部分，是集民俗、雕塑、美学、历史与文化为一体的民间艺术形式。山西省非物质文化传承人傅海云所展示的面塑作品，集精巧的造型与丰富的文化内涵于一体，寓意丰富、栩栩如生。柔软的面团在她的巧手匠心之下，时而成为寸许高、端坐莲台的菩萨坐像；时而又化身为一只憨巧可掬的老虎，方寸之间，活灵活现，令人赞叹。山西面食制作技艺传承人王张龙为台湾师生表演“面皮气球”并请忠信学校董事长题字，当“爱我中华”四字呈现，场上响起热烈掌声，场面动人，形成了一个活动高潮。

此次活动，主办方还把“两岸民间信仰、民俗文化研究暨中华传统文化台湾校园巡讲”课题研究融入其中。课题组成员走访了新竹都城隍庙、鹿港天后宫、新竹国达民俗偶戏文物馆，并与相关人员交流，提升民众对闽台地缘、神缘、文缘亲近认同。在展示现场，课题组成员发挥大陆传统文化历史悠久、博大精深的特点，以山西面食文化为切入点，讲述历史上中原文化的屡次南迁的故事，带出台湾老兵眷村文化的形成的因缘，强化面食作为中华传统文化基因的事实。通过讨论有着经历千年历史沉积所形成的独特饮食文化景观，思考作为人类文明摇篮的黄土高原上的北方食物——面食，如何深深地烙印在两岸华夏儿女心中的客观存在，引起思源共鸣。睹物思乡，许多社区的民众纷纷表示，自己、家人对大陆家乡的思念之情。

一水之隔的闽台，一脉相承的偶戏，都是中华文化的一部分，这些大学生、中学生、社区民众，不论熟悉还是不熟悉，听着闽南话，看着精湛的演绎，或思考或静谧，同源的文化在把他们融为一体的同时，偶戏在大陆所获得的良好传承和健康发展的赞叹也自然会他们心中生起，对中华文化的称赞和认同也会油然而生。从面开始，围绕着面食文化、面点创意、面塑造型等文化活动全面展开，同时，专家学者的点评也让学校师生、社区百姓对于炎黄文明发展脉络有了全面的理解和深刻的体悟，对于黄土高原文化进行了一次形象而生动的补课。2017 年开展了“中华传统文化台湾校园巡讲”交流活动，对中华传统文化做了一次精彩的现场演绎。八天活动中，每一场文化展示均以展演活动与文化对话相结合的方式进行，将专家学者的讲述、非物质文化遗产传承人的现场展示与有学者参与的实地文化交流融合起来，既对传统文化的历史内涵做了当下的现场活态化阐释，又通过现场导入历史，解析文化的传承传播与当代意义，在台湾基层民众与青年学生心中播撒下对传统文化热爱与渴求的种子，达到了“润物细无声”的效果。

4. 细微入手，学思践悟，两岸大学生夏令营使两岸青年实现养成教育。2015 年 8 月由泉州文广新局和泉州市泉台交流合作促进会共同举办的第一届“海上丝绸之路”两岸大学生闽南建筑调查夏令营活动在泉州开营。此次夏令营活动主题为“‘海上丝绸之路’两岸大学生闽南建筑调查”，在为期一周的时间里，两岸高校各自甄选的 40 名大学生及数十名导师将走进泉州的“海丝”遗址，选取泉州地区的传统聚落、古建筑、海上丝绸之路相关的古遗址进行调研，探寻闽南建筑的“海丝范”。2016 年 7 月第二届两岸大学生海丝聚落文化与传统建筑调查夏令营暨学术研讨会在泉州市博物馆开营，有 50 余名两岸大学生参与活动。在 10 天时间里，两岸学子在泉州市博物馆和漳州市博物馆工作人员的带领下走进传统海丝古建筑，探寻泉州西街、五店市、永春岵山古民居以及漳州龙海埭美水上古民居等十几处闽南明清时期典型的“海丝”遗存。此次夏令营特别邀请了同济大学国家历史文化名城研究中心主任、教授、博士生导师阮仪山为学员授课，产生了非常积极的效应。夏令营活动将两岸高校的建筑专家齐聚一堂，互相交流了不同的建筑理念，共同探讨了闽南聚落的复兴之道，是一场难得的学术盛宴。2017 年 7 月份在泉州举办的“第三届两岸大学生闽南聚落文化与传统建筑调查夏令营”，《守望古厝的探索》论文集首发式同时举行。来自两岸 16 所大学近百名师生参加为期 10 天的活动，其中台湾高校的 30 余名师生与大陆高校 50 多名师生，共同走进闽南聚落文化与传统建筑，用眼睛和心灵感受闽南文化底蕴，共同参与闽南文化的保护、研究与传承。活动期间，两岸高校学生走访考察了泉州市南安蔡氏古民居、晋江福全村、泉港前黄镇涂楼村、德化古窑址、永宁古卫城、晋江五店市等多处闽南地区典型的“海丝”遗存。在考察的同时，学生完成闽南建筑调查作业，由导师进行交流评比，选出优秀调查作品，共产生几十篇学术论文，经过多方努力，最终汇编成《守望古厝的探索——两岸大学生闽南聚落文化与传统建筑调查夏令营暨学术研讨会论文集》正式出版。2018 年 7 月第四届两岸大学生聚落文化与传统建筑调查夏令营暨学术研讨会在宁德市赤溪镇开营并授旗，夏令营持续 9 天，两岸共有 19 所大学、120 多名高校师生参加。此次活动由中国艺术研究院、福建省文化厅、宁德市人民政府、宁德市社会科学界联合会共同主办，由中国艺术研究院文化发展战略研究中心、福建省闽台文化交流中心、蕉城区人民政府、泉州市博物馆联合承办，蕉城区赤溪镇人民政府、寿宁县人民政府、屏南县人民政府等协办。两岸专家学者、青年学子们深入宁德市蕉城区、屏南县、寿宁县等地 16 个乡（镇）村，了解闽东别样的聚落文化及建筑特点，召开 10 多场学术讨论会。主办方精心组织，周密部署，活动期间各大媒体各显身手，或持续跟踪报道，或抓亮点特写，或捕捉大学生实地考察精彩瞬间……台湾、香港和大陆有 20 多家媒体进行上百次转载报道。

两岸大学生夏令营的举办为两岸大学生参与两岸文化研究的校馆合作打开了一扇大门，吸引台湾青少年纷纷跨海前来，为两岸青少年交流添砖加瓦。为台湾大学生、研究生了解大陆文化传统和当代发展建构了一个很有发展空间的平台。活动让两岸学子亲身感受闽南、闽东文化，实地考察闽南、闽东文化的保护、研究与传承并参与发展振兴方案设计，既丰富了他们自身对中华文化精神内涵的理解，也增进了两岸青年人对于共有文化之根的了解与认同，为两岸大学生交流的常态化奠定了更坚实的基础。闽南、闽东传统建筑具有丰富的建筑艺术文化内涵，既继承了中华民族传统建筑理念和风格，又融合了多种宗教和外来文化，集中体现了闽南、闽东建筑的风格和特色。通过活动，两岸学子相互交流，深入探讨，有利于更好地透过闽南、闽东传统建筑、聚落文化的解读，深入了解、认同中华传统文化，进一步增进海峡两岸之间的文化交流。

二、两岸文化与青年交流拓展深化的思考

1. 两岸文化与青年交流的主题要更加明确。两岸文化与青年交流要以青年为本，突出两岸青年的主体地位。首先要增加两岸青年互动交流的平台、渠道、机会，更多地开展以两岸青年为主的交流活动。青年人代表着未来，目前，两岸青年人的发展和交流也得到了高度重视，相关部门所制定的《关于促进两岸经济文化交流合作的若干措施》，为两岸文化与青年交流提供了政策支撑。其次要统筹规划，形成合力，共同做好两岸青年互动交流工作。近年来，各地出台了种类繁多的两岸青年交流项目，各类交流项目明显丰富了台湾青年对于祖国大陆的认知，大大提升了台湾青年对于祖国大陆的评价，但是对于这些项目的效果评估缺乏系统全面的梳理和考核，不能形成合力。未来两岸青年交流要改变一次性且目标不够明确的交流形式，要从宏观和历史入手，给台湾青少年宣讲正确的历史知识，引导他们价值判断的导向。要加强年轻人的思考能力培养，创造价值融合的机会，促进两岸青年深入交流。因此，有关部门应该跟踪研究考核交流项目效果，及时调整和补充相关措施，更好地做好两岸青年交流工作，让两岸青年思考如何承担历史使命、扮演更加积极的角色，以实际行动推进两岸青年间的持续长久交流。还要做好每个交流项目的主题确定工作，如中国传统文化台湾校园巡讲活动，中华千年文化历史，究竟选择哪些进入巡讲内容？这也是这次巡讲活动创始之初所精心考虑的问题，经过认真分析思考，选择具体的可感知的文化表现形式，透过这些文化表现形式让台湾青少年看到中华文化的深厚广博。福建与台湾唇齿相依，闽南文化更是最大的便利；而位居黄土高原的三晋文化也历史悠久，传承千年。同源与差异确实成为此次巡讲的关键词。对于几年以后走向社会的台湾青少年而言，理解闽南，走进福建相对容易；这些厚重的历史文化，只有化为春风细雨，埋在青少年心底，那浓重的爱国之情才能在五年、十年后，他们步入社会之时焕发出来。经过深思熟虑的主题，对活动成功举办起到了非常积极的作用，真正让中国传统文化走进了台湾青少年中间，文化巡讲的社会功能就能发挥很好的作用。

2. 两岸文化与青年交流的内容要更加客观。目前两岸青年之间文化交流已经非常广泛，内容也很丰富，要举办更多的包含中华传统文化和历史内涵的交流活动，吸引更多的青年参与其中。我们对两岸青少年的交流还要更加注重内容的客观性，首要的是为台湾青年就业创业加以扶持，逐步为台湾青年同胞在大陆学习、创业、就业、生活提供与大陆青年同等待遇，在两岸产业合作中融入青年文创的因素，在有关地区开设两岸青年文创产业园，鼓励台湾青年到大陆发展文创产业，将青年群体的事业发展融入国家的发展之中。台湾青年的创业、就业以及社保、医保等问题的解决，化解了台湾青年的个人发展与未来的焦虑，让台湾青年在获得经济利益的同时，增加两岸的社会融合与心灵契合，也是两岸青年交流进入争取青年工作的主战场，青年交流的主体具有了代表性。其次要为台湾青少年体验式交流精选两岸优秀传统文化交流的载体，交流内容增加主题意识，注重实质，建立共同情感记忆，在青少年人生观形成阶段逐步形成共同的价值观，少做单纯娱乐化的交流内容，多做寓教于乐思想上交锋的交流内容，深入青少年的思想做入脑入心的工作；如两岸大学生夏令营活动，我们以日常生活中的时空这个维度去切入，考察聚落文化，在空间景观文化中形成文化共识。同时要在社会层面和心理层面挖掘共同认知，作为夯实其他领域交流的基础，增进两岸民众的向心力；用具体的体验内容推动落实习近平总书记“两岸一家亲”理念，为两岸最终实现“心灵契合的统一”做实实在在的工作。

3. 两岸文化与青年交流的方式要更加多样。随着两岸青年交流的加深，两岸青年交流的形式也趋向多元，从单一的参访文化交流团形式，到现在各种文化、旅游、游戏、联谊、表演、竞赛等体验活动开展交流。加大两岸民俗、民间信仰的调研，从全方位对中华文化的不同的层面形态，进行促进交流的探索。通过两岸青年自主选题、自主策划、协作运营的暑期交流活动，不仅给台湾同学更多认识大陆、重温历史的机会，也能为两岸青年在共同关心的话题上创设更多讨论和思考空间。积极探索发挥互联网在内地与港台青年交流思想、增进共识中的作用，通过经常性、广泛的网络交流沟通，两岸青年就能在某些方面取得共识。要研究两岸青年大规模的网络互动使其往有序、深度、广度方面发展，同时促进两岸青年间的网络互动，实现两岸青年间的网络交流常态化、分众化、专业化。正确的历史观来源于正确的认知，得益于从小的历史教育，因而要适当调整交流对象的层次。我们要增强对中小学生的交流，根据中小学生的接受能力和特点，设计形式多样、内容丰富的交流活动，寓教于乐，让孩子们在快乐参访中了解中华文化的源远流长和博大精深，目睹中华文明的历史遗迹和秀美壮丽的大好河山，体会到身为中国人的骄傲和荣耀。重视发挥网络等新媒体在联结两岸青年、争取青年群体认可的作用，通过台湾青年喜爱网络平台，推送两岸青年喜闻乐见的充满历史和传统文化特色的内容，担当起沟通两岸、联结青年的桥梁。

4. 两岸文化与青年交流的组织要更加严谨。要考虑两岸青少年未来去承接祖国发展的格局趋势，要发挥好青少年群体的优势，目前两岸青少年的交流表象很多，但深入的交流不够，因此还要继续探索。首先政府要搭好桥，政府要在充分征求相关领域专家、一线工作者的意见的基础上，制定相对应的两岸青年交流政策和计划，整合力量，形成“一盘棋”工作格局，促进两岸基层交流活动开展。其次要建立健全两岸青年工作的协调机制，改变过去各部门各单位政出多门、“零打碎敲”的现象；要发挥民主党派和工商联、侨联、台联、黄埔同学会等组织在联系两岸青年中的积极作用；要加强推动两岸社团与内地团体的对口交流合作，形成两岸间青年对青年、妇女对妇女、专业人士对专业人士交流渠道。中华文化发展基金要设立不同的项目，让台湾学生通过申请，或到大陆田野调查，或到大陆寻根溯源，只要活动有意义，均可通过申请获得一定的经费支持。加大两岸青年学生的互访机制，全面扩大两岸交换生、研修生制度，认真分析两岸青年学生交流的具体的数据统计，让两岸青年学子在交换生活中发现两岸的美，这样的两岸青年间的心灵契合和命运共同体也就会慢慢建成。两岸青年相通的人文心理以及思维观念、职业环境等方面存在的差异，要创造机缘，使其便于交往合作、取长补短、共利双赢，为两岸青年履行文化与创新中的使命责任提供了特殊的路径资源。要引导青年的责任动力机制，两岸青年应进一步发挥主动性和创造性，遵循事物发展的客观规律，把感性兴趣转化为理性责任，从复兴中华民族需要的高度，以强烈使命感和责任感，持之以恒、同心同行促进两岸青年的交流。

两岸融合发展历程与台湾青年的责任

郭振家 *

台湾青年是台湾的未来，也是中华民族伟大复兴的重要建设力量。然而，由于台湾青年个人经验和认识的局限，相当多数台湾青年没有条件离开台湾本岛，再加上李登辉后期至今台湾岛内的“本土化”教育，因此，台湾青年对于大陆的“印象”“概念”“情感”，存在着很强烈的模糊性、臆想性，甚至是对抗性。正确认识两岸的发展变化，不仅需要宏大的历史视角，比如了解大陆和台湾分别的发展历程；还需要有比较全面的知识体系，比如只有从社会变迁的视角才能理解，大陆的发展不仅预示着过去的成功，更体现着未来崛起的必然。

一、从人类社会发展形态变迁看中国近代大历史

迄今，人类社会发展形态并未终结。不同学者对于社会发展形态变迁有不同的划分。从比较简单的层次划分来看，人类社会可以划分为“农业社会——工业社会——信息社会”三个阶段。

第一个社会形态是农业社会（含游牧社会）。农业社会的发展十分缓慢，其基本特征就是“靠天吃饭”，农业的收入增加严重依赖于天气、土壤、灌溉等自然条件。由于受到自然条件的限制，生产能力长期得不到快速提升，生产过程可谓极其缓慢。而一旦遇上自然灾害，农民可能因为产量减少而收入大幅度降低。如果遇上丰收呢？则有可能“谷贱伤农”。中国古代漫长的历史，社会形态大抵上都是属于农业社会，在此基础上的治理特点主要是追求稳定，因此强调秩序，因此推崇“儒家”的治理理念。

---

* 郭振家，中国劳动关系学院公共管理系副教授、中国人民大学中国对外战略研究中心兼职研究员、香港天大研究院特约研究员。

第二个社会形态是工业社会（现代化）。工业社会的特征，是生产力十分发达，技术进步不断提升生产效率，因此，一切生产关系都围绕“生产—市场”的逻辑展开。马克思所描述的资本主义主要是在工业社会实现。一切民众、一切民族和一切国家都被卷入到市场的洪流中。“资产阶级，由于一切生产工具的迅速改进，由于交通的极其便利，把一切民族甚至最野蛮的民族都卷到文明中来了。它的商品的低廉价格，是它用来摧毁一切万里长城、征服野蛮人最顽强的仇外心理的重炮。它迫使一切民族——如果它们不想灭亡的话——采用资产阶级的生产方式；它迫使它们在自己那里推行所谓文明，即变成资产者。一句话，它按照自己的面貌为自己创造出一个世界。资产阶级使农村屈服于城市的统治。它创立了巨大的城市，使城市人口比农村人口大大增加起来，因而使很大一部分居民脱离了农村生活的愚昧状态。正像它使农村从属于城市一样，它使未开化和半开化的国家从属于文明的国家，使农民的民族从属于资产阶级的民族，使东方从属于西方。”（马克思《共产党宣言》，1848 年）

第三个社会形态是信息社会。信息社会的特征，是信息的传递、汇集乃至于分享也可能实现某种“价值”。当然，信息社会的实现需要一定的物质条件。今天，全球互联网的兴起，共享经济的兴起，大数据时代的来临，都是信息社会兴起的重要条件。而整体信息经济的发展，也是建立在某些核心技术之上，比如高端芯片。

针对以上几个社会形态发展，我们可以对中国近代以来的发展有如下几点认识：

1. 中国长期以来是农业社会为主体，包括社会价值观念和社会治理方式。因此，应对西方崛起以后对中国的入侵，包括西班牙和荷兰入侵台湾，实际上当时中央政府的认识是很浅薄的，并不认为西方的入侵会有颠覆性的影响。

2. 近代中国的衰落，就是农业社会落后于工业社会的必然体现。落后的结果，就是被动挨打。尤其是甲午战争中国战败预示着，中国的洋务运动败给了日本的明治维新。于是有了十分屈辱的割让台湾。台湾的悲情，也是中华民族的悲情。

3. 大陆的改革开放，就是坚定地走工业化道路的具体体现。基于某些历史因素，台湾在近代化和现代化方面曾经赶超大陆。但是近些年，由于台湾岛内“过度政治化”，目前进入了后工业化时代后陷入某种停滞；大陆却是在国际竞争压力下，不得不推行全行业发展，并艰难地在“信息社会”的发展上力争上游。

4. 回顾人类社会发展历程，从农业社会、工业社会到如今的信息社会，财富积累、社会治理以及传统价值观念都在发生深刻的变化。欧洲的文化理念与中华文化理念并不相同。中国历史上实现的“大一统”不仅增加了过去每一次面对危机时的战略纵深，也是中国未来在激烈国际竞争中取胜的重要因素。

二、过去40年两岸交往频繁的同时，差距在不断缩小

1978年是大陆十分重要的年份。大陆的改革开放，某种程度上是对过去自我封闭道路的坚定否定。当然，大陆第一代领导人，实际上也希望与美国和西方搞好关系，但是国际契机并不具备，朝鲜战争的爆发以及“一边倒”的外交政策，将这样的过程推迟了。

大陆的改革开放，造就了今天经济的腾飞和国际实力的提升，同时也促成了两岸之间用更加和平的方式来解决分歧争端。因此，1979年1月1日，全国人大常委会发表了《告台湾同胞书》，然后金门炮击也随即停止。大陆领导人逐渐提出了“和平统一、一国两制”；然而，蒋经国却提出了“三不”政策（不接触、不谈判、不妥协）。

蒋经国的“三不”有十分复杂的因素，经济原因是重要因素之一。20世纪八九十年代台湾的民众对于大陆有一种亲近，但普遍又有一种傲慢。为何呢？就是因为台湾有经济发展的“相对优势”了。台湾从蒋经国时代的“十大建设”开始，在国际产业分工中渐渐成长为“亚洲四小龙”之一，某些方面远超大陆。伴随着台湾经济的飞速发展，台湾民众也发财到“淹脚目”。八九十年代台商到大陆投资，见证了大陆的落后，同时也助长了某种“傲慢”。当时，大陆领导人很有诚意，不光是对蒋经国，还有李登辉的早期，因此，两岸从“不来往”到“老兵探亲”，再到“欢迎台商投资”。两岸的政治氛围也不断改善，于是有了后来的“九二共识”“汪辜会谈”。

但是李登辉主导的国民党并没有将两岸关系更近一步，而是在后期以“两国论”来挑衅大陆底线。而陈水扁、马英九、蔡英文，并没有在经济方面有非常大的建树，而是陷于蓝绿恶斗、政策互相扯皮，甚至不断“去中国化”，为台湾的发展带来巨大的不确定性。

光阴荏苒，40年过去了，大陆在不断地飞速发展着。一方面，国际舞台上，我们奉行“韬光养晦，决不当头”，国际事务上投了很多的弃权票，但同时这项

政策也使得我们可以专注于国内建设。另一方面，大陆逐渐完成了城市化和工业化的进程。从布局上而言，先是从东部再到中西部，到国际市场（2001 年加入 WTO），再到“一带一路”（2013 年提出）。当然我们也不讳言，大陆发展过程中也出现了许多问题（例如环境污染，贪污腐败等），但整体上，大陆民众科学教育水平和生活水平在不断提高这是基本事实。

相比较于大陆的飞速经济发展，台湾则是经历了深刻的政治转型。然而，台湾经济逐渐慢下来是不争的事实。1990 年台湾 GDP 为 1700 亿美元，大陆 GDP 为 3878 亿美元，台湾的经济体量居然相当于大陆的 43.8%。那一年，广东的 GDP 约为 188 亿美元，仅相当于台湾的 11%。1990 年是两岸经济实力最为接近的一年，此后台湾 GDP/ 大陆 GDP 的比重便一再下降。到了 2007 年，台湾经济总量相当于大陆的 12.2%，就是在这一年，广东实现超越台湾的目标。而到了去年（2017 年），台湾 GDP 相当于大陆的 4.5%，已远远被广东甩在身后。①

所以说，两岸实力消长到今天，或许眼下有个别指标方面，台湾还是有着很大的优势，比如某些行业（芯片半导体），比如某些台湾学生或民众的个人素养很好，也很有国际竞争力。但是整体而言，过去大陆改革开放的 40 年，两岸差距在不断缩小，甚至大陆在一些方面反超，这凸显了两岸发展路径的优劣，也是台湾社会不容忽视的现实考虑。当然，就微观层次而言，有些台湾民众长期认为“大陆发展缓慢不如台湾”，这样的民众在台湾岛内仍然是存在的。

三、大陆促进融合发展的惠台政策正在积极推出

台湾是外向型的经济体，对外依赖性很强。大量台商在大陆打拼，衍生出许多的现实问题。随着大陆经济的不断腾飞，大陆积极出台了一系列“惠台”举措，就是希望更好地服务于台生和台商。

2018 年 2 月 28 日，国务院台办、国家发展改革委经商中央组织部等 29 个部门后发布实施《关于促进两岸经济文化交流合作的若干措施》（以下简称《若干措施》）。共出台 31 条具体措施，其中 12 条措施涉及加快给予台资企业与大陆企业同等待遇，19 条措施涉及逐步为台湾同胞在大陆学习、创业、就业、生活提供与大陆同胞同等待遇。“31 条惠及台胞措施”发布实施以来，各地各部

① 薛洋：“全国各省 GDP 大比拼，台湾一退再退：从遥遥领先到跌出前五”，台海网，2017-02-16，http://www.taihainet.com/news/twnews/twdnsz/2017-02-26/1976449_2.html

门一直在紧锣密鼓加紧推动落实，很多省市都因地制宜出台了落地细则，包括上海市的55条、福建省的66条、厦门市的60条、浙江省的76条等，到2018年11月为止，已有19个省区市的43个地方结合当地实际，围绕落实“31条惠及台胞措施”推出具体办法，其中不少措施已经产生实效。

以福建省为例。6月6日，福建省发布贯彻落实“31条措施”实施意见，包括扩大闽台经贸合作、支持台胞在闽实习就业创业、深化闽台文化交流、方便台胞在闽安居乐业等四个方面共66条具体措施。其中有37条对应落实“31条措施”，24条是福建先行先试的，另有5条是复制推广有关试验政策的。这66条措施既涵盖台企在行业准入、金融服务、资金扶持、通关便利等方面的各项优惠政策，也涉及台胞在福建学习、实习、就业、创业、居住、生活、劳动保障、就医、交通等方面的同等待遇，还包括深化闽台文化交流的各项举措。再以浙江省为例。在浙江省76条实施意见中，包含投资合作（32条）、科技创新（10条）、就业创业（13条）、文化交流（9条）、生活待遇（12条）等五部分。《实施意见》结合浙江省实际，着眼于有利于促进台企扎根浙江发展、有利于推进与台湾先进产业交流合作、有利于台湾专业人才在浙发展，进一步推动落实在浙台胞与本省居民的同等待遇。具体涉及投资合作、创业创新、转型升级、金融服务、人才保障、就学就业、乘车、住宿、购房、办理银行卡等举措，还在影视、出版、文化交流、卫生医疗等方面推出系列措施。

大陆的“31条措施”在台湾反响如何呢？台媒评论道：“日前大陆宣布惠台31项措施，向台湾顶尖人才频抛媚眼。其中，针对台湾教授再祭出诱因，准备大阵仗挖角。台湾高教人才溃堤式流失，早在惠台政策前就止不住了。坊间流传，赴陆教书的教授与博士已突破千人，甚至，近来还有不少博士私下流传大陆高教联合面试台湾教师的讯息。为了探究台湾博士西进的真实样貌，《远见》团队亲赴大陆，实地见证福建、湖北高教现场。直击发现，如今台湾博士在对岸可谓遍地开花，势不可挡。此外，大陆去年放宽台生学测达均标就可申请当地大学，也引发家长与学子热烈咨询。从高教人才到青年学子，台湾人才大举出走中，政府不能再轻忽了！”[①]

大陆推出的这些重要举措，不仅有利于台湾民众更好地融入大陆发展，对于台湾社会和经济整体提振也是重大历史机遇。当然，目前而言，台生和台商如果在大陆发展，是可以享受到相应的优惠措施的。而在台湾的民众，则必然

① 李建兴《夹缝求生！1000个台师变陆师》，《远见》杂志，2018年4月刊，第190—202页。

受到民进党的种种限制。当然长远去看，我们可以说，“台湾的未来在大陆”，如果越来越多的台湾民众参与到两岸融合发展进程中来，两岸和平统一的劲头将势不可挡。

四、台湾青年不应止步于“小确幸”

所谓“小确幸”，微小而确定的快乐，无忧无虑，甚至不太愿意承担自己的社会责任，也不太愿意父母干涉自己的生活，这一切只应存在于某一个年龄阶段。年轻人有“小确幸”，很正常。但随着大家的年龄增长，每个人都要面临成长、成家、抚养小孩、赡养老人，面临一系列的现实问题，每个人也必须追求更好的就业、发展空间，甚至提前为下一代的发展进行布局。

“小确幸”看上去很美好，却没有应有的时代格局和历史担当。放眼全球，各地正在进行的社会经济的大调整方兴未艾。正视台湾目前发展在“四小龙”已处于落后地位的现实需要极大的勇气。关心台湾，就应当理解，台湾当前的历史机遇，可遇不可求。换言之，随着大陆人才竞争的日趋激烈，台湾人才优势的光环必将越来越淡。所以说，时不我待！

台湾《工商时报》报导，台湾工业总会 2017 年 7 月 20 日发表“2017 年政策白皮书”，认为过去一年来，“五缺六失”有更加恶化的趋势，当局的非核政策反增供电稳定的疑虑，前瞻计划受各方质疑，诸多问题导致台湾陷入投资停滞、人才流失、企业外移窘境，“令人忧心”。（2015 年工总白皮书里提到，台湾有缺水、缺电、缺工、缺地、缺人才等“五缺”，以及当局失能、社会失序、“立法院”失职、经济失调、世代失落、台湾整体失去总体目标的“六失”。）台湾“中研院”2017 年 10 月 5 日发布了《台湾经济竞争与成长策略政策建议》，“中研院”财经研究团队认为，目前台湾面临法律限制过多、环评作业冗长、对大陆过度保守等三大问题，让台湾经济难以施展；面对台湾经济处于关键转折点，若不正视困境及提出解决方案，则台湾可能将落入“中所得陷阱”，且预计未来十年内将至少被 15 个，甚至 30 个国家和地区超越。

台湾青年看到了到大陆的发展机遇。台湾 1111 人力银行 2017 年 4 月份的统计数据显示，台湾受薪阶级包括企业主约 70 万人在境外工作，其中 35 万人在大陆；另外，台湾七成上班族希望西进大陆。可以预见，随着两岸交流的深入，台胞对大陆了解增多，加上大陆继续推出相关便利措施，西进大陆将成为台湾青年日益“平常”的选择。

五、中华民族的未来与青年的责任

回望两岸历史，每一代人都在不断努力奋斗。孙中山等一代人，努力推翻封建帝制；毛泽东、蒋介石一代人，争取实现抗日胜利；邓小平、蒋经国一代人，争取实现经济腾飞。今天中华民族伟大复兴，寄托在两岸年轻人的身上。

展望未来，中华民族或将面临一个新的历史机遇，这个机遇或许就在未来的三十年针对一系列问题提供的答案之中：现有国际秩序是否正在面临大调整？人类历史是否可能进入新的社会形态？人类命运共同体和两岸命运共同体如何实现？

当然还有一个关键的问题，未来三十年，中国和美国是否会爆发严重冲突？美国一些战略家因为中国的崛起而希望对中国进行多方面的遏制，因此，台湾被作为“棋子”的角色就拱上了国际舞台。那么，两岸和平最终如何实现呢？除了两岸领导人需要拥有的大格局、大勇气、大担当，还需要年轻人——这些最重要的中坚力量必须和必要的积极参与。

台湾经济的前途在大陆，台湾民众的福祉与中华民族的复兴密切相关，台湾民众对于中国未来的发展和中华民族的伟大复兴应该积极承担责任。台湾青年，要有格局，要有历史感和使命感，要有大格局和时代感，来看清自己的位置。

无可逃避，台湾青年肩负着三大责任“发展的责任、安全的责任、团结的责任”。首先，台湾不发展，青年是没有未来的。大陆认为“发展是硬道理”，这句话对台湾同样适用。其次，安全也是台湾的“生命线”，没有安全，数十年发展或毁于一旦，谈何长期建设。第三，团结其实也很重要。如果台湾长期仍然是内讧，除了“过度民主”，恐将一事无成。台湾青年要想实现这三大责任，皆离不开对于自身角色的正确认识，也离不开对于两岸关系的正确认识。两岸之间回到“九二共识”，在岛内遏制“台独”意识的发展，在国际上抵制“外来势力”的干涉，台湾才有可能为青年实现三大责任提供足够的空间。总之，“和平的钥匙”掌握在两岸中国人的手中，台湾青年至关重要。

六、结论

历史以来，台湾岛内长期所谓“本土化”教育导致了台湾青年对于“中国”和“中华民族”情感出现疏离。台湾青年应该从人类社会发展变迁、中国近代发展变迁以及两岸实力消长变迁等多个视角来看待台湾不平凡的历史，这样才能找准自身的位置，也才能对于青年未来应当肩负的责任有更清晰的认识。两岸未来势必走向融合发展。台湾青年应该积极进取，有所作为，在两岸融合的“大海”中自由航行。

两岸融合发展，既是中华民族实现统一的内在要求，也是人类社会经济发展规律的具体体现。台湾青年应该更多从全球化竞争的视角去思考自己的未来，这样的思考才是有竞争力的和持久的。过去台湾的屈辱也是中国不堪回首的屈辱。未来中华民族的伟大复兴需要全体青年的积极参与。台湾青年的责任，不仅为了自身这一代，也是也为了中华民族的长远发展。

新时代两岸关系的发展和前瞻

赵子龙、罗鼎钧*

十九大报告为新时代两岸关系的发展制定了具有深刻内涵的原则、方针、政策，为未来一段两岸关系的走向提供了政策框架。本文通过研究十九大报告中有关涉及两岸关系的内容，分析新时代对台工作一以贯之的政策与新政策，并从推进国家统一进程，单方面采取对台湾同胞分享大陆发展机遇的措施，增强对台工作的软实力自信心和建设等方面对新时代两岸关系的发展进行前瞻。

一、十九大对两岸关系发展的重要意义

习近平总书记在中国共产党第十九次全国代表大会所作的报告，为新时期中国社会主义现代化建设描绘了宏伟蓝图，制定了政策方针。其中涉台论述具有极强的原则性和针对性，站位高远，意涵丰富，既植根现实，为未来一段时间两岸关系的深化发展提供了政策架构，又高瞻远瞩，宣示了对台工作的根本目标和主要任务。报告强调："解决台湾问题、实现祖国完全统一，是全体中华儿女共同愿望，是中华民族根本利益所在。"这彰显了全体中华儿女追求祖国统一的坚定决心和不可撼动的民族意志。十九大报告明确将"坚持推动两岸关系和平发展，推进祖国和平统一进程"作为新时代中国特色社会主义思想的重要组成部分和对台工作的主要任务，因而具有重要的现实意义和理论意义。

近年来，两岸关系出现了一些新形势与新变化，特别是 2016 年 5 月民进党重新执政以来，两岸关系遭遇到了新的挫折与坎坷，两岸关系不断深化发展的势头遭到冲击。蔡英文在"两岸交流 30 周年回顾与前瞻"研讨会致辞中提

---

* 赵子龙，清华大学公共管理学院和台湾研究院博士候选人；罗鼎钧，清华大学公共管理学院和台研究院博士生。

到“虽然两岸关系仍然面临一些不确定性，但维持两岸和平稳定与发展是最高共识。‘善意不变、承诺不变，不会走回对抗老路，也不会在压力下屈服’，是我们处理两岸关系，一贯不变的原则”①，再一次强调“四不”原则，而未对“一中原则”进行表态。在此背景下，习近平总书记再次强调“一个中国原则是两岸关系的政治基础”，无疑是再度宣示了大陆的政治底线，并对两岸关系的性质和基础做出了明确的界定。所以大陆重申“一中原则”，既是对大陆底线的再次宣示，也是为两岸关系的长远发展进一步夯实了根基，确保两岸关系能够在正确的道路上继续前行。

二、新时代对台工作的方针政策

十九大报告涉台内容有三个部分，一是在“过去五年的工作和历史性变革”中，肯定了在一个中国和“九二共识”的原则下推动两岸关系和平发展，实现两岸领导人的历史性会晤并妥善应对台湾局势变化；二是在阐述新时代中国特色社会主义思想理论时关于“一国两制”和推进祖国统一的有关论述中，重申了处理两岸关系的基本准则；三是在“两个一百年”战略部署中，以“坚持‘一国两制’，推进祖国统一”为题，全面阐述了新时代大陆对台工作的基本方针和政策纲领。其基本特点包括两个方面：第一，基本方针、政策、原则基调不变，继续强调“和平统一”、推进两岸关系和平发展，推进祖国和平统一进程，也继续强调“一国两制”、一个中国和“九二共识”等主张，但突出“和平”二字。第二，在“惠台”和“反独”方面提出了一些新的政策措施②。

（一）对台工作中的一贯政策

十九大报告阐明了对台工作的基本方针和基本原则。报告强调“必须继续坚持‘和平统一、一国两制’方针”。“和平统一、一国两制”是我们解决台湾问题的基本方针，也是实现国家统一的最佳方式。我们将继续以最大诚意、尽最大努力争取和平统一的前景，因为以和平方式实现统一最符合包括台湾同胞在内的中华民族的整体利益。报告强调“一个中国原则是两岸关系的政治基础。体现一个中国原则的‘九二共识’明确界定了两岸关系的根本性质，是确保两

① 黄筱筠．蔡英文重提“四不”，未回应一中 [EB/OL]. http://www.crntt.com/doc/1048/5/7/3/104857324.html?coluid=46&docid=104857324&kindid=0&mdate=1026111623. 2017-10-26.

② 中共中央台湾工作办公室．砥砺奋进克难前行 [N]. 团结报，2017-10-17.

岸关系和平发展的关键”。这是总结两岸关系发展历程做出的重要结论，表明了在涉及两岸关系根本性质这一大是大非问题上，我们任何时候都不会动摇、不会妥协[①]。报告特别指出：“承认‘九二共识’的历史事实，认同两岸同属一个中国，两岸双方就能开展对话，协商解决两岸同胞关心的问题，台湾任何政党和团体同大陆交往也不会存在障碍。”这为破解当前两岸关系政治僵局指明了方向，表明了我们对与台湾各党派交往的态度是开放的、标准是一致的，展现了最大善意[②]。

其次，十九大报告宣示了对台工作的根本目标和主要任务。报告强调：“解决台湾问题、实现祖国完全统一，是全体中华儿女共同愿望，是中华民族根本利益所在。”这一对台工作根本目标的重要宣示，体现了实现中华民族伟大复兴的必然要求，彰显了全体中华儿女追求祖国统一的坚定决心和不可撼动的民族意志。十九大报告明确对台工作的主要任务是“推动两岸关系和平发展，推进祖国和平统一进程”。党的十八大以来，习近平总书记多次指出，两岸关系和平发展是通向和平统一的正确道路。全面建成小康社会、实现“第一个百年”奋斗目标并向“第二个百年”奋斗目标迈进，要求我们努力维护和推动两岸关系和平发展，营造有利的台海环境。同时，维护和推动两岸关系和平发展，也是在为最终实现祖国统一创造和积累条件，扎实推进祖国和平统一进程。

再次，十九大报告提出了对台工作的重要理念和坚定的维护国家主权完整的决心。报告强调：“两岸同胞是命运与共的骨肉兄弟，是血浓于水的一家人。我们秉持‘两岸一家亲’理念，尊重台湾现有的社会制度和台湾同胞生活方式，愿意率先同台湾同胞分享大陆发展的机遇。”这是对同胞之爱、手足之情最生动表达，体现了我们对台湾同胞因特殊历史遭遇和不同社会环境而形成的特有心态的理解和包容，以及在追求国家统一进程中对拉近两岸同胞心理距离、促进心灵契合、增进共同的国家、民族、文化认同的高度重视[③]。当然，台湾同胞也要更多了解和理解大陆同胞的感受和心态，尊重大陆同胞的选择和追求。同时，报告强调：“我们坚决维护国家主权和领土完整，绝不容忍国家分裂的历史悲剧重演。一切分裂祖国的活动都必将遭到全体中国人坚决反对。我们有坚定的意志、充分的信心、足够的能力挫败任何形式的‘台独’分裂图谋。我们绝不允

① 冯学知．国台办两岸交流三十年成果需要两岸同胞共同珍惜和维护 [N]. 人民日报，2017-09-14.

② 张志军．党的十九大报告为对台工作指明了方向 [EB/OL]. http://www.gwytb.gov.cn/wyly/201710/t20171018_11854049.htm. 2017-10-18.

③ 李振广．两岸关系回顾与展望 [J]. 统一论坛，2017(2):18-20.

许任何人、任何组织、任何政党、在任何时候、以任何形式、把任何一块中国领土从中国分裂出去。”这是我们党对历史对人民的庄严承诺和责任，在关乎国家主权和领土完整的重大原则问题上清晰画出了红线，表达了我们的坚定意志，展现了我们的战略自信。当前，岛内“台独”分裂势力在文化、教育等领域不断推行“去中国化”活动，鼓噪“台独修宪”。我们要高度警惕形形色色的“台独”活动，绝不容忍“法理台独”分裂行径，也绝不坐视“渐进台独”侵蚀和平统一的基础[①]。

（二）对台工作的新政策

十九大报告提出的一系列促进两岸各领域交流合作的重大政策举措。“两岸一家亲”理念即为其中重要新论述之一。“两岸一家亲”理念是首次写入十九大报告。两岸同根同种、同文同源，是荣辱与共、水乳交融的命运共同体，“两岸一家亲”理念写入十九大报告，等于再次确认了两岸性质的定位，即“两岸是骨肉相连的一家人”。无论外界风云如何变幻，两岸同胞始终是血脉相连的一家人，正如习近平曾多次强调的，“两岸同胞是打断骨头连着筋的同胞兄弟，是血浓于水的一家人”。

报告还指出：“我们将扩大两岸经济文化交流合作，实现互利互惠，逐步为台湾同胞在大陆学习、创业、就业、生活提供与大陆同胞同等的待遇，增进台湾同胞福祉。我们将推动两岸同胞共同弘扬中华文化，促进心灵契合。”这体现了习近平总书记关于深化两岸经济社会融合发展的重要思想，反映了我们为台湾同胞谋福祉、办实事，希望台湾同胞能搭上大陆发展快车、分享大陆发展机遇的诚意。这对增进两岸同胞亲情和福祉，增强对两岸命运共同体认知，形成共谋民族复兴合力有重大意义。同时还体现了同胞爱手足情，反映了为台湾同胞谋福祉办实事的真心实意。长期以来，大陆方面积极出台措施，为台胞在大陆工作求学生活提供更多便利，让两岸民众尤其台湾同胞从交流中更有“获得感”，报告相关政策宣示无疑是一颗“定心丸”——当可激发两岸同胞深化交流的热忱，增强心灵契合、共创未来的信心[②]。

---

① 刘国奋．当前两岸关系面临的挑战及应对之策 [J]. 台湾研究集刊，2017(1):16-23.

② 陈键兴，孟昭丽．信念，信号，信心——从十九大报告看两岸关系前景 [N]. 团结报，2017-10-24 (3).

三、十九大后两岸关系的前瞻

（一）持续推进国家统一进程

完成国家统一作为新世纪中国三大历史任务的重要组成部分。加强同岛内相关政党、团体和社会各界人士的交流互动，壮大反对“台独”、维护两岸关系和平发展的力量和声势；积极开展舆论斗争，继续推进两岸各领域交流合作，为台湾同胞谋福祉、办实事。

大陆在十九大后将继续坚持一个中国原则开展对台工作，进一步加强党在对台工作的绝对领导地位，加强专职对台工作专职队伍的建设，不断创新对台工作方式，增强工作效果。努力用台湾民众听得懂、易接受的语言和方式，更加有效地做深、做细、做实各项具体工作，使党的好政策好措施“入岛、入脑、入心”。进一步端正态度，不断加深对台湾同胞的感情。客观看待两岸民众因经历、制度、风俗等不同而存在的现实差距，以更大的包容、耐心善待台胞，以更坚定的信念、信心投入国家统一事业。同时，大陆将进一步做好扩大在台湾“统一”力量的工作，加强对台湾媒体和知名人士的工作，以及积极开展对第三势力重点人群有针对性的工作，引导其在两岸关系和平发展过程中发挥正能量，不断壮大赞同两岸关系和平发展的力量和声势，不断压缩“台独”势力活动空间[①]。

同时，大陆将通过持续推动两岸经济交流合作的方式继续推进两岸经济层面的统一进程。大陆将鼓励台商企业积极参与“一带一路”建设，促进两岸企业共同打造新的产业链、价值链、资本链，带动各种新产业、新业态、新模式，不断提升企业的核心竞争力和两岸经济合作的质量，在国际经济竞争中携手抢占新的制高点。鼓励更多中小企业、农渔民等基层民众以及广大台湾青年参与到两岸经济合作中来。通过积极创造条件，促进两岸中小企业和基层对口交流，寻找合作发展机遇。

（二）单方面采取对台湾同胞分享大陆发展机遇的措施

海峡两岸自 1987 年恢复民间交流以来，两岸人员往来频繁，越来越多的台湾居民出于经商、就业、求学等目的，将大陆作为长期居住地。截至 2017 年 10 月两岸之间人员往来累计大 1.23 亿人次[②]，根据第六次全国人口普查，台湾

① 张久营，寇子春．习近平对台工作思想初探——兼谈推进对台工作的一点思考 [J]. 上海市社会主义学院学报，2015(5):8-13.

② 国务院台办．张志军在“两岸关系 30 年回顾与展望”研讨会上的致辞 [EB/OL]. http://www.gwytb.gov.cn/wyly/201710/t20171028_11859279.htm. 2017-10-28.

地区居民常住大陆的人口数为17.03万人①。可见两岸之间的人员交往，特别是台湾同胞与大陆的联系越来越紧密。

十九大报告中，习近平站在党和国家事业发展全局和实现中华民族伟大复兴中国梦的战略高度，在两岸议题上，提出了一系列内涵丰富、外延广泛的新论述和新主张，进一步充实和发展了大陆对台方针。在未来两岸关系发展进程中，大陆将会秉承“两岸一家亲”的理念，持续推动两岸各项交流。祖国大陆将更为积极注重增进台湾同胞的民族认同、文化认同、国家认同，促其认识两岸血脉相连，是不可分割的命运共同体，增强他们作为中国人的荣耀感。引导他们认识大陆的经济社会发展成就，进而认识大陆社会主义制度的优越性，认识党和政府对台湾民众一直以来的诚意善意。告诉台湾基层民众和青年，两岸政治商谈的目的是为解决两岸政治分歧问题，更好地推动两岸关系发展，更好地造福两岸民众。由此可见，推进两岸经济文化交流合作，实现两岸互利互惠，将成为未来大陆对台工作的重心之一。两岸民众交流不断深化，两岸同胞情感进一步密切，也将成为两岸关系发展新进程中重要内容②。

其次，大陆将加大两岸基层民众、青少年的交流力度，提高交流成效。围绕“同等待遇”这一目标积极开展推动在创新、创业、就业、就学、实习、旅游、探亲等方面为台湾基层民众和青年进一步提供政策上的便利。改变过去比照外国人做法，逐步消除由于“境外”身份问题，从根本上在大陆就业或者创业过程中面临一系列困难和挑战。例如台湾青年群体中有相当一部分学生来大陆攻读博士学位，该类群体比较倾向于在大陆从事高等教育工作。教育部可在适当的时候批准台湾籍教师和学生申请国家留学基金委员会的出国学术访问和交流的资助，从而促进这一群体在职业生涯发展，进而提升这部分青年群体的就业意愿和吸引优秀台湾学术人才。同时，大陆将继续坚持以民间双向交流为主，重视软实力潜移默化的作用。多年来，两岸间建立了多种交流平台和机制，大陆在新时代将会更多地以台湾同胞可接受的方式开展对台工作，鼓励民间机构参与交流，积极支持学校研究会、企业基金会、地域同乡会等民间组织促进交流。以双向交流为主显示平等性，通过财政拨款、赞助或对企业的税收优惠来支持民间机构的对台交流工作。

---

① 中华人民共和国国家统计局 . 2010 年第六次全国人口普查接受普查登记的港澳台居民和外籍人员主要数据 [EB/OL]. http://www.stats.gov.cn/tjsj/pcsj/rkpc/6rp/indexch.htm. 2011-04-29.

② 陈键兴，孟昭丽 . 信念 信号 信心——从中共十九大报告看两岸关系前景 [N]. 团结报，2017-10-24.

（三）增强对台工作的软实力自信心和建设

大陆长期缺乏对台湾方面有效的软实力影响，缺乏软实力去吸引台湾同胞的好感，缺乏在台湾方面有话语权并愿为大陆说话的人。祖国统一工作需要以硬实力为支撑，但是软实力不可或缺。习近平同志在十九大报告中指出："中国特色社会主义文化，源自中华民族五千多年文明历史所孕育的中华优秀传统文化，熔铸于党领导人民在革命、建设、改革中创造的革命文化和社会主义先进文化，植根于中国特色社会主义伟大实践。发展中国特色社会主义文化，就是以马克思主义为指导，坚守中华文化立场，立足当代中国现实，结合当今时代条件，发展面向现代化、面向世界、面向未来的，民族的科学的大众的社会主义文化，推动社会主义精神文明和物质文明协调发展。要坚持为人民服务、为社会主义服务，坚持百花齐放、百家争鸣，坚持创造性转化、创新性发展，不断铸就中华文化新辉煌。"

因此，在新时代的对台工作中将会加强软实力建设和增强软实力的自信心。首先，大陆将继续推进社会主义现代化建设，充分发挥新时代中国特色社会主义的制度优势，进一步增强综合实力，向台湾同胞展示一个富强、民主、文明、和谐、美丽的整体形象；并坚定奉行独立自主的和平外交政策，按照亲诚惠容的理念与周边国家开展与邻为善、与邻为伴的外交关系，及基承担国际义务，加大对发展中国家特别是最不发达国家援助的力度，积极参与全球治理体系改革和建设，以提升大陆的国际形象，进一步改变台湾同胞对大陆的刻板印象，提升对大陆的认同感和理解力①。

其次，大陆将继续坚文化自信，在文化自强中提升自身软实力。大陆将重点支持文化从业者制作优秀的、影响两岸的好电影、好音乐、好小说。不讳言，现在大陆的文化产业，特别是国产电影、电视剧在塑造国家软实力这方面还远远不够，但相信只要改革到位，优秀的影视人、音乐人有能力制创作出台湾同胞喜闻乐见和可接受的好作品，传达正能量和吸引人心的文化产品。同时，大陆也将努力让大陆优秀的文化节目、作品走进台湾的千家万户，让台湾老百姓了解大陆普通民众的生活，了解真实的大陆情况②。

---

① 刘相平．大陆对台工作软实力之构成及实施路径探析 [J]. 北京联合大学学报（人文社会科学版）, 2009,7(2):108-112.

② 兰胜伟．以"软实力"促进对台祖统工作 [J]. 团结 , 2015(1):56-57.

"台独"文化的应用符号学解析

张 顺*

当代社会是一个符号社会，符号从起初用在祭祀当中的神圣象征，经过语言文字、纹徽标记等不断向应用领域扩展，现在已渗透到生活的方方面面。20世纪初，诞生了符号学，开始对符号进行理论上的总结，并逐渐应用到哲学、数学、文学、宗教、音乐、广告等各学科之上。在文化领域，符号学应用最广，成为一种解读纷乱杂陈的文化现象的重要工具。本文就是从符号学的角度，对"台独"文化符号进行层层解读，回答"台独"文化符号是什么、如何形成、如何使用、有什么效果等问题。

一、"台独"文化符号的内涵与内容

（一）符号与文化符号

现实生活中符号随处可见，符号的历史几乎和人类的历史一样长。符号学家赵毅衡给符号下了一个简洁的定义："符号是携带意义的感知，意义必须用符号才能表达，符号的作用是表达意义；反过来说，没有意义可以不用符号表达，也没有不表达意义的符号"。① 因此，文化符号就是携带文化意义的符号。文化学者崔新建提出："使用相同的文化符号、遵循共同的文化理念、秉承共有的思维模式和行为规范，是文化认同的依据。" ② 可以说，文化符号是某一群体长期形成的共同文化特征的浓缩，是该群体文化认同以及进一步的身份认同的依据。

类型上，赵毅衡将符号按照"物源"分为"自然事物"，如岩石、雷电、河流等；"人工制造的器物"，如食品、宝剑等；"人工制造的纯符号"，如游行、语

* 张顺，中国社科院台湾研究所助理研究员。

① 赵毅衡：《符号学：原理与推演》，南京大学出版社 2011 年 3 月版，引论部分第 1 页。

言、图案等。[1] 文化学者郑文东将文化符号分为“文学典籍”，如文学、文字、喜剧等；“器用”，如长城、金字塔、瓷器等；“规制”，如祭祀、祷告等。[2] 按表现形式细分，可以是文字，如甲骨文、小篆；语言，如汉语；图形，如八卦、阿细跳月；建筑，如故宫；神话故事，如嫦娥奔月；技艺，如京剧、书法；器物，如玉玺、算盘；民俗，如龙舟、春节；人物，如孔子；口号，如天下为公、天下大同等等。

（二）“台独”文化符号的内涵

“台独”文化符号是指具有“台独”意涵的文化符号，它首先是一个符号，其次携带、传达“台独”理念，最后能够代表“台独”文化、塑造身份认同。

它有别于台湾文化符号，一些体现台湾文化的符号，如电音三太子、丘逢甲、郑成功、日月潭、阿里山、蚵仔煎、《爱拼才会赢》等，并不指向“台独”，而是属于类似川菜、徽商、兵马俑等地方文化的范畴，因此不在本文讨论之列。也有别于一般的“台独”符号，一些“台独”势力制造出来，但影响力极为有限的符号，如某“台独”社团旗帜、某“台独”歌曲，因为使用范围极有限，并未形成文化层面的影响力，也不在本文讨论之列。同时，由于“台独”本身的政治性，“台独”文化符号必然包含了“台独”的政治文化符号，尤其是在政党、选举等高度政治性活动中使用的符号。

（三）“台独”文化符号的分岔衍义

根据符号学理论，符号文本自身不能单独发挥功能，符号意义的解释离不开“元语言”与“伴随文本”。

元语言可以视为是一套解码系统，是符号的接收者根据自己的经验、知识、情感，对符号所在的文化背景、社会规约等形成的理解，任何符号的解释，都必须有一套覆盖全局的元语言。[3] 元语言的差异影响符号的解释，例如“点头”这个符号，在有的国家代表“是”，在有的国家代表“否”。一个社会群体可以共享一套类似的元语言，但该群体内部不同个体，甚至同一个体的不同语境，其元语言并不完全相同，例如不同的人或同一个人在不同情境下对“天下大同”

---

① 赵毅衡：《符号与物：“人的世界”是如何构成的》，载《南京社会科学》2011 年第 2 期，第 35—42 页。

② 郑文东：《文化符号域理论研究》，武汉大学出版社 2007 年版。转引自叶舒阳，《“古风音乐”歌词中的文化符号解读》，载《音乐传播》季刊 2018 年第 2 期，第 116 页。

③ 赵毅衡：《符号学：原理与推演》，南京大学出版社 2011 年 3 月版，第 228 页。

的理解不同。

伴随文本是符号文本所携带的附加因素，隐藏于符号文本之外、文本之后或文本边缘，但决定了文本的解释方式。[①] 例如看一部电影，它的副文本“某某执导”、型文本“科幻大片”、前文本“某电影续作”、元文本“豆瓣高分”、先文本“改编自某小说”等，都会影响观众对电影的看法。

由于元语言和伴随文本的差异，大多数符号都会出现分岔衍义，即接收者对符号意义的解释差异。“台独”文化符号也是如此，例如“二二八”“周子瑜”这两个符号的分岔衍义：

符号	群体	元语言	先文本	副文本	型文本	意义
二二八	“独派”	台湾的悲情与抗争精神	二二八事件是国民党屠杀台湾人过程	民进党选举造势晚会	“台独”起点	“追求独立自主”
二二八	一般民众	族群和解	二二八事件是官逼民反过程	二二八纪念晚会	时代悲剧	“由和解迈向和平”
周子瑜	台湾网友	台湾的悲情与抗争精神	周子瑜道歉是“中国霸凌”的结果	台湾 PTT 论坛	“台湾之光”	“与中国对抗到底”
周子瑜	大陆网友	维护国家统一	周子瑜道歉是卖惨博取同情	大陆某网络论坛	“台独”艺人	“绝不让台独投机取巧”

因此，一些“台独”文化符号在意义上尚存争议，特别是一些符号还在符号话语权的争夺当中，例如“爱台”、“二二八”、郑南榕、“民主自由”等，在别的语境的下，可能并不指向“台独”。但由于这些符号确实在一定社会范围内，发挥携带、传达“台独”意义的功能，并不妨碍本文将这些符号作为“台独”文化符号来研究。当然这些符号携带的意义并非一成不变，未来有可能去除“台独”意义。

（四）“台独”文化符号的内容

多年来，岛内出现许多“台独”文化符号，有些“台独”符号化程度较深，

① 赵毅衡：《符号学：原理与推演》，南京大学出版社 2011 年 3 月版，第 141 页。

有些符号化程度较浅，本文将社会影响力较大或潜在影响力较大的挑选出来，列举如下：

形式	内容
政治主张	“一边一国”“两国论”“台湾主权”“建国”
历史事件	二二八
政治运动	“正名”“制宪”“入联”“倒蒋”“反服贸”
人物	李登辉；陈水扁；郑南榕；史明；周子瑜；
政治口号	爱台；反并吞；民主自由；
称谓	台湾；台湾人；“台湾史”；“台湾民族”；
歌曲	《美丽岛》《岛屿天光》《晚安台湾》《台湾中国“一边一国”》
政党	民进党；“时代力量”
著作	《台湾人四百年史》
旗帜	“世界台湾人大会台湾旗”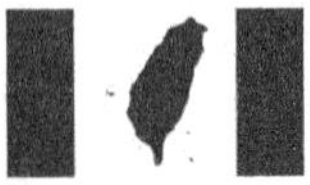； “台独”玉山旗； “台湾共和国”台湾同心旗； “台独”鲸鱼旗。

二、“台独”文化符号的“符号化”过程

（一）符号化——符号与意义的链接

将符号指向特定意义的过程就是符号化，符号学理论中对符号化过程主要有几种解释。

一种是瑞士语言学家弗尔迪南·德·索绪尔提出的“任意性”与“理据性”。前者指符号与意义的结合方式不可也不必论证，是无逻辑可言的自由选择的结果，最典型的就是“语言、文字”。后者指出有两种不完全任意、有一定理据的符号化过程，包括“拟声”（如“啪”表示拍手）和“复合”（如“头脑

风暴”)。[①]

另一种是美国逻辑学家查尔斯·桑德斯·皮尔斯提出的“相似”“指示”“象征”。“相似”指符号形状上与对象酷似，如“蝙蝠侠标志”。“指示”指发出某种提醒，例如箭头、风向标。“象征”指通过社会约定俗成赋予意义，又被称为“规约”。[②]

而我国符号学家赵毅衡总结国内外符号学界对“理据性”的认识历程提出“符用理据性”概念，即符号可以在使用中理据化。[③]典型的就是“任意性”符号的理据化，例如“关羽”这个名字，在其人物历史这个“先文本”的前提下，经过评书、戏剧、电影等长期使用，逐渐具有“忠义”这层意义。对“台独”文化符号而言，许多也是经过反复使用提升其理据性，从而进行符号化的过程。

（二）“台独”文化符号的理据性

按照理据性的来源，“台独”文化符号可以分为两类。一类是符号产生时理据性就很强，例如“一边一国”“两国论”“正名制宪”“反并吞”“台独玉山旗”等，属于“复合性”符号文本，其符码已经具有约定俗成的含义，因此较能直观地让接收者理解“台独”意义。

另一类是产生时理据性较弱，是在后期的反复使用中获得、提升“台独”意义的理据性，也就是“符用理据性”符号。这里详述几个代表性符号如何经过反复使用而提升理据性：

一是“二二八”。台湾“解严”后，《二二八和平日宣言》称，“我们呼吁公布真相，平反冤屈，让死者的冤魂得以安息，让生者的心灵得以平安，也让这个岛上的住民，得以因了解而谅解，因谅解而和解，因为和解就是迈向和平的开端”，其最初意义是“和解、和平”。[④]但“台独”势力反复扭曲“二二八”的意义，如学者谢里法称“二二八事件是台湾对中国依赖或对立带来的惩罚”，[⑤]李筱峰称“二二八事件是两岸统一的后遗症”，[⑥]《自由时报》每年“二二八”期

① 弗尔迪南·德·索绪尔：《索绪尔第三次普通语言学教程》，上海人民出版社 2007 年版，第 85—103 页。

② 《皮尔斯选集》，第 2 卷，第 303 节。转引自特伦斯·霍克斯，《结构主义和符号学》，上海译文出版社，1987 年版，第 131 页。

③ 赵毅衡：《符号学：原理与推演》，南京大学出版社 2011 年版，第 248 页。

④ 陈永兴：《二二八事件真相》，台湾风云出版社 1987 年版，第 30 页。

⑤ 谢里法：《从二二八事件看台湾知识分子的历史盲点》，载于陈永兴编著，《二二八事件真相》，台湾风云出版社 1987 年版，第 102 页。

⑥ 李筱峰：《解读二二八》，台湾玉山社 1998 年版，第 204 页。

间都会发表评论，称“二二八事件的本质在于，汉血统所带来的祖国观与依附意识，让台湾人从不具备当家做主的钢铁意志”。[①]

二是“爱台”“民主自由”等口号。为了在选举中争取选票，民进党创造出两组对立的符号，一组是“国民党”对应“卖台”、统一，另一组是“民进党”对应“爱台”“台独”，经过长期的宣传使用，这几个符号绑定在一起，在陈水扁“法理台独”高潮期，“爱台”就意味着“台独”，“台独”就意味着“爱台”。民进党还长期制造大陆“专制独裁”的形象，在这个“前文本”之下，追求“民主自由”就成了“拒统”的同义词，蔡英文2018年的“双十”讲话中就称“中国文攻武吓、外交打压”，要“维护两千三百万人民自由民主的生活方式”。[②]

三是“台湾”“台湾人”“台湾史”“台湾民族”等称谓。从法理上讲，“台湾”对应“大陆”，“台湾人”对应“大陆人”或“上海人”，“台湾史”隶属“中国史”之下，并不具有“台独”意义，也不存在所谓的“台湾民族”。但台湾从当局到民间媒体，“台湾”与“中国”、“台湾人”与“中国人”越来越多地并列使用，课本也将《台湾史》与《中国史》并列使用，并广泛宣扬所谓“多元化”的“台湾民族”。

四是《美丽岛》《岛屿天光》《晚安台湾》等歌曲。这几首歌曲中并没有“台湾中国一边一国”等直白的字眼，但这几首歌在民进党选举造势场合、在2014年“反服贸运动”中反复出现，特别是在一段段慷慨激昂的“反中演讲”之后播放，赋予其强烈的“台独”“拒统”意义。

五是“世界台湾人大会台湾旗”与“台湾同心旗”。这两个符号本身虽具有“台独”隐喻，但与“台独”玉山旗相比，“台独”意义极不明显，前者经常被一些“台独”分子在国际活动中使用，后者经常在岛内“台独”活动中使用，才成为“台独”文化符号。

当然，这些符号普遍存在前述分岔衍义的问题，在特定的元语言和伴随文本下才携带“台独”意义。从批判符号学的角度看，当代社会在一个“高度符号化时代”，在国际范围的文化冲突中，“符号权”的争夺越来越超越其他宰制权的争夺。“台独”势力对这些符号的使用以及理据性的提升，核心就是争夺“符号权”，因此“符用理据性”符号是最值得注意的部分。

---

① 《祖国就在当下站立之地》，2017年2月28日《自由时报》（http://talk.ltn.com.tw/article/paper/1081825），2018年11月8日访问。

② 《双十致辞全文：蔡英文：绝不会背离民意 牺牲台湾“主权”》，2018年10月10日《民报》（http://www.peoplenews.tw/news/34caf346-be52-4e8b-8e36-0d7fa004affe），2018年10月8日访问。

（三）“台独”文化符号的元语言与伴随文本

“被压迫的历史悲情”和“反压迫的抗争精神”是“台独”文化符号的元语言。以吴浊流的《亚细亚孤儿》为代表，“亚细亚孤儿”似乎就成了台湾的代名词。自20世纪70年代开始，台湾许多文学作品都体现这样的语调，许多文化界人士也以“悲情、抗争”作为贯穿所谓“台湾历史”的“台湾精神”，至今为止岛内舆论也脱离不开这样的元语言。其最初出现是“党外运动”为了塑造“反国民党”的社会氛围，将国民党打造成“外来政权”，之后又延伸到两岸。这种元语言下，清政府、“中华民国政府”以及大陆极易被塑造成和荷兰、西班牙、日本等一样的“殖民者”“压迫者”。《晚安台湾》的歌词“想着你过去受尽凌迟”，《岛屿天光》的歌词“我欲去对抗欺负咱的人”，都具有这样的隐喻。

伴随文本的塑造最显著的例子就是“二二八”。将“二二八事件”本身塑造成“被殖民地民族反抗运动”，是使“二二八”携带“台独”意义的前提。回顾“台独”历史学者对“二二八事件”的解读，充满夸大与曲解，包括认为“国民党延续奴役本省人的殖民体制”①“屠杀两万多本省平民”②等。如果对“二二八事件”的史实做这样的理解，再加上“悲情、反抗”的元语言环境，极易激起“台湾要独立自主”的情绪。如果没有这样的“先文本”，如接收者认为“二二八事件是陈仪的腐败统治造成的官逼民反，平民百姓包括本、外省人都从中受害”，那就很难接受“二二八”符号的“台独”意义。

（四）“台独”文化符号的“系统”构建

在元语言和伴随文本之外，“台独”文化符号的释义还有重要一环，就是重建或重组符号“系统”。“系统”是结构主义符号学的核心，指符号要在“覆盖全局”的符号系统中才能彼此区隔、明确意义。就像汉字系统，每一个汉字或其组合之所以携带这样那样的意义，主要不是因为其本身的写法，而是它们之间的区别，使每一个符号独占一个意义。

“台独”文化符号也存在这样的系统之中，尤其是那些“符用理据性”的符号。例如“爱台”“民主自由”等，通过“爱台—卖台”“民主自由—专制独裁”“台独—统一”等几组符号，对整个“系统全局”做二元划分，重新定义这

① 陈芳明:《二二八事件学术论文集》，台湾前卫出版社1991年1月版，序言部分第13—14页。

② 张炎宪、李筱峰:《二二八事件回忆集》之《彭明敏的回忆》，台湾稻乡出版社1990年5月版，第96页。

几个符号在“系统”内的意义。再如“台湾”“台湾人”与“中国”“中国人”并列使用，重组“系统”内符号与意义的对应关系，使“台湾”“台湾人”的意义不再从属于“中国”“中国人”的意义之内，而是指代和“中国”“中国人”同样的“国名”“国籍”。

三、“台独”文化符号的政治与社会影响

（一）形成“台独”文化符号作为“正项”符号的代言权力

语言符号中普遍存在“标出性”问题，即符号形态上是一部分，意义上却代表全部，形态上出现的部分称为“正项”，形态上未出现的部分称为“标出项”。例如汉字中“他”代表男性，“她”代表女性，但性别不明时只用“他”或“他们”，“他”就是“正项”，“她”是“标出项”，只有特指女性时才用“她”或“她们”。

文化符号也存在“标出性”问题，只不过不在形态上，而在“符用”上。“正项”代表主流，“标出项”代表“异类”或“亚文化”，人们用“正项”标准相互确认自己是“正常人”，同时用“标出项”排除、标识“异类”。[①] 例如电影里，普通人的装扮是“非标出项”，是“正常的、大众的，不需被注意的”，而主角或反派的装扮经常极具特色，如“蝙蝠侠”“小丑”，另类的“标出项”就是对角色或剧情的“提示”。

在台湾，许多“正项”文化符号逐渐被赋予“台独”意义，这一方面使“台独”理念得到更多传播与认同，另一方面也使携带“统一”意义的文化符号成为“标出项”，成为“异类”。例如“爱台”“自由民主”“台湾”“台湾人”等主流文化符号，本来并不代表“台独”，但一旦被赋予“台独”意义，“台独”就与主流文化捆绑一体，而“统一”则被推到主流文化的对立面，“统一”的符号自然受到大众排斥。很多青年人根本没有认真思考过“台独”或“统一”真正会给台湾带来什么，只是认为符号意义上“台独”等于“民主自由”、“统一”等于“专制独裁”，而接受“台独”，排斥“统一”以及“统一”符号。

① 赵毅衡：《符号学：原理与推演》，南京大学出版社 2011 年 3 月版，第 292 页。

	正项	标出项
符号	他、他们	她、她们
意义	男性或所有性别	女性
符号	着西装	内衣外穿
意义	商务人士或正常穿着	异装癖
符号	民主自由	专制独裁—统一
意义	“台湾价值”或“普世价值”—“独立自主”	邪恶思想
符号	《岛屿天光》	《义勇军进行曲》—统一
意义	励志歌曲或主流歌曲—独立自主	非主流歌曲

在将“统一”符号“异类化”之后，“台独”势力“去中国化”的阻力就大为减小，进而堂而皇之地清理“统一”符号，例如禁止悬挂五星红旗或播放中华人民共和国国歌、取消“光复节”假期、降格“郑成功祭典”等。

（二）混淆台湾民众的自我“身份”定位

符号学认为，“符号是人的本质”，“符号就是人自身”。[①] 在社会活动中，人用符号解释自己的身份，在身份互动中获得人际认同，身份集合成自我，确定自我，例如某人用“学者”“军迷”“健身达人”“儒雅”等一系列符号集合定义自己，接收者脑中自然就把这些符号拼合成这个人的轮廓。

在岛内社会，“台独”文化符号同样用来解释身份、确定自我，但“台独”文化符号的“分岔衍义”时常造成自我身份的混淆。例如“台湾”“台湾人”符号，原本只是“地名”“籍贯”的意义，现在又具有“国名”“国籍”的意义，当一个人意识到自己是“台湾人”，下意识就会将“地名”与“国名”、“籍贯”与“国籍”相混淆。台湾知名“统派”艺人刘乐妍就曾在 face book 发表一篇长文，指出各种新闻舆论把“台湾、中国”搞在一起让她很困惑，提出：“我出生在台湾，我在台北长大，我当然是台湾人，但我是中国人吗？”“我的爷爷奶奶拿台湾身份证在台湾生活四十几年，他们就不再是中国人吗？”刘乐妍最终经过回顾爷爷奶奶的言传身教，得出“我是台湾人，也是中国人”的结论。但大多数台湾青年没有“外省后代”的家庭背景，也没有受到“中国是祖国、是故乡”的言传身教，成长在媒体、舆论、课本等对这些符号的滥用之中，自我身份的混淆很难纠正。

① 赵毅衡、胡易容：《符号学：传媒学词典》，南京大学出版社 2012 年 10 月版，第 121 页。

（三）增加大陆打击“台独”的难度

陈水扁执政期间操弄“法理台独”失败后，“激进台独”迅速失去市场，许多直观的“台独”文化符号，如“一边一国”“制宪建国”等，正逐渐退出政治舞台。随着民进党诉求“事实独立”的“柔性台独”政策取代“法理台独”，大量“符用理据性”符号作为“柔性台独”的手段出现。台湾地区领导人蔡英文不再讲“建立台湾国”，而是说“维护民主自由”；留学海外的台湾学生不再直接鼓吹“一边一国”，而是对别人提问“你是中国人吗？”，回答“不，我是台湾人”；台湾青年也不再高喊“制宪建国”，而是高唱《岛屿天光》，号称追求幸福。这给大陆打击“台独”在操作层面上制造一个难题，就是“反台独”极易被扭曲成“反民主自由”“反台湾”“反台湾人”“反人性”。

正因如此，已经有学者提出，“未来符号权力的争夺将成为两岸关系的主轴”。[①] 应对这种变化，“反台独”首先要更有技巧性，避免简单直接的“批判”。其次要体现人文性，尊重台湾民众的情感诉求与主流文化。最后要具有系统性，符号权的争夺不仅在于符号本身，更多的是元语言与伴随文本的重构。

---

① 《王贞威：两岸关系中对符号权力的争夺》，2016 年 11 月 9 日《联合早报》（https://www.zaobao.com/forum/views/opinion/story20161109-687983），2018 年 11 月 10 日访问。

“文化治理”理论视阈下的两岸青年互动与交流

郭善文*

“治理”理论是以协调、协商、沟通的方式，来达成政策的目标，强调自下而上的方式形塑出政策。故此，“治理”理论关注微观层面及其对于宏观层面影响之探讨。在“治理”理论的视域下，两岸青年间的互动与交流达到一定条件亦可起到形塑政策的效果。也即是说，会逐渐形成一种导向作用。为此，只有在进行深入了解彼此的基础之上开展更为深入的交流与互动才有可能形塑出相应的政策。而本文所提之“文化治理”是“治理”在“文化”领域的具体体现。在网络生活化、泛娱乐化的时代背景下，把握两岸青年人的网络使用习惯、突破对台湾青年认知的思维惯性，在两岸青年的交流与互动中显得格外重要。本文以“网络文化中的议题场域”与“生活文化中的思维惯性”为自变量，“文化治理”为因变量进行探讨，以期两岸青年在增进彼此深入了解的基础上继续扩大交流与互动，进而期待形塑出更利于两岸青年福祉的政策。

一、理论探讨：“治理”与“文化治理”

首先，关于对“治理”的理解。“治理”是一个相对松散且又模糊的理论，其流派众多，诸多学科也将此概念引入研究。“治理”在希腊文为 kubernan，意为“领航”或是“掌舵”的意思（Kjaer, 2004:3）；亦有英文词典将“治理”视为通常的权威性执行；也有将“治理”视同政府的同义词，由国家来提供社会的导向（Stoker, 1998:1）；也有将“治理”视为“建立规则、运用规则和执行规则”（Kjaer, 2004:88）。这些关于“治理”的观点，是目前对“治理”较为常

* 郭善文，《澳门月刊》助理研究员、台湾成功大学政治经济研究所博士生。

见的理解。是故，“治理”有较为丰富的外延。同时，面对快速变迁的时代，治理带来新的变迁意象和观念，因而吸引许多研究者投入更多的注意在其发生的变迁产生组织的新改变、新概念、新议程(陈金贵,2013:27)。亦诚如治理学者R.A.W. Rhodes认为对政府而言，治理意味着一种改变，这牵涉到新的治理程序、命令式规则的改变或是治理社会的新方法（Rhodes,1997:46）。目前，“治理”被大陆学者已经引入到政治学、管理学、社会学、教育学、传播学等学科的研究之中[①]。主要都是以“治理由国家来提供社会的导向”或“治理是建立规则、运用规则和执行规则”为主要解释。本文更倾向于认同后者，即治理是建立规则、运用规则和执行规则，且认为“治理”是以协调、协商、沟通的方式，来达成政策的目标，可以由自下而上的方式形塑出政策。

其次，是关于对“文化治理”的理解。“文化治理”随着“治理”与“善治”的社会功能不断凸显，文化治理也随之受到文化研究、政治学、公共管理等领域的广泛关注（王彦伟 赵雅萍，2017）。有学者认为“文化治理”是指通过文化来实行政治、经济和社会场域之调节与争议，以各类组织、程序、知识、技术、论述和实作为运作机制而组构的体制或场域（王志弘，2014）；亦有学者认为“文化治理”是文化研究的新领域（徐一超，2014）。如“治理”的概念一样，学界对“文化治理”概念的理解、运用，甚至态度都大不相同，往往是“一个词汇，各自表述”，尚无基本共识（王前，2015）。就目前大陆学者的研究而言，本文认同从学术意义上而言最早关注“文化治理”是郭灵凤的《欧盟文化政策与文化治理》[②]亦认为“文化治理”与“治理”原属于政治学的这一概念紧密相关。简言之，“文化治理”是“治理”在“文化”领域的运用。

二、自变量之一：受网络文化影响下两岸青年的互动与交流

当下的青年人是伴随“互联网”成长起来的一代，两岸青年间的交流与对话，从未离开互联网的影响。随着互联网的发展，甚至扮演着越来越重要的角色。

---

① 如：殷琦的《“治理”的兴起及其内涵衍变——以其在中国传媒领域中的使用为例》一文；曹院平的《基于治理理论的高校教师评价制度分析》一文。

② 王彦伟 赵雅萍于《文化治理：一个治理领域抑或一种治理方式？》一文中亦有此观点。郭灵凤《欧盟文化政策与文化治理》一文刊发于《欧洲研究》2007年第2期。虽何满子于1994年就已发表了一篇名为《文化治理》，但此文仅为评论性文章。

首先，以“两岸青年热衷收看的节目或电视剧”这一视角为探讨。台湾地区从20世纪80年代后期，台湾地区的媒体数量暴增，至今成为全球媒体覆盖率最高的地区之一。[①]随着媒体数量的暴增也带来了各电视节目之间的激烈竞争，出现了一些两岸都很欢迎的电视节目、电视剧。以往都是以大陆电视台购买台湾地区节目或者电视剧播放的模式。而在互联网兴起之后，是身处大陆的受众可以直接通过互联网点阅台湾地区的电视节目或者电视剧。尤其是在两岸青年之间，甚至某些娱乐事件也可形成一些可以交流对话的议题。近年来，大陆电视节目和电视剧制作水平的迅速提升，反观台湾电视节目却长时期处于恶性竞争的状态。作为普通的受众群，带来的观感差异，当然是优先选择制作优良的节目观看，大陆越来越多的节目被台湾青年所喜爱。如《步步惊心》《甄嬛传》《我是歌手》《极限挑战》等等，当然也成为在台湾的青年朋友们日常讨论的话题。甚至出现了台湾青年观看过一些真人秀节目后而改变了一些对大陆的认识。互联网确实为两岸青年的交流搭建了一个议题讨论场域。

其次，两岸青年均受互联网营销的影响。以两岸都熟悉的“双11购物节”为例。双11当天也是各大网络商家以“脱离光棍状态”为由打折促销的时期。从2009年11月11日开始，国内电商龙头“淘宝”将该日宣传为“狂欢购物节”，随后其他电商也纷纷加入，“光棍节”逐渐演变成网络购物节日，2017年11月11日当天大陆全部网络销售额为2539.7亿人民币。[②]在三年前已经成为全球最大的互联网的购物节日。[③]近年来台湾地区的电商平台也参与进“双11”的营销风潮之中。以2018年为例，台湾地区受欢迎的平台“PChome”“Yahoo商城”“博客来”等都纷纷以“双十一”为营销。因为网络购物相对便宜且选择多成为两岸的青年所喜欢的购物方式。毫不夸张地说，网络购物的兴起与普及为两岸青年在日常生活中形塑了一种相似的生活文化。

再次，是随着智能手机的普及，手机APP也成为两岸青年文化交流互动的场域，可以建立起一些话题讨论。如，从去年开始在两岸青年之间流行起了一款名为“抖音”（Tik Tok）音乐短影片社区APP。据“抖音”官方公布数据其

① 据台湾地区“国家通讯传播委员会”广播电视事业许可家数统计。截至2017年9月，台湾地区共计有171家无线电广播电台，无线电视电台5家（22个频道），小区共同天线业者5家（7张牌照），有线电视系统经营业者65家，卫星广播电视事业128家（291个频道）以及他类频道节目供应事业29家（42频道）。

② 《双十一收官：全网销售额2539.7亿　各种榜单相继出炉》，http://finance.sina.com.cn/china/2017-11-12/doc-ifynstfh5894627.shtml，2018年11月2日访问。

③ 《外媒看世界最大双十一购物节　羡慕嫉妒没有恨》，中国日报中文网，http://world.chinadaily.com.cn/2015-11/11/content_22431540.htm，2018年11月2日访问。

全球月活跃用户数超过5亿，在大陆地区用户的日活跃达到1.5亿，月活跃达到3亿。主力用户群体从早期的18到24岁，上升到了24到30岁用户，该年龄段用户占比目前已经超过40%。① 另据应用市场研究公司 Sensor Tower 的数据显示，今年一季度，抖音下载量达4580万次，成为苹果应用商店全球下载量最高的 iPhone 应用。在台湾地区抖音可说是台湾中小学生近几年最热门的话题②,还有关于拍摄"抖音"的比赛③。回归到分析层面,在两岸青年之间也早已把"使用抖音"当作社交日常，每天乐此不疲地花1到2小时刷抖音，录影音分享给朋友及其他网友们。只要点选几个按钮，你就能用抖音快速制作精美的音乐影片，甚至能加入有趣的特效，让影片更加有趣。"抖音 APP"透过社群平台的形式将用户们的影片快速扩散，并让其他用户留言、点爱心来表达对影片的喜爱，快速满足年轻人们"想被认同、肯定"的心态。

不可否认互联网的日新月异为两岸青年的交流与对话带来了非常正面的影响。同时，我们也要注意到，当下的全球社会处于一个由互联网高速发展带来的"全网"④ 时代。"全网"强调多渠道地融入互联网，最明显的特征可穿戴互联网接入设备的兴起，如 Apple watch，智能手环等。人们已经不自觉的处于这样一个全网时代，身处海峡两岸的青年也不例外。这并不仅仅是一种资讯传播方式的改变，更重要的是全网时代让资讯更聚焦，点到点的传播效率更高，加之社交软件不断地推陈出新让受众对其所接收到资讯的反应更迅速。在两岸青年的交流领域，两岸青年对某一社会事件、娱乐事件的讨论都可以更容易，更易形成一个讨论的公共场域，会带来一些彼此之间的了解。当然，其中传播效率更高并不代表所传播信息真实性越高，甚至会这样传播效率提升会被一些别有用心人士所操作。

---

① 《抖音全球月活跃用户数突破5亿》，人民网，http://finance.people.com.cn/n1/2018/0717/c67737-30153417.html，2018年11月2日访问。

② 《台湾中小学生的最爱！"抖音"15秒对嘴影片，到底在红什么？》，行销人网，https://www.marketersgo.com/2018/06/21/dg3-what-is-tik-tok-popular-for/#/，2018年11月2日访问。

③ 《桃园台湾好行 抖音创意竞赛——玩抖音》，https://bhuntr.com/tw/competitions/5150811192808102w，2018年11月2日访问。

④ "全网"的概念本是电子商务领域在近年来面临网络时代而产生的一个概念，本指将产品规划、产品开发、网站建设、网店运营、品牌推广、产品分销等一系列电子商务内容集成于一体的新型营销模式，是集合传统网络、移动互联网、PC 互联网为一体进行营销。

三、自变量之二：受惯性思维影响的两岸青年的互动与交流

习惯性思维模式充斥在我们平常生活中的各个角落。如，很多人习惯性地认为在海边出生长大的人就一定会游泳，看见包装比较好的产品我们也似乎习惯性认为一定很贵。惯性思维会在做出决策前就形成思维上的预判和认定，这样当然不利于形成良好的决策。执行效果良好的决策只有建立在真实的了解和认知的基础之上。由于海峡两岸长期处于分离状态，相互隔阂在所难免。冰冻三尺非一日之寒，化解这样的寒冰当然需要时间和耐心。其中所需要的时间和耐心都是建立在一定程度的了解和认知基础之上。在两岸青年交流领域，也存在一定的“惯性思维”。比如，认为台湾青年人已经被“天然独”了，也已经丧失了中华传统文化的根；中南部的台湾青年非常抵触“两岸交流”，不愿意看到两岸交流，更不愿意去主动投身两岸的青年交流；几乎认为台湾岛内不论北中南间的青年都已经是“天然独”的想法。事实上亦真是如此？

（一）与台湾中南部青年对话

但凡提及两岸青年交流，惯性思维使然会很容易对“台湾青年”形成思维定式，认为他们的年龄与成长的时代背景相似。其实，在开展台湾青年的交流与对话中并没有很好地区分“北台湾”与“中南部台湾”的概念。为了继续开展更为有效的两岸青年间的交流与对话，就必须突破这样的思维定式，在“共性”中找到各自的“个性”。

20 世纪 80 年代之后，北台新竹科学园区在经济上成功发展并与全球生产网络接轨。[①] 加之，台当局期待以“贴补促发展”政策倾向，加速形成了台湾岛内区域不均衡的现象。由于地形所限，台湾的产业空间主要分布西部平原。而近 20 年来以北部区域产业聚集的情形更为突出。北部区域随着财政补贴政策大量投入资源，挹注高科技产业，并强化其金融中心与服务业优势，而吸引了中产阶级进驻。南台湾传统农业与加工制造业，长期以来支持北台生产性服务、研发并理所当然地用以支持高科技产业发展；更由于高科技产业的产值高，被执政者视为政治资本，进而开启并深化了区域发展不均衡及空间分工失衡下所

① 王文诚：《形成连结：北欧芬兰与东南台湾之全球经济网络》，台湾 2007 年度“‘国科会’专题计划”。

形成的区域分殊。[1]

长此以往，北台湾集中台湾地区最好的教育资源、医疗资源以及文化资源等。社会资源的不均衡当然会影响岛内民众的日常生活，进而会影响对政治的态度。美国学者 Ronald Inglehart 所提出的“价值变迁理论”（Theory of Value Change），即在长期研究欧美等先进工业化社会在长期经济发展之下，民众的基本价值将会由原先重视物质需求（生理、安全）转而重视非物质需求（环境保育、自我实现）；亦由“物质主义价值”（Materialism Value）变成“后物质主义价值”（Post-materialism Value）[2]。换言之，一个社会区域经济发展的差异性会影响其区域政治认同的差异。也即是说，较为低落经济发展区域，都属于“物质主义”的政治文化，其政治态度都以“经济安全”为重。

体现在两岸议题上，南北台湾存在的差异巨大。北部更关心“高阶政治”（High Politics），例如，“九二共识”。在南部根本不在乎，南部在乎的是对生活有帮助的东西，这是“低阶政治”（Low Politics）。就像虱目鱼卖大陆只是为了改善生活。[3] 在两岸青年交流领域中，也存在类似的现象。在台湾，年轻人喜欢称台北市为“天龙国”[4]，“天龙国”以外的人认为“天龙国国民”享受着不同的生活，有着不同的生活期待。事实上也是如此，大部分的北部台青普遍更看重自身的发展，更看重以后的人生规划，而中南部的青年更希望解决当下工作与薪酬问题。在两岸青年交流领域，尽管目前各方对两岸青年交流活动支持力度不小，基本上是只需要支付交通费用，但似乎缺少了对一些台湾中南部想参与两岸交流但又无法参与学生的关注。尤其是对于一些台湾中南部尤其是技职体系学校的学生而言，因两岸交流的交通花费连也是一笔不小的开支。

值得注意的是，岛内别有用心的政客为达政治目的，在课纲上推行“去中

---

① 汪明生:《两岸大局的症结与关键仍是在南台湾》，载于《南台湾与两岸关系》，时英出版社，2014 年 10 月。

② Abramson，Paul R，and Ronald Inglehart,1986,“Generational Replacement and Value Change in Six West European Societies”, *American Journal of Political Science,*Vol.30,NO.1,1986,pp.1-25. Ronald Inglehart, *Culture Shift in Advanced Industrial Society*, (Princeton,N.J.:Princeton University Press,1990),pp.133-135.Abramson Maslow, Motivation and Personality,(New York: Harper and Row,1954.)

③《在地发声 南台湾设两岸智库》, http://www.chinatimes.com/cn/newspapers/20180102000513-260108，2018 年 11 月 2 日访问。

④ 关于“天龙国”与“天龙人”，源自日本漫画 *ONE PIECE* 中的一个族群，漫画里的天龙人是世界政府创造者的后裔，处处享有特权。他们的特色是自认血统高贵，因不屑与百姓呼吸相同的空气，所以时时都戴着氧气罩，一旦受到触犯，海军上将便会出动护航，导致行为达到无法无天的地步。台北市民被戏谑的称为“天龙人”，而“天龙国”俨然成为台北市的别名，其中房价高、象征高社经阶级的大安区、信义区被戏称为“天龙区”，士林区天母则被戏称为“天龙城”。

国化”以及“逢中必反”的思维，使得一些台湾青年学子无法养成全面的史观，进而形成了所谓的“天然独”。尤其是在“太阳花学运”之后创党的“时代力量”，更将“天然独”当成是政治营销的工具，快速地拉拢更多年轻人的认同。

（二）与“北漂”青年对话

如同前文所提，惯性思维会让我们认为，当下的台湾青年已经被彻底的“天然独”。但恰好因岛内“北漂”议题讨论的热络，正好可以看到其“北漂”议题背后“中华传统文化”依然存在。尤其在“北漂”议题持续发酵的南台湾，很少人关注“北漂”背后的文化价值思考。惯性思维也让普通大众仅停留在了政治层面去思考，也需要尝试与“北漂青年”做一些深层次的了解。

“北漂”一词源于大陆，原是指没有北京户籍，但在北京市工作的人。因他们在来京初期少有固定的住所，搬来搬去，给人飘忽不定的感觉，故此得名。“北漂”一词的背后，其实是一份不安。城市给他们一份职业和一间出租屋，却不承认他们属于这个城市。从心理层面而言，这些人处于一种所谓“漂泊”的状态，缺少一种心灵的安全感和归属感。“北漂”一词不仅在大陆使用，在台湾地区的青年人间也常使用“北漂”一词。尤其是在今年台湾“九合一”选举中，国民党籍高雄市长候选人韩国瑜将“北漂”一词炒热。在台湾，“北漂”泛指的是台湾中南部的民众到台北工作的族群。在这个族群之中，又是青年人居多，但具体数量确实无法准确估计。[①] 仅从高雄市的人口数量变化来看，人口的外流问题与老龄化确实非常严重。[②] 由此可见，“北漂青年”的人口数量规模确实庞大。正是“想要回家工作，想要照顾父母”这样简单的理由，激起了北漂青年内心深处的感受。其实，“北漂”与否，其实台湾青年早以将这样的文化内化于心。这种“家”“孝”的文化，正是中华文化的核心价值观。有学者认为，无论外界环境怎么变，“家与孝”都是我们不应该丢掉的东西。“家与孝”的问题，既是理解中国传统文化和哲学的要害，也是理解人类本性和未来的关键（张祥龙，2017）。“家”“孝”的文化不仅是不能丢掉的文化价值，更是两岸青年都无

① 民进党议员邱俊宪算出高雄“北漂”青年约 7 万人，国民党高雄市长候选人韩国瑜则推估高雄“北漂”青年约 30 万到 50 万人之间。《北漂青年多少 蓝绿交锋》https://www.chinatimes.com/newspapers/20181009001531-260107，2018 年 11 月 2 日访问。

② 相较 2011 年，8 年来人口成长数仅 73 人。除了人口外移外，高雄更面临高龄化社会，老年人口占总人口数从 2010 年的 10.29%，持续上升到 2017 年更达到 14.22%，然而根据世界卫生组织 WHO 定义，比例 14% 为高龄社会。《高雄 8 年人口成长数仅 73 人 景气冷暖官民感受不一》https://www.cmmedia.com.tw/home/articles/11420，2018 年 11 月 2 日访问。

法丢掉的东西。

四、结论

综上所述，互联网的发展为两岸青年的交流提供了一个可以进行议题讨论的场域，同时也不断提供了各种议题的参与讨论。而所谓的“惯性思维”在某种程度上在两岸青年交流领域阻碍了两岸青年良好交流与对话。而本文认为的“两岸青年间交流与对话”，不能仅仅是一些活动增进实质上的情谊，更应该上升到一个思维和文化上的交流与对话。本文所及之“文化治理”实质上是“治理”的价值导向在文化领域的具体体现。基于两岸现实考虑，先要有形成文化治理场域，在场域之中要有议题讨论。随着互联网科技的发展，不仅提供了文化讨论场域也提供了源源不断的讨论议题。另一方面，有了可讨论场域也有了议题，我们当然要以突破传统惯性思维过后的了解之基础上进行来两岸青年的交流与对话。唯有于此，才会让两岸青年间的交流与对话变得更有意义，才会有期待形塑出有利于两岸青年福祉的政策。

短视频社交平台与台湾青少年网络流行文化初探

施沛琳*

“抖音现象”是近一两年先出现在大陆、并传播至境外的互联网青少年流行网络文化。目前，海外版“抖音”TikTok应用程序软件打入台湾校园，研究其背后成因与应用软件成功之道，可作为建立两岸青少年融合发展平台之参考。

一、短视频社交的崛起

移动通信与互联网结合为一体的移动互联网时代，已进入你我生活之中，有关移动应用领域也越来越火红，成为飙网的平台；而其中，一款时下火爆的应用软件“TikTok”APP，从中国大陆的“抖音短视频”（又称“陆版抖音”）开始风行起，远征至日本、韩国、东南亚等地，更狂扫台湾地区，岛内中小学青少年一阵狂热，甚至连“九合一”选举的参选人也大打“抖音牌”。

因应互联网受众观看习性与视觉效果，15秒到几分钟不等、且伴有音乐与特效的短视频，自2017年开始在全球蔚为风潮。对视频制作者和观赏者来说，这些短视频既新奇又有趣。而包括：“TikTok”、Musical.ly、现时动态等，均为此趋势下的产物，其中又以TikTok为甚。

2016年在大陆上线的“抖音短视频”，因其相似度高的用户接口、搭配音乐对嘴的15秒短视频平台，主要客群主打18到24岁的年轻人，一开始被视为“音乐版Instagram-Musical.ly”的仿效者。2017年3月，大陆相声演员岳云鹏在

* 施沛琳，台湾台南市人，厦门大学历史系博士，福建师范大学闽台区域研究中心特聘研究员、闽南师范大学闽南文化研究院教授。

微博上的转发，俗称“陆版抖音”的“抖音短视频”开始受到大陆网友关注。①

“抖音短视频”目前是大陆最受欢迎的短视频应用程序之一；据统计，2018年6月大陆平均每日活跃用户达1.5亿人，是同年1月份数值的4倍；每个月逾3亿名活跃用户，相当于10%的大陆民众都在用“抖音短视频”。对于一个上架不到两年的应用软件而言，这是显著的增长。②

数据也指出，大陆网络巨人“腾讯”正支持直播平台“快手”加入短视频战局，与“抖音短视频”较劲。“快手”在大陆中低度开发地区享有高人气，也累积了许多用户，拥有3.34亿每月活跃用户和1.3亿每日活跃用户。③

2018年4月，腾讯科技旗下互联网产业趋势研究、案例与数据分析专业机构“企鹅智酷”发布的《抖音、快手用户研究报告》显示，“抖音短视频”上大约22%的用户每天使用该APP超过1个小时，目前的日活跃用户与月活跃用户的比值（即DAU/MAU）已经达到0.45；这意味着平均每人每月有13.5天会打开使用这个APP。而那些沉浸度较高的游戏比值通常在0.3—0.6。④

2018年8月的统计，大陆短视频APP月活跃用户排行榜，“快手”排名虽居首位，为21939.34万人，环比却下降3.6%；而“抖音短视频”紧接在后，用户2091 6.46万人，环比却增长9.08。⑤

同时，“抖音短视频”亦为全球范围内最流行的视频应用之一，在台湾地区及日美与东南亚等国家同样受欢迎。其全球布局始于2017年8月，截至目前，“抖音短视频”海外版“TikTok”（又称“海外版抖音”）已覆盖全球150多个国家，月活用户超过5亿。“抖音”所属的北京字节跳动科技CEO张一鸣先前曾指出，截至今年6月，字节跳动海外用户规模，将近占整体用户的20%。⑥

“TikTok”逐渐在美国开始流行，9月成为美国下载数最多的一款社群软件。

---

① 杨采翎：《魔性App“抖音”窜红，15秒对嘴唱跳短片席卷全台中小学！》，https://buzzorange.com/techorange/2018/04/03/tik-tok/，浏览时间：2018-10-20。

② 前瞻网：《抖音快手推动中国短视频社交媒体崛起　直播巅峰时代或将终结》，https://t.qianzhan.com/caijing/detail/180919-cbaaa693.html，浏览时间：2018-11-02。

③ 唐子晴：《抖音成为全球第七个月活跃用户数破5亿的App，正悄悄从电商切入》，https://www.bnext.com.tw/article/49921/tik-tok-hits-500-million-global-monthly-active-users-as-social-app，浏览时间：2018-10-20。

④ 爱范儿：《一款让微博都紧张的App——抖音，是怎么让人上瘾的？》，https://www.bnext.com.tw/article/48870/how-tik-tok-make-people-addictiv，浏览时间：2018-10-20。

⑤ 中国风情网：《2018年8月短视频APP月活跃用户排行榜》，http://www.pig66.com/2018/145_0923/17216253.html，浏览时间：2018-11-02。

⑥ “雨果网”郭汇雯整理：《抖音风靡全球，爆发式用户增长的八大秘诀》，http://www.cifnews.com/article/36410，浏览时间：2018-11-02。

据加州主流APP分析平台Sensor Tower的数据显示，2018年上半年，TikTok在“苹果”App store的下载次数逾1.04亿次，是全球下载量最大的iPhone应用，总计4580万，超过了Facebook、YouTube、Instagram。[①]

根据QuestMobile数据显示，2017年8月至2018年1月，“TikTok”日均活跃用户从约1000万飞跃到约4000万，且增长主要来自于春节期间的营销活动。同时，APP Annie2月数据显示，“TikTok”下载量冲至全球第七；2018年6月12日，“TikTok”注册日活用户突破1.5亿，月活用户超过3亿。[②]

在日本、韩国亦然。TikTok与musical.ly先后在日本、泰国、越南、印度尼西亚、印度、德国等国家成为当地最受欢迎短视频APP。APP Annie公开记录显示，TikTok和musical.ly先后在全球40多个国家应用商店登顶。其中在日本，TikTok已成为主流APP。[③]

在印度尼西亚，“陆版抖音”的爆款内容被广泛传播，如:《短发姑娘》《爱的就是你》等中国大陆歌曲，先后成为印度尼西亚“抖友”的最爱；其中有29万人使用《爱的就是你》作为视频的背景音乐。其他如：在大陆受欢迎的dura舞、拍灰舞、爱心手势舞同样受当地人喜欢。[④]简单来说就是“全球爆款联动+本地化运营”。

若只有素人的一窝蜂，“抖音”终究只是地区性的互动软件，但自从中国大陆网红、韩国艺人的加入后，不论抖音短视频或TikTok均顺利打入年轻人心中，甚至走入校园，包括因韩星李钟硕、南柱赫爆红的扶下巴影片以及台湾网红“这群人”“放火”的加入，都是吸引许多年轻人加入“抖音”模仿的诱因。

尤其在台湾地区中小学校园内，学生更对“抖音”为之狂扫；上课课堂间、教室走廊上四处可见dura舞、拍灰舞、爱心手势舞等等，青少年同侪之间没下载这款App者早已落伍了。甚至在TikTok上，类似学生在课堂中背着上课老师、蹲在课桌椅上跳舞的视频也不时出现。

2018年3月台湾知名杂志《天下杂志》报导:“在嘲笑中国大陆的网络服务

① 唐子晴:《抖音成为全球第七个月活跃用户数破5亿的App，正悄悄从电商切入》，https://www.bnext.com.tw/article/49921/tik-tok-hits-500-million-global-monthly-active-users-as-social-app，浏览时间：2018-10-20。

② 《大陆APP抖音超夯 每日活跃用户量逾1.5亿人》https://www.limitlessiq.com/news/post/view/id/5197/，浏览时间：2018-10-20。

③ 吕倩:《抖音国内日活破1.5亿与微信矛盾公开化但并不依赖对方》，https://hk.saowen.com/a/4d8425586a6dffe27cafb4c51d0a7bfe4a8731011469e97bdcb09e96b0decee3，浏览时间：2018-10-23。

④ “雨果网”郭汇雯整理:《抖音风靡全球，爆发式用户增长的八大秘诀》，http://www.cifnews.com/article/36410，浏览时间：2018-11-02。

走不出国门，只能‘封闭演化’吗？与‘今日头条’同属一个中国大陆集团的影音 App‘抖音’（TikTok），却正低调地风靡入台湾各所中小学，快速掳获台湾年轻人的心，它是怎么做到的？”①

连大人也疯狂。在台湾“九合一”选举期间，这款火红软件竟成了参选人的宣传利器，包括：台北市长柯文哲、新北市长参选人侯友宜、高雄市长参选人韩国瑜、嘉义市长参选人黄敏惠等为吸引年轻族群，与网红互动，都玩起 TikTok App，使劲抖开卖萌展现亲和力。②

事实上，2018 年 3 月间，“Delete Facebook”（删除脸书）运动在网络上遍地开花。《纽约时报》揭发“脸书”让“剑桥分析”（Cambridge Analytica）滥用 5 千万用户个资后，特斯拉和 SpaceX 创办人马斯克（Elon Musk）也跟进，立刻删除两个“脸书”粉丝专页。而就在“脸书”遭到网友围攻之际，TikTok 正悄悄席卷台湾校园，使用人数快速成长。

甚至在 2018 年 11 月初，“脸书”并未在其官网发表任何公告，而由其产品经理潘博文 (Brown Pan) 在自己的“推特”上宣布一款叫“Lasso”视频应用软件。③ 而这款“Lasso”，可上传的视频 15 秒，用户可加入喜欢的音乐作为背景音乐，其可选的版权音乐高达数百万首。2014 年 6 月“脸书”早即已发表过一款准备要打败当时另一个社交媒体“Snapchat”的应用软件“Slingshot”，但不过两年不到，就被“脸书”从 App 商店下架。这回，几乎把“抖音”有的功能整个复制过来，意味着要以复制对手来打败对手，尽显司马昭之心。

事实上，过去 10 年中，社交媒体已被证明是歌曲流行最重要的影响因素。其中，TikTok 也成为新一代歌曲的主力传播平台。社交媒体的出现，让许多创造性使用工具所提到的方法可能实现。加上听众现已拥有比以往更多的选择、各种音乐串流平台，使他们能够发现过去错过的内容，于是海量曲库源源不断，最后发展成音乐社群更细微的分众化、产生的导流效果，最终影响歌曲的流传，亦即流行与传播来自网状交会的渠道④。流传的如《学猫叫》《囧架架》成了“抖友”之间能会心一笑的网红神曲。

陆版与海外版“抖音”创立者均来自中国大陆的数据挖掘引擎公司今日头条（英文名“ByteDance”）。“ByteDance”是世界上最有价值的初创公司之一，

① 《天下杂志》彭子珊：《收割小学生，15 秒影音 APP“抖音”红什么？》，https://www.cw.com.tw/article/article.action?id=5088977，浏览时间：2018-11-02。

② 林庭瑶：《玩抖音打选战　萌翻了》，《联合报》A9 版，2018-10-08。

③ 易起宇：《脸书新影音 App 抖音翻版 》，《经济日报》A7 版，2018-11-11。

④ 袁永兴：《音乐社群分众化对流行歌曲的导流影响》，《联合报》C4 版，2018-09-24。

最新市值估价300亿美元，同时还是专注于美国和亚洲地区扩展阶段企业的领先风险投资公司纪源资本（GGV）投资的公司。

除了其旗舰的同名新闻产品外，《今日头条》还拥有许多其他的短视频应用。2017年11月，《今日头条》合并了另一个移动应用软件“Musical.ly”，这是全球最受欢迎的短视频应用之一，也是GGV投资组合公司之一。业界认为，这标志着《今日头条》的短视频业务已经延伸到移动互联网高度发达的北美地区，正式迎战美国互联网巨头。

打开App，直接出现全版的素人影片动态，一则一则往下滑就可以欣赏各式15秒的创意短影音，其中不少的剪辑效果甚至媲美韩国MV，极具专业程度。看完范例后，用户选择歌曲版型、视频编辑、特效等技术让视频更具创造性，而不是简单地对嘴型。就是这种自创、满足表演欲、社群分享的创作影音，让不少年轻学生纷纷陷入抖音的魔力。①

不论身处何地，无论使用的是陆版“抖音短视频”或海外版“TikTok”，现阶段应用软件的使用已形成全球化现象，“抖音文化”正为全球互联网用户共建与形塑中。全球年轻用户在同一个平台上，以短视频进行着虚拟世界的社交，“抖音族”悄悄在全球各个角落形成与“冒泡”。“今天刷抖音时看到一个……”“唷，这个可以来发抖音”在年轻族群间流传着，他们每天花1至2小时，录个影音分享给朋友，上传平台；玩的是技术创意，也是喜欢被观赏的乐趣。就像是年轻人的KTV，“抖音”走的是新潮娱乐化路线，做的是内容泛化。

一般而言，要录制一段专业网红短视频，不只需要节奏感，连剪辑效果也要摸索，但是根据观察，“抖音”提供了很好的“技术流”；其内建功能可以改变拍摄速度、剪接、加入特效，就像是小型剪接软件，用这些技术就能拍出MV的效果。即便初入门者，正式软件下方的教学软件，满满的知识点供参考。使用者之间不但可以互评，也会另外到Instagram或Youtube上拍摄教学影片，让好奇的玩家也能完美复制自己的作品。手把手带大家成为视频剪辑专家，这种“简单、好玩”的特质，直接打趴其他越做越复杂又无法互动的剪辑软件。这种自创、满足表演欲、社群分享的创作视频，让不少年轻学生纷纷陷入抖音的魔力，目前，“抖音”用户层已呈现出低龄化的趋势。

根据数据显示，每个用户平均每天在该应用软件上花费20.5分钟。假设每个视频持续15秒，那就是每天观看82个视频。因此，“抖音”平台不得不在

① 杨采翎:《魔性App“抖音”蹿红，15秒对嘴唱跳短片席卷全台中小学！》，https://buzzorange.com/techorange/2018/04/03/tik-tok/，浏览时间：2018-10-20。

2018 年 4 月推出一个“反瘾系统”来提醒用户，他们在应用上花了太多时间。

二、流行短视频的热点分析

一般认为，“抖音”会呈现爆发式用户增长的秘诀，一是借助网红引流；大批网红成为“抖音”的主要内容贡献者。2017 年 11 月，《今日头条》为“抖音”的网红们举办了庆祝大会，并宣布将花费 3 亿美元帮助他们增长粉丝提高收入。它的目标是在未来一年创造超过 1000 名拥有百万粉丝的网红。而在国外，明星引流冷启动则成了开启海外市场的钥匙。例如：泰国知名艺人入驻吸引了无数粉丝；日本，“抖音”与日本第二大艺人事务所 HORIPRO 达成合作意向，HORIPRO 旗下的艺人也入驻抖音并发布作品。

对于用户而言，由于“抖音”平台提供了一个工具包，让任何人在拥有一部智能手机和一个好想法时，就能创造一个 15 秒的视频，并有可能被疯狂传播。这个工具包括了一个大型背景音乐库、各种美化滤镜、易于使用的编辑工具，它甚至还推出了可以帮助用户在拍摄视同时保持手机稳定的手机附件。“抖音”所提供的内容简易创作的平台，更能激发与释放普通民众的创造力。

虽然境内外下载版本不同，“抖音”最热门的内容基本包括：舞蹈、喜剧、婴儿、生活黑客（小窍门）、食物、宠物、恶作剧和特技表演。平台上许多疯狂转发的视频不是明星拍摄的，而是来自普通人日常生活里富有趣味的创意。该视频的一个流行分型是“生活黑客”。例如：自制菜肴或生活小妙招等视频。此外，平台也会定期推出视频标签，作为趋势潮流或平台内容主题，为用户提供创作视频的灵感，成千上万的用户会参与制作同一主题的视频。通过这些标签，“抖音”的视频内容被疯狂转发，比如已经成为全球性轰动的“海草舞”等。

这种主题标签其实亦为一种营销，让许多知名品牌也因此参与，例如：迈克高仕（Michael Kors）在“抖音”上发起“主题标签挑战”，邀请用户竞争创作最火爆的视频。通过与“抖音”的网红合作，品牌可以立刻拥有数百万用户参与，并将这些用户变成他们的营销对象。

“抖音”的评论板块亦可转化为社交区，即便是不上传视频但仅仅观看的用户，也可查看每一则视频的评论部分；用户查看的同时并不需要暂停视频而可阅读其评论。在评论区里，来自四面八方的用户，或用简体中文，或用繁体中文，或用英文或其他语言，其社交功能具有全球性视野。

“抖音”的核心竞争力，为用户进行个性化推荐是关键之一。平台拥有由微软亚洲研究院前高管领导的数千名工程师团队以及专属人工智能实验室，强大的搜索引擎驱动，能由用户过去的观看行为，确定什么样的内容能吸引特定的用户，并予推荐。当打开“抖音”时，默认模式“推荐给你”的内容频道，可看到素未谋面的创作者所展示的内容。通过这种方式，新的内容与创作者不断被发现。

海内外两个版本的部分内容有时是相通的，此乃其平台运营具有战略性全球眼光之故。首先体现在进军海外市场的同时，将中文版简洁页面与海外本土文化内容相结合，使产品既国际化，也提供优良的用户体验。

TikTok 将许多国家与地区的本土歌舞文化融入小视频中，例如：风靡印度的脸部绘画和在韩国大热的 k-pop。无论是日本市场还是泰国市场，也不管有无当地办公点，“抖音”都有专人对内容进行审核与筛选。若中国大陆出现爆款内容，运营人员会判断是否适合其他市场；如果适合，则将内容推向全球市场，比如尬舞机、Dura 舞、拍灰舞、爱心手势舞等；同时，海外市场有什么热门内容，也会被推荐给境内运营人员。简单来说就是“全球爆款联动 + 本地化运营”。

三、流行短视频的用户心理分析

据稍早的分析显示，在大陆境内“抖音短视频”用户的数据特点：近 50% 的用户年龄在 24 岁以上；60% 的用户是女性；超过 60% 的用户有大学学位；40% 左右的用户生活在一线城市和二线城市。①

大陆企鹅智酷 2017 年《分水岭》报告和同名图书里，提出了“中国和全球移动互联网红利在最优市场触顶”这一判断。于大陆而言，移动互联网最优市场主要指大家所最熟悉的一线城市，20—35 岁的互联网核心消费人群。②

然而，在台湾地区，TikTok 用户以中小学生为主，却也被批评其为“幼稚”或“弱智”行为。“抖音现象”烧得火红却也出现被抵制的风波，前阵子在台湾一个大学生为主要受众的社群网络服务网站“Dcard”上，有许多网友讨论，“Youtube”和“Instagram”满满的抖音广告，让人看得很烦，下降的影音素质

① “雨果网”郭汇雯整理:《抖音风靡全球，爆发式用户增长的八大秘诀》，http://www.cifnews.com/article/36410，浏览时间：2018-11-02。

② 企鹅智酷:《亿级新用户红利探秘：抖音、快手用户研究报告》，https://kuaibao.qq.com/s/TEC2018040900276303?refer=spider，浏览时间：2018-10-20。

也成为网友恼火，诸如以下的评语：

“太多智 X 初中生 8+9 玩了，所以很多人会觉得讨厌。”“我也会看，但是就是偶尔无聊看看的，但是看久了会发现上面屁孩他妈多。”“下载过哈哈哈，但其实里面的高中大学生都很少，小学初中生最多。”“抖音一堆小学生中学生都在拍，那么多爱心都是骗人的。”“真的不知道在红什么，看完直接尴尬癌发作。”“音乐还好，主要是他们的表情跟动作很想补一拳。”“只有不会跳舞的人才会想用这款 App 满足虚荣心。”“学跳舞的看到这个被说帅真的想杀人。”“像指挥交通一样，丑死，真的丑死。”“手在那边比划就是跳舞？笑死人”......

虽然台湾的 TikTok 使用者被批评得有点惨，不过青少年用户仍是大宗。另外，也有不少网友认为，陆版抖音影片内容，完全和台湾的不一样：

“其实大陆版抖音水平不差，只是被台湾小屁孩拉低水平。”“我只看大陆人拍的抖音，因为真的拍得蛮用心的。”“大陆版的抖音真的还比较有趣……海外版的不堪入目超台，有的时候不小心看到，耳朵眼睛都受伤害。”“台湾玩抖音全都 89，大陆玩抖音很正常很帅，选我正解。”“哈，我只看大陆的抖音，各种动物小孩超可爱，还有一些技术流或运镜其实打发时间，还不错。”①

从心理学上看青少年的“抖音现象”，是和年龄与成熟度有关。刷抖音上瘾，其实是因为它用一些大大小小的互动细节，可以让你大脑中的多巴胺激增，出现“行为上瘾”。行为上瘾与物质上瘾（比如药物及毒品上瘾等）的生理机制是相似的，他们都是刺激大脑中的同一个区域出现的结果。

普林斯顿心理学博士亚当·阿尔特（Adam Alter）关于行为上瘾的著作《欲罢不能：科技如何让我们上瘾？滑个不停的手指是否还有药医！》一书中，列举了六项行为上瘾的构成要素，分别是：诱人的目标、无法抵挡且无法预知的积极回馈、渐进改善的感觉、越来越困难的任务、需要解决却暂未解决的紧张感、强大的社会联系等。人一旦对某事某物上瘾，大脑会发生三种变化：脱敏

① 杨采翎：《魔性 App“抖音”蹿红，15 秒对嘴唱跳短片席卷全台中小学！》，https://buzzorange.com/techorange/2018/04/03/tik-tok/，浏览时间：2018-10-08。其中，“8+9”与“89”为“八家将”谐音，为网络语言，意指无所事事、只会参与庙会阵头活动的青少年。

9

反应、敏化反应和脑前额叶功能退化。大脑神经在适应了某种刺激以后，就会想要继续重复这种感觉，从而形成渴求。当人继续重复同样的行为，被刺激的区域就会产生耐受性，在同样的刺激下，产生的多巴胺和多巴胺受体会变少（即脱敏反应）。敏化反应则是让人对上瘾物相关的信息更加敏感，在上瘾者的眼里，上瘾物会变得比其他事物更加吸引人。而脑前额叶功能退化，将导致成瘾者控制冲动和预知后果的能力减弱，让人控制不住自己。①

如果是刷抖音出现行为上瘾，详细体验是这样的："你无法准确地预测自己会在什么时候打开抖音，打开抖音了以后不知道自己会刷多久，不知道什么时候才会关掉这个 App。于是，你决定选择放弃其他的活动，继续刷抖音，但就算继续停留在抖音上，你也没有办法再像以前那样享受刷抖音的乐趣了。"其实，把"抖音"替换成其他的网络产品，比如：微信朋友圈、新浪微博都是成立的，均属"行为上瘾"，与其他上瘾所呈现的情况是一样的。

"抖音"等流行短视频社交平台作为正被流量主、广告主追逐占坑的产品，已经满足了上面的这些要素，正在给用户带来不同程度、无法摆脱的奖赏和刺激，让一些人产生"行为上瘾"情形。

四、结论

互联网时代，以快速与视觉冲击取胜的短视频，满足了用户视觉感官与观看习惯；而在虚拟世界中，短视频流行平台更能延伸成用户社交园地，正如其他网络行为一样，大家在一个看不见对方的平台上进行着兴趣相同、话语相通的交流，短视频的特点正满足了此种需求。

站在两岸青少年融合前提，似可建议在目前流行风潮正热之际，通过短视频平台进行原声与原创短视频拍摄竞赛、以台湾青少年所喜爱的内容丰富海外版"抖音"平台、邀请"抖音"网红与用户见面会等等。

"抖音现象"虽正当其道，在流行文化背景下所产生的"抖音亚文化"也会与其他流行文化一样，当另外有一个更有趣更好玩的应用软件出现后，也许就被取代而销声匿迹了。由"抖音现象"可以让人更深入思考的问题是，尝试共建两岸青少年互动融合平台，亦为当务之急。

① 爱范儿:《一款让微博都紧张的 App——抖音，是怎么让人上瘾的？》，https://www.bnext.com.tw/article/48870/how-tik-tok-make-people-addictiv，浏览时间：2018-10-20。

社交媒体中的两岸青年认知落差评析

——以“东亚青运”主办权取消事件为例*

李仕燕　李智聪**

两岸学界普遍认为，两岸青年群体在重要议题分布上均有着显著的认知差异与认知共识，认知共识主要体现在相同的历史文化渊源，而认知差异则主要源于各自的群体记忆[①]。所谓“政治认知”是指人们对政治生活各个方面、对各种政治现象的认识和理解，在政治认知过程中，形成政治认同意识，确定“自我”与“非我”的界限是形成政治归属感的前提[②]。陈孔立教授指出，缺乏两岸民众共同的集群认知，将给两岸关系造成四种负面效应，一是对双方的主流文化，包括价值观、道德观造成冲击，在社会上引起不同程度的震荡；二是造成对对方的刻板印象，互相“妖魔化”，互相歧视，形成敌对情绪；三是对两岸文化认同造成冲击；四是文化冲突导致政治冲突[③]。而这种缺乏共同集群认知的情况在虚拟的社交媒体之中更容易被放大与激化。

* 基金项目：2015年教育部人文社科青年项目《两岸青年政治互信培养路径研究》（15YJCGAT002）；2017年广东省哲学社科特委项目《台湾社会阶层及其影响力调查研究》（GD17TW16）。

** 李仕燕，华南农业大学马克思主义学院副教授、硕士研究生导师；李智聪，男，华南农业大学动物科学学院2016动科专业学生。

① 童立群：《台湾青年两岸关系认知研究》，《统一战线学研究》，2017年第5期；艾明江：《“认知—情感—利益”：两岸青年交流模式的发展与演变》，《中国青年研究》，2017年第1期；张羽，王贞威，刘乐：《两岸青年学生对社会文化集群认知研究》，《厦门大学学报》，2015年第2期；苏振芳：《两岸青年文化认同与两岸和平发展》，《福建师范大学学报》，2011年第6期。

② 陈孔立：《走向和平发展的两岸关系》，九州出版社，2010年，第218页。

③ 陈孔立：《两岸之间的文化冲突》，《台湾研究集刊》2014年第1期。

一、两岸社交媒体现状及青年使用倾向

社交媒体（Social Media）在计算机技术和数字化技术的发展中产生。马歇尔·麦克卢汉认为“媒介即讯息”。“任何媒介施加的最强大的影响就是改变人的关系与活动，使其形态、规模、速度发生变化。”[①] 当前的 Web2.0 时代，是从 Web1.0 时代以 Web 网站为主要平台的“门户网站”模式演进到“个人门户”模式。这种模式最大的特征就是以用户为核心，通过“关系”要素将人们连接起来，形成了线上与线下关系、强关系与弱关系、直接关系与间接关系、社交互动关系与信息互动关系的融合。在这个模式中，网络内容与社交关系相结合，用户既可利用 Web 平台生成内容，也能促进新型社交关系的建立，形成基于血缘、业缘、兴趣、目标等为基础的圈子关系和所有人对所有人的传播模式。信息在社交媒体平台极易产生“裂变式”“个性化”与“立体化”传播效果，从而了独特的“自媒体”的传播模式[②]。

从理论上说，在“自媒体”时代，两岸同胞可以有更多的选择来实现直接沟通，但双方青年所使用的社交平台不同，所讨论的话题也均未全球化，没有一致的话题，也没有共同的舆论场，双方很难形成沟通。在出现矛盾与危机时，即使双方话题一致，而舆论场不同，仍然是各说各话[③]。在大陆，新浪微博是一个基于用户关系的信息分享、传播以及获取信息的公开平台，截至 2017 年 12 月，微博月活跃用户增至 3.92 亿，相比 2016 年年底增长 7900 万，创下上市以来最大数量的净增长，同期微博日活跃用户也增长到了 1.72 亿[④]。据中国互联网络信息中心（CNNIC）发布第 42 次《中国互联网络发展状况统计报告》，截至 2018 年 6 月 30 日，大陆网民规模已达 8.02 亿，尽管在纯社交媒体的使用量上，微博比起更个性化与私密化的微信在粉丝互动和内容分发等方面的价值进一步强化，但公开平台所营造出的及时资讯渠道，仍让用户使用率较 2017 年末增长 1.2 个百分点，达到 42.1%，用户规模半年增长 6.8%[⑤]。新浪微博使用用户年龄

① 马歇尔·麦克卢汉：《理解媒介：论人的延伸》，凤凰出版传媒集团，2011 年，第 5 页。

② 吴健民：《自媒体视阈下的新闻传播对传统新闻传播的冲击分析》，《记者摇篮》，2018 年 10 月。

③ 人民网：《两岸社交媒介使用差异导致沟通难度较大》，http://tw.people.com.cn/n1/2018/0404/c14657-29908245.html，2018 年 4 月 4 日。

④ 新浪科技：《微博月活跃用户达 3.92 亿　创上市以来最大数量净增长》，http://tech.sina.com.cn/i/2018-02-13/doc-ifyrmfmc2341675.shtml，2018 年 2 月 13 日。

⑤ 新浪财经：《CNNIC：微博用户使用率涨至 42.1% 成网红必选运营平台》，http://finance.sina.com.cn/stock/usstock/c/2018-08-20/doc-ihhxaafz3378602.shtml，2018 年 8 月 20 日。

25—30岁之间的比例最大的，这些数据与新浪微博本身作为一个公开社交平台不无关系[①]。

在台湾，据台湾社交媒体营销公司We Are Social及品牌管理服务提供商Hootsuite公布，台湾2017年的活跃社群使用者共有1900万人，占了全台人数的80%。其中，有1800万人习惯用手机上社群媒体。身为台湾最多人使用的社群媒体，脸书（Facebook）每个月拥有1900万的活跃用户数，其中95%使用者习惯用手机登入，表明手机等行动装置在台湾社会的普及性[②]，且在18—34岁之间的使用者数量居多（参见下表1）。

表1：台湾脸书（Facebook）使用者年龄分布

单位：人

年龄层	使用人数
13—17	2372779
18—24	4898337
25—34	3151068
35—44	2557531
45—54	1842607
55—64	759609

注：相关数据来自2018年8月台湾网络数据分析公司QSearch[③]

二、台中“东亚青运”主办权取消事件

2014年10月24日，在北京举办的第32届东亚运动会理事会上，由中华台北代表的台中市获得了2019年举办的第一届东亚青年运动会的举办权[④]。这是台湾地区继高雄“世运”、台北“听奥”和台北“世大运”后第四次举办大型国际

① 知乎：《新浪微博、微信朋友圈、QQ动态发布内容功能设计对比分析》，https://zhuanlan.zhihu.com/p/41977727，2018年8月14日。

② 行销人：FB社群龙头地位不保？ 台湾网络社群趋势全分析，https://www.marketersgo.com/2018/04/15/2017-social-media-analysis-report/，2018年4月15日。

③ 《台湾年轻人最爱看什么媒体粉丝页？——Facebook使用者年龄性别推测”。》QSearch Blog，https://blog.qsearch.cc/2018/08/台湾年轻人会爱看什么媒体，2018年8月21日。

④ 《2019首届东亚青运　台中主办》，《中时电子报》，https://www.chinatimes.com/cn/newspapers/20141025000873-260111，2014年10月25日。

综合运动赛事，也将是台湾地区首次举办奥运体系的国际赛事[①]，原预计会有来自9个国家的2300名运动员参赛。开闭幕将于台中洲际棒球场举行，竞赛场馆除了台中市，亦有部分比赛将于邻近的彰化县和南投县举行[②]。2018年7月24日上午10点，东亚奥协理事会在北京召开临时理事会，经过一番讨论后，最后以举手表决方式决定是否取消台中市主办权，最终以7票赞成、1票反对及1票弃权取消台中市的主办权[③]。

2018年7月25日，国务院台办发言人安峰山答记者问时指出，东亚奥协决定取消2019年东亚青年运动会，原因在于台湾一些政治势力和“台独”分子，在民进党当局的纵容下推动所谓“东京奥运正名公投”，公然挑战“奥运模式”，使台中2019年东亚青年运动会面临极大的政治风险和政治干扰。我们历来反对以政治干预体育，对所谓“正名公投”的挑衅，多次表达了坚决反对的立场。国际奥委会也高度关注，并致函中华台北奥委会表明态度。“奥运模式”必须坚持和维护，这是国际体育界的共识。取消台中2019年东亚青年运动会，是东亚奥协做出的正确决定。对东亚奥协决定取消台中市东亚青年运动会，民进党当局和推动所谓“公投”的“台独”势力难辞其咎。混淆视听、转移视线是无济于事的，他们要对自己的言行承担全部责任[④]。

台中市“东亚青运”主办权被取消的消息传到台湾后，中华奥会发表新闻稿表示，“东京奥运正名公投”是民间发起，尚未成案，不应以此理由取消台湾举办权，对此中华奥会深表遗憾[⑤]。7月30日，蔡英文在一个外事场合中表示：“‘中国’（大陆）不断‘打压’台湾，‘威胁’台湾的‘自由民主’生活方式；在‘中国（大陆）’的施压下，原定在台湾举办的东亚青年运动会被迫停办，但台湾不会在压力下屈服，身为国际社会负责任的一员，我们会持续努力维护区域的和平稳定。”[⑥]此后，台中市政府市长林佳龙等人召开国际记者会表示，以

① 《台中2019东亚青运　奥运五环旗首现台湾主办国际运动会》，《ETtoday运动云》，https://www.ettoday.net/news/20141024/417346.htm?feature=shinee&tab_id=198，2014年10月24日。

② 《台中2019东亚青运　奥运五环旗首现台湾主办国际运动会》，《ETtoday运动云》，https://www.ettoday.net/news/20141024/417346.htm?feature=shinee&tab_id=198，2014年10月24日。

③ 中时电子报：中市府30日召开国际记者会市长林佳龙正式向EAOC提东亚青主办权申复案，https://www.chinatimes.com/cn/realtimenews/20180729002166-260403，2018年7月29日。

④ 国台办：《国台办评东亚奥协决定取消2019年东亚青运会》，http://www.gwytb.gov.cn/m/news/201807/t20180725_12039805.htm，2018年7月25日。

⑤ 中华奥委会：《2019台中东亚青年运动会说明》中华奥委会新闻稿，http://www.tpenoc.net/?p=17483，2018年7月24日。

⑥ 中评社：《蔡英文会米洛维斯　称“中国打压台湾”不会屈服》，http://bj.crntt.com/crn-webapp/touch/detail.jsp?coluid=7&kindid=0&docid=105145432，2018年7月30日。

主办城市首长兼任2019第一届东亚青运筹委会主委身份提出四大理由正式向东亚奥会提出申复。2018年8月13日，林佳龙表示，台中市政府已收到东亚奥协主席刘鹏回函表示，取消第一届东亚青年运动会的结果并未改变，该结果令人深感遗憾①。

三、两岸青年围绕“东亚青运”的社交媒体讨论

2018年7月24日，台中市“东亚青运”主办权被取消的新闻，快速地在两岸的媒体间传播，且在两岸青年世代间的热议度较高。主要原因有三：一是专业影响力较大。前身为“东亚运动会”的“东亚青运”是奥运体系下的青年运动会。而台中市被取消主办权的运动会，正是改名为“东亚青运”后的首届青年运动会，因而在东亚地区体育界内，这一新闻具有一定的影响力。

二是青年关注度较高。依据2014年通过的《东亚运动会联合会章程修改草案》，东亚青年运动会，每4年举办一届，参赛运动员的年龄原则上在14至18岁之间。14—18岁正值青少年运动员逐渐崭露头角的年龄，却也是从青少年组过渡到成人组比赛的“尴尬期”，很多东亚地区的青少年运动员缺乏参赛的平台，而错失了提升自身竞技能力的机会。而“东亚青运”正好弥补了东亚地区体育界在青少年组到成人组之间的比赛“空隙”。更重要的是作为一个大型综合性的运动会，“东亚青运”除了与亚运会和奥运会的项目同等设置，还新增了更多挖掘青少年运动员潜力的项目，有助于东亚国家与地区的参赛运动员更多地“切磋”与“拓展”。因而，青年群体对于这类涉及同龄人的体育盛会，自然也会有一定的关注。

三是两岸敏感度极强。2014年，台中市作为“东亚奥协理事会”中独特的地区“中华台北”的成员，获得首届“东亚青运”的主办权，被视为是两岸双方基于“九二共识”的政治基础之上，大陆对台湾当局与台湾人民的善意表现②。而四年后，两岸关系发生急剧变化，拒绝承认“九二共识”的民进党当局重新上台。台中市现任民进党籍的市长林佳龙公开支持，由“独派”发起所谓的“东奥正名”公投，误导台湾民众对于20世纪80年代台湾与国际奥委会签

① 中时电子报：《东亚奥会回函取消东亚青运　林佳龙严正抗议 寻求国际仲裁法庭救济》，https://www.chinatimes.com/cn/realtimenews/20180813002208-260407，2018年8月13日。

② 《台中2019东亚青运　奥运五环旗首现台湾主办国际运动会》，《ETtoday运动云》，https://www.ettoday.net/news/20141024/417346.htm?feature=shinee&tab_id=198，2014年10月24日。

署的“洛桑协议”中有关“中华台北”名称的基本常识，给两岸关系带来不确定性，因而最终导致主办权得而复失。这是民进党重新上台后，国际社会首次在涉“独”议题上，对于台湾“独派”的严正表态。

对于身处在不同生长背景，接受不同的“国家认同”教育的两岸青年来说，“东亚青运”主办权被取消，这是一次现实的震撼教育。而在网络的虚拟世界，身处不同社交媒体的两岸青年，也有了不同的表达与看法。本文截取了台中市被取消“东亚青运”主办权当天 2018 年 7 月 24 日至“东亚奥协理事会”正式回函台中市取消“东亚青运”决定的 8 月 13 日间，两岸青年分别在微博（Weibo）与脸书（Facebook）超过 2000 则帖子。排除“转发”与“快速点转”的“虚胖”，筛选与过滤出主要探讨这一议题的原创帖子，微博共有相关帖子 498 则，而脸书则共有 562 则，梳理出两个不同社交媒体，涉及这一议题的原创帖子发帖动态过程，如下图 1：

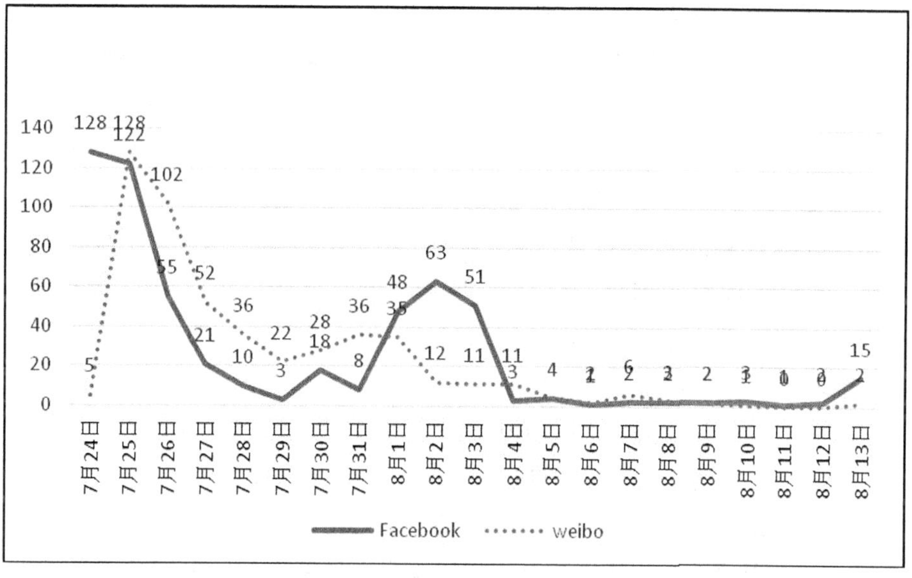

图 1 “东亚青运”议题下社交媒体原创帖发帖动态图（数据截止时间 2018.10.26）

注：数据分别自来微博与脸书的检索引擎，由作者排序归纳整理，自绘图表。

从上图 1 可见，在涉及台中市“东亚青运”主办权被取消的议题中，两岸青年在不同的社交媒体上的关注频率与关注时长不一致，但并非完全没有“交集”，在新闻发生的初期以及两岸官方表态后均有过“热点交集”：

首先，双方青年关注频率存在“一天”的时差。从图 1 来看，台中市的“东亚青运”主办权被取消的7月24日当天，在台湾青年熟悉的脸书（Facebook）中，原创帖子半天之内冒现了128则，由此掀起了全台青年的热议。其中，台湾《苹果日报》的脸书发布关于“东亚奥协理事会”会议表决中，日本投了弃权票的新闻，获得了超过4000个赞以及近400则的留言，还有百余个脸书网友转发，成为当晚脸书原创帖子中的最高热帖。而此时，作为大陆青年接受新闻与资讯主要平台的微博（Weibo），则仅有5则的原创帖子，且来自新华社、《环球时报》与新加坡《联合早报》的微博“早报网”等媒体发布的短消息，并未引起太多大陆青年网友的注意。隔了一天之后，在大陆微博知名大V“侠客岛”发出相关帖子以及各大陆媒体的微博陆续转发国台办发言人的相关表态之后，这一议题才在微博被“加热”。从图1可见，事隔一天之后，到了7月25日，脸书原创帖子有128则，而微博有122则，基本持平。

其次，双方青年关注时长呈现“一长一短”弧度。从图1可见明显发现，尽管微博与脸书的关注度都呈现出递减的态势，但脸书上对该事件的关注弧度更长，并体现在两个方面：一方面，脸书完整地“记录”了该事件的始末。从事件发生的7月24日午后，到事件最终“尘埃落定”的8月13日的21天之间，脸书对“东亚青运”议题的关注，从未有过一天的中断。该事件发生时的细节、发展动态以及最终结果均维持较高活跃度。另一方面，大陆微博不仅晚了一天才开始大幅关注该事件，而且，自8月5日后，关注的帖子数量下跌到个位数，甚至出现了8月11日到8月12日的“新闻真空”。8月13日，报道该事件最终结果的新闻的帖子也仅有2则，根本无法引起大陆青年网友的关注。

最后，双方青年探讨点的两次“交集”均受到敏感高阶政治议题的影响。从图1来看，在微博与脸书上，两岸青年的关注度出现过两次网络探讨度较高的“交集点”，分别是7月25日以及8月1日。而梳理这两天的两岸新闻发现，分别都有一则来自大陆与台湾的敏感高阶政治新闻。前者来自国台办发表《国台办评东亚奥协决定取消2019年东亚青运会》新闻稿。在800余字的新闻稿中，国台办发言人安峰山针对东亚奥协决定取消2019年东亚青年运动会的根本原因、事件发生的过程、政治性质以及大陆的立场做了清晰的阐述与说明：“奉劝民进党当局，回到以‘九二共识’为基础的两岸关系和平发展道路上来，不要再为了政治私利而伤害、牺牲台湾老百姓的利益，不要继续挑动两岸同胞敌意、升高两岸对抗，不要挟洋自重、心存幻想、执迷不悟。”① 这一新闻稿代表

① 参见国台办：《国台办评东亚奥协决定取消2019年东亚青运会》，http://www.gwytb.gov.cn/wyly/201807/t20180725_12039804.htm，2018年7月25日。

了大陆官方的正式立场与态度，立刻受到了两岸媒体的高度关注，火速在两岸社交媒体中激起讨论。由此形成了不同社交媒体中，两岸青年在同一新闻上的“共同讨论”：即双方青年基于各自不同认知与立场提出对国台办新闻稿的看法，形成了同日，微博 122 则原创帖子与脸书 128 则原创帖子的第一次“交集”。

而第二次的“交集”的影响则来自台方在 7 月 30 日至 8 月 1 日之间的连续“出手”。先是 7 月 30 日，蔡英文在接见国际自由联盟（Liberal International）主席米洛维斯（Juli Minoves Triquell）时表示：“中国（大陆）不断打压台湾，威胁台湾的自由民主生活方式；在中国的施压下，原定在台湾举办的东亚青年运动会被迫停办，但台湾不会在压力下屈服，身为国际社会负责任的一员，我们会持续努力维护区域的和平稳定。”① 同一天，台中市市长林佳龙召开所谓的“国际记者会”，在会中先后用英文、中文念出申复书，表示希望让台中市民的声音和诉求能被国际听见，并盼国际社会“了解我们面临打压的处境”。甚至扬言，为了让东亚青运能够进行，“若中国大陆允许，我愿意走一趟北京”②。一天之后，蔡英文又南下高雄“国训中心”，面对即将出征雅加达亚运会的中华台北运动员，再提“东亚青运”主办权被取消的看法，表示“回到运动初衷，拒绝政治干扰，才是大家共同的期望。我们会团结在一起，力挺台中到底”③，为林佳龙前一天的记者会内容“背书”。8 月 1 日，英国国会友台小组发表共同声明，对 EAOC 取消台中市政府主办权深表遗憾，被台湾当局视为对台中市的“声援”④，意在塑造出一股国际社会“声援”台湾，反对“中国（大陆）打压”的舆论声势。而台方这一系列连续触及两岸政治底线的表态以及“挟洋自重”的做法，激起了两岸青年在社交媒体的再次“热议”。8 月 1 日，脸书上的原创帖子从 7 月 31 日的 36 则上升到 48 则，而微博的原创帖子的提升幅度更大，从前一天的 8 则急升至 35 则。

---

① 参见台湾地区领导人办公室网页：《接见国际自由联盟主席：台湾不会在压力下屈服 身为国际社会一员 会努力维护区域和平稳定》，https://www.president.gov.tw/NEWS/23529/，2018 年 7 月 30 日。

② Yahoo 奇摩新闻：《东亚青运：蔡英文“永不妥协”林佳龙“愿赴北京”》，https://tw.news.yahoo.com/%E6%9D%B1%E4%BA%9E%E9%9D%92%E9%81%8B-%E8%94%A1%E8%8B%B1%E6%96%87-%E6%B0%B8%E4%B8%8D%E5%A6%A5%E5%8D%94-%E6%9E%97%E4%BD%B3%E9%BE%8D-%E9%A1%98%E8%B5%B4%E5%8C%97%E4%BA%AC-123400225.html，2018 年 7 月 30 日。

③ 郭晓蓓：《蔡视察高雄“国训中心”表示全力支持“国手”》，https://www.ydn.com.tw/News/299028，2018 年 7 月 31 日。

④ 柳荣俊：《英国国会友台 声援台中东亚青运主办权》，https://www.nownews.com/news/20180803/2796595/，2018 年 8 月 3 日。

虽然此后 8 月 3 日，岛内“独派”发起的“东奥正名”公投第二阶段连署倒计时一个月，一度再借题发挥来鼓吹台湾民众参与签名连署，形成 8 月 3 日在脸书的再一波小高潮，但却未能再激起两岸青年的共同热议。伴随着 8 月 13 日最终复函的公布，这次在两岸青年熟悉的社交媒体上对“东亚青运”议题的关注也逐渐淡化与消减，却仍可在这次看似短暂的两岸青年网络热议中，暴露出双方青年既有认知的落差与台方青年逐渐自我调理认知的新动向。

四、“东亚青运”议题中两岸青年社交媒体言论分析

大陆学者张瑜和赵浩博，认为社交媒体是人与人在互联网虚拟空间中进行连接的重要手段和桥梁。以关系为主导的社交媒体的点赞行为是一种人际传播的互动形式。像微博和脸书这类以内容为主导的社交媒体中，内容本身成为吸引个体进行点赞的主要因素。而评论则是在社交媒体内容基础上的一种延续性生产行为。评论是表达意见和观点的方式，包含着价值观和情感态度。因而需要高度关注在社交媒体中的“点赞”与“评论”的动机①。而本文在梳理了 7 月 24 日—8 月 13 日的微博与脸书过千条原创帖子后，分别过滤出“点赞”与“评论”数量最高的前八则，分析两岸青年在“东亚青运”事件上的具体态度与认知落差：

首先，大陆青年网友呈现出“一边倒”地认可国台办发言人的表态与立场。普遍认可与支持国台办发言人的讲话立场，认为“东亚青运”主办权被取消，是民进党当局配合岛内“独派”推动“东奥正名”公投，挑衅一中原则的政治底线的“玩火自焚”。可参见下表 2：

表 2：2018.7.24—2018.8.13 微博

涉及“东亚青运”事件热帖的“点赞”与“评论”排行榜

热帖发布单位	主要内容	点赞数	评论数
唐慧琳 1021（7.30）	“民粹党”对待人民活像个恶毒的后妈，终日务虚玩奥运“正名”，结果把东亚青运玩完了，就要求金门延后通水典礼！金门人喝不喝得上水关我“民粹党”什么事？票又不是投我的！	664	330

① 张瑜，赵浩博：《社交媒体中点赞行为的多维度研究》，《新闻爱好者》，2017 年第 8 期。

续表

热帖发布单位	主要内容	点赞数	评论数
新浪军事（7.30）	【台当局要求暂缓金厦通水典礼，金门政府不听命 台媒：金门离大陆更近】台媒称，台中市被取消东亚青运主办权后，民进党当局以时机不宜为由，要求金门暂缓8月5日的金厦通水典礼。但金门县县长陈福海宣布照常举行通水仪式。报道称，不论政治或民生议题，金门人都知道，金门离厦门近，离台北远。	229	176
早报网（7.28）	【邓清波：两岸“正名战”有激化之势】日本在东亚奥协停办台中市东亚青运的表决中投了弃权票，美国当局虽然口头上宣称抵制中国民航局的通知，而实质上仍不得不采取变通作为，表明即使是这两个“最挺”台湾分裂势力的国家，也是以自己国家和本国企业的利益优先，台湾不过是它们用来牵制中国大陆的棋子而已。	173	90
侠客岛（7.25）	7月24日，东亚奥协在北京召开理事会特别会议并通过决议，取消2019年原定在台中举办的东亚青年运动会。这次运动会举办权，台湾得而复失，背后的原因民进党自己清楚。	102	136
中国台湾网（8.2）	【罕见挺台湾“正名”“反独”女星刘乐妍下一秒呛：让你们永远消失】曾因力挺辽宁舰而为两岸网友所熟知的台湾“反独”女艺人刘乐妍在Facebook发声，先是出人意料地力挺联署用“台湾”名义参与国际赛事，不过下一秒则立刻表露真心话，直呼“让‘中华台北’在世界上永远消失”。	82	180
祖国是大陆（7.26）	东亚青运动会主办权遭取消后，2018国际奥运会台湾名字也被改掉。	63	108
早报网（7.25）	【会员国面对大陆施压 明年东亚青运台中主办资格被取消】北京向东亚奥林匹克委员会协会施压，以台湾推动公投正名参加东京奥运，为东亚青运带来“不确定因素和风险”而建议取消明年赛事并获得会员国通过。台湾方面则称“绝不轻言退让”，怒斥对岸“以政治干预体育”。	51	180

续表

热帖发布单位	主要内容	点赞数	评论数
早报网（7.26）	【因东京奥运正名运动取消东亚青运 大陆：民进党难辞其咎】中国大陆承认，台湾丧失东亚青年运动会主办权，是因为岛内推动“东京奥运正名公投”，挑战了体现一中原则的“奥运模式”，并指台湾执政的民进党“难辞其咎”。学者分析，若民进党“政府”坚持拒绝承认两岸同属一中，或不认同两岸非“国与国关系”，台湾只会继续被压着打。	44	137

注：数据来自微博检索，由作者按点赞与评论数量排序，并自绘表格。

其次，台湾青年网友在脸书上，却形成了截然不同的“两派”分裂意见。一部分人表达对被大陆“打压”的“气愤”，而另一部分人则认为这是民进党“咎由自取”的结果，并在脸书上相互叫嚣与对骂。从最热的原创帖子的“点赞”与“评论”数量来看，“两派”意见的网络支持度不相伯仲，可参见下表 3：

表 3：2018.7.24—2018.8.13 脸书（Facebook）

涉及“东亚青运”事件热帖的“点赞”与“评论”排行榜

热帖发布单位	主要内容	点赞数	评论数
东森新闻（7.26）	东亚青运遭取消！他终于承认密告国际奥委会 #345 编：多少运动员每天辛勤练习就是等待一次比赛的机会……	12000	849
罗智强 脸书（7.26）	这二天太忙，忙到没有时间开骂！ 那投票支持东亚运取消的韩国、蒙古是垃圾？	5736	681
Yahoo! 奇摩新闻（7.25）	不少网友纷纷狠酸“因为错在你身上！”# 东亚青运 # 蔡英文	5373	1040
苹果日报 台湾（7.24）	会中仅日本力挺我“国”，表示“认为事关重大应延后再议”，投下弃权票。\ 台日友好 ∧ 台日友好 ∧ 台日友好 ∧ 台日友好 ∧ 台日友好 /	4473	382

续表

热帖发布单位	主要内容	点赞数	评论数
侯汉廷脸书（7.25）	胡志强争取的东亚青运，在林佳龙任内被取消；郝龙斌争取的世大运，在柯文哲手上完成。原因无他，柯文哲坚持“两岸一家亲”，而林佳龙主张“台独”、且反唇相讥认为“怎么亲”。 如今东亚青运取消、若执意推动“正名”，恐将面临国际奥委会惩处。受伤最大，当属选手权益，辛苦训练成果无法展现，一切损失，又岂是正名者所能赔偿？	4462	331
自由时报（7.24）	谢谢你们的支持！	4411	198
中时电子报（7.25）	幸好还有网友脑袋是清楚的，一下就点出问题到底出在哪 ...(# 蝙蝠侠) # 东京奥运 # 公投 # 纪政 # 东亚青运 “东奥台湾正名公投”闯祸忙卸责 网友轰：鄙视你们	4343	406
黄智贤世界 脸书（7.26）	东亚青运台中主办被取消，就是世界对“台独”的回答 民进党出手协助禁止五星红旗的公投。 推动东京 2020“奥运正名”运动的纪政，是蔡英文聘的的“国策”顾问。 还是林佳龙聘的东亚青运的荣誉总顾问。 所以，她不是民间人士，更代表了这次的东亚青运。 东亚青运，影响的是年轻运动员。 但这一面镜子，照的是台湾的未来。 要知道“台独”玩弄台湾的下场，就问问东亚青运。	3279	212

注：数据来自脸书检索，由作者按点赞与评论数量排序，并自绘表格。

从上表 2 来看，台湾社会遇上涉及台湾“国际空间”事务受阻，先“怪大陆”的惯有思维仍在“东亚青运”主办权被取消后再次出现。即使在台湾内部民众对于身份认同问题存在众多分歧，但诚如陈孔立教授所说“尽管他们（台湾民众）的看法与现实不符，国际社会不承认‘中华民国’是一个国家，但他们认同‘中华民国’则是根深蒂固的。”[①] 从这个角度来看，点赞数量和评论量较高的“曝光‘告密者’”“鼓吹台日友好”等三则新闻基本就延续了台湾社会

① 陈孔立:《走向和平发展的两岸关系》，九州出版社，2010 年，第 218 页。

既定的思维。

然而，更需要注意到的就是中立媒体所发出的客观报道，如“Yahoo！奇摩新闻”所发的脸书，强调“错在蔡英文”与深蓝媒体“中时电子报”所发的“幸好还有网友脑袋是清楚的”的新闻，均获得较高的点赞率与评论量。而包括罗智强、侯汉廷与黄智贤等岛内知名人物脸书上所发的客观阐述事实的文章，也同样被点赞与评论。这就表明，尽管两岸关系因民进党当局重新执政后陷入僵局，但台湾民众却也在这个僵局中更“有感”于“九二共识”的重要性，部分民众能从中体会到维持两岸关系和平发展，就是维护台湾根本利益的真谛。

最后，两岸青年对该事件不同的言论观点决定了不同的后续行为。在大陆一方，大陆青年网友普遍认可大陆国台办发言人的立场，坚守一中原则，谴责台湾岛内的“独派”势力发动所谓的“东奥正名”公投，给两岸关系带来更多的不确定性。而值得一提的是，在8月13日的最终结果出炉之后，大陆青年不仅在网络上不再关心该事件的发展，而且在现实生活中同样不再关心台方是否还有后续行动。相反，在台湾一方，到了8月13日，台中主办权最终正式被确认为“取消”之后，台湾岛内媒体仍持续关注与其相关联的“东奥正名”公投第二阶段的连署。同月，中萨建交，台萨“断交”。民进党当局将政治与体育混为一谈，反指大陆“打压”台湾，从而激起了部分台湾青年网友的所谓“反中情绪”，并借此为民进党当局谋求“九合一”地方选举的政党利益。2018年9月3日，“东奥正名”第二阶段连署通过“法定门槛”，在2018年11月24日“公投绑选举”。

五、调整两岸青年在社交媒体中的认知落差的思考

社交媒体作为两岸青年最熟悉的沟通渠道，两岸青年通过“键盘力量”在虚拟的网络空间表达自己的想法。在双方社交媒体尚未完全一致化的现阶段，这个本可以为两岸青年搭起沟通平台的手段，反而日益地成为体现双方青年认知落差的平台。而“东亚青运”主办权被取消的事件就是其中的一个典型的例子。

两岸青年处在不同的生长背景与受教育环境，经历了各自内部不同的经济社会的发展变迁，由此衍生出不同的“自我”与“非我”的认知。一方面，伴随着大陆综合实力的提升，大陆青年的国家荣誉感日益提高[①]，且具体影射在捍

① 王传宝：《有一种安全感叫“我是中国人”》，《中国青年报》2017年09月29日02版。

卫国家主权与领土完整的大是大非立场上。加之，大陆长期以来“一中原则”的思想政治教育，大陆青年对于一个中国原则这一两岸交往的基本政治基础高度认可与支持。

而另一方面，在台湾，政治民主化进程的推进以及三次政党轮替的经验，被台湾媒体与舆论塑造成一种“民主政治”或“政党政治”的“自我优越感”。在这种“自我优越感”之下，台湾民众将凡是与他们相同制度的就是属于“自我”，而把不同的政治制度视为“非我”。他们把实行西方“民主政治”制度的国家和地区视为“自我”或“我群”，而把与西方民主不同的制度称为“非民主制度”，一律视为“非我”或“他群”。这是他们对待两岸关系的政治心理的基础。有调查显示，台湾青年认为两岸存在文化差异（较大或比较大）和青年价值观差异（较大或比较大）的比例均超过五成六[①]。从表面上来看，当代台湾青年中小学阶段文史教材，经历过陈水扁时代的“去中国化”，且在马英九执政时期始终未能有效地拨乱反正。但从深层次来看，这既与台湾身处在极有限的国际空间，青年难以直接接触与理解国际政治现况有关，也与自李登辉以来历任领导人都以“选举”为考虑，未能真正引导台湾青年体认台湾现实处境以及两岸关系现实，反而试图制造出“主权国家”的心理假想有关。陈孔立教授认为，当代台湾已经形成“台湾人群体”，而视大陆人为“他群”，他们对大陆的刻板印象多是负面的，从而形成偏见与歧视[②]。

在双方青年认知存在明显落差的背景之下，标榜个性的社交媒体更容易在双方立场不一致的议题上，放大双方认知落差的程度。而在不同社交媒体上“各说各话”的舆论氛围，不仅不利于双方之间的沟通，更可能会因言论场域的各自封闭，而形成更多的误解与对立。西方学者米歇尔等人提出的“认知—情感”系统理论认为，人的行为是个人与情境交互作用的产物，但情境并不直接影响行为。情境首先影响个人因素，即认知与情感因素，再通过个人因素影响个体行为，个人因素在特定情境背景下的交互作用，就构成了个体行为和情感的独特模式[③]。近年来，大陆网友所谓的“帝吧出征”或是微博台湾版上的台湾青年“喷”大陆事件都表明，在误解与对立加深之后，双方容易在某个议题的“催化”之下，跨到对方舆论场域去“放话”“交锋”，甚至“对骂”，更进一步

① 张宝蓉、王贞威：《在大陆的台湾青年社会适应性与满意度分析》，《台湾研究集刊》2014年第5期。

② 陈孔立：《“台湾人”群体对中国大陆的刻板印象》，《台湾研究集刊》，2012年第3月。

③ 参见艾明江：《“认知—情感—利益”：两岸青年交流模式的发展与演变》，《中国青年研究》2017年第1期。

加深误解与对立。这都是两岸双方需要共同去避免。

然而，在“东亚青运”事件之中，也看到了双方青年从情绪化走向理性思考的新动向。尤其在台湾青年身上。一部分台湾青年网友在情绪过后，能反思民进党当局纵容“独派”推动“东奥正名”公投的不理智做法，伤害了中华台北运动员的权益，这是一个难得的自我认知调整的良好信号，表明社交媒体在放大言论的同时，也提供了一个开放多元的言论环境，有助于更多的青年人更全面与客观地看待事情。而在此事件落幕之后的2018年9月，据台湾民意教育基金会的民调显示，36.2%民众认为未来台湾“独立”比较好，26.1%认为未来两岸统一比较好，23.2%认为未来维持现状比较好。这是自1991年以来支持两岸统一的比率首度超越维持现状，尤其是被称为“天然独”的青年世代对两岸事务的态度变化最大[①]。或许可从这份民调中看到，尽管社交媒体会放大两岸青年现有的认知落差，但也可能会在一次又一次的“交锋”之中增进彼此的认识，增强双方对两岸现况的理解以及台湾现实处境的客观看待。辩证看待社交媒体的作用，客观看待双方青年在社交媒体中的言论分歧，找到实现双方青年认知上求同存异的可行方案，或可更好推动双方青年的心灵契合搭建更长远的路径。

① 庄慧良：《民调：1991年以来首次 支持两岸统一台民众超越要维持现状者》，https://www.zaobao.com.sg/znews/greater-china/story20180918-891983，《联合早报》，2018年9月18日。

台湾青年民族认同感提升之路径研究 *

王孟筠 **

两岸从1949年的隔绝到2018年出台《关于促进两岸经济文化交流合作的若干措施》，总共历时七十载的光景才迈向“深度融合”的进程。过去两岸政治、经济、社会文化各自发展，直接造成台湾青年对民族认同的理解产生偏差。在导正这个偏差的过程，也面临现实的障碍，即两岸隔绝多年，对“民族认同”的观念有重大差异。大陆方认为民族认同是两岸命运共同体的信任基础；而台湾已发展成多元化社会，偏重个人主义，政治效能感偏低，各界也不认为两岸生活圈的融合会带来政治上的认同。本文旨在探讨台湾青年实践中的认同差异与影响认同改变之因子，以梳理出改善之道。

一、台湾青年民族认同感偏差形成之背景原因

（一）社会、经济文化的发展因素

两岸由于1949年以后的长期隔离，各自发展出了差异化的政治体制与经济模式，加上近年来台湾修改中学课纲，使用“去中国化”教材，台湾青年普遍不认同大陆政治制度，反而不断强化“本土意识”“台湾意识”，进一步在民族认同、国家认同上出现“去中趋台”的趋势。1978年大陆开始实施改革开放政策，台湾自1987年“解严”。自此，具地缘与文化优势的台湾人，跨海到大陆经商、投资、求学、创业。“政治疏离、经济融合”为近30年两岸关系的写照。台湾青年在两岸关系方面的几种认同表现，是岛内、两岸、历史等各方面因素综合作用的结果，既是两岸关系交流“频率”日益密切下出现的问题，也是两

* 基金项目：广西人文社会科学发展研究中心课题“两岸就学之台湾青年民族认同感差异研究”（GT2018009）。

** 王孟筠，广西师范大学政治与公共管理学院讲师。

岸交流“认知不足”时期的问题。

现代社会中，各种多元文化、多种身份的并存，是带动思维转换的最根本动力。这种多元身份的存在，是不同个人和不同社群之间相互对话的前提，让不同的社会群体得以在跨越身份认同的接触当中更清楚地认识自身及对方。当代的台湾青年必须面对多种身份认同并存的政治现实。多数台湾青年对“民族”“国家”“身份”的概念模糊，认为“中华民国”或台湾是一个不同于中华人民共和国的“国家”，但国际社会普遍承认或认知“一个中国”及中华人民共和国对外代表中国，两者之间的差异造成台湾青年的认知混乱。

台湾还有另一个社会文化，就是青年的政治效能感（political efficacy）到达一个很低的程度。政治效能感根据 Campbell 等人 (1954) 的定义是指“个人认为其政治行动对政治过程能够产生的能力及影响力”(Campbell, Gurin, and Miller, 1954)。政治效能感可区分为“内部政治效能感”与“外部政治效能感”。内部政治效能感是个人自己认为有能力去了解和有效参与政治的信念，而外部政治效能感是指个人认为在政治体制的互动过程中是否要求能获得回应的感受(Lane,1959；Blach,1974)。当今台湾青年普遍对政治冷漠，在学期间就担忧未来就业压力、经济压力。台湾面临严重的高龄少子化社会现象，80 后 90 后台湾青年会直接面对低薪又需照顾年迈双亲的双重压力，对自身未来前途茫然，因此台湾青年鲜少关心政治、两岸话题，对“国家、民族”的概念也相对冷淡。

（二）实施政治民主化的影响因素

台湾在民主化之后，民族认同议题逐渐成为台湾政党竞争的主要议题，出现了明显的“民族认同”冲突。台湾在 1987 年“解严”，1996 年首次的领导人直选，让台湾的民主化发展迈入了一个重要的里程碑，到了 2000 年，出现首次的执政党轮替，始终在野的民进党首次取得执政权，2008 年出现二次政党轮替，国民党再次获得领导人选举的胜利，直至 2016 年，民进党再次赢得多数选票当选，达到完全执政。从理论看来，这是台湾民主化的成功，政党之间的竞争应该是以理念、治理能力与经济指标来吸引选民。然而，实际状况带来的却是岛内意识形态的分裂，“亲中与反中”成为政党政见的指标，原本对两岸关系没太多敌我概念的“首投族”或中间选民在“一人一票，票票等值，多数票当选无须过半”的选举制度下，无意间将政党的民族认同观点内化成自己的民族认同概念。台湾青年认知中的两岸关系，实质上是选战中的两岸关系，原本无政治、国家、“台独”概念的年轻“首投族”成为政党组织青年军大抢选票的关键族群。

选战中的两岸关系，统 / "独" 分立的意识形态、"亲中" / "反中" 与民族认同的意识逐渐被交互镶嵌在一起。民族认同的冲突激化了对立，与统"独"无关的各种公共议题与社会要求等其他议题也往往被无限上纲到统"独"层次的对立，2014 年台湾发生"反服贸""反高中课纲微调"社会运动就是最显著的例证。同时，台湾民众对于敌对阵营的政治信任非常低，不管哪一政党执政，至少有一半的公民完全不信任当下执政的政权。当前台湾民主的困境，主要来自认同差异以及政治不信任，而这种困境所呈现出的是一种典型的极度分裂社会的状态，对于民族认同极度缺乏共识。

二、法理上的国家认同、民族认同与社会文化认同

"认同"不仅仅是一个心理现象的描述，更是一个说明"我群与他群"(self-other) 间关系的词汇，现代社会的个人自我认同具有某种程度的"连续性"。因为认同感会受到政治关系、历史背景因素、过去时期思潮、地理空间所影响。归纳而言，当我们受到过去认同的限制时，同时也在经历并且创造新的认同，即是产生一种"主体化"的过程。认同可以被应用在"个人"或"集体"的单位，相较于"个人认同"，"集体认同"的定义其难度更有所增加，如果再予以扩大到国家认同的概念与定义，则在处理上就变得更加困难。

（一）国家认同

就国家认同而言，"认同"一词意为一个主体如何确认"自身在时间及空间上的存在"，但此一过程不仅包括个人自我认识过程的主观了解，也包含他人对此一个体自我存在的认识；依照此一脉络来看，"国家认同"可定义为个人"对国家的确认与归属"。但由于"国家"概念的多面向特性，使得"国家认同"至少涵盖了血缘与宗族关系的族群面向、乡土历史感情的文化面向与主权政府下公民权利义务关系的政治面向等。①

Baumeister 指出国家认同对于公民个人能产生三种主要功能：(1) 国家认同有助于个人做选择，国家认同必须在国民能够享有决定国家大政权利的情况之下，才能够充分地被表达与发展；(2) 透过国家认同有助于个人得以厘清与他

① 陈牧民，《台湾国家认同研究的现况与展望》，施正锋主编，《国家认同之文化论述学术研讨会论文集》，2006，页 238。

者间的关系，因为国民赋予国家特定的意义，并且成为一个统一的集合体，这使得民族国家在全球系统内被赋予行为者的身份；（3）国家认同能给予成员力量和弹性，国家认同可以赋予国民生存的指引，因为透过国家认同，个人可以感受到国家命运与其本身结合在一起。因此，个人的所作所为就变得有意义，甚至在回顾国家光荣历史中，国民可以把这种命运传递给下一代（Baumeister, 1986: 19）。

因此，"国家认同"的义涵系指人民基于心理、情感及理性，对国家产生的归属。国家对不同的公民来讲，个别的公民之所以认同一个国家，可能是因为他找到了认同的目标，这些认同目标大致可以分成三类，即个别的公民认同了"族群血缘关系""历史文化传统"或"政治社会经济体制"，而由此所凝聚的情感与共识，有助于国家观念的发展，促进国家成员的团结。[①]

（二）民族认同

关于民族与认同，Hutchinson 与 Smith 认为民族是"一群具有特定名称的人们，有着共同的祖先传说、共享的历史记忆、一种或多种的共同文化、原乡的联结、以及成员间彼此的团结意识"。在这个定义之中，族群成员对于族群的归属，除了客观的条件（如血缘或共同文化）之外，也可能还有主观的情感因素（如对光荣历史的记忆或团结的意识），除了确定了个人的归属，也可以用以区分"我群与他群"的差异。[②]

Anderson 认为民族有相当程度是透过"想象"（imagination），而使得一些即使是素不相识的人，因为具有相同族群意识的人而产生联结，而认为彼此属于同一个群体。[③]在此论述下两岸民族同文同种、血浓于水，加上地理与经贸结构的互赖性，两岸民族认同一致性本是自然之理。但台湾自 1895 年《马关条约》签订，到 1945 年二战结束期间均由日本统治，在 1949 国民党退台前，仅于 1945 年代末期的短短几年为大陆政权编制保护。时至今日，台湾已经发展出与大陆截然不同的生活文化、教育制度以及政治制度。生活方式的差异发展与政治民主化的结合使得台湾青年产生独特的认同，成为台湾政治中强而有力的

① 萧扬基：《台湾地区高中学生国家认同及其相关因素》，《公民训育学报》，第 11 期（2002.2），页 67—107。

② John Hutchinson & Anthony D. Smith, eds., Ethnicity（Oxford & New York: Oxford University Press, 1996）, pp. 4-7.

③ 郑夙芬：《族群、认同与总统选举投票抉择》，《选举研究》，第 16 卷，第 2 期（2009.11），页 23—49。

议题。[①]

关于民族认同理论可以约略分为两大类：（1）原生论（primordialism），强调认同与地域、血缘、种族、宗教、语言及风俗的原生联系，主张认同是建立在共同的血缘、生物上的特征或是文化特质，因此认同是天生的、而且是固定不变的；（2）建构论（constructuralism）则将认同视为不同利益与处境的团体之社会、政治及文化资源，是精英竞争资源及争取大众支持时所建构的重要象征以及在特定情况下，精英用以极大化个人理性抉择偏好的策略。[②]建构论主张认同都是经过想象、塑造、设置出来的，不认为建构基础是共同的记忆、经验，或是历史。[③]因此，民族认同是人为的，或可用理性选择的方式取得，甚且会随着情境的改变而产生高度的可塑性。这两种族群认同解释并非不可兼容的，甚至可以互为解释。[④]

至于在民族国家观点之外，在台湾有愈来愈多的青年受到全球化思潮的影响，民族意识逐渐受到侵蚀与冲淡，如此将使台湾人的民族认同愈来愈模糊。[⑤]进一步而言，凡是受全球化冲击影响愈深者，在两岸经贸交流上，就愈倾向于支持和解与往来。

（三）社会文化认同

除了族群认同之外，由于国族是群体文化的重要载体，因此国族认同中还包含文化认同的成分。文化认同作为社会认同的一部分，须将个体的自我和社会群体中的文化相连接。在政治场域中，文化作为族群认同的一部分，将共同乘载许多历史渊源、人文风俗、节庆饮食、服饰传统，当族群建立起现代民族国家（national-state）之后，个体对文化的认同就成了相应的国族认同（national identity）的组成部分。[⑥]

文化认同亦是社会认同的一部分，在社会中，每个人都同时存在很多种认

---

① 谢政谕：《民族认同与公民社会：以两岸的发展为例》，《国家与社会》，第2期（2007.06），页35—82。

② Hutchinson, John and Anthony D. Smith (eds). Ethnicity. Oxford: Oxford UP, 1996.

③ 龚维斌、良警宇 译，Anthony D. Smith 著：《全球化时代的民族与民族主义》（北京：中央编译出版社，2002），33—58页。

④ 萧扬基：《台湾地区高中学生国家认同及其相关因素》，《公民训育学报》，第11期（2002.2），67—107页。

⑤ 叶海烟：《国家认同是一种共识、一项要求——以台湾人的精神自觉为例》，施正锋主编，《国家认同之文化论述》（台北：台湾国际研究学会出版，2006），15页。

⑥ 徐寒羽：《“操之在我”或“交给政府”？——文化和大我认同对两岸民众政治参与倾向的影响》，《本土心理学研究》，第45期（2016.6），3—56页。

同，但在讨论民族认同时，则着重在基本文化要素所构成的集体认同，根据 Anthony D. Smith（1995）的研究，这些基本文化要素有四类：

1. 一种属于特殊文化人口单位的稳定根源感。

2. 一种属于这个文化单位的差异、区分与分离感。

3. 一种属于这个文化单位借由记忆、神话与传统代代相传的连续感。

4. 一种属于这个文化单位的尊严、使命、共有的希望与梦想感。①

三、近年来台湾民众民族认同立场趋势

由于特殊的历史与政治因素，台湾不仅有统“独”分歧，造成民族认同的异质化，且还牵涉到省籍、族群的分合。台湾的选举总是夹杂民族认同的分歧，使得台湾青年在政治社会化的过程中，对民族认同意识产生截然不同的观点，例如，台湾与大陆是否同属一个民族？当前在台湾，视台湾与大陆为同一民族者，属于“中国民族主义者”，一般以“统派”称之，而视两者为不同民族者，属于“台湾民族主义者”，一般则以“独派”称之。

台湾政治大学选举研究中心 1994 年 12 月至 2018 年 12 月针对该年的电话访问研究案，调查对象为台湾地区（不含金门、马祖）年满 20 岁以上的成年人所做的“台湾民众统独立场趋势分布”长期统计结果来看，② 事实上在台湾纯粹的统派与纯粹的“独”派都居相对的少数，绝大多数的台湾居民，在统“独”议题上都采取中间的立场，希望“维持现状”。③

---

① 董立文：《论台湾人认同与中国人认同的争辩》，《台湾国际研究季刊》，第 9 卷，第 3 期（2013 年 / 秋季号），115—35 页。

② 为了使样本结构与母体结构更符合，研究对样本的分布特性使用多变量反复加权法（raking）进行加权。其中性别、年龄、教育程度及地理区域之权值是依据“台闽地区人口统计”处理。访问数据每年合并一次，经过加权处理后，得到的三个主要变量之次数分配即为趋势图所示之数据。

③ 政治大学选举研究中心：《台湾民众统独立场趋势分布（1994 年 12 月—2018 年 12 月）》，http://esc.nccu.edu.tw/app/news.php?Sn=167，浏览日期：2019.03.04。

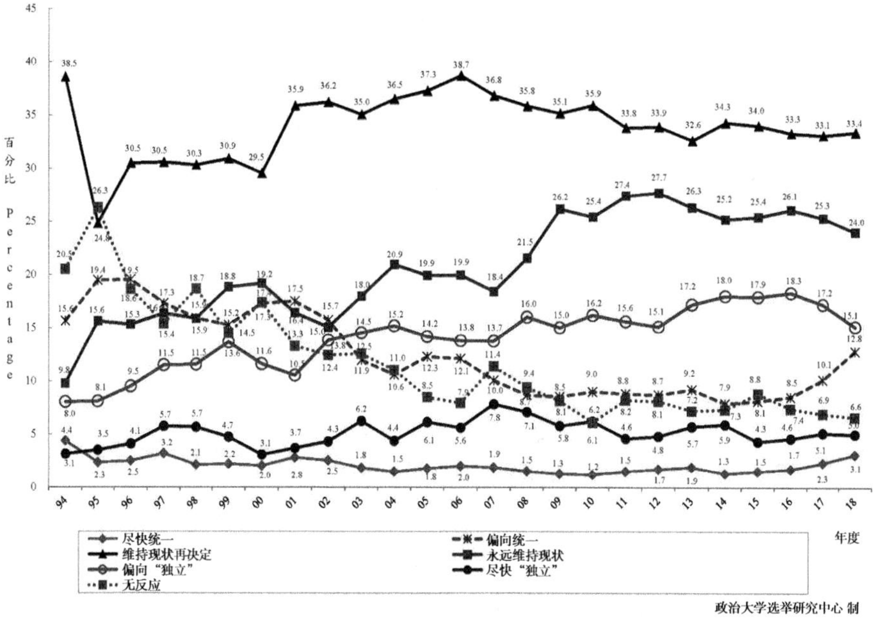

台湾民众统“独”立场趋势分布（1994—2018.12）

台湾政治大学选举研究中心 1992 年 6 月至 2018 年 12 月针对“台湾民众台湾人 / 中国人认同”趋势分布统计，在身份认同方面，可区分为“中国人”都是（中国人也是台湾人）及“台湾人”三种身份认同，结果显示，“中国人”认同呈现下降趋势，“台湾人”认同呈现明显成长趋势，既是中国人也是“台湾人”的双重认同则呈现缓慢下降趋势。①

① 政治大学选举研究中心：《台湾民众台湾人 / 中国人认同趋势分布（1992 年 6 月—2018 年 12 月）》，http://esc.nccu.edu.tw/app/news.php?Sn=166，浏览日期：2019.03.04。

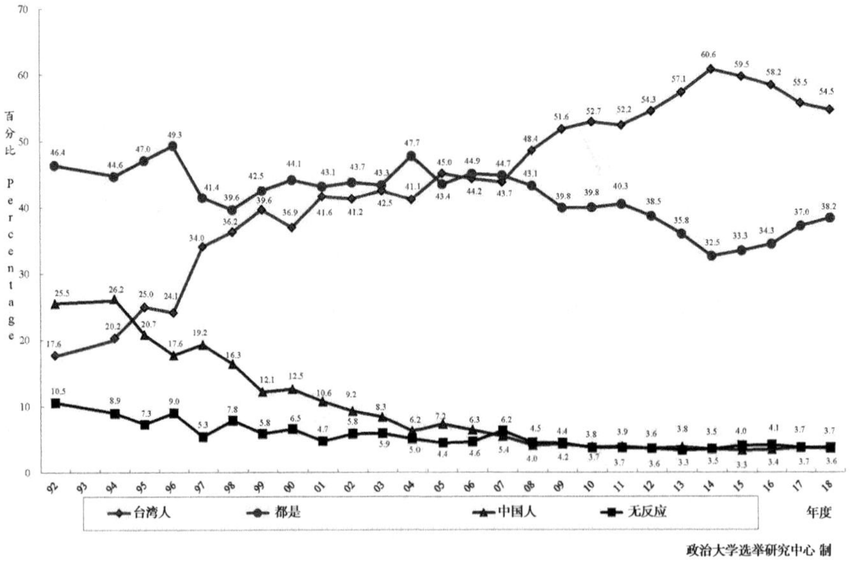

台湾民众“台湾人”/“中国人”认同趋势分布（1992—2018.12）

四、让台湾青年认同转变之路径与策略

（一）惠台政策的新契机

最近两年，大陆出台了很多惠台政策，多数与台湾青年息息相关。例如2017年“大陆有关部门出台一批便利台湾同胞的政策措施”：放宽台湾高中毕业生申请大陆高校标准、为符合学位授予条件的台湾学生颁发学位证书、在大陆工作台湾研究人员可申请国家社科基金、开放12省区市为台湾居民在大陆事业单位就业试点地区、开放在大陆就业台湾同胞平等享有住房公积金待遇及参加社会保险。

2018年2月28日，国务院台办、国家发展改革委经商中央组织部等29个部门，发布了《关于促进两岸经济文化交流合作的若干措施》，自公布之日起施行。这份《措施》的内容包括两大项，第一部分为“积极促进在投资和经济合作领域加快给予台资企业与大陆企业同等待遇”，共12条；第二部分为“逐步为台湾同胞在大陆学习、创业、就业、生活提供与大陆同胞同等的待遇”，共19条。

大陆提出对台同等待遇所指的是“为台湾民众在大陆地区的生活、就业、居住和学习提供相当于当地居民待遇的便利条件”，这也揭示着两岸经济社会融合发展的进程，从以往两岸交流比较偏重的“经贸层面”往“社会层面”方向扩延。这是扭转台湾青年认同的关键，过去针对台商的贸易投资、招商引资、税收等优惠政策毕竟与青年的生活圈相距甚远，台湾青年无法从过去政策走向理解大陆方的善意。

以新的惠台政策建构“台湾青年的民族认同感”的可行性在于，当今的惠台政策是着眼于台湾青年的就学、就业、创业、社保等“生活化的政策”，让台湾青年有更多机会参与大陆的社会生活，解决其原本在台湾所担忧的生活问题。

民族共同体意识认同并非天生就有的特质，其本质上是“社会建构”，是直接由在日常生活中所接触到的共同元素而来，例如：语言、社会文化、经济稳定度、价值观、文字等。“社会融合”之所以为学界所重视，一方面它是族群接触的结果，可以检验两个群体最终能否完全将彼此视为“我群”；另一方面，社会融合也是政治认同转变的关键因素，若台湾青年能够在社会层面与大陆社会相互融合、消弭疆界，则政治方面的认同变化将相对容易达成。绕过高阶政治议题，完善台湾青年在大陆生活的配套机制，让台湾青年可以在大陆长期落地生根，台湾青年自然会“用脚投票（Foot voting）”，选择他们喜爱的生活圈。

美国经济学家查尔斯提出的用脚投票理论，认为经由人民的迁移过程，可以显示出各地公共选择的偏好。在人口流动不受限制、信息正常传播的前提下，由于各地区政府提供的公共产品和税负组合不尽相同，所以各地居民可以根据各地方政府提供的公共产品和税负的组合情况，来自由选择那些最能满足自己偏好的地方定居。

台湾地域狭小，加上高龄少子化危机，就业市场已出现局限性，因而产生青年在就业市场的推力或互斥力。反之，大陆市场规模大，有足够舞台让台湾青年就业创业、定居、与大陆社会融合，对台湾青年具有拉力或吸引力。台湾青年经由在大陆求学、就业之过程，可融入大陆社会组织或群体，如属于一个公司、机关、工会组织，甚而建构家庭，民族认同感也会因此而产生。

（二）政策实施在地化的重要性

惠台 31 条大框架包含的层面很广，牵涉部门非常多，各地机构承办人员了解政策的程度有落差，是造成赴大陆就学就业创业的台湾青年认同弱化的关键原因。惠台 31 条出台后，还有部分地区不能让台籍教师办理教师证，无法承认台湾科研成果、无法评职称等困难。因惠台政策而到大陆就业并签长期合同的台湾青年人数渐多，且居住在大陆的时间增长，就会衍生出需要加入社保、住房公积金、考驾照、台胞证到期要换证等基本生活问题。但目前还有很大比例聘用台籍员工的单位没有为台籍员工办理社保卡，台湾人士在大陆办理住房公积金、信用卡、贷款也多是被拒绝的案例。

2018 年 9 月推出台湾居民居住证后，目前除了使用于交通购票，其余许多功能都尚未展开，以台胞证换证为例，台胞证换证需到出入境管理局办理，并且需附上“临时住宿登记单”，台湾居民就算领有居住证也不能当作有住宿的证明。而“临时住宿登记单”需事先到公安局领取“港澳台居民办证初审表”，再到派出所盖章，盖完章再返回公安局办理临时住宿登记，接着才能到出入境管理局换发台胞证，过程烦琐，耗费时间车程甚巨。

对于社会经验不多，单独到大陆就业生活的台湾青年来说，办理相关台籍证件流程过度复杂，或是大部分不能办理，实质上造成就业待遇的不平等，就会容易产生心里抗拒；如果大部分赴大陆的青年接触到的都是不好或失败的经验，那对尚未到大陆的岛内青年来说也会产生大陆认同减弱的危机。

（三）信息透明化的重要性

已经在大陆求学就业创业的台湾青年有比较多的管道参加如台办、台联、民革等多元组织的活动以及各高校的交流论坛或研讨会，容易实际接触到大陆政策的实施面；但是在台湾岛内的青年，对惠台政策的了解多数是停留在新闻媒体介绍的层面，甚至认为惠台政策是一个新闻稿，而不是一个时代的制度。要让台湾青年对惠台政策以及大陆的善意有信心，进而对大陆产生认同，就需畅通管道让他们接触到更具体化的“政策实体”。国台办在惠台 31 条出台满一周年之际，于 2019 年 2 月底推出“31 条来了”APP 上线，汇整大陆 25 个省区市内的 72 个地方落实 31 条的细则。台湾青年下载 APP 后，可了解最新对台政策、台青代表故事、两岸文化交流活动。“31 条来了”APP 是大陆首次上线由官方主导的对台政策讯息平台。

一直以来，大陆对台政策都欠缺信息整合的官方平台，台湾青年不容易从零散的媒体报导中了解哪些是“权威讯息”哪些是“误传谣言”，两岸讯息不对称，加上对大陆环境不了解，在大陆没有人际关系网络的支持，都会让想西进的台湾青年裹足不前，丧失很多到大陆发展的机会。未来大陆对台政策的信息平台，不用多元，但是必须“权威、集中、落实”，这对台青认识大陆、勇于西进、认同大陆有很关键作用。

五、结论

有鉴于目前台湾的选举政治制度，不但无法解决当前民族认同的困境，多数决制度下赢者全拿的逻辑，反而还有可能使得原有的社会分歧被激化。大陆提出的惠台政策已更有远见地将视角放宽到就业之前的就学阶段政策，放宽台生登陆就学条件并增设奖学金，对扭转台湾青年的民族认同感来说，是一个很正向的起点。

两岸之间必须通过多方面的互动、理解与合作，逐步实现政治、经济、文化、生活中的融合，最终消除因政治历史等因素造成的相互之间的隔阂与不了解。目前来说，仅通过过去两岸“交流”并不能达到让台湾青年产生认同的目标；唯有“融合”才能带来民族认同、文化认同和国家认同。要解决台湾岛内公权力机构与政党造成的民族认同与统“独”议题的分化，大陆方初期的对应策略应以非关统“独”的共同利益 (common good) 为主，无形中可形塑岛内民众间，特别是面临就学就业困难的台湾青年之共鸣，进而达成认同转移的目的，在转移后的台湾社会，才是公民间对统“独”议题进行理性对话的适当时机。

大陆对台青年政策之挑战与机会

马准威*

一、前言

2019年两岸分离届满70年，台湾与大陆尽管同文、同种，皆传承中华文化之底蕴，但在前40年的时间双方几乎完全没有互动，导致彼此差异产生。后30年的时间里双方往来虽然较多，又逢信息化时代到来，交流穿透界线，但两社会前40年隔阂带来的差异，却仍在发酵。有时青年想法的差异不仅存在于两岸之间，此差异同样也存在于台湾与大陆各自内部世代间，也因此我们总把“青年”认定为一个特别的世代。

如果把1949年当成过去70年两岸社会最均质的一年，则随时间推移，愈年轻的世代，离1949年的均质就愈远，直接投射出来的是两岸青年在政治认同上的差异。但若从外部因素思考，全球化又创造出这个世界的另一种均质化，在全球化层面的均质，两岸青年又分享着相似的价值观甚或命运，这让两岸青年间存在一种既亲密又疏远的特殊关系，在全球文化价值层面很容易契合，但在两岸认同层面却又有些许矛盾。当前两岸各自都在以某种方式在梳理各自新世代的认同问题，在大陆可能相对较有一致性的看法，但在台湾似乎仅以自由主义方式面对，容许想象各种可能。

基于两岸各自面对对青年世代认同问题有不一样的应对态度，当大陆方面有比较明确的政策与引导时，采取自由主义应对青年认同的台湾，角色就比较偏向承受方。本文试图在此基本结构下，做一些观察，首先回顾2014年以来，大陆在对台青年政策上的重要方向，再来观察台湾官方、媒体、学界的相应态度，接着观察大陆对台青年政策的主要受体的具体反应，最后提出反思与总结。

* 马准威，台湾大学政治学研究所博士候选人。

二、大陆对台青年工作

台湾学者黄奕维认为大陆对台青年工作的主要战略目标是“将统战工作做到下一代”，故长期投注大量资源以争取台湾青年对大陆的认同，加上各项调查显示台湾青年与大陆疏离感愈发严重，特别是2014年“太阳花学运”爆发后，大陆针对对台工作的青年层面以及以往青年统战工作的缺失，重新检视，大幅度调整对台青年工作的方向与规划。[①] 过往大陆不是没有对台青年工作，只是在2014年开始，对台青年工作确实成为整体对台工作下，相当突出的一部分。

2015年1月26日至27日，中共“2015年对台工作会议”在北京举行。中共中央政治局常委俞正声出席会议并发表重要讲话。俞正声强调:“采取积极措施促进两岸人员往来，扩大两岸青少年和基层交流，深化两岸各领域交流合作。”[②] 这段讲话其实回应了2014年“太阳花学运”爆发后，大陆对台青年政策检讨后的一个结果，也就是强调两岸青少年交流的重要性。

2016年2月2日，中共“2016年对台工作会议”在北京举行，中共中央政治局常委俞正声出席会议并发表讲话，其中又再度强调:“积极为台湾青年来大陆交流、就学和创业就业创造条件。”[③] 比起2015年所揭示的对台青年工作在强调“交流”，2016年对台青年工作重点转向“吸引”台湾青年，途径则包括就学、创业、就业。跟过往相比，使用“吸引”政策，预期的成效在于，使台湾青年在大陆停留时间拉长，透过更了解大陆，盼台湾青年降低因为对大陆不了解，产生的生疏感甚至排拒感。

2017年1月20日，中共中央政治局常委俞正声在2017年对台工作会议上表示:“团结台湾所有认同两岸同属一个中国的政党、团体和组织，同两岸同胞一道，维护‘九二共识’政治基础，持续推进两岸民间各领域交流合作，促进两岸经济社会融合发展，不断扩大两岸基层民众和青年的参与度和获益面。研究出台便利台湾同胞在大陆学习、就业、创业、生活的政策措施，积极支持台

---

① 黄奕维:《中国大陆对台青年学生工作成效影响因素分析》,《展望与探索》，第15卷，第3期，2017年3月。

② 《俞正声出席2015年对台工作会议并作重要讲话》，人民网，2015年1月28日，http://cpc.people.com.cn/BIG5/n/2015/0128/c64094-26462090.html。

③ 《俞正声出席2016年对台工作会议并作重要讲话》，新华网，2016年2月2日，http://www.gwytb.gov.cn/headlines/201602/t20160203_11381040.htm。

商台企在大陆更好发展,依法维护台胞权益。”[①]“青年”一词虽在想象上好像是一个“集合”，但具体而言却很难明确划分此一族群，俞正声在“研究出台便利台湾同胞在大陆学习、就业、创业、生活的政策措施”改用“台湾同胞”代替“青年”，但是若整体文脉来看，重点对象应该仍以青年为核心，毕竟学习、就业、创业的主体，逻辑上应该仍以青年为主体。

在2017年1月“对台工作会议”后，3月俞正声再度发表声明提及:“加强与台湾基层一线和青年一代交往交流，厚植两岸关系和平发展民意基础”，其中，“青年一代”和“基层一线”遂成为目前各界所关注的对台新词汇“一代一线”。从“一代一线”的字句去推敲内涵，其实和2014年所提出的“三中一青”(中小企业、中南部、中低收入、青年人)有异曲同工之处，部分学者认为这是大陆对台政策从“交流让利2.0版”进化到“普惠融合3.0版”，强调北京不断扩大对台湾基层的关注，而不只聚焦在中小企业、中南部和中低收入的民众，相关惠台措施的对象将涉及台湾各阶层，一位大陆涉台人士指出，“一代一线”将对台工作对象的定义广泛化，“政策更接地气，更贴近台湾底层民众的生活”。[②]

2018年对台工作会议于2018年2月1日至2日在北京举行。中共中央政治局常委、国务院副总理汪洋出席会议并发表讲话。汪洋指出，当前及今后一个时期台海形势更加复杂严峻，对台工作面临风险挑战。要坚持一个中国原则和“九二共识”，坚决反对和遏制任何形式的“台独”分裂，积极扩大两岸经济文化交流合作，持续深化两岸经济社会融合发展，逐步为台湾同胞在大陆学习、创业、就业、生活提供与大陆同胞同等的待遇，推动两岸同胞共同弘扬中华文化，促进心灵契合。[③]主调延续2017年对台工作会议以及中共“十九大”工作报告对台主轴。文字虽没有特别强调青年，但从文脉上来看，学习、创业、就业仍系针对台湾青年族群。

任教于福建师范大学，同时担任厦门大学台湾研究院研究员的何溢诚表示：“其实大陆对台政策的真正转向，是由2014年的‘太阳花学运’后真正定调，才有‘三中一青’。后来中共发现，连国民党都经营不好这些阶级，就直接划了

① 《俞正声出席2017年对台工作会议并作重要讲话》，新华社，2017年1月20日，http://cpc.people.com.cn/BIG5/n1/2017/0120/c64094-29039316.html。

② 吴舍之:《从三中一青到一代一线　台湾青年成为中国对台政策锁定目标》，信传媒，2017年5月30日，https://www.cmmedia.com.tw/home/articles/4052

③ 《2018年对台工作会议在京召开 汪洋出席并讲话》，新华网，2018年2月2日，http://www.xinhuanet.com/2018-02/02/c_1122360878.htm

界线，一律由 40 以下算范围。”何溢诚分析认为，近年来中方在两岸青年交流上，采取相当绵密计划，宛如“遍地开花”。尤其各行各业的两岸青年，都有自己的分论坛举办，足迹遍布各省、各县、各市。“大陆资源多，根据不同的台湾青年，他都可以给予不同的需要”。①

三、台湾对大陆对台青年政策之态度

（一）普遍的被统战认知

1. 官方

在大陆推出“一代一线”后，陆委会表示：须强化两岸交流秩序与机制，保障民众权益。包括定期检视各项协议执行与联系情形，各协议主管机关主动与对岸保持联系，妥适处理急要事项。本会对于人员往来管理，提出“两岸条例”及相关法令修正，及强化违规违常审查等，以符政策及实务运作，降低对岸不沟通或不作为以及对台统战的可能冲击，确保民众权益福祉。②

大陆各地台办人员带着青创“孵化器”文宣进入多所大学，以交流为名，实则到学校“拉人”，招揽赴大陆就业、创业。不仅针对大学，也联系中小学校长，甚至有校长被招待去看大陆的“歼十战机”与“导弹”。对此，陆委会副主委邱垂正表示：“政府”发现陆方相关台办、统战官员申请来台从事交流，刻意安排前往台湾各级学校从事招生、宣传陆方创业平台、对台 31 项措施，刻意借用校园教学场域进行“统战作为”。他也提到，“政府”已注意到陆方积极推动中小学交流，背后有“强烈政治意图”，目的在提升台湾师生对陆方的好感与认同，甚至邀请校长去参观歼 10 战机与导弹，“这些很明显与教育交流目的不符，非常不妥”。③

陆委会指出：大陆对台实施“硬的更硬，软的更软”两手策略，“在国际上打压我国际参与空间”，另一方面推动吸引台湾青年赴陆就学、实习、就业等措施，其目的是“拉拢”台青融入大陆。陆委会表示：陆方的暑期实习计划多半具“政治上的统战意图”，看似优惠的措施，事实上仍是大陆对台工作的一部

① 《北京统战新政“惠台政策”谋求“心灵契合”》，BBC 中文网，2018 年 3 月 4 日，https://www.bbc.com/zhongwen/trad/chinese-news-43281036。

② 唐诗：《陆委会列工作重点：防“一代一线”统战、持续营救李明哲》，《民报》，2018 年 1 月 29 日，http://www.peoplenews.tw/news/25f5add6-7506-40af-891c-728ddb0bdfd8。

③ 《台陆委会揭：中共官员入台湾校园统战》，大纪元，2018 年 5 月 4 日，http://www.epochtimes.com/b5/18/5/4/n10360509.htm。

分，具有不稳定性，且由于两岸在政治体制、法令规定与生活环境等面相存有差异，台湾青年学生赴陆实习仍有相当风险，实习环境安全及配套措施是否足够，亦不明确。政府提醒青年学生仍应考虑相关风险，注意两岸条例相关规范，审慎评估。①

2. 媒体

联合报社论指出：大陆对台青年统战工作行之有年，从早期对接两岸大学间的师生交流团，到扩大对于台湾青年（简称台青）赴陆求学与就业等相关政策，早已屡见不鲜。然而，两岸关系历经 2014 年“太阳花学运”的重大转折，让大陆发觉“台湾青年认同”是对台统战面临的最大问题，而开始重新检视过去对台政策的薄弱环节。因此，大陆选择跳脱以往“被动”与特定团体合作的思维，改为“主动”祭出各项优惠政策，陆续扩大台湾青年赴陆“就学、就业与创业”等三位元一体模式，希望进一步重构其对于两岸新的政治想象与身份认同。②

自由时报社论指出：大陆对台“统战”毫不间断，在中断与民进党政权接触后，更是加强对于台湾基层、民间的统战，在地方政府层次，也拉拢非民进党执政的地方首长。“太阳花学运”后，大陆发现，马英九时代与台湾政、商的交流，并无法取得民心，反而忽略台湾基层、青年，从而对台工作重心转移，“三中一青”“一代一线”，并排除绿营执政县市等成为对台政策新主流。③

对台湾青年政策及其他惠台政策，中国时报社论认为：大陆从地方到中央都设有统战部，对台工作本来就是统战的一项重要内容。打开中共中央统战部网站，第 4 项主要职责白纸黑字写着“负责开展以祖国统一为重点的海外统战工作……做好台胞、台属的有关工作”。④

信传媒指出“三中一青”列入了大陆十三五规划纲要，大陆许多城市纷纷提出吸引台湾年轻人赴大陆“创新创业”的办法，据悉已有数十个“两岸青年创业基地”，给予丰厚贷款、优惠、生活津贴等措施，甚至只要人到大陆，便可以直接提供从填写表单、办公空间、住宿安排及商号申请等“一条龙”的服务，

① 《陆委会：陆推台生实习计划 具统战意图》，联合新闻网，2018 年 8 月 10 日，https://udn.com/news/story/11323/3302761。

② 《北京对台青年统战 流变与挑战》，联合新闻网，2017 年 11 月 3 日，https://udn.com/news/story/6844/2795616。

③ 《中国对台统战新招：一代一线、蓝绿有别》，自由时报，2017 年 7 月 18 日，http://news.ltn.com.tw/news/focus/paper/1119634。

④ 《没错，大陆就是在统战》，中时电子报，2018 年 9 月 9 日，https://www.chinatimes.com/newspapers/20180909000552-260109。

不断抛出诱因来吸引台湾青年族群，“统战的意图相当明显”。①

3. 学界

“国家政策研究基金会”副研究员，研究两岸文化交流的卢宸纬向 BBC 中文网指出：“过去是大陆单方面对台湾好，不计前提。但现在是有特定引导方向。比如要申明拥护祖国统一，认同中华文化。”②

政治大学东亚研究所所长王信贤接受“中央社”记者访问时表示：历经“太阳花学运”，大陆已发觉“台湾青年认同”是对台统战面临的最大问题；国民党屡次在选举大败，更让大陆体会不能再依靠“合作对象”，必须“自己出手”。③

淡江大学大陆研究所副教授张五岳强调，大陆只对台湾开放，背后的“政治目的明显”，就是希望台湾民众认同“一中”。虽然人才统战的效应短期还看不出来，外界也不必刻意放大其效果，但长期应持续关注。④

文化大学陆研所教授庞建国称：如大陆邀请台湾劳工组织赴陆交流，青年学生到大陆当交换生、暑期短期参访，已经不只着眼立即性的效果，而是长远性的目的；当然，也不会去区分是否在中南部，整个台湾都是它的努力方向。他认为，大陆此举并非针对蔡当局，而是对两岸的发展消长情势很清楚，对自身发展有信心，如同陈德铭形容的“小火慢炖”。另外，台湾是工业化社会，未来劳工、青年这两块，一定会影响到政治走向，大陆在对台工作上，已采取长远眼光，做好打持久战的准备。⑤

（二）认为对台湾人才将构成磁吸效应

大陆从早年吸引台商西进，近几年积极招揽人才，过去从高科技产业下手，近年也扩大到其他领域。大陆自 2017 年 11 月开放台籍律师执业范围，从原有 20 项放宽至 237 项，借此吸引年轻的台湾律师赴大陆发展。此外，福建省于 2017 年 10 月底宣布，将在 2020 年引进 1000 名台湾教师到大学任教，也欢迎

① 吴舍之：《从三中一青到一代一线　台湾青年成为大陆对台政策锁定目标》，信传媒，2017 年 5 月 30 日，https://www.cmmedia.com.tw/home/articles/4052。

② 《北京统战新政“惠台政策”谋求“心灵契合”》，BBC 中文网，2018 年 3 月 4 日，https://www.bbc.com/zhongwen/trad/chinese-news-43281036

③ 《中共 19 大后 学者：对台侧重青年基层》，中央社，2017 年 10 月 9 日，https://www.cna.com.tw/news/firstnews/201710090034.aspx

④ 《大陆对台猎才　铺天盖地》，自由时报，2017 年 11 月 13 日，http://news.ltn.com.tw/news/focus/paper/1151441

⑤ 《一代一线　青年基层成争取对象》，旺报，2017 年 5 月 24 日，https://m.ctee.com.tw/dailynews/20170524/n03aa3/809076/d3bfd83123e9c8a9cd74308412df5d46?t=tpp。

台湾的大学机构到福建“承包”职业学校。无独有偶，上海于2017年5月也举办首届“台湾博士上海高校交流对接会”，已有117位台湾博士参与。

中华人民共和国教育部自2017年10月起实施大学免试招收台湾高中毕业生措施，不仅台湾学测成绩申请标准从“前标”降至“均标”，且祭出就业配套，对于有意在毕业后留在大陆就业台生，发放“就业协议书”“就业报到证”，进一步提供毕业后的就业便利。至于国台办在12个省市设立的53个海峡两岸青年就业创业基地和示范点，已吸引1200家台资企业、6000名台湾青年实习就业与创业，并提供1.7万多名台湾青年参加各类实习就业、创业创新交流活动。成大法律系教授许忠信认为，这些人才是台湾当局投入相当多的资源培育出来的，当局应提供诱因留住人才，否则人才西进，将衍生“国安”危机。①

工商时报社论指出：大陆这种“求才若渴”的样态，如果落到台胞这个领域，一方面可产生“惠台”的衍生效应；另方面恰如前工研院知识经济暨竞争力中心主任杜紫宸的解读：大陆的对台政策，已经由“‘穷台’‘笨台’，变成‘空台’了”。而台籍大陆执业律师黄致杰的形容则更直截了当，点出惠台政策可说是“官方冷对抗，政策热挖矿”。透过挖掘台湾的人才矿，以收“空洞化台湾”及落实“楚才晋用”的双重效益。②

四、大陆加大对台青年工作的效果

（一）目前已出现六大趋势③

1.西进年轻化，23%毕业新鲜人登陆：104人力银行大陆区总经理邓炳生指出，根据2017年11月104信息科技在大陆调查，发现西进的台湾人中，有23%是在毕业后一年内直接到大陆找工作，另有51.9%在大陆工作的年数少于五年，年纪变轻，跟以往中壮年赴陆的情况完全改观。

2.裸辞西进求职增加：从104信息科技数据库的分析，从2009到2018年上半年，台湾企业提供的整体工作职缺，增加了4.6倍，但大陆港澳地区的工作机会只增加1.7倍、占整体工作数的占比也从2009年的3.6%，下降为1.7%。

① 《大陆对台猎才 铺天盖地》，自由时报，2017年11月13日，http://news.ltn.com.tw/news/focus/paper/1151441

② 《工商社论　大陆磁吸效应加速台湾空洞化危机》，《工商时报》，2018年3月9日，https://www.chinatimes.com/newspapers/20180309000223-260202。

③ 《我该不该去大陆？》，《远见杂志》，2018年8月号，https://www.gvm.com.tw/article.html?id=45242。

这代表台商在104平台上征求外派的台干已趋缓，转而录用当地人才。但外派台干减少，并不代表西进人才减少，取而代之的是直接到大陆找工作的台湾人增加了。近来更出现不少人裸辞西进。裸辞，是指尚未找好新工作就辞职，代表离开的决心。

3. 台湾精英大举西进：2018年以来大陆各城也已出现加大“招募台湾医师”现象。上海辰新医院征求台湾儿科主治医师，开出保障年薪420万—600万台币；厦门长庚医院也招募了众多在大陆考取医生执照的台湾人；北上广深的医美诊所，更对台湾医师趋之若鹜。会计师也正大举西进。“光政大校友在上海的会计师群组，人数就有400多人，台湾会计师大批往大陆市场移动，早不是新闻，”马施云大华联合会计事务所合伙人王世铭表示。

4. 掀起赴陆求学热：2018年还看到一个新现象，是台湾高中毕业生纷纷西进读大学。根据中华人民共和国教育部统计显示，今（2018）年赴大陆申请入学的台湾学生，上海交通大学600余名，厦门大学500余名。申请复旦大学的台生人数则是往年的三倍。

（1）制造业退烧，文创与互联网变热门领域：不管是投资或人才，最新一波的西进潮不再是制造业为主，而是文创与互联网为主，这两大领域是目前大陆产业发展的主轴。

（2）未必执着北上广深，新一线城市渐崛起：传统上台湾人才西进，绝大多数往北京、上海、广州、深圳集中，但现在已经不一样了。2018年第一季，大陆多间人才招聘网站相继发表跳槽调查报告，异口同声指出成都、杭州、南京、武汉、西安等“新一线城市”，首度超越北上广深，成为白领寻找新工作地点的首选。一则因为一线城市生活费太贵、工作压力大，二来新一线城市处于高速发展阶段，人才需求增长明显，加上食衣住行花费相对较低，吸引大量求职者。这样的趋势也将带动台湾人才的迁徙途径。

（二）赴陆台湾青年（台湾人）的具体想法①

1. 对赴陆工作感到满意系多数：根据《远见杂志》调查显示，台湾人前往大陆工作的初衷，不再那么“向钱看”。从决定西进的原因看，第一是“大

① 2018年7月，《远见杂志》及104信息科技合作启动“2018台湾人才西进满意度大调查”，回收5,383份有效样本，其中，1,113份有大陆工作经验或目前正在大陆工作。这些有西进经验的工作族，满意度如何？详见：《2018台湾人才西进满意度大调查》，《远见杂志》，2018年8月号，https://www.gvm.com.tw/article.html?id=45253。

陆市场潜力大，有较大发挥空间与未来成长潜力”（37.2%），其次是“依据公司规划需求，配合短暂外派或长期出差”（35%）。并列第三名、28.1%的人西进，则是因为“大陆福利薪酬比台湾优渥”及“台湾经济前景不如大陆”。调查台湾人在大陆工作的满意度，结果回答满意的有44.6%，表示“普通尚可”为49.1%，回答不满意的仅6.3%。除了对工作满意度高外，在大陆生活不满意者也只有7.8%。至于西进者在大陆工作感到满意的地方，依序是“有发挥的舞台，能开发自我潜能”（43.9%）、“大陆产业蓬勃发展国际化”（37.5%）、“能学到更多专业及经验”（30.3%）。（详见：图一）

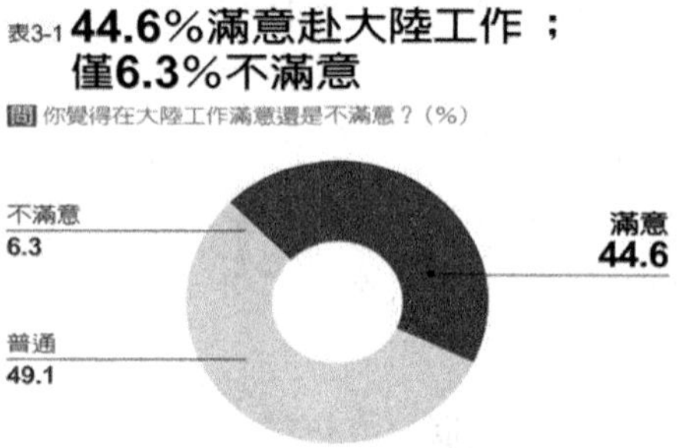
表3-1 44.6%滿意赴大陸工作；
僅6.3%不滿意
問 你覺得在大陸工作滿意還是不滿意？（%）
不滿意
6.3
滿意
44.6
普通
49.1

图一：台湾人在大陆工作的满意度

资料来源:《远见杂志》

2. 负面因素多来自非政策性问题

（1）大陆就业市场竞争激烈：大陆工时长，反映工作压力大。调查大陆工作平均一周工时，45.5%超过50小时；总平均台湾人在大陆一周约工作50.5小时。进一步询问在大陆工作的挑战时，面对大陆人才崛起，备感竞争力不足的台湾人愈来愈多。认为“大陆人才提升，台湾人才卡位已比过往困难”的占比已高达54.1%。（详见：图二）

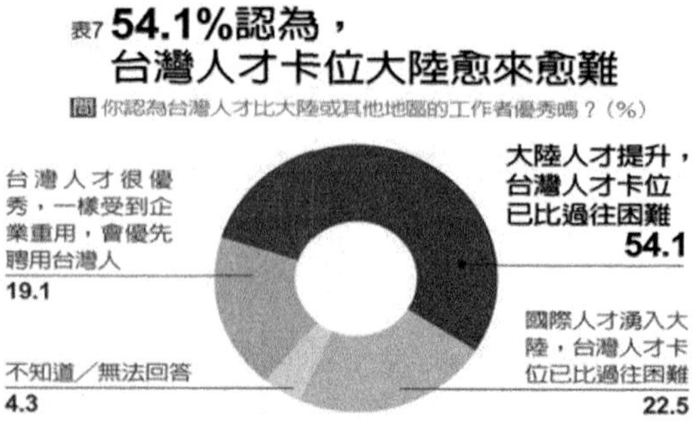
表7 54.1%認為，
台灣人才卡位大陸愈來愈難
問 你認為台灣人才比大陸或其他地區的工作者優秀嗎？（%）
台灣人才很優秀，一樣受到企業重用，會優先聘用台灣人
19.1
大陸人才提升，台灣人才卡位已比過往困難
54.1
國際人才湧入大陸，台灣人才卡位已比過往困難
22.5
不知道／無法回答
4.3

图二：台湾人在大陆工作困境

资料来源:《远见杂志》

（2）在大陆生活上的不便利性：至于漂洋过海到大陆遭遇的冲击，前五名分别是“健康与医疗不便”（53.3%）、“食品安全疑虑”（39.5%）、“环境卫生水平较差”（39.2%）、“对外信息封闭受控管”（38.2%）、“与家人感情疏离”（24.3%）。（详见：图三）

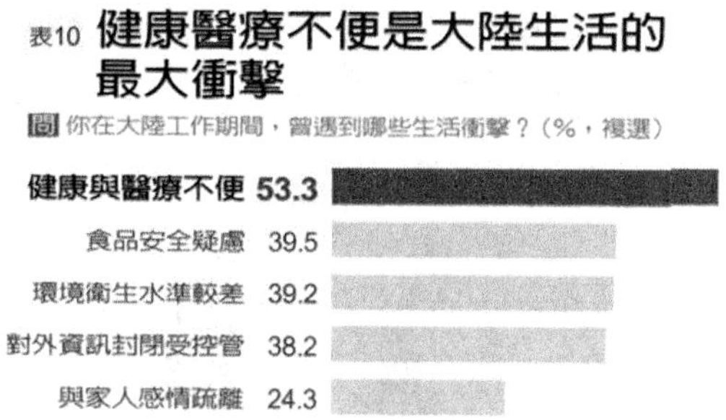

图三：台湾人认为在大陆生活之不便利

资料来源:《远见杂志》

3. 台湾人到大陆发展的整体看法

根据《远见杂志》统计，高达57.1%在大陆工作的台湾人曾经考虑离开大陆，并尝试寻找台湾工作。但去了大陆，要再回台湾，其实也不容易，很多人已找不到适合自己的舞台。不过整体而言，未来愿意持续或再到大陆工作的台湾人占83.3%，且有77.3%会推荐亲友到大陆发展。（详见：图四）

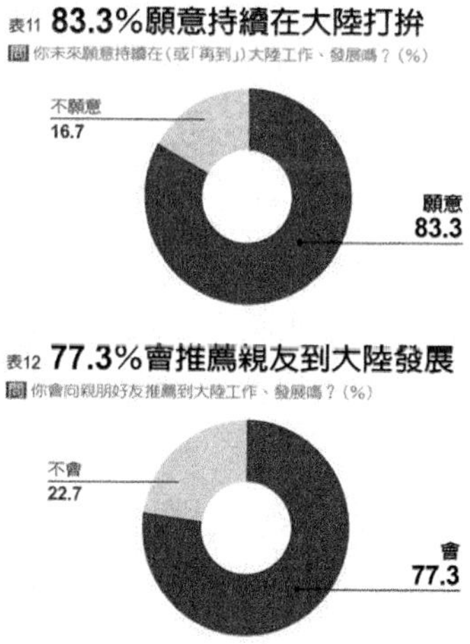

图四：持续在大陆发展意愿

资料来源:《远见杂志》

大陆释出惠台31项措施，给予台湾人更多在大陆工作的平等待遇，76.1%的人表示会因此加强在大陆工作的意愿。（详见：图五）如果从政策效益而言，大陆这一波对台青年政策的确有所成效，并已经产生对台湾青年人的吸引力，后续效应仍待持续观察，包括大陆青年政策对台湾青年世代的吸引力是否会出现边际效用递减，是否会出现回流潮，若“掏空台湾”并非大陆本意，亦须留意大陆政策产生强大的磁吸效果，是否会伤害到台湾进而伤及两岸关系。

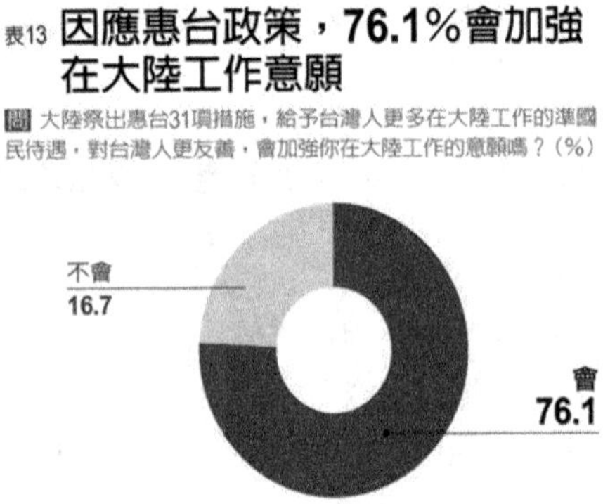
表13 因應惠台政策，76.1%會加強
在大陸工作意願
問 大陸祭出惠台31項措施，給予台灣人更多在大陸工作的準國民待遇，對台灣人更友善，會加強你在大陸工作的意願嗎？（%）
不會
16.7
會
76.1

图五：陆惠台措施对台湾人在大陆工作意愿的影响

资料来源：《远见杂志》

五、两岸青年或为未来解决两岸问题的希望（代结论）

（一）当前两岸因错误认知导致螺旋敌意上升

在国际关系理论中的“螺旋模式（spiral model）”，源自国际无政府状态（anarchy）下的安全代价，两个行为者之间没有任何一方有侵略意图（intention），但是两个行为者彼此认知（percept）对方具有侵略意图，导致双方同时拉升自我预防措施，然此措施又同时增加对方的恐惧感，在你来我往下，对抗态势呈现螺旋上升。在对敌意的错误认知下，没有一方愿意“自减武备”最终形成彼此的“军备竞赛（arm races）”。[①]

杰维斯认为由于从行为的本身不易判断意图，往往“料敌从严”，事实上螺旋模式的运作逻辑就是“安全困境（security dilemma）”。根据赫兹（John

① Robert Jervis. *Perception and Misperception in International Politics* (Princeton, N.J. : Princeton University Press c1976), pp.62~67.

Herz）对“安全困境”的定义，国家追求自身安全的意图，同时却增加其他国家的不安全感。每一方都把自己的措施解释为防御性，但另一方却以“料敌从严”待之，宁可将对方军事实力之提升，视之为对自己侵略准备。① 杰维斯认为“螺旋模式”原因较接近“囚徒困境（prisoner’s dilemma）”假设。② 每个国家皆以狭隘的理性追求自身利益，最终结果是使个体理性无法达成较佳的总体理性收益结果。在“螺旋模式”中，彼此在个别（individual）理性计算下，因为担心搭便车（free rider）者的出现，导致没有国家愿意先让步，终令敌意不断上升，双方资源也将不断消耗在不必要的军备上，落在“纳许均衡点（Nash equilibrium）”。③

螺旋敌意来自两行为者间的认知错误，而螺旋敌意最大的问题在于，一方对另一方本不具敌意的政策感到不安，而相应出台的政策又再度导致原本一方的不安全感。自 2016 年蔡英文执政后，两岸各自可能均在本无恶意下，造成对方的不安全感，导致螺旋敌意上升，例如大陆推动对台青年政策，本意可能是加速两岸青年的理解，但台湾认为是在加速统战、掏空台湾人力资产。相对而言，台湾在 2016 年 520 之后，仍欢迎大陆青年来台就学，政策没有改变，④ 然大陆却认为，民进党当局可能随时中断政策，导致就读学生权益受损，甚或认为陆生在台人身安全将不受保障，终使来台就学人数减少。双方都以负面解读原本不具恶意的政策，导致彼此的不信任感愈来愈高。

（二）两岸关系从“冷和”转趋严峻

集美大学马克思主义学院讲师陈晓晓认为，蔡英文上台之初，两岸关系尽

① John H. Herz. “Idealist Internationalism and Security Dilemma,” *World Politics*, Vol. 2, No. 2 (January 1950), p.157.

② Robert Jervis. Perception and Misperception in International Politics, p.67.

③ Barry O’neill. “Game Theory Models of Peace and War,” in Robert Aumann and Sergiu Hart ed., *Handbook of Game Theory*, Vol. 2 (Amsterdam: North Holland, 1994), pp.955~1053.

④ 2017 年蔡英文在的“国庆演说”上表示：“从 2011 年开放陆生来台以来，我们看到两岸年轻人可以一起生活、一起学习、一起思考。在相处的过程中，他们对彼此成长背景的差异有所理解，也对一起打造更美好和平的世界，培养出一些默契。”详见：《蔡英文发表“国庆演说” 三 面向实现“更好的台湾”》，网站，https://www.president.gov.tw/NEWS/21662 。2018 年 4 月 16 日陆委会指出：“政府乐见两岸青年学生进行正常有序的交流，有利增进彼此的认识与了解，促进两岸关系和平与稳定。我们认为两岸青年学生交流过程，应着重于分享台湾发展经验，传播台湾民主、多元、人权与法治之理念及核心价值，也应符合现行政策与法令规范。”《陆委会对于两岸青年学生交流的立场为何？有哪些推动项目？》，陆委会，2018 年 4 月 16 日，https://www.mac.gov.tw/News_Content.aspx?n=F9057F9640B28033&sms=7C8440BC86E48FD9&s=7A1D022DF15C2A4F。

管趋向紧张动荡，但双方还在相互试探和观察，试图弥合分歧，让两岸关系重回正常轨道。然而这一年多来，由于蔡英文当局拒绝“一中原则的九二共识”，不断采取“去中国化”的“台独”分裂措施，更试图推动“保防法”“反渗透法”，彻查“一中承诺书”“公务员中转大陆必须报准”等政策，导致官方联系沟通机制中断，两会协商谈判机制关门，绿营县市长交流暂停。两岸30年来交往、交流、合作得来不易的成果，受到前所未有的冲击。两岸关系呈现了以“冷和平”为主，局部“冷对抗”的基本格局。[①]

两岸关系和平发展协同创新中心教授、厦门大学台湾研究中心兼职研究员谢郁认为，在美国提升美台关系的鼓励下，蔡当局倚美拒统谋“独”，加剧台海紧张局势。赖清德院长更公开高调宣示“台独”。台全面迎合美国印太战略需求，以期得到美日的安全保护对抗大陆的促统及反“独”压力。2018年2月28日，“喜乐岛联盟”，宣称要在2019年4月举行“独立公投”。同时，提出要以台湾名义申请参加所有国际运动赛事及2020东京奥运，这些行为严重挑战两岸安全红线，升高了两岸对抗的紧张局势。[②]

文化大学政治学系讲座教授陈一新表示，从过去M503事件、美国对台军售、“行政院长”赖清德“台独说”等都挑动了大陆的神经，大陆军机绕台也比过往来得多，国台办更直指，就是冲着赖清德而来，显然两岸关系已经暴走。[③]

2018年“三台会”主题是“新时代两岸关系发展的机遇与挑战”。参与研讨会的台湾学者表示，两岸关系发展至今，大陆对台政策已渐渐发展出自己的步调，在两岸官方缺乏互信的情况下，绕过台湾当局或学者，采用直接针对台湾社会的单方面作为，更有效果。虽然行之有年的两岸学界对话仍有其意义，但缺乏民进党籍学者参与，犹如少了一块重要拼图。从这届三台会陆方出席的层级显见，过去两岸关系中颇重要的学者智库二轨对话，已不符合当前两岸形势。[④]

① 陈晓晓，《两岸从冷和平走向热对抗》，《旺报》，2017年12月28日，https://m.ctee.com.tw/dailynews/20171228/n27ad3/863146/9886698ea57ae2bf3a3b79dc55ace75。

② 谢郁，《谢郁：反“独”防“独”成大陆对台工作重中之重》，中评社，2018年6月25日，http://hk.crntt.com/crn-webapp/search/allDetail.jsp?id=105113394&sw=%E5%86%B7%E5%92%8C。

③ 《两岸关系冷和 忧“国安”、经贸危机》，《台湾醒报》，2018年5月21日，https://tw.news.yahoo.com/%E5%85%A9%E5%B2%B8%E9%97%9C%E4%BF%82%E5%86%B7%E5%92%8C-%E6%86%82%E5%9C%8B%E5%AE%89-%E7%B6%93%E8%B2%BF%E5%8D%B1%E6%A9%9F-051647679.html。

④ 《三台会层级降低 两岸学者二轨对话式微》，“中央社”，2018年8月1日，https://www.cna.com.tw/news/acn/201808010384.aspx。

（三）寄希望于青年世代成为两岸问题解铃人

两岸问题已经拖了将近 70 年，跨越至少三个世代，尽管两岸问题不能一代一代拖下去，但若两岸迟迟不愿意实事求是解决务实问题，恐怕两岸关系得到妥适解决，仍非这个世代能够决定。下一个世代或下下一个世代，将肩负更重要的责任，因为时间拖得愈久，变量愈多。两岸若能在青年彼此认同问题更拉近，以及让彼此青年对两岸问题的本质有更深入的认识，则未来两岸问题愈可能在一种不同于既往的窠臼下找到解答。在此过程中，青年世代所拥有的弹性以及包容力，可能系调整错误认知最好的解药。

两岸青年的当代对话与思考

——谈信息不对称所带来的认知落差

殷瑞宏*

一、前言

自2016年台湾当局换届之后，两岸之间的互动情形不如以往热络，特别是两岸制度化交往机制停摆的状况下，民间的交流与合作就更显得重要。在诸多面向当中，经济合作一向被认为是推动两岸关系发展的重要动力，大陆方面指出，“早在30多年前，两岸民间经济交流合作就冲破重重阻力，从无到有，从小到大。时至今天，两岸民间经济交流合作依然动力强劲、空间广阔。大陆将一如既往支持台商在大陆发展，协助其转型升级，维护其合法权益，为两岸民间经济交流合作进一步提供政策扶持与环境。”① 在另一方面，大陆方面的态度则始终是“两岸关系形式越复杂，越需要两岸民间加强交流”、“两岸关系和平发展的根基在基层，动力在民间”、“不再仅仅局限于经济物质层面，而是扩展到包含文化思想、制度管理等内容在内的社会领域”，目标在“推动实现两岸民众‘心灵契合’”。② 整体看来，“融合发展”已经成为习近平任内对台湾问题的一个新阶段的标志，并认为此举是切实可行，并指出中国已经有充分条件可以推动这条路线。③

---

* 殷瑞宏，台湾政治大学“国家发展研究所”博士候选人。

① 赖锦宏:《国台办：续推两岸经济社会融合发展》，联合影音，https://video.udn.com/news/579703，查考日期：2018/11/20。

② 潘维庭:《两岸经济社会融合 渐进式统一》，中时电子报，http://www.chinatimes.com/newspapers/20170726000683-260309，查考日期：2018/11/20。

③ 更多讨论请参见柯文，《在新的历史起点上深化两岸经济社会融合发展——写在两岸同胞打破隔绝状态30年之际》，中国台湾网，http://www.taiwan.cn/xwzx/la/201709/t20170915_11843480.htm，查考日期：2018/11/20。

“融合发展”的概念还具备了延续性、连贯性，在2017年10月18日召开的中共十九大会议当中，习近平的报告内容再次提到此点，并进一步诠释指出：

两岸同胞是命运与共的骨肉兄弟，是血浓于水的一家人。我们秉持“两岸一家亲”理念，尊重台湾现有的社会制度和台湾同胞生活方式，愿意率先同台湾同胞分享大陆发展的机遇。我们将扩大两岸经济文化交流合作，实现互利互惠，逐步为台湾同胞在大陆学习、创业、就业、生活提供与大陆同胞同等的待遇，增进台湾同胞福祉。我们将推动两岸同胞共同弘扬中华文化，促进心灵契合。①

基本上“融合发展”包含了社会与经济两大面向的议题，本文则尝试以今年初大陆发布的《关于促进两岸经济文化交流合作的若干措施》，即“惠台31条”（以下简称31条）作为切入点。由于其涵盖了金融、就业、教育、医疗、影视等多个领域，以“促进在投资和经济合作领域加快给予台资企业与大陆企业同等待遇”及“为台湾同胞在大陆学习、创业、就业、生活提供与大陆同胞同等的待遇”作为主轴，进一步强化了对台湾人前往对岸发展的吸引力道。本文认为，作为在“融合发展”概念下谈论两岸交流的其中一个议题相当适合，而聚焦的议题为“信息不对称所带来的认知落差”。

二、信息不对称所带来的风险意涵

有关信息不对称理论（Asymmetric Information theory）的观点，其产生背景来自市场经济活动，意味着在交易环节中，双方（或多方）对相关讯息的了解是有所差异的。简单地说，掌握讯息比较充分的一方，往往处于比较有利的地位，反之讯息较贫乏的一方，就处于比较不利的地位。这个理论可能透过3位美国教授George A. Akerlof、A. Michael Spence与Joseph E. Stiglitz于2001年拿下诺贝尔经济学奖而广为众人知，但早在20世纪70年代就已经形成论述。在Akerlof的论文*The Market for “Lemons”: Quality Uncertainty and the Market Mechanism*中提到，自由交易市场中，照理来讲因为买卖双方银货两讫，应该很容易达成交易才是，但实际上却经常不是如此，为什么呢？关键原因就是彼

① 习近平十九大报告全文，多维新闻网，http://news.dwnews.com/china/big5/news/2017-10-18/60018047_all.html，查考日期：2018/11/20。

此对商品信息掌握的不对等。他以“中古车”市场举例，只有卖车的人才知道这部车是不是泡水车，而想买车的人却不知道。当有一个买家受骗后就会告诉其他人，造成所有买车人因为考虑到这个风险，只愿出比定价更低的价格去买中古车用以回避风险；不过，这样一来又造成拥有优质中古车的人，反而比拥有一颗柠檬的人更不愿意去交易，[①]因为价钱实在太不理想。最后，不再有交易行为产生、中古市场消失了，他称这种现象为“逆选择”（adverse selection）。

Spence则透过求职过程来解释信息不对称的现象。早在他1973年的论文中就提到，企业雇用员工好比一种不确定的投资，因为你无法在聘用前就确知受雇者本身所拥有的技能与能带来的回报。与之相对，求职者为了能够增加受聘的机率，会针对性的展现出能提高受雇机率的讯息（例如在校成绩），透过作弊或以“练习考试”的方式取得好成绩，而不在学校用心学习核心技能。[②]Stiglitz的研究重心则放在如何设计出解决信息不对称的方式，即一套获取讯息来弥平落差的对应机制，称之为“筛选与折让”（screen and deduct）。举例来说，保险公司为了更好地精算收益需要选择货真价实的客户，因此对愿意诚实揭露信息的人（例如健康状况），提供保费的折让；但是这种筛选过程需要成本，因此某些保户就必须接受比较低的保障额度。[③]

总体来说，信息不对称理论所带来的意义就是指出市场行为其实并不如多数经济学家想象中的那么“理想”，过程中的信息不对等，必然使得会有其中一方无法在信息充分（full information）的情形下进行决策，而他方将利用这种有利于己的优势剥削信息较少的一方以图利自己（也就是道德危机，moral hazard），导致机会主义（opportunism）式的不公平交易。[④]而在政治或公共行政领域中，信息不对称概念的运用，则让人留意到政策推动上为何往往不如预

① 柠檬（lemon）有瑕疵品之意。可参见 George A. Akerlof (1970), “The Market for ‘Lemons’: Quality Uncertainty and the Market Mechanism,” *The Quarterly Journal of Economics*, Vol. 84, No. 3, pp. 488-500.

② 参见 A. Michael Spence (1973), “Job Market Signaling,” *The Quarterly Journal of Economics*, Vol. 87, No. 3, pp. 355-374; A. Michael Spence (2001), “Signaling in Retrospect and the Informational Structure of Markets,” *Prize Lecture*, December 8, https://www.nobelprize.org/uploads/2018/06/spence-lecture.pdf，查考日期：2018/11/20。

③ 参见 Joseph E. Stiglitz (1975), “The Theory of ‘Screening,’ Education, and the Distribution of Income,” *The American Economic Review*, Vol. 65, No. 3, pp. 283-300; Joseph E. Stiglitz (2002), “Information and the Change in the Paradigm in Economics,” *The American Economic Review*, Vol. 92, No. 3, pp. 460-501. 以笔者自身经历来说，最近购买健康保险时，就被告知若愿意提供近期的健康检查报告，保险公司就可依具体检数值的表现做相对应的投保费率折扣。

④ 王春源（2003）:《信息经济学》，台北县：空中大学，4—5页。

期，就很可能是来自信息不对称所导致政策受众的认知落差，进而形成一种政策执行上的风险。①下面本文将就此进一步展开论述，并以“31条”作为切入点。

三、关于促进两岸经济文化交流合作的若干措施

(一) 31条的基本情况

2018年2月国务院台湾事务办公室发布了一项消息，为深入贯彻十九大精神和习近平总书记关于深化两岸经济文化交流合作的重要思想，率先同台湾同胞分享大陆发展的机遇，逐步为台湾同胞在大陆学习、创业、就业、生活提供与大陆同胞同等的待遇，偕同多个部会商讨后出台若干措施。共计出台31条具体措施，其中12条措施涉及加快给予台资企业与大陆企业同等待遇，主要包括，明确台资企业参与“中国制造2025”、享受税收优惠政策、参与国家重点研发计划项目、基础设施建设、政府采购和国有企业混合所有制改革等享有与大陆企业同等待遇，明确台资企业用地、向中西部和东北地区转移、台资农业企业可享受的相关政策，并支持两岸业者在小额支付、征信服务、银团贷款等方面深化金融合作。另外，有19条措施涉及逐步为台湾同胞在大陆学习、创业、就业、生活提供与大陆同胞同等待遇，主要包括，向台湾同胞开放134项国家职业资格考试，为台湾人士取得从业资格和在大陆应聘提供更多便利，台湾同胞可申请“千人

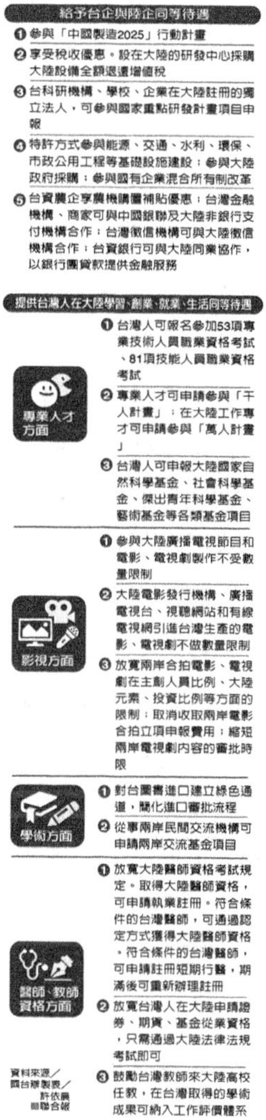

图1　大陆31条惠台措施重点

---

① 学界认为这会造成“代理人问题”（agency problem），即是民主政治中拥有主权之人民，如何有效控制信息充足之官僚的棘手问题。有学者提出，行政官僚因专业知识和信息的掌握，使其实质影响力不断提升，致使政治的主人——人民反而因此而退居业余性爱好者的边陲位置，导致民主政治面临了空前的困境。究其缘由，信息充足的官僚以其信息上的优势，操作舆论、主导议题方向或政策趋势，甚至欺瞒人民、图谋私利，如此“欺上（代表民意的领袖）瞒下（人民）”，民主政治很可能因此遭到侵害。请参见 Francis E. Rouke (1976), *Bureaucracy, Politics and Public Policy*, Boston: Little, Brown and Company; E. Etzioni- Halevy (1985), *Bureaucracy and Democracy: A Political Dilemma*, London: Routledge & Kegan Paul.

计划”“万人计划”和各类基金项目，参与中华优秀传统文化传承发展工程和评奖项目、荣誉称号评选，加入专业性社团组织、行业协会，参与大陆基层工作，并放宽台湾影视、图书等市场准入限制。

概括起来，这31条措施有三方面特点：一是此次出台的各项措施围绕国家重大行动计划和国家重点研发计划项目等，为台企台胞提供与大陆企业、大陆同胞同等待遇；二是量身定制，充分考虑到台资企业和台湾同胞的特殊情况和需求，回应台企台胞的普遍关切，提出针对性强的解决办法；三是受益广泛，涵盖产业、财税、用地、金融、就业、教育、文化、医疗、影视等多个领域，开放力度之大、范围之广、涉及部门之多，都是前所未有的，将切实扩大台企台胞特别是基层民众的受益面和获得感。这些措施出台，将给台资企业和台湾同胞带来巨大机遇和实实在在的获得感。对台资企业来说，相关措施将帮助台资企业降低生产经营成本，加快转型升级，拓展内需市场，获得更多商机，实现更大发展。对台湾同胞来说，相关措施将为台湾同胞在大陆学习、创业、就业、生活提供更多便利，创造更好条件，并推动两岸同胞共同弘扬中华文化，促进心灵契合。① 台湾方面也立即掌握此讯息，并制作简易图表（请见附图）以供台湾民众参考。②

而最受人关注的是，31条将作为大陆各省分对台工作的指导原则之一，纷纷以此为核心推出各项因地制宜且得以落实的施行细则，各个省市地区都陆续出台了细化措施，相较于以往许多政策被抨击是“看得到，吃不到”，31条有相当大的不同，各地方的落实到位令关注者对政策有较高的正面评价与信心。

（二）31条的发展意义：台湾与大陆之落差

本文认为，在两岸交流领域，对31条的不同解读将给予受众完全不同的信息，进而影响参与的意愿，甚至出现逆选择行为，对于交流本身的不信任导致双方的往来趋缓，甚至中断。此处已经出现第一种信息不对称所带来的认知落差——31条对台湾民众是优惠还是陷阱？

要说到31条的发展意义，显而易见的就是如同发布时所提及的，乃是为了贯彻中共十九大中所订定的精神，以政策纲领作为动力，落实两岸的融合发展

① 相关说明请参国台办发布会介绍《关于促进两岸经济文化交流合作的若干措施》并答问，中华人民共和国中央人民政府网站，http://www.gov.cn/xinwen/2018-02/28/content_5269455.htm#1，查考日期：2018/11/20。

② 请参李仲维：《大陆公布31条惠台措施　台商、产学、影剧全包了》，联合新闻网，https://udn.com/news/story/11850/3005404，查考日期：2018/11/20。

进程，此处不再多谈，本文关注的是台湾方面所解读并传递的讯息内容为何。台湾方面的解读全然不同。在31条措施出台之后，台湾“行政院”在稍晚的3月16日公布“壮大台湾　无畏挑战——‘对台31项措施’之因应策略”报告，涉陆部门大陆委员会（陆委会）更于4月2日邀集相关“部会”成立“因应中国大陆对台31项措施项目小组”，就大陆对台相关措施持续追踪研析，将之视为一种潜在的“威胁”并拟作“因应”。在此前提下，陆委会所做的报告中就将31条视为大陆为了“落实中共中央政策，从台湾引进人才、资本和技术，并希望协助大陆解决其经济发展或对外经贸扩张所遭遇的困难”的一种做法，[①] 并强调了其将对台湾民众带来的风险，包括：

表1　陆委会报告中对“惠台31条”所列风险

“国家安全”方面的风险	大陆标举一个中国原则及反“独”旗帜，一方面对台进行“军事恫吓、外交胁迫及政治打压”，另一方面，则推动以促进两岸经济社会融合为名的“融台”政策，意图吸纳台湾经济，“拉拢”台湾人民。“对台31项措施”以“同等待遇”等优惠手段，“策略性利诱台湾人民放弃做自己主人的权利，最终付出失去民主、自由、人权的代价，对台湾已构成‘国安’的巨大挑战”。
企业与个人方面的风险	虽是大陆为吸引台湾企业赴陆投资及台湾人民赴陆就学、创业、就业与生活，所提供的诱因或便利措施，但是两岸在政治制度、法规、社会体制与生活环境存在很大差异。

资料来源：《壮大台湾八大策略——因应大陆“对台31条措施”实施成果报告》，大陆委员会，https://www.mac.gov.tw/News_Content.aspx?n=05B73310C5C3A632&sms= 1A40B00E4C745211&s=5839BAB83BD7F56D，查考日期：2018/11/20。

① 更特别提到，尤其近期中美贸易战日益加剧，大陆势必更冀望台商参与“中国制造2025”，并加大力道磁吸台湾方面科技领域技术及尖端人才。请参见壮大台湾八大策略——因应大陆对台31条措施实施成果报告》，大陆委员会，https://www.mac.gov.tw/News_Content.aspx?n=05B73310C5C3A632&sms=1A40B00E4C745211&s=5839BAB83BD7F56D，查考日期：2018/11/20。

图 2　关注 31 条

第二种认知落差，则是尽管大陆方面各地皆纷纷出台 31 条的细化措施，但仍有许多台湾民众对此“无感”，本文认为是信息揭露的程度太低、台湾民众获取讯息的成本太高所导致的。举例来说，最近一次对 31 条最新进展的统整介绍是 11 月 14 日国台办举办的例行新闻发布会，由新闻发言人马晓光介绍近期大陆各地各部门落实“31 条惠及台胞措施”的最新进展情况及亮点。他表示：“迄今为止，已有 19 个省区市的 43 个地方结合当地实际，围绕落实‘31 条惠及台胞措施’推出具体办法。”① 但这些讯息不但未见诸台湾的主流媒体（表示台湾方面没有重点关注），也很难知道具体有哪些措施，对于想要深入了解相关信息的台湾民众来说，无疑是提高了信息获取的门槛。

尽管有相关媒体试图将信息对台湾社会进行揭露，但可能碍于两岸之间的媒体使用习惯不同，始终未获多少关注，我们可从关注 31 条发展情形的专门网站，其在台湾经营不善的状况略知一二（见图）。

即便是长期关注相关议题的笔者，也很难说这个信息能充分掌握。笔者曾尝试进行整理相关资料（见下表）并投书媒体，但依旧很可能有所缺漏。

---

① 请参见《国台办新闻发布会辑录》（2018-11-14），中共中央台湾工作办公室、国务院台湾事务办公室网站，http://www.gwytb.gov.cn/xwfbh/201811/t20181114_12112709.htm，查考日期：2018/11/20。

表 2　有关 31 条的相关实施细则情况

地区	发布时间	相关施行细则
厦门市	4 月 10 日	《关于进一步深化厦台经济社会文化交流合作的若干措施》
莆田市	4 月 19 日	《莆田市人民政府办公室关于促进莆台经济文化交流合作的实施意见》
上海市	5 月 31 日	《关于促进沪台经济文化交流合作的实施办法》
平潭综合实验区 *	5 月 22 日起	《平潭综合实验区关于促进两岸影视产业合作发展的实施意见》 《对台职业资格采信工作实施意见》 《平潭综合实验区“台商台胞服务年”活动工作方案》
福建省	6 月 6 日	《福建省贯彻〈关于促进两岸经济文化交流合作的若干措施〉实施意见》
南通市 *	6 月 19 日	江苏南通助台 44 条政策
宁波市	6 月 19 日	《关于进一步深化甬台经济社会文化交流合作的若干措施》
云南省	6 月 27 日	《关于促进台湾企业落户云南滇中新区招商引资工作的意见》
天津市	7 月 3 日	《关于进一步深化津台经济社会文化交流合作的若干措施》
昆山市	7 月 6 日	《关于深化昆台经济社会文化交流合作的若干措施》
浙江省	7 月 8 日	《浙江省贯彻〈关于促进两岸经济文化交流合作的若干措施〉的实施意见》
湖北省	7 月 9 日	《省台办 省发展改革委关于促进两岸经济文化交流合作的实施意见》
杭州市	7 月 17 日	《关于进一步深化杭台经济文化交流合作的实施意见》
淮安市	7 月 23 日	《关于促进淮台经济文化交流合作实施办法》
深圳市	7 月 24 日	《深圳贯彻“31 条措施”政策汇编》
广东省	7 月 26 日	《关于促进粤台经济文化交流合作的若干措施》
广州市	7 月 30 日	《关于进一步深化穗台经济社会文化交流合作的若干措施》
上海市闵行区	8 月 1 日	《闵行区落实〈关于促进沪台经济文化交流合作的实施办法〉若干工作措施》
广西壮族自治区	8 月 2 日	《关于促进桂台经济文化交流合作的若干措施》
南京市 *	8 月 8 日	《关于深化来宁台胞宜学宜业宜游宜居服务的若干措施》
江西省	8 月 8 日	《江西省贯彻〈关于促进两岸经济交流合作若干措施的实施〉办法》

续表

地区	发布时间	相关施行细则
福州市	8月12日	《贯彻〈关于促进两岸经济文化交流合作的若干措施〉实施意见》
潍坊市	8月14日	《关于进一步深化潍台经济社会文化交流合作的若干措施》
山东省	8月15日	《关于促进鲁台经济文化交流合作的若干措施》
重庆市	8月21日	《关于促进渝台经济文化交流合作的若干措施》
湖州市	8月28日	《湖州市贯彻〈关于促进两岸经济文化交流合作的若干措施〉的实施办法》
江苏省	8月30日	《关于深化苏台经济文化交流合作的若干实施意见》
四川省	9月3日	《关于促进川台经济文化交流合作的若干措施》
珠海市	9月6日	《关于促进珠台经济文化交流合作的若干措施》
嘉兴市 嘉善县	9月10日	《关于加强善台交流合作 促进融合发展的若干意见》
贵州省	9月29日	《关于促进黔台经济文化交流合作的实施意见》
苏州市	10月12日	《惠及台胞55条措施》
安徽省	10月15日	《关于促进皖台经济文化交流合作的若干措施》
湖南省	10月19日	《关于深化湘台经济文化交流合作的实施意见》
常州市	10月20日	《关于深化常台经济社会文化交流合作的实施意见》
北京市	10月23日	《关于深化京台经济文化交流合作的若干措施》
漳州市	10月24日	《关于促进漳台经济社会文化交流合作的实施意见》
企业	10月26日	中国国际技术智力合作公司制定了《落实“31条措施”实施意见》
河南省	10月30日	《河南省促进两岸经济文化交流合作的实施意见》
东莞市	11月12日	《关于进一步深化莞台经济社会文化交流合作的若干措施》
无锡市	11月21日	《深化锡台经济文化交流合作的实施意见》
扬州市	11月22日	《关于深化扬台经济文化交流合作的若干措施》
武汉市	11月23日	《关于深化汉台经济文化交流合作的实施办法》

*：平潭综合实验区并未推出一份具体的落实措施，而是在配合31条的精神下于既有的领域陆续推出新的办法；南通市的做法未将落实措施统一整理成文，而是针对31条措施的内容分别提出了“促进投资和经济合作”“为台胞在南通学习创业就业生活提供同等待遇”与“其他相关方面”等三个领域共44条政策；南京市宣称此为升级版的惠台措施，进一步深化了对来宁台胞在创新、创业、人才方面的政策扶持。

资料来源：作者自行整理

四、代结语——信息不对称将带来认知落差，阻碍融合发展进程

回到信息不对称的观点，其对政府运作的重大启示不外乎是如何透过有限度、妥适的干预，让市场信息尽可能地流通，以更正单纯市场机制所造成的不良影响。而在本文所讨论的议题中，比找认为若要借由 31 条的推出与落实，来加快两岸在此处的融合发展脚步，重点就是要让台湾社会民众对其有正确且全面的认识，才能让更多台湾人有意愿前往大陆谋求发展。所以首要的工作应该就是，设法弥平台湾与大陆之间的在 31 条措施方面的信息不对称，尽可能渐少台湾民众的信息获得成本，达到吸引更多人加盟意愿的目的。

根据前述的描述不难发现，台湾对 31 条措施的议题关注度明显不足，使得相关信息揭露的成本相当高，即便是有再多的呼吁，基于信息不对称的角度，有意愿参与者仍很有可能望之却步。此外，台湾当局对其解读为具有较高风险的政策，倘若此成为有意接触的民众唯一的信息来源，对其认知出现落差而避之唯恐不及，也是不难想象的事情。因此笔者认为，就“融合发展”的角度来说，吾人有志于推动两岸文化交流的青年，最重要的思考点之一，就是保证各种信息的自由流通，让人民能够自行做出最有利的选择。

两岸传统文化对台湾青年影响效应

黄彰国*

两岸关系结构性地受制于文化与政治的传统障碍因素。要实现新时代两岸青年的民主发展，加快政府治理驱动现代化建设，传统文化认同是重要政治战略，两岸交流具有良好和平机遇，在此背景下研究台青文化认同效应，面临的差异路径，推进社会整体性改造。文化认同带来实务影响，解决政务服务青年需求层面策略的意涵，通过梳理赴大陆的台湾青年的蜕变、在两岸社会结构背景下青年发展的参与视角、文化差异产生的影响，提供加快政治发展趋势，由此分析资源合作文化搭台、经贸唱戏之策略，使共同的稳定经济利益高于政治，提供执行层面策略建议。

一、两岸打开交流的方式

（一）台湾青年参与的动因背景

青年是社会发展主要活力。2018 年，是大陆改革开放 40 周年，人民生活逐步富裕起来。2019 年新中国成立 70 周年，2020 年全面建成小康社会，2021 年中国共产党建党 100 周年。两岸历史透过时间长期的演变、进步，来到陌生的地方找寻最初的梦想，纵使彼此存在着不同的看法，唯有包容可以消弭冲突，唯有沟通才能促进协商，找出一条长久的道路，两岸关系透过贸易、投资与文化教育等交流，使双方关系维持和平稳定而青年之间的交流也往实质面前进，这对未来整体发展非常重要。

台湾与美国的关系近年来能否顺利发展，与两岸关系的改善有极大关系，

* 黄彰国，台湾台中人，福建农林大学公共管理学院副教授、台湾青年志工协会秘书长、北京大学政府管理学院博士。

这是两岸关系改善很重要的一个外溢效果（Externality）。台湾岛内不论任何一个政党当政，面对两岸选择是有限的，所以必须思考如何在有限的选择下发挥最大效果，寄期望在全民务实的基础之上。

当前虽然面临两岸政经社会新态势变化，但两岸关系和平发展的趋势维持。参与传统文化活动以宗教信仰为例仍是主要民俗，特别是对于台湾青年朋友而言，未来能否从务实层面看待两岸发展，继续推动民间交流，进一步加深认识传统宗教文化、增进经济发展，开创和谐共荣的未来，就在每一代青年朋友的作为。台湾青年参与传统宗教文化的动因，有天时配合特点，传统信俗的悠久历史和持续性可望延续不止。

台湾学者刘智豪从“宫庙联谊会组织在两岸宗教文化交流中的深化与拓展”方向展开，重点疏理了台湾妈祖联谊会的发展现状。① 台湾妈祖联谊会自2001年成立后，积极推动妈祖信仰文化的发展、参与两岸各类宗教文化交流活动。联谊会摆脱过去传统一对一宫庙团体交流的模式，结合两岸民间力量，将两岸宗教文化交流更深层化，加深了两岸青年间的交流层次平台，体现了两岸民众在历史和文化上的认知，对于深化两岸关系和平发展具有指标性意义。

从政府立场视角而言，必须致力于建立全体共享的公共利益最大化，政府的作用在于最初起点建立人们交流的环境，共商社会向前发展，同时政府具理性人的义务和责任，确保参与人在这些环境中是符合公平正义的规范，也就是公共服务确保公共利益优先。从民间交流视角看，信仰的广泛和跨域性是人们互动交流过程中所需要基础上提出和建立的一种服务。

每一个世代都有每一个世代的苦难，当然每一个世代都有每一个世代特别的风景，其实台湾现在最重要的是在寻找一个可以共同尊敬的人，一个可以共同相信的事。代代相传和学习新的变化，去面对传统文化新的可能进步。

（二）赴大陆的台湾青年文化认同

创新需以人为本，着重在人与人之间的互动、心灵上的契合，在管理和组织的践行方法上，依靠人来管理的重要性，重视人而不仅是生产率，每一个青年都是独立的思想个体，对于新接触的人群个体具有不同价值选择权，如果不能同时关注个体成员及组织的价值观和利益则效果将不如预期，为保证以人为核心之交流互动，必须关注私人个体的精神需要和利益。继国台办发布31条惠

① 中国台湾网:《两岸青年学者圆桌纵论两岸文化交流新态势》[EB / OL].http://tw.haiwainet.cn/n/2017/0628/c232620-30990769.html, (2018年09月28日)。

台措施后，两岸一家亲的政策理念持续推进，台湾青年群体有在陆台生、台商、台教、台配等身份，赴大陆的台湾青年之中，区分为短时间停留跟长期生活在大陆两种，短期接触大陆的台青感受到明显刺激的差异或是随机情况；长期赴大陆的台青其生活可有更多时间去感受大陆文化，交流的层次更多，会产生更多的认同或是也有更明显的落差感。

两岸打开交流后，目前在大陆任教的专任台湾教师已经超过1000人，其中多为青壮年人口，在大陆有长期任职服务，当地生活文化的影响及融入生活圈，增加两岸青年和师生之间的交流，不仅有大陆对台籍的影响，也有台籍对当地文化的改变，两者可相互影响。

台湾青年的文化认同与政治认同仍有差异，文化软性并无强烈影响生活作息，实质内容呈现的目前对于大陆所定义的政治认同还无法接受全面接受，即始有高度的政治认同也未见多人放弃台籍身份换加入陆籍身份，在双方都能包容、接受的范围内，传统文化是先行的。在两岸社会结构下文化具有多元差异特点，双方可持续发展，享有共同的文化部分，但呈现出来的方式不一样，还会加入当地特色，所有的传统文化都需在漫长时间中逐渐塑形出现，能保持该地区的文化特点和个性，足够吸引他人学习、接近认同那就是成熟的文化。

两岸青年交流中文化层面包括甚广，特别是教育学术交流，加强双方师生对两岸文化的体会，了解差异及共同可接受的认同，除了教师群体，还有众多学生交流，这都需要政策及经费支持。充实拓展青年共同元素，加入新的流行文化，接受不同外来文化，进一步结合台湾生活联结文化纽带，有共同问题需解决才能产生亲近感。

台湾青年有“恐中”效应，对大陆发展一方面期待另一方面又害怕伤害，因未知而具备矛盾心理，具体表现在“经济上的吸引力、政治上的排斥力及文化上的结合力”，三种层次交互干预，两岸在新时代下，更需要青年的对话。

二、青年传统文化认同的差异

（一）社会治理的定位趋势

需要注意文化的危机意识，[①] 考虑政府失灵危机（Government failure），政府的职能首先是为民众提供一个安全舒适的生活环境，同时通过各种服务功能调

① 童星等:《转型期的社会风险及识别》，南京：南京大学出版社，2007年，第22页。

控社会发展。如果轻重利益互位，政府部门该显现出的“为人民服务”功能没有显现，该加以限制的失去控制，即成为一种政府失灵，后果就可能造成对传统文化管理的隐患，两岸的和平发展会受到重大威胁。

文化上的结合力让每个人都是社会安全稳定实践的主体，每一个人的自我安全意识强弱、文明文化素质的高低，会决定文化发展情况和结果。社会治理作为一种理念将传统文化信俗定为社会治理的心灵功能，这种创新要符合时代的要求，实质是体现了民间社会在不同时期的价值取向和群众需求。当今时代信息传播快速，社会治理的定位趋势也同时进步适应。社会治理的创新定位是一种正常现象，民众为了发展，就需要不断运用已有的资源、智慧，突破新的关口，在发现或产生某种些新的价值基础上，形成新的文化思想，并运用于执行层面。

青年组织者对社会治理的创新，既是一种来自社会的自治团体，同样理念的群众自我管理和奉献服务的趋势，传统文化信俗为社会治理的心灵功能，也是政府以外自发的社会管理职能创新。现实中政府积极作为，就是政府可主动地提供公共服务，在此过程中，政府及社会组织等社会治理主体的权力，必须符合法律的规定，受到制度的管理，其行为当然也依据法律，并受法律监督。这样传统文化宗教活动创新和积极作为均在政府管理的框架内，保持一定的合理性，台湾青年参与传统文化过程中也符合社会治理的趋势。行政管理学中的公共政策 (Public policy) 关注社会公义、资源分配、经济效益等议题。

人们追求的理想政府模式从“善政”(good government) 转变成“善治”(good governance)，即通过政府与公民社会的合作实现公共利益最大化。在这种现代理念想法指导下，台湾青年参与传统文化活动的社会力量必然会得到空前的发展。如此一来更需要政府主动提供服务，有效的积极作为，以更好地规范与引导社会治理的力量。传统文化信俗为社会治理的心灵功能，如何处理好政府与社会之间的定位关系、政府与青年的互动，这是社会治理创新必须要面对并协调的问题。在社会治理创新中，需要政府的积极作为、主动服务。

社会治理创新实质是一种“建构社会秩序”。现代社会，透过公民力量强化政府服务意识、积极作为，推动社会治理创新在法治精神公平正义之下。这个创新过程是一种打破旧秩序并重新建构秩序的过程，也是一种理性的法治文明秩序的建构过程。社会治理的定位上，制度的建设是重点。适合当下社会运行合理的制度具有重要存在价值，由制度所支特产生的信心，可使青年们能够承受提出新思维方案所面对的风险，这样可更具有创新性和经济性，并能够鼓励更多青年提出好的新思维。

（二）“一带一路”的文化复兴功能

当面对西方文化的时候，都有一个转型和变化，在这个转型和变化的过程中，大陆和台湾最初采取的路径是一致的，都是有限度地对外部世界开放。“一带一路”开始切入探讨认同问题，是文化的中国和现代中国之间的走出去跟请进来的桥梁。“一带一路”引领大陆文化复兴，要将台湾年轻世代的文化巩固，先得将文化的优势极大化、政治弱化。

文化交流合作可以推动大陆与沿线各国的全方位、多领域的互通共荣。其中，“一带一路”沿线国家民族和宗教众多，政治立场、利益诉求、行为模式都存在不同差别。要实现心灵契合，首要透过文化交流。传统文化的影响力超越国界，发挥文化交流的融合力量，促进不同文化深层交流反映“一带一路”沿线的历史文化、政府治理及经济利益，从而消除偏见、增进合作共识的效果，奠定坚实的民意认同基础。文化传播的过程本身会为经济带来利益，这种投入有立即效果和长期的回报。经济主体在文化传播上，可以用比较直接的方式去展示、传播文化，支持文化事业。也需要注意宗教、民族等因素的影响。文化传播的另一个主体是政府，比较有利的方式是做间接的文化传播，例如进行文化知识的传播。如文化教育，通过文化教育比较柔性，也有更深入的效果显现。

“一带一路”建设要顺利推进，实现合作共赢，就离不开心灵契合。文化交流是民心认同效应，潜移默化在推进“一带一路”建设中，充分发挥文化的桥梁和引领作用，加强各领域、各宗教信仰的交流交往，并使之成为政治、经贸、社会等各领域交流与合作的催化剂，促进沿线共同发展、合作共赢。在推进“一带一路”建设过程中，文化先行树立文化引领经济创新，通过进一步深化交流，促进区域共同发展，实现合作共赢，根据合作交流对象的文化资源特性，构建不同价值形态的文化产业合作平台，透过文化上的结合力降低青年传统文化认同的差异。

三、社会的整体性改造才是关键

（一）青年对文化影响政治的观察

区域整合是文化影响政治的情况。例如欧盟后来整合可以看到它过去的思维，就是区域文化的整合。在目前两岸社会结构下，经济增长的落差使人在大陆和岛内的台青既对未来生存感到迷茫，也对在大陆就业工作市场充满向往的经济吸引力心理。

运用文化上的结合降低政治上的排斥力，大陆有系统的建立长假期间台生实习制，深化活动内涵，创新活动形式，为其在大陆就业提供更多平台和机会。投入资源鼓励符合条件的台湾青年到大陆从事支教、扶贫、乡村建设、公益慈善、小区管理等工作，文化交流活动增强了时效性、精准度，改善原有交流中职业老面孔固化的现象，拓展多元的文化影响政治管道和途径，目标吸纳更多岛内中南部地区不同背景的台湾青年参与，综合考虑岛内中南部地区，特别是首来族青年人的想法和生活方式。

韦尔斯的《世界史纲》里面提出，工业革命之后产生的增长不是问题，因为工业革命使人类的能力得到了很大的提升，蒸汽技术和各种动力机械技术是人们在自然状态下没办法达到的，因此增长不是大问题，社会的整体性改造才是大问题。①

在40岁以下与大学程度以上的有较稳定的认同效应，不容易受到各种事件的影响而变化。但在40岁以上的族群，可能会受到政治事件影响，另外如传播工具的使用，不同族群间也各有差异。现今不只用简单的儒家文化来概括，青年所认识到的还有资本主义市场价值、日本文化等等，传统儒家文化只是影响台湾青年认同的其中一个因素。事实上，亨廷顿本人也指出文化不是一成不变，可以随着时间和经济发展而改变，他指出过往亦有学者认为天主教教义，相对于新教是不利民主发展的。②所以目前两岸民主政治发展趋势下，青年传统文化认同效应问题，会反应在社会的整体性改造上。

知识不光是用来谋取利益，知识是可以用来奉献，温和有力量，谦卑有内涵是可以用来帮助别人。青年经历了重重的考验，成为社会最活跃的分子是不争之论，发挥德智的光辉，贡献正能量于整个社会，第一，关心。拓宽眼界、走出岛屿，青年独善其身之外的广阔天地，在学除了分数成绩，出校园多看看目前的大陆发展情况、世界的变化局势。第二，学习。激发向上，心灵契合，用谦卑的心情看社会人群，看见不同的优点，学习两岸彼此合作，心灵双向的良性互动，才能永续不断。第三，奋斗。看见未来，拼出头天，为人以诚信相待，保持积极的乐观心情、锻炼出强健的身体，青年要使自己有所作为，要兼善天下，每个时代都一样不努力不行，落后就要挨打。

① 赫伯特·乔治·韦尔斯：*The Outline of History*（《世界史纲》），London: George Newnes,1919.

② Huntington, “Democracy’s Third Wave”, pp.20-21.

青年始终代表一股改变社会的力量。所欠缺的是信心，是开放的胸襟、是开放的态度，而这种能力，需要时间、空间的历练，需要培养。台湾青年若要永远屹立于东亚之中，成为世界繁荣文明的一员，又怎能不从自身奋起？此刻世界上每位青年人都有不同的生活压力，关心、学习、奋斗三个心情，便是促进青春成为盛开的美丽花蕊。

（二）新时代台青对文化认同再思考

用台湾的角度来看历史，才是解决台湾传统文化认同问题的最好方法。早在 1921 年蒋渭水医师发表《临床讲义》，拟人化这位台湾病人，诊断出台湾因为智识的营养不良，是“世界文化的低脑儿”。他没有解释这种描述是指什么意涵。推敲其用意，是想表达台湾无法跟进世界局势，把握各种现代知识等，导致成为世界文化的低能儿，开出最大量的各类教育的文化启蒙药方，过了将近一百年后，我们仍可感受到这位启蒙运动者的理想、热情，台湾仍在努力康复中。[①]

青年求学阶段不只是培养百工百业的专业技能，民主政治发展趋势也要栽培青年成为各行各业领导人的格局，精于做事、诚于做人，学问往往就在做人处事之间。印度前总理拉吉夫·甘地 (Rajiv Gandhi)：“人才流动总好过人才躺在下水道里，白白地流失了。”这就是宁愿人才流失，也不愿埋没人才。维持现况即是落伍，过去 30 年两岸交流累积了丰硕经验成果，目前两地经济、社会情势各有发展，正在质变也在量变，未来能吸引各地多元文化的优秀青年是发展重点。事业的发展，青年是主力军。贫穷不是社会主义，这就意味一方面要提升经济总量、优化经济结构，另一方面也要缩小收入差距，尤其是城乡收入差距，人在各地的两岸青年投入不同的事业，效果都可以提升社会的经贸活力为工商繁荣做努力。

安人始成事，敬人者人恒敬之，对人均宜尊重，宽大者化敌为友。也许选择不要只走大家走过的路，偶尔离开平坦大道走进新的轨道，那么一定会找到从未见过的东西。天下人才最后都会朝最能发展的地方去，青年的力量未来朝向服务业、科技智能化、高产值化发展，创造在地就业机会，打造有利于青年的工作、事业生态环境，特别是针对青年创新、创业者，发挥各地特有利基，加速整合产业升级转型。

---

① 蒋渭水：《蒋渭水全集》，台北：海峡学术出版社，2005 年。

集中在关注一点，以改变以往对事物的看法，对台海大局势，期待两岸关系持续改善，走向繁荣富强，现在就是青年开始的那一天，不间断的自然交流，30 年前就有爱拼才会赢的精神，一起学习去面对新的一种可能，30 年后的今日将持续发挥青春交流正能量。

青年在对参与文化交流中的主要任务、方法，要有计划、有活动、有效果、有持续性，推动青年与当地本土化的交流与合作；重点做好乡土调查、选好特色方向、做好未来活动规划、加强管理密切联系。如果台湾只是单独地纯粹地追求经济的收入增长，而忽略了台湾社会的整体性改造，没有做好教育，没有适当释放社会压力，整个社会就是力量分散，没有去建构社会完整的一个共同体。当面临外部危机的时候，每个人作为原子一样的部分，只能自保自救，这时候再讲效忠于国家、责任、荣誉，对于每一个原子来讲都是不适合的。所以我们看到对文化认同的思考，政治、经济、文化三方的重要性，文化搭台、经贸唱戏，有文化的结合平衡经济上的吸引和政治上的排斥。

论两岸青年消费降级的现状：认识你自己

陈谷鋆*

目前在两岸青年的生活中，一股消费降级的风潮日渐形成。本文将从哲学的角度来看待这种社会现象，采用非批评视角来检视“低欲望社会”、“佛系青年”等看似消极的词汇。在分析两岸青年消费心态的转变与其原因的基础上，深入探讨年轻人是否真的失去了为人生奋斗的动力。

本文的理论框架与方法论皆以哲学思辨为主。不同于其他从经济角度出发的分析文章，笔者通过在两岸的亲身观察，认为青年们并非单纯由于经济因素而选择消费降级，真正的原因在于他们更注重精神层面。本文主要分为三个部分：第一部分解释青年们回归理性的消费习惯，不再盲目地认为昂贵就意味着好。第二部分指出现代人对品牌的忠诚度越来越低，如果消费感受不好就会立刻更换产品。第三部分强调年轻人并非在其所有消费领域都进行了降级，如手机、电脑、教育相关的消费并不存在降级现象。最后提出：消费升级或降级主要由个人主观的消费习惯决定。希望借由本文发出的另一种声音，稀释对佛系青年与低欲望社会的批评声浪，也提供另外一种思考角度。

2018 年 9 月，财经月刊《信报》的专栏作家高天佑在其文章《消费降级，品牌下沉 10 亿人商机》中指出：目前除了“消费升级”外，另一股更大的消费趋势是“消费降级”。他认为：消费降级（consumption downgrading）“主要是近十多年来在发达社会的中上阶层出现，来自消费者主动选择的降级，尤其以年轻一代的反奢华、反消费主义，反品牌，断舍离，极简主义，“无印系”，“佛系”等为标志。换言之，这些人并不是没有维持中级消费的消费能力，他们甚至可以进一步“升级”（例如购买更贵的名牌），只是出于个人理念的改变而选择“降级”。与此同时，他们的降级也不代表降低自己原本的品质要求，只是在

* 陈谷鋆，南宁师范大学教育科学学院助理教授。

撇除其余花哨功能的同时，更讲究“物有所值”和“刚刚好”[①]。

一、回归理性消费的年轻人

虽然20世纪“人要衣装，佛要金装”的观念深入人心，但随着时间的推移与人的自主意识的提升，越来越多的青年们逐渐认清自己的真正需求，回归理性消费。这样的实用主义让青年们返璞归真，活出自我，活出自在。

（一）世界正在改变

从《人类简史》[②]《未来简史》[③]，到最近的第三本《今日简史》[④]，以色列历史学家尤瓦尔·赫拉利 (Yuval N. Harari) 通过他一系列的著作向我们展示了其反思未来的世界观。他介绍了不同于从前，现代人因摄取过多糖分而死亡的人数早就超过因战争而死亡的人数。世界上大部分地区（除了中东与中非）早已从物质经济 (a material-based economy) 走向知识经济 (a knowledge-based economy)。许多当代思想家、政治家、经济学家都用国民幸福总值 (GDH, Gross Domestic Happiness) 取代了国内生产总值 (GDP, Gross Domestic Product) 作为衡量人民生活的标准之一。这也说明为何一些发达国家如瑞士、法国、日本、新西兰等，虽然经济实力雄厚，但国民自杀率却高于一些发展中国家（如秘鲁、海地、菲律宾、加纳等）。由此可见，快乐并不是一味依靠外在物质就可以获得，它属于心灵而非物质层面。若只依赖外在的物质获得快乐感，人容易变成“拜金主义的奴隶”。赫拉利的语言解剖刀般精准剖析出快乐的本质：人的快乐并不是因为事情本身，而是因为这些事物附带给你的快乐感觉[⑤]。

（二）理性消费

若人们能够认清这个事实，消费就可以回归理性了。拿两个世界名人举例：第一个是香港首富李嘉诚戴着约莫美金400元的日本手表[⑥]。第二个是美国股神

---

① 高天佑：《消费降级、品牌下沉10亿人商机》. 信报财经新闻, (498), 108-111.

② Harari, Y. N. (2015). *Sapiens: A brief history of humankind*. London, UK: Harper.

③ Harari, Y. N. (2017). *Homo Deus: A brief history of tomorrow*. London, UK: Vintage.

④ Harari, Y. N. (2018). *21 lessons for 21st Century*. London, UK: Vintage.

⑤ Harari, Y. N. (2017). *Homo Deus: A brief history of tomorrow*. London, UK: Vintage. p. 17, pp. 37-38, p. 42

⑥ 张定明.《首富李嘉诚戴手表选 *citizen*——平民爱戴劳有三大原因》(2017年6月6日). 网址：https://www.hk01.com/热爆话题/95712/首富李嘉诚戴手表选citizen——平民爱戴劳有三大原因.

巴菲特 (Warren Buffett) 在 2014 年仍开着他在 2006 年买的凯迪拉克汽车[①]。仔细想想，这种理性消费的最佳解释其实就是去掉过多的花巧装饰，回归到事物本身的功能。对于一块劳力士 (Rolex) 手表而言，撇开它昂贵的价格与精致的做工，难道能让配戴者获得比别人多一点的时间吗？一台跑车与廉价车以相同的时速开在高速公路上，除去价格、汽车配备、乘坐舒适度之外，并没有其他区别。对比一般航空与廉价航空，在面对空难的概率上，更多金钱的花费也并不能换来更小的概率。

事实上，仍有很多人秉持上个年代的消费观与价值观来看待这个年代的年轻人，以一刀切的观点看待消费：有钱就买得起，没钱就买不起。殊不知，这一代年轻人的消费方式（如用支付宝的人多于用现金的人）与消费观念（重视实用性大于重视奢华性）已经改变。以前人们有钱就会买奢侈品来彰显富贵与品位；现在随着个人意识的提高，人们不再需要靠攀比来显示自己的优越。

（三）认识你自己

当然，本文也不是鼓励大家都要像古人颜渊般过着“一箪食，一瓢饮，在陋巷”穷困潦倒的生活。而是意在引导人们活出刘禹锡在《陋室铭》中描绘的“山不在高，有仙则名。水不在深，有龙则灵。斯是陋室，惟吾德馨”的心态。这两句话虽然类似，但《陋室铭》多了一份强大而沉稳的自信。当人获得心灵的自由，就可以意识到自己即是最好的“品牌”，无须靠高价的奢侈品来衬托出自己的气质与内涵。这也正是习主席所提出的四大自信的精神。英语有句谚语“keep up with the Joneses”恰当点出西方人爱与邻居比阔气、比排场的攀比心态。邻居开宝马，若我不开一台宝马，显得我矮人一阶。但这样的生活是否过得很累？生命就在不断攀比中度过吗？学生时期比较成绩与学校排名，工作中比较薪水与房产，老了后比较儿女孝顺或幸福生活。难道与他人比较就是人生真正的意义所在吗？

刻在古希腊德尔斐的阿波罗神庙 (Temple of Delphi) 中的箴言“认识你自己”(know yourself) 正是点出这一概念，也被西方哲学家如苏格拉底 (Socrates) 与亚里士多德 (Aristotle) 等推崇着。所以亚里士多德才说：认识你自己是智慧的开端 (Knowing yourself is the beginning of all wisdom)。

---

① Blumberg, Y. (2017, September 21). *Why these 5 billionaires still drive these cheap cars*. Retrieved from https://www.cnbc.com/2017/09/21/why-these-5-billionaires-still-drive-these-cheap-cars.html.

认识你自己（插图作者：黄士玮）

（四）佛系青年

被称为世界五大管理大师的大前研一在 2016 年出版的《低欲望社会》一书中指出：现在的日本，除了面临人口的老年化、晚婚化、少子化等困境外，年轻人的无欲无求也对企业与国家带来了严重影响。这些年轻族群的低欲望价值观正在全球蔓延。因此大前研一也呼吁企业必须再次认识这些年轻人并了解青年们目前的价值观，好重新调整商业模式与制定各种新的市场策略[①]。

在批判声浪中，低欲望青年们被贴上一些消极的标签，如佛系青年、丧文化（失去奋斗目标）等，他们的生活态度也被放大检视。李念庭（2018）写道："事实上，'佛系'并不是新创词汇，它源自 2014 年的日本，指的是'不食人间烟火的男子'，特征包括重视个人兴趣、热爱独处、凡事依自己的节奏行动、不喜欢顾虑周遭，以及嫌恋爱麻烦、不需要女友、认为和女生相处很疲惫等。对日本而言，'佛系'指在经济普遍低迷的'低欲望时代'下，年轻人倾向不婚、

① 大前研一 . (2016).《低欲望社会》. 台北：天下文化。

不生、不买房、不买车的人格特质。他们大多对恋爱持消极态度，比起跟异性打交道，更喜欢自己独处。‘佛系’到了中国后，意义变得更广，代表的不再是一种特定的人格特质，而是一种生活态度。与成天汲汲营营、充满野心的理想家不同，他们的人生态度是‘有也行，没有也行；不争不抢，不求输赢’，希望过着淡泊名利、与世无争的极简生活。佛系青年的世代特质，是‘豁达’还是‘逃避’？去年底，随着‘佛系追星’‘佛系过节’‘佛系购物’等词语相继出现，‘佛系青年’开始被认为是90后年轻一代的最新标签。尽管‘佛系’一词得到不少年轻人的共鸣，但同时也掀起批判声浪。”①

佛系青年之所以会被长辈批评，主要是因为上一辈无法认同年轻人为何宁愿消极选择省吃俭用地“节流”，也不愿意像他们那样勇敢打拼，主动“开源”创造财富。笔者认为，这样的批评主要来自两代消费方式与价值观的不同，并未考虑到青年们的消费心态，也并不了解其真实想法。

（五）返璞归真

其实，称这些自主选择消费降级的青年为佛系青年可能太言重些。消费降级可以理解为选择一种反璞而归真的状态——不与人攀比，不在乎外在的肤浅表现。试想：一个人搬入高级小区，为了融入高级的生活，他必须不断地用奢华的物质在邻居面前摆阔。在奢华的社交圈永无止境地追逐名利的他真正地快乐吗？这种竞争永无休止之日。别人有什么，我也要拼命与人并驾齐驱，甚至超越别人，这种虚荣的追逐终究会成过往云烟。然而，如他选择搬离这小区，居住在让他心灵放松的区域，让家 (home) 真的成为一个真正有温度的家，而不是一栋或一层高级又冰冷的房子 (house)。这也是西方人不断强调的生活智慧：让你的房子成为一个家 (Make a house a home)。

二、现代人对品牌的忠诚度降低

目前的两岸青年们对品牌的追捧程度也远不如他们的长辈，从台湾地区的电信续约就最容易看出。只要信号不好或电信资费不合理，等合约一到，青年消费者们立刻携码（同一个手机号码）换到另一家电信公司。另外，也有越来越多的商家选择在商品上不再印制上自己的商标或品牌名，名创优品 (MINISO)

① 李念庭:《“佛系青年”崛起：是欲选择逃避？年轻世代困境真相》(2018 年 2 月)，网址：https://www.cheers.com.tw/article/article.action?id=5088018&eturec=1.

就是其中之一。

（一）功能性大于多余的装饰性

现代人因为选择种类的增多，对特定品牌的忠诚度也随之降低。因此消费者进入了“非名牌”概念的消费时代。当消费者对品牌的概念越来越模糊时，他们就只能以清晰的价格来检视商品。越来越多的消费者选择消费降级，并非他们买不起该商品，而是觉得性价比不高。因此更理性地倾向于选择一个价值与价格相符的产品。举个生活中的例子：厕所使用的卫生纸，相信大多数人都会选择同类产品相对便宜的。原因在于很少有人会认为他们的屁股应该要配什么样品牌的卫生纸。而是单纯从其功能的角度出发，卫生纸就是卫生纸，不是拿来与其他的卫生纸比美或比高级的。消费者只是看清了它的功能性而已。

（二）非名牌不见得便宜

然而，非名牌的商品也不见得就是便宜货。因为现代青年的消费习惯以功能性为主，所以他们期待产品的质量是与价格相符的，而不是花钱买个昂贵的品牌商标 (logo) 放在自己身上，用价格 (price) 来彰显自己本身的价值 (value)。举两个例子。第一，对于皮质外套或皮革大衣，有时非名牌的手工私人定制反而更贵。第二，有些默默无名的韩国服饰，因为做工精致、材质舒适、衣服版型有特色、具有不输流行的经典款式等特点，反而比名牌更昂贵，但仍有特定的铁粉追捧着。由此可见，所谓的最好其实见仁见智，没有人能为“最好”下明确的定义或找出确凿的标准。人们能判断的，只有物品是否最适合自己而已，东西如此，人亦如此。

（三）部分消费者并非由于商品本身而购买它

知名咖啡连锁品牌星巴克 (Starbucks) 在全球拓展版图，但不知道有多少消费者是真正为了它的咖啡而走进店内，又有多少人是为了享受坐在咖啡厅里的时刻而走入？笔者相信这两种客群一定都存在。李清志（2018）一语道破：“国际知名连锁品牌咖啡店也进入京都，却谨慎地选择不破坏京都的传统美感。星巴克小心翼翼进驻东山二年坂地区，使用的是一座古老的木造茶屋建筑，努力让京都人接受在老茶屋中，端坐榻榻米上喝拿铁的新生活形态；蓝瓶咖啡第一次进驻京都，也选择不在市中心区，而是开在南禅寺附近的一座老町屋里，町屋改造得十分舒适，也保有京都的风情。京都美食侦探柏井寿曾说：“京都人并不是真的喜欢喝茶，而是享受喝茶的那段悠闲的时光！我喜欢在京都喝咖啡，其实也不是为了那杯咖啡，而是为了享受在京都建筑空间里的美好！”①

三、并非全部商品都能够降级

虽然现在的青年们因为看到了事情的本质而选择消费降级，理性消费。但是针对某些种类的商品，他们仍有自己的坚持。

（一）特定商品“非降反升”

对于手机、电脑、旅游、皮肤保养品与化妆品、果汁饮品、营养保健食品、贴身衣物，甚至是教育培训等，年轻人们仍愿付出高额的金钱来购买相对较优质的商品，即消费升级。这一点其实非常容易理解，因为这些商品与个人喜好、健康或未来前景密切相关。根据文化和旅游部的数据显示：“上半年旅游人数达到 28.26 亿人次，同比增长了 11.4%。旅游收入 2.45 万亿元，增长 12.5%。上半年，全国电影票房 320.3 亿元，观影人次达到 9.01 亿，分别增长 17.8% 和 15.3%。一些消费升级类的商品增速加快，服务消费升级势头也很明显。上半年化妆品类商品增长了 14.2%，高于社会消费品零售总额的整体增速。全国居民人均体育健身活动、旅馆住宿支出分别增长了 39.3% 和 37.8%，代表居民消费升级方向的运动型多用途汽车 (SUV) 销售同比增长了 9.7%，增速比基本型的乘用车（轿车）高了 4.2 个百分点。”②

（二）消费降级其实只是一种分级

2018 年 8 月 3 日，《中国新闻网》指出：若消费真的降级，为何民众看电影与旅游的次数越来越多？花费在美容与健身的金额也变多了？那么何来的降级可言？“中国(海南)改革发展研究院经济研究所所长匡贤明撰文指出，有人把消费降级概括为‘花最合理的价钱，买最合适的商品，理性地消费，过更聪明的生活’。其实并不是真的减少消费，而是选择理性消费，环保消费。与其说是消费降级，不如说是消费升级中的分级。有评论指出，追求高性价比，一方

① 李清志、谢哲清:《“文学相对论”李清志 VS. 谢哲青(五之四)京都》(2018 年 10 月 22 日),《联合报》，网址：https://reader.udn.com/reader/story/7049/3431631.

② 李金磊:《居民消费真的降级、降速了？背后真相是这样》(2018 年 8 月 3 日)，中国新闻网，网址：http://www.chinanews.com/cj/2018/08-03/8587943.shtml.

面来自房价对消费的挤出效应以及中产焦虑，另一方面也来自消费理念的进步，越来越多人逐渐放弃略显虚无的身份地位消费，对品质有了更高的要求，不再像过去那样愿意为品牌溢价买单。”[①]

四、结论

通过上文分析，我们可以知道其实并非目前的年轻人失去奋斗人生的动力，而是他们主动选择了理性消费，认清自己的需求，回归到商品的功能性而非一味地追求过多的花哨装饰。这可以理解为一种新的消费趋势，人们选择回归到商品的本质来加以选择。针对这一点，我们可以从一些非名牌的商品反而更贵，且青年们并非对全部商品降级便可以看出。因此，消费降级严格来说其实是一种消费者个人对商品的分级选择。对于认为消费降级与消费者个人经济收入与国家经济发展休戚相关的观点，未免有些草木皆兵。且《人民日报》曾以标题指明：“消费降级”的说法有失偏颇[②]。

最后，本文要强调两点：第一，消费升级或消费降级仍要具体分析个体的经济状况与消费习惯，本文只是提出另一种看待消费降级与佛性青年的角度，并非鼓励青年们“走向佛系”。第二，面对高速发展与变化的社会，若我们仍戴着上一代的有色眼镜来看待这一代人，是否过于武断呢？

---

① 李金磊：《居民消费真的降级、降速了？背后真相是这样》(2018 年 8 月 3 日)，中国新闻网，网址：http://www.chinanews.com/cj/2018/08-03/8587943.shtml.

② 王珂：《“消费降级”的说法有失偏颇》(2018 年 9 月 7 日)，《人民日报》，网址：http://paper.people.com.cn/rmrb/html/2018-09/07/nw.D110000renmrb_20180907_5-10.htm.

历史与传统文化篇

变迁的文化与文化的坚持
——建构海峡两岸的和谐文化

陈支平*

一

近年来，大陆的各级领导，特别是中央领导，大力呼吁和倡导继承弘扬中华优秀传统文化。中华文明经历了5000多年历史变迁，但始终一脉相承，积淀着中华民族最深层次的精神追求，代表着中华民族独特的精神标识，为中华民族生生不息、发展壮大提供了丰厚滋养。作为一个民族的立身之本、国家的发展方向，继承和弘扬自己民族与国家的优秀传统文化，这是理所当然的事情。然而所谓“优秀传统文化”这一概念，未免过于空泛，有些难于把握。从时间跨度上讲，过去的均为传统，那么中华优秀传统文化，是否从夏商周秦汉以来，一直延伸到昨天，都是属于这一范畴？如果是，夏商周秦汉的“传统文化”，与当代的“传统文化”，究竟还有多少可以类比之处？从“优秀传统文化”的横切面看，“文化”一词，既可以是学术性的，同时更可以是社会性的，可以说，“文化”的属性，是多维的，是可以跨越学科与认知界限的。

假如我对于“中国优秀传统文化”的这种理解是有一定道理的，那么我们对于“文化”的认识，就应当有着动态的观念，我姑且称之为“变迁的文化”。所谓“变迁的文化”，是指各个时代中的文化有所差异，有所变化的，“文化”将随着时代的演变而有所变迁。那种认为中国优秀传统文化是一成不变的固化物，显然是不符合“文化”的历史事实的。近年来，一些热衷于继承和弘扬“中国优秀传统文化”的人士，为了表示自己对于“中国优秀传统文化”亦步亦

* 陈支平，厦门大学国学研究院院长、教授。

趋、先行先试，首先把自己的服饰传统起来，美其名曰“汉服”“唐装”等等。但是根据中国服饰史的专家说，目前社会上所流行的所谓“汉服”“唐装”之类，大多不伦不类、非唐非汉。之所以出现这种情景，根本原因就在于传统文化也好，古代服饰文化也好，都是处于不断的变化进程之中。正因为如此，我们今天看到“中国优秀传统文化”，无疑应当着眼于历史的动态之中，这也就是我所说的“变迁的文化”。

闽南与台湾，从长远的历史发展历程看，毫无疑问都带有明显的海洋性文化特征。特别是到了明清时期，即 15、16 世纪之后，由于福建沿海居民不断地向台湾迁移，最终成了现今台湾居民的主体。这就导致了人们对于台湾与闽南区域的海洋文化特征有着较为一致的看法。这种看法从整体上讲，基本上是正确的，但是我们也不能因此而忽略了台湾与闽南区域文化发展与演化的某些变迁的因素。正是这种两岸文化的某些历史变迁，使得台湾与闽南区域的海洋性文化特征，出现了既同根同源的历史形态，同时又经过明清以来的各自有所差异的演化，从而出现了某些文化的异化现象。显然，台湾与闽南区域海洋性文化的同根同源历史形态及明清以来所出现的某些异化现象，形成了当今台湾与闽南区域海洋性文化的基本现状，值得我们认真对待。

二

当今大陆学界一般都把台湾与福建，特别是台湾与闽南区域的文化发展历程，统称之为“闽台文化”。作为一种有着同根同源的地域性文化称呼，这是可以理解的，也是符合历史事实的。但是我们也不能不看到，从近代以来，台湾与福建两地的历史进程，特别是政治格局，有着诸多的变化，这些变化不能不对海峡两岸的文化演化，产生一些不同的影响，从而使台湾与闽南区域的文化形态，出现了某些异化的现象。

福建沿海居民对于台湾的迁移，在明代之前属于少数。清代统一台湾之后，福建居民向台湾的迁移大量增加，特别是清代中期开始，以至清代后期，福建居民向台湾迁移进入高峰期。在这期间，虽然福建居民大量迁移台湾，并且逐渐分布于台湾的大多数区域。但是由于台湾原来的居民即后来称之为“高山族”的少数民族，其生产形态和生活方式均落后于来自大陆福建等地的移民，因而原住于台湾的少数民族的文化，对于迁移而来的福建等大陆移民，影响很小，不能对大陆的移民文化产生潜移默化的作用。与此相反，大量大陆移民的到来，带来了原本较为先进的生产形态、生活方式与风尚习俗，并且很快在台湾岛内得到迅速的传播，于是到了清代中期以来，所谓台湾岛内的文化，基本上使从大陆福建、广东一带传播、移植过来的祖籍地文化。从这一文化移植过程来看，我们今天把台湾和闽南区域的文化，统称为“闽台文化”，是有一定道理的。

但是这种状况到了清代末期发生了重大改变。甲午中日战争之后，台湾被迫割让各日本，因此从 1895 年至 1945 年台湾光复期间，我们习惯上把这一时期称之为“日据时期”。日本人占据台湾之后，为了达到永久占据台湾的目的，推进了严厉的“皇民化运动”，即是向台湾的民众灌输日本的语言文字、生活习俗等日本文化，甚至把台湾民众原来属于汉族的姓氏，改为日本人的姓氏称呼。日本统治者在台湾推行的“皇民化运动”，使得台湾的一般民众，长时期地处于一种特殊的生活氛围和文化氛围之中，一般的台湾民众，不管愿意接受与否，这种特殊的生活氛围和文化氛围是自身所无法摆脱的。于是随着岁月的推移，台湾的文化内涵，不能不被动地移植了许多日本文化的因素。虽然说到了 1945 年台湾光复之后，国民政府也曾大力消除日本文化对于台湾文化的影响，但是文化的嵌入是相当顽强，尤其是属于社会生活及文化思维的因素，要做到彻底的消除，是必须经过长时间的历史消磨的。遗憾的是，由于后来台湾政治格局的变化以及日本经济的强势，台湾社会对于日本文化元素的延续得到了一定程度的保留，而近年以来，随着“台独”势力的膨胀，日本文化在台湾的传播反而有某些增强的势头。

1945 年台湾光复之后，以蒋介石为首的国民党政府全盘接收了台湾的统治。一方面数以百万计的蒋介石残余军队及部属迁入台湾，这些军队和部属来自全国各地，其所蕴涵的文化因素也是多地域的，这种多地域的文化元素给台湾的原有文化，带来了许多不同的元素。而蒋介石政权与美国等西方国家关系的密切，也使得以美国为代表的文化意识渗透到台湾的许多文化领域之中，这就使得台湾的地方文化出现了多元化的现象。另一方面，蒋介石统治台湾之后，鉴于在大陆的惨败，采取高压的“白色恐怖”政策，政治与文化的统制更加给原属于边陲地带的台湾文化增添了以我为核心的专制色彩。唯我独尊、自我感觉良好的心理和受迫害恐惧症同时并存于许多人的心里，这不能不对 20 世纪下半叶以来台湾的文化结构，产生一定的影响。

20 世纪大陆的文化走向，同样也经历了前所未有的变化。中华人民共和国建立以来，以政治挂帅为宗旨的社会治理及其社会结构的变化，使得民众在不知不觉中与中国传统的文化意识产生了不小的距离。崇尚斗争哲学的社会实用主义行为规范，使人们逐渐脱离了以仁义礼智信为核心的传统道德价值观。到了20世纪80年代之后，大陆实行改革开放政策，经济行为一度成为社会活动的重中之重，社会风气与价值取向，以能取得经济上的成功为人生价值的最高衡量标准。与此同时，随着改革开放的进展，欧美等西方国家的文化价值观伴随着经济商业活动的展开而不断侵入中国人的文化价值观之中，崇洋媚外的文化心态在社会的各个阶层均有不同程度的反映。

在20世纪之前，台湾与祖籍地福建、广东等地的历史传统基本相似，血缘联系密切，文化传统在台湾各地得到真实的移植，两岸的民间往来也是割裂不断的。但是从20世纪以来，由于国际环境和海峡两岸社会政治环境的变化，台湾与福建、广东等海峡两岸的文化发展历程，开始了某些不同的走向。这些不同的文化发展走向，对于海峡两岸社会政治与一般民众的交往，不能不产生一定的阻碍作用。我们只有正视这种不同的分歧，才能更有效地推进海峡两岸人们的沟通与交流，从而使得原本属于同一个地域文化圈即所谓“闽台文化圈”的空间之中，出现更为和谐的文化互通局面。

三

自近代以来海峡两岸文化所出现的某些不同走向，这是历史客观存在的事实，我们没有必要视而不见，重要的是如果求同存异，在新的历史时期里以更高的层次来融合海峡两岸的文化互通，这才是年轻一代的中国人所应秉持的文化包容心态。

闽台文化作为中华文化的一个重要组成部分，它的产生和发展，既是中华文化所孕育出来的一枝重要分支，同时也为中华文化的进步与发展做出了自己应有的贡献，它的存在，使得中华文化更加多姿多彩、容光焕发。正因为如此，我们今天要促进海峡两岸文化的互通融合，首先应该坚守中华传统文化中的优秀道德价值观，或者说是核心价值观。中国是有着悠久文明的国家，在世界几大古代文明中，中国文明没有中断，延续发展至今的文明，已经有5000多年历史了。我们的祖先在几千年前创造的文字至今仍在使用。2000多年前，中国就出现了诸子百家的盛况，老子、孔子、墨子等思想家上究天文，下究地理，广泛探讨人与人、人与社会、人与自然关系的真谛，提出了博大精深的思想体系。他们提出的很多理念，如孝悌忠信、礼义廉耻、仁者爱人、与人为善、天人合

一、道法自然、自强不息等，至今仍然深深影响着中国人的生活。中国人看待世界、看待社会、看待人生，有自己独特的价值体系。中国人独特而悠久的精神世界，让中国人具有很强的民族自信心，也培育了以爱国主义为核心的民族精神。我们的祖辈们，也正是有了这样的坚守，才能使我们的文化历久弥新。先贤们所说的“先天下之忧而忧，后天下之乐而乐”的政治抱负、“位卑未敢忘忧国”“苟利国家生死以，岂因祸福避趋之”的报国情怀、“富贵不能淫，贫贱不能移，威武不能屈”的浩然正气、“人生自古谁无死，留取丹心照汗青”“鞠躬尽瘁，死而后已”的献身精神等，都体现了中华民族的优秀传统文化和民族精神，我们都应该予以坚守，予以继承和发扬。

中华文明源远流长，孕育了中华民族的宝贵精神品格，培育了中国人民的崇高价值追求。自强不息、厚德载物的思想，支撑着中华民族生生不息、薪火相传，今天依然是我们推进民族与国家复兴的强大精神力量。大力弘扬我们的民族精神，深入挖掘和阐发中华优秀传统文化讲仁爱、重民本、守诚信、崇正义、尚和合、求大同的时代价值，使中华优秀传统文化成为涵养新时代道德价值观的重要源泉。这是我们新一代中国人所不可推卸的历史责任和时代使命。当然，我们现今所讲的中华优秀传统文化，由于时代的不同，我们已经无法自我欣赏、自我陶醉地在中华大地上延续下去，随着国际化程度的日益加深，我们还应该睁眼看世界，了解世界上不同民族的历史文化，去其糟粕，取其精华，从中获得启发，为我所用。我们的前辈们正是吸收了诸多外来的文化因素，如印度的佛教等等，充实了我们自己的文化内涵，从而使得我们延续了数千年的中华文明，生命常新。中华文明是在中国大地上产生的文明，也是同其他文明不断交融互鉴而形成的文明。

坚持中华优秀传统文化的核心道德价值观，是构建海峡两岸文化共通和谐的基石。假如缺乏这一基石，那么文化的共通和谐就是一种无本之木、无源之水。有了这一基石，我们才能更加有效地、与时俱进地建构海峡两岸在新时期里的共通和谐文化。而要做到这一点，我们应该充分地认识到近代以来海峡两岸文化发展历程中所出现的某些不同走向以及对于道德价值观的某些歧义，并且相互包容这些不同的分歧，求大同、存小异，充分发挥台湾与福建、广东等沿海区域的文化优势，开拓更加美好的未来。譬如，海洋文化因素，是“闽台文化”有别于大陆其他区域文化的一项突出因素，也是海峡两岸“闽台文化圈”得以发展的一项重要优势。我们应当在坚守文化核心道德价值观的前提下，尽可能地包容各自的文化差异性，最大程度上发挥台湾与福建地区这一区位优势和文化优势，共同创造全新的“闽台文化圈”，造福于我们的子孙后代。这种愿景的实现，无疑是我们年轻一代闽台人的不可推卸的历史使命。

福建文化走出去四十年*

郑海婷**

一、政策背景

1978年12月，党的十一届三中全会做出了对内改革、对外开放的决定，文化走出去也随之成为我国的基本国策。四十年来，我国关于文化走出去的政策在保持继承性的基础上不断深化，经历了从“请进来”到“引进来”再到“走出去”的三个阶段的演变。

改革开放之初，属于文化走出去的摸索阶段，邓小平同志多次强调改革开放除了经济开放也包括文化开放。他说：“对于现代西方资产阶级文化，我们究竟应当采取什么态度呢？经济上实行对外开放的方针，是正确的，要长期坚持。对外文化交流也要长期发展。”① 他主张世界各国民族所创造的有益的文明成果也可以拿来为我国的社会主义建设服务，“请进来”是这个阶段文化开放政策的重点。1986年9月，十二届六中全会公报指出：“对外开放作为一项不可动摇的基本国策，不仅适用于物质文明建设，而且适用于精神文明建设。”

20世纪90年代，以江泽民同志为核心的党的第三代领导集体在继承邓小平同志全面开放思想的基础上，强调文化开放要“引进来”和“走出去”并举。江泽民提出：“要坚持以我为主、为我所用的原则，开展多种形式的对外文化交

---

* 文中所有表格均为本研究制表。数据来源：1. 福建经济年鉴编委会编：《福建经济年鉴（1985—1994）》，福建人民出版社出版。2. 福建年鉴编委会编纂：《福建年鉴（1995—2016）》，福建人民出版社出版。3. 国家统计局社会科技和文化产业统计司、中宣部文化体制改革和发展办公室编：《中国文化及相关产业统计年鉴（2013—2017）》，中国统计出版社出版。

** 郑海婷：福建社会科学院文学研究所助理研究员。

① 邓小平：《邓小平文选》（第3卷），人民出版社1993年版，第43页。

流，博采各国文化之长，向世界展示中国文化建设的成就。”[①]“在新的条件下扩大对外开放，必须更好地实施‘引进来’和‘走出去’同时并举、相互促进的开放战略，努力在‘走出去’方面取得明显进展。……‘引进来’和‘走出去’是对外开放的两个轮子，必须同时转动起来。”[②]随着改革开放进程的推进，经济社会建设取得了飞跃式的进步，我国对外吸引力大幅提升，加上采用了更为丰富多样的交流形式，这一阶段的文化走出去在“以我为主、为我所用”的原则指导下，从“请进来”变为“引进来”，“进来”的主动性大大增强。这一阶段对外宣传的重点是中国改革开放的成就。

虽然早前就已经提出了“引进来”和“走出去”两手抓的思路，但其侧重点在经济领域，从实践层面来看，文化开放还是处于“引进来”多，“走出去”少的状态，我国文化产品进出口贸易长期处于大额逆差状态。在此背景下，21世纪以后，党中央明确提出文化走出去的任务是“增强中华文化国际影响力”[③]，这一思想在近些年得到不断强化。

2003—2012 年，以胡锦涛同志为总书记的党中央领导集体把侧重点直接放在了“走出去”，强调要深化文化体制改革，掌握文化开放的主动权，全面提高文化对外开放水平。《国民经济和社会发展第十一个五年规划》提出：“掌握对外开放的主动权，全面提高对外开放水平。坚持对外开放的基本国策，密切关注世界形势变化，制定和实施正确的涉外方针政策，在更大范围、更广领域、更高层次上参与国际合作和竞争。……推动中华文化更好地走向世界，提高国际影响力”。

2010 年以后，一方面是我国成为全球第二大经济体和第三大对外投资国（2017 年成为第二大对外投资国），经济的高速发展为对外文化交流打下了坚实的基础，另一方面文化在对外交流和塑造国家形象方面的重要地位也日益凸显。以习近平同志为核心的党中央领导集体从国家战略层面强调用文化走出去来塑造中国的国家形象，提高我国国际地位，维护文化主权和文化安全。习近平总书记要求用国际社会“听得到、听得懂、听得进”的方式“讲好中国故事，传播好中国声音”[④]，营造对外文化交流和贸易的新格局。这不仅把文化走出去摆在了前所未有的重要地位，也对文化走出去提出了前所未有的严格要求和殷切

① 江泽民：《江泽民文选》（第 2 卷），人民出版社 2006 年版，第 35 页。

② 江泽民：《江泽民文选》（第 3 卷），人民出版社 2006 年版，第 456 页。

③ 胡锦涛：《高举中国特色社会主义伟大旗帜 为夺取全面建设小康社会新胜利而奋斗》，人民出版社 2007 年版，第 36 页。

④ 习近平：《习近平谈治国理政》，外文出版社 2014 年版，第 260—264 页。

期盼。

二、四十年历程

1979年7月15日，中共中央、国务院颁发了中发[1979]50号文件，确定对广东、福建两省对外经济活动实行特殊政策和灵活措施。此后，中央先后确定厦门为经济特区，福州为全国14个对外开放的港口城市之一等，给福建对外开放以充足的政策保障，从此也揭开了福建对外交往史新的一页。作为改革开放的桥头堡，福建是我国对外文化交流的重要窗口，在国家大政方针的指导下，福建利用中央特批的先行先试政策，在文化走出去方面做了大量试水和开拓性的工作，成效显著。

（一）20世纪80年代

改革开放初期，省委省政府把经济建设、侨务、对台列为福建的三大任务。利用福建“山、海、侨、特”的有利条件，坚持统一对外，扩大对外出口，发展外向型经济。1986年，省委对侨务工作提出“理解侨心、保护侨益、运用侨力、引进侨资”的工作方针。在1987年之前闽台二地尚未开放往来，福建对外开放的主要工作在“侨”。因此，大体上来说，在80年代福建文化走出去的目的是：让世界了解福建，让福建了解世界，联络海外华侨华人与故土的感情，吸引侨资外资，为福建的改革开放和经济建设服务。文化走出去的服务对象主要是广大华侨、外籍华人和港澳同胞。在这个阶段，广大海外华侨华人是福建文化走出去的重要桥梁和中介，福建文化走出去的重心是依托海外华人华侨所开展的一系列活动。①

---

① 由于台湾当局的限制，台湾同胞在1988年以后才大规模来到福建，我省与台湾的文化交往也主要在90年代以后，故文章的这个部分不对闽台文化交往做重点介绍。

1. 香港是福建走向世界的枢纽

图表 1. 福建省接待海外宾客人数（1979—1989）

（单位：人次）

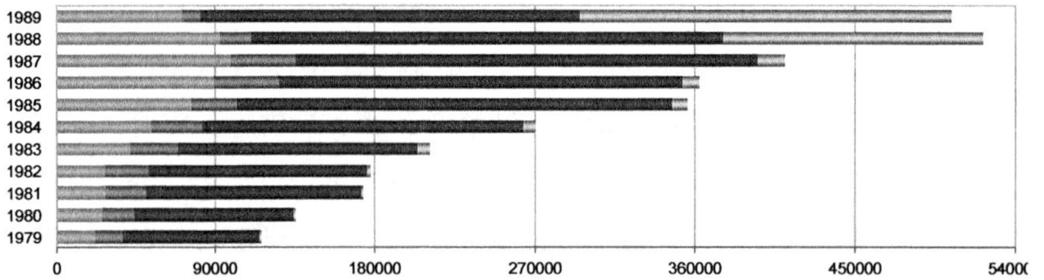

	1979	1980	1981	1982	1983	1984	1985	1986	1987	1988	1989
外国人	21020	25498	27208	27352	41521	53831	76719	89737	98541	93012	71561
华侨	16502	18226	23290	24778	28107	29165	25471	36446	36947	17326	10173
港澳同胞	77633	91216	121979	124035	135069	180793	244965	227428	259640	265906	213369
台湾同胞	59	119	874	1670	6832	6654	8593	8709	15693	145838	209491

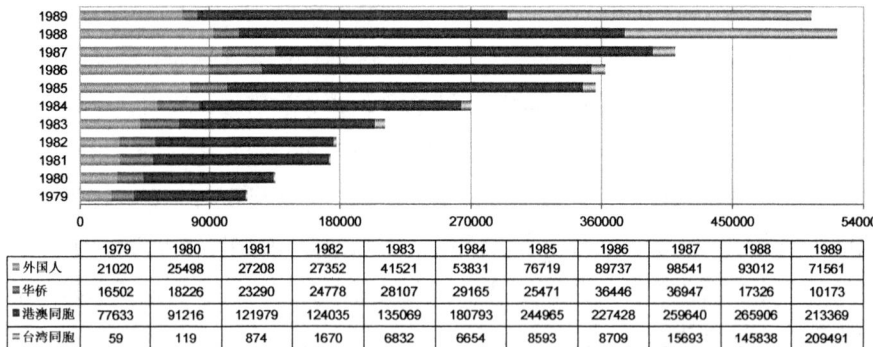

首先，20 世纪 80 年代来我省的海外宾客以港澳同胞为主。1979—1989 年，外国人、华侨和港澳台同胞来闽旅游探亲、参观访问、从事经济贸易活动和科技文化交流的约有 324 万人次，年均递增率 30% 以上。这些宾客中，港澳同胞占比超过一半以上（见表 1），闽港二地频繁的人员往来也使香港成为福建文化走出去的重要枢纽。我省与海外的文化交流在许多领域都是从香港开始的。例如福建电影制片厂与香港嘉民影业公司合拍的彩色故事片《木棉袈裟》是我省电影行业与海外的首次合作，1984 年，该片荣获文化部优秀影片特别奖，影片分粤语和普通话两个版本，在香港和内地均有上映，是 80 年代少林寺题材电影中的佼佼者。还有与海外的文化学术交流，1984 年在厦门大学召开“全国第二次台湾香港文学学术讨论会”，有 9 名来自香港的学者，收到 8 篇研究香港文学的论文（1985,373）。[①] 再比如首次在境外办艺术展览。此前我省文化团组到境外只有文艺表演一种方式，1985 年，我省在香港举办了两次书画和寿山石章展览、1 次根造型艺术展览，首开境外办展的先河。80 年代，我省文化走出去从艺术展演发展到技艺输出和传授，也是首次从香港开始的。1988 年，我省民族舞蹈教师到香港授课，南音演奏家到香港辅导（1989,426）。这些出访活动在丰富文化走出去形式的同时，也使福建的文化输出向深度拓展。

① “（年份 + 页码）”，表示相关资料出自相应年份的《福建经济年鉴》和《福建年鉴》，逗号后面的数字表示页码。因《福建经济年鉴》在 1994 年后更名为《福建年鉴》，故年份不存在重合问题。如（1985,373）表示相应资料出自《福建经济年鉴 1985》，第 373 页。

图表 2. 福建省出口国别、地区统计（1984—1989）

（单位：亿美元）

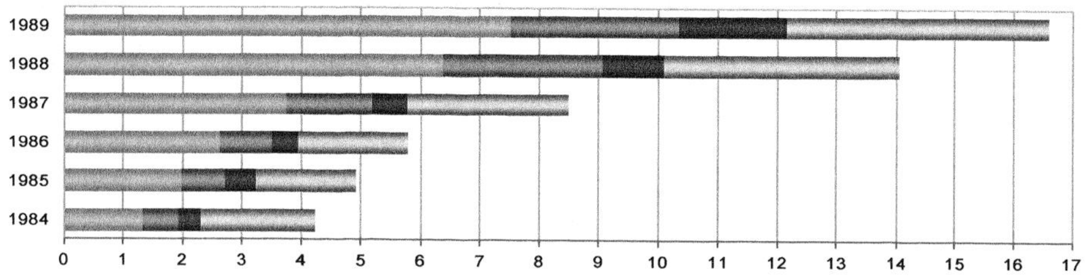

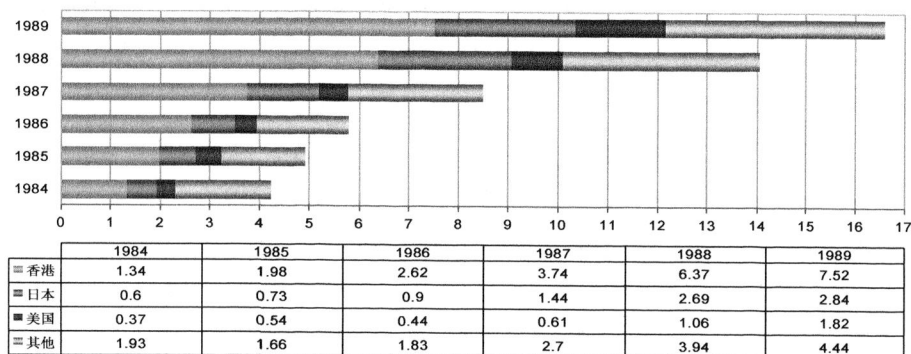

	1984	1985	1986	1987	1988	1989
香港	1.34	1.98	2.62	3.74	6.37	7.52
日本	0.6	0.73	0.9	1.44	2.69	2.84
美国	0.37	0.54	0.44	0.61	1.06	1.82
其他	1.93	1.66	1.83	2.7	3.94	4.44

其次，在 80 年代，香港也是文化艺术和工艺美术商品输出的主要目的地。文化艺术团组的出访超过三分之一都是到香港为同胞献艺。产业方面，从图表 2 可见，对香港的出口占我省外贸出口额的比重从 1984 年的 31.6% 上升到 1989 年的 45.2%，闽港之间的经贸往来日益密切，香港也成为福建文化产品的主要出口地。以首饰为例，这是我省 80 年代新开发的大宗出口商品，主要由闽港合资的福辉首饰公司生产（1985 年 3 月投产），随着该公司的发展，我省首饰出口额在 1986、1987、1988 年连续三年列全省出口第二大宗商品，约占全国首饰出口额的一半。此外，80 年代闽版图书的出口也主要是经过香港三联书店进入国际市场，与海外的版权贸易也大都是与香港的出版社所进行的合作出版和版权输出。

2. 国际友好城市关系的缔结扩大了文化走出去的地域空间

改革开放前，我省的对外交往活动仅限于一般性的友好合作交流关系，改革开放后，我省与多个国外地市建立多方长期稳定协作的“友好城市”关系，以友城作为联结福建与世界人民的友谊纽带。1980 年 10 月，福州市首先与日本长崎市缔结友好城市，（1985,60—61）此后我省对外友好往来事业蓬勃发展，至 1990 年已达 15 对（1991,53）。国际友城也成为福建文化走出去的重要平台。如我省残疾人艺术团首次出国演出，就是受到友城日本长崎市的邀请到长崎参加“日本蒲公英音乐会”。再比如借助友城平台，厦门市在 1988 年举办了国际友好城市艺术节，国际友城的支持，使这次活动成了一次大型多边的国际文化交流活动。

值得一提的是，我省与日本的民间友好往来也多借助于友城平台展开。从

1980年至1984年底，日本来福建访问的各类代表团达60多批、近1000人次。有来寻求日本的中国古老文明源泉的“寻访水上文化缘源”友好代表团、“中国宗教文化研究”及“中国茶史调查”访华团等，有茶道、花道等民间传统文化代表团，许多日本著名作家、电影演员、记者纷纷来访。1984年7月，我省还举办了“日本电影周”。（1985,60）

3. 宗亲民俗文化和本地传统艺术是福建联系海外华人华侨的重要情感纽带

围绕祖籍地文化，以各地姓氏宗祠和海外同乡会、宗亲会为平台，举行形式多样的宗亲联谊活动，增进海外华人华侨对根、源、祖、脉的认同，增进宗亲情谊，扩大祖籍地的影响力。改革开放之后，随着各项侨务政策的落实，全社会逐步树立正确的“华侨观念”“海外关系”观念，归侨、侨眷的社会地位有了明显提高。各部门齐心协力，为海外华人华侨回乡探亲提供便利，鼓励侨胞支持家乡建设，开创了海外华侨与福建家乡联系、交流、合作的新时期。比如随着海外华人华侨归国探亲而兴起的族谱整理和对接、宗祠修缮、家族祭典等文化活动。从80年代初开始，在爱国华侨的支持下，我省每年举办华裔青年学生夏令营。如1985年，我省就举办菲律宾华裔青年学生艺术夏令营、菲律宾华文教师旅游团、香港教师夏令营、香港学生夏令营（1986,408）。来闽华裔青年和教师亲身实地体验祖籍地的文化，再把这些体会传播到海外，成为福建文化走出去的使者。再如1981、1982、1984年三年的元宵在泉州举行的南音大会唱，菲律宾、新加坡、印度尼西亚、香港等国家和地区的南音社团参加，共唱乡音。活动期间还举办传统的花灯展览和文艺“踩街”。这是80年代我省最有影响的地方性群众文化活动（1985,417）。1988年，厦门金莲升高甲剧团参加香港“中国地方戏曲展88”演出的《凤冠梦》等5台戏，场场满座，受到香港观众的欢迎，特别是在演出《审陈三》一出戏时，几首南曲名曲牌的演唱，台上唱台下和，乡情尤浓，气氛热烈（1989,425）。再如，我省《对台湾广播》和《对华侨广播》都开办了文艺栏目，向台澎金马民众和东南亚地区的闽籍华侨华人播放本省地方曲艺和著名戏剧选段，有的海外听众来信说，听着家乡戏，宛如回到了阔别的故乡（1986,509）。可以说，在80年代，地方戏曲、木偶、花灯、剪纸、南音等民族艺术是我省联系港澳台同胞、海外侨胞和华人的重要情感纽带。

4. 福建特色的表演艺术和文化产品是福建走向世界的闪亮名片

此前，我省“走出去”的文化艺术品类只有木偶艺术。改革开放把福建的文化艺术重新推向了世界舞台，我省对外文化艺术交流打开了新局面。

1981—1984 年，我省专业剧团出外作友好访问或商业性演出的就有 10 个，1985 年更是一年就有 6 团出访，主要派出的是具有福建民族、民间特色的艺术品种，如南音、芗剧、高甲、闽剧、提线木偶、布袋木偶、杂技等地方戏曲和艺术团组（1989,425），已经由此前单一的木偶艺术交流发展为多剧种、多艺术的出外演出。出访目的地有香港、东南亚、美国、日本。这些剧团把福建本土艺术带到海外，受到热烈欢迎。如 1983 年，泉州木偶剧团访问菲律宾，演出达 50 场；漳州市芗剧团访问新加坡，演出 28 场，场场满座。

除了文艺演出之外，具有福建特色的传统工艺产品也很受世界各国人民的欢迎。1988 年开始，我省开始尝试在境外独立办展销会，创新了福建商品境外展示的平台和模式。在这些展销会上富有福建地方特色的工艺品受到了世界各国客商的欢迎，如：1989 年 3 月和 12 月我省分别在新加坡和澳门独立举办了摊位式的出口商品展销会。新加坡展销会出口成交 7032.3 万美元，其中珠宝首饰出口成交 539 万美元，居第 5 位。澳门展销会中省珠宝首饰进出口公司出口成交额 138 万美元，居第 3 位。

此外，特色文化也是我省接待来访的外国团组的重要“工具”，80 年代在接待外国驻华使馆官员和国际组织代表机构的文化官员时，在外宾行程许可的情况下，我省相关部门基本都安排了外宾观看富有福建地方特色的文艺演出，参观我省特色的工艺美术工厂，如福州雕刻艺术中心和脱胎漆器厂、惠安石雕厂、泉州竹编厂等，海外客人们对福建的传统文化产品表现出浓厚的兴趣。

5. 工艺美术产业是福建建立外向型经济模式的重要产业支撑

福建省是全国工艺美术的传统产区和重点产区，主要有漆器、雕塑、金属工艺、竹草编织、抽纱刺绣、美术陶瓷、花画工艺、剧装道具、金银首饰等 14 大类产品，此外，还有泉州的木偶头、民间剪纸和厦门珠拖鞋等（1985,150）。1949 年到改革开放之前，陶瓷、漆器、竹编制品、木刻、软木画一直是我省主要出口产品。到 80 年代，工艺品继续保持了在出口方面的优势，1987 年，省委省政府提出了“七五”期间重点扶持发展包括工艺首饰、竹木加工、石制品在内的十大类出口产品的目标。我省通过举办中外合资企业、引进先进技术设备、进料加工，钻研国际市场需求，发展多种款式，不断推出新产品，国企、集体企业和乡镇企业发展横向经济联合（1987,263），极大提高了工艺美术行业的全员劳动生产率和国际市场占有率。1978—1987 年，我省工艺美术企业工业总产值从 5570 万元增长到 12556 万元，增长了一倍多。出口交货值则是从 1976 年的 2517 万元增长到 1989 年 16700 万元，年均增幅达 40% 以上（见表

3）。80年代末，我省黄金首饰出口量占全国一半以上，漆器、雕塑、天然植物纤维编织、刺绣、纸伞等工艺品出口量亦名列全国同行业前茅。到1989年，全省工艺品总出口额为21664万美元，占当年度全省出口总额的13.04%。而主营工艺美术产品进出口的两家国企福建省珠宝首饰进出口公司和福建省工艺品进出口公司在80年代也一直是我省出口创汇大户。如1988年，珠宝进出口公司出口额全省第3位，工艺品进出口公司紧随其后出口额位居全省第4位。在出口创汇之外，工艺美术品出口渠道多、市场广泛，对我省打开更大范围的世界市场同样助力颇多。80年代，我省生产的工艺美术品销往世界100多个国家和地区。一方面是因为工艺品种类较多，另一方面也因为许多传统技艺无可替代，具有较强的辨识力和产品竞争力。

图表3. 福建省工艺美术品出口交货值（1976—1989）

（单位：万元）

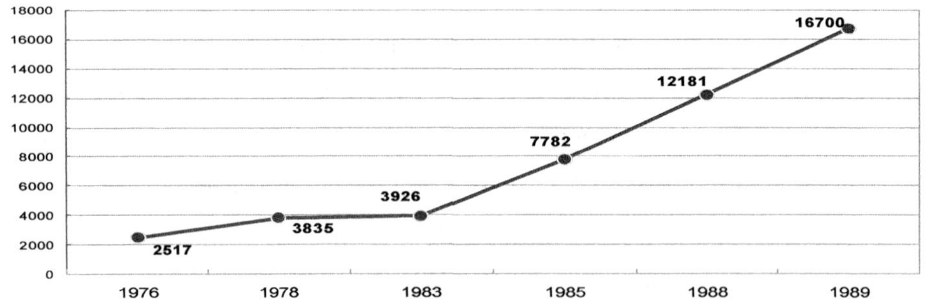

（二）20世纪90年代

1992年5月《福建省繁荣文艺创作百花计划》出台，提出要建设与福建改革开放、经济建设成就相适应的、具备对外对台文化辐射功能的，既有鲜明的地方特色又富有时代精神的八闽文艺百花园（1993,383）。此后，福建省发挥在对外对台文化交流中的特殊位置与优势，有效地开发文艺资源，积极开展与国外和港澳台地区的文艺交流与合作。总体来看，在80年代与世界重新建立联系，打开文化走出去新局面的基础上，90年代福建文化走出去在政府与民间双轮驱动之下，全面铺开，飞跃发展，在广度和深度上都有了许多突破。服务于经济建设的中心，文化走出去与经贸活动的联系更加密切，为福建走向世界和世界了解福建添加助力。

1. 发挥对台优势，闽台文化交流热络

闽台文化的热络交流是 90 年代福建文化走出去的最大亮点。

福建是祖国大陆距离台湾最近的一个省份，超过 80% 的台胞祖籍地在福建，两地有着悠久深厚的历史人文渊源关系，这决定了福建在对台工作中的重要地位。但是，由于台湾当局的限制，80 年代中期以前，台湾同胞主要是以出岛旅游名义秘密绕道第三地来闽，来闽人数并不多。直到 1987 年 11 月台当局才宣布有限开放台湾民众经第三地绕道赴祖国大陆探亲。此后，台胞来闽人数连年增加，从 1987 年的 1.57 万人次，到 1988 年剧增到 14.6 万人次，1989 年已增长到 20.9 万人次（见图表 1）。因此，我省对台湾的文化交往也是从 1987 年以后才逐渐形成规模。闽台文化交流的恢复，首先是由新闻行业开始的。1987 年台湾《自立晚报》记者李永得、徐璐访问厦门、东山，台湾《人间》杂志特约记者钟骏升访闽。他们都访问了厦门大学台湾研究所，他们见到了一些从台湾回来的学者，彼此交谈了有关台湾问题和大陆研究台湾的情况（1988,427）。1987 年 12 月 12 日，台湾“台湾史研究会”邀请厦大台湾研究所派员参加 1988 年 1 月 30 日至 2 月 1 日在台北举行的“台湾史学术讨论会”。厦大台湾研究所所长陈孔立教授抵达香港前往台北参加会议，后因台湾当局不同意入境，无法参加会议。尽管如此，这仍然标志着闽台两省的学术交流与科研合作将进入一个新的时期（1988,385）。1988 年，一些台湾著名画家、诗人在探亲之际，与福州画院、三山诗社等民间文艺社团，共同举办书画联展，一起吟诗作赋。年初，福州市文联、政协、三山诗社联合举办的“海峡情折枝吟诗会”上，就有数十位台湾同胞畅怀吟唱。同样是在 1988 年，由《台港文学选刊》与省社科院等有关单位共同发起，成立“福建省台湾、香港暨海外华文文学研究会”，这是全国第一家专门研究台湾香港及海外华文文学的省级学术团体（1989,426）。

图表 4. 福建省接待海外宾客人数（1990—2000）

（单位：人次）

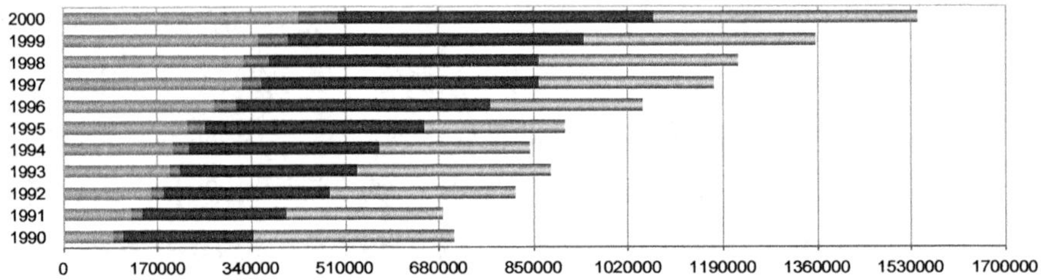

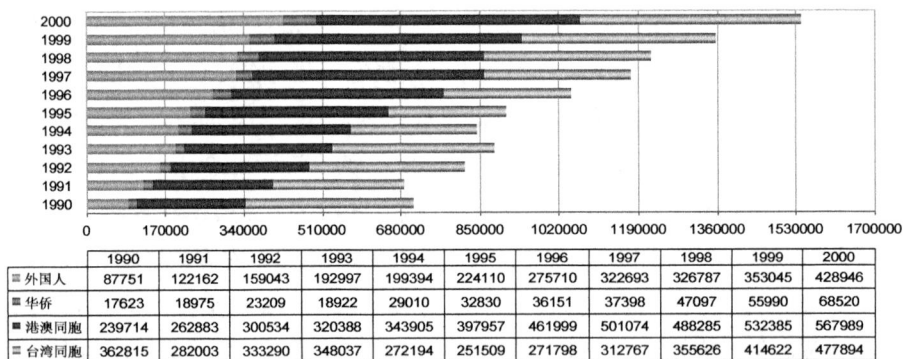

	1990	1991	1992	1993	1994	1995	1996	1997	1998	1999	2000
外国人	87751	122162	159043	192997	199394	224110	275710	322693	326787	353045	428946
华侨	17623	18975	23209	18922	29010	32830	36151	37398	47097	55990	68520
港澳同胞	239714	262883	300534	320388	343905	397957	461999	501074	488285	532385	567989
台湾同胞	362815	282003	333290	348037	272194	251509	271798	312767	355626	414622	477894

进入 90 年代，闽台之间的交往走向正常和合法化，人员往来持续增长，来闽台胞约占我省入境海外宾客人数的二分之一到三分之一左右，来闽台胞数量从 1990 年的 36 万人次增长到 2000 年的 48 万人次，增幅达 31.7%。（见图表 4）借助宗教、艺术和文学的平台，两地开展了许多文化交流工作，也改变了 80 年代只有台胞来闽的单向交流的情况，文化学术交流范围由小到大，层次由低到高，福建文化在台湾的影响力不断扩大。随着东南电视台于 1994 年开播，加上中国华艺广播公司和东南广播公司，福建省创建完成配套的对台港澳为主的视听传播系统，为台港澳及海外侨胞进一步了解福建和大陆以及为福建和大陆同胞了解台港澳，开辟了窗口（1994,75）。

民间宗教方面，妈祖是闽台两地同胞共同信奉的“海峡女神”，随着两岸关系的发展，来闽寻根溯源，祈祷朝拜的台湾同胞日渐增多，比如 1995 年到湄洲岛朝拜进香的台湾同胞就占来闽台胞的 48%。而福建的宗教文化入台交流在 90 年代主要有三种方式，一是宗教界人士入台访问，二是宗教民俗文物赴台展览，三是宗教神像入台接受朝拜。1992 年 4 月间，晋江深沪宝泉庵董事会蔡芳要等 3 人，应台南学甲慈济宫邀请入台访问，参加民俗活动，福建宗教入台交流首开门户（1993,117）。1993 年底，福建的妈祖民俗文物在台湾台南正统鹿耳门圣母庙进行为期半年的展览，许多台湾政要人士前来观展，展览规模之大、展品之多、时间之长都创下当时闽台文化交流之最（1994,342）。宗教神像入台方面，则有 1995 年东山关帝神像入台和 1997 年湄洲妈祖金身入台巡游，两次活动都在台湾引起巨大的轰动。妈祖金身在台受到上千万人次信众和各界人士的热烈欢迎和虔诚朝拜，是 90 年代两岸规模最大的文化交流活动，也是海峡两岸隔绝

40 多年来规模最大的一次民间民俗交流活动（1998,110）。

文化艺术方面，1990 年闽台两省实现双向交流，至 1994 年底，福建省赴台湾的文艺团组和人数第一次超出台湾来闽交流的团组和人数，出现“出超”现象。福建的文艺入台项目占全国 1/4，居各省市首位（1994,79）。1990—1997 年，福建省已有戏剧、音乐、书法、木偶等文化团组 43 批 609 人赴台进行文化艺术交流，同时接待了 58 批 775 位台湾文化艺术界人士来闽参观交流，福建省成为全国对台文化交流最多的省份之一（1998,279）。以 1997 年为例，当年度我省举办的“’97 歌仔戏创作研讨会”，组织福建梨园戏赴台展演并举办相应的学术研讨，这两项活动均是闽台文化学术界当时联办的规模最大、规格最高的交流活动，体现了我省对台文化交流在全国的优势地位（1998,278）。再比如，1994 年 5—6 月，福州闽剧一团一行 47 人赴台演出，所到之处受到热烈欢迎，几乎场场爆满。这也是大陆第一个到马祖岛演出的艺术团体，台湾“文建会”10 多名官员还专程乘机前往马祖，同时带去了大批记者。为了使马祖的观众都能看到闽剧，马祖全岛放假 2 天。马祖附近小岛的观众，从四面八方赶来，有的一天连续看了三台大戏。马祖岛出现了“闽剧热”，文艺成了联结闽台人民的精神纽带，成了沟通海峡两岸的一道桥梁（1995,242）。

社科学术方面，社科界率先开启了对台学术交流之门。1990 年 6 月，我省音乐工作者王耀华、刘春曙应台湾中华民俗艺术基金会的邀请赴台访问，成为第一批不经过第三地而直接进入台湾的大陆学者（1991,379），开启了闽台学术双向交流的先河。经过多年发展，到 20 世纪末，闽台两地在经济、政治、教育、法律、历史、文学、语言、民俗等广阔领域的交流不断深入，学者互访讲学以及合作研究等方面都取得良好成效，不仅在学术上互相促进，而且加深了相互理解（1999,267）。在纯学术探讨之外，福建的入台文化交流活动也增加了一些务实性的合作。比如 1993 年 5 月底 6 月初，海峡文艺出版社社长和《海峡》执行主编首次应邀访台。访台期间，他们一方面为《海峡》杂志组稿，另一方面与台湾出版商达成了多项版权贸易。7 月间，福建少儿出版社社长应邀赴台访问，双方签订在台湾出版两本闽版图书的合同，还达成了近 20 项出版协议（1994,79）。

2. 对外文化交流亮点频出，福建文化不断收获世界认可

图表 5. 福建省文化艺术界对外交往情况

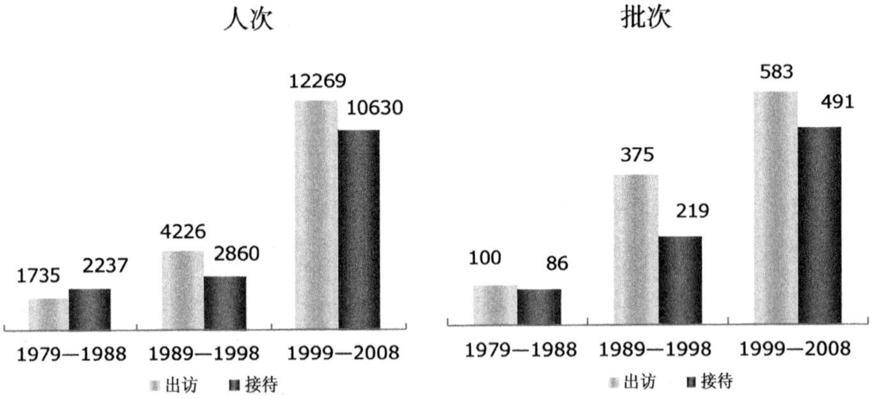

90 年代，我省对外文化交流持续发展，并进一步向港澳台和东南亚、日本、美国之外的其他西方国家扩展，对外交流的地域不断得以拓宽，层次不断提升。从图表 5 可见，1989—1998 年间，我省共派出文化艺术团组 375 批次 4226 人次到世界各地进行文化交流，分别比 1979—1988 年增长 2.75 倍和 1.44 倍；接待的国外文化团组也分别增长 1.55 倍和 27.8%。出访方面，1993 年由福建省歌舞剧院、福建省杂技团和泉州木偶剧团组成的中国艺术团一行 52 人赴朝鲜进行友好访问演出，是福建省艺术表演团体首次以国家艺术团的名义出访。艺术团在朝鲜先后演出 39 场，几乎场场座无虚席。朝鲜劳动党中央总书记、国家主席金日成观看了演出，并会见了艺术团领导和主要演员。朝鲜劳动党中央机关报《劳动新闻》、朝鲜中央电视台报道了相关情况（1994,341）。接待方面，1991 年 2 月 14 日，联合国教科文组织海上丝绸之路综合考察团达到泉州进行考察活动，为期 5 天，30 个国家的 50 多位学者和官员、记者参加了考察，这是联合国教科文组织发起的“世界文化十年”最重要的“丝绸之路综合研究”活动之一，表明了世界上对泉州海丝历史和文化的充分认可和重视（1992,95—96）。1994 年 2 月我省在第五届泉州国际南音大会唱期间举行“海上丝绸之路与伊斯兰文化”国际学术讨论会，纪念联合国教科文组织“海上丝绸之路”考察泉州 3 周年，探索古代海上丝绸之路的伊斯兰文明传播及其在东西方文明沟通交流中所起的重大作用。17 个国家的近 40 名外国官员、专家学者前来参会。1994 年中国（福建）伊斯兰文物古迹游活动也同时在泉州拉开了序幕（1995,242）。

90 年代，福建文化艺术各品类在世界范围内展演参赛，收获了不少好成绩，

福建文化不断收获世界认可。

最为抢眼的是杂技艺术。1990 年，省杂技团在不到半年内两次出访参加国际大赛，都获得了最高奖，这在我国杂技史上也是前所未有的。其中，1 月，《单拐倒立》在第 13 届世界明日杂技节上荣获金奖第 1 名，这是世界公认的最具权威的国际杂技大赛，也是我省文化艺术首次在世界性比赛中夺得最高奖次。4 月，《小蹬人》节目在参加第 2 届意大利维罗纳国际儿童杂技比赛中，夺得金奖第 1 名，并获得了成人评委会和少儿评委会的 2 个总分第 1，获得最佳节目“优秀节目纪念奖”（1991,379—380）。接着，1993 年，省杂技团《头顶竿》获得第 2 届意大利维罗纳国际杂技明星比赛少年组唯一的 1 枚金牌。《对手滚杯》荣获第 7 届巴黎世界未来杂技比赛唯一的 1 枚金奖（1994,340）。在开拓国际市场进行商业性演出方面，省杂技团也取得可喜的成果。1991 年，省杂技团赴美演出 9 个月，观众达到创纪录的 600 万人次，获得了空前的成功（1992,363）。1994 年，我省全年共派出 4 个团组 115 人次分别到意大利、日本（再次）、美国 3 个国家进行商业性演出，在国外时间累计 485 天，观众达 417 万人次，共创汇约 140 万元人民币，无论在出访时间、人数及创汇方面，均属空前，创全省国际商演最高纪录（1995,241）。

此外，省电影制片厂和南京电影制片厂于 1985 年联合摄制的影片《屠城血证》，在 1991 年东京世界和平电影节上荣获故事片一等奖（1992,363）。在东京举办的“丝绸之路”管弦乐作品国际比赛中，我省歌舞剧院青年作曲家吴少雄的作品交响随想诗《刺桐城》荣获第三名，是我省交响乐作品首次在世界上获奖（1992,363）。1993 年，省摄影家协会马金焰《渔家福地》获新加坡影艺研究会举办的第 13 届国际摄影展金牌（1994,344）。

3. 人文学术对外交流领域日益扩大，形成全方位双向性的交流格局

90 年代，我省与海外的学术交流领域日益扩大，交流体系不断完善，人数由少到多，形式由单一到多样，形成了全方位、多学科、多层面、双向性的交流格局。据不完全统计，与海外学术交流的人数，从 1978 年的 67 人次增加到 1998 年的 4145 人次，交流的国家和地区遍及五大洲，并举办了国际性学术讨论会 40 多次（1999,267）。

以福建社会科学院为例，1985—1994 年，福建社会科学院共接待来访的外国及港澳台学者 82 批 349 人，其中台湾学者 20 批 97 人。共有 44 批 71 人次出境出国，参加国际学术会议，进行学术交流和考察。形成对外学术交流的四个特点:（1）层次较高，来访学者有较大的社会影响。（2）中青年学者增多，对

今后保持和巩固对外学术交流渠道，建立长期稳定的交流关系具有积极意义。（3）来访学者由以往单一的短期访问转向来院做中长期研究访问。（4）由过去接待中国社科院邀请来闽访问的学者为主转向以本院邀请外国及港澳台学者来访为主。与此同时，福建社会科学院也向国外及香港派遣了长期访问研究的学者。1994 年，福建社会科学院分别与法国远东学院、澳门基金会、日本鹿儿岛东亚研究会、台湾学易文化事业有限公司等机构签订了学术交流协议，为进一步发展对外对台学术交流打下了良好基础（1995,226）。

除了走出去和请进来，90 年代我省也形成了对台港澳、东南亚以及华人华侨研究的明显优势。在相关研究上，我省起步早、基础好、涉及面宽、成果多、质量高，“六五”以来，我省连续承担有关台湾问题研究的国家社科规划课题 32 项，取得许多高质量成果，得到学术界和国家有关部门的肯定。据统计，至 1998 年底，我省关于华侨、华人以及东南亚问题研究成果，占全国研究成果 2/3（1999,266）。比如福建社科院文学所与厦大台湾所共同牵头组织撰写的我国第一部比较全面系统的大型卷帙浩繁的《台湾文学史》（刘登翰等主编），上下两卷共 122 万字，于 1993 年 10 月出齐，在海内外引起很大反响。

4. 文化商品以质取胜，进一步打开国际市场

90 年代，我省借助在境外举办展销会和参加国际性大型展销会的机会，大力推销福建商品，在促进商品出口的同时，也对改变全省出口市场过分集中于港澳地区，推动出口市场多元化起了积极的作用。在历次展销会上，我省工艺品是主要展示商品，以浓郁的地方和民族特色受到各国客商的欢迎，成交成绩十分亮眼。1991 年 6 月，福建省首次在德国汉堡举办福建省出口商品展销会，也是我省第一次在欧洲独立举办的出口商品展销会。出口商品成交 3050 万美元，其中工艺品成交 400 多万美元居各类商品首位。1993 年 7 月，福建省在大阪市举办“’93 中国福建对外贸易展示商谈会”，这是福建省首次在日本举办的较大型综合性商品展览会，累计对外出口成交超过 2600 万美元，其中工艺品成交 331 万美元。1993 年 11 月，“’93 中国福建贸易洽谈会”在澳大利亚悉尼举行。这是福建首次在澳大利亚举办的较大规模的综合性经贸洽谈活动，出口贸易成交 1037 万美元，其中工艺品成交 114 万美元。而到了 2001 年，仅仅在第五届中国投资贸易洽谈会上，我省工艺品成交金额就达到 5483 万美元。

以省珠宝首饰进出口公司和省工艺品进出口公司为例，这两家主营工艺美术品进出口的企业在 90 年代保持了旺盛的活力。1991 年，前者出口额居全省各企业第 3 位，后者居第 6 位。以进出口总额看，1993 年前者居全省第 7 位，

后者居第 14 位；1998 年，前者居全省第 3 位，后者居第 14 位。珠宝首饰进出口公司的出口额从 1988 年的 9054 万美元增长到 1998 年的 12759 万美元，增幅达 41%。1990 年 10 月 2 日，由福建省珠宝首饰进出口公司和香港金龙行合资兴办的“香港福辉首饰有限公司在香港联合证券交易所正式挂牌交易。这是我省首家在港挂牌上市的境外企业”（1991,187）。

图表 6. 闽版图书出口种数（1978—1993）

（单位：种）

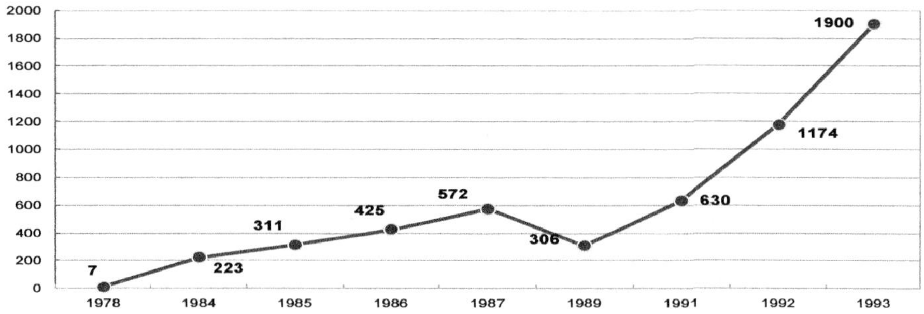

在知识产品和版权输出上，90 年代也有了长足进展。一方面是数量的增长，从图表 6 可见，闽版图书出口由 1978 年的 7 种发展到 1989 年的 306 种，到 1993 年已增长到 1900 种，呈现一片繁荣之势。另一方面，质量方面也有了实质的改变。80 年代我省出口或进行版权贸易的图书以医药、低幼读物为主，到 90 年代，这种状况得到改变，出口品类向历史、文艺、法律、经济等多种类方向发展，大陆学者对台湾的研究也很受台湾出版社的青睐。

（三）2000—2010

2000 年以后，我省在对外文化交流方面充分发挥福建的人文和区位优势，围绕海峡西岸经济区建设，坚持全方位、宽领域、多层次的交流方针，把加强闽台之间的文化交流作为工作的重点。注意集中力量，举办高层次、高质量、大规模和综合性的对外、对港澳台交流活动，建立健全对外、对港澳台文化交流的项目库，更新文化交流的手段，加大对外宣传传播力度，扩大交流的覆盖面。伴随着体制改革的深化和产业发展升级，文化大开放格局逐步形成，并融入全国文化走出去的整体战略，福建文化走出去步伐不断加快，影响力不断提升。

1. 配合国家文化走出去战略，借船出海推动福建文化走出去

进入21世纪，我省积极借助国家大型活动和大型项目的平台向世界展示福建文化。

首先是发挥福建对侨优势，积极承担汉语国际推广任务。2004年来汉语国际推广上升为国家对外发展战略，孔子学院的纷纷设立就是这种新局面的标志之一。截至目前，国外已经建成孔子学院与孔子课堂1600多家。福建省在其中承担了先行先试的角色。一方面是汉语教材的输出：2000年，省出版外贸公司与菲律宾华文教育研究中心达成协议，向当代华文学校提供中国大陆出版的汉语课本及配套音像制品和电子出版物，全年共向菲律宾出口汉语教材5.28万册（盒），总码洋85万元，这是海外华文学校首次采用中国大陆课本授课，改变了长期以来台湾教材独占菲律宾华文教材市场的局面（2001,285）。此后，2003年全年仅出口菲律宾的华文教材就达到6.23万册（盘），82万码洋，比上年增长11%（2004,253）。2004年，出口菲律宾华文教材近10万册（盘）、133万码洋，又创新高。这套汉语课本在菲律宾华文学校受到普遍的欢迎，后来相关部门又将其改编成简体字本，删除有关菲律宾的地方性内容，向东南亚及世界其他国家和地区发行（2002,252）。另一方面是2004年之后积极投入孔子学院的建设，截至2008年底，福建高校在国外已设立10个孔子学院，当年度配出汉语教师和教学志愿者数量居全国所有省份第一位（2008,135）。尤其是福建师范大学与菲律宾红溪礼示大学合作创办的孔子学院自2010年开办以来，成就卓著，在2011年、2013年、2017年都获得“全球先进孔子学院”称号，在全球525所孔子学院中名列前茅。

其次是文艺演出方面的“借船出海”。主要有以下一些活动：2005年中泰建交30周年之际，受国家文化部委派，由福建省组成以省歌舞剧院、省京剧团、泉州木偶剧团为主的“中国艺术团”一行145人于春节期间代表国家出访泰国，参加由中泰两国共同举办的“中国春节文化周”及海啸赈灾义演活动，这是福建当时最大规模的对外文化交流项目（2006,270）。

受中国文化部委托，省文化厅组派由省艺术职业学院及省杂技团组成的福建艺术团于2006年7月份分别参加摩洛哥第41届马拉喀什国际艺术节、突尼斯莫纳斯蒂尔、苏斯等国际艺术节以及阿乌苏狂欢节及塞浦路斯的中塞建交35周年庆典活动（2007,266）。2008年北京奥运期间，泉州市木偶剧团创作编排的精品剧目《四将开台》参加奥运会开幕式文艺演出，大型歌舞杂技节目《魂牵梦绕·缘圆》参加奥运会开幕式前表演（2009,136）。

2. 突出福建文化特色发展对外文化交流，文化走出去形成常态化格局

长期以来，我省大力开展民俗文化艺术对外展演，民俗表演项目占我省文化走出去项目的 80% 以上，极大丰富了对外文化交流的内容。省杂技团的情景杂技晚会《家园》与《绳技》、省芳华越剧团的精品越剧《唐婉》、福建博物院的《福建与海上丝绸之路》与泉州海交馆《郑和下西洋》系列展览、泉州与漳州木偶、厦门南乐与歌仔戏等文化交流精品项目逐渐树立了品牌。

此外，富有福建地域文化特色的艺术产品也屡屡在世界上获得大奖。影视方面，2000—2010 年，我省在国际上获奖的都是地方色彩突出的影片。例如 2002 年福建电影制片厂与潇湘厂合拍的故事片《英雄郑成功》获第八届平壤国际电影节评委会奖和美术奖（2003,223）。数字电影《鹤乡谣》获第 15 届好莱坞国际家庭电影节（IFFF）唯一的“最佳外语电影制片奖”。数字电影《土楼故里》入围参加第七届美国圣地亚哥国际儿童电影节等（2011,289）。杂技方面，2005，省杂技团的节目《度》在第三届俄罗斯马戏节获得金奖（2006,269）。省杂技团 1 月份赴法国参加“玛希国际马戏节”，《行为艺术·度》及《绳技》两节目以“新、美、难”的特色，双双获得本届马戏节最高奖“总统奖”（2007,266）。木偶艺术，漳州木偶团于 2006 年 5 月份第二次应邀赴西班牙参加国际木偶活动，获最佳表演奖（2007,266）。戏剧歌舞方面，2002 年省歌舞剧院参加了意大利菲维查诺国际艺术节，表演的独舞《秦俑魂》和《金孔雀》荣获艺术比赛第一名（2003,116）。2007 年泉州打城戏剧团参加在印度巴雷里市举办的第二届国际戏剧节，并获得“第二届印度国际戏剧节潘查尔大奖”（2008,135）。2010 年，省歌舞剧院民乐团赴香港参加国际江南丝竹团体展演邀请赛，囊括团体比赛、新作品创作及演奏 3 个项目一等奖（2011,289）。

从我省文化艺术界出访团组情况来看，也是更为活跃，更具规模。1999—2008 年间，共派出 583 个团组 12269 人次到世界各地进行文化交流和演出，分别于 1989—1998 年增长了 55% 和 190%，文化出访活动更加频繁。同时，出访团组从平均每团 11 人增长为每团 21 人，向规模化发展，文化走出去的力度大大加强（见图表 5）。例如：厦门市歌仔戏剧团一行 87 人于 2006 年 9 月份赴台参加“2006 年歌仔戏创作艺术节”，是文化部 2006 年对台交流重大项目。再比如，2006 年在澎湖开展为期 5 天的“泉州文化周”活动，派出由泉州南音、泉州高甲剧、泉州南少林、泉州书画、晋江掌中木偶、安溪茶艺和德化陶艺 7 个分团 132 人的强大阵容组成泉州文化团，成为祖国大陆首次直航澎湖的文化交流团组。收获了很好的反响（2007,266）。

2006年，福建省东南电视台、海峡电视台、厦门卫视频道、福建人民广播电台东南广播公司、厦门人民广播电台闽南之声、泉州人民广播电台刺桐之声等全部实现对外播出，形成福建省重要的对台对外宣传阵地（2007,270）。至2007年底，由福建电视台赴27个国家和地区采拍并制作的纪录片《天涯海角福建人》在世界各地侨胞中反响热烈。《福建侨报》在美国、英国、匈牙利等9个国家落地发行，年发行量超过了600万份。《福建乡音》网站覆盖全球，每天点击量达到1万人次。由《福建日报》编辑的美国《侨报》和《欧洲时报》两报的"今日福建"专版，已出版1900多期，深受海外闽籍侨胞喜爱，成为海外闽籍侨胞了解家乡情况的主要窗口。①

3.形成福建文化对台交流系列化、品牌化格局

图表7.福建省文化艺术界赴台交流情况

（单位：批次；人次）

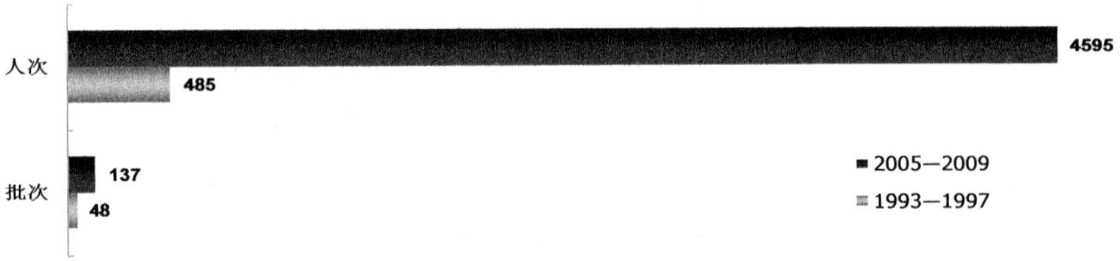

选取1993—1997和2005—2009两个五年作为对比，我们发现，福建省文化艺术界赴台交流由48批485人次发展为485批4595人次，后者为前者的十倍左右，增长十分迅速（见图表7）。截至2009年，闽台文化交流围绕闽南文化交流、民俗信仰交流、客家文化交流、宗亲文化交流、传统文艺交流和文化产业交流六大重点，打造了一批有影响、有地域特色的品牌节目，形成了祖地文化对台交流的系列化、品牌化格局（2006,270）。如在元宵节期间举办的泉州国际南音大会唱、厦门中秋南音展演暨民间艺术节、湄洲妈祖文化旅游节、东山关帝文化旅游节、世界客属石壁祖地祭祖大典、海峡两岸大学生辩论赛、闽南语创作演唱大赛、"两马同春闹元宵"电视节目、两岸歌仔戏艺术节、海峡两岸图书交易会等都已成为扩大两岸文化交流的重要平台。

例如，2002年我省全年共安排了包括文化在内的闽台150个双向交流项目，

① 逯寒青、孟昭丽：《福建搭建平台促进地方文化"走出去"》，网址：http://dynews.zjol.com.cn/dynews/system/2008/01/03/010291359.shtml，2008年1月3日。

确定了“纪念郑成功收复台湾340周年系列活动”“青少年交流系列活动”“妈祖文化交流系列活动”“北大—清华百年赛艇对抗赛及海峡两岸大学生邀请赛”等8项系列交流工程（2003,121）。还有每年的“福建文化宝岛行”交流活动等，影响大、反响好。

此外，随着两岸直航和我省沿海地区与金门、马祖地区直接往来，福建对台文化交流也逐步实现了对台湾中南部和离岛地区的全覆盖。至2006年，福建省的闽剧、高甲戏等地方戏剧团多次赴金门、马祖演出，基本达到每个月都有一个演出项目。福建对金门、马祖和澎湖等外岛的文化交流已呈现出常态化趋势（2007,266）。再如，2009年派出5个团队前往台南市参加“2009郑成功文化节”，填补大陆文化团组赴屏东县、高雄县交流的空白（2010,267）。

这个阶段，闽台文化交流的重要活动还有：2000年5月份妈祖诞辰1040周年庆典，台湾妈祖宫庙1500多人来闽参加。2000年7月，台中大甲镇澜宫组织2000余名妈祖信众到湄洲妈祖祖庙和泉州市天后宫谒祖进香（2001,146）。2006年，4300多名台湾妈祖信众及在大陆的2700余名台商、台胞以及当地民众、游客共1万多人到湄洲妈祖祖庙谒祖进香，这是当时台湾信众到大陆进香参与人数最多、规模最大的一次活动，是有史以来最大规模的台胞来大陆交流团组，吸引了台湾东森、中天、TVBS、民视、台视、中视等十家电视媒体50多名记者随团采访并直播活动实况，影响广泛（2007,137）。

（四）2011年至今

进入下一个十年，党的十八大以后，共建“一带一路”倡议的提出，为福建文化走出去提供了新的主题和动能。这个阶段，注重以提升福建文化影响力和竞争力为着力点，创新对外文化发展模式，围绕21世纪海上丝绸之路和自由贸易试验区建设的主题，讲好福建故事，传播好福建声音，推动福建文化走出去。

十八大以后，我省规范外事管理，加强因公出访团组审核，杜绝公款出国旅游，禁止照顾性和无实质内容的一般性出访、考察性出访，切实保障重要团组、实质性项目团组以及其他突发事件应急团组出访，2014年全年全省因公出国人员数比上年计划数下降36.4%（2015,103）。文化团组出访方面，也停止了此前30年高速增长的势头，进入稳定发展阶段。我省文化走出去改变了全面铺开、重点不突出的情况，从求量向求质转变，集中力量实施精品战略，文化走出去致力于柔性传播，主要目标从讲得出、听得到转变为讲得好、听得进，文化走出去影响力和实效性不断提升。

1. 发挥侨台优势，积极融入国家“一带一路”建设

“一带一路”倡议提出以来，我省深入挖掘海丝文化、海洋主题、海峡特色资源，充分发挥海外华侨华人及其社团的作用，建设福建文化海外传播平台，力促文化贸易与文化交流融会贯通，文化“走出去”不断升温。当前，福建文化“海丝”元素浓墨重彩，文学、戏剧、电影、图书出版、文创产品、网络游戏等一系列“福建制造”文化产品已然形成福建海丝文化艺术精品矩阵，推动福建文化加快“走出去”。

《丝海梦寻》大型舞剧。这是福建向世界传播“海丝”精神的重要载体，目前已先后登上联合国总部、联合国教科文组织总部、欧盟总部和马来西亚、印度尼西亚等多地舞台，仅在吉隆坡就创下单场观众超 4000 人的纪录。近年来，以《丝海梦寻》为龙头，我省打造出越来越多具有福建特色、面向世界的优秀剧（节）目，如越剧《海丝情缘》、莆仙戏《海神妈祖》、杂技剧舞蹈诗《海峡情缘》和舞蹈诗《大海，我的家》等，推动形成福建海丝文化艺术精品集群效应。

“丝路帆远——海上丝绸之路文物精品联展”。这是福建博物院联合“海丝”沿线数十家博物馆共同筹办的海丝专题展览，已远赴东盟国家和联合国总部巡展。福建教育出版社配合推出《丝路帆远：海上丝绸之路文物精粹》，目前阿拉伯语版的出版工作已启动。

福建新华书店海外分店、闽侨书屋、中国·福建文化海外驿站。前二者是国家文化出口重点项目，后二者是福建首创的对外文化交流工程，旨在通过文化交流、文化贸易、文化传播三种方式，服务海外华人华侨文化需求，使之成为海外展示福建文化的窗口。目前福建新华书店已在五大洲设立了 14 家海外分店，闽侨书屋成功布局五大洲，第一家海外驿站也于 2017 年 8 月在马来西亚揭牌。[①]这三个项目的持续推动解决了福建文化在海外展示的固定场所问题，也使相关展览活动时间延长，形成持续效应，满足了广大海外华人华侨对福建文化的需求。

丝绸之路国际电影节。这是“丝绸之路影视桥工程”的重点项目，2014 年起每年一届，由陕西、福建轮流主办。目前在福州已举办第二届和第四届电影节。如第二届丝绸之路国际电影节近 30 个丝路沿线及周边国家参加活动，举办电影展映、北京放映·丝路再起航、丝路电影合作论坛等系列活动，取得积极

① 林春茵：《“海丝”效应显 福建文化加速“走出去”》，中国新闻网：http://finance.chinanews.com/gn/2017/08-31/8318736.shtml，2017 年 8 月 31 日。

成效（2016,295）。

五彩缤纷对外文化交流系列活动。为促进福建与各国友好省州间的交流与合作，2006 年以来福建开展“五彩缤纷对外文化交流”系列活动，通过音乐、舞蹈、摄影、书画、戏剧等形式，增进与友好省州间的相互了解和友谊。

福建省侨联“亲情中华”艺术团。截至 2017 年 6 月，艺术团到 10 多个国家和地区，慰侨演出 39 场，观众达 20 多万人次，深受海外闽籍乡亲的欢迎和喜爱。

应用“海外中餐馆”推介福建文化项目。据统计，福建人在海外开了近 17 万家中餐馆，该项目旨在借助福建海外中餐馆的平台，向世界推介福建历史传统文化、文化产品和旅游资源。项目 2015 年开始实施，现已拓展到美国、澳大利亚、新西兰、西班牙、泰国等国的 50 多家中餐馆。

“福建文化宝岛校园行”系列文化交流活动。福建省文化厅在前期开展“福建文化宝岛行”的基础上，自 2012 年启动实施以两岸青少年交流为主的“福建文化宝岛校园行”活动。截至 2017 年底，“福建文化宝岛校园行”已完成走进 100 所台湾高校开展文化交流的计划，累计安排数十家单位、近千人赴台开展巡演，系统地将福建省的传统戏曲、非物质文化遗产与民间艺术等优秀文化，以戏剧展演、非遗展示、展览交流、座谈互动等多样的形式展现给台湾学子们，在促进闽台两地共同传承和弘扬中华优秀传统文化，增进台湾青少年对祖国大陆的认同感方面不断取得突破。

金门书展。书展自 2005 年起已连续举办十三届，规模不断扩大、层次不断提升，成为两岸出版界与台湾民众共同参与的一项重要文化交流活动，曾连续六年被国家新闻出版广电总局等五部委认定为“国家文化出口重点项目”。

“妈祖之光”系列大型晚会。自 2006 年以来，连续十年入岛共举办 13 次，汇聚数十万名观众，晚会通过电视现场直播和媒体报道，在海峡两岸及全球华人当中产生了良好的反响，现已成为台湾民众家喻户晓、广泛接受的品牌活动，荣获全国“走出去”工程十周年优秀节目。

全球闽南语歌曲创作演唱大赛。大赛是全球规模最大、参与选手最多的闽南语歌曲赛事节目。目前已举办六届，分赛点拓展至美国等国家。“全球闽歌赛”凭借其全球化、风格多样性、参赛选手水平高、赛事传播影响广等几大特点，有效强化了闽南语歌曲在华语乐坛的地位，增进了全球华人之间的沟通理解和各国家地区的文化交流合作，成了福建特色文化输出的品牌活动之一。[①]

2. 外宣技术提升，文化精品频出

近年来，社交媒体崛起带动当下传播方式不断重构，我省文化走出去工作，充分利用传播媒介，调动民间力量，从硬性宣传转向柔性传播，从注重传播范围和覆盖面向注重传播结果转变，不断挖掘新题材，创新展示形式，讲好福建故事，传播好福建声音。

一方面，运用新媒体融合、云媒体和“互联网 +”等技术手段，提升外宣技术含量，创新外宣形式。福建东南网在美国纽约建立数字媒体体验馆，成为省级新闻媒体第一家海外落地的涉侨网站。福建与《中国日报》合作的“福建全球英文网”全面推出，有效推动了福建文化的国际传播。目前，基本上形成以福建日报社、福建省广播影视集团等省级媒体为主，厦门、漳州、泉州闽南语地区，南平、龙岩等内陆地区，福州、莆田、宁德等沿海地区为辅的全方位宣传格局。[②]

另一方面，更注重受众需求，用吸引人、打动人的方式书写福建故事。例如，致力于对外文化传播的民营企业蓝海云拍摄制作的 54 条共计 400 多分钟的泉州故事，记录跟踪传统工艺技师的日常生活、拍摄泉州街头巷尾的传统小吃和袅袅茶香，被 276 家各种类型的海外媒体采用传播，抵达受众近亿、覆盖人口超 10 亿，以一种独一无二的传播方式，弘扬福建传统技艺文化，取得了良好的海外宣传效果。再如，以永定客家土楼作为故事场景的国漫电影《大鱼海棠》在 2016 年以 3000 万元的制作成本收获了 5.65 亿人民币的票房，创造了国产动漫电影票房神话，也充分说明了福建文化的当代魅力；2017 年，该片获第 15 届布达佩斯国际动画电影节最佳动画长片奖。作者说：“中国福建的土楼有一种梦一样的神秘感，像是来自世外桃源。”此外，习近平总书记在福建执政期间的相关实践和思想也是福建文化的宝贵资源。收录习近平总书记任中共福建宁德地委书记期间的 29 篇重要讲话和调研文章的《摆脱贫困》一书，集中体现了习近平总书记关于精准扶贫、精准脱贫工作的战略思想、理论支持和实践探索。该书中文版由福建人民出版社于 1992 年 7 月第一版印制出版，并于 2014 年 8 月重印，截至 2017 年 6 月，该书已累计发行 128 万册，码洋 433 万元。并出版

① 胡美东、杨洁：《福建郑奕灿夺得第四届全球闽歌赛冠军》，中国在线：http://www.chinadaily.com.cn/dfpd/fj/2011-01/09/content_11814414.htm，2011 年 1 月 9 日。

② 林承亮：《地方文化品牌走出去的思考——以福建文化走出去为例》，《发展研究》2017 年第 5 期。

繁体字版、英文版、法文版。在海内外收获了非常好的反响，受到多个国家，特别是非洲国家的政要、学者和新闻媒体的高度关注和由衷称赞。

近年来，我省在国际上收获各类奖项的文艺作品主要还有：电影《被偷走的那五年》获第十六届上海国际电影节金爵奖最佳影片提名奖，国内（含港澳台）票房收入超过 2 亿元人民币（2014,257）。2013 年 10 月，福建省实验闽剧院携带经典剧《贻顺哥烛蒂》、福建省仙游县鲤声艺术传承保护中心携带莆仙戏《目连救母》赴法国巴黎参加第六届巴黎中国传统戏曲节演出，福建省实验闽剧院演员朱善根获得最佳演员称号，莆仙戏《目连救母》荣获最佳传统剧目奖（2014,111）。2014 年，杂技《灵魂向远方·绳技》参加俄罗斯偶像国际马戏节的杂技比赛获银奖（第一名），该节目在武汉光谷国际杂技艺术节获荣誉金奖（2015,245）。省杂技团《行为艺术·度》节目赴俄罗斯参加国际马戏节杂技比赛获金奖（2015,106）。2015 年，纪录片《锤子与庄子》获第十三届“金熊猫”国际纪录片节最佳短纪录片奖。电影《衔香》入围第二届丝绸之路国际电影节“金丝路”传媒荣誉单元，获得第 30 届中国电影金鸡奖最佳男配角、最佳中小成本故事片两项提名，获得 2015 年中美电影节入围奖等。两款游戏获评 2015 年度十大最受海外欢迎游戏（2016,295）等等。

3. 文化产业竞争力增强，出口状况持续优化

福建省委、省政府加大了推进文化产业的发展的力度，特别是 2009 年福建省出台《关于加快文化产业发展的意见》以来，制定了系列促进对外文化贸易发展的政策，在人才培养、资金投入、品牌建设等方面做了大量的工作，取得了良好效果。近年来，随着“一带一路”倡议的政策红利持续释放，也助推福建文化贸易规模不断扩大。福建文化贸易呈现与对外文化交流相结合的趋势，成为更好地推动文化“走出去”，取得社会影响力和经济效益双赢的有效途径。

图表 8. 福建省规模以上工艺美术企业产值和出口情况（2005—2015）

（单位：亿元）

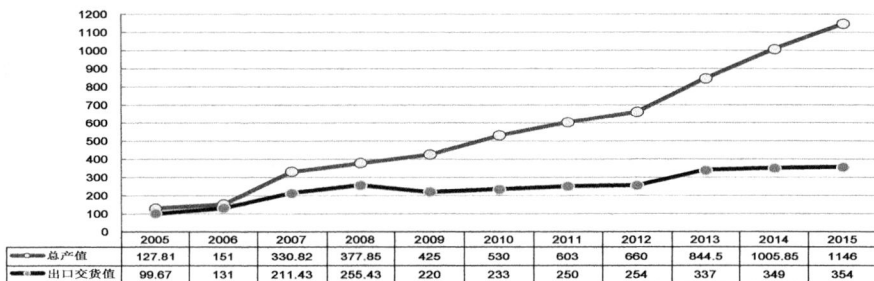

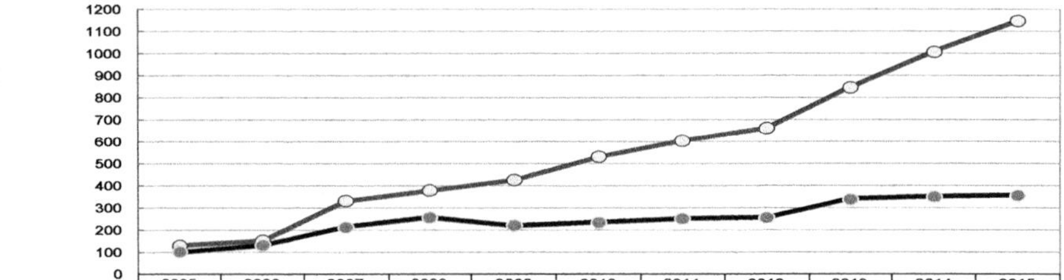

	2005	2006	2007	2008	2009	2010	2011	2012	2013	2014	2015
总产值	127.81	151	330.82	377.85	425	530	603	660	844.5	1005.85	1146
出口交货值	99.67	131	211.43	255.43	220	233	250	254	337	349	354

“十二五”期间，共评选认定 50 家“福建文化出口重点企业”，申报认定国家文化出口重点企业 65 家，重点项目 12 个，大力推动了全省文化产品和服务的出口，“十二五”期间福建省文化产品进出口额近百亿美元，[①]2012 年、2014 年和 2015 年进出口总额均居全国第 4 位。我省工艺美术品的产值和出口额占全省文化产品的 2/3 以上。从图表 8 来看，2005—2015 年间，我省规模以上工艺美术企业产值增长约 8 倍，出口交货值也增长 2.5 倍以上，尤其是 2012 年以来，在全行业产值快速增长的带动下，工艺美术品的出口增长加快，很快就超过历史最高值，已彻底走出 2008 年欧美国家大规模金融危机的影响。我省一直是全国工艺美术的重点产区和主要出口基地，2004—2012 年，我省规模以上工艺美术企业总产值和出口交货值仅次于江苏、浙江、广东，居全国第 4 位；2013 年以来，我省工艺美术企业稳健发展，规上企业总产值和出口交货值跃居全国第 3 位，为历史最佳水平。2012—2015 年，福建省规模以上文化制造业企业出口交货值分别位居全国第四（2012）、第三（2013）、第五（2014、2015）位，出口交货值占工业销售产值的比重比全国高出 8—16 个百分点，文化产品出口优势明显。从重点企业来看，2015 年厦门外图公司年出口额 11095 万美元，列全省所有企业第 132 位（2016,247）；2017 年福建网龙公司产品已涵盖 10 大语系 180 多个国家和地区，海外总注册用户数逾 6500 万，海外并购投资近 2 亿美元，并以 1.3 亿美元完成收购英国上市教育科技公司 Promethean；美图公司创造了全球最大的美颜生态系统，2018 年 1 月，美图公司旗下影像应用 BeautyPlus 的海外用户突破 3 亿，美图的影像及社区应用矩阵在全球已经覆盖超过 15 亿台独立设备，美图在全球的月活跃用户总数已达 4.813 亿，占用户总数的 19.4%，截

① 林承亮：《地方文化品牌走出去的思考——以福建文化走出去为例》，《发展研究》2017 年第 5 期。

至目前，美图在印度、印度尼西亚、日本、马来西亚、韩国、台湾、泰国、美国及越南等国家与地区各拥有超过 1000 万总用户。

我省积极搭建推动文化走出去的重要载体和平台，海峡两岸文博会、版博会、艺博会和湄洲妈祖文化旅游节升格为国家级文化展会，海峡两岸图书交易会成为大陆对台图书贸易的主要集散平台，海峡论坛、“5·18”“6·18”“9·8”、福建文化精品展览交易会等综合性展会平台影响力不断增强，已成为推介福建文化的重要平台。[①] 以海峡两岸图书交易会为例。2005 年第一届图交会图书购销总码洋为 400 万元，到 2017 年第十三届已增长为 4600 万元，增长 11.5 倍，年均增长 88.5%。

图表 9. 福建省图书版权贸易情况（2005—2015）

（单位：项）

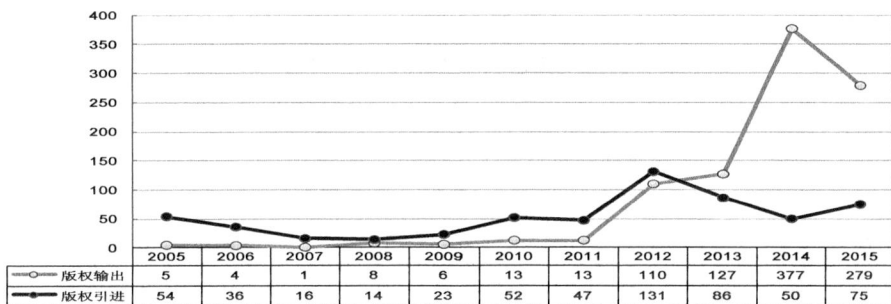

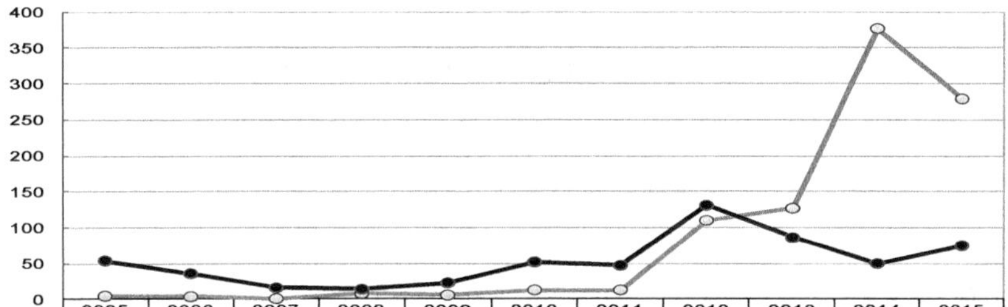

	2005	2006	2007	2008	2009	2010	2011	2012	2013	2014	2015
版权输出	5	4	1	8	6	13	13	110	127	377	279
版权引进	54	36	16	14	23	52	47	131	86	50	75

从图书版权贸易情况来看，与前十年相比，不仅版权贸易更为繁荣，而且福建目前已经扭转了 90 年代后期以来连续十多年的图书版权引进大于输出的逆差局面。从图表 9 可见，2005—2015 年，版权输出量从个位数迅猛发展到三位数，成长百倍；引进输出比也由最低点的 16 ∶ 1 发展为 1 ∶ 8，版权输出情况大为改善，进一步走向国际主流文化市场。

三、未来发展

福建文化走出去四十年历程，取得了杰出的成就，区域优势得到充分彰显，特色文化在对外交流中发挥了重要作用，但也存在一些不足。展望未来，在习近平新时代中国特色社会主义思想的指引下，福建文化走出去将取得更辉煌的

① 林承亮：《地方文化品牌走出去的思考——以福建文化走出去为例》，《发展研究》2017 年第 5 期。

成就。

（一）优势

1.“海、侨、台”优势明显，提供了福建文化走出去的基本保障；

2. 福建特色和历史文化资源丰厚，为福建文化走出去提供了强有力的内涵支撑；

3. 近代史上开眼看世界的思想传统成为福建文化走出去的重要动力；

4. 习近平总书记在福建多年的工作实践和探索为福建文化走出去提供了宝贵的理论引领和思想资源。

（二）不足

1. 整体布局稍弱：文化走出去的整体思路没有完全成型，东一榔头西一棒子，缺乏全盘性规划；

2. 福建文化的整体性论述还没有形成，呈现出碎片化的状态，着力点不集中、不突出；

3. 在项目带动上，对项目缺少效果评估，而是蛮干，许多项目雷声大雨点小，难以延续；要把有限的经费投入到有持续效果，能真正放大福建文化影响力的项目上；

4. 产业支撑偏弱，文化产业项目走出去，经济效益、文化效益和社会效益如何并举，还需努力；

5. 人文学术 / 思想交流平台作用发挥不够，文化走出去的智力支撑作用不到位，研究机构、产业、政府三方没有形成合力。

（三）未来展望

习近平总书记指出：“要综合运用大众传播、群体传播、人际传播等多种方式展示中华文化魅力，努力提高国际话语权，加强国际传播能力建设，精心构建国际话语体系，发挥好新媒体的作用，增强国际话语的创造力、感召力、公信力，讲好中国故事，传播好中国声音，阐释好中国特色。”[①] 新时代福建文化走出去要紧紧围绕提升中华文化影响力，讲好中国故事，讲好福建故事，着力在以下方面在下功夫：

① 习近平：《习近平谈治国理政》，外文出版社 2014 年版，第 260 页。

一是要坚定文化自信，激发创新创造活力，立足福建深厚的历史文化底蕴和现代化建设的文化成就，书写具有表现力、亲和力的福建故事。

二是要理顺管理体制，对外文化交流、文化安全、文化贸易、金融财税等部门要整合资源，形成合力，建立密切的工作联系机制。

三是要完善政策、法律、金融财税等各方面保障，健全文化走出去体制机制。

四是要加强文化走出去的人才培养，培养既了解福建又了解世界，熟悉国际文化传播规律的复合型文化人才。

十九大报告指出：要“加强中外人文交流，以我为主、兼收并蓄。推进国际传播能力建设，讲好中国故事，展现真实、立体、全面的中国，提高国家文化软实力”。福建文化走出去已经取得了杰出的成就，区域优势得到充分彰显，特色文化在对外交流中发挥了重要作用，但也存在一些不足。展望未来，在习近平新时代中国特色社会主义思想的指引下，从体制机制、人才、金融等方面全方位发力，福建文化走出去必将取得更辉煌的成就。

闽台民间信仰研究的范式创新

——以汪毅夫教授的研究为中心*

庄恒恺**

自20世纪80年代起，包括民间信仰研究在内的闽台区域研究重新兴起。30多年来，包括历史学、社会学、人类学、民俗学等各学科都在这一领域取得了数量可观的成果。在先进与时贤的研究成果中，可以看到他们探寻新范式的学术自觉。闽台民间信仰是汪毅夫教授所重视的学术选题，其范式创新主要体现在三个方面。一、发掘闽台民间信仰的特征，提出理论创见。首先，提出了民间信仰"双翼结构"理论；其次，对制度化的宗教与世俗化的民间信仰二者关系进行了阐释。二、运用多学科视角研究闽台民间信仰。首先，精于考证；其次，重视田野调查；第三，注意边缘史料。三、重视学术研究的现实关照，对若干重要问题进行了论述。首先，关于辩证看待民间信仰的有害与有益因素；其次，关于民间信仰和政治权力的关系问题；第三，关于闽台两地民间信仰交流的问题。

习近平总书记在党的十九大报告中指出："两岸同胞是命运与共的骨肉兄弟，是血浓于水的一家人。我们秉持'两岸一家亲'理念，尊重台湾现有的社会制度和台湾同胞生活方式，愿意率先同台湾同胞分享大陆发展的机遇。我们将扩大两岸经济文化交流合作，实现互利互惠，逐步为台湾同胞在大陆学习、创业、就业、生活提供与大陆同胞同等的待遇，增进台湾同胞福祉。我们将推动两岸

* 本文为2018年度"福建省高校杰出青年科研人才培育计划"（闽教科〔2018〕47号）的阶段性成果。

** 庄恒恺，福建工程学院地方文献整理研究中心副教授、闽南师范大学硕士研究生导师。

同胞共同弘扬中华文化，促进心灵契合。”[①]

福建和台湾是全国汉族地区民间信仰最为兴盛发达之地。闽台民间信仰超越时空，为两岸同胞所认同。改革开放后，闽台民间信仰交流频繁，庙际关系热络，台湾同胞纷纷赴福建祖庙进香，祖庙主神亦不断应邀赴台巡游，是两岸交流中除经济贸易以外最为频繁的一种交往。闽台民间信仰具有重要的文化认同价值，不但有助于从信仰层面做好台湾人民的工作，遏制“台独”声浪、批驳“文化台独”谬论，而且有助于增进两岸民众的文化认同，有助于增进台湾同胞“中华民族一分子”的身份认同，增强台湾同胞的向心力。

区域性研究不仅可以发现中国各区域社会经济文化发展的特殊性，而且通过这些特殊性的研究，将有助于更好地说明中国乃至整个人类的发展进程。从20世纪90年代初期开始，汪毅夫教授的治学重心逐渐由中国现代文学、台湾近代文学转向闽台区域历史与文化。20多年来，他笔耕不辍，共完成200多万字的学术著作，在闽台地方史、闽台关系史、地域人群、地方文献等诸多方面都取得了丰硕的成果。闽台民间信仰是汪毅夫先生所重视的学术选题，他在这一领域进行了持续的努力，受到学界的瞩目。汪先生关于闽台民间信仰研究的成果主要有一本专著和十九篇论文。专著为《客家民间信仰》[②]。论文包括:《论台湾民间信仰的普化现象》《试论闽台傩文化的共同性》《略谈台湾民间的冥婚之俗》《台湾民间巫术信仰丛谈》(以上收入《台湾社会与文化》);《随意随俗的走向与闽台民间信仰的共同进步》《闽台民间的广泽尊王信仰》《“船仔妈”与闽台海上的水神信仰》《闽台民间的吕祖传说和吕祖信仰》《闽台雩祭丛谈》《金门：自然灾害的历史记录与民间信仰的特异情节》《南平樟湖集镇的民间信仰》(以上收入《中国文化与闽台社会》);《泉州民间的通远王信仰》《“崇德报功”与妈祖信仰的双翼结构》《“闽人佞鬼风俗”之分析》《签卜的文化观察》《傩：游戏与舞蹈》(以上收入《闽台历史社会与民俗文化》);《流动的庙宇与闽台海上的水神信仰》《从福建方志和笔记看民间信仰》(以上收入《闽台缘与闽南风》);《闽台冥婚旧俗之研究》(先后收入《闽台地方史研究》和《闽台妇女史研究》)。此外，他在与学界同行合著的《金门史稿》中辟有专章(第九章)论述福建金门的民间信仰，在《窗口随想录》《台湾竹枝词风物记》等论文中亦论

① 习近平:《决胜全面建成小康社会　夺取新时代中国特色社会主义伟大胜利——在中国共产党第十九次全国代表大会上的报告(2017年10月18日)》，北京：人民出版社2017年版，第56—57页。

② 福建教育出版社1995年版，台湾水牛图书出版事业有限公司2008年繁体字版。

及台湾现当代文学作品所反映的民间信仰现象。

通过考察汪先生对闽台民间信仰的研究，可以发现，其范式创新主要体现在以下三个方面。

一、理论创见

在研究闽台民间信仰时，汪毅夫先生重视对民间信仰现象的论说，注意考察神祇的流变，这构成了他研究工作的基础。但他又不局限于此，而是深入追寻现象背后的本质，发掘闽台民间信仰的特征，提出不同于前人和他人的创见。

首先，提出了民间信仰的“双翼结构”理论。汪先生认为：“我们从闽台民间信仰看到的信民造神、信神和祭神三个层面上的实际情况是：信民并非仅仅对神明的灵验传说津津乐道，对神明的美德亦念念不忘，甚至有意编造和编排神明生前乃至死后的美德故事；信民并非仅仅相信神明有实利实用的功效，还服膺‘人神共钦’的美德和‘善有善报’的道理；信民祭神，并非尽出于‘报其功’，间或也由于‘思其德’。”[①] 在此基础上，汪先生提出了“双翼结构”理论：“美德故事与灵验传说、纪念性祭祀与诉求性祭祀、‘崇德’与‘报功’构成了民间信仰的双翼结构。”[②] “双翼结构”理论的提出，具有理论与现实两方面的意义。理论方面，在传统中国社会，官方出于维护自身统治的需要，常常将民间信仰认定为淫祠、淫祀，一个很重要的说辞即是民间信仰行为没有正统源流。而汪先生的“双翼结构”理论，为民间信仰活动确定了观念和行为之源——“崇德”与“报功”，使它与上古中国社会的祭祀本义相连接。现实方面，由于各种原因，在大陆学界以往的研究中，民间信仰常被等同于迷信，汪先生指出：“纪念性祭祀跟诉求性祭祀是有区别的，不当将它视同迷信。”[③] 这提供了一个看待民间信仰问题的崭新视角，有利于挖掘民间信仰中的积极因素。

“双翼结构”理论的提出，亦展现了文化自信。习近平总书记在哲学社会科学工作座谈会上的讲话中强调：“……着力构建中国特色哲学社会科学，在指导思想、学科体系、学术体系、话语体系等方面充分体现中国特色、中国风格、中国气派。”[④] 党的十九大报告指出：“文化自信是一个国家、一个民族发展中更

---

① 汪毅夫：《闽台历史社会与民俗文化》，厦门：鹭江出版社 2000 年版，第 63 页。

② 汪毅夫：《闽台缘与闽南风》，福州：福建教育出版社 2006 年版，第 171 页。

③ 汪毅夫：《闽台历史社会与民俗文化》，厦门：鹭江出版社 2000 年版，第 72 页。

④ 习近平：《在哲学社会科学工作座谈会上的讲话（2016 年 5 月 17 日）》，北京：人民出版社 2016 年版，第 15 页。

基本、更深沉、更持久的力量。”[①] 西方学者在研究中国社会的民间信仰时，出于文化偏见，常过度强调其工具性作用，而“双翼结构”理论秉持文化自觉与文化自信，肯定了民间信仰活动中纪念性祭祀、“美德故事”等因素的道德取向，展现了学术研究的中国气派。

其次，对制度化的宗教与世俗化的民间信仰二者关系进行了阐释。民间信仰具有世俗化的特点，汪先生曾经指出：“民间信仰是世俗化的，因而其‘神道设教’之种种说法和做法往往具有拟人化和随意性的特点。”[②] 他并以《林宾日日记》所记“主疹”之神“潘氏夫人”、近人陈鉴修《龙溪新志初稿》所记“水仙姑”故事说明之。[③] 与此相对的，是宗教在总体上具有制度化的倾向。同时，汪先生也提出：“宗教制度化、民间信仰世俗化的倾向是总体而言的倾向。在某些具体个案上，宗教不免世俗化的倾向、民间信仰亦有制度化的倾向。”[④] 例如，客家住区的定光古佛，以其世俗化程度过限而成为民间信仰的“俗佛”——“定光古佛是客家人为适应山区农耕社会之种种需求（风调雨顺、水源充沛、劳力充足、无灾无祸）而创造出来的不僧不俗、亦僧亦俗、不佛不神、亦佛亦神的崇拜对象。”[⑤] 而保生大帝信仰在形成和发展过程中逐渐接近和接受道教的影响、逐渐趋于制度化。[⑥] 此外，汪先生还注意到了其他类似现象，如《归化县志》《宁化县志》《清流县志》所记寺观内神像、佛像和“亲像”（祖先之像）杂陈、僧道合流、佛教世俗化等情况，[⑦] 又如，在厦门南普陀寺放生池的碑文中有“菩萨降鸾”之语，[⑧] 等等。因此，汪先生认为：“世俗化同制度化异向而非逆向，两种倾向可以发生交叉和互动。”[⑨] 这一认识亦深具现实意义。第一，在我国大部分地区，政府管理与服务的对象主要还是五大宗教，对民间信仰的引导与管理还在探索中。在现行政策没有改变的情况下，如何发挥制度化宗教（特别是道教）的功能，解决民间信仰管理中诸如登记等现实问题，满足信众的信仰需

---

① 习近平：《决胜全面建成小康社会　夺取新时代中国特色社会主义伟大胜利——在中国共产党第十九次全国代表大会上的报告（2017年10月18日）》，北京：人民出版社2017年版，第23页。

② 汪毅夫：《闽台缘与闽南风》，福州：福建教育出版社2006年版，第156页。

③ 汪毅夫：《闽台缘与闽南风》，福州：福建教育出版社2006年版，第156—157页。

④ 汪毅夫：《闽台缘与闽南风》，福州：福建教育出版社2006年版，第159页。

⑤ 汪毅夫：《客家民间信仰》，福州：福建教育出版社1995年版，第162页。

⑥ 汪毅夫：《闽台缘与闽南风》，福州：福建教育出版社2006年版，第160—161页。

⑦ 汪毅夫：《客家民间信仰》，福州：福建教育出版社1995年版，第2—4页。

⑧ 汪毅夫：《闽台缘与闽南风》，福州：福建教育出版社2006年版，第241—242页。

⑨ 汪毅夫：《闽台缘与闽南风》，福州：福建教育出版社2006年版，第161页。

要，值得解放思想，深入思考。第二，从宗教生态的角度而言，民间信仰的世俗、本土、功利等特性，满足了绝大部分中国人的信仰需要，有利于平衡制度化宗教的发展。在民间信仰发达的地区，少有制度化宗教过度膨胀的情况，更少见某一种制度化宗教独大。

二、多学科视角

汪毅夫先生在《台湾社会与文化》《客家民间信仰》两书中都曾谈及中文（国文）系（所）出身的学者向史学界学者请益的必要性。其实，在文学与历史两个学科之外，他在分析研究对象与阐述观点时，还注意综合运用人类学、社会学等方法。他在运用多学科视角研究闽台民间信仰的过程中，展现了如下特点。

首先是精于考证。毋庸讳言，在闽台民间信仰研究领域，存在低水平重复的问题，突出表现在一些研究者将传说当作史实，并且陈陈相因。汪先生善于运用考据的方法，纠正了若干错误的说法，并对一些民间信仰现象给出了自己的解释。试举三例。

例一，他利用《明清进士题名碑录》，确证了明代叶向高的科年，揭穿了一则与九鲤湖鲤仙庙相关的灵验传说：

（张祖基《客家旧礼俗》记有）叶台山求梦的故事。明代的叶台山在发迹前曾到九鲤湖鲤仙庙求梦。神仙在梦中对他说："富贵无心想，功名两不成。"叶台山以为是不吉之兆。及戊戌之年，叶台山中为进士、位居宰相，方悟应了梦中之兆："无心想"即无心之想，相也；"两不成"，戊戌二字皆非"成"字，故云。

叶台山（1559—1627），名向高，字进卿。福建福清人，明万历进士，选庶吉士。神宗朝、光宗朝曾两度为相。据《明清进士题名碑录》（上海古籍出版社1980年版），叶台山为明万历十一年癸未科进士，其科年为癸未而非戊戌。[①]

例二，他指出了闽台两位妇婴保护神的异同："和临水夫人一样，注生娘娘亦是闽、台两地的妇婴保护神。但注生娘娘的'诞辰'是三月二十日，临水夫

① 汪毅夫：《客家民间信仰》，福州：福建教育出版社1995年版，第69—70页。

人的‘诞辰’为正月十五日。近年常见有民俗学著作将两者混同为一。”[①]

例三，与福建内河水神势力（影响力）的平面划分不同，在闽台海上诸神中，妈祖居于上位。这是为何？汪先生解释道：“福建内河水神势力（影响力）范围的划分有可以标识的自然物为界。在闽台海上，四望唯水，茫无畔岸，水神的势力或影响力所及，无法实现由此及彼的平面划分，却易于形成自上而下的立体谱系。妈祖同水上诸神的关系因河、海而异，其原因盖在于此。”[②]

诚然，以上这些问题都是具体的，但学术的进步又的确需要这样点滴的工作来推动。

其次是重视田野调查。汪毅夫先生善于运用文化人类学的方法，书斋和田野都是他治学的好所在。早在闽西客家住区插队务农时，汪先生便开始进行初步的田野工作。他曾记曰：“在将近六年的农耕生活里，我有机会就近观察，从中体察客家文化外在、内在之种种情形。那时，我开始了一些初步的研究：采集口碑资料、查看墓葬碑刻、记录方言词语，还曾就疑难问题写信向当时也在闽西客家住区居住的蔡厚示先生请教。”[③]汪先生在后来进行闽台民间信仰研究时仍然重视田野调查。例如，他先后五次到闽西客家住区，访得不少文字和口碑材料，[④]为写作《客家民间信仰》奠定了基础。又如，他在南安等地做田野调查，访得了广泽尊王郭忠福的民间口碑材料，[⑤]在《闽台民间的广泽尊王信仰》一文的写作中有所体现。再如，他1995年暑期在闽北做田野调查，后写成《南平樟湖集镇的民间信仰》一文。这篇论文记录了蛇王、临水夫人、齐天大圣等当地鲜活的民间信仰现象，从中不难看出民间信仰的若干特点。试举三例。其一，“三圣尊王庙主祀陈公、卢公、铁公三神，陈公为文神，卢公和铁公为武神，其中卢公并且是赌博之神，赌徒常往求之。”[⑥]赌徒求神，反映了民间信仰的随意随俗与功利化。其二，“樟湖集镇四周田苗间或有‘潘倪王’的象征物，砌石粗凿而成，状若小屋。据当地居民报告，‘潘倪王’（当地居民读如‘潘儿王’）为三个养蜂人，他们曾放蜂驱寇而立功。在田亩间砌石祭祀，有纪念潘、倪、王三人的意义，又有保护禾苗免受野兽践踏的功用。”[⑦]“潘倪王”由人而神的过程，

① 汪毅夫：《闽台地方史研究》，福州：福建教育出版社2008年版，第76页。
② 汪毅夫：《闽台缘与闽南风》，福州：福建教育出版社2006年版，第150页。
③ 汪毅夫：《客家民间信仰》，福州：福建教育出版社1995年版，第167页。
④ 汪毅夫：《客家民间信仰》，福州：福建教育出版社1995年版，第167页。
⑤ 汪毅夫：《中国文化与闽台社会》，福州：海峡文艺出版社1997年版，第100页。
⑥ 汪毅夫：《中国文化与闽台社会》，福州：海峡文艺出版社1997年版，第151页。
⑦ 汪毅夫：《中国文化与闽台社会》，福州：海峡文艺出版社1997年版，第152页。

说明了具有美德传说的本土百姓，是民间信仰神祇的重要来源。其三，“樟湖集镇各庙宇几乎都备有‘惊堂鼓’（聚灵庵除备有‘惊堂鼓’外，还有‘惊堂钟’），香客进得庙门，先击鼓五下（也有庙祝代击的做法），焚香祭拜后退出，又击鼓五下。庙门之旁设‘惊堂鼓’，击鼓升堂、击鼓退堂。这使得庙宇多少有了官府衙门的威严。有的庙宇如福庆堂、进兴宫还仿照官府衙门，延‘师爷’入于幕中。”①此处所记庙宇设置成官府衙门等情形，反映了民间信仰对社会等级的模仿，是民间信仰世俗化特征的重要体现。

第三是注意边缘史料。汪先生曾言：“以边缘的资料支撑边缘问题研究，思维之光照射着一片朦胧的未知领域，必然催生出前沿的学术成果。”②以边缘资料进行研究是汪先生治学的一贯风格。他研究闽台民间信仰的一篇重要论文，题为《从福建方志和笔记看民间信仰》，从文题即可看出他选择史料的眼光。在研究中，他特别注意运用地方志、笔记小说、寺观宫庙志、宗教碑铭、日记族谱等边缘史料解决学术问题。例如，在西方汉学界，“淫祀”的定义不下十种。③汪先生则利用福建现存最早的方志之一——南宋宝佑《仙溪志》，对“淫祀”下了简洁、准确的定义：“(《仙溪志》) 所记‘祠庙’均‘载在祀典’，‘其不在祀典者不书’。质言之，‘祠庙’又有‘载在祀典’与‘不在祀典’之分。‘不在祀典’的民间信仰及其活动场所时或被视为‘淫祀’和‘淫祠’。”④又如，焚巫祈雨是古代农业社会的常见现象，而汪先生通过考察方志和民间口碑材料，找出了三例积薪危坐的雩祭，⑤说明了焚僧祈雨是焚巫祈雨在福建地区的变异形式。需要指出的是，在注意边缘史料的同时，汪先生同样重视古代经典文献和王朝典章制度，并且两相对照，互相发明。并且他对边缘史料也是辨析使用的。例如，《长汀文史资料》曾载文，记录河田乡无垢寺有洋人泥塑神龛，缘由是乡人为纪念突发重病不治的洋人。但汪先生却认为：“河田乡人并非为了‘纪念’，而是出于‘鬼无归则为厉’的观念，出于对客死河田的洋人鬼魂的畏惧，乃塑造和奉祀洋人偶像的。”⑥

---

① 汪毅夫：《中国文化与闽台社会》，福州：海峡文艺出版社 1997 年版，第 154—155 页。

② 汪毅夫：《客家研究新范式——评刘大可著〈中心与边缘：客家民众的生活世界〉》，《学术评论》2013 年第 1 期，第 63—64 页。

③ [美]康笑菲：《说狐》，姚政志译，杭州：浙江大学出版社 2011 年版，第 4 页。

④ 汪毅夫：《闽台缘与闽南风》，福州：福建教育出版社 2006 年版，第 165—166 页。

⑤ 分别是：《闽都别记》第 54 回记游僧义收自焚祈雨的故事，《临汀志》记伏虎禅师与僧彦圆自焚祈雨事。汪毅夫：《中国文化与闽台社会》，福州：海峡文艺出版社 1997 年版，第 135—137 页。

⑥ 汪毅夫：《客家民间信仰》，福建教育出版社 1995 年版，第 7—8 页。

三、现实关照

民间信仰是具有现实性的学术问题。福建地区自古有“好巫尚鬼”的传统，民间信仰十分发达。改革开放以来，民间信仰更呈现出复兴的趋势。据丁荷生的调查与估计，截至1992年，福建全省重修的民间信仰场所达三万座，每个县都有三百到一千左右的民间信仰场所被修复。①20多年过去了，现在的数据当远多于此。民间信仰已成为民众生活的一部分，如何正确对待民间信仰问题，关乎社会稳定。汪毅夫先生一贯重视学术研究的现实关照，对若干重要问题进行了论述。

首先，关于辩证看待民间信仰的有害与有益因素问题。汪先生认为：“民间信仰的世俗化倾向及其‘祀神的混乱’和‘神道设教’的拟人化和随意性的特点并不足诟病。应该受到批评指摘的是它的有害因素，是它的某些不正当的说法和做法，其有益因素则不当牵累及之。”②他以闽台两地的“王爷”信仰为例说明了这一问题。一方面，“王船祭”（俗称“出海”“送王船”等）包含了“贻祸于人”的可鄙意念，这是其有害因素；但另一方面，在台湾云林县等地的民间传说里，“王爷”被赋予了“解冤息仇”，即社会调解的功能，此即为其有益因素。汪先生的结论是：“显然，我们不应当因为民间信仰的有益因素而容忍民间信仰的有害因素……反之，我们也不能因为民间信仰的有害因素而不容民间信仰的有益因素。”③民间信仰是民众日常生活中难以分割的元素，汪先生的论断，有助于党和政府正确引导民间信仰活动，使其在民族复兴的伟大进程中发挥积极作用。

其次，关于民间信仰和政治权力的关系问题。自古以来，民间信仰经常被官方压制、禁止。十一届三中全会以来，党的宗教政策得以落实，但由于缺乏相关知识，一些基层干部仍将民间信仰视作“封建迷信”。汪先生考察了方志中所记宋代福建地方官毁禁淫祠的个案，并论曰：“自宋代以降，类似的事件不胜枚举。然而于今视之，当年官方毁淫祠的动作仅收一时之效。”④他认为：“历史证明，没有尊重健康民俗的前提和群众自愿的基础，不由群众自己来进行，官

---

① Kenneth Dean. *Taoism and popular cults in Southeast China*. Princeton: Princeton University Press, 1993, p.8.

② 汪毅夫：《闽台缘与闽南风》，福州：福建教育出版社2006年版，第163—164页。

③ 汪毅夫：《闽台缘与闽南风》，福州：福建教育出版社2006年版，第164—165页。

④ 汪毅夫：《闽台缘与闽南风》，福州：福建教育出版社2006年版，第166—168页。

方毁淫祠的动作往往归于徒劳。”[①] 他在深入研究基础上所提出的这一观点，无疑具有重要的现实意义。

第三，关于闽台两地民间信仰交流的问题。两岸同胞同文同种，闽台两地的民间信仰有着先天的紧密联系，在海峡两岸民众交流中起着重要的纽带作用。汪先生认为，应该利用民间信仰随意随俗的走向来引导民间信仰，在更高水平上推动这种交流。早在20世纪90年代中期，他就指出："近年来闽、台两地在民间信仰层面上的交流呈现为频繁而广泛的情形。我想，利用民间信仰随意随俗的走向来引导闽、台民间信仰上于共同进步之路，这也应当进入交流的节目表。”[②] 近20年来，海峡两岸交流日趋频繁，民间信仰对于加强两岸双方的交流、增进两岸人民相互了解，已经并将继续发挥重要作用。现实，准确验证了汪先生的预见。

需要说明的是，本文论述所及，只是汪先生闽台民间信仰研究工作的一小部分。他的研究，既有宏观把握，又有微观考察，对于诸如闽台傩文化、巫术信仰、雩祭等都有精辟之论。民间信仰研究已经成为当今的学术热点，吸引着越来越多的学者投身这一领域。汪先生著作中所蕴含的理论和方法，体现了他探寻民间信仰研究的新范式的努力，是值得学界同人注目与借鉴的。

① 汪毅夫:《闽台缘与闽南风》，福州：福建教育出版社2006年版，第168页。
② 汪毅夫:《中国文化与闽台社会》，福州：海峡文艺出版社1997年版，第95页。

台湾光复初期赴台的福州人群体研究

刘凌斌[*]

台湾光复以后，作为福建省城的福州地区，迅速掀起支持台湾复兴建设的高潮。大批福州籍行政干部和各行各业的专业技术人才踊跃奔赴台湾工作，也有不少福州工商界人士赴台创业，形成历史上福州人移居台湾的又一次高潮。光复初期赴台的福州人几乎遍及全岛各个县市，分布于各个阶层、各个行业，为光复初期台湾经济的恢复与发展以及各项社会事业的进步做出了重要的贡献。

福建与台湾一衣带水，隔海相望，有着相近的地理和人文条件，自古以来闽台两地的关系就特别密切，不可分割，也成为两岸学界研究的热门议题。在方兴未艾的闽台关系研究中，闽南地区与台湾的历史文化渊源是人所共知和学术界关注最多的话题，闽西客家地区与台湾的关系，近年来也逐渐为学术界所重视。与此形成鲜明对比的是，作为省城的福州与台湾之间的关系，长期以来却并未被研究者重视，迄今为止学界对这一问题仍论述不多，且主要集中于福州与台湾的文化关系方面。相关研究成果大多数为福建学者撰写的论文，如汪毅夫的《文化：闽江流域与台湾地区》和《清代福州对台文化交流的若干情况》，[①] 杨彦杰的《福州城隍庙与闽台城隍信仰》，[②] 刘大可的《台湾的福州移民与民间信仰》，[③] 谢在华的《榕台民间信仰的传承与交流》，[④] 薛菁的《清代榕台

* 刘凌斌，福建社会科学院现代台湾研究所副研究员，福建师范大学社会历史学院博士研究生。
基金项目：本研究获得台湾夏潮基金会“夏潮学人”研究计划资助，特此感谢！

① 汪毅夫:《文化：闽江流域与台湾地区》，收入汪毅夫:《中国文化与闽台社会》，福州：海峡文艺出版社，1997 年 4 月；汪毅夫:《清代福州对台文化交流的若干情况》，收入汪毅夫:《中国文化与闽台社会》，福州：海峡文艺出版社，1997 年 4 月。

② 杨彦杰:《福州城隍庙与闽台城隍信仰》，《东南学术》，1998 年第 5 期。

③ 刘大可:《台湾的福州移民与民间信仰》，《福建论坛·人文社会科学版》，2003 年第 6 期。

④ 谢在华:《榕台民间信仰的传承与交流》，《福建省社会主义学院学报》，2013 年第 4 期。

两地儒学教育渊源探略》，[①] 徐晓望的《论台湾文化与闽都文化》和《晚清福州与北台湾的城市化建设》[②] 等。相关专著只有一本，即郑宗乾编著的《福州人在台湾》，[③] 但该书更类似于资料汇编，学术性不强。既有的研究对于台湾光复初期福州与台湾关系以及赴台的福州人群体的研究成果更是凤毛麟角，主要散见于研究这一时期闽台关系的相关论著中，[④] 缺乏系统性和全面性。有鉴于此，本文拟在充分搜集文献资料与赴台实地调研的基础上，运用文献分析法、历史研究法和深度访谈法相结合的研究方法，对台湾光复初期（1945—1949 年）赴台的福州人群体的总体情况及其对当时台湾的复兴建设与经济社会发展的历史贡献进行初步研究，试图弥补以往学术界对闽台关系尤其是福州与台湾关系研究的不足，为推动两岸关系研究的学术进步贡献绵薄之力。

一

在收复台湾的准备工作中，与台湾一水之隔的福建成为培训和提供接收台湾人才的基地。从 1944 年开始，国民政府决定以福建为培训基地，分别设立了中央警官学校台干班、中央训练团行政干部训练班、台湾银行干部训练班、海疆学校等，以福建人为主要对象，选拔和培训赴台干部，为收复台湾培养警政、行政和教育及其他方面的各种人才。在福建为台湾培养和输送的行政干部和专业技术人才中，除了大多数来自闽南地区之外，福州人也占据了相当大的比例。如 1945 年 4 月毕业的台湾行政干部训练班第一期学员共 118 人，福建籍 31 人最多，其中籍贯为福州的多达 15 人，占了将近一半的比例。[⑤] 可见，除了闽南地区之外，当时福州也成为培养和输送赴台行政干部的重要人才来源地。

战后台湾千疮百孔，百废待兴，急需祖国大陆人力、财力、物力的外援，

① 薛菁：《清代榕台两地儒学教育渊源探略》，《闽江学院学报》，2014 年第 4 期。

② 徐晓望：《论台湾文化与闽都文化》，收入叶圣陶研究会编：《中华传统文化研究与评论（第三辑）》。北京：人民教育出版社，2009 年 10 月；徐晓望：《晚清福州与北台湾的城市化建设》，《福建论坛·人文社会科学版》，2016 年第 10 期。

③ 郑宗乾编著：《福州人在台湾》，福州：海风出版社，2015 年 3 月。

④ 如笔者的专著《台湾光复初期闽台关系研究（1945—1949）》（海峡出版发行集团福建教育出版社，2018 年 4 月）中就有部分内容涉及光复初期的榕台关系和这一时期赴台福州人群体的学习、工作情况。

⑤《中央训练团台湾行政干部训练班第一期毕业学员籍贯、学籍统计》，1945 年 4 月，《闽台关系档案资料》，第 398—399 页；林仁川：《台湾光复前后福建对台湾的支援和帮助》，《台湾研究》，2006 年第 4 期。

作为与台湾距离最近的大陆城市，同时也是福建省城的福州地区，与全省其他地区一样，迅速掀起支持台湾复兴建设的高潮。大批福州籍行政干部和各行各业的专业技术人才踊跃奔赴台湾工作，为光复初期台湾社会经济的恢复和发展做出了重要的贡献。

台湾光复以后，在陈仪的重用下，一大批福州籍行政干部追随陈仪赴台进行接收；到了台湾省政府时期，不少福州人在台湾省政府各厅处局及各县市政府担任重要职位。根据笔者搜集的文献资料来看，光复初期赴台任职的福州籍行政干部人数众多。据《重修台湾省通志》卷八《职官志》所列，1945—1947年，台湾省及所属各县市职官中，福州人即达 53 人。[①] 上述统计实际上并未涵盖整个光复初期的情况，福州人赴台担任中高级行政干部之多，由此可见。

光复初期赴台任职的福州籍行政干部的工作领域分布广泛，主要分布于以下几个工作领域：一是在台湾省行政长官公署和台湾省政府下属的各厅处局（委员会）及其附属机构任职。如担任善后救济总署台湾分署署长的福州人钱履周（钱宗起，1945 年 10 月到任），担任台湾省政府新闻处处长的福清人林紫贵（1947 年 8 月到任）。在台湾省行政长官公署直属机关任职的有：连江人林諟藩担任粮食局新竹事务所所长，福州人庄孝诚担任省农业试验所台东热带农业试验支所所长，平潭人林诚华担任恒春畜产试验支所所长。在台湾省行政长官公署各处会附属机构任职的有：福州人潘功济担任花莲土地整理处处长，林森人王启柱担任农林处蔗苗繁殖场场长，林森人林则彬担任交通处高雄港务局局长，林森人吴建群担任警务处警察电讯管理所主任等。二是出任地方各县市政府首长、区署区长。例如，出任台南市长的卓高煊（1946 年 8 月到任），先后出任嘉义市长的陆东生（1945 年 12 月到任）和林伏涛（1948 年 7 月到任），曾任台北县民政局长、台湾省教育厅主任秘书和台南县长（1948 年 2 月到任）的薛人仰等均是福州人。林森人卓克淦出任台北县淡水区署区长，林森人严加和出任台中县员林区署区长，古田人李守坚出任花莲县玉里区署署长。三是在地方各县市政府下属各部门任职。这一时期在台湾各地方县市政府下属部门任职的福州人也不少，有的还担任各部门的“一把手”，包括地方县市政府的主任秘书、会计室主任、主计室主任、总务科长、建设局（科）长、民政局长、教育局（科）长、警察局长、财政局（科）长、地政科长、税务稽征所（处）长、公共汽车管理处处长、自来水管理处主任和人事室人事管理员等。其中，在

---

① 福州市地方志编纂委员会编：《福州市志》，第八册，方志出版社，2000 年版，第 348—349 页。

县市政府财政部门、税务部门、建设部门和教育部门任职的福州人比较多。如福清人倪政恒出任台东县财政科科长，连江人陈鹏和吴本煜先后出任台东县教育科科长；福清人邱章和福州人陈礼建也先后出任澎湖县教育科科长；林森人林赓韶和林天明分别出任花莲县财政科科长和建设科科长；基隆市教育科科长黄忠喜、屏东市财务科科长陈葆仁、台南市建设局局长王俊、嘉义市建设局局长刘永益也都是福州人。花莲县、基隆市、台南市和屏东市的税务部门负责人（税务稽征所所长、税务稽征处处长）也都曾由福州籍行政干部担任。[①] 四是在司法系统任职。如林森人廖嵱先后担任台北地方法院院长（1945 年 11 月到任）和台南地方法院院长（1948 年 10 月到任），林森人欧阳浓担任新竹地方法院院长（1945 年 10 月）。新竹地方法院检察处首席检察官陈光祺，台中地方法院检察处首席检察官陈丞城和吴光濂，高雄地方法院检察处首席检察官吴运周，嘉义地方法院检察处首席检察官刘道正和聂振勋也都是福州人。[②]

从工作地域分布来看，几乎在当时台湾的所有县市都能看到福州籍行政干部的身影，其中，在台北县、基隆市、嘉义市、澎湖县和花莲县担任公职的福州人较多。这很可能是因为当时一些福州籍行政干部赴台后，提携下属和同乡，推荐了不少福州同乡到台湾担任公职，一些赴台的福州人也愿意到同乡“老长官”麾下谋职。如在嘉义市，除了福州人陆东生和林伏涛先后担任嘉义市市长外，嘉义市政府总务科科长、建设局局长、自来水管理处主任都是福州人。花莲县的财政科科长、建设科科长、地政科科长、县政府会计室主任、人事室人事管理员和税务稽征所所长都是福州人。应老长官邀请赴台出任公职的张冠雄初到台湾就遇到不少福州同乡，时任台北县政府民政局局长的薛人仰和民政局地方自治课课长的张鹤亭（其族叔）都希望他能留在台北工作，表示“自治课可以争取一个‘股主任’来安插”；后来他由新竹到台北来也看到多位福州同乡好友，有的在电力公司，有的在铁路局工作，也都鼓励他到台北来工作，“找一个相当职务似乎并不困难”；他分析主要原因是：台湾光复初期，政府机关都感到‘人才’不足，像他们一样曾经有过公务员任职经历的还很吃香。[③] 张冠雄到了新竹市工作之后，发现“市府之中还有很多福州同乡，同乡相聚倍感亲切，所以虽离家千里，并不寂寞”。[④] 这从一个侧面表明当时，在台任职的福

① 郑宗乾编著：《福州人在台湾》，福州：海风出版社，2015 年 3 月，第 64—74 页。
② 郑宗乾编著：《福州人在台湾》，福州：海风出版社，2015 年 3 月，第 86—87 页。
③ 张冠雄述史：《80　55——八十虚度 鲲岛烟云五五年》，2011 年，第 7 页。
④ 张冠雄述史：《80　55——八十虚度 鲲岛烟云五五年》，2011 年，第 10 页。

州籍行政干部为同乡介绍工作，谋一份公职可能是普遍的现象，也反映出当时赴台任职的福州籍行政干部相互提携，密切合作，以利于更好地开展工作。

除了为台湾培养和输送大批重要的行政干部以外，台湾光复初期，福州还为台湾输送了大批各方面的专业技术人才。在接收台湾的军警部队中，福州籍官兵占有一定的比例。时任海军总司令的陈绍宽（福州人），主持接受日本在华海军投降。1945 年 10 月，曾任海军马尾要港司令、福建省政府委员、时任驻守福建的海军第二舰队中将司令李世甲（长乐人），接受海军总司令部委派，担任接收台湾日本海军专员后，即在福州《中央日报》上发布海军总司令部命令，通知在抗战期间所有因编制紧缩精简和因病因事离职的海军人员，均限期报到，经审查，共录用 200 余人（多为福州人），作为赴台接收日本海军的补充力量。① 1945 年 10 月 19 日，李世甲率几乎清一色由福建人组成的海军第一舰队，从马尾出发，直驶基隆，进入台北后即以海军第二舰队司令部衔，在台北教育公会堂挂牌办公，开始对日本驻台 1.9 万余海军官兵及舰艇、军械、器材等进行接收。日本海军舰艇战时多被盟国海空军摧毁，在台湾所剩不及二三十艘。接收时除有 3 人操纵的潜水艇和鱼雷艇各 4 艘外，其余均为排水量 100 吨左右的木壳驱逐艇和小型铁壳登陆艇，及数百条蚊子快艇。② 同年 11 月，陈绍宽乘长治号军舰赴台湾，在高雄左营与李世甲会齐后，至台湾各港岸视察接收情况。

台湾光复后，除少部分急需的技术人员留用日籍人员外，其他人概行裁汰，因此急需大批人员接替。为此，台湾省行政长官公署各处会室局、各地方县市政府纷纷致电福建省政府，要求抽调和招聘大量邮政、文教、财会、海关、盐务等各类专门人才赴台协助台湾的接管和复员工作。福建的相关部门密切配合，根据台湾方面的需要，源源不断地向台湾输送其他应急人才。1946 年 2 月 26 日，海关总税务司署电令闽海关税务司署选派 21 名职员调往台湾海关服务。③ 台湾盐务管理局于 3 月 1 日成立后，“开办伊始，需人孔亟”，特要求福建盐务局调陈祺等 47 人（首批 31 人，第二批 16 人）赴台服务。④ 4 月 9 日，时任台湾邮政局长的林步瀛急电福建邮政局，“台湾日籍邮员日内全部撤清，陈长官催促克日接管，需员万急”。于是，交通部命令福建调遣邮政人员 40 人、电信人

① 福州市地方志编纂委员会编：《福州市志》，第八册，方志出版社，2000 年版，第 355 页。

② 福州市地方志编纂委员会编：《福州市志》，第八册，方志出版社，2000 年版，第 355 页。

③ 《闽海关税务司署为请安排奉调人员赴台致福州招商局电》，1946 年 2 月 26 日，《闽台关系档案资料》，第 405 页。

④ 《福建盐务局为奉调人员赴台服务致福州招商局函》，1946 年 3 月 11 日，《闽台关系档案资料》，第 405—406 页。

员20人赴台工作。[①] 为了让更多的人才有机会赴台工作，福建省社会服务处通过福建省政府主动向台湾省行政长官公署表示："贵省光复伊始，百端待举，需用各种人才，自必甚殷，至希转饬所属，嗣后如有需用何项人才请先通知本处，以便代为物色或代为办理一切招考事宜"，还附送职业介绍须知50份。[②] 作为福建省会的福州，自然是赴台专业技术人才的主要来源地之一。

1947年之后，有不少福州青年应征赴台参军、当警察。1947年6月，财政部盐政总局抽调福建盐务局盐警五队赴台工作，缺额闽军管区准其就地考补，分别在福州考补盐警两队，涵江、晋江、厦门各一队，每队士警45名，共225名，凡年龄在23岁以下者均可报考。[③] 1948年11月，国防部陆军总部又来福州选拔复原青年40名参加陆军军官学校第十七期台湾训练班的学习深造，要求初中以上或同等学力，年龄在28岁以内，体格强健无不良嗜好者，携带预备军官适任证、现任职及历任军职之任职令及最近脱帽二寸半身相片即可报名。录取者经六个月训练后，以少尉中尉任用。[④] 1949年2月，台湾省警察局为提高警察素质，派人来福州设处招收警员。[⑤] 直到福建解放前夕的1949年6月，台湾马公要塞司令部还来闽招考学兵及技术人员。资格要求为：①学兵：18至40岁，身体强壮、思想纯正，无不良嗜好者；②技术人员：确有专门技术（机械修理工、木工、土工、石工、电工等），身体强壮、思想纯正，无不良嗜好者。具体待遇：学兵经训练半年成绩优良予以准尉录用，技术人员经考试合格，按其技能给予军官同等待遇。[⑥] 同月，台湾新军机械化炮兵部队也来福州招收新兵赴台受训，要求18至25岁的男青年，中学毕业（肄业）或具有同等学力，训练科目分为观测、驾驶、通讯和炮操，完全以青年待遇，训练三个月期满，优良者优先选拔为基层干部，或选送军校或军训班深造。台湾高雄要塞炮台也来福州、厦门招考下级班干部，凡高中、初中、小学毕业或同等学力者均可应考，训练科目有步、工、炮、雷达等科，训练三个月期满，毕业后即在炮台服务，自12日下午开始报名截至13日午后仅一天时间，已有百余人前往投考，

① 《关于福建邮区调员赴台工作的来往函电》，1946年4月，《闽台关系档案资料》，第406页；《台湾缺乏邮电人员，交部令闽派员补充》，《江声报》，1946年4月19日。

② 《福建省政府关于如有需用人才请通知本省社会服务处代为介绍致台湾行政长官公署咨》，1946年4月26日，《闽台关系档案资料》，第408页。

③ 《闽盐务局盐警，将在榕厦招考》，《江声报》，1947年6月6日。

④ 《陆总选拔青年军参加台湾训练班》，《福建时报》，1948年11月24日。

⑤ 《台省警察局，来榕招警员》，《福建时报》，1949年2月22日。

⑥ 《台湾马公要塞司令部招考学兵及技术人员布告》，《江声报》，1949年6月9日。

报名情况相当踊跃。[①]

此外，由于地缘和人缘际会，光复初期也有不少福州工商界人士陆续赴台创业。如后来成为台湾钟表业领军者的杨伦祥。其父早在日据时期即赴台经商，抗战爆发后举家返回故乡福州，台湾光复后旋即回到台中重操旧业。1917 年，杨伦祥出生于台中县雾峰乡，年轻时学习钟表修理技术，学成后即在住地设店经营所学之技，从此与钟表结下不解之缘，毕起终生。若干年后杨伦祥在台中市开设国华钟表行及大华贸易有限公司，发展顺畅，后与日本商人梅田合作设立梅华精密工业股份有限公司，后逐渐发展形成梅华国际化企业，成为台湾最具规模之钟表工业集团。

随着福州赴台人数的逐渐增多，在台湾的福州乡亲纷纷组织同乡会等组织，以联络同乡感情，共同促进榕台关系的发展。如 1946 年成立的台北市福州十一县市同乡会台中市福州十县同乡会，1947 年成立的台南市福州十一县市同乡会，1948 年成立的嘉义市福州十一县市同乡会和花莲福州同乡会等。

二

从相关文献资料和当事人的回忆录中，我们可以看到光复初期福州人赴台工作的动机、赴台经过以及到台湾后的工作情况。

光复初期，不少福州籍青年胸怀大志，怀着志为祖国建设尽一份力的动机来到台湾，参与接收与重建工作。根据福州人张冠雄的回忆：抗战胜利之前他在福建永安的福建省训练团受训，“训练中接到一份由重庆国民政府发下一份调查表，调查受训者于胜利光复后志愿服务的地区，每个人可填三个志愿。我填的是‘东北’；第二是‘西北’；第三是‘台湾’。团里训导人员问我：‘奇怪，大家所填志愿大都是自己的家乡或近于家乡，你却填东北、西北、台湾都是陌生的地方？’我回答说：‘不到东北不知中国的富庶，不到西北不知中国的文化，台湾则是被日本统治五十年的地方而充满了好奇。’”[②] 由于早有赴台工作的意愿，光复伊始，张冠雄就应老长官汪仲（接收时担任新竹州接管委员会秘书，光复后担任新竹市政府民政科科长）之邀赴台，担任新竹市政府民政科社会股股长。福清人林永茂，1923 年出生于日本，抗战胜利前夕就读于福建协和大学

① 《到台湾去》，《福建时报》，1949 年 6 月 14 日。

② 张冠雄述史：《80　55——八十虚度 鲲岛烟云五五年》，2011 年，第 3 页。

农学系。1944年11月，其父林孝楼[①]突然病逝，家里的顶梁柱倒了，当时读大四的林友茂只好挥泪告别大学课堂，回到家里，重振家业。他接手父亲的家业后，添置产业，削减员工，改革租赁条款，改善雇佣关系，给庞大的家业注入了无限生机而运转了起来。随后，林友茂接受福清县政府的聘请，在操持庞大家业的同时，出任西江小学校长，成为一名公职人员，在学校工作，对他来说简直是如鱼得水，不到三个月，濒临破败的学校被整治得有声有色。台湾光复后，由于林友茂的出色表现，被国民政府列入了征召接受台湾的名单中。“这对一个热血青年来说，正是一次报效国家、报效人民的机会，更何况大丈夫志在四方。在林友茂的心里，父亲当年就是背井离乡，勇闯天下的英雄，我今天面对国家的召唤，怎么能充耳不闻，袖手旁观呢？”[②]于是他说服了母亲，辞退了校长一职，安排好家务，毅然赴台工作。1946年初，林友茂搭乘国民政府专门派送的大轮船，与福建的一批爱国青年一起来到台湾。

由于当时闽台之间的交通并不便利，大部分赴台工作的福州人都是乘坐木帆船或轮船通过海路来到台湾，旅途充满了艰辛。张冠雄回忆，胜利之初福州和台湾没有定期航班，1946年3月，他只好搭乘一艘载货百余吨的民间帆船出发赴台。这种帆船有两付桅杆，完全靠风力行驶，如果“顺风”大概两天两夜可以到达台湾。但此次这艘船经过一段航程一度出了闽江口又回到一个中途的小镇，“因为吃不到风的关系，这样一出一回似乎有三次以上”。船上的条件也比较简陋，他“挤在船板下只有可以容身的空间，下面堆放着运销台湾的豆饼，隔铺着一层棕席还是霉味难闻”，“记忆中这艘船经过十一天才到达淡水”，然后坐火车到了台北。[③]黄孝锵也回忆了当年跟随母亲渡海赴台，全家团聚的经历：“二二八”事件发生时，因担心当时只身在高雄工作的父亲黄仁録的安危，母亲林瑞英决定独自带着五个孩子渡海赴台。“我们搭乘的是没有动力的中型帆船，要先在马尾港附近的罗星塔停留，等风向适于航行才能起航，一等就是两天，然后航行一天一夜才能抵达淡水。船身摇晃厉害，母亲一路上都在严重晕船，那时五弟孝光才九个月大还不会走路，他扶着母亲身体站起来，船身一摇就噗通倒下来，慢慢扶着再站起来，船一摇又扑通倒下去，周而复始，那个画面到

① 林友茂的父亲林孝楼，是清末民初著名的旅日爱国华侨，辛亥革命元老，一生追随孙中山，为辛亥革命胜利立下汗马功劳，曾任国民政府中央监察委员会执行委员。“九一八”事变后，林孝楼一家被迫放弃产业，离日回国，国民政府挽留他在政府任职，但他无意政坛，执意要回故里过农村生活。1944年11月5日，林孝楼病逝在家乡，终年65岁。

② 阮子良：《林氏奇人 老顽童 林友茂的精彩人生》，第35页。

③ 张冠雄述史：《80 55——八十虚度 鲲岛烟云五五年》，2011年，第6页。

现在我还记得清楚”。“我们在淡水上岸之后，搭乘火车到台北”，“然后再转火车（普通慢车）去高雄，抵达高雄时已经是夜晚了”。①

怀着为台湾服务的良好动机，历经艰辛而到台湾的福州人，对于在台湾从事的接收与建设工作有着极高的热情。当时在台湾各个地区、各行各业都活跃着一大批福州人的身影，他们多是告别家人，只身赴台谋生，尽管他们地位不高，却扎根基层、勤勤恳恳、兢兢业业，利用自己的专业知识、技术与特长，为光复初期台湾社会经济的恢复与发展贡献良多。由于缺乏完整的统计资料，我们仍然只能从当事人或其后人的回忆中窥见当时福州人在台湾辛勤工作的历史情形：

台湾光复后不久，黄仁錸就来到台湾高雄，进入经济部所属的台湾机械公司工作，其子黄孝锵回忆：“父亲个性内向、稳重、话不多，但不严而威，他最令人敬佩的就是清廉的风骨。”“他服务的台机公司接收许多房地产，都曾由他经手代管，他大可以自住一户，但父亲没有这么做。”② 由于过去学过农业知识，1946 年初赴台的林友茂被分配进台湾省农林部工作。“台湾农林部门的接收工作，纷繁复杂，千头万绪。一到岗就忙得天昏地暗，不可开交。好在林友茂身强力壮，年轻能干，一切烦琐事务在他手下，迎刃而解，旗开得胜……”③ 张冠雄先后在新竹市政府民政科、台湾省政府社会处和台北县政府民政局任职。在担任新竹市政府民政科社会股股长期间，他参与的工作主要有：依法推动日据时期的人民团体转化改组，分别顺利改组为新竹市商会、新竹市农会、新竹市渔会、新竹市各业同业公会、新竹市妇女会和新竹市各信用合作社；奉派兼任首届新竹市参议会的议事组长，负责草拟《新竹市参议会成立宣言》，获得时任新竹市市长郭绍宗和台湾省行政长官公署宣传委员会主任夏涛声的赞许；协助翻译并整理“竹东铁路计划”；协助新竹市粮米谷同业公会到高雄县、屏东市购米，缓解新竹缺粮状况；接受福州同乡，时任台湾省行政长官公署工矿处职业科科长陈训炯的建议，向市政府申请补助设立台湾第一个职业介绍所——新竹市职业介绍所，并兼任总干事。由于社会股的工作具有相当的“对外性”，初到台湾时因对闽南语一窍不通，需要翻译才能余人沟通，张冠雄决心勤学闽南语，半年后就无需他人翻译即可与人沟通，又过了大约一年左右已能在国语和

① 黄孝锵口述，宋菊琴撰著：《杏林园丁：黄孝锵回忆录》，台北：百香果出版社，2008 年 3 月，第 111—113 页。

② 黄孝锵口述，宋菊琴撰著：《杏林园丁：黄孝锵回忆录》，台北：百香果出版社，2008 年 3 月，第 89 页。

③ 阮子良：《林氏奇人 老顽童 林友茂的精彩人生》，第 35 页。

闽南语中间为他人翻译，这对其以后工作有极大帮助。到了台北县工作后，张冠雄的闽南语不但可以应付自如，在那国语尚未十分普及的社会特别是有关公务接洽活动时为避免错误，常扮演翻译角色。当时参议会开会时议员大多以闽南语质询官员，必须找个兼通国语和闽南语者居中译述，时任台北县县长的梅达夫在参议会总质询答复时几乎非由张冠雄翻译不可，因为他记忆力甚强，“所以不仅讲一句翻一句，讲一段翻一段都不会遗漏”。①

值得一提的是，由于工作业绩突出，他们受到广大台胞的好评。在1947年“二二八”事件爆发时，一些福州人受到本省籍台胞的保护，从而化险为夷。据张冠雄回忆，事件发生后第二天（1947年3月1日），就有“新竹市仑子垦殖生产合作社”何姓理事主席来告诉他事态严重，外省籍公务员安全堪虞，问他如有需要，“合作社”将派人保护，态度诚恳。张冠雄认为自己清清白白，在新竹只有帮助人没有得罪过人，不信会有问题。3月2日事态扩大，有位其在总工会开办一个国语班的女同学跑来告知外面讯息，当晚又带了本省人常穿的服装叫张冠雄夫妇换装后连夜到她家去躲避。② 当时林友茂与来自大陆各地的另外7个外省人组成独立小组，住在台北市武昌街的一座民房里办公，“二二八”事件爆发，台北市发生骚乱，吓得大家不敢出门。几天后，林友茂先是乔装打扮上街，去杂货店买了两斗大米；后又决定想办法转移到离住处五公里远的台湾省行政长官公署中避难（那里尚有一百余名国军保卫，“义民”不敢攻击）。林友茂趁夜深人静时，偷偷溜到茶厂，找到了与他有交情的汽车司机，动之以情，晓之以理，最终说服他帮助外省人出逃。第二天清晨，这位汽车司机开来了一部美军退下来的中型吉普车到了他们的住处，将林友茂和他的7个同事装入事先准备好的8只装茶叶的大麻袋中，捆紧袋口，扛到车上，关好车门盖好顶棚，然后开车顺利抵达行政长官公署，终于帮助8个外省人逃脱危机，化险为夷。③

三

与其他外省人相比，光复初期赴台的福州人更加熟悉台湾的历史、地理、政治、经济、文化、社会风俗民情等各方面情况，这对他们顺利开展工作无疑

① 张冠雄述史：《80　55——八十虚度　鲲岛烟云五五年》，2011年，第29页。

② 张冠雄述史：《80　55——八十虚度　鲲岛烟云五五年》，2011年，第17—18页。

③ 阮子良：《林氏奇人　老顽童　林友茂的精彩人生》，第36—39页。

十分有利。其中的不少人为台湾光复后的复兴建设和教育、文化、科研、工业、农业、商业、交通运输等各项事业的发展都做出了重要的贡献。以下试举几位杰出代表人物的经历为证。

福州人钱履周，祖籍浙江绍兴，福建法政专门学校毕业，曾任福建省政府秘书处秘书、主任秘书、行政院秘书，深受陈仪赏识。台湾光复后，钱履周被任命为行政院善后救济总署台湾分署署长。救济署为接收美国援华物资、转发救济贫民之机构，当事者多上下其手，从中贪攫。钱履周独以廉介自持，清白不染，且御下极严，颇受属下怨怼，然廉洁之名，已喧传众口。[①]"二二八"事件发生时，外省官吏多受冲击，钱履周独得台胞保护。在他任内至分署撤销的近 2 年时间里，经多方筹措，共收到各类救济物资 1235 万吨、化肥 6 万多吨、救济款项台币 1.172 亿元、法币 3.5 亿元，用于赤贫户、渔民、高山族同胞、失业工人、文教人员和贫困小学生的救济及风灾、震灾、火灾、疫灾等的救济，同时扶助工业、农业、渔业恢复生产。[②]

闽侯人林则彬，民国初年毕业于马尾海军制造学校，1946 年 12 月赴台担任高雄港务局局长。由于高雄港在二战期间遭美军飞机轮番轰炸，台湾光复之后，刚脱离战火的该港区，仓库荡然无存，港道沉船百余艘（达 10 万吨位以上），码头毁坏程度高达 97%，可谓满目疮痍，一片狼藉。高雄港务局仅 180 名员工，人力既缺，财力更紧。前任因人财两缺，勉力清理航道，仅能通行 4000 吨以下船只。接任后，林则彬身先士卒，带领员工艰苦奋斗，精心治港 3 年，打捞沉船，清港除障，重建仓库，修复码头、驳岸、港区、道路、桥梁等，使之恢复生机，由原先进出 4000 吨提高到万吨轮船，为后来扩建高雄港打下良好基础。[③]

福州人林鸿坦原在福建省教育厅工作，任福州体育场场长。1946 年赴台出任台湾省教育厅督学，兼任省体育会总干事，积极投身台湾的体育教育事业，为清除日本军国主义武士道体育项目，做了大量有效的工作，使台湾体育走上健康发展的道路。1948 年率台湾体育代表团 124 名运动员，出征在上海举行的全国第七届运动会，这是台湾同胞首次参加全国运动会，且成绩斐然。运动会结束后，他将剩下余款向上海勤奋体育商店购买篮球、足球各 2000 个，分送台

---

① 参见福建省文史研究馆网站，馆员传略，钱履周（1894—1982.7），网址：http://www.fjwsg.com/mechanism/biography/successive/286.html。

② 福州市地方志编纂委员会编：《福州市志》，第八册，方志出版社，2000 年版，第 341 页。

③ 福州市地方志编纂委员会编：《福州市志》，第八册，方志出版社，2000 年版，第 350 页。

湾各地学校，以开创台湾篮球、足球新局面。此后，林鸿坦还担任过“教育部体育委员会”主任委员、台湾省体育会总干事、奥委会秘书长、台北市体育专科学校校长等职，从1946年台湾省第一届省会运起，连任担任十七届省运会总干事，有“台湾省运会之父”之声誉，并多次率队参加世界体育运动会，在台湾体育界被誉为德高望重的元老。①

林森人陈振铎，成长于日本，毕业于东京帝国大学农艺化学科，从日本回国后先在福州刘家电气公司工作，不久转行于教育，先后在多所大学任教。光复后到了台湾，先期协助相关首长接收各农林试验、研究场（所）。台湾大学首任校长罗宗洛，慧眼识珠力邀他至台大任教，发挥其专长，担任农业化学系主任（光复后首任），曾两度出任农学院院长，1947年在台大率先成立研究所硕士班，培养农业高级人才。陈振铎以土壤研究称著于世，在农学研究、培育农技人才方面，厥功至伟。②

长乐人陈庭诗，是一位聋哑画家，祖母是开台功臣沈葆桢的幼女，出身书香门第，幼年深受传统文艺的熏陶，具有深厚的传统文化底蕴，20岁以后从军抗日，在福建等地用“耳公”笔名发表了许多抗日木刻作品，1947年到上海参加全国木刻展。光复后，他从军中复员赴台，任职于省立台北图书馆。陈庭诗在台潜心于绘画艺术，创作了《卖青菜》《青春》等延续大陆抗战版画风格的作品，很快引起广泛的赞誉。这些版画家把鲁迅先生所倡导发展起来的新兴版画运动的精神和抗战版画所积累的经验直接移植到台湾，在台湾掀起了自画、自刻、自印的创作版画热潮。③

综上所述，台湾光复初期赴台的福州人几乎遍及全岛各个县市，分布于各个阶层、各个行业，形成历史上福州人移居台湾的又一次高潮，为光复初期台湾经济的恢复与发展以及各项社会事业的进步做出重要的贡献，这一历史事实值得后世铭记！

---

① 福州市地方志编纂委员会编：《福州市志》，第八册，方志出版社，2000年版，第350—351页。

② 郑宗乾编著：《福州人在台湾》，福州：海风出版社，2015年3月，第131—132页。

③ 陈铎：《台湾版画与福建的渊源及关系》，《福建师范大学学报（哲学社会科学版）》，2007年第6期。

两岸民间信仰中神明谱系的结构与功能

王鹤亭*

海峡两岸民间信仰之间存在着复杂而明确的源流关系与神明谱系。在政教分离及宗教信仰自由化、世俗化背景下，神明谱系有着相对独立于国家权力和两岸政治关系之外的结构与功能。神明谱系存在着独特的伦理结构与权力结构，衍生了宫庙之间的香火政治与灵力经济。神明—宫庙—信众之间相互证成着神明谱系。神明谱系引发、驱动了两岸民间信仰交流，一定程度上重构了台湾地区民间信仰权力格局；两岸民间信仰交流恢复并再生产着两岸神明谱系。神灵谱系作为纽带整合着庙宇体系与信众网络，促进了两岸民间信仰的融合发展与信众的心灵契合。

两岸民间信仰之间存在着明确的“根—干—枝—叶”源流关系，台湾先民从大陆移居台湾时带去了原乡的神尊与香火，大陆民间信仰传播到台湾后产生了新的信仰特征[①]，形成了种类繁多、功能多元的神明体系。台湾民间信仰的覆盖面相当广泛，信众众多，如仅以单一主神而论，据称妈祖庙宇就有近800座，信众人数约占台湾人口60%以上[②]。而宗教信仰的自由化、世俗化与市场化使得台湾民间信仰及信众具有了较多的自主发展空间，也使得两岸民间信仰交流能够对两岸关系产生较大的能动性。两岸民间信仰在发展过程中形成了相对特殊的神明谱系，有着独特的内在结构、功能效用和作用机制。神明谱系是凝聚民间信仰认同与信众的重要纽带，也是两岸民间信仰交流的原力与基石。神明谱系的“实化”与“活化”有助于持续地促进两岸民众的信仰融合与心灵契合。

---

* 王鹤亭，河南师范大学政治与公共管理学院副教授。

① 刘大可：《闽粤台客家惭愧祖师信仰的互动发展与文化认同——田野调查与文献记载的比较》，《世界宗教研究》2018年第2期。

② 林金龙：《美学、权力与消费——以大甲妈祖绕境进香活动为例之研究》，南华大学硕士学位论文，2005年，第176—177页

一、神明谱系中的伦理结构

台湾民间信仰的源头在大陆，在移民从闽粤等地移居开发台湾的过程中，原乡的祖、神、灵也随着移民的步伐被传播到台湾各处，发挥着心灵庇佑和凝聚认同的作用。移民的迁居路线与神明信仰的扩散图谱具有相当程度的一致性，在两岸之间也存在着相似的源流关系。如同台湾同胞的祖源在大陆，两岸同胞之间存在着明确的血缘关系，并以族谱等标记，两岸神明之间也存在着类似的宗法伦理纽带，有着可考的谱系关系，神际关系反映着人际关系，人际关系构造着神际关系。

台湾的民间信仰源于大陆，除了少数神明如太子爷等并未在大陆形成独立的神明地位、建成宫庙之外，大部分的神明均在大陆已经“成神”，也在大陆拥有相应的宫庙和信众，这些神明与宫庙则随着移民在台湾扩散。因此，台湾民间信仰中的宫庙和神尊大多直接从大陆祖庙分香或分灵而来，诸如妈祖信仰、关帝信仰、王爷信仰等莫不如此，而类似湄洲妈祖庙、青白礁慈济宫、东山关帝庙、清水祖师庙、武当山紫霄宫等都是台湾民间信仰中的祖庙，湄洲妈祖、保生大帝、关帝、清水祖师、玄天上帝等则相应地成为台湾各宫庙神尊的“祖神”，彼此间形成一种非常明晰的类似于家族谱系的位阶关系。即便是在台湾“成神”建庙的民间信仰，也大多会追根溯源到大陆，将神明的出生地、神迹地等设定在大陆，谱系的源头在大陆显然有助于增强信仰的合法性与可信度。大陆祖庙、祖神、祖灵、祖迹对于台湾的宫庙及信众而言是伦理关系的起点，极具合法性与号召力，台湾民间信仰长期以来也一直存在着向祖庙进香谒祖的传统，即便是在日本殖民统治期间也有多次赴大陆谒祖进香的经历。

历史上的台湾民间信仰的大部分神尊自大陆分身分灵、宫庙自大陆分香而成，然后再在台湾各地开枝散叶。两岸之间同一神明体系下的神尊之间、宫庙之间的关系如同人类的亲属关系，亲疏和辈分是重要因素，而谒祖进香朝拜就是认祖归宗的过程[①]。以妈祖信仰为例，“妈祖祖庙的谱系关系与中国人亲属架构相互对应，对信徒而言，妈祖祖庙与分香子庙的关系即是一种中国文化的亲属

---

① Yang M M. Goddess across the Taiwan Strait: matrifocal ritual space, nation-state, and satellite television footprints, *Public Culture*, 2004, Vol.16(2): 225.

形象”[①]，而“回娘家”“结姐妹庙”等就是典型的拟亲行为，其他信仰也大抵如此。除了同一神明的内部垂直谱系外，神明之间还会因为血亲关系、主从关系、结拜结盟等方式形成亲属关系，也因此在不同神明体系之间衍生出纵横交织的神间谱系。而且神明常被用来结合不同社区或不同祖籍群的人，信徒之间可透过神际关系的纽带建立起的拟亲属关系而结合成为平等互助的人际关系网络[②]。事实上，自海峡两岸1987年恢复交流之后，台湾的许多宫庙纷纷到大陆去寻访、拜谒祖庙，视祖庙为其父母庙及上位庙，并以回到祖庙谒祖进香作为获取神灵灵力的重要方式，两岸信众之间的交流互动也常态化。

两岸之间的宗教与民间信仰交流密切，但相比之下，两岸民间信仰的神明谱系可以说是区别于其他一般宗教的显著特征。当前台湾的佛教虽然也大都源自大陆，但传承方式不同于分香分灵模式，并不存在着明显的谱系观念及实践，即便台湾佛教群体与大陆交流热络，也并未尝试建立谱系关系[③]，而是维持一种相对平等的交往关系。两岸民间信仰也与基督教、伊斯兰教等不同：基督教和伊斯兰教是教义统一、体系严密的一神教，不存在着内部的神明谱系，而两岸民间信仰则是相对松散的多神教，神灵之间存在着一定的亲属关系、连带关系、权力关系、等级关系；而且基督教和伊斯兰教的信仰模式是标准化、同一化的，而民间信仰则是差异化、多元化的。基督教、伊斯兰教的神明只有一位，灵力是一致的，不同堂寺及神灵之间并不存在谱系关系，而民间信仰中的每一位神明却有多“尊”，不同神明、不同庙宇的同一神明灵力有大小与兴衰。基本上，两岸神明谱系以祖庙、祖神、祖灵为起点，逐渐扩散产生出相应的时间谱系、空间谱系，神尊、宫庙乃至于信众之间以神明谱系为基准与纽带衍生出民间信仰的结构谱系、族群谱系与信众谱系等。

二、神明谱系中的权力格局

神际关系的核心是人际关系，也是庙际关系。人的心灵需求会被投射到神明世界，神明世界再反作用于世俗世界。因此，“自从人类文化与文明产生以

① 张珣：《香客的时间与超越：以大甲妈祖进香为例》，载黄应贵：《时间、历史与记忆》，台北：“中央研究院”民族学研究所，1999年，第102页。

② 张珣：《台湾的妈祖信仰——研究回顾》，《新史学》1995年第4期。

③ 张家麟：《大陆宗教团体历年来从事两岸交流之研究》，台湾地区“陆委会”委托研究，2008年10月，第228—229页。

来，宗教与政治之间就存在着千丝万缕的关系”[①]，而两岸民间信仰也有着独特的内在权力体制。民间信仰所涉及的政治关系一般涉及两个相互影响的领域：民间信仰由内至外地影响世俗政治生活以及民间信仰体系内部的政治关系，两个方面均有着不同于一般模式的实践特征。

信仰影响政治的模式涉及通常所说的政教关系，大概存在政教合一、政教分离、政教二元等模式，而历史上宗教信仰强烈影响政治生活的案例大多为神权政治或中世纪神权凌驾于王权之上。当代国际社会的一般情况则基本以政教分离为主，而且现代政治生活的基本准则也以政教分离为主，这也使得宗教信仰对于政治的影响力是间接的，因为宗教信仰影响政治需要以信众作为中介，神权影响信众，信众影响政治，而政教分离原则对于信仰事务与世俗事务之间的区隔也在客观上也压缩了神权的间接影响空间。从台湾宗教与民间信仰的发展特点来看，宗教信仰内部并未走向一元化、标准化与极权化，并不具备凌驾、掌控世俗政治的组织基础、社会基础和精神基础，基本上是在现实政治体制和框架内取得生存与发展空间。自台湾回归祖国怀抱后，1945 年以来台湾地区的政教关系通常被认为经历了三个发展阶段：1945—1987 年为政治中心主义时期、1987—2000 年为政教分立时期，而 2000 年至今为相互制衡时期[②]。在逐步政治民主化后，随着政治力量的自我限制并逐渐撤出对于宗教信仰领域的控制，台湾的宗教信仰获得自主发展空间,而信仰市场的政治影响力也显著增长[③]。当然，民间信仰的影响力是多元的、有限的，民间信仰组织和信众通过神明谱系的连接而产生外在影响政治的途径仍是间接的。而这种力量也在从台湾内部扩散到两岸，两岸民间信仰交流也会影响到两岸政治关系，成为两岸关系的构成部分，对于维系两岸关系和平也能发挥正面功能，也会间接地遏制“文化台独”的企图，如陈水扁当局曾尽力阻止台湾民众赴大陆进香朝拜，认为这只会服务于大陆的宣传[④]

虽然两岸神明谱系影响世俗政治的空间、路径和能力相对有限，但更为重要的方面则是神明谱系直接形塑着两岸民间信仰体系的内部权力结构。在神明、宫庙与信众之间的内部权力生成及关系上，两岸民间信仰体系自成一体。不同

---

① Aronoff, Myron Joel, ed. *Religion and politics*. Vol. 3. Transaction Publishers, 1984:1.

② Kuo C. State-Religion Relations in Taiwan: From Statism and Separatism to Checks and Balances[J]. *Issues and Studies*, 2013, 49(1):8-9.

③ Kuo C. State-Religion Relations in Taiwan: From Statism and Separatism to Checks and Balances[J]. *Issues and Studies*, 2013, 49(1):27.

④ Katz P R. Religion and the State in Post-war Taiwan[J]. *The China Quarterly*, 2003, 174: 407.

神明信仰之间、同一信仰内部存在多个分支、派别、组织等，以神明为核心、以宫庙为载体、以信众为支撑，相应生成多个松散的信仰共同体以及局部性的权力秩序，而且信众在宗教信仰的选择并不必然是排他性的。当前台湾民间信仰中的神明、庙宇及信众生成了诸多各具向心力与认同感的权力秩序，其中神明之间则以谱系为参照形成了一种秩序分明的权力关系。这种权力关系也是因循中华传统宗法文化逻辑而产生的，"家天下"的家国一体、公私一体使得纲常伦理也映射到政治领域而形成权力关系，以谱系位置来确定神明、宫庙在信仰权力格局中的地位。因此，民间信仰空间并不只是一个简单的地理或行政空间，而是具有意义和权力意涵的空间，相应的神明谱系内在的权力影响是直接的、多元的。而且除了同一神明的信仰体系之外，不同神明之间也可能存在着权力关系，例如清朝时期的南方民间信仰中天后就将当地的小女神吞并，将天后庙建立在一些小女神的庙址之上，如今则演变为不少宫庙在供奉主神的同时让原本不相干的神灵同堂陪侍，体现了神明对于不同信仰体系的整合过程[①]。英美人类学家基于对台湾地区民间信仰的调研认为，中国民间信仰复制了传统帝国官僚结构，民间信仰的神灵甚至被称为天上官僚[②]。相应地，这种"帝国隐喻"也会从神明世界外溢到现实中的庙宇世界而生成差序格局，而决定各庙宇在权力体系中位阶的理由包括：建庙年份、正统身份、"母子"关系、神像来源、进香位序以及皇帝敕封等[③]。随着中华帝国的终结以及现代国家的到来，"更显现出'拟制的官僚体制'是存在于认知状态里不因外界改变而存在的永恒性的、超越性的'整体'"[④]。

三、神明谱系下的香火政治

神明谱系确立了伦理结构、形塑着权力格局。而宫庙、神尊在谱系中的位阶、在伦理结构中的角色以及权力格局中的定位等都是决定其生存发展的重要资源，也是决定宫庙、神明在世俗世界中的被信众接受程度的重要指标。两岸

① 郑振满:《湄洲祖庙与度尾龙井宫：兴化民间妈祖崇拜的建构》,《民俗曲艺》2010年第167期。

② Wolf, Arthur. Cods, *ghosts, and ancestors. In Religion and ritual in Chinese society*, edited by Emily Martin and Arthur Wolf. Standard, Califorlia. Stanford University Press, 1974.

Feuchtwang, Stephan. Popular religion in China: The imperial metaphor. Richmond, Surrey, England:Curzon.2001

③ 张珣:《台湾的妈祖信仰——研究回顾》,《新史学》1995年第4期。

④ 丁仁杰:《灵验的显现：由象征结构到社会结盟》,《台湾社会学刊》2012年第49期。

民间信仰中的宫庙等在共同构建神明谱系、拓展信仰传播范围以及型构民间信仰权力秩序的同时，神明、庙宇之间也会展开诸如地位、资源与合法性等方面的竞争，竞争的核心则是要去改变或重构自身在民间信仰的神明谱系和权力图谱中的位置，以期获得位置的跃升。从台湾地区民间信仰的竞争形态和标的的演进历程来看，神明谱系在当代民间信仰中的重要性和参照性越来越强。台湾地区的宗教信仰力量在促进地方利益和在地认同上发挥了重要作用[①]，台湾社会早期移民为了争夺土地、水源等，暴力频发于不同族群、姓氏之间，信仰边界也与冲突边界重合，而这一时期的信仰竞争往往是依附于地缘、族群与资源之争的，也是为了能在冲突中凝聚、提振人心；而现代民间信仰竞争的更多是回归到信仰的本质，在民间信仰体系内部竞争文化与宗教合法性，而最典型、最有效的竞争方式则是在信仰谱系内，宫庙宣称自己拥有更早的起源以及与祖庙更直接的联系[②]，宣称宫庙的神尊直接分身于大陆祖庙，这便促进了以神明谱系为参照的香火政治的形成。

基于神明谱系的香火政治最基本的竞争包括谁是直接分灵分香自大陆祖庙的“嫡传之争”、谁是最早在台建庙的“开台基庙之争”及传承辈分的“位阶之争”。香火政治大致形成一个“祖庙—基庙—子庙”的科层体系作为竞争提升的参照，而直接传承自祖庙、与祖庙具有较近的亲缘关系、在谱系中具有较高的辈分等都意味着在香火政治中具有较高的权势，也更能够得到分灵神尊和分香宫庙以及信众的尊崇。在民间信仰的权力逻辑下，神明之间、神尊之间、宫庙之间的关系类似于人际的亲属关系，但即便是亲属之间也有辈分和亲疏之分，这也就会衍生出一种差序的权力关系，也会是一种经济关系。因为在伦理意义上，“分香庙对祖庙来说，其地位总是矮了一截，分香庙永远必须听从祖庙的吩咐，无法拥有平等的地位”[③]。谱系即是伦理关系，伦理关系即是权力关系。因此，如果能够改变自身在神明谱系中的位置，那么也就能够改变自身在相应的权力关系和经济关系中的地位。最受关注的典型案例是大甲镇澜宫 1987 年赴湄洲妈祖庙谒祖进香，将自身的上位庙修改为湄洲妈祖庙，与岛内具有开基祖庙性质的妈祖庙在谱系中平起平坐，也改变了台湾妈祖信仰的宫庙权威图谱，而随后就不断有台湾宫庙赴大陆与湄洲祖庙结至亲庙并在台湾地区逐渐拓展分灵

① Katz P R. Religion and the State in Post-war Taiwan[J]. *The China Quarterly*, 2003, 174: 407.

② *Religion in Modern Taiwan: Tradition and Innovation in a Changing Society*[M]. University of Hawaii Press, 2003:293.

③ 张家麟:《大陆宗教团体历年来从事两岸交流之研究》，台湾地区“陆委会”委托研究，2008 年 10 月，第 228—229 页。

网络，也就引发了岛内妈祖信仰体系内的香火权威与宫庙政治之争。当然也有人认为，由于台湾方面的宫庙轻率地确认或改变某些台湾妈祖庙与湄洲祖庙的历史渊源，破坏了台湾各地妈祖庙之间的原有层级关系，从而使台湾妈祖信徒出现了“认同危机”[①]。

香火政治下的竞争并不都是在原有谱系内的良性竞争，还表现为某些神尊及宫庙相对于神明谱系的脱断裂与逃逸，即不再在原有谱系内寻求提升，而是自主构造新谱系。首先的可能因素是民间信仰空间相对稳定的态势下，子庙的成熟会使得原有祖庙—子庙关系产生“瓜熟蒂落”式的裂变，因此脱离原有祖庙而构建另一个新的祖庙—子庙体系，则可能是一种理性的必然选择，进而也就威胁到了祖庙的权威，这是一种“内在性”的因素[②]。其次，台湾的庙宇及大陆的庙宇在某种程度上是高度竞争的。为了支持台湾本土优先性，20 世纪 90 年代的一些台湾庙宇曾宣称自身是大陆分支庙宇的祖庙，而非是大陆祖庭在台湾最早的分支[③]，虽然个别民间信仰的祖庙确实是在台湾并播迁至大陆，但台湾民间信仰总体上还是以大陆为祖源。再者，受“台独”影响，所谓的“本土化”不断利用民间信仰、闽南及客家移民历史等构建台湾认同，夸大两岸民间信仰发展的差异，着力于将源自大陆的民间信仰构建为台湾“文化主体性”的组成部分，其核心目标就是切断两岸宗教信仰的谱系关系[④]。

四、神明谱系下的灵力市场

两岸民间信仰中的神明谱系不仅与伦理结构、权力格局、香火政治相关，也与灵力经济紧密关联。神明谱系是一种重要的市场资源和核心要素，也衍生出民间信仰的灵力市场。民间信仰的发展当然也必须遵循着市场的竞争性逻辑来进行操作经营，宫庙产业必须朝向宗教消费的需求面着手，吸引更多的信众是神明得以播迁、宫庙得以香火旺盛的基础。虽然在逻辑上，“香火的主从差异

① 郑振满:《湄洲祖庙与度尾龙井宫：兴化民间妈祖崇拜的建构》,《民俗曲艺》2010 年第 167 期。

② 丁仁杰:《广泽尊王游台湾：汉人民间信仰神明阶序的结构与展演》,《民俗曲艺》2012 年第 177。

③ *Religion in Modern Taiwan: Tradition and Innovation in a Changing Society*[M]. University of Hawaii Press, 2003:293.

④ Yang M M. Goddess across the Taiwan Strait: matrifocal ritual space, nation-state, and satellite television footprints[J]. *Public Culture*, 2004, 16(2): 221.

关系，并无法永远主导各个宫庙的利益需求”[①]，但神明谱系对于信仰市场的重要性不言而喻。神明或庙宇与信众之间互动形成的信仰市场是一个交换的场域[②]，信众成为灵力市场的消费者，期望神明的灵力能够解决自身的信仰需求问题，而神明则是灵力市场的供给者，能够倾听信众的需求与心声并解决问题。民间信仰的灵力市场以“灵力”为核心产品，而“灵力”指的是神明“有求必应”的能力以及处理事情的权威[③]，灵力的独特属性也决定了神明谱系是一种不可替代的核心要素。

当然，从运作机制来看，“灵力经济”的竞争性市场逻辑也不同于香火政治中的科层制晋升逻辑。在信众祈求神明保佑、消灾、解厄等等求神行为中，信徒以奉献金钱或劳力等方式换得神明灵力的帮助，类似于消费者付钱以换得商品。而各地庙宇的神明性质与灵力不同，信徒会根据自己的需求选择自己所要祈求的神明，这也很像商品市场里有各种不同的商品供消费者选择，各地的神明也共同构成一个灵力市场的供给方，相互竞争以吸引信徒[④]。而是否灵验的关键则是看祈求是否获得回应，而祈求能否得到回应的决定性答案则是“心诚则灵”，因此信众向神明奉献并非是神明有需要，而是信众自己有需要，要通过献上供品、金钱、劳力等作为“心意”以确证自己能被神明感知、能与神明沟通[⑤]，而如果未能获得回应或者是未能解决问题，则是因为“心不够诚”。一般情况下，灵力越大的神明及庙宇，香火也就越旺。而香火越旺的神明及庙宇也一般被认为是灵力越大。因此，灵力、香火是相互证成的。也可以说，庙宇与信众之间共同再生产着灵力，共同构筑着灵力市场。

然而，通过追根溯源和比较分析，可以发现神尊、宫庙的灵力总会有根源，并不是一开始就在与信众的互动中生成，而是源于某些神迹、显灵、分灵等，这些都是灵力的本源性依据，而谱系无疑是最原始、最有力的灵力依据。可以说，神明谱系就是衡量灵力大小的标尺，尤其是在神明体系内部、宫庙之间的

① 林金龙：《美学、权力与消费——以大甲妈祖绕境进香活动为例之研究》，南华大学硕士学位论文，2005年。

② 陈纬华：《灵力经济：一个分析民间信仰活动的新视角》，《台湾社会研究季刊》2008年第69期。

③ 陈玮华：《灵力经济与社会再生产：清代彰化平原民间信仰与地方社会的形成》，清华大学（新竹）博士论文，2005年，第58页。

④ 陈玮华：《灵力经济与社会再生产：清代彰化平原民间信仰与地方社会的形成》，清华大学（新竹）博士论文，2005年，第58—59页。

⑤ 陈玮华：《灵力经济与社会再生产：清代彰化平原民间信仰与地方社会的形成》，清华大学（新竹）博士论文，2005年，第59—60页。

灵力传递与增殖都要以谱系为路线图。如果神明没有分身分灵、祖庙没有分支的庙，那这个神尊及祖庙的灵力就是未经验证的；而如果一个神尊没有祖神、支庙没有主庙的话，就难以解释其正当性和灵力根源，当然也无法通过谒祖进香等获得灵力的加持。而当两岸神明谱系勾勒出来之后，台湾庙宇赴大陆朝圣、进香谒祖以及受灵力加持、从大陆祖庭迎回神像，就等同于跳过谱系的中间环节而快速承接了祖庙的灵力而获得资源优势，犹如承销商越过中间商而直接与生产商建立起新的市场网络，也能得到更多信众的膜拜，则预期香火鼎盛[①]。而当祖庙产生了愈来愈多，或是愈来愈多层次的分支时，也就验证了其灵力，当然也取得了更多的市场竞争优势。因此，神明谱系在宫庙经济体系中继续发挥着市场交易参照物的功能。与此同时，通过借助于香火政治的影响力，“灵力的生产与再生产，才会具有社会性（不是单纯仅在少数地点发生灵力，也不是各个地点孤单无关联性的个别发生着灵力而已），并且也才会因此而进一步进入一个既茂盛又活络的扩展性的过程”[②]。因此，宫庙、神明之间构筑了一个灵力生产与供给的链条，而神明谱系往往是让这种灵力生产与供给链条得以持续有效的关键。也可以说谱系中的神明之间通过“相互正当化”而共同实现灵力的增殖与再生产，祖庙与分灵庙之间是相互依存的灵力经济共同体。而总体上，灵力经济以平等的市场交易、公平竞争的方式实现了科层化神明谱系所拥有的市场潜能，谱系成就灵力市场，而灵力市场则再造谱系。

五、神明系谱上的整合功能

民间信仰具有整合社会、凝聚认同的功能，神明、神尊及庙宇大多有着比较固定的信众群体，形成了多个具有向心力的民间信仰共同体。而民间信仰共同体之间则通过神明谱系为桥梁可以聚合为更为广泛的社会群体，其主要表现就是神明谱系维系下的宫庙组织与信众网络。以神明谱系为纽带的信众体系却不同于神明、庙宇之间的关系或结构，宫庙组织如联谊会等一般是具有一定的中心庙宇和组织体系，而信众网络则具有更为明显的去中心化特点。通过分香、谒祖、进香、交火、会香等制度和仪式，宫庙之间逐步实现了自组织化，形成一些相对稳定的秩序甚至是相对固定的宫庙联合组织，如台湾的保生大帝信仰

① 张家麟:《论当前两岸基督宗教交流困境及前景》,《真理大学人文学报》2005年第3期。

② 丁仁杰:《广泽尊王游台湾：汉人民间信仰神明阶序的结构与展演》,《民俗曲艺》2012年第177。

通过谒祖进香整合、团结了岛内庙宇，1990年成立了全台保生大帝庙宇联谊会，2007年转型为台湾保生大帝信仰总会，积极推动两岸信仰文化的交流、建立华人信仰网络、规范信仰神话及仪式、加强同祀庙宇的联谊互助等。与此同时，以神明谱系为纽带、以宫庙体系为依托，信众之间也结成了相对平等的群体关系，“中国民间一套借神明祭祀，结合同乡会或宗亲会的一个平等互助的人际关系网络，是异于帝国官方具上下不平等阶层关系的行政网络”[①]，事实上，这一网络也异于神明、庙宇的差序结构。因此，同一神明、不同阶序的神尊、庙宇的信众之间并不存在等级关系和差序格局，不同的信众群体以神尊、庙宇为中介结成了一个网状的信众体系，而信众网络又与庙宇体系相互嵌入。总体上，民间信仰形成了以神明谱系为线、以宫庙为点、以信众为网的整合体系。

民间信仰的整合功能也经历一个长期的发展过程。民间信仰也与地域等认同息息相关，庙宇竞争的重点在于有“灵”与否，而“灵”则是民间用来“神秘化”其社区意识及族群认同的机制。各大庙宇声称为全台最早，或最有权威、最灵验，背后隐含的是各地区的历史意识及社区意识的凝聚与诠释，唤醒的是各地区对以神明、庙宇为象征的社区的认同[②]。而汉人的地域认同也往往借助于神明信仰活动而生成并扩展。以家族、宗族、氏族，或是宗祠、祭祀公业、宗亲会，或是血缘为纽带的血缘聚落、宗亲社会往往扩展性不足。而基于共同祭祀天地神鬼的信仰需求，一方面促进了区域社会或区域体系的形成和凝聚，另一方面则是 进一步地促进了跨域联结，为各个区域社会提供机会交流互动[③]。伴随着民间信仰从祭祀圈向信仰圈的扩散，其间相应的信众体系和信仰空间逐步建立起来。祭祀圈基本上由共居一地的居民共同祭拜天地神鬼等，为地方居民之义务性的宗教组织为核心，而信仰圈则是在更为宽广的区域范围内，以某一神明和其分身为信仰中心的信徒之志愿性宗教组织为核心[④]。信众体系“可以透过神与神的结盟来达成，也可以透过共同供奉一尊神明来进行结盟”[⑤]。随着交通、信息的畅通，以神明谱系为纽带的宗教认同、信众体系逐渐扩散到更为广泛的地理空间，原本孤立的、中心化的信众群体之间逐步联结成去中心化的信众网络，信众体系也从原本的圈层结构的“信仰圈”演进为信众网络。民间信仰除了从内部原生性的凝聚认同和信众之外，也可能在应对外部挑战和威胁

① 张珣：《台湾的妈祖信仰——研究回顾》，《新史学》1995年第4期。
② 张珣：《台湾的妈祖信仰——研究回顾》，《新史学》1995年第4期。
③ 林美容：《彰化妈祖信仰圈》，《“中央研究院”民族学研究所集刊》1990年第68期。
④ 林美容：《彰化妈祖信仰圈》，《“中央研究院”民族学研究所集刊》1990年第68期。
⑤ 丁仁杰：《灵验的显现：由象征结构到社会结盟》，《台湾社会学刊》2012年第49期。

时强化认同和信众体系，如妈祖与王爷信仰甚至被视为与“延续汉人命脉而作之假托有关，以达成其反元复宋、反清复明、反日本复中国的民族革命运动”[①]。

当中华民族在海峡两岸间流动时，民间信仰也在两岸扩散，在整合台湾地区的移民社会的同时，也在凝聚着海峡两岸的信仰体系以及信众网络。这种依赖于神明谱系的信仰整合功能不同于传统的政治统治模式，具有内在的逻辑和生命力，并不会因为政治分歧和隔绝而消亡，也不因政治现代化的发展而衰落。至少是自晚清以来，中国建立起来的仪式空间仍然超越了当代民族国家的边界[②]。即便是在“日据”时期，也有不少宫庙赴大陆谒祖进香交流，而更多的宫庙与信众则是在台湾采取遥祭等方式展演与延续谱系，两岸隔绝对立时期亦是如此。而在两岸恢复交流之后，民间信仰的整合功能也就迅速活化起来，恢复和重建了凝聚两岸宫庙与信众的连接与空间，如妈祖信仰就被视为典型案例，“妈祖朝圣正在创造一个沿海中国民众的宗教仪式空间和宗教社群，这与既存的政治边界并不一致”[③]。此后 30 多年的两岸民间信仰交流以神明谱系为纽带，而两岸之间谒祖进香、巡台绕境、会香交火、宗教节庆等不断“实化”与“活化”着两岸神明谱系，两岸宫庙、信众之间也在朝着构建两岸民间信仰共同市场与信众共同体的方向不断努力。

---

① 张珣:《台湾的妈祖信仰——研究回顾》,《新史学》1995 年第 4 期。

② Yang M M. Goddess across the Taiwan Strait: matrifocal ritual space, nation-state, and satellite television footprints[J]. *Public Culture*, 2004, 16(2): 22.

③ Yang M M. Goddess across the Taiwan Strait: matrifocal ritual space, nation-state, and satellite television footprints[J]. *Public Culture*, 2004, 16(2): 216.

媒介环境视域下妈祖绕境对信众的传播影响力：以台湾大甲镇澜宫为例*

谢雅卉**

大甲妈祖绕境活动至今已有百年历史，它不仅是两岸极力关注的宗教盛会，也是台湾每年妈祖信俗的重要祭典。2008 年台中政府将大甲妈祖节庆登录为台中市文化资产；2009 年妈祖信俗被联合国教科文组织列入“人类非物质文化遗产代表作名录”；2011 年台湾行政部门“文建会”将其指定为重要民俗活动。与此同时，大甲妈祖节庆更被美国探索频道 (Discover Channel) 誉为世界三大宗教盛会之一。每年持续举办“三月疯妈祖”活动，台湾地区无分党派皆大力支持，多数媒体争相报道，皆显现了妈祖信俗在台传播的活跃性。根据镇澜宫副董事长郑铭坤深度访谈，目前大甲妈祖绕境信众已超过 400 多万人次，全程 9 天 8 夜，330 公里的绕境路线，每天仍有约 30 万信众共同绕境。妈祖信仰在台传播开枝散叶，更有耕植当地本土化现象。基于上述背景现象，本研究提出相关问题：大甲妈祖绕境为何能成功吸引信众对其产生认同感，其背后因素为何？本研究通过社会调查法和深度访谈法来探究其中的原因，具有理论意义和现实意义。

一、符号、感知、社会：大甲妈祖绕境媒介环境的构建

媒介环境学 (Media Ecology) 源于 20 世纪 30 年代的西方，最早探究该理论

* 基金项目：2018 国家社会科学基金青年项目“21 世纪海上丝绸之路妈祖信仰的传播路径与理论构建研究”；批准号：18CXW018

** 谢雅卉，台湾高雄人，湖北经济学院新闻与传播学院广告系讲师、北京大学新闻与传播学院文学博士。

者为1922年美国政治学家李普曼，其提出拟态环境理论，并认为人们看世界的想法并非来自直接的客观经验，而是来自媒体所塑造的拟态环境。20世纪20年代初李普曼与同事通过美国《纽约时报》及其有关报刊来调查1917年俄国十月革命爆发，苏维埃政权建立事件的真实性。在当时，《纽约时报》等报道被认为是国际权威、主流媒体，然而，李普曼研究发现，当时的新闻报道并非重现俄国现实发生情形，而是报道了人们最想看的新闻。[①]由此可知，当时的主流媒体并非以苏维埃政权建立的真实情况报道，而是特意选择了具有偏见色彩的扭曲性报道。该调查结束后，李普曼于1922年撰写出版了《舆论》（*Public Opinion*）一书，并提出著名的两个环境理论。

媒介生态学理论代表人物有麦克卢汉、英尼斯、波斯曼、莱文森、梅洛维茨等人。1970年该学派创立者波斯曼将媒介环境学明确定义为“将环境视为媒介来研究”，强调人在媒介中扮演角色的重要性，探究人与媒介之间的传播关系。[②]麦克卢汉指出，世间所见一切技术都是媒介，而媒介作为人的延伸[③]，并且认为每一种技术都创造了环境。[④]

1976年波斯曼再度提出说明：“媒介环境学重点在于人的交往、交往中的讯息及其讯息系统，媒介环境学通过媒介的传播能对人的感知、情感、认识和价值有一定的影响力，其中，波斯曼试图解释媒介不仅能迫使人们合理成为各种角色的扮演，还能为人们看见世界一切所见所为的东西提供结构。”[⑤]

根据上述媒介环境学理论定义，大甲妈祖作为妈祖信仰的重要文化符号，信众之间的交往作为妈祖精神内涵传导的重要信源，信众通过绕境经验的驱使，以绕境作为传播妈祖精神内涵的信道，以口耳相传的方式进行人际传播，构建妈祖信仰圈的信息网络，传播到的最终信宿在于达成信众对妈祖信仰的社会认同现象。本研究认为欲探究大甲妈祖绕境对信众的影响力，应从媒介环境学理论中侧重的媒介、新闻、人三者方面来做实证，即大众传媒的媒介环境建设、新闻报道的媒介环境建设、信众绕境行为信息传播的媒介环境建设。

---

① 张国良主编：《新闻媒介与社会》，上海：上海人民出版社，2001年，第81页、86页。

② 林文刚：《媒介环境学：思想沿革与多维视野》，北京：北京大学出版社，2007年，第30页。

③ 林文刚：《媒介环境学：思想沿革与多维视野》，北京：北京大学出版社，2007年，第197页。

④ [加]埃里克.麦克卢汉.弗兰克、何道宽译.秦格龙编：《麦克卢汉精粹》，南京：南京大学出版社，2001年，第409页。

⑤ 林文刚：《媒介环境学：思想沿革与多维视野》，北京：北京大学出版社，2007年，第114页。

二、大众传媒的媒介环境建设

行之有年的大甲妈祖绕境活动，绕境形式仍沿袭清末进香传统，通过人力扛妈祖銮轿来徒步行走，体验往昔的行脚力量。按传统进香路线可知，全程330公里绕境路线，进香队伍并不考虑截弯取直地的大路行走，也不考虑便捷的高速公路或纵贯铁道，而是以曲折蜿蜒的乡间小路作为队伍行进的方向。随着镇澜宫经营管理的革新，运用现代化建设的绕境服务相继完善，尤其，展现在绕境的代步工具及其大众传播建设。根据本研究社会调查，镇澜宫作为辅助绕境信众服务，提倡信众可通过汽车、机车、脚踏车、游览车等代步工具来行走。总体而言，徒步方式仍为所有比率最高占71.2%；列居第二为机车仅占10.8%。[①]

绕境不仅能使信众脱离世俗羁绊，暂时放下一切烦恼困境，更能以闲暇心态代替繁忙的生活状态，并借由进香过程建立起对妈祖信仰的深厚情感。诚如德国哲学家尤瑟夫·皮柏(Josef Pieper)对闲暇时刻的意义，他认为这应该是一种灵魂的态度，也是一种灵魂的状态。节庆崇拜活动的核心意义是“牺牲”二字，是一种自发性、不求回报的付出行为，恰好与功利相反，因此在崇拜活动中出现了一种工作世界所不能领略的东西，一种是给予，一种是不计较一切的付出，这里不夹带任何功利因素，是一种无目的的盈余，是真正的财富，这就是节庆活动时刻。[②]

由此可知，在节庆活动期间，无论是信众充满虔诚的姿态，或是感恩的认同观感，都能通过绕境环境的创造来连接不同社群之间的情感意识。本研究认为大甲妈祖绕境服务的完善展现在目前新旧媒体融合的媒介环境建设。

（一）自媒体平台

台湾地区信众最常使用的自媒体平台有Facebook和LINE。在Facebook方面，网站设立了大甲镇澜宫粉丝团以及大甲妈祖粉丝页，如大甲镇澜宫妈祖的医疗服务团暨赈灾医疗团、大甲镇澜宫e世代青年会。此外，亦有其他相关粉丝页，如大甲镇澜宫太子团、大甲镇澜宫弥勒团、大甲镇澜宫福德弥勒团等等。在LINE方面，网站搭建了官方粉丝页，镇澜宫在移动终端应用程序建设镇澜

① 大甲妈祖绕境进香期间的社会调查问卷分析：2015年4月17日至2015年4月26日。

② 尤瑟夫·皮柏.刘森尧译：闲暇:《文化的基础》，台北：利绪文化，2003，第122—123页。

宫 LINE 官方账号，随时掌握第一手信息，包括活动信息内容的更新以及即时影像的照片发放。

（二）移动终端应用程序

由台湾逢甲大学地理信息系统研究中心团队创建“天上圣母绕境进香卫星定位服务网”(APP GPS)，连续十年公益赞助大甲妈祖绕境进香服务，提供大甲妈祖绕境銮轿移动的实时信息以及镇澜宫现场直播服务。早期仅提供銮轿定位，近三年开发移动终端 APP 应用程序。截至 2014 年，下载该款 APP 应用程序已突破 10 万人。2015 年为因应广大信众需求，提升云计算服务效能和网络带宽速度，让信众能通过云计算定位，跟着大甲妈祖共同绕境。2015 年逢甲大学首次通过异业联盟的合作方式，分别由“逢甲大学 GIS 中心”与“天眼卫星科技”跨界合作提供卫星定位服务；台湾地区电信公司“中华电信”提供云计算、移动通讯、带宽；“新光保全”提供全程支持保全等随轿安全服务，负责维护安全及设备正常运作的服务工程。[①] 另外，逢甲大学地理信息系统研究中心更与准线智慧科技股份有限公司合作，致力于灾害防治及安防监控，提供信众取得监测自动化产业服务工作。

从该款移动终端应用程序界面来看，通过实时位置的查找功能，能帮助信众在绕境期间查找大甲妈祖与自我绕境的定位坐标。同时，亦能查找绕境周边临近的其他服务站点，来满足信众的使用和需求，例如快餐店、宅急便、加油站、便利商店、免费移动洗澡车、用餐点、盥洗站等信息。该程序除了提供每日气象预报以及各乡镇实时气象信息服务之外，亦能查看绕境的每日行程。在移动终端界面上，会显示大甲妈祖的移动状态为“行进中”或“驻驾中”以及驻驾在何处宫庙，提供宫庙简介，方便信众掌握大甲妈祖绕境实时的移动路径。

在轨迹显示功能方面，终端应用程序不仅能查找每日绕境进香轨迹，同时可对照去年轨迹时间与地点查找，方便信众了解当前绕境实时情况。除此之外，信众尚可通过卫星定位观看实时影像现场直播与精彩庆典画面，提供绕境信众掌握实时状况，体验三度空间景象的实境服务。

（三）网络地理信息系统（WebGIS）

网络地理信息系统是一种通过网络发布信息的系统，该款结合了地理学、

① 台中政府文化局：《2015 年大甲妈祖绕境进香銮轿卫星定位，跟着妈祖走！》，2015 年，http://www.culture.taichung.gov.tw/NewsContent.aspx?id=13965，2018.10.10.

测量学和信息科技等应用学科，其中运用图层套叠与资料库技术，当地图所收集到的空间信息以及相关数据呈现于电脑屏幕中，再运用网络高端技术与 GIS 整合工程，来完善网络式地理信息系统。网络地理信息系统[①]能提供多人使用，用户端可通过网络浏览器查找信息，特别是妈祖神轿的即时位置。该网络浏览器通过微软 IIS 网页服务器，搭配 ASP.NET 网页技术来共同研发。信众亦可通过网页浏览方式，观看妈祖銮轿的实时影像位置。

（四）传统媒体平台

目前镇澜宫通过传统媒体平台来进行妈祖文化的推广，形式多元丰富。从有线电视到无线电视，都可见大甲妈祖绕境新闻报道，以有线电视媒体为例，包括台视、“中视”、东森新闻台、三立新闻台、中天电视台、TVBS、民视新闻台等等。平面媒体方面，包含报纸、杂志。报纸有《自由时报》《中国时报》《联合报》《世界日报》《台湾日报》《民生报》《Taipei Times》等等；杂志则有长荣、华航机上杂志等等。

三、新闻媒体报道的媒介环境建设

根据本研究社会调查[②]发现，大甲妈祖绕境活动，每天皆可见大批媒体前来拍摄，包括年代新闻、东森新闻、台视新闻、中视新闻、三立都会台等等。其中，更有大陆媒体海峡卫视的全程拍摄制作纪录片，拍摄多以直播形态如实呈现绕境现场，拍摄画面包括热情参与的信众、大甲妈祖绕境仪式的神圣场面、阵头进行踩街表演的热闹场面、鞭炮声不断的炮阵、绕境沿途所设免费点心站。

根据东森新闻媒体方先生深度访谈，媒体的角色就是要把台湾人的人情味传达出来，我认为活动价值展现在绕境现场，信众通过参与绕境，体现赎罪的过程，有些人在一年过去以后，生活过得平顺会感念妈祖庇佑，因而前来绕境，具有还愿的性质。[③]

东森新闻 SNG 导播张嗣贤也指出，媒体确实有推波助澜的作用，所以活动规模越大，参与人数越多。绕境活动更具有教化的功能，体现台湾人浓浓的人

① 陈政宇、郭保宏、林威延、穆青云：《当代科技与文化信仰之融通：以妈祖绕境进香活动为例》，中华地理资讯学会年会暨学术研讨会，2002 年，第 4—5 页。

② 大甲妈祖绕境进香期间的社会调查：2015 年 4 月 17 日至 2015 年 4 月 26 日。

③ 东森新闻媒体方先生深度访谈，2015 年 4 月 21 日。

情味。台湾地区妈祖信仰信众较多，信众会认为若彼此皆为妈祖信众，那么就会产生认同感。①

按三立都会台节目监制林承鸿深度访谈表示，媒体扮演宣传的角色，大甲妈祖绕境人情味很浓厚，在绕境现场，不会看见争斗的情景。若以新闻角度来看，报道比较客观，例如报道绕境现场有多少信众参与，或者绕境已进行到哪个环节。若以节目角度来看，媒体则多会播报关于妈祖灵验事迹的部分，或者妈祖特地回来帮助病患等感动的逸闻，体现出浓浓的人情味，节目报道更多趋近于信众绕境现场所见，并且会通过鼓励的方式来宣扬妈祖信仰在台传播的正能量情形。②

根据台视驻嘉义记者蔡崇梧深度访谈提及，媒体在整个宗教交流上扮演了重要的角色，在过去的传播进程，从报纸、电视，进步到使用互联网的时代，媒体的运用在整个宗教交流的过程是占非常高的比率。今天信众通过互联网的定位追踪，可查找妈祖绕境的实时定位和现场情形，媒体作为妈祖文化的宣传角色是非常重要的，若绕境没有媒体来报道的话，大家就无法知道活动的存在。③

综上所述，通过几位媒体提供的意见，本研究认为大甲妈祖绕境的媒体具有扩大操作的传播效果，媒体的确具有较大的影响力。此外，通过媒体报道塑造出的媒介环境亦有以下特点：第一，在媒体方面，媒体扮演了传播和宣传的角色，加速了环境中妈祖信仰的信息传递。第二，在价值方面，通过媒体的推波助澜，媒介环境所营造出的妈祖信仰具有较高影响力，信众对妈祖信仰产生高度认同感。

另外，通过上述媒体深度访谈观点，本研究亦认为媒体所营造的拟态环境，并非全然作为现实世界的经验，也不全是主观世界所倡导的虚拟环境，更不是现实环境的反作用力。对妈祖信仰而言，媒体在传播过程中所营造的拟态环境，仍处于按现场情况如实播报行为。然而，为提升地方产业的知名度，媒体不免针对观光所带来收益影响加强宣传。大甲妈祖绕境已被视为世界三大宗教活动盛会之一，因此，对于每年参与绕境信众的人次规模报道理应重视。其他报道则多偏向信众体现妈祖精神的内涵现象，如绕境的感人事迹，绕境信众互相帮助，通过行脚的力量，体现善知识的存在。

---

① 东森新闻SNG导播张嗣贤，2015年4月21日。

② 三立都会台节目监制林承鸿，2015年4月23日。

③ 台视驻嘉义记者蔡崇梧，2015年4月21日。

本研究认为媒体对大甲妈祖绕境所进行的议程设置，营造出特殊的环境现象，大致可归纳出几种类别：第一，通过绕境活动的热闹场面营造观光力；第二，通过万众齐聚的信仰场面营造文化认同感；第三，通过艺阵表演体现本地文化的扎根行动营造文化薪传力；第四，通过仪式举办的虔诚场面营造信仰凝聚力。

此外，根据本研究观察发现，大甲妈祖绕境期间前来拍摄的媒体为最多的，就是活动所举行的三大仪式，也是整体活动三个高潮的时段。分别为第 1 天在镇澜宫的起驾仪式、第 4 天于奉天宫举行的祝寿大典以及第 9 天于镇澜宫的回銮仪式。从媒体选择拍摄的议程设置，到扩大宣传大甲妈祖绕境的信息过程，媒体的确扮演了重要角色，在活动中也存在一定的价值性。

四、信众绕境行为信息传播的媒介环境建设

大甲镇澜宫每年举办大甲妈祖绕境活动，参与信众越来越多，活动越办越成功，加上政府大力支持的结果，订定大甲妈祖绕境为重要民俗活动，以每年持续办理“大甲妈祖国际观光文化节”活动的重视态度，传统的民俗活动有了节庆形式的包装，赋予了更多观光旅游的体验价值，促使更多信众愿意参与，并有绕境族群年轻化的倾向。

根据本研究田野调查[①]发现，长达 9 天 8 夜的绕境行程，无论是走至大街巷道还是田间小路，信众所要面对的再也不是尘世物欲，而是绕境现场信众之间的交流情境，无论是否素昧平生，信众都能因为彼此拥有共同信仰信念，而愿意敞开心胸、释出善意，即使遭遇旅途风餐露宿，仍会相互帮忙。因此，探究绕境活动的实质意义，可初步了解到信众对妈祖信仰的认知态度，借由参与绕境，到通过绕境活动所产生的信仰认知，再到信仰意识的深度建立过程，都具有连带关系。

关于信众认知结构的形成，美国心理学家斯腾伯格 (Robert J. Sternberg) 认为认知结构的形成应具有三种成分：第一，元成分；第二，操作成分；第三，认知获得成分。信众获得认知须由这些成分中的某些功能来取得，特别是活动情境中所获得的信息以及通过获取信息的同时再与信众本身既有的认知进行核对与重建作用。认知结构须以信息的选择性编码 (selective encoding)、信息的选

① 本研究于大甲妈祖绕境进香期间的社会调查，调查期间：2015 年 4 月 17 日至 2015 年 4 月 26 日。

择性综合 (selective combination) 以及信息的选择性 (selective comparison) 比较来达成。在信息传播过程，元成分主要作为策划设置、策略选择以及在认知过程中对其他两种成分进行调控，作为构成认知发展的重要基础。[①]

如同美国新闻评论家李普曼 (Walter Lippmann) 所言，读者在进入新闻以前，必须通过个人情感的共鸣，将本身既有的认知进行核对与重建，为了能进入新闻，在新闻报道中必须找到一个立足点，而立足点必须为成见所提供。[②]对李普曼而言，人们之所以会产生认知行为，是受传播信息的编码所控制的，进而产生人们对于解码的认知。因此，对于信众认知结构的产生模式，显然是一种编码和解码的线性传播过程。

由此可知，信众的认知建构须通过信息媒介的传导来达到传播效果，亦即通过信众之间对于妈祖精神的相互传播来达到建立媒介环境的传播效果，该传播过程正是所谓编码与解码的过程，并且是双向互动的。信众对于妈祖信仰的心理状态是依赖的现象，而绕境所创造出的神圣空间，也都能经由信众之间的信息传递来凝聚信仰信念，进而达到对妈祖精神的再次认同。这种虔诚的认同信念，往往是打破疆界、跨地域性的认同。以下，列举绕境相关受访者的描述。

“我觉得大甲妈绕境实在很令人感动，主要是整个绕境的气氛，你会感受到很有善意，特别是沿途的点心站，有吃有喝，凡是绕境会经过的地方都可以看到与民众为善的情形。”(P014 先生访谈，2015.4.19)

“我在 2014 年回到台湾，就来绕境了。回程时，在西螺福兴宫的时候，我就坐在羽毛球馆，有一个很胖的女人非要挤过来坐我旁边。后来，她突然提到我之前赌博的事情，让我很讶异，因为我从没跟别人提起。我是卖景德镇的瓷器，当时我为了赌钱把整个店都输掉了。之后，我回到彰化，就在现在这个地方，彰化天后宫，我又碰到她了，问她还记得之前的事情吗？结果那个女人就说不认识我，也不知道我在说什么。所以，我相信妈祖是通过这个女的来告诉我某些信息，所以我很相信妈祖，因为没有人知道我赌钱的事情。”(P001 女士访谈，2015.4.18)

“我的故乡在大甲，因为家里很穷，所以从小很辛苦，我哥哥常常打我，每次都昏倒很多个小时，觉得不想活了，想要自杀，但是妈祖来救我了，妈祖显灵来告诉我不能自杀，说我以后还要救好多人，妈祖说我活着的时间会很长，

① 郑毓信、梁贯成编：《认知科学、建构主义与数学教育：数学学习心理学的现代研究》，上海：上海教育出版社，1998 年，第 51—52 页。

② 沃尔特·李普曼，林珊译：《舆论学》，北京：华夏出版社，1989 年，第 234 页。

所以叫我要原谅时间。我是以奉茶的方式当义工还愿，请人免费喝茶，这样做已经有 21 年了，做了这么长的时间，体会到做善事就是在发挥妈祖慈悲大爱的精神，每次我都有感应到妈祖要我做的事情，妈祖叫我继续做，我也是感到蛮快乐的。”(V001 女士访谈，2015.4.20)

“我从小在庙口长大，我们家在大甲镇澜宫附近，大甲妈绕境活动我从小看到大，耳濡目染，长大以后就会想说我也想要来当义工，替大甲妈服务。大家会去疯妈祖的主因，我想可能是因为在这个动荡不安的社会中，大家因为信仰妈祖可以得到心灵寄托，另外，或许自己跟妈祖所求的事情，也有所感应，觉得很灵验。所以，才会想要来还愿。对我来说，信仰妈祖让我印象最深刻的事情，大概就是我在当义工的时候，常会遇到一些年轻人，他们要帮自己的父母祈求身体健康，而且发现妈祖灵验了，通通回来还愿绕境，这种事情就让我觉得很感动，孝顺是一件感动的事情，也通过这件事情显现了妈祖的大爱精神。”(V010 先生访谈，2015.4.22)

“我们家就住在大甲，离镇澜宫妈祖庙很近，这种绕境活动从小就耳濡目染。当初是我儿子生病，我去向妈祖许愿，觉得妈祖很灵验，所以才来绕境还愿。绕境以后，看到大家都这么诚心，这么踊跃地准备东西给香客吃，对妈祖的一份尊重、敬仰的心，就觉得很感动，就觉得妈祖真的是有一种慈悲的力量，让大家一起凝聚这种善的力量。后来，我就来绣旗队当义工，到现在已经第 8 年了，久而久之我发现我好像无法离开绣旗队，只要妈祖要绕境了，我就有那股冲动想要一起来绕境，就觉得这个活动大家都很有人情味，可以学习到妈祖无私奉献的精神。”(V011 女士访谈，2015.4.23)

“我觉得妈祖是一个很好的民间信仰，因为信仰妈祖，越来越多人了解妈祖的大爱精神，大家都能学习妈祖奉献精神，互相帮助发挥爱心。妈祖文化是一个很好的文化，如果国家社会有这样的善良风气，这股力量就会让这个国家、人民感到非常温馨。对于台湾人疯妈祖的原因，我想当然信仰是一股力量，像我有很多朋友参加了这个大甲妈绕境活动后，他的身体、他的事业、他的工作都有顺利很多，所以这是一种信仰，也是一种正能量，所以一传十、十传百，大家会觉得这是一个好的象征，一个好的活动。”(P013 先生访谈，2015.4.22)

“绕境可以体验到人情冷暖跟一种感动，印象最深刻的事是在新港奉天宫广场的祝寿大典。在祝寿大典举行之前都一直在下大雨，早上雷雨都很大，可是到七点多的时候，居然开始下毛毛雨，最神奇的是将近八点的时候是没有雨的，可是到祝寿典礼完，差不多五分钟过后，又突然下起大雨了，真的是很神奇的一个神迹。我觉得价值是每个人创造出来的，我觉得不一定我的价值就可以代表全部，应该是说绕境活动可以让我们了解到妈祖的一些典故，也可以让人了解到其实妈祖是真的有这位女神。”（V013 先生访谈，2015.4.23）

“那么多人会来绕境是因为一定有很多人感应到妈祖给他们的保佑，他们所求都能如愿，所以才会有那么多人口耳相传来参加绕境活动，一起来护持妈祖这个活动。参加妈祖绕境活动，也能让我们学到很多关于妈祖德性的事情，例如为什么在绕境期间要举办祝寿大典，这就是一件值得学习的事情。在佛教里面来讲，生日是母难日，就是妈妈受苦的日子，其实祝寿最主要是帮妈祖一起去感谢祂父母的养育之恩，是答谢父母之恩的旅程。我认为大甲妈绕境的价值在于让大家能向妈祖学习无私奉献的精神，通过绕境和大家一起结善缘，这个活动让他们有布施的机会，就可以转他的业障，改造他的命运，不管是参加志工，还是提供点心、提供饮水，提供服务，这些都是一种布施的行为。”（V014 先生访谈，2015.4.25）

“我觉得我很认同妈祖，大甲妈绕境仪式很像我们东方的宗教精神，我可以感受到妈祖真的是有很慈悲的精神，通过活动还可以净化心灵。大家如果有通过活动看到妈祖这种大爱无私的精神的话，也就会朝着这个善的目标去学习，让自己越来越好，成为像妈祖一样的好人。我是觉得这是一种文化传承的宝贵价值，也是用钱买不到的，你可能在国外也看不到像这种大甲妈绕境的活动，尤其是活动中，每个人都是自动自发地出钱出力去帮忙。”（V015 先生访谈，2015.4.25）

“我觉得参加进香活动可以凝聚出人与人之间的团结力量，一种服务大众的凝聚力，这是一个最好的现象。在活动中觉得最有意义的地方，在于大家都是出于善心，无私的奉献，这也是让我觉得很感动的地方。妈祖文化就是一种传承，通过活动让新的一辈年轻人传承下来，让他们去体验这些事情，包括妈祖灵验的神迹，体验妈祖带给我们什么？人生历练了什么？这些都是很重要的事情。”（V002 女士访谈，2015.4.20）

“首先，我作为大陆人，也是个偏民族主义者，既然是中华文化我们就有必要给它发扬光大，所以看到妈祖文化在台湾那么兴盛我也是很开心的。我觉得印象最深刻的是这活动是包吃饭的，在大陆根本特别少，因为民众抢的特别凶，这就是一种归属感、安全感。感觉一路上都很安全，都有非常热心的人在接待，有些甚至会顶着太阳站在那边，问你说：‘您需要水吗？您需要食物吗？’可以说是很热心的，一路上的人也很有亲和力，很容易和人聊起来的，在这个宗教信仰那么多元的环境下，妈祖还能发扬的那么大，这说明台湾在宗教信仰这方面是非常兴盛的。”(P002 先生访谈，2015.4.18)

“当初是对绕境有兴趣，可是后来因为车祸，然后有跟妈祖许愿，等于是来还愿的。这是我来参加第二次了，如果要评价一下绕境环境的话，我是觉得或许在平常的时候，遇到邻居，会比较亲切一点，其他就还好了，可是如果在比较都市的地方就会跟乡下差很多，在都市遇到的人会冷漠一点，不过我在活动中 9 天 8 夜下来，一路上遇到的人都很热情，最令我印象深刻的事情是，像是载香客的代步车，如果有看到在走路的人，镇澜宫的服务义工会直接停车下来等香客，如果有要上车，他会先问候你需要上车吗？如果没有要上车，他会在继续往前开，寻找需要被载的香客。”(P014 先生访谈，2015.4.25)

根据上述受访者回答的林林总总，纷纷显现出信众通过参与绕境时的交流，更加了解到妈祖的典故及其大爱精神，达到对妈祖信仰的认知收获与认同观感的重建。从认知收获的角度来看，借由仪式活动，多数信众彼此交流，通过不同社群之间所凝聚的正面力量，无论奉献心态是否出于自愿或还愿，都显现了人与人之间的团结互助精神，也通过互助的方式凝聚出更多善的力量。从认同观感的角度来看，信众通过绕境体验，了解到妈祖进香仪式的深刻意涵以及妈祖大爱无私的精神。在深入了解绕境的实质意义及妈祖典故后，我们更能体会到妈祖与人为善的真谛，进而将妈祖精神发扬光大。

另外，从受访者不同生命经验表述得知，妈祖显灵经验与事迹通过信众之间口耳相传，能建立人与神之间的紧密关系，进一步得到妈祖显灵经验的传播效果。对信众来说，参与绕境的意义在于能以行脚来感受往昔进香的足迹，通过仪式使传统与现代经验交叠，信众更能了解仪式内容的特殊意义。

五、结语

本研究以媒介环境作为基础背景，探究大甲镇澜宫举办妈祖绕境活动对信众传播的影响力。研究显示，参与绕境信众由最初为中台湾地区的宗教盛会，扩大至全台参与的常态性宗教活动，并有信众年轻化倾向。

本研究通过调研发现，大甲妈祖绕境成功吸引信众对其产生认同感，其背后因素在于媒介环境建设的塑造结果，这也作为妈祖文化因应时代变化的现代性传播意义。从媒介环境视域背景来探讨，本文认为大甲妈祖绕境媒介环境的组成因素主要由三个方面所构成：第一，新旧媒体融合建设的媒介环境；第二，新闻媒体报道建设的媒介环境；第三，信众绕境行为传播信息的媒介环境。

研究结果显示，这些媒介环境的组成因素，多半显现了台湾妈祖信仰的世代传承传播特色，本研究发现多数参与大甲妈祖绕境活动的信众，不分年龄层，无论是香客、义工、媒体等等，皆认为参与活动除了具有体验的意义，更多的是为神灵服务的自愿心态。年轻族群逐渐增多，参与信众过半为从小耳濡目染，还愿性质以及曾经备受感动而愿意再次参与的现象。

其次，信众信仰的热衷程度展现了台湾人民自由开放的民族特质，根据本研究观察，现场参与的信众不乏两岸与港澳地区的信众，并且也有海外游客前来体验。另外，特别是大陆的媒体，海峡卫视筹备制作“天下妈祖”纪录片，专程前来拍摄活动。因此，海内外多元族群参与活动的现象，说明大甲妈祖绕境活动整体是为较自由开放的性质，也展现出台湾人自由开放的民族特质。

此外，通过信众绕境行为的信息传播媒介环境塑造，更在于多数绕境的信众展现了台湾人善的意识与人情味的表现。台湾人不分老少，自动自发的全台参与现象，特别是绕境期间沿途所见与人为善的情景，使得台湾人热衷信仰，凝聚正能量的热情现象，表露无遗。

信众参与进香仪式的绕境活动，能深入了解妈祖精神的重要内涵，通过绕境活动所创造出的神圣空间，不断与信众口耳相传关于妈祖显灵、神话的传说赞颂，从信众的记忆积累和历史经验中逐渐重建观感。妈祖作为信仰崇拜的象征对象，其神尊雕像更具有高度历史意涵和文化价值，对信众来说，文化价值所代表的亦是这种信仰为社会所带来这份无私、互助的精神，由信仰到进香的展现，彻底地维护所谓朴实的常民文化。

闽台东石蔡氏的原乡信仰习俗记忆与文化传承

刘智豪*

闽台东石蔡氏的原乡信仰习俗在早期两岸交流中有其独特的地位与价值。本文试图通过考察福建晋江东石蔡氏在闽台社会地缘和血缘上结合之特殊属性，揭示其神缘的原乡信仰习俗的文化共同体联结。本文拟先探讨福建晋江东石蔡氏在台湾的发展，之后再考察闽台东石九龙三公宫信仰及“数宫灯”活动，以进一步分析闽台东石蔡氏原乡信仰的主要社会功能与两岸之间的文化传承关联。

一、前言

在汉人传统的社会组织中，地缘和血缘组织被视为是组成族群的基本概念之一。地缘组织大部分是以最初从某一地域范围内人群的结合为基础，以村庄为最小单位，或以神祇信仰为名义的社会组织。其中包括村庄内各种民间信仰寺庙组织，或在一定地域范围内的神祇信仰及各种祭祀的宗教活动组织。以父系家族关系为基础所形成的血缘组织，则包括家庭、家族或宗族、宗祠组织。在以往的研究成果中，大部分提出海外华侨、华人与祖籍地之间的地缘、血缘关系，对于其历史记忆的塑造起到相当大的作用，其中同乡会或同乡联谊会性质的社团建立，将其与原乡的联系视为延续传统，在功能上产生了对故土文化

* 刘智豪，泉州师范学院历史系副教授、中国社会科学院民族学与人类学研究所博士后。

的认同并增强其凝聚力。[①] 近年来，闽台原乡信仰习俗交流频繁，神缘关系是体现两岸同乡同族共同情感的特点之一，共同祭拜天地或崇拜相同神祇信仰，只有在神缘组织的基础上才能做更大范围的人群结合，甚至可超越地域及社会阶级。

刘仲宇对闽台神缘网络进行了细致的描述与分析，注意到神缘网络的各种文化功能及中介功能在海内外华人的交往中扮演角色，已超出狭义的信仰范围，在搭起政治交往、经济和教育文化交流的平台过程中起到很大的帮助。[②] 林国平在闽台家族移民和神缘交流的细节与内容上做出系统性的讨论。[③] 范正义则是较系统性地介绍了闽台民间信仰的源流关系，同时也对闽台神祇的分灵与进香做深入的讨论。[④] 上述神缘的相关议题研究，在学界目前皆已取得不少的基础性研究以及相关的突破与进展。本文所要聚焦讨论的是福建晋江东石蔡氏移民在移居台湾后，如何将原乡的文化惯习、宗教信仰融入日常生活之中，并逐渐形成一个对原乡信仰的丛结关系。闽台东石蔡氏的原乡信仰习俗在两岸文化交流研究中有其独特的地位和价值，但是长期以来，较少被学界关注研究。本文试图通过考察福建晋江东石蔡氏在闽台社会地缘和血缘上结合之特殊属性，揭示其神缘的原乡信仰习俗的文化共同体联结。本文拟先探讨福建晋江东石蔡氏在台湾的发展，之后再考察闽台东石九龙三公宫信仰及“数宫灯”活动，以进一步分析闽台东石蔡氏原乡信仰的主要社会功能与两岸之间的文化传承关联。

---

① 黄英胡:《地缘血缘观念与海外华侨华人》,《亚太经济》2012 年第 6 期，123—125 页；俞云平:《五缘文化与泰国华侨华人社会》,《八桂侨史》研讨会论文集，1998 年第 3 期，4046 页；陈衍德:《欧洲福建籍华人地缘性社团的个案研究》,《华侨华人历史研究》2000 年第 3 期，17—24 页；童家州:《日本、新加坡华侨地缘社团的发展演变及其比较研究》,《福建师范大学（哲学社会科学版）》1995 年第 3 期，95—102 页。

② 刘仲宇:《神缘网路与当代文化生态》,《海峡两岸五缘论：海峡两岸五缘关系学术研讨会论文集》，福建：福建省五缘文化研究会，2003 年，288—299 页。

③ 林国平、陈静:《闽台民间信俗的文化内涵与现代价值》,《福建师范大学学报》(哲学社会科学版)》2014 年第 1 期，11—17 页；林国平:《论闽台民间信仰的社会历史作用》,《福建师范大学学报》(哲学社会科学版)》2002 年第 2 期，111—118 页；林国平、范正义:《福建祖庙金身巡游台湾的文化现象探析：以湄州妈祖金身巡游台湾、金门为例》,《东南学术》2012 年第 3 期，191—191 页;《闽台家族移民与保生大帝信仰的传播》,《福建师范大学学报（哲学社会科学版）》2010 年第 1 期，5—11 页。

④ 范正义、林国平:《神缘网路与当代文化生态》,《海峡两岸五缘论：海峡两岸五缘关系学术研讨会论文集》，福建：福建省五缘文化研究会，2002 年，166—175 页。

二、闽台东石蔡氏原乡信仰习俗

晋江东石位于福建省南部沿海丘陵台地。相传汉代前后东石为畲族聚居地，建有“畲家寨”。东晋升平元年（357 年），尚书林开基卜居于该寨东侧，称东石寨，“东石”因此得名，并沿用至今。宋则属于安仁乡仁和里。元、明、清属十都、十二都。[①]东石南面濒海，海域开阔，当地居民有以海为田的传统，渔业与盐业为该地重要经济来源之一。此外，晋江东石宗族组织非常兴盛，周围各族姓氏有檗谷和紫云黄氏、世美叶氏、萧下萧氏、玉井和西霞蔡氏及刘氏、孙氏、周氏等，先后于宋至清代期间从各地移居于此。明末，不少东石人跟随郑成功挥师收台后定居于台湾；清康熙年间，施琅收归台湾后，又有不少东石人渡台谋生并于此定居。这些移民怀念故土，遂以亲族姓氏或原乡祖籍为其在台的居住地命名，如东石白沙周氏一族开拓台湾嘉义县布袋嘴，以布袋嘴周氏命名；或东石郭岑以嘉义县布袋嘴郭岑寮命名。以原乡晋江东石村祖籍地命名的有彰化县鹿港镇的东石里、嘉义县的东石乡以及屏东县恒春镇的白砂和麦园等地，如此的原乡延续命名使得闽台东石两地产生了紧密的联系。[②]其中，台湾嘉义县布袋镇蔡氏聚居地至今仍保留原乡分香的九龙三公宫信仰，并传承了与原乡相似的正月十三日往庙里挂宫灯的“数宫灯”习俗。

福建晋江东石九龙三公宫信仰作为当地重要的“挡境神”，也是晋江东石蔡氏家族渡台屯垦定居的乡土守护神及祖先神。九龙三公宫（又名嘉应庙）位于今福建省晋江市东石镇的龙江东路（东石旧街）街尾，为晋江东石历史悠久的著名庙宇。目前以董事会的制度管理。嘉应庙所供奉的主神为“九龙三公宫”又称为“三公爷”，其原身是宋代魏府三代忠良魏了翁、魏国佐、魏天忠三人。在福建晋江东石嘉应庙（以下简称晋江东石嘉应庙）九龙三公宫碑志中记载，魏了翁生于宋端平元年（1234 年），字鹤山，四川蒲江人。任资政殿学士、同签书枢密院事，于江淮抗金兵时以身殉难；其子魏国佐生于宋淳祐元年（1241 年），字延龄，宝庆间进士。任江西潭州和漳州推官，元侵宋授云黔五军都使，血战元兵于江右；其孙魏天忠，南宋德佑元年 (1275 年) 进士，授为御史。元军侵入，南宋都城陷落，魏天忠等人护端宗及皇族迁移，最后至漳州彰浦县白

---

① 晋江地方志编纂委员会编:《晋江市志》，上海：三联书店上海分店出版社，1994 年，24 页。

② 晋江地方志编纂委员会编:《晋江市志》，上海：三联书店上海分店出版社，1994 年，1266—1227 页。

水营，受到元军阿剌罕围困，元军遣使迫端宗服毒自尽，魏天忠请帝脱袍以身代主饮鸩殉节。周围山村人感念其忠烈，将魏天忠葬于九龙溪畔虎头山虎眼穴，并建“魏公墓”。[①] 明太祖感念魏府三代忠良，特追封其三代为九龙三公宫谥号。除了九龙三公宫外，嘉应庙正殿左右还祀奉顺府千岁、土地公、观音等神明。

依据晋江东石嘉应庙的碑志记录，该庙建立可追溯至其六朝隋唐开元六年，晋江县定制十六乡仙迹乡境主宫。现今嘉应庙是明洪武元年所建，相传明初某年九龙溪畔虎头山虎眼穴山洪暴发，将“魏公墓”冲毁，虎眼穴的“虎眼石”随波逐流漂至东石海面。某日一位苏氏渔民在东石海域捕鱼，有一浮石一连三次入网，苏氏认为此浮石有灵，便将浮石带回置于海头宫。有一回乡里孩童在海头宫嬉戏，一位孩童在嬉戏中手指受伤流血并触碰浮石，随后念出九十九枝签诗，乡人感受浮石奇异，将其放置于境主宫内集资建宫。明洪武三年嘉应庙竣工，将浮石置于魏公神像腹中一直至现今。后在明正德、嘉靖年间，遭倭寇焚毁。明万历年间，里人黄守用倡修。清代至民国则多次修葺竖新碑。抗日时期日机炸毁四周屋舍，新中国成立后则作为供销社农具场，而神器则失之无踪，大殿也倾斜日趋颓废，后于 1980 年依原规模重新修缮。[②]

晋江东石嘉应庙的建筑与镌刻颇具特色，主殿的左右壁镌刻有多首题壁诗，墙面还嵌有一清道光二十八年（1848）所重修的碑记。石柱上所刻对联内容也呈现闽台两地的关联，例如主殿石柱对联云：“嘉孝褒忠三世殊勋光史志，应时济物千秋广泽播闽台”或正殿前石柱对联云：“龙江紫气接澎台，虎眼灵光昭海峡”，“神威显赫香火布闽台，节烈昭明英风垂宇宙”。这些石柱对联的独特之处，在于其多数是由台湾嘉义布袋镇与福建晋江东石蔡氏后裔所一起敬献。另外，还保有一座明万历年间，由本境东苏户敬献的石香炉。建筑外观以闽南红砖外墙和红瓦设计为主，主体坐北朝南，山门朝向东南。庙宇分前后两殿，中间天井。前殿屋顶为重檐歇山顶，后殿屋顶为单檐硬山顶。其前后殿正脊、戗脊为闽南独特剪黏工艺制成，有双龙戏珠、双龙戏珠护塔、历史人物及鱼类装饰。前殿正脊下方各种鱼类造型色泽艳丽、曲线柔和，表达出晋江东石海洋文化的地域特性。此外，山门与庙宇之间分上、下庙埕，下层用围墙圈出一片庙埕，有山门、西建喷水池、九龙壁，而围墙内外则是镶嵌众多碑刻，其中山门上正中石匾额“仙洲古地”是由世界佛教会华僧会荣誉主席瑞今法师所题。上

① 参见晋江东石嘉应庙九龙三公宫碑志。

② 参见晋江东石嘉应庙九龙三公宫碑志。

层庙埕东侧建有一琉璃瓦六角亭，内立两座文物保护碑。[①] 除了该文物保护碑之外，东侧有一栋六层楼高的嘉应楼。嘉应楼是 2015 年由国家文化部、晋江市相关部门、海内外乡亲和东石镇及周边地区民众捐资修建，历时一年多建成。现嘉应楼一层为高甲戏戏台，二到四层用于办公，五层与六层则作为闽台东石灯俗文化的传习所和展示厅。

晋江东石嘉应庙与台湾各地的嘉应庙将农历五月初四魏天忠殉节日作为九龙三公宫的圣诞日，当天两岸嘉应庙都会举办隆重的祭祀活动。目前晋江东石习俗最著名的是"数宫灯"，该习俗入选进第二批国家级非物质文化遗产名录。"数宫灯"最特殊的地方在于闽台两庙共数一宫灯习俗。晋江东石"数宫灯"习俗为期三天，于正月十三至十五。每年正月十三开始，会将上一年新婚新娘所陪嫁的宫灯挂到晋江东石嘉应庙里，参加"数宫灯"活动。除了新婚夫妻送来的宫灯外，还有一盏公共的大红绣球挂在正中，连续三晚，民众聚集在庙里尽情地欣赏五彩缤纷、争奇斗妍的宫灯，或猜灯名、听南音来祝贺新春。有心老人会默默点数挂在庙中的宫灯数字，并同去年的宫灯数比较，看看比去年增加多少，子孙繁衍了多少，这就是东石"数宫灯"的习俗。"数宫灯"习俗于 2008 年入选国家级非物质文化遗产名录，每年元宵节会邀请台湾乡亲组团回乡参与"数宫灯"活动。2012 年成立福建晋江闽台东石灯俗文化研究会，进一步加强晋台两地基层的民俗文化交流。

三、闽台东石蔡氏原乡信仰主要社会功能

闽南沿海宗族组织非常兴盛，移民渡台之初，面对垦荒的复杂社会生态环境，多数会同乡同族结伴而行，或先渡台的同乡同族相互帮助。[②] 因此，人群和祖籍是早期先民渡台结合的基础原则，也是血缘和地缘组织的依据。这种依据可以分几个层面探讨，首先是渡台先民能在新环境中有共有一个认同，共同的方言与习俗提供了先民在新社会的生活意义。其次是先民将从原乡祀奉神祇的香火放进一小块四方小红布袋内，而这些被携带而来的香火袋同时可放入数种不同的神祇香火中，作为崇拜神祇具体表征的护身符，来自移民原乡所祀奉的神祇成为移民屯垦定居的乡土守护神，也作为先民与原乡情感的连接点之一。

① 笔者于 2018 年 10 月 23 日晋江东石嘉应庙社会调查。

② 郑振满：《明清福建家族组织与社会变迁》，北京：中国人民大学出版社，2009 年，151—152 页。

据以往台湾学者通过台湾冠籍和冠性地名来说明地缘及血缘村落，发现早期村落先民开垦以祖籍和姓氏得名，但当时台湾社会还处于移民社会，加上动乱频繁，社会不安，聚落的垦户或垦丁时常发生械斗，因此无法对人群和祖籍的姓氏做出详细统计。如在同一地域的姓氏居民有可能来自不同的人群或祖籍，虽然可以看出其具有共同血缘宗教的表征，但却无血缘宗族关系之实。此外，不同人群在渡台所携带的原乡守护神，也成为不同人群祀奉的神祇。例如开漳圣王为漳州祀奉神祇，在台则演变成陈氏祖先神。[①] 而本文所述的九龙三公宫为晋江东石祀奉神祇，在台则演变成嘉义东石蔡氏祖先神。实际上，宗族的血缘关系在现今台湾社会中仍具有相当重要的功能，其或许未能达到原乡宗族社会作为当地组织的核心功能，但在当地举办一些习俗活动主导与参与仍是较大群体之一。晋江东石蔡氏有珠泽、玉井、西霞等三房十柱份，其中，玉井房族谱记载大批亲族移居台湾，先后有三兄弟家族成员移居嘉义布袋嘴，构成一个传统的亲属性部落社会。而蔡氏先民在渡台多数选择亲族移居地为主，形成区域性地缘组织的社会群体。以台湾地区嘉义新温嘉应庙（以下简称嘉义新温嘉应庙）信仰习俗为例，该庙至今仍延续当地蔡氏亲族每年冬至于庙宇内进行的祭祖仪式。通过庙宇内祭祖仪式，当地蔡氏族人从移民历史经验的反溯和集体记忆的唤起与重塑，进而可能达成移民族人与原乡族人关系的再现与强化。[②] 另外，嘉义新温嘉应庙除了祀奉原乡九龙三公宫外，还配祀多尊“王爷”地方保护神。因此在新环境下产生“冲水路，迎客王”习俗活动，此活动在台湾已经有二百多年历史。此活动中最为特别的是宋江阵、龙凤及星牛阵的民俗阵头与晋江的“做醮”巡境民俗极为相似，是两岸民俗相同的佐证之一。[③] 简言之，这些民俗阵头中所反映出来的不只是移民社会中既有的原乡信仰特点，又有在新的环境下演变出的当地特点。

近年来，嘉义新温嘉应庙多次组织亲族回祖庙谒祖及参与“数宫灯”中的博灯活动。这些活动有一种团圆的意味，如祖庙与子庙的连接，等于是创造出这种团圆的场合。因此，嘉义东石蔡氏亲族认同九龙三公宫祖庙，并至福建晋江东石祖庙来认祖归宗，实际上是借九龙三公宫神缘的联系来加强闽台东石蔡氏亲族之间的亲密感情，这也是九龙三公宫信仰在现代的一种重要社会功能。

---

① 施振民:《祭祀圈与社会组织：彰化平原聚落发展模式的探讨》，叶涛、周少明主编:《民间信仰与区域社会：中国民间信仰研究论文选》，桂林：广西师范大学出版社，2010年，90—93页。

② 林美容:《妈祖信仰与台湾社会》，台北：博扬出版社，2006年，424页。

③ 蔡尤资:《台湾嘉应庙“冲水路，迎客王”民俗》，《福建史志》2015年第6期，43—44页。

此外，闽台东石嘉应庙的“数宫灯”习俗也是一种文化，例如早期嘉义新温嘉应庙举行挂灯习俗，会把挂灯数量回报原乡嘉应庙，同时将原乡挂灯的数量回报给在台族亲，表现出闽台蔡氏亲族的紧密关系。由此可见，闽台东石蔡氏宗族通过数灯宫习俗这条坚强的纽带而紧密地连接在一起，使得数灯宫习俗具有文化认同的社会功能。笔者认为嘉义新温嘉应庙进行庙宇内祭祖仪式是一种“集体性通过仪式”行为，参与数灯宫习俗不仅可以让闽台两地东石蔡氏族人重拾从前相关宗族记忆，并由于分隔两地，有其进而重组这些记忆的可能性。可见，闽台东石的地方知识凝聚与历史记忆延续或许暂且还要依赖蔡氏原乡信仰习俗来传递下去。

四、结语

通过对闽台东石蔡氏宗族的个案研究，可知闽台东石蔡氏家族信仰是以九龙三公宫为主体的信仰，而当地的数宫灯习俗也形成闽台东石共同的一个传统。闽台东石最特殊的地方在于九龙三公宫在晋江东石作为当地祀奉的神明，而嘉义新温嘉应庙则是将九龙三公宫信仰视为先祖来祭祀。闽台东石蔡氏的原乡信仰习俗本身有其发展的历史，把它放在社会史的脉络中来观察探讨，可了解其形成与存在的历史意义。而这个历史意义可以从闽台宗族社会的发展及族群关系的历史互动来探究闽台东石蔡氏的原乡信仰习俗。然而，欲全面而细致地理解闽台东石蔡氏原乡信仰习俗的历史记忆与文化传承意义，上述的讨论显然还有不足之处。因此，后续将在本文讨论的基础上，持续进行闽台东石蔡氏在集体性通过仪式、香火延续性、地方和地方性的生产之间的关联性讨论。期望通过更多新资料的铺陈来深化资料与理论性的反省。

从族谱看明清闽台地区的墓穴风水与祖先崇拜 *

张永钦 **

历史上，福建各个家族不仅注重阳宅风水，也都很注重阴宅即墓穴的风水，认为都是关乎家族兴旺衰微的不得了的大事。人们坚信，好的风水墓地，能使家族人丁兴旺，飞黄腾达，而坏的风水墓地，则会导致家族族人平庸愚弱，式微不振。福建祖地家族这种习俗，对于渡台的家族宗亲来说，同样产生了很大的影响。渡台的家族宗亲在台湾安葬先辈时，对于墓地的选择同样是非常之重视。尽管风水宝地是否真的能应验甚至影响命运，众说纷纭，恐怕很难达成共识，但是一千多年来，闽台地区无数人坚信不疑，至今尚有许多人乐此不疲，趋之若鹜。

学术界，关于风水理论、风水实践等问题的学术著作和论文成果可谓洋洋大观。通过一番梳理，笔者发现，以往研究主要从以下三个方面研究：第一，从风水研究本身出发，研究风水理论、风水的具体模式、风水类文献以及风水史等问题，呈现中国风水原型、流变以及具体文化事象①；第二，从风水理论出发，讨论风水理论及实践与地理学、景观学、气象学、城市建筑学、生态学等结下不解之缘，辩证分析风水理论的科学性与迷信性，重新思考风水的本质思

* 基金项目：国家社科基金重大项目“两岸关系族谱资料数据库建设”（编号：17ZDA214）

** 张永钦，闽南师范大学闽南文化研究院博士。

① 可参考文献：何晓昕编著:《风水探源》，东南大学出版社，1990年版。郭彧:《风水史话》，华夏出版社，2006年版。高友谦著:《中国风水文化》，团结出版社，2004年版。黄友辅，雨扬居士著:《风水术》，内蒙古文化出版社，2004年。完颜绍元著:《风水趣谈》，上海古籍出版社，2005年版。王其亨等:《风水理论研究（第2版）》，天津大学出版社，2005年版。何晓昕、罗隽著:《中国风水史》，九州出版社，2008年版。洪丕谟，姜玉珍著:《中国古代风水术》，上海古籍出版社,2008年版。高友谦著:《理气风水》，团结出版社,2010年版。蔡达峰著:《历史上的风水术》，上海科技教育出版社,1994年。傅洪光著:《中国风水史：一个文化现象的历史研究》，九州出版社,2013年版等。

想和它研究具体问题的技术；[①]第三，从风水观念与实践的社会性出发，探讨风水观念渗透中国社会的问题，分析风水观念对官府与基层组织在处理社会问题方面的影响，了解风水文化事象与传统乡土社会的变迁关系，省思风水观念及习俗的社会文化意义及其功能形态。[②]

但总的看来，试图将中国风水尤其是祖先墓穴风水活动作为一种文化范畴来研究宗族参与墓穴风水活动的具体方法仍不多见，探讨墓穴风水信仰与祖先崇拜的关系还相当薄弱。且诸家研究所用的资料多为文献典籍及田野调查资料，而往往忽略或不重视宗族族谱中关于墓穴风水的记载。特别是在闽台地区，墓穴风水普遍记载于宗族族谱中。可以说，在对这一区域范围内宗族墓穴的种种习惯行为的理解方面，风水信仰是一根不可缺少的支柱，其性质相当于一面能透视出宗族组织发展、变化的镜子。[③]因此，笔者将以闽台地区族谱为资料，并与风水的相关理论相互佐证，试图说明明清时期闽台地区宗族参与墓穴风水的实际状态，探讨闽台地区祖先神崇拜问题，以期用新的方法论为指导得出新的结论，并讨教于大方之家。

一、闽台族谱中的风水书写与文化解释

闽台地区风水理论及相关实践在民间普及程度极为广泛，这与该地区呈现显著发达状态的父系宗族积极参与了本族祖先墓穴风水活动的缘故有关，事实也可从这一地区宗族族谱的记载内容可知。笔者在收集族谱和资料的过程中发

① 可参考文献：刘沛林著：《风水：中国人的环境观》，生活·读书·新知三联书店，1995年版。喜雨：《风水的失误与化解》，同济大学出版社，2008年版。李居明著：《风水之道》，陕西师范大学出版社，2007年版。冯锦山著：《风水博弈：从城市演化到家居风水》，巴蜀书社，2010年版。程建军，孔尚朴著：《风水与建筑》，江西科学技术出版社，1992年。汉宝德著：《风水与环境》，天津古籍出版社，2003年。强锋编著：《建筑风水学研究》，华龄出版社，2012年。颜廷真，孙鲁健著：《中国风水文化：理论演变和实践》，陕西师范大学出版总社有限公司，2011年版等。

② 可参考文献：高友谦著：《中国风水》，中国华侨出版社，1992年版。[日]濑川昌久著，钱杭译：《族谱：华南汉族的宗族·风水·移居》，上海书店出版社，1999年版。刘晓明：《风水与中国社会》，江西高校出版社，1995年版。白石著：《民俗趣话：看风水不求人》，山东文艺出版社，1995年版。林嘉书：《生命的风水：台湾人的漳州祖祠》，海峡学术出版社，2002年版。于希贤，于涌：《中国古代风水的理论与实践：对中国古代风水的再认识》，光明日报出版社，2005年版。陈进国著：《信仰、仪式与乡土社会：风水的历史人类学探索》，中国社会科学出版社，2005年版。杨莲福著：《台湾神明信仰与民间文学：兼论台北地区地理风水传说及闽南语系同安腔》，博扬文化事业有限公司，2012年版等。

③ [日]濑川昌久著，钱杭译：《族谱：华南汉族的宗族·风水·移居》，上海书店出版社，1999年版，第146页。

现，族谱中有关风水方面的记载，大致包括三个部分的内容。一是关于阳宅屋场、阴宅墓穴（包括地点、地形、坐向等）的描述；二是关于宗族看风水的事迹；三是涉及一族一姓或重要或奇特的风水传说故事。下文分三个方面予以叙述。

1. 墓穴风水

在一般情况下，族谱内容由谱序和文本构成。谱序是概述本族来历和族谱编纂经过的部分，有的由族谱编纂者亲自撰写，也有的是同时转引和改写本族既存族谱的谱序。而文本主要记载各代祖先基本资料，主要包括：与始祖之间相距的世代数、祖先使用过的若干种名号如字、号、谥、讳，生卒时间，墓穴地点、时间，配偶的姓氏、生卒、墓穴具体情况，生平，子嗣等项内容，其中墓地的位置及风水记载得尤其详细，除了埋葬的具体地点，对于方位、朝向以及风水地形都一一详明，可见对墓穴风水十分重视。例如，乾隆二十六年丁氏十六世孙淑仪所书《重修东塘三世合葬祖坟记略》曰："始祖节斋公，于元泰定四年冬十月，葬于本县三十九都驿站路铺东塘头灵堂山之原，纨裤子弟述庵公、三世祖硕德公祔焉。三世咸偕其配，为圹六，封若马鬣，穴坐未向丑兼丁癸。"①又如，南靖南坑葛竹村赖氏始祖赖标公与夫人蓝氏合葬古田彝石埔，蜈蚣出土形。纨绔子弟赖郎公，号小标郎公，与夫人黎氏合葬古田凹，双凤朝阳形，又云：双龙过岗形。赖五郎妣罗氏，葬在龙岩小池黄畲地方，金鹅抱卵形。②类似的记载贯穿于整个祖先世系中，连篇累牍，无须多引述。以上被称为"美女照镜""虎咬尾形""渔翁撒网""雄鹅跃水""猛虎跳墙""眠牛晒日""老鼠积粮""雄鹅浴水""雄鸡献翼""马踏金""田鸡浮塘""仙人献掌""观音坐莲""七星陆地""叶里藏瓜""金狮过桌""嫦娥夺斗""弥勒挺肚""天海螺""仙人骑鹤""孩儿望月形""雄牛脱轭""盘载珠形又曰倒插金钗形""将军上马形，又名醉翁傍椅形""飞天马又名狮子滚球"等都是风水师在相地过程根据龙、穴、砂、水的形貌起一个象形的名字。一般情况，风水师凭直觉观测将山比作动物，如象、狮、龙、牛、龟、鱼、蛇、凤等，并将动物所隐喻的吉凶与人的吉凶相联系，这就是所谓的"观形喝势"。事实上，闽台各个宗族都十分慎重选择墓穴的峦头地势，并清楚记载祖先墓穴的地理位置，这是对祖先的尊敬及缅怀，不忘族本的体现。

在闽台族谱中，有关祖先墓穴风水的大量记载和描写，究其内因，依然在

① 庄景辉编校：《陈埭丁氏回族宗谱》，香港：绿叶教育出版社，1996 年，第 29 页。
② 漳州南靖县赖氏：《南靖南坑葛竹村赖氏族谱》，光绪二年修。

于祖先崇拜观念。由于台湾文化较为落后，风水先生的水平似乎也远不如大陆。因此，有些福建渡台的宗亲，在台湾寻找作为墓地的风水宝地时，也向福建祖家的宗亲求助，而祖家对于在台宗亲的这种请求，会给予热情的帮忙。据南安《蓬岛郭氏家谱》载：十九世郭静轩，渡台之后卒于台湾，葬在台湾汐止街保长坑庄陈家田中。按其元孙郭重华为其所作的墓记说，这是一块风水宝地，坐巽向乾兼已亥水出壬口，该地之龙，由貂山发源蜿蜒数百里，从右旋丙人首落平洋而结，此穴，左右砂水环抱，四围山峰挺秀，案上员山，特朝形号青蛇赶蛤。而这一风水宝地是如何得来的呢？那是因为郭重华的祖父非常重视祖先墓地风水，而当时蓬岛郭氏家族恰恰有位很懂风水玄理的族侄，叫郭速。所以，当他的曾祖父去世之后，祖父特地从蓬岛祖家请来这位族侄，为之寻找风水宝地。这位族侄风尘仆仆到了台湾之后，也没有辜负族叔的殷切期望，经过一番认真的审察，真的为其相出了一块宝地，山环水抱，地脉郁结，龙脉穴位。于是，按照这位族侄的指点，郭重华的祖父就将父亲安葬在那个地方。郭重华在墓记中说："有斯吉地，俾子孙得叨先人之荫，而庆瓜瓞绵绵者，不亦宜乎。"① 郭重华家族支派在台湾兴旺发达，这是事实，然而是否真与这墓地有关，自当别论，不过，祖地与台湾宗族同样重视祖先墓穴风水，是毋庸置疑的事实。

此外，闽台地区的族谱资料还显示，明清以来闽台家族在墓穴选择融合了形势派与理气派的理论，既认可喝形术，也重视理法、日法的应用。如上杭县白沙林氏先后更葬四世祖达兴公妣合葬冢四次②。在更葬活动中，形法是首先被考虑，是墓穴被"喝形"为海螺形，谱赞曰："万马奔腾驻市垣，海螺浴水势盘旋。千峰秀耸五星聚，紫袋余香近帝前。"③ 其次，理气之术也未曾被忽视。每次更葬，林氏后裔皆依二十四山法定夺坐朝向，择日课起攒等④。

2. 墓志铭、庙文中的风水吉地

闽台地区的族谱还大量记载着联语、墓志铭、庙文，篇幅多，其中有大量关于风水吉地的记载。金门珠山《薛氏族谱》记载，其祖墓坟前各书嵌入"珠、山、河、东"四字的联队，伴郎公德坟前书有："珠峦绕吉地，山龙朝佳城""河

① 苏黎著：《家族缘：闽南与台湾》，厦门大学出版社，2011 年，第 237 页。

② 上杭县白沙林氏更葬四世祖达兴公妣合葬冢具体情况：四世祖达兴公妣邱九娘合葬冢前坪下穴，海螺形，丑山未向兼艮，辛丑辛未分金。明天启七年丁卯十二月初九日丑时更葬，原式左右平位，公居左，妣居右，俱丑山兼艮……康熙十六年丁巳四月初七日丑时更葬……乾隆三十二年丁亥十二月十三日丑时更葬一次……迨光绪十四年戊子，距乾隆丁亥计九十一年，商议更修……

③ 龙岩上杭县林氏：《西河林氏族谱》卷三《墓考》，民国年间刻本，第 25 页。

④ 陈进国：《信仰、仪式与乡土社会——风水的历史人类学探索（上）》，中国社会科学出版社，2005 年版，第 256 页。

源流芳远，东扬世泽长”的联语；伴中公的坟前则书有：“珠华光祖德，山辉耀门庭”“河溯螽斯庆，东耀振家声”的联语。[①]《张氏族谱》载有：“纨绔子弟德聪公祖妣刘氏三娘孺人，葬在本里后背墘，坐戌向辰横龙转结前，有蒸田一块形如美女弹琴。其墓铭曰：‘弹琴美女背弦丝，浩气盘环贯祖基，峰尺西南里秀媚。砂回东北挺英奇，牛眠马鬣千秋庆。坤转乾旋万古推，吉地吉人天相定。孙名显达到墀’。”[②]南靖默林长教简氏十三世祖庠生贞文简府君的墓穴“距漳州府城十五里，在由漳州府城出南门，过旧桥从南院后山过院，后山桥乃从新塘大岸过新塘社，从新塘庵前经过，又由新华表脚过灯心井桥，乃从盐馆前经过，又从榕仔脚出莲花埔，过莲花社，再从程溪大路过潘桥桥头，凤头穴乃高祖员文公之墓，也是处乃龙□□□□，在两县交界地方。本穴乃南靖县辖下，地方坟下左边有田□□□，应分一分，乃做风水时建置，为以莲化社洪腾官共买腾□□三分，我买一分。并抄列坟地的朝天碑曰：‘双流聚会将穴抱，两峰遥对映坟来’。”[③]值得一提的是，南靖塔下张氏传统认为“祠以栖神，墓以藏形”，祖宗的躯体和神明分居两处，保佑着子孙后代，而祖先的墓穴尤为重要，要守护祖墓，保持树木长阴、不能让其塌陷、不能让狐鼠占位巢穴，而坏了风水。张氏族谱记有“墓穴址歌”，留给后人追祭祖先血脉传承记忆。

一百二十二代闽粤开基始祖化孙公遗下我祖坟墓穴址歌

一世化孙葬上杭　金盘载珠在西洋　雄鸡拔翼西洋内　陈阙同坟只此藏
二世祥云葬蓝岗　醉翁傍椅马坑岗　蓝婆寒虎咬尾穴　赖妣凉伞牛背乡
三世腾辉念六郎　通天蜡烛好名堂　楮树坪村龙马主　连坟二穴廖赖娘
四世晶上网仔形　真穴杜妣地将军　梅花落地西湖寨　又为杜妣寄双坟
五世吴实葬金沙　雄牛脱轭地形佳　庵前村上钟姿太　喝形美女像踏车
六世每承五八郎　鸭公形地璋塔塘　春臼窠内童婆太　开封二妣是吴梁
七世先俸百七郎　先年居住闽上杭　磜下虎形牛眠地　陈赖合葬此坟堂
八世清绍十八郎　下溪墟里月形上　金沙璋塔是阮妣　苏范二妣金沙乡
九世显祖念三郎　原葬金沙蕉坑乡　杨氏婆太同坟葬　传下小系四大房

一百三十一代塔下肇基始祖小一郎公遗下坟墓穴址歌

一世始祖小一郎　婆太姓名华一娘　葬在塔下平峰山　眠牛晒日好名堂

① 薛崇武：《金门薛氏族谱》，珠山文献会，1991年，第298页。
② 漳州南靖县张氏：《书洋奎坑张氏族谱》，清光绪重修本，1948年抄本。
③ 漳州南靖县简氏：《梅林长教范阳郡简氏族谱（第三册）》，同治抄本，第301—302页。

二世光昭百一郎	葬于梅凹鼠积粮	廖妣转角雄鹅地	余妣雄鸡拔翼唱
三世显佑孟一郎	马踏金上好风光	湖堀坪中范婆太	地形田鸡浮池塘
四世永胜仲一郎	折角蜈蚣立坟堂	松柏崎头廖婆太	龙真穴结虎跳墙
五世显祖广达公	竹礤新丁闹如蜂	李和村里梭子地	藩妣即是葬其中
六世显祖法贵公	葬于仙人献掌中	芋卯山背卢婆太	孩儿望月喜向东
七世东阳季四郎	葬在人形刀背岗	同坟合葬苏婆太	甲册庚向富贵乡
八世仰东万三郎	葬在蛇形下村洋	福坛山背唐婆太	传下四标世泽长

以上墓志铭可看出，闽台阴宅风水运用的普遍与重要，人们必请风水先生“卜”好地，于吉日吉时葬于这卜好的有“吉兆”或“佳兆”的吉地。正是卜葬了风水吉地，才有了“人丁富贵母之子孙居多”“房房阀阅高大，门间人文济济，簪缨屡世”及“阴后裔之繁昌，富贵而绵远”等好结果。这反映了民众于吉时吉地安葬死者，通过这种途径来求得庇佑的心理诉求，是风水信仰在民众中的功利性表现之一。

3. 选择风水、习用风水

闽台族谱上还有不少关于某宗族姓氏的祖先选择风水、运用风水甚至学习风水的记载，甚至有些族谱中还详细地记载了祖先墓穴风水地理师的相关情况。例如南靖简氏族谱记载：“至大明洪武年间，长教开基始祖德润公，游学来漳州府南靖县默林社坂上教读，适有江西省赣州府兴国县三寮村，地师曾巡官先生，因避风雨投宿书馆。始祖诚待食与母鸡，感公殷勤，暗点吉地一穴与酬。始祖假以罗鸟蜜点真穴为记，此地址在默林九龙埔，始祖乃密回洪源，请六世祖字远公骸礶葬焉。坐癸向丁兼子午用丙子丙午分金，形似走马扳鞍锭。至明末清初时，有广东潮州贼匪专挖祖茔而索金。字远公之墓，亦被其挖，无可奈何！时贼双目失明，幸我乡人陈绍衣先生，善医眼科，客游潮州，贼闻其名，乃请其调治眼，即粗愈取金酬谢陈先生不受，而告贼曰：我乡人简某之祖坟骸礶酬我可也！贼许之，即取付陈先生负回，众嗣裔欣呼叩谢，乃择吉复葬于原穴。穴内又获一骸礶到底，孰是孰非，难以决断后，将两礶葬于坟内，并到乃置魂牌葬于中尊对丙子丙午之分金。”①

此外，人们普遍相信穴地的风水会因人因时而异，而且闽台地区在明清时期一直流行着“二次葬”或者因祖墓风水“不利”而迁葬的现象。南靖书洋简

① 漳州南靖县简氏：《梅林长教范阳郡简氏族谱（第一册）》，同治抄本，第58—59页。

氏简氏十五世祖考乳光邦，字际华，讳辉国，别字鸣彦，谥正直简公，儒士。妣名好，谥贞惠，魏老孺人。祖父生于大清高宗皇帝乾隆四十三年岁次戊戌十一月初四日戌时，祖父平生博学学规严肃，其生徒或登甲第游泮宫不下数十人，惜乎！自己不能进泮，此亦命里不能强求。终于道光十二年岁次壬辰闰九月初四日丑时子，寿五旬加五岁，即葬于佛祖坑粪箕窠口路上，坐丑兼癸。因嫌他不吉，至咸丰十年岁次庚申清明日，启攒棺内有土骸骨俱全，乃寄金罐于虎背山中心崎。至同治三年岁次癸亥十一月二十七巳时，进葬于粪箕窠内豆仔坑童子拜佛右手内崎，坐巽向乾兼已亥用壬辰壬戌分金，坐轸六度。至同治十三年岁次甲戌四月初一日午时，改葬于小付石壁岭头对面，雷打石石壁中，坐坤向艮兼申寅用辛未辛丑分金，坐显示器六度末，形似蟾蠓虎，又似狮，形长子万泰，葬于坟石外穴父子相连父内子外。光绪二年丙子七月十八日丙子申时，更葬改坐申向寅兼坤艮。[①] 再如，十六世祖考太学生，名并立、讳崇三公，雅仁祖之子，归昌祖继子也。公生于道光癸未年九月初三日卯时，卒于同治乙丑年三月因被长发贼所害，不知去向。祖妣讳黄氏孺人，过继名一子章龙，生一子名德，女妣生于道光甲申年五月初七日辰时，卒于光绪戊申年十月二十八日申时，葬郭厝溪仔头，坐辰向戌兼巽三分水出乾口去。这地之合局，基向绝流格，大地大发，小地小发，断无不发之理，其龙从甲卯而来，不合。断定三十年前能发福，三十年后能败绝。全望后代嗣孙见这谱字，便须觉知为要勿误良地。[②] 在闽台族谱里，类似“拾骸不利”“改葬”“因探视不吉，拾起别葬”等字眼频繁出现，表面上只是家族简单的一种生活事象，但其背后隐藏着更多的信息。一方面，风水信仰是一种生活方式、一种心理态度、一种风俗与习惯。另一方面，风水信仰与人们的生存空间却有着密切的联系，经常关乎着人们的生存边界与资源的掌控。

二、族谱中墓穴风水记载的现实利益

闽台地区家族对风水的信仰往往矢志不渝，规规矩矩地遵行着各种风水规范。风水术于民众是实用的工具，闽西客家俗语云：“山中少堆土，枉劳一世苦；罗盘差一线，富贵不相见”，足见民众对墓穴风水的重视程度，认为墓穴选择得好坏对自己及后代的开运、兴旺、发达直接相关。

---

① 漳州南靖县简氏：《梅林长教范阳郡简氏族谱（第三册）》，同治抄本，第 305—306 页。

② 漳州南靖县简氏：《书洋枫林简氏族谱》，清末抄本。

族谱可以用来维系与巩固整个宗族的关系，进而表达宗族旨意以实现宗族教化的现实功能。宗族利用民众对风水既信仰又畏惧的心理，把风水信仰与宗族教化相结合，借助风水的威力来传达、贯彻宗族意志。许多宗族对于祖坟的保护、族田及祭扫墓穴都有明文规定，并把它写入族谱中，让族人遵循。建阳庐峰蔡氏族谱:“窃恐宗派日繁，贤愚不一，或者借称合谱，以坟田为公物，堕九贤之令范，昧数世之良规，而不知皆附近者之所增置式廓，则觊觎之，尤反为敦本职其咎也。爰立禁约，恪遵祖制，每岁春秋，公集后山书院祭祀。此外，凡有土著坟山、祠、田，均依旧典，世守奉祀，不得冒侵、盗卖、盗葬，庶几各房子孙相安祖泽，而九贤先灵世世妥侑也。不然，罔念前规、乖违祖训，混占祖山，侵凌贤墓，一出于此，则非我族类，人人得而诛之。合族子孙，公执谱图究论，葬则起扦，租则倍罚，毋许徇庇，以乖祖制。今因谱牒告成，佥立禁约，勒石永久。”[①] 浦城《莲湖祖氏族谱》“凡例”:“敬先墓。坟墓为先人遗骸所宅，蓄树林，扩邱垄，所为以护卫也。雨草尺地不可弃捐，苟有不肖盗拼墓木、盗卖坟山者，必严究治，断不少宽”。[②] 再如南靖默林贝岭张氏族谱:“侵祖坟者书侵僭，所以示诛也，亦所书各异。夫妇同穴称合葬，兄弟合葬曰同茔。子从父、媳从姑、妾从夫、卑幼从尊长，皆附葬，或同山各穴，同形共向，则皆详书之。先世所葬有可考者，即详书之名号。俱无可考者，则书‘俟可’二字，又或曰遭乱变，知其名而坟无可考。偶葬异地，有其坟而人不查，难以枚举，故几祖坟，诚世远年湮，特铭之以防混冒，盖文献无征搜求。”[③] 这些都是教育子孙要保护好祖先墓穴风水，才能“庇祖灵，荫后嗣”即所谓“荫活”观念，从而达到保护环境与珍惜宗族产业的现实目的。

此外，明清时期的风水信仰还被人们当作一种生存技术而存在，占有一地的风水，意味着占有了资源的支配权。事实上，对墓穴的圈定其实也是一种划分利益边界的表现，买卖风水穴成为一种普遍的现象，同时风水也就会成为各种纠纷的源头，受各自利益的驱使，盗葬倒卖墓穴的现象屡禁不止。因风水而产生的纠纷，甚至械斗也不乏其例。

风水在一定程度上体现了人类对自然世界的无限敬畏和合理利用，因此，逐步成为不少人的内心信仰和精神依靠，而维护自家风水成为很多家族的自我责任。许多家族为了维护祖墓风水免受异族侵害，积极合族诉讼，并且甘愿冒

① （清）蔡乃清修:《庐峰蔡氏族谱》，清光绪三年重镌，建阳蔡氏济阳堂刊本。
② 南平浦城县祖氏:《莲湖祖氏族谱》卷一，清光绪二十五年重镌本。
③ 漳州南靖县张氏:《梅林贝岭张氏族谱》，道光廿一年修，梅林贝岭张庆祥藏本。

着被革去功名或爵位的风险。据清代著名的争议人物——洪承畴的家谱——《南安英山洪氏族谱》记载，洪氏三世祖讳巩，字伯玉，号良斋，娶林洋蔡氏，生卒年月俱未详。公葬廿九都土名南坑，坐辛向乙兼酉卯。后因道路隔远，被土豪吕一龙盗葬其顶，至万历庚子年众孙子等探墓才知，即纠众诣按院告诉，赖府主窦判迁他坟[①]。另据清《浦城西溪黄氏世谱》记载，其六世祖匡镒公“宋赠太子少保，银青光禄大夫”，墓“坐落太平里土名致孝岭”，“国朝嘉庆四年五月，因邑人盗葬，浦城、遂昌、江山裔孙忿掘构讼，五年五月案结”，当时参与诉讼的有浙江和福建两省的同族士绅多人（有武举、监生、生员），因为误解，彼时“浙省生员黄翔等率同族众、武举、生监人等发掘浦邑太平里张翘等祖坟棺柩，抛弃尸骸”，本族一绅衿因此先后遭律杖或革去功名之罪[②]。再有，南靖简氏族谱中就有记载与邱氏因风水问题而对簿公堂。“嘉庆乙丑年七月一日，简氏开基始祖妣刘氏坟下有荒寮，有邱贼进武贪图寮地为坟，五柱众等□封。嘉庆年间，随即控告，县主亲勘堂审，断息讵料不占不休。邱贼往府道再控，越至嘉庆壬申年三月间，胆敢行脑，将龙口祖妣坟墓掘坏。众等再控，县主再勘，祸延于嘉庆癸酉年十一月。害将风公地坟掘起，破棺灭骸，往视满棺结彩包棺系之，系赤色异香。……至翌年己卯，原坟复葬，古竹苏先生详选拾一月初二日卯时，更葬后之人，不与邱家结婚者，殆亦宜矣！”[③]好风水是人们的现实生活与理想世界连接的桥梁。他们希望于吉地安葬祖先，使祖先荫庇自己，达到子孙满堂、事业兴旺的现实效果，道出了风水信仰的动力——现实利益。

总而言之，族谱中记载大量保护祖先墓穴风水的族规以及风水诉讼案例，说明家族的士绅乃是最积极地维护祖墓或宗祠风水的群体，因为在乡土社会之有限资源的分配和争夺中，风水仍然不失为加强宗族统合、保证族裔科举功名、维护乡族势力的有效的象征资本[④]。当然，家族迁葬或卖旧穴活动并非都跟祖墓风水“不利”或“房分不均”相关，亦有迁卖同辈或后辈眷属墓穴者。这些墓穴不像祖墓一样，可以充分满足戚属获得风水荫庇的利益想象，因此，一旦有人贪图风水愿意承买时，常有戚属贪利鬻坟迁葬。但明清以来坟山常属家族或乡族共有，旧穴买卖会破坏坟山产权的完整性，故也常受到家族势力的阻挡。另外，在传统理学观念的熏陶之下，家族这种频繁的风水选择、买卖、争斗也

① 泉州南安市洪氏：《南安英山洪氏族谱》（未分卷），清抄本。

② （清）黄锦澜纂：《浦城西溪黄氏世谱》卷五，清嘉庆七年重修，浦城黄氏刊本。

③ 漳州南靖县简氏：《梅林长教简氏族谱》，民国钞本，简川野藏本。

④ 陈进国：《信仰、仪式与乡土社会——风水的历史人类学探索（下）》，中国社会科学出版社，2005年版，第585页。

可能不是为了“自利”，甚至可能是“自害利他”。乡土社会之有限资源的分配和争夺中，风水仍然能够加强宗族统合，主事者往往深受“家族主义”的社会意识的左右，为了维护“族谊亲谊”的关系，也通常采取共同迁、改葬祖坟的折中方式，保证族裔科举功名，维持族内的利益均衡。

三、闽台墓穴风水实践与祖先崇拜双重性

闽台地区很早以来就重视风水传统，不仅同民众的“慎终追远”观念密切关联，而且这种世代相承的风水信仰常常带有神秘性和可变性。因此，风水传统强化了祖先开基创业的独特性，带有鲜明的祖先崇拜特点；也使后代子孙对宗族祖先充满敬畏感，并焕发出自豪感与认同感，成为宗族认同的象征符号。在查阅闽台地区族谱和资料的过程中，较为明显感觉族谱中有大量的墓穴之辞，从这些墓穴风水记载来看，闽台地区的祖先神崇拜具有报恩性思想和功利性信仰的双重性质。

一方面所谓报恩性思想，“报”主要体现在闽台人的孝道观上，其孝道观体现了对祖先的报恩，祖先神崇拜是孝道观产生的根源，即闽台地区的祖先神崇拜也是一种报恩性的孝道。首先，祖先灵魂支配着后代。闽台地区深受灵魂不灭的观念和“尚巫机鬼”的传统的影响，认为祖先死后在人世的“社会关系”始终与他的灵魂同在，并可以干预人世间的一切，所以后代甚至宗族的一切事物都会受到祖先灵魂的干预。因此，风水信仰的记载贯穿于整个祖先世系中，这是闽台人在儒家思想与灵魂观念的影响下，笃信风水及强烈的追远报本思想的体现。其次，后代只有认真奉祀，才算是对祖先孝敬，才会得到祖先灵魂的保佑。《礼记·祭统》中说：“祭者，所以追养继孝也。孝者，畜也。顺于道，不逆于伦，是之谓‘畜’。是故孝子之事亲也，有三道焉：生则养，没则丧，丧毕则祭。”[①] 可见，祭祀是子孙尽孝的必要手段，而在闽台地区祭祀方式突出表现在对祖先的墓穴风水极为重视。最后，族谱中关于二次葬或者迁葬的记载，其实也是对祖先的尊敬与爱戴，进而能够得到祖先的保佑。自然地加深了闽台人对这种风水信仰坚定不移，从而推动风水信仰在闽台乡土社会的深耕和在地化。

另一方面，是一种祈福求佑的具有功利性的信仰，具有信仰性质。在闽台地区，风水的影响大到一个村落命运小到一个家庭，只要出现一些破败的现象

① 胡平生，张萌译注：《礼记（下）》，中华书局，2017 年，第 928 页。

均可以从风水地理观念中得到合理的解释。阴宅风水同阳宅风水一样，不但直接关系到死者本人入土后的安适不安适，并且还会影响到一家子的吉凶和后世子孙的荣枯。因此，我们不难发现，人们颇费笔墨地把先祖之功烈、庆赏、声名、德善、勋劳写入族谱中，其目的一方面在夸耀先祖；另一方面，是为了取悦于先祖，以便在显扬先祖之后，向先祖祈福求佑时，先祖能够给予更多的庇佑。另外，风水的基本理论事实上就是从祖先可以荫庇后人出发的，而祖先又受祖先的荫庇，因此，表现在风水的地理形态上，自然也会呈现出宗法关系的图式[①]。风水中的宗法关系表现在风水觅龙时，追求的不仅仅是一两座孤山，而必须要有太祖、太宗、少祖、父母山等由远而近的一个山的宗法系列，一幅宗谱图式。同时，风水的宗法谱系与现实的宗法谱系不同，它是可以选择的，可以通过风水的勘察，表现出后代命运的不确定性。这样，墓穴风水把后代命运的不确定性与宗法对后代地位的规定这样两个矛盾体成功地纠合在一起，调和了时代的矛盾特点，也说明了墓穴风水是一种功利性的信仰。除此之外，家族发展的不同阶段，会形成不同层级的远祖认同，因而会参与不同层级的远祖墓穴风水的投入与维护。不同层级的认同既可以是重叠的，也可以是分离的。我们不难发现，闽台家族频繁化的迁改葬和旧穴转卖活动，尽管有可能提高家族的丧葬成本，但是在一定程度上也促进了家族的血缘认同及乡族内部的利益联结。大体来说，风水信仰作为一种乡族的社会记忆或文化习惯，作为家族成员所认同的文化象征和意义秩序，有效地安排并制约着乡族社会的一些功利性的物权交易活动。

由上所述观之，通过对闽台地区墓穴风水问题的探析和研究，我们不难发现，闽台人之所以重视祖先墓穴风水的选择，其主要目的不仅有追思父母先祖，不在于仅仅是尽孝道，还具有很现实的祈福求佑的功利性目的。换句话说，当时人们祭祀父母先祖不是为了那些“死去的人”，而主要是为了“活着的人”，即“荫活”观念。这就是闽台地区重视墓穴风水的二重性，而功利性的目的则是最为重要的。

---

① 刘晓明：《风水与中国社会》，江西高校出版社，1995 年，第 154 页。

“同中存异、尊重包容”的世界神明联谊会

林少雯 *

台湾宗教信仰自由并蓬勃发展，可谓百花齐放。佛光山开山宗长星云大师在《宗教三宝——各有各的爸爸》一文中说：各宗教的教义不同，没有谁高谁低，谁大谁小，不应有所分别。他主张宗教之间彼此要和谐、尊重、包容、交流，应“同中存异、异中求同”，并建立“能分能合”的宗教观，才合乎中道。[①] 星云大师为实践他的理念于 2011 年发起成立“世界神明联谊会”，每年在佛陀纪念馆盛大举行，得到各宗教团体的认同和参与。成功的宗教交流，为台湾营造美好的宗教包容和尊重的信仰环境，不仅各宗教间和谐，对社会安定也是一大贡献。世界神明联谊会已臻国际化，其影响力逐步由台湾至两岸、亚洲至欧洲，从民间信仰乃至儒家、道教，以佛教包容之广度，进而与全世界各个宗教信仰接轨，往来交流。星云大师说：“5 根指头，可分可合、能开能合，才是常态，才能发挥力量；不论是信仰、学术或两岸，都应怀抱‘同中存异、异中求同’的胸襟。”

前言

根据统计，台湾有廿余种主要宗教，但实际推估有近百种。经学者调查台湾光是民间信仰的神祇至少有六十五种，合法登记的寺庙教堂一万多家，还有宗教财团法人与宗教社会团体各约有二千家。[②] 众多宗教各有信徒，有些信徒

* 林少雯，玄奘大学宗教研究所硕士。

① 星云大师：《宗教三宝——各有各的爸爸》，2016《世界神明专刊》。

② 王金平：《人神团结 共同祈福 尊重包容 世界和平》，2016《世界神明专刊》。

无分别心地参与多种宗教活动，这是台湾民间宗教信仰的特色之一。“世界神明联谊会”在星云大师号召下，2017 年在佛陀纪念馆举办第八次盛会，普天同庆，寺院、道观、宫庙各显神通；热闹、欢庆、无障碍的交流，多彩多姿地呈现宗教一家亲的包容、和谐及尊重，意义重大。

一、台湾的宗教信仰

台湾的宗教信仰是多元的，从敬天法祖、饮水思源的祖先祭祀、历史悠久的儒、释、道、伊斯兰教信仰，自然神及多神灵的民间信仰等，除了民间信仰没有统一的经典和教义，各宗教各门各派均有各自的教义和仪轨。基督宗教和伊斯兰教在台湾，日久也顺应民情而成为具有台湾风格的宗教。台湾民间信仰宫庙众多，各有其文化底蕴，明清时随大陆移民入台的宗教信仰也逐渐本土化，亲近民众生活，充满活力，信徒众多。各宗教无不教人修身、养性、齐家、行善、劝化、重视因果、广植福田、善有善报、恶有恶报等。

台湾的宗教信仰自由且活泼，除了大家耳熟能详的“家家弥陀佛，户户观世音”的佛教信仰之外，台湾人佛桌上同时供奉妈祖和关帝圣君的大有人在。固有的传统信仰佛教和道教等，为汉移民族群根深蒂固的信仰，佛道不分的情况在台湾很普遍。

民间信仰方面早年随汉移民渡过黑水沟入台的守护神，有千手观音、妈祖、关帝圣君、青山王、开漳圣王、清水祖师、保生大帝、霞海城隍、济公活佛、三山国王、福德正神、城隍爷、文昌帝君、哪吒三太子、财神爷、义民爷等。

根据美国国务院发布的 2006 年度《国际宗教自由报告》显示，就台湾官方发布的信仰人口，佛教与道教为台湾两大主要宗教。在 2300 万台湾人口中佛教徒约有 800 万人（35%），而道教徒约有 755 万人（33%）。另外此统计数据中，佛、道两宗教的信众人数具有相当程度的重叠性。

除了佛、道教之外，在台湾较为普遍的宗教有一贯道、基督新教、天主教及弥勒大道等，信仰人口占总人口 3.5% 至 10% 左右：台湾人口中有 80.5 万人（3.5%）信奉一贯道，59.8 万人（2.6%）为新教徒，29.7 万人（1.3%）为天主教徒，22.9 万人（1%）信奉弥勒大道，5.3 万人（0.2%）为逊尼派穆斯林。另外，有 4% 信仰其他十数种中国传统宗教，如天德教、天帝教、轩辕教等等。除此，新兴宗教摩门教、耶和华见证人、巴哈伊信仰、儒教等广义的宗教信仰也各有数万名以上信徒，并有相当活跃的传教活动。根据《国际宗教自由报告》，研究人员估计现今台湾有将近八成的民众拥有宗教信仰，有超过五成的民众经常参加各类型宗教仪式与庆典，强调自己为无宗教信仰者（并非无神论者）约18%。[①]

大部分台湾人同时信仰佛教与道教。这种融合佛、道的民间宗教，对社会和信徒生活保持着强大的影响力，各地亦有当地盛行的神明祭典。每逢这些节日，地方上都会举办民俗活动，并有神明绕境、大拜拜及各种表演，热闹者更可达两三天甚或更久。信徒众多且具有文化特色的甚至发展出长达一个月或三四个月的活动，如妈祖文化季、保生大帝文化季等，并受到国际瞩目，发展成观光周和观光月。

二、星云大师对宗教的看法

星云大师在《我与神明》[②]一文中，叙述他从小到大接触过宗教的经验。文中提到他对其他宗教信仰的态度："佛教是一个包容性很大的宗教，本意并不排斥神明，只要有历史可考，对民间有益，发心护持正法的护法神，都会给予接纳。"[③]上述说明，清楚地阐释了星云大师对各个宗教信仰的尊重和包容。

星云大师回忆自己小时候接触宗教的经验，他说："我出生之后，就经常和外婆同住，外婆是一个佛道不分的在家善女人，经常到东庙烧香、西庙礼拜，幼年的我也会随她前往参加。听说在我出生一个月后，外婆就建议母亲把我寄托给观音老母做义子，以求平安长大；所以，观音老母应该是我与信仰接触的第一个因缘。"[④]大师在小小年纪即成为观音老母的义子。这种民间信仰也渡海来到台湾，至今仍然流行。家中长辈为求幼儿平安长大，少灾少病，好抚养，很多人家都将孩子给地方上的神明当义子，祈求神明保佑孩子顺利长大成人。这种恭认神明为义父，请求庇佑的年限，大都到孩子满十八岁。在这十多年间，每年神明义父母诞辰，孩子必须去祭拜请安，以表达尊敬。

年纪稍长，稍懂事后，到了该受教育的年龄了，大师说："年纪渐长后，母亲希望把我送进私塾念书，但是碍于家贫，没有能力让我入学。不过，印象中，母亲曾叫我到家里的中堂，礼拜至圣先师孔子为老师；这应该可以算是我接触

---

① 引用网络数据，台湾宗教，2016.02.04，https://zh.wikipedia.org/zh-tw/%E5%8F%B0%E7%81%A3%E5%AE%97%E6%95%99

② 《我与神明》，星云大师，《百年佛缘》，佛光文化，2013.12.02.

③ 同上。

④ 同上。

儒家最初的因缘。”[①] 大师俗家贫困，没能力入学，以中国传统的观念，受教育读的是孔家书，既然没钱去私塾拜师学孔孟思想，大师的母亲直接让他礼拜至圣先师孔子为师。成为儒门弟子，也算是跟儒家结了缘。

不必上学，小小年纪的大师，住在外婆家时，有时间跟随外婆出门，他说：“我童年时，就跟随外婆到处礼拜，接触过很多神道寺庙，经常看到庙里的法师恭敬安奉神明的样子，在潜移默化之下，也就感觉到神明比人伟大，为什么我们不要礼敬祂们呢？”[②]

无法入私塾念书，但爱读书的大师，就去借书回来自修，直到他因缘具足成为一位沙弥。大师说：“我十二岁在栖霞山剃度出家，出家后，我就在栖霞山这座丛林里参学。距离栖霞山不远的一座茅山，有许多年轻的小道士因为没有地方可以供他们念书，就一起来到律学院里寄读，和我们共同学习规矩；当时共读的景象，真可谓‘佛道一家亲’。”[③]

在栖霞山参学期间，星云大师大量阅读中国传统经典、文学书籍、民间小说故事等，少年时期的大师已是一位饱读诗书的沙弥。星云大师说：“我对于《论语》《孟子》《老子》等三教经典，也都能背诵。所以，虽然我对儒、道了解不深，但因接触过，心中留下善美的种子，也就使我日后与儒、道、释三家都能做朋友，互相往来。”[④]

星云大师在对佛陀和神鬼修持的看法上，他认为：“所谓‘有德者为神，无德者为鬼’，神鬼虽然无形，但中国人一向是宁可信其有，也不愿意否定祂的存在。而不同于神明的，佛教的教主佛陀是人，不是神。人有凡人、圣人、佛之分，佛陀已经是一位超越轮回、超越凡圣，至高无上的圣者，而神明道力固有增上，但尚未解脱烦恼，还在六道轮回当中。所以，假如宗教界百家齐鸣的神明们要推选一位领导人，我想应该首推佛陀，不作其他人想了。”但星云大师也说：“佛教徒虽不皈依诸天，也不应排斥神明，对于诸天护持佛法、护佑众生的义举，反而应该心存反馈，给予尊重礼敬，何况拜拜和皈依不同，拜神明是对朋友的尊重，皈依佛陀则是终身的信仰，何必容不下诸天神明呢？”[⑤] 这段文字更显示出星云大师对各宗教的包容和对神明的尊重。

没有信仰，不信有佛道和神鬼存在的人，言语上常会不经意地诋毁有信仰

① 《我与神明》，星云大师，《百年佛缘》，佛光文化，2013.12.02.
② 同上。
③ 同上。
④ 同上。
⑤ 同上。

的人，星云大师认为：“有的人一提到宗教，尤其是民间信仰，就立刻为它戴上‘迷信’的帽子，我倒是觉得，迷信总比‘不信’甚至‘邪信’好。”①信仰，是一种指引，一种认同，一种皈依，一种学习；人能信仰有修持、有德行、有福德的诸佛及神明，可使人在人格和思想上走向谦虚善美并了解因果，对个人、家庭都有帮助，人人有正信，社会能更加祥和。

台湾的可爱和美好，宗教间的相互包容是一大力量，星云大师说：“佛光山在全台湾举办行脚托钵时，所到之处，神道教的宫庙观堂，总是满腔热情地要来迎接佛祖，欢迎僧宝；甚至佛教建寺院，他乐于捐献；佛教办事业，他发心参与。神明都没有排斥佛教了，为什么佛教要舍弃他们呢？我们不也应该奉行佛陀所说的‘不舍弃任何一个众生’吗？”②

基于台湾的信仰自由和宗教多元性，各宗教间的和谐尊重和交流显得更为重要，于是星云大师发起神明联谊会的活动，他说：“距离佛光山开山四十多年后，二〇一一年十二月二十五日佛陀纪念馆落成，在为期一个礼拜的落成系列活动中，我们隆重地欢迎了各地神明共襄盛举。七天的活动当中，有关圣帝君、天上圣母、福德正神、济公禅师、五路财神、三太子、七爷八爷、温府千岁、千里眼、顺风耳等各路神明，引领着各自的信徒，一路敲锣击鼓，浩浩荡荡地来到佛馆参加活动，与佛陀结缘。”③

佛光山有这样的大肚量，又有世界级的场地和设施，星云大师认为这不是佛光山独有，而是十方大众共有的，因此由他来发起，让全台甚至全球的各宗教都来联谊交流，促进彼此的了解，也增进感情。大师又说：“同年的八月二十三日，由文建会主办，国际佛光会协办，在佛陀纪念馆举办的‘爱与和平宗教祈福大会’，基督教、天主教、道教、一贯道、回教、轩辕教、天帝教、天德教等各宗教代表，也都受邀出席这项活动。”④这样的盛会，让宗教领袖齐聚一堂，可见佛馆的功能强大。

星云大师说：“世界上的宗教，虽然各有信仰的对象，但无论是耶稣、穆罕默德、孔子或是地方神祇，都是源自人的心，只要信者心中认定的就是最好。例如，你相信天公，天公就是最崇高；你相信土地公，土地公就是最伟大。我们不必以心中认定的‘本尊’，去排斥别人的信仰，宗教之间相互融合，和平共

① 《我与神明》，星云大师，《百年佛缘》，佛光文化，2013.12.02.
② 同上。
③ 同上。
④ 同上。

存，才能不失其追求真善美的本质。”[①] 抱持这样的观念，你信你的，我信我的，大家信的都是最好的，何需相互诋毁和排斥，应尊重和包容对方，并和平相处。教徒间和谐，宗教不冲突，社会自然祥和许多。这观念在家庭、社会和宗教信仰中都适用。大师又说：“记得有一次，天主教的罗光主教在台北天主教公署举办‘宗教联谊会’，有人提到‘三教一家’‘五教同源’的问题，我就问罗光主教说：‘如果现在把释迦牟尼佛、神明、耶稣、孔子、穆罕默德、老子供在一起，您愿意拜吗？’他说：‘我拜不下去！’可见宗教实际上是难以混合在一起的。”[②] 这段文字印证了前段的说法。大师又补充，他说：“我认为，教主不必相同，耶稣就是耶稣，佛祖就是佛祖，就如同你有你的爸爸、我有我的爸爸；教义不必相同，好比学科不同，文学就是文学、科学就是科学，但是教徒之间则可以互相来往，彼此做朋友。”[③]

从星云大师的文章中，看出他对宗教信仰的态度，是宽容和尊重的，但是，他强调：“关于宗教信仰，我不是一个三教九流不分的人，对于佛陀的崇高神圣，也早已在内心里建设了佛的世界，但是为了希望天下苍生不要排斥、对立，能以和谐和平、幸福安乐为人类共同追求的愿景，只有写下这一篇文章，略表七八十年来在宗教旅程中的一些看法。”[④]

星云大师在《百年佛缘》套书“我与神明”一文中所阐释的对各宗教的看法，是包容和尊重兼容并蓄的。

三、世界神明联谊会缘起及现况

世界神明联谊举办多年，从活动名称来看，已臻国际化，海外参与的宗教团体日众，台湾的宫庙、神尊、信众等也愈来愈多，海内外各宗教团体齐聚一堂，深层体验丰富多彩的中华文化。

佛陀一生与民间宗教、诸天神明都有很深厚的因缘，神明联谊会也抱持“同中存异，异中求同”宗教融和之广度，成为现代社会发展中，人与人、宗教与宗教之间友善互动的重要一环。此盛会看似宗教性联谊，却代表着人间佛教“无我”的服务理念，透过多元文化、艺术、教育来呈现这种活动，产生了

① 《我与神明》，星云大师，《百年佛缘》，佛光文化，2013.12.02.
② 同上。
③ 同上。
④ 同上。

人与人之间重要的互动联系，在不同的信仰中，彼此做了和谐的交融。[①]星云大师在2014年神明联会中，以“5根指头争大小”的故事比喻，他说：“5根指头，可分可合、能开能合，才是常态，才能发挥力量；不论是信仰、学术或两岸，都应怀抱‘同中存异、异中求同’的胸襟。”是以，大家都感受到星云大师“无缘大慈，同体大悲”尊重包容的伟大胸襟。神明及佛教，都是以“人”为本怀，透过世界神明联谊，增长人与人之间的生命宽广度；凝聚各种信仰力量、祈愿人们心灵净化；请佛祖及神明加持国泰民安、消灾除难，让世界宗教和谐共荣。[②]

这举世罕见的宗教盛会，是台湾傲视全球的纪录。“世界神明联谊会”的缘起，略述如下：

佛光山佛陀纪念馆是一座享誉全世界的国际博物馆，于2011年12月25日落成启用。佛光山开山星云大师说：“佛陀纪念馆是历史的建设，是人心的建设。它是十方的，是大众的，只要有人需要它，谁都可以来亲近它。

为了祈求国泰民安、风调雨顺，更源于对人类福祉、众生平等的追求，以及各宗教之间相互尊重与包容，星云大师于2011年发起神明朝山联谊会，2014年又发起成立“中华传统宗教总会”。历年来择于12月25日在佛陀纪念馆举办“世界神明朝山联谊会”，敬邀各友宫坛、会、堂之神尊、诸阵头及善信一同来佛馆联谊，其表现的内涵，是文化的、艺术的、教育的、美学的、生活的、宗教的经典盛会，借着各种信仰力量的凝聚，祈愿人们心灵净化、消除灾难、普度众生。

神明朝山联谊已臻国际化，其影响力逐步由本土至两岸、亚洲至欧洲，从民间信仰乃至儒家、道教，以佛教包容之广度，进而与全世界各个宗教信仰接轨，往来交流。

活动目标朝向“台湾观光文化、人类非物质文化遗产、世界神明嘉年华会、世界宗教艺术盛典迈进，让台湾亮起来、世界走进来，让高雄成为世界的新舞台”。[③]

从2011年开始不论佛、道、儒、民间信仰、一贯道，甚至天主教、基督教，

① 《世界神明朝山联谊会代表着人间佛教“无我”的服务理念》，人间社，2014年12月。

② 同上。

③ 《神明朝山联谊活动缘起˙活动目标》，《世界神明朝山联谊会专刊》，2015年12月。

来自世界各地不同信仰群众，每年十二月二十五日，跟随崇信的神明齐聚佛馆，参加一年一度的“神明联谊会”。此联谊会从无到有，至今已第八次举办，中间有些不足及待修正的地方，佛光山均虔诚聆听并从善如流一一改进。神明联谊会草创初期，彼此对不同宗派的仪轨、习俗不熟悉，某些细节难免无法尽如人意。随着交流愈加频繁，认识愈加深刻，活动质感不断提升。文史工作者陈耀中参与此盛会多年，他提出几点观察所得：

一、活动名称更替：最明显改变，莫过于名称递嬗；从一开始“神明朝山”“神明朝山联谊会”到今年“世界神明联谊会”，看见主办单位包容异见，将带有上对下意味的“神明朝山”去除，修正成尊重与普罗化的“神明联谊会”，更符合活动的内涵与意义。

二、进场动线的润饰：神明联谊会令人印象深刻的是井然有序，这归功于佛光山护法金刚的协助。起初各方团体依序步向本馆，去年主办单位在菩提大道安排“接驾娘伞”，对每支队伍行大礼；娘伞是神明出巡时的前导，等同神驾，有些宫庙甚至全由娘伞代为行礼，可见一斑。诸神队伍汇聚本馆时，进行“拜庙”仪式，这是民间信仰客人向主人致意的表现。前几届动线规划，馆前未有人员管制，摄影者占据门前，形成众神向人群行礼，甚为不妥。去年起，本馆前设坛安奉佛祖圣像，让诸神拜庙行礼，更加庄严，十足展现佛馆对神明联谊会的重视。

三、内容质感提升：以往活动着重神明齐聚，在大觉堂召开交流会议，随行人员在佛馆空等。之后主办单位于广场按阵头、戏团演出，让群众坐下来欣赏表演，辅以馆内展览，动静兼顾。[①]

从以上叙述，可见这几年来世界神明联谊会从名称到活动流程安排等，都从陌生到熟练，并渐臻圆融和完善，让参与此盛会的其他宗教和神明更感尊荣。

四、世界神明联谊会缔造世界新纪录

参加过神明联谊会的信众们，都体验过盛会的热情有劲，现场锣鼓喧天，鼓舞人心。百顶神轿、百余艺阵、超过五百大宫庙、千余神尊在佛光山佛陀纪念馆会香。“搭神轿、骑王马、腾云驾雾来会香；好神气、好神祭、千神万佛来联谊”，真是盛况空前。2015 年并同时举办的活动有传统工艺美术成果展、摄

① 陈耀中：《世界神明联谊会回响》，《人间福报》，2016.12.26.

影比赛、吴兴国经典京剧歌舞剧、明华园天字戏剧团及娘伞、宋江阵、大鼓队、醒狮团、观音大士舞蹈、十二将军爷等六大阵头表演。[①] 2016 年更有河南越调剧团《老子》演出。并有“遇见·修炼·重现——台湾宗教遗产保存修复特展”。这是文化部门运用科学方法与修复技术，对宫庙建筑、神明、彩绘壁画之修复工作与文物保存的见证，凸显宗教遗产珍贵之重要性。这次特展以“众神殿堂、光明化域、移动行宫、法相庄严、神明绣衣、觉路宏开、绝妙说法、天上人间”等八大主题，呈现宗教建筑、神像神衣、彩绘壁画等文化精髓，同时结合台湾各地庙宇和博物馆的展品，包括历史博物馆、艋舺龙山寺、北港朝天宫、新港奉天宫和世界宗教博物馆等处，借以唤起民众对宗教遗产保护及修复的重视。[②] 2016 年起举办“世界神明联谊会”时，佛馆均会将镇馆之宝佛牙舍利迎请下来，近距离让社会大德瞻仰礼拜，并连续开放七天。

万众迎神，千神拜佛，气势磅礴，传统与现代科技的宗教结合激发出文创的火花，天主、神明和佛祖在佛馆跨界对话，不同教派、仪轨、艺阵相互观摩。期望借此活动，增长人们生命的宽度与厚度，同时替台湾打造一个崭新的“神明朝山联谊观光周。”[③] 别开生面的“世界神明联谊会”,宛如宗教文化嘉年华会，让参与者及来馆的游客目睹多元文化的宗教庆典。

《星洲日报》专栏作者许俊杰在“圣母圣婴到佛馆庆祝圣诞节”一文中，记录这个真正体现尊重、包容、平等、和谐的神明联谊会。山东大学佛教研究中心教授陈坚拜读星云大师《神明朝山联谊会》后，撰文写道：“台湾一道最为温馨美丽的独特风景线，这道独特风景线中最为光彩夺目的一环，便是星云大师领导的佛光山所举办的神明联谊会。”[④]

神明联谊会不仅是一场宗教活动，也同时让大众观赏体会蕴含深厚的民间艺术文化展演。释、儒、道不同信仰齐聚一堂，在华人社会广受尊崇礼拜的重要神尊玉皇大帝、神农大帝、孚佑帝君、天上圣母妈祖、关圣帝君、保生大帝等，都赶赴盛会。

神明联谊会从台湾本土为起点，扩展至两岸，乃至亚洲、欧洲地区，成为世界性的宗教联谊活动，这股宗教正向能量不断地散发光热，真正达到了“人天欢喜”“宗教和谐”的目标。

---

① 苏正国:《2015 世界神明朝山联谊会精神特色》,《2015 世界神明朝山联谊会》专刊 2015 年 12 月。

② 同上。

③ 同上。

④ 《历年世界神明联谊会精彩回顾》,《2016 世界神明联谊会专刊》，2016 年 12 月。

“世界神明联谊会”活动接近尾声时，各宫庙聚集菩提广场，参加以佛教方式举行的祈福法会，清净的梵呗声回荡于广场中，法音宣流，启悟人心的善美与慈悲。神明辞驾回鸾时，主办单位则随顺民间礼仪，准备了香炉，让神明过炉回鸾。整个活动的仪式，在互相尊重、包容中，有别于一般宗教活动的仪式，更重要的是借着各种信仰力量的凝聚，一同为促进社会和谐、世界和平而努力。①

如此盛会，让刚好来佛陀纪念馆以败和观光的游客大感惊艳，因为能同时邂逅各宗教齐聚一堂及精彩的展演，还真让人大开眼界。

“世界神明联谊会”除了展现各宗教文化资产保存的一面，更让民众了解教堂、宫庙、寺院等宗教圣地，不只是信仰而已，也蕴含历史脉络、文化艺术、民俗风情等不同层次的时代风华，进而让信仰延续不断，宗教大融合、人心大团结，世界和平指日可待。②

2016年的盛会，经“世界纪录协会”初审通过“世界最多宫庙教堂参加的全球多元宗教联谊会——2016世界神明联谊会”为非物质文化遗产——记录了同日同地达500家以上宫庙及教堂，于12月25日现场认证，共创世界纪录，这无上殊荣，令人欢欣鼓舞。

五、结论

每年12月25日于佛馆举办的“世界神明联谊会”，去年更扩大联谊规模，有法国犹太教、英国伊斯兰教、巴西天主教以及菲律宾、马来西亚、新加坡、港澳与海峡两岸的基督教、佛教、道教、儒教等团体，共同参与“2017世界神明联谊会”，各宗教代表为“爱与和平祈福音乐会”献唱，用音声赞颂，为世界和平祈福。

“世界神明联谊会”已迈入第7年、第8次举办，有700家宫庙、近2000尊神尊参与。全世界第二大天主教教堂、巴西圣母院供奉的“黑圣母”阿帕雷西达(Aparecida)，蒙教宗批准来台，接受挂牌，并与各神尊一同接受民众的礼拜。此外，英国最大的清真寺东伦敦清真寺以及来自多元宗教区对话城市法国碧西市的犹太教，都有代表莅临盛会。香港三教融合的啬色园黄大仙祠以及大

① 《历年世界神明联谊会精彩回顾》，《2016世界神明联谊会专刊》，2016年12月。

② 苏正国：《2016世界神明联谊会缔造世界新纪录》，《2016世界神明联谊会专刊》，2016年12月。

陆湖北省道教协会，均为首度参加。

来自大陆、港澳地区、新加坡、菲律宾、泰国、马来西亚等各地的宗教领袖都来共襄盛举，尤其是世界各大妈祖庙、关圣帝君祖庙以及其他神尊祖庙都来会香，有些七八百年国宝神尊都法驾会场。

2016 年在佛光山佛陀纪念馆本馆大觉堂所举行的“宗教联谊会”，是宗教间面对面相互了解和尊重的桥梁。大觉堂内，星云大师与各宗教代表进行友善交流联谊，出席盛会的宗教代表有：“中华道教联合总会”、台湾圣功修女会、香港孔教学院、一贯道宝光建德神威天台山道场、海峡两岸炎帝神农文化交流协会、菲律宾最古老的天主教圣婴大教堂、马来西亚万寿宫等团体，各宗教以歌声来礼赞其教主，表达对信仰的虔敬之心。①

释、儒、道三教，是中华文化灵魂所在，也成为传统文化重要的一环，都是中华文化不可分割的部分。神明联谊会目标之一为促进宗教和谐，和谐即是相互尊重，尊重信仰差异、尊重仪轨特性、尊重文化禁忌，就不会产生冲突。神明联谊提供了宗教的交流平台，在这平台上，各宗教友好互动；如同五根指头，可分可合才能发挥力量。

台湾宫庙文化深入在地，组成分子草根性较强，邀约各流派神明赴佛馆聚会，绝非易事。若不是星云大师心包太虚以及佛光山各别分院平日深耕地方，与宫庙维系良好关系，如何能让宫庙人士情义相挺，连众神明也以圣筊批准赴佛馆联谊，甚至虎尾广云宫的神尊还出签诗指示：“佛光山是佛教圣地，指示与会信众不能抽烟、赌博、嚼槟榔、喝酒。”

释、儒、道、基督等各路神佛汇聚一处，堪称是宗教史上的一大突破，不但通过非物质文化遗产的认证，同时象征台湾宗教多样性及团结。况且神明联谊会举办所在地佛陀纪念馆，是汇集百万人士、千家寺院所建成的宗教圣地。神明联谊之于非物质文化，佛馆则之于物质性建筑，两者皆展现信仰不分你我、众志成城的凝聚力，实属当今世界瑰宝。②

“中华传统宗教总会长”王金平总结时表示，宗教联谊是盛事，他以星云大师送他的“非、理、法、权、天”五字诀分享，天有天理，天代表一切，表明大师致力于宗教交流，倡导自由、平等、和谐，让众人揪感心的情怀，认为中华传统文化是两岸和平的韧带，大师以智慧、慈悲，依照佛陀教化的精神，引

① 苏正国：《2016 世界神明联谊会缔造世界新纪录》，《2016 世界神明联谊会专刊》，2016 年 12 月。

② 郭书宏：《看人间神明联谊致融和　世界和平契机》，《人间福报》，2016-12-30

导众人互相尊重包容的平等胸怀，值得赞扬。①

正如“世界神明朝山联谊会”在缘起章中所言，此盛会每年由佛光山敬邀各友宫坛、会、堂之神尊、诸阵头及善信一同来佛馆联谊，其表现的内涵，是文化的、艺术的、教育的、美学的、生活的、宗教的经典盛会，借着各种信仰力量的凝聚，祈愿人们心灵净化、消除灾难、普度众生。活动目标朝向“台湾观光文化、人类非物质文化遗产、世界神明嘉年华会、世界宗教艺术盛典”迈进，让台湾亮起来、世界走进来。②

2016年的“世界神明联谊会”圆满成就，并创下世界纪录，期待年年的盛会都圆融圆满，让全世界人们所信仰的宗教及神明，一起来保佑天下苍生，让全球各地处处风调雨顺，社会安和乐利，人人幸福美满。2017年的“世界神明联谊会”再次实践了各宗教的交流与对话，引起学术界关注。包括“中研院”、台大、政大、佛光、南华和慈济大学等高等学府专家学者撰述论文，将所观察到的宗教融合景象，穿越宗教、文化、历史、地域和人心，彰显爱与和平的普世价值。

① 陈美玉：《中华传统宗教总会会员大会　宗教交流世界更美好》，《人间社》2016.06.11

② 《神明朝山联谊活动缘起·活动目标》，《世界神明朝山联谊会专刊》，2015年12月。

张燮《东西洋考》中的台湾书写

于　婧*

张燮于万历丁巳年写成《东西洋考》，收录于《四库全书》中，成为明代书写台湾的流传最广的作品。其中《东番考》记录了北部台湾基隆、淡水一代的地理、物产、少数民族生活情况、贸易情况等内容，描绘了台湾岛明末的生动图景。《税珰考》谈及了税珰高寀收取贿赂通“红毛夷”的卖国行为。《东番考》不但具有史学价值，从文学的角度看，它满足了大陆读者猎奇海外的心理，叙述诙谐幽默，对当时从事海外贸易的商人极具参考作用，反映了明末文学的审美特征。

一、张燮与《东西洋考》的创作背景

《东西洋考》提要中介绍了本书的作者张燮：“燮，字绍和，龙溪人，自署海滨逸史。盖布衣也。是书成于万历丁巳，仿宋赵汝适《诸蕃志》例，惟载海国之通互市者。”张燮是福建漳州龙溪人，家学渊源颇为深厚，曾祖张绰、伯父张廷栋、父亲张廷榜皆为进士，父亲曾任太平知县、镇江丞。

张燮生于明万历元年（1573），卒于明崇祯十三年（1640）年，享年66岁。他自幼博览群书，于万历二十二（1594）年中举人。不过明朝中后期政治日益腐坏，张燮目睹父亲为官清廉，却被无故罢官，深知朝政腐坏，不必执着于考取功名流连仕途。

张燮归乡耕耘三十年，设馆授徒，积极著书立说，立德立言。他与蒋孟育、高克正、林茂桂、王志远、郑怀魁、陈翼飞等七人结社于芝山，合称“七才

* 于婧，闽南师范大学闽南文化研究院博士、泉州幼儿师范高等专科学校教师。

子”。[1] 张燮的学识和人品得到了社会的充分肯定，在福建享有很高的声望，黄道周对他赞许有佳，自谦才华比不上张燮。[2]

晚明福建社会商品经济十分发达，海外贸易在经济中的比重不断加大，民众的观念也在发生改变。从传统的重农抑商观念中挣脱出来，甚至不再固守原有的社会地位高低的观念，重视钱财利益带给生活的实质改变。

明代福建的小商品制造业远超宋代，商品市场也比前代开阔。到了晚明，中国已经成为环球航线中的一个重要交易地。福建生产的陶器、白糖、纸张、生丝、雨伞等小商品很容易在海外找到市场。漳州的制糖业、制烟也已经形成了一定规模。万历《漳州府志》中甚至出现了鼓励消费的观点：“然一家之繁费，十家取给焉。……若者竟日阿堵，贫民不得不名一钱，出孔甚悭，入孔甚溢，复何益于人世哉。”[3] 其中说到有钱人的钱财取之于社会，应当用之以消费，才能使货币流通，贫民受益。晚明的福建社会中已经形成了一定的商业社会观念，社会风气也趋于浮靡，漳州人为了乡里颜面，纷纷修缮房屋，“人无贵贱，多衣锦绣”。这样的现象既由商品经济而起，又促进了商品经济的进一步发展。

明代中晚期漳州海澄的商人群体不断扩大，在月港，几乎无人不商。在这样的历史背景下，张燮应海澄知县陶镕和漳州府司理萧基、督饷别驾王起宗之邀，撰写《东西洋考》，主要目的是为海澄等地的商人提供与东南亚各国贸易参考。

《东西洋考》写于万历丁巳年，也就是1617年，后收录于《四库全书》中。《四库全书总目提要》有对其内容的概括：

是书成于万历丁巳，仿宋赵汝适《诸蕃志》例，惟载海国之通互市者。首《西洋考》，凡十五国，又附录者四；次《东洋考》，凡七国，又附录者十二；次《外纪考》，为日本及红毛番。不通贡市，故别著之；次《税饷考》，分《水编》《陆编》《职官》《公署》四子目；次《舟师考》，分《内港水程二洋针路》《祭祀》《占验》《水醒水忌》《定日》《恶风》《潮汐》七子目；次《税珰考》，纪神宗时内官高寀通番蠹国，劫官扰民始末最详；次《艺文》；次《逸事考》。其例

① （康熙）《龙溪县志》卷八《文苑·张燮传》：“张燮，字绍和，廷榜之子 。万历甲午举人，聪明敏慧，博极书，结社芝山之麓，与蒋孟育、高克正、林茂桂、王志远、郑怀魁、陈翼飞称‘七才子’。”

② （清）张廷玉《明史》卷二百五十五第一百四十三，黄道周言：“志尚高雅，博学多通，不如华亭布衣陈继儒、龙溪举人张燮。”

③ 袁业泗等：万历《漳州府志》卷二十六，风土志，第5页。

于交址、占城、暹罗、彭亨、吕宋、苏禄名与古同者，仍用古名，他若瓜哇之为下港，柬埔塞之为真腊，大泥之为勃泥，旧港之为三佛齐，马六甲之为满刺加，哑齐之为苏门答刺，思吉港之为苏吉，丹迟闷之为吉里地，间文莱之为婆罗，猫里务之为合猫里，则并从今名，使通俗易检。[①]

其中的“东西洋”以婆罗洲（今加里曼丹岛，史籍称为“婆利”“勃泥”“渤泥”“婆罗”等）为界，婆罗洲以西称西洋，婆罗洲以东称东洋，郑和下西洋的“西洋”指的就是婆罗洲以西的区域。

二、《东西洋考》中的台湾书写

《东番考》为《东西洋考》其中一章，介绍了北部台湾基隆、淡水一代的风土人情和贸易情况，共一千五百余字。张燮特意在《东番考》标题旁注明，东番，即台湾岛“不在东西洋之数附列于此”。在结尾“论曰”中说，比起“鸡笼虽未称国，自门外要地，故列之附庸焉”。[②]说明这个地区与其他东南亚国家不同，离祖国大陆非常近，是一个重要的地区，但没有形成国家，不能与东南亚其他国家相提并论。《东番记》中介绍了当地的风土人情、形胜物产、贸易情况，在《税珰考》一篇中揭露了福建税监高宷在福建的恶行，其中说到了他收取荷兰人贿赂，无视主权，支持“互市”的事件。本文将张燮关于台湾的书写内容分类进行阐述。

（一）介绍台湾少数民族的生活习俗

做生意最重要的是与人打交道，讲述当地人的生活习俗在《东番记》中所占比重最重。“鸡笼山、淡水洋，在彭湖屿之东北，故名北港，又名东番云。深山大泽，聚落星散，凡十五社（名山记云：社或千人，或五六百）。”[③]澎湖当时归属明朝管辖，此处以澎湖作为参照。当时这个区域的少数民族人口有一万至一万五千人。“东番”住民在生活中有诸多与汉族华人相异的习俗，文中有生动的介绍。

其一，少数民族的服饰习惯。

① 《四库全书总目提要》卷七十一史部二十七《东西洋考》· 十二卷（江苏巡抚采进本）.

② 张燮著 . 谢方点校：《东西洋考》，北京：中华书局 .1981 年版，第 104 页 .

③ 张燮著 . 谢方点校：《东西洋考》，北京：中华书局 .1981 年版，第 104 页 .

在服饰习惯上，他们“男女椎髻于脑后，裸逐无所避；女或结草裙蔽体。人遇长老，则背身而立，俟过乃行。……长者为里衣，而短者蒙其外。凡十余袭，如襜帷，扬之以示豪侈，别去仍挂于壁，裸逐如初。男子穿耳，女子断齿，（女年十五，断唇两旁二齿）以此为饰。手足则刺纹为华美。”[①]

当地土著居民穿耳断齿，不以裸露为羞耻。他们有长幼尊卑秩序，表现在遇到长老，背身而立，等长老通过后方才同行。

其二，少数民族的嫁娶习俗。

东番土著居民的婚俗也与大陆社会相异，男女自由恋爱。男子于夜晚来到女方住处，吹口琴表达爱意，如果情投意合，女子便会留宿男子。直到有了子嗣，才一同回到男方家生活。这种习俗对儒家道统影响下的社会来说是非常新奇的。

> 男子惟女所悦，娶则视女可室者，遗以玛瑙一双，女不受则他往，受则夜抵其家，弹口琴挑之；口琴、薄铁所制，啮而鼓之，铮铮有声。女延之宿，未明便去，不谒女父母。自是宵来晨去，必以星。迨产子，始往婿家，迎婿，婿始见女父母；或云既留为婿，则投以一箒、一锄，佣作女家，有子然后归。[②]

由此可见，明代中期的台湾社会，还保留类似母系氏族社会的走婚习俗。妇女不在家中生产，在屋外拄杖跪地分娩，将刚出生的婴儿在溪水中洗干净。

其三，独特的丧葬习俗。

更加特别的是丧葬习俗：“人死以荆榛烧坎，刳尸烘之，环匍而哭。既干，将归以藏，有祭，则下所烘。居数世一易地，乃悉污其宫而埋于土。”[③]在处理死者上，时人用当地的丛生灌木“荆榛”焚烧尸体，焚烧之前还要将尸体进行处理（“刳”意为剖开后再挖空），将尸体烘干之后再储藏。居住几代之后如果要搬迁，再将存放尸体的地方填埋。这是其他地区没有的丧葬习俗。

其四，勇敢彪悍的性格。文中描述的东番人勇敢无畏，在械斗中能够挺身而出慷慨赴死。“村落相仇，订兵期而后战，勇者数人前跳，被杀则皆溃。其杀人者贺之曰：壮士，前杀人也。见杀者，亦贺之曰：壮士，前故见杀也。”但仇

① 张燮著．谢方点校：《东西洋考》，北京：中华书局．1981年版，第105页．
② 张燮著．谢方点校：《东西洋考》，北京：中华书局．1981年版，第105页．
③ 张燮著．谢方点校：《东西洋考》，北京：中华书局．1981年版，第105页．

恨持续的时间并不长，“次日即解嫌，和好如初”[①]。令人觉得“东番”人并不是野蛮不可亲近，相反还有点拙得可爱。

（二）形胜物产

其一，地理环境。本文描述的“东番”不是台湾全岛，主要是台湾北部地区。在文中有“形胜”一项，列举了璜山（硫黄气，每作火光，沿山躲铄）沙巴里、大帮坑、大圆、尧港几项，没有做详细描述。台湾北部地区盛产硫黄，现在北投地区仍以硫黄温泉驰名，清代郁永和奉旨采购硫黄，写下《裨海纪游》，其中也描述了台湾北部产硫黄的情况。这个地区与福建漳州的距离很近，亦是倭寇经常活动的区域。文中所描述的景物更符合台北地区的风貌。

其二，经济作物。主要的物产有薏苡、甘藷、椰、佛手柑、稻禾、竹子等，当地人也会酿酒。这里详细介绍了东番经济作物与祖国大陆不同之处。薏苡为多年生草本植物，果为卵形，灰白色，状如珍珠，可供食用、药用。亦称“薏米”“薏仁米”“苡米”“苡仁”。甘藷为今天所称的“甘薯”，我国现已是世界最大的甘薯产区，是中国人餐桌上常见的经济作物。甘薯原产于美洲中部，由西班牙人带到菲律宾等国家播种。西班牙人视甘薯为奇货，不允许携带出境种植。明朝万历年间，由在菲律宾经商的福建长乐商人陈振龙设计带出菲律宾，传入福建地区种植。所以本文写成据甘薯在闽海地区种植不过 20 余年时间，甘薯对于福建老百姓来说仍不普遍，故专列论之。椰子、佛手柑、竹子略之。台湾的稻米“粒比中华稍长”。

其三，捕鹿贸易。鹿皮是明代台湾最重要的贸易货品之一，荷兰、日本人在台湾获取鹿皮进行贸易。1638 年出口日本的鹿皮最多，达到十五万余张。其余各年出口的数量也在七八万张左右。当地住民皆以鹿皮贸易为业，其中少数民族是捕鹿的主要力量。东番人捕鹿，食鹿肉、内脏，甚至是鹿肠内未消化的新草。他们捕鹿技术高超：“其人精用镖、竹棅，铁镞长五尺九咫，铦甚，携以自随；试鹿鹿毙，试虎虎毙，居常，禁不得私捕鹿，冬鹿群出，则约百许人即之，镖发命中，所获连山。社社无不饱鹿者。”[②]

其四，贸易事件。鸡笼山、淡水洋在台湾北部。两地距离虽近，在地居民的性格却大不相同。“淡水人贫，然售易平直。鸡笼人差富而悭。”淡水人贫穷，但做买卖简单直爽。基隆人富裕，但也比较小气。“夷人舟至，无长幼皆索微

① 张燮著．谢方点校：《东西洋考》，北京：中华书局 .1981 年版，第 106 页

② 张燮著．谢方点校：《东西洋考》，北京：中华书局 .1981 年版，第 105 页 .

赠。”但无论贫富，在荷兰人、西班牙人的船靠岸的时候，男女老少都会出来要小礼物。岛民热情好客，“至商人上山，诸所尝识面者，辄踊跃延致彼家，以酒食待我。绝岛好客，亦自疏莽有韵”。

《税珰考》一篇记载了高寀通红毛夷事件，事关今台湾澎湖地区。“税珰”意为掌管税收的宦官，此处指的是高寀。高寀于万历二十七年（1599）起受到朝廷指派督理赋税事务，他在福建胡作非为，万历四十二年周起元上《参税珰高寀疏》后，高寀被召回京。1617年6月，也就是本书刊印之年，沈有容将军在东沙岛（今东莒岛，属马祖管辖）生擒倭寇67人，获首级两枚，我方未伤一卒。闽县人董应举将此事迹刻“擒倭海石铭”于东沙岛西南大埔聚落一块天然海石上，象征着我国捍卫领海主权的决心。高寀贪图利益，无视领土主权问题，接受了荷兰人的贿赂，竟然上书朝廷为其请命互市。沈有容坚决捍卫祖国的领土完整和海域安全，驳回了麻韦郎的互市要求，要求荷兰人撤出澎湖。高寀在得知荷兰人撤离的消息，竟然还捶胸顿足曰参将施德政坏其好事。

综上，无论是走婚制度，还是群居捕猎的习俗，都可以看出17世纪初台湾的少数民族社会仍保留了大量原始氏族社会的生活习惯。当时的台湾是一片正在被开发的处女地。大陆移民在荷兰人来到台湾之前，已经在台湾耕耘并形成族群。曹永和在《台湾早起历史研究》中提及，明代屡次下达通番禁海令，也不能杜绝居民望海谋生。福建沿海的居民迫于生存压力，往往铤而走险出海捕鱼。所以大批渔民活跃在台湾海峡之上。在嘉靖、隆庆、万历年间，沿海居民来台捕鱼者渐多，和台湾土著居民建立了友好的“汉番交易”关系。隆庆元年开海禁之后，明政府还曾管给商渔船引。这一时期，汉人在台湾的商渔贸易活动日渐频繁。

在荷兰人的档案中记载，崇祯十年（1637），自金门、烈屿、厦门等地来台的渔船已有三四百艘，渔人有六千至一万人。这些汉人成为早期到达台湾耕耘的先行者，他们不但从事捕鱼，也从事商业贸易，与台湾在地土著交易米、盐和杂货，换取狩猎物。在利益的驱使下，越来越多的汉人来到台湾进行贸易，不免触犯当时台湾的掌权者荷兰人的利益。荷兰人驱赶土人，放逐汉人，企图控制鹿皮等贸易资源。明朝政府已经明确了对澎湖地区的管辖，坚决不允许荷兰人踏足我国领土，以贸易为幌子侵占我国的土地。

三、《东西洋考》的文学价值

诸多学者从史学的角度论证了《东西洋考》的价值，它反映了16—17世纪初东南亚各国的历史、风俗、人情，并对福建漳州地区的贸易情况保留了大量可贵的历史资料。明确了我国海洋版图的界限，记录了华人在东南亚各国的生活情况，是正史的宝贵补充。但是，完全从史学的角度来看待这部作品，其中也不乏缺失之处。

《四库全书总目提要》中对《东西洋考》的弊端评价为：

每国先列沿革事迹，多与诸史相出入。如占城即古林邑，而《五代史》以为自古未通之类，亦颇有改正。大致与《明一统志》略同，而稍益以诸书。如闽部疏之误记燕窝菜，及小葛罗误称吉兰丹之类，咸附辨之。次列海船交易之例，则皆采自海师贾客之口，为传记之所未详。其《税珰》一篇，言利弊最悉。《水程针路》诸篇，尤切于实用。惟明代控制外番，至为无术。无事则百计以渔利，有变则委曲以苟安，事事可为炯戒。而篇末诸论，乃称功颂德，曲笔实多，盖当时臣子之词，置而不论可矣。

《四库全书》站在清朝的立场看待前朝人之作，不免在观点上要带上朝代的政治特征。论及《东西洋考》中的曲笔，观点和原因如下：一是考证不够严谨，谈及各国历史沿革之事，多与诸史相出入。二是，有些事例出自“海师贾客”之口，有道听途说之嫌。三是，清政府认为明朝在外事方面没有什么建树，《东西洋考》有歌功颂德之嫌。四是，清代的禁海政策的背景下，海洋贸易并不受肯定和鼓励。但《东西洋考》不是官修之书，而是张燮的个人文集，民间刊刻，故不免带上民间文学的特点。

首先，《东番记》是基于现实材料的文学创作。

张燮写此书的意图在于，福建沿海在当时已经成为中国海上贸易的中心，漳州、泉州很多人依赖与东南亚国家通商。明政府开海禁之后，月港成为最大的贸易港口。传统的经济结构发生了改变，张燮也有意愿记录与服务这种改变。

另外，在16世纪中叶荷西海上殖民活动兴起之后，东南亚各国贸易受到了威胁。张燮应海澄县令之邀撰写此书，目的在于给商人提供参考之用。郑镛在

《张燮与〈东西洋考〉》一文中称其为“通商指南性质的书”[①]，更接近《东西洋考》的实际定位。

张燮在撰写《东番记》时，参考了陈第的《东番记》、《名山记》（作者不可考，一说为陈第）等文。张燮在《东西洋考·凡例》中自叙，本书资料来源是“抵报所抄传，与故老所诵述，下及估客舟人。”[②]

对比陈第的《东番记》不难看出张燮对内容做出了筛选和编辑，更加突出为商服务的主题。作家在创作时，也会不自觉地接受读者期待视野的影响甚至引导，这意味着作家从来都不是在历史或者社会之外写作。张燮在采集材料后，根据创作意图删减改编，这些故事带上了“守门人”的痕迹。

其次，本书明显带有俗文学的特性，满足内陆居民猎奇的心理。表现在迎合读者受众，具有幽默性，不避讳道听途说和虚构上。张燮作为讲故事的人，采取了迎合受众的写法。

作者选取的例子的幽默性。比如在谈及狩猎，表现当地少数民族狩猎工具威力无比，作者用“试鹿鹿毙，试虎虎毙”来形容。有一处，作者通过对比形成反差来营造幽默的效果。“笃嗜鹿肠，剖其肠中新咽草旨噉之，名百草膏。”与“见华人食鸡、雉，辄呕。”相对比，写出了当地少数民族食肠中之物而不解汉族人为何吃禽类，感觉想要呕吐，颇有新鲜感和幽默意味。

最后，《东西洋考》的不足之处。东番记当中对当地少数民族的描述，生动地记载了17世纪台湾尚处于原始社会的状态。这样的记载并不从政治层面，而是从民间的观点来看待台湾社会。有的内容直接继承了陈第《东番记》中的说法而不加考证，确实有道听途说，博人眼球之嫌。

---

① 郑镛．张燮与《东西洋考》[J]．漳州师范大学学报，2004.2

② 张燮著．谢方点校：《东西洋考》，北京：中华书局．1981年版，第20页．

近代西人眼中的台湾矿产资源

卞　梁*

我国台湾岛矿产资源丰富，尤以煤炭、石油、硫黄、贵重金属等资源最多。19世纪中后叶正处各西方资本主义大国向帝国主义过渡时期，对远东地区掌控权的争夺及对矿产资源的占有欲促使来台西人纷纷展开对台湾矿产的考察。此类考察以矿产分布、矿产掘采运输、矿产质量三方面为主要内容，带有明显的官方背景。在对台湾矿产有了较为全面的掌握后，英、美、法等国均将基隆煤矿作为其占有开发的首要目标，意图将台湾建设成为其在远东地区的中转补给站，是西方殖民主义意识的典型体现。近代西人对台湾矿产资源的考察，虽然暴露当时台湾地区治理中所存在的诸多问题，但在客观上也促使台湾官府对资源进行合理的利用开发，加快了台湾近代化转型的过程。

台湾地处东南，是我国沿海地区对外交流往来的重要门户。而随着1858年《天津条约》的签订，大批西人来台，拉开了近代西人第一次大规模来台的序幕，台湾在西方海洋体系中的地位不断上升。一方面，台湾地区得天独厚的地理环境使得其成为远东地区完美的补给站之一，如美国东印度舰队司令佩里便曾多次赞叹台湾优越的地理环境，他知道这岛上有米、糖、樟脑、硫黄、上等硬木等丰富的自然资源，可成为美国商业与贸易的潜在来源。甚至“成功打开日本门户后，佩里以新权威的口吻，点出美国在此地区的战略利益。具体来说，培里看中基隆港，打算将它建设为美国在远东的第一个海军基地”①。这些都印证了当时台湾已受到西方国家的高度关注。另一方面，台湾丰富的矿产资源不仅种类丰富，而且价廉物美，是西方人极其需要的宝贵资源，因此很快便成为西方人觊觎的对象。正因如此，近代西人对台湾矿产资源多有所介绍，并已对

* 卞梁，清华大学公共管理学院博士后。

① 蔡石山著、黄中宪译:《海洋台湾：历史上与东西洋的交接》，台北：联经书局，2011年，第177页。

其进行勘测与挖掘，是近代中西交流的重要组成部分之一。

一、西人对台湾矿产资源的描述

自大航海时代始，西人便对占有矿产有着强烈的渴望，因此他们从未停止过探索的步伐。当时商品货币关系已经严重地侵蚀着西欧封建制度，引起了欧洲商人和封建主对东方财富的强烈渴望。马克思曾指出："形成工场手工业的最必要的条件之一，就是由于美洲的发现和美洲贵金属的输入而促成的资本积累。"[①] 而在美洲已然被开发后，西方世界毫无疑问地寻求新的贵金属资源地，正如哥伦布所强调的："黄金是一个可以令人惊叹的东西，谁有了它，谁就能支配他所欲的一切。有了黄金，就是要把灵魂送到天堂也是可以做到的。"[②] 这种对矿产，尤其是对以黄金为代表的贵金属类资源的占有欲，是西方探索东方新航路的重要动力。

而台湾得益于其"在地质史上，台湾曾经有半陷和全陷的时期"[③] 这样丰富的地质活动，矿藏丰富，其中尤以煤矿及硫黄矿为最多："从农业角度观之，并没有什么价值，但此地有丰富矿藏，所以，可预期本岛的未来极为看好。丰富的煤炭到处都是，铁矿分布通常非常靠近煤矿。内陆某些地方有一种烟煤，当地人将它拿来制作火把。硫黄层也很多。"[④] 同时，在台湾中部地区，石油亦时常会展露"真容"："油井在谨慎管理下，进行挖掘，可以产生很不错的利润。某些地区有易燃气体喷出，引火点燃后，会产生剧烈的燃烧。"除此之外，铜、金、红宝石、琥珀等亦有发现："部分高山底部，发现铜矿的痕迹，此外，虽不是广为人知，但台湾事实上藏有金矿。当地少数民族早已注意到红宝石，除此之外，必还有其他珍贵的石头。有时往海岸边，能捡到粗糙的琥珀。"[⑤] 而更吸引西人的则是台湾在当时尚未被开发的"处女地"状态："过去除了两名欧洲人，会穿过部分生番领域之外，内陆地区还不会有专家前去探勘过。然而，台

---

① [德]马克思著、中共中央马克思恩格斯列宁斯大林著作编译局编译：《马克思恩格斯全集》(第四卷)，北京：人民出版社，1958年，第166页。

② 林举岱、陈崇武、艾周昌：《世界近代史》，上海：上海人民出版社，1982年，第3页。

③ [加]马偕著、林晚生译、郑仰恩校注：《福尔摩沙纪事——马偕台湾回忆录》，台北：前卫出版社，2007年，第40页。

④ 杜德桥编、谢世忠、刘瑞超译：《南岬灯塔驻守员乔治·泰勒撰述文集》，台北：顺益博物馆，2010年，第170—171页。

⑤ 杜德桥编、谢世忠、刘瑞超译：《南岬灯塔驻守员乔治·泰勒撰述文集》，台北：顺益博物馆，2010年，第171页。

湾矿藏的可能性，似乎是无穷的。”[①] 因此不难想见，处于19世纪后半叶台湾的西人，对这个东南小岛上的矿产资源一定极为重视。这也能从其遗留的文献中获得证实。

必麒麟对整个岛的资源分布情况进行了概述：“一些大胆的汉人会冒着生命危险，前往东部野蛮人居住区的溪流里淘金，而北部的淘金工作一直持续地开采着。这种贵重的金属，在琅峤附近，打狗与台湾府之间也有发现。岛上其他地方会发现含金的石英，铅、银矿藏也不少。北部的煤、硫黄和石油很多，内地高山里，泥板岩和石板是主要的特产。在处于暖流影响下的东北部及打狗地区则有珊瑚礁。另外，打狗附近海拔一千五百尺的猴山山顶，竟然发现珊瑚礁生长的地壳层……在打狗、淡水附近和其他地区曾发现丰富的硫黄，事实上，整座岛上还有无数的硫黄泉，有些是热的，有些是凉的。在大嵙崁有一些石油井，值得善加利用。”[②] 不过，由于大部分在台西人并不具备对台湾全岛全局的完整认知，因此西人对台湾矿产资源的描述主要集中在煤矿、硫黄、石油、金银等具有较高利用价值的矿物上。

第一类是西人有关煤炭的阐述。美国学者史帝瑞虽在台仅半年时间，但对台湾煤矿格外关注：“福尔摩沙北端的基隆发现有大量的煤矿。煤矿的位置不深，接近于地表，现在已被汉人大规模的开采，但开采的方式仍很原始。当地开采所得的煤用于中国的炮舰，也卖给外国的船只。听说基隆的煤矿是属于第三纪地质的，品质优良，但燃烧得很快，且火焰太多。”[③] 相较而言，马偕因为在台生活多年而对台湾煤炭资源有更深入的体认，他不仅详细说明了基隆八堵地区的煤炭分布：“岛屿三分之二的地区都蕴藏丰富的煤矿。从北到南的地层，很可能在不同的深度地方，都有煤矿。最有名的煤矿是在鸡笼的八堵。这里的煤矿全是煤炭，并且因受到地层的推挤和压缩而排列秩序甚为混乱。在煤层分布的地方，有很多断层和裂缝，减少了开采的价值……在新店教会的对面，有一个二尺厚的煤层，差不多垂直地倾斜着，两旁由混乱的沙岩夹着。西侧坡地上的沙岩层里有一些褐煤。”[④] 同时他还记录了当时基隆煤矿的开采情景：“由政府雇

① 杜德桥编、谢世忠、刘瑞超译：《南岬灯塔驻守员乔治·泰勒撰述文集》，台北：顺益博物馆，2010年，第170—171页。

② ［英］必麒麟著、陈逸君译述：《历险福尔摩沙：回忆在满大人、海盗与“猎头番”间的激荡岁月》，台北：前卫出版社，2010年，第62—64页。

③ ［美］Joseph Beal Steere著、林弘宜译、李壬癸校注：《福尔摩沙及其住民：19世纪美国博物学家的台湾调查笔记》，台北：前卫出版社，2009年，第8页。

④ ［加］马偕著、林晚生译、郑仰恩校注：《福尔摩沙纪事——马偕台湾回忆录》，台北：前卫出版社，2007年，第41页。

佣的欧洲人，以掘竖坑的方式开采，但是因为必须做太多爆破及切割沙岩的工作，因此开采煤矿一直无法成为有利润的事业。本地人从山坡边缘露出地面的煤矿开始开采，然后随着煤层，沿坡而下。他们用锄头及小铲子把煤挖出来。”① 由上可知，在19世纪中后叶，台湾官府已经充分认识到了基隆煤矿的重要性。不仅如此，官府对此亦极为重视，专门聘请外国技工对中国工人进行技术指导。

第二类则是西人对台湾硫黄的记录。台湾硫黄主要分布在台湾北部地区，因此以南部为主要活动区域的西人较少留有记载。长居于淡水的马偕则对硫黄进行了深入的考察。他一方面结合自身经历，指出台湾硫黄矿分布在基隆、关渡两地：“岛屿的硫黄非常丰富，尤其在北部地区。最好的硫黄泉是在鸡笼和附近的关渡。一八七二年我曾去过那里，那是我第一次看到这么奇怪的景象。我们从一处可以眺望艋舺平原的山上走下去，发现一条弯曲的小径，绕入山谷，最后抵达温泉。当我们比较靠近时，我们的脚步在地上发出一种如远方打雷的隆隆回响声。这个狭窄的山谷是一个有趣而美丽的地方。十几处的温泉，沸腾咆哮着，发出如同机车引擎的嘶嘶声，送出如云的蒸汽，涌出大量的热硫黄水。大石头的侧面以及岩石的裂口处，都点缀着金黄美丽的硫黄……另外一个地区，在东北偏北地区，也有硫黄泉。但目前最大的硫黄泉区是在五千六百五十尺的玉山的面海方向，山峰是一座活火山。从新店往里面走，在深山里，有一个地区，它的火在不到一百年前才消失。”② 同时，他还记录了台湾官办硫黄工厂的生产情况：“政府设置一个很有价值的硫黄工厂，雇佣硫黄泉附近的人来做工，挖掘硫黄原料，是一种似如火山岩浆的物质，呈灰色。这些物质在大锅里熔化时，硫黄便浮出表面，而沉淀物硬化之后，变成美丽的火成岩标本。”③ 可见，当时的台湾官府已能有效开采利用硫黄资源，这与中文文献的记载相一致：“同治二年，福建巡抚徐宗乾奏请开采，以裨军务。六年，淡水同知严金清禀请不可，以采之有四可虑。八年，卢璧山奉南洋通商大臣之命，来台采办，募工煮之。既而闽浙总督英桂饬总兵杨任元、兵备道黎兆棠派员会勘。盖以其时整军经武，多用火药，故议开采。”④

---

① [加]马偕著、林晚生译、郑仰恩校注：《福尔摩沙纪事——马偕台湾回忆录》，台北：前卫出版社，2007年，第41—42页。

② [加]马偕著、林晚生译、郑仰恩校注：《福尔摩沙纪事——马偕台湾回忆录》，台北：前卫出版社，2007年，第42页。

③ [加]马偕著、林晚生译、郑仰恩校注：《福尔摩沙纪事——马偕台湾回忆录》，台北：前卫出版社，2007年，第42页。

④ 连横：《台湾通史》卷十八《榷卖志》，北京：商务印书馆，2010年，第377页。

第三类是西人对台湾石油的介绍。石油作为重要的战略资源，很早便受到西方诸国的重视。英国商人托德很早便尝试开采台湾石油："淡水的托德先生在彰化以北的山区交界处，发现大量涌出的石油，他试着收集这些石油来利用，但遭到怀有敌意的汉人驱离。"① 马偕认为："在西峰和后垅之间发现有石油。我在海边装了一满瓶，并保存了十年。它看起来像橄榄油，容易点火，火光明亮。汉人雇了两个美国人来开采，但在三百尺深的地方，钻子断掉，因此工作也停顿。"② 而马偕在此所提两个美国人，正是美国油匠简时（Karns）和洛克（Locke）。他们是清政府雇佣的有着丰富采油经验的西方技术工人，受雇1877年，两人和台湾通商局签订了协助采油事务的合约书：

台湾通商局委员即补分府郑，今与美国人简时、洛克议立合同。事缘台湾淡水所辖一带地方所产煤油，前由容道台在美国转托商人布朗，招雇简时、洛克二名来台办理开采油井事务，所有在美国原议合同系由布朗代订。今到中国台湾地方，将各事议明，应与通商局委员另立合同，彼此分执为据。③

在此后的一年多时间里，两人和诸多中国矿工一起，克服了诸多困难，终在1878年8月3日开采出了石油：

8月3日（1878年）：星期六。打到油层，但流出的盐水比石油还多。

8月6日（1878年）：继续钻井。官方派工人捞取浮游井水面的石油，约得20加仑石油，他们认为已钻到了源源不绝的致富油矿。气温华氏84度。④

虽然在简时和洛克的帮助下，台湾苗栗所出石油品质一般，但出矿坑是大清国第一座机器钻挖油井，不仅对全台的近代化进程有着重要影响，也是中国近代化转型的重要标志。

最后一类则是有关金银铜等金属矿藏的分布。马偕坚信台湾金矿的存在：

① [美]Joseph Beal Steere著、林弘宜译、李壬癸校注：《福尔摩沙及其住民：19世纪美国博物学家的台湾调查笔记》，台北：前卫出版社，2009年，第8页。

② [加]马偕著、林晚生译、郑仰恩校注：《福尔摩沙纪事——马偕台湾回忆录》，台北：前卫出版社，2007年，第41页。

③ 陈政三：《美国油匠在台湾：1877—1878苗栗出矿坑采油纪行》，台北：台湾书房，2012年，第10页。

④ 陈政三：《美国油匠在台湾：1877—1878苗栗出矿坑采油纪行》，台北：台湾书房，2012年，第142页。

“1890年，一位曾经到过加州及澳洲的汉人，因为参与鸡笼河上一座铁路桥的开发工程，而发现了金矿。事情被传开后，大量的人群，从清晨到傍晚，都在那里挖宝。含金的岩石，内部成分是含煤的石英岩、粘板岩、片岩和石英岩。金矿每年的收获量很难估计，但一定是相当可观。”[①] 李仙得也支持马偕的观点：“根据报告，有些较高的山脉里蕴藏有金矿和银矿，但我对此说法颇感怀疑。因若真有，我至少应会在发源自这些山丘间的溪流里，在其砂或石英中，找到微量的矿石。”[②] 但事实上，西人对台湾金矿并不了解，这从李仙得“即使我对两者都做了非常仔细的审查，却一点也没找着”[③] 的沮丧情绪便可反映此点，学者史帝瑞亦不得不承认“这种说法的根据，至今仍只是来自汉人和当地人的传说，以及来自早期荷兰和西班牙探险家的报告”[④]。不过，台湾金矿确实存在，不仅“台湾采金始于三百年前。郑氏末叶，遣官陈廷辉往哆啰采金……台之产金已久，而多在东北”[⑤]，且数量众多，清初西人的献金便可从侧面反映出来：“乾隆三十六年，波兰人麦礼荷斯奇谋拓台东，与马波奥时科番战。番降，献金二十两，银八百斤，皆此地之产，其地为今之瑞芳附近。”[⑥]

综上可知，虽然由于客观条件限制，近代赴台西人对台湾的总体印象较为模糊，但已对台湾矿产的分布及特点有较完整的认识。同时，这种认知带有明显的西方殖民主义倾向，如马偕、李仙得等在台湾金矿位置尚不明确的情况下，对台湾不断鼓吹，甚至称其为“新金山”，与旧金山相对，就是为了引起西方国家的进一步关注，进而将台湾变为西方诸多在远东地区的补给站和桥头堡。

二、西方各国对台湾矿产资源的窥望

煤矿作为19世纪世界轮船使用最普遍的燃料，不仅是当时西方各国海上贸易的重要补给，也是其发展海外殖民地、争夺海洋霸权不可或缺的保障。台湾

① [加]马偕著、林晚生译、郑仰恩校注：《福尔摩沙纪事——马偕台湾回忆录》，台北：前卫出版社，2007年，第43页。

② [美]李仙得著，费德廉、苏约翰编，罗效得、费德廉译：《台湾纪行》，台南：台湾历史博物馆，2013年，第7页。

③ [美]李仙得著，费德廉、苏约翰编，罗效得、费德廉译：《台湾纪行》，台南：台湾历史博物馆，2013年，第8页。

④ [美]Joseph Beal Steere著、林弘宜译、李壬癸校注：《19世纪美国博物学家的台湾调查笔记》，台北：前卫出版社，2009年，第8页。

⑤ 连横：《台湾通史》卷十八《榷卖志》，北京：商务印书馆，2010年，第384页。

⑥ 连横：《台湾通史》卷十八《榷卖志》，北京：商务印书馆，2010年，第385页。

地理位置优越，且煤矿储量丰富，同时靠近港口，便于运输，很早便成为西方各国觊觎的目标。

1. 英国对台湾煤矿的勘察

近代英国人最先提议开采基隆煤矿。1847 年，英国已派军官对基隆进行勘察，并附上了细致的勘察报告。首先是有关基隆煤矿的介绍："煤矿似乎十分丰富，山边到处挖有洞口，间有一二坑道，长约四十码，宽五尺，高四尺，所现出的煤层厚约四尺，夹藏于蓝色柔质泥板岩及沙岩中间，煤质坚硬，易与泥沙分离，由山脉起点的山谷为基准，断层约为东北二十四度。山边显露沙岩、泥板岩、煤层、夹杂铜铁矿床，缤纷交错。煤的品质很好，沉重而带有光泽，易于着火，燃烧中带有沥青气焰，燃烧后还有少量的微红白灰。"① 且在报告中，对煤炭的挖掘与运输过程已有十分详尽的规划："煤矿开采的工作，似乎全非难事，该处地多林木，尽可砍伐，其大者足可用作铁轨枕木，需要敷设的铁轨，全程约为一里，坡度一比十五。铁轨与港口中间，有水道或小港湾联系，载重四五吨的平底小船可以通航无阻。运煤经过的路程，最多不出三里半以外。"② 而且基隆官府对矿区的管理则十分松散凌乱："煤矿区的地位，计海拔二百三十尺。煤矿及其附近的土地，似乎无人掌管，无论何人都可随意采取。居民出售煤炭，每吨价格不到一元，一经通知，每天可供应四五十吨；如果采掘稍微尽力，所获得的数量自必更多。"③

1856 年后，英国人意图在台湾通商并取得煤炭供应的行动愈发积极。1857 年 2 月，香港英国海军提督西摩（M.Seymour）听到了美商已在台湾建立居留地的消息，便计划派员到美商居留地做短期的驻扎，从事调查工作。12 月下旬，英法联军攻下广州城后，英国全权大臣额尔金（Lord Elgin）在大学士裕诚的照会中，明说贸易早经自然发生而未经条约允开的口岸应在修约中议定照行通商。这显然含有开通台湾口岸在内的用意。1858 年 4 月下旬，当英法联军北上天津胁迫清廷修约期间，英方又派遣兵舰"刚强号"前往台湾，由史温侯负责查询谣传被台湾生番拘禁与奴使的欧美人员，其实质是从事多方面的调查工作。史温侯等在拜会台湾府城官员时，曾特别谈及鸡笼煤炭事项，台湾镇总兵邵连科

① The Chinese Repository, Vol. 18, pp391-392，转引自黄嘉谟：《甲午战前之台湾煤务》，"中研院"近代史研究所专刊二，1961 年，第 9 页。

② The Chinese Repository, Vol. 18, pp391-392，转引自黄嘉谟：《甲午战前之台湾煤务》，"中研院"近代史研究所专刊二，1961 年，第 9 页。

③ The Chinese Repository, Vol. 18, pp391-392，转引自黄嘉谟：《甲午战前之台湾煤务》，"中研院"近代史研究所专刊二，1961 年，第 10 页。

立即强调基隆煤炭藏量很少，掘采尤为困难。但史温侯一行在进行调查工作期间，仍不放弃其勘察基隆煤矿的计划，甚至在煤矿勘察工作后，就地守候两天，直至购到了煤炭 96 吨，装入“刚强号”后，才行离去。事后史温侯曾呈报煤矿的勘察报告，第一部分先对基隆港进行了介绍：“自鸡笼港水面引申西向，绕至煤港附近，就是煤矿的所在。这些矿场，现由华人开采，他们于介入矿区的地处，分结茅舍居住。山间坡面有矿坑十一二处，坑口高低不等，口朝海面。我曾请由一人手持纸捻火把引导，进入一处坑内勘察。坑的走向与地平线一致，坑高三尺至四尺半不等，广达三至十尺以上。坑内煤层，沿两侧坑壁平行伸展，厚达一至三尺。坑顶和坑底地面，都由沙岩构成。坑顶水渗沙质，合成黏性泥浆，滴沥下降不已。坑道伸展几如直线，凡二百四十步，尾端突向右转。”① 而后，又对当地人挖煤的过程进行了说明：“此处有油碟蕊灯数盏，分置坑壁凹坛，照明行廊；在行廊尽处，赤体操锄作业的，约有五六人，锄作鹤嘴状，头钝而嘴利。他们所掘出的煤炭，体积甚小，且含沥青质，燃烧迅速，但能发巨热，火焰也高，可断定是他们在该处取得的上等佳煤。煤炭的价格，他们讨价每担二角，并声言合五个人的力量，日夜在矿作业，所得煤炭也仅为三十担而已。煤炭一经挖出，他们立即盛以椭圆形篮具，每篮盛一担，安置于与篮形一致的木板上，由泥糊道上滑曳出坑。”②

这份报告显然对英国政府的决策起到了重要作用。就在史温侯勘察基隆煤矿后六天，在英法联军胁迫下签订的《中英天津条约》第十一条中规定：

> 广州、福州、厦门、宁波、上海五处已有《江宁条约》准通商处，即在牛庄、登州、台湾、琼州等府城口，嗣后皆准英商通商，亦可任意与无论何人买卖，船货随时往来。③

这无疑是英国政府霸占台湾煤矿的企图赤裸裸的体现。在《中英天津条约》签署后，英国势力在基隆发展迅速。1860 年 10 月，英国委派史温侯署理台湾领事馆，嘱其立即觅乘兵船赴任，英使随即照会钦差大臣恭亲王奕䜣等，请饬

① Robert Swinhoe: *Narrative of A visit to the Island of Formosa*, published in the Journal of the North-China Branch of the Royal Asiatic Society, No. 2, May, 1859, p.165.

② Robert Swinhoe: *Narrative of A visit to the Island of Formosa*, published in the Journal of the North-China Branch of the Royal Asiatic Society, No. 2, May, 1859, p.166.

③ WIKISOURCE. Treaty of Tien-Tsin between the Queen of Great Britain and the Emperor of China. http://en.wikisource.org/wiki/Treaty_of_Tien-Tsin_between_the_Queen_of_Great_Britain_and_the_Emperor_of_China.

闽台地方官员筹办开口通商事宜。但是，直到第二年7月，史温侯才率领官员由厦门前往打狗，后转由陆路赶往台湾府。到达台湾府后，史温侯认为当地经商环境不佳，而淡水商务有更大发展的可能性，便在1861年11月将领事馆迁至淡水，并宣布以淡水为英国对台贸易的口岸，由领事馆保护英商贸易。在英国领事馆北移淡水以前，英商怡和洋行及宝顺洋行两家，早已在淡水泊有商船，从事对台贸易。基隆煤炭是他们主要的输出货品，如宝顺洋行专门购置轮船一艘，以台湾为基地，往来香港及东南沿海各口岸间，专营煤炭生意。同时，淡水英领事对于非英属船只亦予以密切注意，并列表报告英使备查，意图取得基隆煤炭的垄断经营权。英国甚至在1862年成立淡水海关，对出口的煤炭照例征税。在英国人看来，“台煤在中国方面，多由欧洲人用为家庭暖炉燃料，惟各口欧洲人过少，致其需要无多；而大陆华人，又似无甚大需要，他们宁愿采用中国各处出产的白煤，原因是取其耐于燃烧，而价格也比较廉平”[①]，是东方物产价廉物美的典型。

但是，英国人很快便发现基隆所产煤矿无法达到其船只的使用要求，必须加以改进。史温侯在呈交给英国政府的报告中指出：“如一般第三纪矿床可预期的结果，鸡笼煤矿所出产的也属亚炭，致使其于香港市场中，永远不能与英国出产的优质煤炭竞争，至可惋惜……如果于低深地处发掘矿派，所得煤炭或可比较良好。但其为第三纪煤层的事实，终究不能尽如人意……业经发现的结果，主要为燃烧迅速，微带硫黄气息，臭味难闻，且遗留轻灰很多。对于小型的高压汽船，徒致危险，殊少用处。因其易于燃烧，船只装备的煤量，便须比往常稍多；且烟气浓烈，每致烟囱着火。”[②]不过虽然质量堪忧，但他认为“与威尔斯煤或其他佳煤混合，施用于大型轮船，颇为相宜”[③]，因此要求英国对中国政府施压，在已获得台媒经营权后得寸进尺，意图将台媒的挖掘权也收入囊中。

2. 美国对台湾煤矿的勘察

除了英国，美国也曾为维持美国在远东地区的势力，尝试在台开展煤炭开采业务。早在1848年，美国众议院海军事务委员会成员巴特金（T.B.King）便

① Robert Swinhoe: *Notes on the Island of Formosa*, published in the Journal of the North-China Branch of the Royal Asiatic Society, No.19 , May, 1864, p.18.

② Robert Swinhoe: *Notes on the Island of Formosa*, published in the Journal of the North-China Branch of the Royal Asiatic Society, No.19 , May, 1864, pp.6-8.

③ Robert Swinhoe: *Notes on the Island of Formosa*, published in the Journal of the North-China Branch of the Royal Asiatic Society, No.19 , May, 1864, p.9.

向院会提出一项报告，建议开辟旧金山或蒙德雷[①]至上海与广州间的轮船航线，使中美两个大国交通更为便捷，以此促进双方相互了解并增进商务关系。驻东方各地的美商及领事人员，也不断地强调太平洋轮船航线的重要性，促请美国政府采取行动。此时急需解决的难题，是要为中长途航线寻找稳定的加煤站。此时，英国人勘察基隆煤矿结果良好的消息，已在香港、闽粤一带流传，这自然很快引起了美国当局对台湾煤矿的注意。

1849 年，美国驻华代表德威仕（John W. Davis）在取得若干台湾煤炭的样品后，决定交由美船运送国务院分析试验，并计划向中国政府商议，获得开采台湾煤矿的权利，以期增进美国对华航务与商务的利益。他在其发致国务院的报告中强调："假如你派由国内适当人员检验，并证实其品质优良的话，我以为可以基于合理的条件，从中国政府方面取得开采此项矿场的权利。正如你所了解的，台湾岛的位置，和广州及上海的距离相等，对于开往这两个口岸的轮船，当然也有同样的便利。"[②] 同年 4 月，美国决定派遣东方舰队船只前赴台湾，对台湾煤矿区域进行勘察。在美国海军上校奥格登（Captain Ogden）的指挥下，美国舰队公然无视中国海权，擅自由澳门驶抵基隆，并登陆探勘煤矿。毫无疑问，如此赤裸裸的侵略行径受到了台湾官府及人民的强力劝阻，官方声明煤矿乃当地人所有，不容侵犯，且闽浙总督此前已明令禁止开采。不过，在基隆逗留两天后，美国方面还是取得相当数量的煤炭样品。台煤的良好品质得以被证实，它易于着火，且较其他任何烟煤更耐燃烧，而所遗炭渣不多。第二年，厦门美领事布来特雷（C. Bradley）曾调查厦门附近可能取得的轮船燃料的性质及其供应能力，在他呈递给美国政府的报告中，曾简略说明在距离厦门一天航程的台湾西海岸，煤炭的出产丰富，煤质和纽卡斯尔上好煤炭相等。继而专取台煤样品一箱，交船运送国务院，以备析验。同年冬间，布莱特雷于其呈致国务院的例行半年的报告中，更进而说明在这一年间，厦门已变为台湾煤炭的唯一集散地，原因是出产煤炭的基隆与厦门的距离，较其他各通商口岸更近。

这些基于事实的报告无疑更坚定了美国插手台湾煤矿开采业务的决心。1854 年，当美国远征日本舰队准备回航香港前，佩里特地派炮舰马其顿号及运输补给舰供应号再次前往基隆执行勘察煤矿的任务，并采购煤炭备用。在其发

① 蒙特雷（Monterey），美国加利福尼亚州中部城市，位于旧金山往南 119 英里，是近代美国西海岸重要的海港。

② John W. Davis to the Secretary of State(1849.1.27), in USNA: MD China, M-92, Roll 6. 转引自黄嘉谟:《甲午战前之台湾煤务》，"中研院"近代史研究所专刊二，1961 年，第 56 页。

给马其顿号舰长阿波特上校（Captain Joel Abbot）的命令中说：

必须缜密勘察台湾的产煤地区，以便确定从该岛取得煤炭供应的可能性；尤其要缜密考察煤炭的采掘及其疏运条件，煤产量的大小，煤质是否适合气缸使用，矿山交货每吨价格若干，以及运输是否便利或过费等项。我派供应号和你同行，实以该舰吃水不深，随时可以供你调遣，如果购到煤炭，也可以装载。煤价如果每吨十五元至二十元，可购取三百吨，由供应号装载运回。①

当年 6 月，马其顿号和供应号由日本下田港②驶行。马其顿号先到基隆港，随即由牧师琼斯③负责进行勘察附近地区的煤矿，历时 12 天。琼斯高价雇佣当地民众作向导，几乎勘察了基隆附近 7 里内所有的煤矿，后经琼斯极力交涉，当地才准民船于夜间驳运煤炭交付美舰装舱。此次美舰访问基隆，对当地的煤矿储量及质量以及当地民众采煤技术的拙劣与浪费等情形，又有了更进一步的认识。同时，美国对当地煤炭的价格也有了详尽的了解。琼斯所购的煤炭，虽仅有 12 吨左右，但煤质每百石 16 元，合每吨 2.7 元，较佩里所述每吨 10 元的最低价格，还不到三分之一，这使美国人感到意外地满意。在完成台煤勘察工作后，琼斯随马其顿号驶往马尼拉。临行前夕，他对在台挖煤一事踌躇满志，迫不及待地向佩里呈递了相应的书面报告。在该报告中，他主要从煤矿储量及开采运输两方面。首先是有关台湾煤矿储量的论述："煤矿十分丰富。我曾到过八处不同的矿区，并会进到十二个煤坑的尽端，从事勘察工作，并多半取到煤炭的样品。我所看到的煤层，厚度从未超过三尺，也从未少过二十八寸……我曾勘察鸡笼港以东的地区，广袤计达七里；全区到处都有煤矿，或露出煤矿的行迹。"④其次他则对当地煤矿的开采及运输进行了考察，试图说明美国在此开矿的便捷性："在大多数的情况中，煤层显然都很便于开采；只要由矿区内铺设两百码的铁轨，就可将煤炭运卸于通航船只的河岸，等到涨潮时装船运出鸡笼

① Commodore M. C. Perry, Commanding United States Forces, East India, China, and Japan Seas, to Captain Joel Abott, Commanding U. S. Ship Macedonian(1854.6.18), in Narrative of the Perry Expedition, Vol.2, pp137-138.

② 下田港（Simoda）位于日本伊豆半岛的下田市，著名的黑船事件便发生于此，是日本近代结束封关禁海政策，对外开放的第一个港口。

③ 乔治·琼斯（George Jones，1800—1870）是圣公会传教士、美国海军牧师、学者和作家。他在 1852—1854 年间随着佩里远征日本及远东地区。

④ Chaplain G. Jones to Commodore M. C. Perry, U. S. Ship Macedonian, Harbor of Kelung, Formosa(1854.7.22), in Narrative of the Perry Expedition, Vol. 2. p156.

港。在港东三里半的一个地点，在一处屹立浅水海湾中的断崖上，露出一处煤层，该处只要向下铺设两百尺的铁轨，矿场内的煤炭，就可以卸落泊在崖下岩石环护处的船只中。”①

不过与英国不同的是，自琼斯在基隆勘探后，美国忽然停止了其一系列的勘探计划，这似乎与基隆煤矿质量检测报告有关。虽然琼斯坚称“其对于汽船施用的适合性，唯恐其燃烧过于迅速，以致不能列入上等煤炭。但它是一种十分纯粹的煤炭，无固结，不溶解；很少留有灰烬；如以其单独燃烧过于急烈，可并同无烟煤或其他较难燃烧的煤炭混合使用，当仍有其价值。”②，但琼斯所述尽陈其利而不论其害，多有邀功之嫌，因此并未得到美国政府的充分认可。在比较了昆布兰、台湾、日本三地煤炭后，美国政府认为：“上述各种煤炭经就比重、干枯后的折耗、干煤粉吸湿性、发生焦炭、定性炭、灰量和挥发物的百分比、灰的颜色、对汽机导汽管的氧化作用、条痕颜色及其碳、氢、氮、硫、氧的分量作分析与实验后，总计昆布兰煤炭的价值和优点超过台湾煤炭百分之十一点四；超过日本煤炭的，其一是百分之五十一点一，其二是百分之四十四点二，两者混合是百分之五十点三。”③基于这种认识，美国人很快放弃了开挖台湾煤矿的计划。

3. 法国对台湾煤矿的勘察

如果将英美两国对台湾煤矿勘察的目的归因于19世纪西方对华远航贸易运输的客观需要，那么法国对台湾的野心则更为明显。中法战争期间，法国不仅试图独占基隆煤矿采挖权，更是以武力的形式强占基隆，将其作为与清政府“平等谈判”的重要筹码，行迹之恶劣、态度之刁蛮，均远在英美等国之上。

1884年爆发的中法战争，是法国在当时新一轮的殖民扩张浪潮不甘“居于人后”的具体表现。而对于法军侵台的直接原因，在政治上为缓解越北地区战事的巨大压力，同时趁机向中国政府施压，打击其在中南半岛的势力，以便占据该地区的主导权，进而建立殖民地。在经济上则是希望通过战争攫取巨大的经济利益。这其中，基隆丰富的煤矿资源便成为其下手的主要对象。法国虽地处西欧腹地，但自普法战争惨败后，煤矿资源贫乏，所需煤炭，多由外国供应。法军远征越南以后，鉴于战事一旦发生，煤炭的接济问题至为重要，自始就积

① Chaplain G. Jones to Commodore M. C. Perry, U. S. Ship Macedonian, Harbor of Kelung, Formosa(1854.7.22), in Narrative of the Perry Expedition, Vol. 2. p154.

② Chaplain G. Jones to Commodore M. C. Perry, U. S. Ship Macedonian, Harbor of Kelung, Formosa(1854.7.22), in Narrative of the Perry Expedition, Vol. 2. p153.

③ 黄嘉谟：《甲午战前之台湾煤务》，“中研院”近代史研究所专刊二，1961年，第63页。

极企图在远东寻求煤炭供应的处所。

1883 年 3 月，法军首先注意到藏量丰富的鸿基煤矿，在获知中国招商局正向越南政府请求开采鸿基煤矿的消息后，法国远征军司令李维业（Riviere）立即下令法军采取军事行动霸占鸿基，完成其对于东京问题具有决定性的一步。同时，法军又突占广安河属的河淋煤矿，并突袭南定省城。次年初，为图就地解决煤炭供应的问题，法国舰队东进中国海面游弋，基隆煤矿随即自然成为其关注的对象。

1884 年，法国驻华大使巴德诺以“望限既满”、中国仍不答允赔款等项要求，遂于 6 月 12 日照会曾国荃，声明日后“法国任凭举动，无所畏阻”[①]。次日，法国内阁总理茹费理（Jules Ferry）复电知巴德诺，命令海军提督利士比带领拉加利桑尼亚号及鲁汀号两舰前往基隆，公然侵略台湾，将其作为“担保物”[②]。并声称“占领基隆港口及其矿山，仅仅是一个保守性的行为”[③]。而基隆煤场和台北商务这件“担保物”的价值则远胜法军侵略者的想象。根据法国学者的调查，“基隆和淡水两港的商业动态，在 1879 年为 8.8 万吨，商船 294 艘，帆船 1937 只。对外资贸易的价值，在 1880 年达 2686.8 万法郎。两港海关税收合计：1881 年 222.5 万法郎；1882 年 213.9 万法郎；1883 年 205.3 万法郎。基隆煤的出售量，1880 年为 24850 吨；全年产量为 55000 吨，按照每吨 20 法郎的价格，总值为 210 万法郎。”[④] 因此他们认为占据台湾北部可为法国每年提供超过三百万法郎价值的资源及货物。三百万法郎的数额，相当于茹费理要求赔偿的百分之六，如按价款分十年摊还，则相当于每年价款的十分之六。如此巨大的商业利益使得法国将这份对台湾煤矿那个的觊觎转变为了公开的侵略活动。

在台湾军民的共同努力下，法军的侵略活动终告失败，其舰队长官利士比甚至认为：“以我方现有的军力而想占领基隆市街或矿山，乃属愚妄之举。该地

---

① 《南洋大臣曾国荃等电寄所接巴德诺照会》，载北平故宫博物院编：《清光绪朝中法交涉史料》（第二卷），1932 年，影印本，第 771 页。

② 此为茹费理本人对侵台计划的解释，他甚至宣称：“我们使福州仍处于和平状态，是我们极端宽和的表现。我们把赔款数目减少至五千万，可明白看见我们这种宽和。但中国人应该知道这是我们最后的，不能再减少的出价。如中国仍事固执或拖延时间，我们则采取战争行动。”不过，这也得到了法国政府的授意。1884 年 6 月 26 日，法国国会授予茹费理全权指挥中国沿海作战计划，并攫取担保品。参见茹费理致巴德诺电（1884 年 8 月 16 日），载《中国近代史资料丛刊》编委会编：《中法战争资料丛刊（第七册）》，上海：上海人民出版社，2000 年，第 501 页。

③ 茹费理致巴德诺电（1884 年 8 月 3 日），载《中国近代史资料丛刊》编委会编：《中法战争资料丛刊（第七册）》，上海：上海人民出版社，2000 年，第 446 页。

④ Loir: L’Escadre de L’Amiral Courbet, Notes et Souvenirs, 转引自黄嘉谟：《甲午战前之台湾煤务》，“中研院”近代史研究所专刊二，1961 年，第 177—178 页。

是如此崎岖多山，果真欲加以占领，势非大军莫辨。”①但法军竟将战争的失败归于“台湾煤炭的低劣品质”导致法国军舰无法使用基隆所产煤矿，如法国远征军司令孤拔曾致电巴黎求助：“我们在此处及八斗港所发现的煤堆包含着大量粉末，不适于我们舰队使用。这种状态，与其说是由于炭质如此，毋宁认为是采掘法上的缺陷，然而不论使用何种方法，此项煤炭势将始终包含很多粉末。”②这样的自我安慰方式令人汗颜。

由上可知，煤矿是台湾所藏诸多矿产资源中最受西方关注的，这不仅是因为它是当时西方海上贸易船只动力的重要补给，也与其易于挖掘、靠近港口等地理因素有关。

三、余论

台湾岛丰富的矿产资源，是大自然慷慨的馈赠。这不仅为台湾的开垦发展创造了良好的条件，也成为19世纪后半叶西方殖民者纷纷觊觎的对象。西人对台湾矿产资源的关注主要集中在三个方面。第一，西人对台湾矿产资源进行了较为完整的分类介绍。包括矿产种类、矿产分布及矿产特点等。需要明确的是，这种整体印象的形成并非由某位西人个体所完成，而是西人群体合力所完成。第二，对台湾矿产资源的全面勘探是西方国家的国家行为，对煤矿的迫切需求使得西方各国均幻想着将台湾建设成为其在远东地区的中转补给站，这是西方也是西方殖民主义意识的典型体现。第三，西人的“台湾矿产印象”也从正反两方面促进了台湾近代化过程的深入。一方面，当地丰富的矿藏为台湾的近代化起步创造了条件；另一方面，西人对台湾资源的多方争夺也让台湾的重要性愈发清晰地反映在清政府眼前，从而为台湾在政治、经济、文化等领域的近代化转型奠定了基础。

① [法]E·戈尔诺著、黎烈文译：《1884—1885法军远征台湾》，台北：台湾银行经济研究室，1960年，第18页。

② [法]E·戈尔诺著、黎烈文译：《1884—1885法军远征台湾》，台北：台湾银行经济研究室，1960年，第42页。

文学篇

还我们祖国啊！

蓝博洲 *

众所周知，历经马英九当局执政 8 年 (2008—2016)，与大陆前所未有的经济让利后，台湾民众的中国认同却降到历史的最低点。

问题的症结究竟在哪里？

个人认为，日据 50 年殖民统治的历史及其意识未能清理，再加上国际冷战与国共内战“双战构造”下的反共意识没有批判与扬弃，应该是重要的因素。也就是说，这是历史遗留的问题。

1840 年，英国帝国主义发动鸦片战争，侵略中国。从此，封建中国不得不面对资本主义列强的蚕食鲸吞。为了“救中国”，无以数计有良知的爱国知识分子从此苦思“中国往何处去”的历史命题，同时朝着如何让中国“现代化”的道路，展开了漫长而艰辛的寻索以及分歧的实践。

1868 年，日本明治维新，走上资本主义发展道路，力图跻身列强，并通过 1874 年侵占台湾的“牡丹社事件”展开对中国的侵略。

1885 年，台湾建省。巡抚刘铭传展开台湾现代化的进程。三年后 (1888)，北洋海军正式成军。但是，六年后 (1894)，北洋舰队却在甲午海战全军覆灭。

1895 年，腐败无能的清廷被迫签订丧权辱国的《马关条约》，割让“台湾全岛”及“所有附属各岛屿”给日本。爱国志士纷纷开出自己的救亡药方。康有为在北京发动轰轰烈烈的“公交车上书”，提出拒约、迁都、变法三项救国之策；孙中山在美国檀香山成立兴中会，展开了“恢复中华”的革命之路。

与此同时，因为台湾割让给日本，汉族系台湾人萌生了前所未有的祖国意识与弃儿意识，并且随着历史的进展而有了此起彼伏的发展。

综观日据 50 年，祖国意识始终是台湾民众身份认同的主旋律。在日据以来

---

* 蓝博洲，台湾著名作家、文史学者，台湾中华两岸和平发展联合会主席。

的旧诗文与新文学，我们可以随手举出足以为证的诗文，例如：

在八卦山反占领之役壮烈牺牲的义军首领吴汤兴起义誓师的《闻道》写道："闻道神龙片甲残，海天北望泪潸潸。书生杀敌浑无事，再与倭儿战一番。"

抗日不成的义军统领丘逢甲黯然写下"宰相有权能割地，孤臣无力可回天；扁舟去作鸱夷子，回首河山意黯然。卷土重来未可知，江山亦要伟人持；成名竖子知多少，海上谁来建义旗"的离台诗。

在最黑暗的"皇民化"时期，诗人巫永福仍然隔海呼唤祖国而写下著名的诗《祖国》："未曾见过的祖国 / 隔着海似近似远 / 梦见的，在书上看见的祖国 / 流过几千年在我血液里 / 住在我胸脯里的影子 / 在我心里反响……风俗习惯语言都不同 / 异族统治下的一视同仁 / 显然就是虚伪的语言 / 虚伪多了便会有苦闷 / 还给我们祖国啊 !/ 向海叫喊 还我们祖国啊 !/ 还我们祖国啊！"

日本帝国主义发动全面侵略中国的卢沟桥事变爆发后，台湾文艺联盟领导人之一的张深切更深刻地体认到："我想我们如果救不了祖国，台湾便会真正灭亡，我们的希望只系在祖国的复兴，祖国一亡，我们不但阻遏不了殖民化，连我们自己也会被新皇民消灭的 !"（《里程碑》）

小说家钟理和更在同父异母的同年兄弟钟和鸣于 1940 年前往大陆，寻找抗战组织后产生了祖国意识的最强音："我不是爱国主义者，但是原乡人的血必须流返原乡，才会停止沸腾！"

抗战胜利后，台湾人民迎来了盼望已久的祖国。

诗人兼文艺评论家王白渊在第一次庆祝双十节时发表题为《光复》的诗写道："小儿离开了母亲 / 夜里不断的哭着 / 儿在险暗残暴里 / 慈母为儿断心肠 / 求不得 见不得 / 暗中相呼五十年 / 夜来风雨而已散 / 一阳来复到光明 / 啊！ / 光复我父母之邦。"

盐分地带诗人吴新荣也以迎接王师的热情写了题为《祖国军来了》的感怀诗作："旗风飘城市，鼓声覆天地。/ 祖国军来了，来得何迟迟 !/ 半世黑暗面，今始见朝曦。/ 大地欢声高，同胞意气昂。/ 祖国军来了，来得何堂堂 !/ 半世为奴隶，今而喜欲狂。/ 自恃黄帝裔，又矜明朝节。/ 祖国军来了，来得何烈烈 !/ 半生破衣冠，今尚染碧血。/ 今始能拜祖，今始能归族。"

总之，因为回归祖国而情不自禁地表达同样狂喜心情的诗文，举不胜举。

但是，历经战乱的祖国仍然处在政治混乱中。就像 1947 年 2 月吕赫若在《台湾文化》2 卷 2 期发表的短篇小说《冬夜》所预告，祖国诗人臧克家的诗《表现》所写的那样："五百天 / 五百天的日子 / 还没有过完 / 祖国，祖国呀 / 你强迫我们把对你的爱 / 换上武器和血红 / 来表现！”

由于经济破败，大部分接收官僚的无知贪腐与颟顸作风，终于引爆了 1947 年的“228 事变”。诚如叶荣钟《哭若泉兄》一诗所云：“莫因惨史疑光复，颇信天堂奏凯歌；举国舆情都愤激，茫茫恨海几时填。”当局对事变的镇压，让台湾民众对大陆和民族事务产生了挫伤、抑忿、幻灭、噤默与离心；更埋下死伤者家属内心难解的怨悱，从而长期伤害着台湾内部的民族团结。

于是，为了跨越 228 所造成的省籍鸿沟，加强省内、省外作家和文化人的团结等问题，大陆来台的进步的文学工作者与以杨逵为代表的本省籍的进步文学工作者，以省外知识分子主编的省府所属《台湾新生报》桥副刊为阵地，展开长达三年、一系列关于台湾新文学建设的重要议题的讨论，最终达成如下几点共识：1. 建设台湾新文学的课题是和建设中国新文学的课题联系在一起的，也是今后中国新文学运动中一个重要的课题。2. 台湾文学始终是中国文学的战斗的分支，台湾文学工作者和大陆的文学工作者都是中国新文学建设的一个战斗队伍，使命和目标一致。3. 文学家要在全国人民反内战、要和平的民主化运动的浪潮中走向人民群众，创造反映时代动向，人民所需要的具有战斗的内容、民族风格与形式的新文学，作为人民战斗的力量，为和平、团结和民主而奋斗。4. 在台湾的文艺工作者，应该不分省内省外，合作共勉，深入台湾的社会生活与人民群众，继承和完成五四新文学运动未竟的主题：民主与科学。

与此同时，以台大为首的全省中上以上学校的学生文艺社团，也通过编板报、办期刊、演话剧、歌咏队等等文艺活动，介绍大陆的进步文艺作品与各地的民歌、民舞，一扫校园的沉闷空气，从而纳入全中国反饥饿、反迫害、反内战的学运洪流当中。1948 年 10 月，杨逵更给本省籍文艺青年创办的《潮流》写下“星星之火可燎原 / 烧尽荆棘虎打完 / 潮流到处新芽萌 / 满面春风光灿烂”的寄语。其后，对“白色祖国”绝望的广大台湾知识青年转而拥护“红色祖国”，投入致力民族解放的新民主主义革命。

然而，朝鲜战争爆发后，继承了日据以来台湾爱国主义传统的整整一代人，却在 50 年代白色恐怖中遭到全面而残酷的肃清。

50 年代白色恐怖带给台湾人民的贻害，具体表现在两岸政治对立的现实政治当中。在反共社会的台湾，受到以美国为首的资本主义文化的洗脑，反共亲美的意识形态反而成为台湾民众价值观的主流。承续着日据以来反帝、反资、追求国家统一的 50 年代受难者们的理想追求，更加不能被台湾一般民众，乃至于自身家属的认同。台湾社会成了一个对历史集体失忆的病态社会，陷入丧失民族主体性的虚脱状态。

尽管如此，日据一代的台湾前辈们仍然不断通过各种回忆文章强调台湾人的祖国意识。例如：

日据末期登场的作家吴浊流在晚年回忆录《无花果》对殖民地台湾人反抗日本占领的武装斗争历史概括说："思慕祖国，怀念着祖国的爱国心情，任何人都有……台湾即使一时被日本所占有，总有一天会收复回来。汉民族一定会复兴起来建设自己的国家。老人们即使在梦中也坚信总有一天汉军会来解救台湾的。台湾人的心底，存在着'汉'这个美丽而又伟大的祖国。"

社会运动家与文学家叶荣钟在晚年的《小屋大车集》写道："日人……的歧视使台人明白所谓一视同仁的同化主义，完全是骗人的谎言，他们的欺凌压迫，使我们对祖国发生强烈的向心力，正像小孩子被人欺负时会自然而然地哭叫母亲一样……他们的歧视和欺侮，无异给台人的祖国观念与民族意识的幼苗，灌输最有效的化学肥料一样，使他滋长茁壮而至于不可动摇。"

吴浊流的《无花果》也强调："眼不见的祖国爱，固然只是观念，但是却非常微妙，经常像引力一样吸引着我的心。正如离开了父母的孤儿思慕并不认识的父母一样，那父母是怎样的父母，是不去计较的。只是以怀恋的心情爱慕着，而自以为只要在父母的膝下便能过温暖的生活。以一种近似本能的感情，爱恋着祖国，思慕着祖国。这种感情，是只有知道的人才知道，恐怕除非受过外族的统治的殖民地人民，是无法了解的吧。"

本土派大老吴三连晚年更在《中华杂志》发表的《〈台湾新民报〉所代表的民族意识》一文宣称："所有的台湾人都认为大陆是我们的祖国，当我年轻时，南部乡下所有父老前辈，他们唯一的希望还是期盼能够早一天有成就回到祖国，去拜拜祖先，看看亲戚朋友，这是所有来到台湾居住的人们根深蒂固的观念。"

可是，到了20世纪80年代李登辉登台以来，台湾社会在长期"反共戒严"统治教育下形成的民怨与"恐共"心理，却被分离主义政客、文人刻意播弄，从而使得"弃儿意识"病态地成为身份认同的主旋律。这些政客进而利用这种社会心理，打造"去中国化"的所谓"台湾意识"，持续推动"反共反中""和平独立"的舆论宣传，蛊惑民众，构筑"法理台独"的虚妄民意。

让人高度忧心的是：随着两岸交流的更进一步开展与祖国大陆和平让利的扩大，台湾民众的中国认同反而逐日递减。2014年的所谓"太阳花学运"甚至反对与大陆开展任何接触，并将诉求紧扣在突出"台湾"与"中国"之间的对立，最终高喊"台湾独立"要在他们这一代完成的梦话。

从历史发展的观点来看，台湾人民“中国心”失落的症结在于：日据 50 年的“殖民意识”与 1949 年以来的“反共意识”未能清理，因而让“亲美日、反共、反中”的“台独”的“台湾人意识”以及“亲美、反共”的“新台湾人意识”，交相激荡为“反共拒统”“维持现状”的所谓“主流民意”。

然而，今天的中国已远远不是西方强权刀俎下任人宰割的鱼肉了。台湾民众，尤其是青年一代应该认识到：祖国统一，不是庸俗的经济让利问题，更不是谁吃掉谁的政治问题，而是两岸中国人共同走出鸦片战争以来的屈辱，真正站起来做人的民族大业。

那么，作为台湾社会主体的台湾民众，尤其是青年一代以及所有投入祖国统一的神圣事业的两岸中国人，都应该通过历史与文学的阅读与考察，理解“台湾问题”的由来，同时也去理解台湾人民在不同的历史阶段的身份认同。唯有正确理解了历史的发展与台湾人民身份认同的变化，我们才能知道如何重新唤醒台湾人，尤其是青年一代的中国心与中国情，从而彻底解决历史遗留下来的问题吧。

因此，通过两岸学者的台湾文学研究，重建并发扬台湾人的爱国主义光荣传统以及台湾人参与新中国革命与建设的历史，建立内在于中国的正确的“台湾人史观”，进而让台湾民众，尤其是青年一代，认识真正的台湾历史；认识台湾人与祖国的密切关系，就是当前与未来两岸融合发展过程中，落实“两岸一家亲”，争取台湾民心的、文化交流的重要工作。

2018 年 11 月 20 日于上海

20世纪五六十年代台湾左翼的发展与存在形态研究

孔苏颜　刘小新*

在现有台湾文学史书写之中，大多将20世纪五六十年代这一历史阶段视为台湾左翼运动的“真空期”。20世纪50年代初期，台湾当局进行“清共”与“肃清”的白色恐怖大扑杀，严重打击了台湾知识分子的言论自由，故有学者以“失声喑哑”及“文化断裂”来论述这一时期台湾知识分子的苦闷。郑鸿生在《解严之前海外台湾左派初探》一文中形象地描述了这段历史：“六〇年代的台湾，历经五〇年代对左派进行肃清的腥风血雨之后，基本上被塑造成几乎是铁板一块的亲美反共社会。左翼组织彻底崩解，左翼思想几乎完全被消灭，而任何左翼的风吹草动即刻会遭来扑杀。”①“左翼的消逝”似乎成了当前两岸学界对这一时期的默契共识，以至于影响并塑造了台湾文学史中“左翼文化的断裂”或“断层现象”②的观念与论述。

然而，20世纪五六十年代台湾左翼的精神火种是否真的完全熄灭了？如果不是，那么它又是以何种隐蔽的形态继续存在并发展？左翼知识分子又是如何以迂回的方式将“思索变成一种美学”，将“社会主义变成了文学”？③我们又应该如何重新认识左翼的精神史资产？显然，将这一时期的左翼思想简单地理解为“消逝”或“断裂”，必然造成对台湾左翼历史的认识误区以及对历史复杂形态的遮蔽。因此，如何持续挖掘、书写与研究台湾这一时期的左翼历史，是我们当前所面临的一个重要挑战。显然，关于这一问题的理解与阐释已不仅仅

---

* 孔苏颜，福建社会科学院助理研究员。刘小新，福建社会科学院副院长、研究员。

① 郑鸿生：《解严之前海外台湾左派初探》，《人间·思想》，2012年。

② 杨照：《梦与灰烬——战后文学史散论二集》，台北：联经出版公司，1998年4月。

③ 施淑：《盗火者陈映真》，见陈光兴，苏淑芳：《陈映真：思想与文学》（下），台湾社会研究杂志社，2011年。

关乎文学史如何看待这一时期台湾左翼的位置问题，而且关涉到如何理解台湾文学史乃至台湾这一时期历史本身及其重构的复杂性问题。只有重新面对已有的偏见、盲点与限制，才能开启潜藏于历史地表的具有“丰富创造力与复杂的思想”的精神资产。换言之，一方面我们要注意左翼传统在台湾的发展与延续，另一方面对 20 世纪五六十年代台湾左翼被压抑的声音以及潜在的存在形态加以分析，这样方能敞开我们对台湾文学史更为复杂而丰富的理解与重构。

一、被压抑的左翼声音

台湾左翼的命运可以说是历经坎坷与波折。陈映真曾在《看那面历劫的赤旗：左翼青年在近代台湾的遭遇》一文中简要梳理了台湾左翼的历史命运。从 20 世纪 20 年代初发展起来的台湾左翼政治、文化与社会运动，在日本的殖民主义大棒下艰难而顽强地存在并发展，“光复”后，台湾组织了中共台湾工作委员会。1947 年“二二八事件”的洗礼，台湾知识分子与民众看到了在蒋介石统治之外的另一个希望，积极投身地下运动，左翼的力量不断发展壮大。然而，自 20 世纪 50 年代开始，国民党入台后全面、彻底而残酷的肃清，使台湾左翼思想、政治与文化遭到了极为严重的削弱。从日据时期存活下来的进步人士到大陆赴台的左翼知识分子，从中国共产党员到同情者，台湾的左翼力量遭到了极为残酷的摧折，要么被杀、要么被投入监狱，台湾左翼的声音受到极大的压抑。从蓝博洲所著的《台共党人的悲歌——张志忠、季澐与杨扬》、李娜整理的《无悔——陈明忠回忆录》等著述中，我们可以更为贴近历史地倾听到那个时代台湾左翼知识分子所经历的生命悲歌，真切地体悟被压抑的左翼声音。迁台后的国民党检讨国共内战失败的缘由，认为与文艺工作的失败有着很大的关联，因此在 20 世纪 50 年代特别加强了对台湾文化思想的控制，主要表现在以下几个方面：

（一）文艺政策

1950 年是台湾文艺政策的关键转折点，因为台湾文艺政策的两大系统均在这一年确立——张道藩的“中国文艺协会”与蒋经国的“总政治部系统”——二者在彼此呼应下，由社会文艺界与军中文艺界构成了台湾 20 世纪 50 年代的

“反共文学”。[①]“中国文艺协会”是由张道藩、陈纪滢等人发起的半官方文艺团体，它并不直接依附于国民党，而是通过会员制以及由上而下的领导方式，确保它能配合执行国民党的文艺政策。它的组织社群通过国民党的经济资源和政治上的支持，迅速成为当时文坛的权力中心组织。而成立于1950年4月的“中华文艺奖金会”，则是真正推动“反共文学”创作的另一个重要组织。通过“文协”与“文奖会”的运作机制，可以发现当时主流文坛与国民党当局的政治权力相契合的依存关系。此外，1953年成立的“中国青年写作协会”，1955年成立的“台湾省妇女写作协会”，1966年成立的“中华文化复兴委员会”，1968年成立的“中央电影文化公司”，它们都是接续“中国文艺协会”而产生的进一步加强文艺控制的体制化势力。通过这些社群组织的系统运作，参与其中的作家逐渐形成台湾20世纪50年代的主流文坛中心。相对于这些半官方半民间的社团组织，“军中文艺系统”则是直接被纳入政治体制下的运作。1951年蒋经国发表《敬告文艺界人士书》，主导“文艺到军中去”政策，1956年正式形成了“战斗文艺运动”。[②]“反共的文艺政策”，无疑是20世纪50—70年代台湾的重要历史情境。

（二）“文化清洁运动”

1954年7月，由具有官方背景的作家陈纪滢故意隐没身份，以假“某文化人士”之名发表文章，呼吁社会各界致力于扑灭文艺界与新闻界中的“赤色、黄色、黑色”等三种毒害。陈纪滢的这一行为事实上是为了呼应当时台当局的意志，故意制造舆论，以便蒋介石当局展开一连串协调性的动作。8月9日，台湾各报刊共同发表《自由中国各界为推行文化清洁运动例行除三害宣言》，明白提出了“赤色的毒”“黄色的害”“黑色的罪”将会摧残民族文化、断送“国家命脉”、损伤社会风气，因此要自清与对外清除。正如陈康芬在《断裂与生成——台湾五〇年代的反共/战斗文艺》一文中所言：“如果将1951年的‘军中文艺运动’，视为国民党政权主导、‘文协’提供支持的一项文艺运动。1954年的‘文化清洁运动’则是‘文协’所主导、国民党政权以‘国家’暴力机制予以执行的文艺运动，从中可以看到政党知识分子对社会大众的自我认知与领导

① 郑明娳：《当代台湾文艺政策的发展、影响与检讨》，《当代台湾政治文学论》，台北：时报文化出版有限公司，1994年，第24页。

② 参见王集丛：《战斗文艺论》，台北：文坛社出版社，1955年；张道藩：《战斗文艺与自由文艺》，台北：文坛社出版社，1955年；葛贤宁：《论战斗的文学》，台北：中华文化出版社，1955年。

意识。”[1]“文化清洁运动”并非民间自发的行为，而是台湾当局有计划的政治运作，是台湾当局意图掌控岛内文艺活动和话语权。事实上，“文化清洁运动”不只是台湾当局压制言论自由的一场整肃运动，更是国民党当局力图维护其统治正当性而主导的文学意识形态化。“文化清洁运动”不是一场孤立的运动。它是 20 世纪 50 年代台湾当局文艺政策的重要一环，它也并非突然间降临的，而是 20 世纪 20 年代以来国民党文艺论述在五六十年代的极端化。“文化清洁运动”背后潜藏着国民党的意识形态，它以一套充满道德成规的说辞，通过指斥“不正常”的文艺建立起文艺统治地位。[2]这一运动抹消了周遭的杂音，从而建立起符合其意识形态的文学论述，并有效主导了台湾文学从 20 世纪 50—70 年代的论述情境。

（三）禁书运动

“禁书”是国民党一贯采用的政策手段，而这一时期的“禁书运动”则是将这一政策推向了极端。这一时期的图书查禁政策，不再仅仅针对左翼思想、共产主义言论内容上的查禁，甚至扩张到了只要作者留在大陆的作品，不论内容如何一律查禁。举凡 20 世纪 30 年代的作家，如鲁迅、巴金、老舍、茅盾、沈从文、田汉、丁玲、胡风、萧红、李广田等人的作品几乎被查禁。从“查禁图书目录”中，可以看出每年查禁的种数：1951 年查禁 26 中图书，1952 年查禁 146 种，1954 年查禁 98 种，1955 年查禁 64 种，1956 年 53 种，1957 年 24 种，1958 年 95 种。[3]禁书除了影响出版界的生态，甚至改变了战后台湾的文艺思潮。禁书运动，切断了 20 世纪 30 年代以来的中国文学思想及学术传承，使得台湾出现“战后文学传统的断层现象”，影响到了 20 世纪 50 年代台湾的文学场域。

而“中华文化复兴运动推行委员会”的产生是延续了 20 世纪 50 年代国民党当局的一系列文艺运动的产物，它继承了“文化清洁运动”“战斗文艺运动”等文艺运动的性格。事实上，它的产生是国民党当局“企图以‘精神动员的方式’挽救因为无法武力反攻大陆而日渐失去的正当性”，它成为了国民党当局对外得以抵抗大陆的社会主义思想，“对内进一步巩固自身政权合法性的重要

① 陈康芬:《断裂与生成——台湾五〇年代的反共 / 战斗文艺》，台湾文学馆，2012 年 10 月，第 62 页。

② 萧义玲:《“文化清洁运动”与五〇年代官方文艺论述下的主体建构》，《台湾文学研究集刊》，2011 年 2 月第 9 期。

③ 台湾当局编:“查禁图书目录”，“台湾省警备司令部”，1966 年。

根基”[①]。事实上，这一时期的文艺政策是国民党“国统区”文艺政策的极端化。1950年代国民党通过政治威权体制对文艺场域进行全面的掌控，极大压抑了台湾左翼的声音。

二、台湾左翼的暗流及存在形态

20世纪50年代至60年代初期，台湾左翼知识分子几乎被完全“扫光”了，左翼运动陷入了低潮。左翼作为一种知识分子的理想，作为一种贴近生命的行动召唤，其精神火种是不可剿灭的。但是，在如此高压的境况之中，它又是以何种形态存在？台湾知识分子又是以何种方式获取左翼思想资源，以何种路径传播左翼思想？根据不断挖掘出来的历史资料可以发现：台湾左翼思想之火种并没有熄灭，而是以更为隐蔽的方式转入了地下，以“暗流”的形式继续存在并发展。这一“暗流”的存在形态，主要有以下六种：

（一）地下读书会

以陈映真为首组织的地下读书会即是20世纪60年代台湾左翼思想的一个典型存在。20世纪60年代初期，这个地下读书会开始将台湾左翼知识分子重新聚集在一起。其中，陈映真作为读书会的思想组织者，扮演了非常重要的角色。读书会一般在丘延亮家举行，主要成员有陈映真、吴耀忠、丘延亮、季季等人，他们除了阅读一般人读不到的左翼书籍，而且经常利用短波在深夜收听大陆的中央人民广播电台，一字一句地抄录，彼此交换阅读心得。根据邱延亮的记忆，读书会维持了三年，读书内容至少包括：“毛选、老三篇、新民主主义论；九评；鲁迅全集；苏金伞诗集；艾思奇《大众哲学》；普列汉诺夫；费尔巴哈；30年代文学、巴金、老舍、田汉……；马克思：雾月十八、德意志意识形态、资本论……；易卜生；旧俄文学。”[②]这些书目也得到了浅井基文的印证：“把在大学时期开始阅读的列宁选集、马克思和恩格斯的主要的著作、日文版的毛泽东选集、鲁迅的两三本著作带来了台湾。”[③]这对于成长于战后白色恐怖气息笼罩的台湾知识分子而言，“私密地阅读左翼作家的作品，不仅是对威权

① 黄怡菁：《文学史的书写形态与权力政治》，《台湾学志》，2010年4月，第79页。

② 陈光兴：《陈映真的第三世界》，《台湾社会研究》，2011年9月第84期，第160页。

③ ［日］浅井基文：《我所认识的陈映真以及1960年代的台湾》，郑宏译，《台湾社会研究季刊》，2012年3月第86期，第349页。

禁忌的挑战，同时更是一种具批判思想进步的象征”[①]。1968 年 5 月下旬，台湾警备总司令部以“涉嫌叛乱”的罪名陆续逮捕了陈映真等多人，根据“判决书”所罗列的“事实”：“陆续交阅《毛泽东选集》《红旗》《如何选择群众》及日本左倾作家所著经陈永善翻译之《现代社会之不安》《矛盾论》《现代中国》等书，并收听‘共匪’电台广播，因之向往‘匪帮’，而萌结合青年，从事颠覆活动之意念。”这恰恰从反面可以窥见当时台湾左翼青年对左翼思想的渴求以及坚定信念。

鲁迅对陈映真的影响是“命运性的”[②]，鲁迅自幼就给了他“一个祖国”[③]。陈映真曾经在他的小说《乡村的教师》中以隐晦的方式书写了“地下读书会”。“何以一个山村小子会成为这样一个人？”——“由于读书。”显然，陈映真所说的“读书”，具有了实践导向的深刻意涵：一个冒险的抉择，一个政治的判断，与一个引向实践的身心准备。在小说中，陈映真指出了吴锦翔读的是“国内的文学”，显然是暗指“大陆二三十年代左翼的书籍”，或许是特指“鲁迅的作品”。因为鲁迅的《呐喊》在 1949—1950 年之交即与十来岁的少年陈映真相遇了，从而给陈映真带来了一生的影响。“随着年岁的增长，这本破书的小说集，终于成了我最亲切、最深刻的教师，我于是才知道了中国的贫穷、愚昧、落后，而这中国就是我的……感谢少年时代的那本小说集，使我成为一个充满信心的、理解的、并不激越的爱国者。”[④]不言而喻，陈映真通过阅读 20 世纪 30 年代以来的左翼文学，提供了一个看待现代中国的知识纵深。这个时期，陈映真创作了一系列具有寓意的左翼思想小说，包括：《面摊》(1959)、《我的弟弟康雄》(1960)、《家》、《乡村的教师》、《故乡》、《死者》、《祖父和伞》(1960)、《苹果树》(1961)、《哦！苏珊娜》(1962—1963)、《猎人之死》(1965)、《永恒的大地》(1966)。

这一时期，可能还存在为数不少的地下读书会，隐蔽地延续与传播着左翼思想。根据郑鸿生的回忆，他 1968 年在南台湾就参加过一个高中生的地下读书会，而且读书会第一次聚会所讨论的文本为陈映真的《我的弟弟康雄》和张爱

---

① 陈明柔：《当代台湾小说中历史记忆的书写——以郭松棻为观察主轴》，见成功大学台湾文学系主编：《台湾文学史书写国际学术研讨会论文集》(第二集)，高雄：春晖出版社，2008 年 6 月，第 414—415 页。

② 韦名：《陈映真的自白——文学思想及政治观》，《七十年代》，1984 年 1 月。

③ 钟丽明：《陈映真：鲁迅给了我一个祖国》，香港《大公报》，2004 年 2 月 23 日。

④ 陈映真：《鞭子和提灯》，《父亲：陈映真散文集 1》，洪范出版社，2004 年版，第 11—12 页。

玲的《留情》。青年陈映真透过他的文学表达了他的左翼理想与思想以及他的挫折与反思。正如赵刚在《求索：陈映真的文学之路》中所认为："陈映真在寓言时期所穷思的左翼主体状态的写作，为我们今天思考这些问题与反思自身的主体状态,提供了极重要的参照与思考资源。"[①]"一个在20世纪50年代遭到肃清的台湾左翼传承"，围绕着陈映真组织的地下读书会重新点燃了左翼思想的契机，藕断丝连地连接上了台湾左翼思想的传统，这在一定意义上而言可以说是台湾左翼思想的小规模集结。

（二）战后日本左翼思想的复苏及其在台湾的传播

二战后，日本左翼思想曾呈现出了短暂复苏的迹象。台湾学者柄谷行人在《战后日本的左翼运动》一文中较为翔实地梳理了战后日本左翼运动的复苏历史。他认为："日本的左翼运动，在1917年、俄国革命之前，是以无政府主义者为中心；1917年之后，则变成以共产党为中心。"[②]朝鲜战争爆发后，日本的共产党受到压制，但是日本共产党积极采取了武装战术，学习中国革命的成功经验，模仿毛泽东战术，成立了"山村工作队"。他们试图在没有经过土地改革的山林地带，透过佃农发动革命。日本著名的小说家安部公房、电影导演大岛渚、历史学家网野善彦、建筑家矶崎新，都在学生时代参加过"山村工作队"。而由武井昭夫组织的反对学费调涨、反对美军基地的学生运动，则重建了日本左翼运动的学生运动。柄谷行人认为，这种"批判旧左翼的新左翼，是从日本国内的学生运动产生的"[③]。1958年，日本成立了"共产主义者同盟（Bund）"。1959年开始的"安保斗争""国民共斗会议"则将日本的左翼运动推向了一个小高潮。战后日本的左翼精英扮演了重要角色，就像后来成为日本首相的福田赳夫也曾是左翼学生。[④]柄谷行人甚至认为说："1968年在欧美所发生的事态，在日本则早在1960年就发生了。那不但是学生运动，而且受到广泛大众的支持，同时也是否定共产党的左翼运动。1960年在日本发生的学生运动，在全世界都没有先例。"[⑤]从柄谷行人以及"日本青年外交家"浅井基文等人从高中的时候就参加了反对"安保运动"，可以发现这一时期左翼思想在日本青年人之中的蓬勃之势。

---

① 赵刚:《求索：陈映真的文学之路》，联经出版事业股份有限公司，2011年4月，第45页。

② [日]柄谷行人:《战后日本的左翼运动》,《文化研究》，2015年春季第20期，第226页。

③ [日]柄谷行人:《战后日本的左翼运动》,《文化研究》，2015年春季第20期，第226页。

④ [日]柄谷行人等:《问题与讨论》,《文化研究》，2015年春季第20期，第255页。

⑤ [日]柄谷行人:《战后日本的左翼运动》,《文化研究》，2015年春季第20期，第225页。

从 1993 年《后街》这一重要的自传性文章中，我们可以发现有一位对陈映真的知识与思想生活产生深远影响的日本青年浅井先生。这即是 1962 年 9 月陈映真进入强恕中学任教后，由李作成引介认识了日本左派青年外交官浅井基文。[①] 根据陈映真自己对其左翼思想来源的梳理与阐述，我们不难发现：与日本年轻外交官浅井基文的交往是陈映真左翼路上的一个重要转折点，甚或是影响其一生转折的重要人物。[②] 因为"在思想封锁闭塞的年代里，依靠着过去的旧书没有办法建立起对当前世界的认识，浅井借身份之便提供了一扇通往激进知识的窗户"。当时，由于战后日本左翼思想的复苏，浅井基文将"在大学时期开始阅读的列宁选集、马克思和恩格斯的主要著作（文库本）、日文版的毛泽东选集、鲁迅的两三本著作"，[③] 以及为了学习中文所购买的中文版毛泽东选集，利用"外交"特权将这些"禁书"带入了台湾。这些书籍为陈映真等人的左翼思想提供了重要的左翼思想资源。从他当时与钟肇政的通信所表露的心声"最近读书颇勤……感触和伤疼也多，也深"，足可见其"正在重新学习之中"所受到的思想触动。通过浅井基文的人脉与知识圈，陈映真与一群志同道合的人另辟了另一个思想空间。1965 年，浅井基文离开台湾时，将带来的"禁书"留给了他的继任者加藤弘一、畠中岛、斋藤正树等人，使得陈映真等人能够继续接受左翼思想。或许，浅井基文透过李作成与陈映真的偶然认识，使原本打算作为消遣乏味时光的左翼书籍成了台湾左翼思想的重要资源。这一看似偶然的事件，事实上隐含着历史的必然。或许，即使没有浅井基文的书，依然也会有别的书。但不可否认的是，"他于 1960 年代所带来的思想资源与读书会空间，是左翼分子在 20 世纪 50 年代被肃杀后第一次'有组织'的集结，是香火重新点燃的一刻。一般被视为民族主义分子的陈映真他们，因为与浅井交往中的相知、信赖与情感，走上通往国际主义连带的精神道路"[④]。足可见，这一历史偶然事件为 20 世纪 60 年代台湾左翼思想产生了重要影响。

---

① 陈映真：《哀思畏友李作成先生》，《海峡评论》，1993 年 10 月，第 34 期。

② 陈映真：《后街——陈映真的创作历程》，《陈映真文选》，北京：生活·读书·新知三联书店，2009 年 12 月，第 22 页。

③ ［日］浅井基文：《我所认识的陈映真以及 1960 年代的台湾》，《台湾社会研究季刊》，2012 年 3 月，第 86 期，第 349 页。

④ 陈光兴：《浅井基文与陈光兴的故事》，《台湾社会研究季刊》，2012 年 3 月第 86 期，第 344 页。

（三）左翼思想在监狱中的传播

陈独秀曾言："世界文明发源地有二：一是科学研究室，一是监狱。"[①]经由20世纪50年代台湾当局对台湾共产党人的严厉肃杀，监狱中关押着大批的免于被刑杀的"政治犯"。通过近年来不断整理出版的回忆录、口述史，我们可以发现这个时期台湾左翼在监狱中以一种另类的方式得到传承与发展。在《无悔——陈明忠回忆录》一书中，陈明忠以亲身经历复述了他亲身见证了许多被牵连或无辜被抓的原不知共产主义为何物的同伴，却在监狱中走向"红色祖国"的情形。虽然监狱中的"政治犯"参加了地下组织，但是他们的政治认识很浅薄，一些无辜受牵连被抓的人，他们对于共产党、毛泽东、马克思主义、社会主义以及共产主义等都不甚了解。这反而激起了他们了解、学习的热情，因此监狱成了学习共产主义的学校，很多人在监狱中开始真正研读马克思主义。诸如狱中开设的政治学习的"毛泽东思想批判"课程，他们就只读"大段大段引述毛泽东的话"，而不读"批判"的部分，以这样的方式学习共产主义思想。而且，监狱中给管理员看书的图书馆，也有部分左翼思想的书籍，经常被偷出来私下传阅。对于这些人，监狱反而成了他们的"新生之地""学校"，所以他们出狱后都互称"老同学"。[②]伴随着左翼思想在监狱中的传播，逐渐开展各种形式的狱中反抗，还产生了"极左"与"修正主义"的派系斗争。

1968年5月，陈映真等读书会成员被捕入狱，在泰东的泰源监狱里，陈映真与左翼历史相遇。在其自传性的《后街》一文中，陈映真描述了他与狱中左翼知识分子相遇的情形："他头一次遇见了百数十名在1950年朝鲜战争爆发后全面政治肃清时代被投狱、幸免被刑杀于当时大屠杀的恐怖、在缧绁中已经度过了二十年上下的政治犯。""他直接会见了少小的时候大人们在恐惧中噤声耳语所及的人们和他们的时代。他看见了他在青年时代更深人静窃读破旧的禁书时，在书上留下了眉批，在扉页上写下自己的名字，签上购买日期，端正地盖上印章的那一代人。"狱中各路人马都试图将自身身上的武功"加持"到他的身上，他"不知餍足地听取那被暴力、强权和最放胆的谎言所抹杀、歪曲和污蔑的一整段历史云烟。穿越时光的烟尘，他噙着热泪去瞻望一世代激越的青春，以灵魂的战栗谛听那逝去一代的风火雷电"[③]。或许，正是这些"老同学们"的

① 陈独秀：《研究室与监狱》，《每周评论》，1919年6月8日。

② 李娜整理编辑：《无悔——陈明忠回忆录》，吕正惠校订，生活·读书·新知三联书店，2016年4月，第122—124页。

③ 陈映真：《后街——陈映真的创作历程》，《陈映真文选》，北京：生活·读书·新知三联书店，2009年12月，第23页。

身教与言教，构成了他下一个时期创作得以转进的基石，狱中的故事陆续呈现在《铃铛花》《山路》《赵南栋》《当红星在七古林山区沉落》，“为台湾战后左翼精神史的有序传递留下了想象的香火”。[①] 在台湾文学史的书写以及对台湾左翼思潮的历史考察，这一独特空间中的左翼思想传播与及其所造成的历史激荡显然是不可忽视的重要存在。

（四）欧风美雨中的左翼思潮接受

20 世纪 60 年代是美国文化开启全面影响台湾的年代。即使当时台湾仍处于解严体制之中，但由于台湾当局政治上的“亲美”立场，“美国文化及其‘反文化’遂也通过各种正式与非正式管道源源流入”。正式的管道有用全英文发声的美军电台、《今日世界》杂志与出版社，非正式的则来自各种媒体、进口刊物如《时代周刊》《生活画报》、摇滚音乐以及新潮电影等。[②] 台湾青年则如饥似渴地接受全球性青年造反风潮的感染，尤其是 1968 年的法国巴黎的“五月风暴”、美国的人权运动、反战运动的影响。欧美的青年运动以及思潮不仅仅从政治方面对台湾知识界产生了强大冲击，在文化层面上也影响深远，尤其重要的是西方马克思主义、存在主义思潮，有效感染着台湾知识圈。例如，20 世纪 60 年代风行台湾的逻辑实证论，成了当时激进青年批判政治威权的有力武器。西方个人主义大师海耶克、波普的“开放社会”理论以及存在主义等西方思想在这一时期台湾的知识青年中蔚为风潮，成为显学。陈映真的《唐倩的喜剧》（1967 年）正是对台湾 60 年代受到西方思潮冲击以及对欧美现代性热烈追求的描绘，其中一个青年思想大师就是搞逻辑实证论，另一个是搞存在主义。台大哲学系的殷海光与陈鼓应将这两套西方哲学理论用来作为反抗台湾威权体制的思想武器。或许，由于台湾当局的“亲美”立场，使得西方左翼思潮能够以“现代性”的面貌进入到台湾知识界中传播，这也是台湾左翼思想资源的一个重要发展路径。

（五）以香港为中介的左翼文艺思潮传播

20 世纪五六十年代两岸政治、文化的“隔绝”并未完全割断，其中，香港扮演了一个特殊的中介角色。正如郑树森所言：“香港的文化空间在当时海峡两岸之间，是最开放和包容的。不论是国民党或共产党、右倾或亲左，甚或是不

---

① 陈光兴：《陈映真的第三世界》，《台湾社会研究》，2011 年 9 月第 84 期，第 238 页。

② 郑鸿生：《陈映真与台湾的“六十年代”：重试论台湾战后新生代的自我实现》，《台湾社会研究季刊》，2010 年 6 月，第 78 期，第 17 页。

见容于海峡两岸的托派，都能够在香港自由活动。香港文化人均可自行选择，并各自宣扬信念或落实创作理想。因此，就当时两岸三地的政治及文化情况来看，香港可说是一种‘公共空间’或‘公共领域’，容许歧异的声音同时争鸣，接受相互排拒的论述和辩争。”[①]一方面，香港的左翼文化阵营如《文汇报》《大公报》《今晚报》以及香港三联书店、商务印书馆等出版机构，持续产生充沛的左翼思想动能与影响。另一方面，许多滞留海外未归的左翼知识分子，经常“透过香港这个重要的第三地，和台湾进行更多暗潮汹涌的思想联系”[②]。可见，香港这一特殊空间，在冷战格局下对台湾左翼思潮的发展提供了重要的资源与通道。

（六）台湾海外左翼运动

海外台湾左派亦是考察台湾左派一支不可忽视的重要力量。“海外台湾左派”是一个概括性的称呼，主要包括在美国、日本与欧洲的受到左翼启蒙的留学生。这些战后第一批接受台当局教育而后出国留学却又受到左翼思想影响的台湾青年，他们的家世背景、学科训练极为不同，几乎涵盖了社会上的各个阶层。成长于20世纪五六十年代的新生代知识分子前往美国留学的人数众多，从而形成了一股重要力量。如果说“1960年代台湾知识青年接受欧美青年造反的‘反文化运动’影响只是间接的，当时在美国校园的台湾留学生就直接受到冲击了”。这样的亲身体验，促使得一部分留学生“开始对美国社会体制进行反思，也开始摆脱美国的霸权意识形态来重新认识被妖魔化的中国大陆。这是台湾留美学生思想转变的环境与契机，由此开始了台湾战后新生代在海外寻找另类出路，而重新串起左翼联机的历史性集结”[③]。这批在海外的留学生，因为受到了20世纪60年代学生运动、反战、民权运动和妇女运动等等世界浪潮的洗礼，开始走上对美国霸权及其价值的反思与反抗之路，并试图对岛内有所行动与影响。

海外台湾留学生的左翼思想接受呈现出了多种复杂的面向：一是选择回归社会主义中国，主要有段世尧、陈若曦夫妇；二是选择到美国社会基层甚至第三世界国家工作，主要代表为在印第安纳大学攻读生物学博士的林俊义、柏克莱加大的许登源夫妇；三是被强制遣送回台被判刑的左翼青年，如留学美国夏

① 郑树森：《遗忘的历史·历史的遗忘——五六十年代的香港文学》，香港：牛津大学出版社，1998年，第9页。

② 简义明：《冷战时期台港文艺思潮的形构与传播——以郭松棻〈谈谈台湾的文学〉为线索》，《台湾文学研究学报》，2014年4月第18期，第215页。

③ 郑鸿生：《解严之前海外台湾左派初探》，《人间·思想》，2012年。

威夷大学的陈玉玺；四是在台已受到左翼启蒙的留学生，如陈映真地下读书会成员蒙韶、刘大任等人。面对 20 世纪 60 年代台湾的戒严体制，这些左翼海外留学生除了少数选择回归社会主义中国之外，更多的是羁留于美国静待时机。而读书会则成了这批羁留美国的台湾左派留学生这一时期的主要活动，几乎在每所有台湾留学生的大学校园都有读书会，例如柏克莱加州大学的刘大任、郭松棻等，奥斯汀德州大学的王义雄等以及哈佛大学的廖约克、龚忠武等人的学习小组。在海外台湾左派的圈子里，读书会成了左翼思想传播与发展的重要推手。此外，在 20 世纪五六十年代之交，美国兴起了一股重新关注中国的热潮，很多大学都成立了“中国研究中心”，这为台湾留学生提供了一扇了解中国大陆的新窗户。这些受到左翼思想影响的台湾留学生，后来不少人回到台湾隐身到各个领域之中。

三、浮出历史地表：左翼思想的复苏

左翼的火种已经播撒开来，只等待历史的时机再度点燃。如若没有 20 世纪五六十年代的左翼思想潜流的多元积累，显然不可能迎来“1970 年代台湾左翼青年的一段如火年华”[①]。陈映真 20 世纪 70 年代以后左翼思想创作的大爆发，离不开 20 世纪 60 年代地下读书会时期的阅读积累以及对马克思主义知识、《毛泽东选集》的广泛阅读，才建构起了他明确的左翼思想倾向。他 1975 年出狱后，“所描写的不再是市镇小知识分子，而是一个属于第三世界的普遍性问题，当先进资本主义国家的大企业进入到我们的生活空间，带给我们的影响，无与伦比；不仅是生活改变，而是整个儿的想法、观念、行为和生存方式的巨变。他企图揭示掩饰在那魅力外以内的狰狞本质，大众传播媒体的麻木与无知，以及如何在被侮辱、被欺骗、被伤害之后的觉醒”。[②] 陈映真的小说作品呈现出了这一时期台湾社会与左翼青年的思想状况，它是台湾左翼思想复苏的一大重要精神资源及重要表征。

20 世纪 70 年代，“保钓运动”成了台湾左翼思想浮出历史地表的重要契机。从郑鸿生多篇关于 20 世纪 70 年代台湾左翼青年的文章可以发现这一时期的岛内岛外左翼思想浪潮的涌动。由于“保钓运动”，台湾大学校园爆发了 50 年代

---

① 郑鸿生:《青春之歌——追忆 1970 年代台湾左翼青年的一段如火年华》,《台湾社会研究季刊》, 2001 年 3 月，第 41 期。

② 姚一苇:《陈映真作品集 · 总序》，中国友谊出版公司，1998 年，第 15 页。

以来前所未有的学生运动，继而展开了学生民主权利的抗争运动。可以说，“保钓运动”对70年代台湾的左翼思潮产生了深刻的影响。一方面，它冲破了台湾当局威权体制对左翼思想的禁锢，为台湾知识青年提供了“寻找左翼思想资源”的“另类出路”，而这条另类出路的直接启示直接来自保钓时期海外留学神寄回来的各种书刊与资料。“一箱经典带来的新世界”[①]，为70年代台湾左翼思想的复苏提供了充裕的弹药与动力，这“一箱经典”包括：毛泽东的《矛盾论》《实践论》，马克思主义经典著作，《二月革命》，左雄与史明的著作以及20世纪30年代大陆左翼作家的作品等。另一方面，“保钓运动”也促动台湾知识青年重建与台湾现代左翼思想史的精神联系。杨逵也于70年代被重新挖掘出来。杨逵作为台湾左翼思想史上承前启后的重要人物，他所代表的历史意义被重新肯定，其重要意义在于重新连接了台湾的左翼历史传承，也为当时知识青年转向左翼提供了重要契机。此外，左翼思想与民族主义的进一步接合，形成回归民族与关怀现实相结合的文艺观念，启发了知识青年介入现实的意识与追求。

而1976年《夏潮》杂志的创办则进一步把分散的进步知识分子结成左翼的联盟，联盟的主要成员有苏庆黎、唐文标、杨逵、陈映真、尉天聪、南方朔、王晓波、陈鼓应等，他们包括左翼民族主义者、批判现实主义作家、国民党左派以及海外“保钓运动”分子，在“乡土的、社会的、文学的”理念下形成《夏潮》左翼知识分子群体，拓展了左翼思想的空间。而于1977至1978年达到论争高潮的“台湾乡土文学论争”，其“写实主义”观念也已于20世纪60年代中期在台湾文坛开始出现，而尉天骢所主编的《文学季刊》则是最重要的作家集结地。台湾乡土文学成了与现代主义文学分庭抗礼的一个文学主张，这场论战表面上是现代主义与乡土文学之争，但实际上却是官方意识形态与反官方意识形态的冲突，是“台湾战后历史中一次政治、经济、社会、文学的总检验”[②]。同时，“乡土文学论争”也使台湾左翼知识分子群体出现了分化迹象，以陈映真为代表的“人间”派左翼知识分子则依托《人间》杂志和出版社继续开创台湾的左翼思想重建与批判性论述。种种迹象表明，20世纪60年代台湾左翼思想的“潜流”已经浮出历史地表，迎合历史契机实现了复苏，以充满活力的姿态接续上了70年代的台湾左翼思潮史。

---

① 郑鸿生：《青春之歌——追忆1970年代台湾左翼青年的一段如火年华》，《台湾社会研究季刊》，2001年3月，第41期。

② 陈谦：《反抗与形塑：台湾现代诗的政治书写》，新北市文化局，2011年11月，第39页。

台湾文学研究：个体历史、在地与后殖民状况

——评黄英哲《漂泊与越境——两岸文化人的移动》

陈 丛*

近些年来台湾“本土化”运动全面展开，台湾文学随社会趋势的变迁，已经形成了丰富的文学作品及研究著作，理解台湾文学及相关研究著作，对我们理解台湾、观看台湾具有重要意义。2016年，黄英哲教授出版了论文集《漂泊与越境——两岸文化人的移动》。黄英哲教授是日本立命馆大学文学博士，曾任美国哥伦比亚大学访问学者、“中研院”台湾史研究所访问学者。现任日本爱知大学现代中国学部教授、国际问题研究所所长，其主要的研究领域为台湾与大陆、日本的文化交流史，台湾文学以及中国现代文学。本书是继其中文专著《“去日本化”“再中国化”：战后台湾文化重建（1945—1947）》（2007）之后有一重要著作，该书延续了对日据台湾丰富的史料收集特色，作者从“个体”与“国族”的关系，鲁迅研究及其他现代作家研究，文本与后殖民状况等问题重新进入台湾文学，以挖掘两岸文化人“在漂泊中展开人生，在越境中发现认同”的生存方式。本文将对该书的理论视角、史料处理、研究方法进行简单梳理。

一、漂泊越境；资本流动下的“个体”与“国族”

1945年日本战败，台湾结束了长达50年的殖民统治。但是地缘政治的问题尚未结束，在整个东亚范围内，人员流动与越境一直持续至今，使得处于东亚的中、日、台三地的由殖民遗绪、经济资本、战争创伤等多重因素更为紧密地联系起来，一地的事件波及他地既产生了前所也有的共振，又在不同的主体

* 陈丛，台湾清华大学台湾文学研究所博士。

位置中得到再阐释。国共内战，“二二八事件”，大分裂促成了更大文化网络的形成，历史必须在区域中进行解读。故乡，文本，“国家”，殖民状况的更迭衍生与在地实践，驱使个体重新找寻定位，在漂泊中展开人生，在越境中发现认同。

黄英哲的旧作《“去日本化”“再中国化”战后台湾文化重建（1945—1947）》（后文用《“去日本化”“再中国化”》代指）从文化重建、文化制度及鲁迅在台传播等角度，解读战后国民政府针对日本殖民后的社会情形，建立官方运作机制深入民间进行教育部署，在文化上进行摒除、重创、继承的过程。该书展现了当今台湾意识高涨、“去中国化”声音甚嚣尘上之时“中国化”得以形成的源头，并辩证地看待“中国化”对帝国殖民的对抗性以及战后解除台湾受日本“皇民”统治的过渡性。新作《漂泊与越境——两岸文化人的移动》（后文用《漂泊与越境》代指）同样以丰富史料为基础，但在内容上更进一步，延续了黄英哲本人的思想脉络，却延长了论述的时间并且扩充了论述的空间。论述的范围由台湾在地为主到东亚地理的版图之上的两岸知识人流动，个体和土地产生了复杂而紧密的联系，认同随着历史事件的变迁产生了繁复的运动过程。文化人的移动同样带动了文本的流动，文本成了寄托情感、展示所思的对象，由于主体的需求不同使得文本不得不“再制”，在政治、经济等因素的钳制下重新发生，作者在此时已经超脱出文学研究，而是将文学置身于更为广阔的论述空间。另外黄英哲认为后殖民的问题并没有解除，新的殖民问题涉及同为殖民地的共通性，日本等前殖民宿主已经偷换了殖民方式，将领土扩张转化为资本殖民，这种隐形的殖民更催促研究者理清认同的代价以及过去与未来的联系，作者将本书分为四个部分：“故乡与他乡”“文本越境与意义再制”“国家重建与文化葛藤”“不在场的后殖民状况”。

黄英哲把陈蕙贞一生辗转日本与两岸的故事作为序章的开篇。2005 年 1 月 6 日，日本《读卖新闻》与《朝日新闻》注销的一则讣告让黄英哲才得知陈蕙贞的传奇经历，在此前她的事迹和作品流传都非常有限。陈蕙贞于 1932 年生于日本东京，双亲均生于台湾，祖父因牵涉西来庵事件被日警逮捕拷问致死。父亲曾留学上海复旦大学，是著名的语言学者，有着强烈的中国民族主义精神，后与中共地下党有接触，为特务察觉。1945 年日本战败，陈蕙贞随父母返台，在苏新担任总编辑的《人民导报》上连载文章，并出版了在日本返台前夕完成的半自传式小说《飘浪的小羊》。“二二八事件”发生后，他们一家于 1949 年后返回大陆陈蕙贞改名陈真，长期在北京新华广播电台担任日语播音员。“文革”期间一家四散，她于 1991 年赴日，担任日本 NHK 电视台和广播台中国语教师，

2005年病逝北京。

《飘浪的小羊》这部小说中虽然细节上是虚构的，但是被日本人歧视的部分是真实的叙事。“陈蕙贞及其家人的经历可说是20世纪台湾人生命史的类型之一。”[①] 她被日本人侮辱为“清国奴”或“支那人”，蕙贞的心灵遭到了极大震动。研究者黄英哲以这个东亚旅行的传奇故事作为论文集的开端，其用意主要有二：一方面，他召唤长期以来被大叙述所压抑的个体历史，一些重要的作家被主流论述遮蔽起来，需要重新挖掘文献和史料。就如王德威所言“任何一种自命清洁的国族主义论述容不下陈蕙贞这样的遭遇，但也唯其如此，更体现同代人不凡的向往和挫伤，以及台湾现代经验重层的，移动的复杂性。”[②] 个体面对历史主动或被动的游移，国族主义和殖民主义论述使得主体的认同很难被承认，他们的故事不仅不为别人所知，而且很难被叙述出来，造成了长期以来的心灵创伤。另一方面，由于全球资本主义发展的内在驱动力，造成的社会流动和人口移动，所形成的迁移的传奇，个体生命史的文化越境甚至是对自身身份的归与不归下的徘徊和犹疑，使得认同的边界不断重层。但应该看到的是，无论大陆，台湾还是日本，其身份认同如何摆荡不定，产生了何种多元性的变化，首先都应该建立在对殖民主义，帝国主义的否定之上，就是黄英哲所强调的“在重层的时代纹理中的某些共性”[③]，人的漂泊与越境是一种侧面反抗，也是在资本主义经济制约下不得已的策略。

王德威针对台湾的现状及“国族”论证提出了后遗民理论。他认为：“遗民原泛指‘江山易代之际，以忠于先朝而耻仕新朝者’作为已逝的政治、文化的悼亡者，遗民指向一个与时间脱节的政治主体，他的意义恰巧建立在其合法性及主体性摇摇欲坠的边缘上。”[④]“所谓的‘后’不仅可暗示一个世代的完了，也可暗示一个世代的完而不了。”即王德威认为遗民的问题尚未结束，并且持续发酵在当代社会中。一方面，“后遗民”一词是他自己的杜撰，而正是因为概念的杜撰，使其具有了原创性和开拓性。但是“后遗民”也成为一个子虚乌有的东西，只能成为一个理论的构想，它是不在的存在，因为它既是先验的又是后设的，故而“后移民”这个概念的自相矛盾，王德威对“后遗民”的基本态度，

---

① 黄英哲:《漂泊与越境——两岸文化人的移动》，台北市：台大出版中心，2016年，第8页。
② 黄英哲:《漂泊与越境——两岸文化人的移动》，台北市：台大出版中心，2016年，第ix页。
③ 黄英哲:《漂泊与越境——两岸文化人的移动》，台北市：台大出版中心，2016年，第14页。
④ 王德威:《后移民写作》，台北市：麦田出版，2007年。

呈现出嘲讽，解构与批判。[①]但另一方面，虽然“后遗民”的概念只是杜撰，遗民的问题在台湾社会固然存在，是台湾一直所不能回避的问题，遗民虽然还在追思那“未必端正的正统”，黄英哲却相对正面地解读这样的现象，在他看来，个体做出了自由的选择，忠实的只是自己的人生经验，他们的人生轨迹不是单一的而是多条路线交叉纵横的，很难用绝对的意识形态和国族论述加以统摄和收编。黄英哲的这本论文集正是对王德威“后遗民”观点的回应和精进。张深切、杨基振、鲁迅、陶晶孙、许寿裳、施叔青等都成了他关注的对象，黄英哲通过论证和举例出身各异的人物，暗示离散并非台湾独有，而是广泛地存在于东亚，漂泊与越境具有世界普遍性。

二、在地台湾：鲁迅研究及其他现代作家研究

“国家重建与文化葛藤”这部分内含两篇文章，《国民性改造的构想：许寿裳与台湾，1946—1948》《历史断裂中的延续：许寿裳与战后台湾研究的展开》。黄英哲的前作《“去日本化”“再中国化”》其包括国民党的台湾文化重建、台湾省编译馆与台湾文化协进会重建工作的展开，鲁迅思想传播与战后台湾文化动建等内容，新作《漂泊与越境》与该部分高度重合，但《“去日本化”“再中国化”》强调的是，许寿裳及其来台人士所展开的文化重建工作，意欲掀起一个新的新的五四运动。在三民主义的大旗下，将民主、科学的精神注入台湾。但由于“二二八事件”的发生，新五四运动成了泡影。他们这样的在台文化重建工作，不仅是要“中国化”，而是避免“共产主义中国”，忠诚的是国民党统治下的“中华民国”。黄英哲等来台人士全面展开了文化工作，但他们的思维处于不同的路线上：一方面知识分子收到党国政治的左右，一方面也抱有文化建设的赤诚。就如王德威所言：“《“去日本化”“再中国化”》从制度史面观察台湾在二十世纪中期的文化转型。《漂泊与越境》则更进一步，叩问置身其间的个人何去何从。”[②]

黄英哲的研究中，许寿裳在回忆鲁迅的文章中提及两人对于中国国民性改造经历了再三讨论，因为中国两次奴役于异族，而救济中国的方法唯有革命，

① 吕周聚：《时间与记忆的政治学——评王德威的〈后遗民写作〉》，《海南师范大学学报（社会科学版）》，2008年4期，第116—118页。

② 黄英哲：《漂泊与越境——两岸文化人的移动》，台北市：台大出版中心，2016年，第vi页。

因而产生了相互猜疑的毛病，“最后得出一个结论，一致认为中国民族最缺乏的东西是‘诚与爱’”①。故而许寿裳等中国文化人在对台文化传播上既包括制度层面的文化处置，又包括“诚与爱”的知识分子理想。在《“去日本化”“再中国化”》中，文化重建倾向于制度性的，个体为集体意志左右，所展开文化工作充溢的“诚与爱”等感情被弱化，文学活动成了政治的附庸。相对于前作，黄英哲在《漂泊与越境》敏锐地觉察到这点，虽然采用了相似的史料和论述方法，同样论述国家重建工作，但是更为强调的是，许寿裳作为个体生命的意义，许寿裳经常在历史的夹缝中被遗忘，他的存在不仅是基于鲁迅思想的传播上，更是在于它对于台湾文化重建的积极态度，以及对台湾史学的开展工作：战后初期，对台湾学、台湾研究起到了统合作用。在黄英哲看来，虽然他的工作包含着文化重建中的去日本化在中国化的政治要求，但是个体不仅是在为制度服务的，同样饱含着情感和无私的帮助。就如他自己写道：“台湾光复初期，台湾与中国既连续似又断裂的摆荡年代渡台，横亘其前的是一大堆社会历史文化难题。但是他却没有抱着高姿态的征服者心态和中华文化沙文主义的优越感，而是实事求是地致力战后台湾的文化重建工作。不管其在编译馆时代，或是短暂的台湾大学时代，我们都看到他的奋斗身影以及紧守着‘诚与爱’信念的中国知识分子的优雅姿态。”②

从鲁迅研究上看，研究者所评论到黄英哲并非单纯的罗列史实，而是突出地论述了许寿裳和黄荣灿等人。他们的文化重建工作是立足于台湾本土的文化语境与文化脉络，鲁迅成了一种思想资源。虽然许寿裳等人的文化实践遭到严重挫折，但是鲁迅的思想已经深植于台湾文化之中，形成丰富的鲁迅的本土化研究，成为海外鲁迅研究重要的维度。③黄英哲着力研究台湾文化协进会所属的机关刊物《台湾文化》杂志，于 1946 年在台北出版，作为文化事业刊物，由杨云萍编辑。该刊主要研究台湾文学艺术发展趋势及现状，报导台湾文化协进会的消息和工作概况，介绍内地各时期的文学成果、文化动态等。曾刊有“鲁迅逝世十周年特辑”，许寿裳展开了针对鲁迅的思想大规模介绍。而《台湾文化》杂志作为协进会的机关杂志，该杂志国民党三民主义的宣传工作，也在战后初

① 黄英哲：《“去日本化”“再中国化”战后台湾文化重建（1945—1947）》，台北市：麦田出版，2017 年，第 158 页。

② 黄英哲：《漂泊与越境——两岸文化人的移动》，台北市：台大出版中心，2016 年，第 190—191 页。

③ 翟猛：《以鲁迅为精神资源与本土化研究——读黄英哲〈“去日本化”“再中国化”战后台湾文化重建（1945—1947）〉》，《鲁迅研究月刊》，2015 年 11 期，第 93—96 页。

期为大陆与台湾文化交流做接轨工作。故而观看该刊物的鲁迅宣传部分，强调的是鲁迅的国民性批判及持续斗争精神，而不是鲁迅作为左翼知识分子的维度。在《斯茉特莱记鲁迅》① 这篇文章中，是典型的外国人眼中的鲁迅。在他者之眼中，鲁迅虽然是这时知识分子导师和盟主，但是不参与任何派系的斗争，这显然与《台湾文化》杂志宣传理念相契合。另外由于国民党战前对鲁迅的宣传工作以及在"戒严"时期的白色统治，使得台湾知识分子再度把鲁迅作为精神的导师，因而鲁迅对台湾左翼产生的深远的影响持续至今。

从其他中国现当代作家研究来看，黄英哲的研究启发依然适用。同样以《台湾文化》为研究中心，该杂志刊登了台湾人对中国作家的评论与想象，黄得时《郁达夫先生评传》②、廖毓文（廖汉臣）《周作人在狱里》③,应和了该杂志的官方所属与办刊特性。

《台湾文化》杂志选取郁达夫作为描述的对象的文章，一方面为了阐释两岸交流的旧有联系，原因在于郁达夫作为少数日本殖民时期来台的中国作家，他的到来，台湾文化人对他相对熟悉。此次访问在台湾文化界造成了轰动的效应，台湾文化界就此对中国文化，引发了现代文学的一场讨论。另一方面在于郁达

---

① 《鲁迅逝世十周年特辑》，斯茉特莱《斯茉特莱记鲁迅》，高歌译，《台湾文化》第一卷第二期，第 5 页。

"斯沫特莱女士是有名的美国新闻记者和中国人民大众的真实友人。他在中国居留了 30 年之久。女学生向大家指出普罗文学的需要，当他说出话结束时，她朝向鲁迅呼吁，向他做左翼作家联盟及左翼艺术家联盟的保护者和盟主，鲁迅只是认真而小心地倾听。中国的青年智识分子。不要使创作和实践脱节，而是要充分地融入工人和农民的生活中去，创作是从中产生出来的。鲁迅所占有的光荣地位是古老的，他是中国青年智识分子的'导师'或'盟主'这些青年智识分子成许多派系。每一派系都在尽力争取他到他们的那一边和他们的那条路线上去。可是他却高于一切，不为那些常常变换阵线的任何一方面所利用。他听取每一方面的意见，讨论他们的问题，批评他们的写作，鼓励他们。在他们出版的杂志中，他的名字总是占着第一位。"

② 黄得时《郁达夫先生评传（二）》，《台湾文化》第二卷第七期，第 23 页。

"郁先生和鲁迅握手以后，他们的阵营是在语丝揶揄创造社的无产文学，后来他们再发展到发刊，《奔流》和《大众文艺》，关于郁先生的脱退创造术，有人说是出于个人感情。所以我在座谈会席上，请问郁先生。郁达夫很决意地说："我的态度至今仍然不变。凡属于党派的行动，我都不能满意，我并非和创造社有什么不和的感情，只因趣味不同而分手的。有讲我是个人主义者，肆加排斥，但我并不以为意。当时的创造社，年少的左倾分子甚多，我很不满意他们的态度，又我老早就想要和鲁迅出一本好的杂志，所以我才和他握了手。"

③ 廖毓文（廖汉臣），〈周作人在狱里〉，《台湾文化》第二卷第二期，第 19 页 。

"他认得那条黑影，是久不见面的，已故的老大——鲁迅，心里涌起一种思慕之情，正想去抱住那条黑影，尽情第哭诉一场，表白自己的委屈。直至听着这段尖刻而苛酷的讥诮和怒骂，面上如被那条黑影，唾了一口口沫，再重打了几下巴掌一样，把伸出去的两双手缩回来，睁大着眼睛，紧咬着牙关，瞪着那条黑影。恼怒涌上胸膛，想回驳他几句，但是，不知怎的紧咬着牙巴，终始不会松弛下来，许许多多的话，都阻塞在喉咙里，终于说不出口。"

夫在政治问题阐释时相对中间的立场，论述背景相对缺乏集体主义的共产色彩，有效规避了国民党在台湾文化重建中对自身反面宣传的不良影响。《台湾文化》以周作人作为刊发物件，并不以其小品文、散文为介绍，而是重点放在周作人投日后在狱中的心理状况，从侧面反映了战后初期台湾民众及知识分子的殖民心灵创伤和忧惧的心态。周作人在狱中与鲁迅的对话是台湾文化人在战后初期面对历史巨变和断裂中，身首分离的两难处境。台湾文化人对战后初期政策导向极为敏感，因其日语的优势，通常在日本的政府部门任职，或在大陆等日占区进行日语的翻译的工作。战后随着政权的更迭，对这批台湾人的行为进行定论和处理就成为一个十分矛盾又棘手的问题。另外加之台湾人对突如其来的语言转变极为不适，他们已经从闽南语转化为日本语的使用，此时又要面对日语向汉语普通话的转变，这样的状态使得台湾文化人一时陷入失语的窘境。

黄英哲的研究方法以史料为基础，拓宽了作家研究的思路，针对台湾特殊的殖民地背景，研究启发大致分两点：一方面应关注中国现代作家在台初次传播时的世代及作家作品在台传播的原因，接受时所发生的择取与裂变。另一方面应看到中国现代作家所生产的精神资源如何在台湾延伸发酵，造成的持续效应，以及如何影响了在地特色、文学史脉络、社会观念的生成。

三、文本之变：身份认同与后殖民状况

“故乡与他乡”收录了:《张深切的政治与文学：自传作品所呈现的人生轨迹》《杨基振及其时代：从日记看一位台湾知识分子从战前到战后的心理转变》两篇论文。张深切（1904—1965）是台湾日据时期活跃的政治运动家，早年辗转于两岸与日本。1924 年在上海参加台湾自治协会，1927 年在广州组织“广东台湾革命青年团”，从事抗日运动。1930 年在台中组织“台湾演剧研究会”，1934 年担任台湾文艺联盟委员长发行《台湾文艺》，日本侵华期间再度前往大陆，于 1939 年在沦陷区北京创刊《中国文艺》，日本战败后返台，“二二八事件”被诬告为共产党首脑，由此归隐专注著述。由于日据时期的台湾知识分子的教育背景，可分为传统型知识分子和新兴知识分子，传统型知识分子受传统私塾教育，通常将自己置身于政治之外，新的知识分子在殖民统治下率先开始了民族意识的觉醒。根据黄英哲的研究，张深切的文学创作，从未与政治分隔开来，故而其文学活动始终没有超出作为政治活动替代的范畴，张深切本人也随着漂泊和移动，其身份认同也经历了游离的过程。相较处于文化圈中心的张

深切而言，杨基振的故事更少为人知，他的一生经历了学生时期、满铁时期、华北时期以及归台时期。从其日记对历史的书写，可以看到战时华北地区台湾人的交往图谱与生活景象，台湾人对战争时局的认知情形与战后经济的动荡，日本败战后华北蒋军、八路军与日本军的角力关系，战后旅居大陆台湾人的财产问题与归台经过，以及“二二八事件”前后台湾世态等问题。由于特殊日记文体体现出环境变化所导致的心理波动，杨基振所体现的怯懦、矛盾、反复不定的文体呈现，却更真实地展示出了人物的自我。黄英哲觉察到，杨基振眼中的日本、台湾与大陆充满了错综的矛盾，心理活动与人物本身的身体行为有疏离，杨基振所代表人物对历史的“日记书写体”，更能彰显出台湾人的身份认同的原型。

“文本越境·意义再制”一辑强调漂泊与越境除了人的移动，还在于文本的旅行。文本并不固守其本来的含义，而是充满了解释的多样性，文本再生产形成多层次的文化及历史意义，并被不同的政治意识形态所左右。黄英哲《〈藤野先生〉到台湾：战后初期“中日友好”的符码》一文，就以《藤野先生》为越界文本为研究重点。鲁迅的思想及作品早已在战前台湾书籍市场形成传播高潮，但是随着日本战败，国民党战后对日实行“以德报怨”的政策，《藤野先生》的文本遭到删改，并且成为塑造中日友谊和扭转日本军国主义侵略形象的文化符码。《跨界者的跨界与虚构：陶晶孙小说〈淡水河心中〉显现的战后台湾社会像》，一文展示小说作为社会现实映射的文类跨越与文本逆写现象。陶晶孙根据轰动台湾的“少女殉情事件”为蓝本，改写成纪实又虚构的日本小说，该事件引发的民众对台湾社会的讨论，甚至震动到当时的台大校长傅斯年。吊诡的是“原本单纯的恋爱事件经过校长这位经学大师之文后，成为台湾版本的烈女传”[①]。据黄英哲的研究，陶晶孙的小说并不是按照新闻事件在媒体形成的公共文教指导为原则进行创作，而是逆写了殉情社会新闻。他通过小说的创作展现来台四年的观感，揭露了大陆来台男子在战后初期台湾社会的作为统治阶级的自大位置、本省人和外省人的矛盾、族群间的误解以及台湾人在战后初期的投机行为。

“不在场的后殖民状况”这一辑只收录了：香港文学或是台湾文学：论施叔青《香港三部曲》一篇论文。本辑从现代文学时期直接跨越到当代文学时期，并由台湾文学跨越到香港文学。王德威评论道“最后一辑不在场的后殖民状况

① 黄英哲:《漂泊与越境——两岸文化人的移动》，台北市：台大出版中心，2016年，第138页。

分析施叔青写于香港回归前的香港三部曲，与前三辑相比，本辑在历史时间与文本选择上可能稍显突兀。黄教授的用意应是借此喻彼，以香港殖民故事以及作者游离历史、文本内外的立场，对照台湾的殖民经验。"[①] 但正因如此才反映出殖民问题的连续性与紧迫性。殖民者和被殖民者都处于不在场的状况。殖民结束之后，形成了典型的后殖民。殖民地充斥着离散经验。[②] 殖民与后殖民问题被摆放到同等重要的位置。

一方面，黄英哲关注在台湾文学史已经论定的之时，文学史位置的变化和流动性，台湾或是香港文学的需要一个重新定位。施叔青作为台湾籍作家，长住香港，创作以香港社会为素材的作品不仅是香港文学，更是台湾文学的一部分。由于这样的文学创作，使得香港文学和台湾文学密切互动，无论施叔青作为台湾作家，描绘了怎样的香港，文学书写异文化造成了如何的错位，然而他者颠覆自身融入在地生活，使得文学史的书写界限被不断打开，这本身就是一个美学的事件。进一步说，离散和认同关系的处理不应该仅仅停留在旧殖民地的范围来看。例如以香港为例，现代文学中的重要作者戴望舒，1938 年战乱时逃难于香港，《香港文学大系 1919—1949：新诗卷》[③] 将其《致萤火》《墓边口占》《我用残损的手掌》《狱中题壁》等在香港创作的诗歌收录其中，成了香港文学的一部分。再看当代诗人、翻译家黄灿然，生于福建泉州，后移居香港，他的诗歌创作中存在很多香港的元素，并在香港读者群造成很大回响。文学与在地、文学与接受，中国文学史、香港文学史中如何再定义，中国文学与香港文学的界限和重层都可以再做讨论。

另一方面，针对《香港三部曲》，部分研究中已经注意到，在《香港三部曲》中的性别与阶级问题，其叙事文本的生产依附于经济资本、生理资本、文化资本。[④] 故而文本的创作成了上层阶级的代言，底层阶级依然无法发声。在后殖民的状况中，漂泊与越境时的身份认同的多元性，但是更为关键的性别问题、阶级问题，这些问题依然存在于文本之中，反观文本之外的现实世界将更加险峻而隐晦。黄英哲作为文木和历史的研究者，已经关注到被主流论述所遮

① 黄英哲：《漂泊与越境——两岸文化人的移动》，台北市：台大出版中心，2016 年，第 vii 页。

② 黄英哲：《漂泊与越境——两岸文化人的移动》，台北市：台大出版中心，2016 年，第 13 页。

③ 陈智德编选，商务印书馆（香港）有限公司 2014.7 初版，《香港文学大系》共三辑，包括新诗、散文、小说、评论、旧体文学、通俗文学、儿童文学等共十二卷，由十一位香港专家学者担任主编，追本溯源，发掘被时间洪流淹没的早期香港文学作品。新诗卷选录 1949 年以前在香港发表的新诗。

④ 谢世宗：《性别图像与阶级政治：否想施叔青〈香港三部曲〉》，《中国现代文学》，第十九期（2011 年 6 月），第 165—190 页。

蔽的个体历史，但也无法完全跳脱出线性的思考逻辑，漂泊与越境展现了两岸文化人的移动情况，但是在真实的历史语境当中不仅仅是文化人的移动，而是“人的迁徙”。底层阶级没有被历史记录的机遇，或许也未曾有过称之为移动的经验，被迫漂泊的宗旨是生命的保证，而还未延伸到文化传播和身份认同的层面。文化人跻身的依然是一个被话语控制的、启蒙的国家历史，而民间的历史被边缘化，无名化，故而文化人和大众间的阐释依然存在一个隐形的鸿沟。黄英哲的研究提醒我们，作为台湾文学及海外华文文学、华语语系文学的研究者，应该再去努力挖掘那些被压抑历史中“人”与“历史”的互动关系，从这个意义上看，他的《漂泊与越境——两岸文化人的移动》一书无疑是一部启发之作。

叙事形式与历史意识：台湾当代家族书写的转变与重构*

刘　奎**

家族书写是当代台湾文学中常见的形式，外省作家尤其如此，他们或追溯遥远的种族起源，重续家族谱系，讲述家族故事，或描述家庭生活，等等①。对于身处儒家文化圈的台湾作家来说，家族史往往承担着正本清源的意义，尤其是对于这个以移民或移民后裔为主的地方来说，家族史更有着非同寻常的意义，它既是人们处理现实社会关系的人脉资源，同时，家族及由此延伸出的宗亲和历史脉络，更是人们"归属性"与"历史性"需求的来源②。而当代台湾作家的家族书写，我们既可将之作为台湾人对这一传统的延续，他们通过文学的形式，重新讲述了一个更为完整、丰富、充满细节的家族或家庭故事；但另一方

* 本文系教育部重点研究基地重大项目"新形势下推进两岸历史文化认同融合研究"（项目批准号：16JJDGAT002）阶段性成果。

** 刘奎，厦门大学台湾研究院助理教授。

① 按，家族是一个并不确定的概念，按史学家徐扬杰的定义为："家族是以家庭为基础的，是指同一个男性祖先的子孙，虽然已经分居、异财、各爨，成了许多个体家庭，但是还世代相聚在一起（比如共住一个村落之中），按照一定的规范，以血缘关系为纽带结合成为一种特殊的社会组织形式。"（徐扬杰：《中国家族制度史》，北京：人民出版社，1992年，第4页）对于传统汉人社会来说，往往强调父系与血缘的一面（参考冯尔康等著：《中国宗族史》，上海：上海人民出版社，2008年，第17页），同时，也有兼顾血缘关系与财产关系的说法，如台湾学者杜正胜就认为，"构成家的因素除血缘外，还有财产。从《丧服传》看来，家庭成员主要是父己子三代，最广可以推到同出于祖父的人口，这就是一个同居共财的社会和经济单位。用人类学的术语说，即是主干家庭（Stem Family）和共祖家庭（Lineal Family一般译作直系家庭），只有父子两代的核心家庭（Nuclear Family）当然也包括在内"（杜正胜：《古代社会与国家》，台北：允晨文化实业股份有限公司，1992年，第784页）。本文所用的"家族"概念，在借鉴上述界定的基础上，主要是作为一个包容性的描述性概念，而非本质性定义，既将其视为传统强调父系、血缘等特征的组织，同时，也纳入核心家庭的概念。这个较为宽泛的定义，使"家族"具有一定的弹性，有助于我们考察家族在现代社会的新变与不变。

② 钱杭：《中国宗族制度新探》，香港：中华书局有限公司，1994年，第10页。

面，较之以往的族谱、家谱或宗祠等形式对家族史的神圣表达，台湾当代作家的家族书写又显得有些“离经叛道”，这首先表现在文学想象与历史真实之间的龃龉。其次，即便是从文学自身的谱系来看，当代台湾的家族史叙事也出现了诸多新面向，如叙事者多从全知叙事转变为限知叙事，叙事者的态度也显得游移不定；同时，传统的家族书写往往以父系为主，而当代则出现对母系族谱的重视。对于这类文学新形式乃至新的社会文化现象，学界已有不少研究对此做出描述，尤其是对家族书写与认同等问题的研究已较为充分[①]。本文从叙事学的角度，探讨台湾当代家族叙事方式的变化，家族叙事是独特的历史叙事，因此，我们也将循此考察叙事方式转变背后的历史意识。

一、微观叙事与个人化的历史

2009年，上距新中国成立50周年，也是国民党退台50周年，台湾的两位才女同时推出了各自的回忆录，一是龙应台的《大江大海1949》，一为齐邦媛的《巨流河》。因为这两书所带有的深沉的历史感，使得他们在华文圈受到广泛关注。尤其是《巨流河》，大陆引进之后，更是引起读书圈热议。1949年前后渡海一代及其后人的历史命运和历史记忆再度受到关注，并催生了不少类似著作的写作和出版。值得留意的是，两书在如何处理两岸的历史问题时，除了分享同样的历史命运以外，叙述结构上也存在一致性，即，二者都是从家人的视角出发，以极为个人化的视角，叙述家庭及家族从大陆流徙到台湾的过程。

《巨流河》讲述的是东北“铁岭齐家”从巨流河到垭口海的迁徙过程[②]，《大江大海1949》也先从“母亲”美君的视角切入，然后带出父亲及其他人物的历史命运[③]：核心家庭是二者处理历史问题的结构中心，由这一核心而渐次扩展到家族、亲友乃至被访问者等外围结构。

家族书写扩展了回忆主体的个人视角，增加了历史讲述的丰富性和复杂性。如《巨流河》中齐世英的经历就带出了抗战期间的东北问题，从而补充了抗战时期尚为中小学生的齐邦媛认知上的局限。《大江大海1949》更是如此，龙应

---

① 代表性成果有黄宗洁：《当代台湾文学的家族书写：以认同为中心的探讨》，花木兰文化出版社，2013年；陈美霞：《台湾外省第二代家族书写研究》，《台湾研究集刊》2012年第1期；朱云霞：《“解严”后台湾家族书写的特征与意义》，《中南大学学报（社会科学版）》2014年第1期，等。

② 齐邦媛：《巨流河》，台北：天下远见出版股份有限公司，2009年。

③ 龙应台：《大江大海1949》，香港：天下图书有限公司，2009年。

台通过想象性还原其母亲战乱期间的遭遇，让历史苦难看起来真实可感，又通过其父亲的日记等材料，试图还原当时的历史情境。此外还有王鼎钧90年代推出的回忆录四部曲。第一部《昨天的云》从家族的角度讲述山东兰陵王氏在现代的境遇，续篇《怒目少年》《关山夺路》《昨天的云》虽然离祖籍地越来越远，但兰陵王氏始终若隐若现，并常从族谱的角度品评人物的贡献，如在评价他爷爷辈的两位王姓人物，便称是“兰陵宗法社会的完美典型，兰陵王氏族谱应该有他俩的‘大传’”[①]。引入家人或族人的历史遭遇,叙事者获得了更多的叙述视角，从而得以建构一幅立体的历史图景。除了回忆录外，台湾当代小说更有着大量类似的处理方法，如《月球姓氏》《华太平家传》《逆旅》《聆听父亲》《西夏旅馆》《水田里的妈妈》等，莫不如此。

家族书写在当代台湾之所以成为一个值得关注现象，很大程度上来自家族书写这一形式本身的特殊性以及它本身所关联的历史记忆、文化归属与政治认同等问题。家族书写的特殊性，与家族的形态有关。一方面，家族的内在传承性，使家族书写天然地具有历史性；另一方面，家族成员之间的血缘关系，又使它具有“群”与集体的一面。而其特性更在于，较之正史，它属于私人著史或回忆的微观史学范畴。较之于官方历史或宏大叙事，它缺乏权威性，但却因保留了诸多历史细节而足以补正史之阙。这种属性决定了家族史在微观与宏观之间的某种“辩证性”：即从微观层面出发的家族书写，往往有大义存焉。从台湾当代的家族书写来看，所谓的“大义”，所对应的往往是历史意识、族群认同等现实问题。或者说，家族书写在当代台湾的记忆中发挥着极为重要的作用。

家庭或家族是历史记忆的重要载体，研究者哈布瓦赫便将家庭回忆视为与宗教回忆同等重要的集体记忆[②]。齐邦媛、龙应台等人笔下的家庭悲欢离合的故事，便与“抗战建国”“国共内战”、国民党退台、“反攻大陆”等集体经历密切相关，夹杂在这些宏大议题中的家庭故事也往往具有非同寻常的意义。正如台湾学者王明珂所指出的，“可供集体回忆的家庭故事，成为一个家庭的历史；重复讲述这些故事成为家庭的传统，并有助于强化家庭成员间的凝聚”[③];其实，家族故事的讲述不仅有助于血缘关系的凝聚，对于一个国家、民族的聚合也同样重要。

① 王鼎钧:《文学江湖》，台北：尔雅出版社，2009年，第25页。

② 莫里斯·哈布瓦赫:《论集体记忆》，毕然 郭金华译，上海：上海人民出版社，2002年，第95—144页。

③ 王明珂:《华夏边缘：历史记忆与族群认同》，台北：允晨文化实业股份有限公司，1997年，第52页。

家庭在保留历史记忆中有着不可替代的作用，但同时它也形塑着家庭的集体记忆。《巨流河》与《大江大河 1949》借助于家庭视角，展开了两岸 20 世纪 40 年代以来的历史画卷，但不可避免的是，这两篇回忆录也无不带着特定的政治立场与历史视角。如齐邦媛描述她在武汉大学的就学经历时，对朱光潜等自由主义知识分子的“弦歌不辍”做了浓墨重彩的书写，而对其时校园内的左翼运动便颇多责难。这虽然是个人立场，但也与她的家庭教育不无关联。对于家庭教育，尤其是其父齐世英的影响，齐邦媛在书中做了较为详细的记述。她原本对左翼运动不无同情，抗战初期他也参加了学校带左翼色彩的“前进读书会”，读苏联作家高尔基和肖洛霍夫等人的作品，多次与室友一起参加讨论。当她将这一经历“在家书中很兴奋地提到”时，她父亲的回信却给了浇了一瓢冷水：

不久，父亲来信说，“现在各大学部都有‘读书会’，是共产党吸收知识分子的外围组织，如今为了全民抗日，国共合作，所有社团都公开活动，吾儿生性单纯，既对现在功课有很大兴趣，应尽量利用武大有名的图书馆多读相关书籍，不必参加任何政治活动。国内局势仍在低潮，前线国军真可说是在浴血守土。吾儿只身在外，务望保持健康，面临任何事时都必须沉得住气。”（这样的信，这些年中我仍字字默记在心。）[①]

齐世英的劝阻对齐邦媛产生了实质性影响，此后她便不再参加读书会，远离学潮。不仅如此，对于其他活动积极分子，她也是带着讥刺的笔调，对闻一多尤其如此。而她批判同时代人的理论资源，很大程度上是倚赖于她父亲的理论，正如她所说：

我记得常听父亲说，一个知识分子，二十岁以前从未迷上共产主义是缺少热情，二十岁以后去做共产党员是幼稚。我常想闻一多到五十五岁才读共产制度（不是主义）的书，就相信推翻国民党政权换了共产党可以救中国，他那两年激烈的改朝换代的言论怎么可能出自一个中年教授的冷静判断？而我们那一代青年，在苦难八年后弹痕未修的各个城市受他激昂慷慨的喊叫的号召，游行，不上课，不许自由思想，几乎完全荒废学业，大多数沦入各种仇恨运动，终至文革……身为青年偶像的他，曾经想到冲动激情的后果吗？[②]

---

① 齐邦媛:《巨流河》，台北：天下远见出版股份有限公司，2009 年，第 200 页。

② 齐邦媛:《巨流河》，第 238 页。

正是来自家庭教育的先入之见，使她在处理闻一多等人物的历史时显得有些简单化。从历史情形来看，闻一多及其他民主人士的斗争，虽然此后共产党有较多的声援，但他们并非就隶属于具体某个党派，而40年代也并非就是国共两党非此即彼的状态，“第三种力量”在当时实际上有着自己的政治诉求，具有相当的政治影响[①]。从齐邦媛的个人立场来说，其对共产党的批评不难理解，但连中间势力的努力也视而不见，则不能不说是对40年代问题的隔膜。家庭教育在她历史记忆与认知中所起到的作用，也表明家庭这一结构对个人记忆所具有的塑形作用。家庭可能并不是一个中立的容器，而是一个具有意识形态色彩的筛子，它既现实地影响着个人的历史经历，同时还参与塑造个人的历史记忆。如论者所指出的，“家庭回忆是一个既普遍又特殊的观念；它框定、改变并重塑了日常回忆中的意象”[②]。家庭往往有独特的立场和利益诉求，家族回忆也因此无法完全保持中立，而更为关键的是，回忆者的立场在其间起着不可忽视的作用。

龙应台的《大江大海 1949》通过家庭故事或个人访谈的形式，从个人到家庭，从家庭到时代，展现了1949年这一历史性的跨越。然而，该书虽然采用了不少一手材料与访谈录，但还是具有明显的选择性回忆倾向，不无“片面真实”的嫌疑。如对于“长春围城”“二·二八事件”等重要历史事件，作者往往将历史罪责推给其中的一方[③]，而忽略了另一方的责任，如长春围城时国民党的“饥民战术”，“二·二八事件”中外省人被屠戮的真相等，都付诸阙如。对此，李敖专门写了《大江大海骗了你》一书予以反驳，李敖的文字嬉笑怒骂，难免泥沙俱下，但他所指出的龙应台对史料的选择性采集，也确是她的硬伤[④]。龙应台对集体记忆的选择性书写，既有家庭出身的原因，但更大的原因或许在于时代意识对历史记忆的选择。齐邦媛也是如此。二人的区别在于，齐邦媛的时代意识多透过家庭回忆来表现，而龙应台则由于家族成员故事相对单薄，故多借助家族史以外的史料或访谈补充。

如果说回忆录的历史真实性，使得时代意识对家庭和集体记忆的改写，尚具有一定限度的话，那么小说这种虚构类作品则更为全面地展示了这一改写的

① 可参考邓野的《联合政府与一党训政》（北京：社会科学文献出版社，2011年）、闻黎明的《第三种力量与抗战时期的中国政治》（上海：上海书店，2004年）等历史研究著作。

② 莫里斯·哈布瓦赫：《论集体记忆》，毕然 郭金华译，上海：上海人民出版社，2002年，第109页。

③ 龙应台：《大江大海 1949》，香港：天下图书有限公司，2009年，第198—207页。

④ 李敖：《大江大海骗了你：李敖秘密谈话录》，台北：李敖出版社，2011年，第39—40、49—52页。

程度。尤其是伴随着后结构主义思潮以及新历史主义等新方法的到来，任何稳定的叙述结构似乎都不可避免地要面对结构主义及后结构主义的拷问与解构，家族史这一叙述形式也是如此。

二、新历史主义与家族故事的新讲法

对于身处儒家文化圈的人来说，家族传承，或者宗谱的完整性，直接关系着个人立身处世乃至安身立命的问题。对于移民或移民后裔占了相当比重的台湾人来说[①]，家族谱系的完整性关系重大，这决定着他们能否清晰地描述自己的来源，讲述一个完整的家族故事。如亮轩就一度怀有这重焦虑。他在一次应邀参加寿宴时，看到别人席间老少，便似乎一部活的家族史，因而感慨自己家族的命运，并开始搜寻、整理自己家族的历史。正如他自己所说："我们家是对日抗战胜利之后来台的，人丁乍薄，不必三代以上，便是父母之所经所历，知道的也十分有限。就是那么一鳞半爪，也多半是从父执或是父亲学生的口中间接得知。有的却是从他人发表的文章中读到的，自两岸开放之后，又从大陆方面补充了几星几点，怎么说也谈不上完整。许多人能为他们的父母甚至祖父母、曾祖父母写上好多来历，我就难免惭愧。最近几年，还流行寻根修谱，但我们这样的人家，依然无头无绪。每个大年三十我们也会凑合着祭祖，便以红纸并排写上'辽东马氏苏州陶氏列祖列宗神位'，上供上香，简单处理。前几年曾经到父亲马廷英博士的出生地大连外围的金州，寻访他的出生地三十里堡（堡字读如'铺'）的马家屯，但早已沧海桑田不见踪影，其他种种更无从追寻。"[②]寻根修谱对安土重迁、重宗法伦理的中国人有重要意义，而这对以厦漳泉等沿海移民为主的台湾人，家族史更有着极为特殊的意义，是他们追根溯源的根据，与"唐山"最为紧密的联系。

族谱的神圣性、家族故事的完整性，在新千年以来的部分家族小说中却呈现出了另一种景象：叙事者寻找家族史的过程变得复杂甚至纷乱，家族的谱系也开始变得模糊起来。较早的代表作是骆以军的《月球姓氏》与郝誉翔的《逆旅》。在《月球姓氏》中，叙事者为写"父亲"的传记，四处搜集材料，试图尽可能还原他的一生。然而，小说一开始写的却是叙事者处理宠物小狗遗体的经过，此后才进入回忆——"父亲"带着他去工作地方，但吊诡的是父亲将他放

① 陈孔立《清代台湾移民社会研究》，北京：九州出版社，2003 年。

② 亮轩:《飘零一家·简体版自序》，桂林：广西师范大学出版社，2012 年。

在办公室，委托他的情人照顾，自己却从此失踪了。这种情节设置本身便充满了荒诞感，这也意味着，叙事者要讲述的是一个关于缺失，或者说父亲缺席的故事，正如小说所言，父亲是“关于‘我……’这一切相关字源最初的那个空缺”[①]。对父亲及其家族故事的探寻，是与解答自我身份、文化乃至族群认同等现实疑问相关联的。然而，与亮轩或简媜笔下那越来越清晰的家族谱系不同[②]，骆以军笔下的家谱却是越来越缠绕。除了情节的荒诞、限知叙事的视角以外，小说还充满了元叙事的话语特点。元叙事话语的介入，是家族史难以真正建立起来的技术原因。

叙事者通过查访，逐渐寻找到父系的足迹，但在父系家族面貌日渐清晰的同时，叙事者却对家族故事的真实性产生怀疑。首先是叙事者对故事的讲述者不信任，如叙事者在回返父亲曾经工作的单位查访材料时，就先试图“引导”昔日的“教官”讲述一些关于父亲的故事，教官并不为所动，随即叙事者又否定教官这些当事人对历史真相的把握能力，“其实他们太清楚他（或是他父亲）和许多年前发生在此的惨案的关系了？他们或许正用一种迂回的方式诱引他更靠近或偏离事件（或这学校）的真相核心？”[③]如果说教官可能因信息不全面，难以完整讲述“父亲”及其时代的故事，那么，“父亲”作为亲历者，其讲述的可疑处或许正是源于这种权威性：“我在很小的时候，似乎关于我的身世的故事便已固定，往后的时光只是由我父亲一次又一次重复地重说——我的身世便是我父亲的故事，在他的故事里，为了源头和开启，会提到一些我祖父的事和祖母的事，但我父亲是一大套故事里唯一的说书人，连我母亲偶尔提到一些家族史的片段，也全是从我父亲那儿听去的版本。”[④]“父亲”作为唯一的讲述者，垄断了家族故事的叙事权，从而塑造了整个家族的集体记忆，正如论者所指出的：“不论是父亲或母亲给予他的身世，都是一通过一套‘叙述’的过程，以‘故事’的形态，在他的认知中建构起来的。”[⑤]

值得留意的是，从叙事学的角度来看，叙事者对“父亲”这一讲述者权威的否定，反而建构起了叙述者自己的叙事权威。不过，小说对家族史书写的挑战还在于，他进一步否定了叙事者自身的可靠性。如根据姓氏来看，“我”与兄长打小便有不同的姓氏，这便意味着叙述视点的先天限制，他们都只知道各自

① 骆以军：《月球姓氏》，台北：联合文学出版社有限公司，2000年，第242页。
② 简媜：《海角天涯》，台北：联合文学出版社有限公司，2002年。
③ 骆以军：《月球姓氏》，第135页。
④ 骆以军：《月球姓氏》，第236页。
⑤ 陈国伟：《想象台湾——当代小说中的族群书写》，第291页。

的一部分，因而只能选择限知视角的叙事。郝誉翔的《逆旅》也同样如此，小说一开始引入的就是一个不可靠的叙事者："也因为这个缘故，以下的叙述都将根据我母亲的回忆而来，当然，不可否认，其中也掺杂了我的回忆，当她告诉我哲学故事的时候，我还是个不满十岁的孩子，十岁以后，除了柴米油盐鸡毛蒜皮之类，我们似乎再也没有交谈过任何不存于现实世界的事物。这些陈年往事便成为我母亲的回忆再加上我回忆的综合体，那就像是一个混合了巧克力的发酵面团，可以扭曲变形到什么程度呢？恐怕连我也无能估计。"① 这类元叙事话语的引入，使叙事者的关注焦点，从家族史的故事本身转向了故事讲述的形式，真实也因此永远延宕在不尽的讲述过程之中，正如《月球姓氏》的叙事者所说："后来我发现：关于我的家族成员们，一旦他们试图描述自身，或是自身与这个家族里其他人之关系时，总有一种在歧岔巷弄间无尽盘桓打转的印象。"②

从讲述的故事到故事的讲述，我们可以看到台湾当代家族书写对"新历史主义"的模拟或实践。新历史主义是一个跨学科的概念，是一种文化或历史的诗学③。新历史主义的代表人物海登·怀特的做法是，"把历史作品看成是它最为明显地要表现的东西，即以叙事性散文话语为形式的一种言辞结构。为了说明过去的结构和过程到底是什么，它声称是这些结构和过程的一种模型或象征"④，因而，新历史主义首要关注的不再是历史本身的真实性，而是"记述的结构构成"⑤。将历史叙述看作"言辞结构"，也就是要发掘历史书写背后的文学虚构性，在怀特看来，历史往往借助文学的修辞以达到说服的目的，"历史学家把史料整理成可提供一个故事的形式，他往那些事件中充入一个综合情节结构的象征意义"⑥。台湾当代作家在追溯家族史的时候，目的可能并不是建构一个家族的完整谱系，而是探讨家族史这种叙述模式背后的结构及其权力关系，这正是新历史主义的思想核心。而除了骆以军和郝誉翔之外，台湾当代的新历史主义实践者还有张大春。

张大春实验家族书写的代表作是《聆听父亲》，该小说以向孩子讲述家族

① 郝誉翔：《逆旅》，第25—26页。

② 骆以军：《月球姓氏》，第318页。

③ 斯蒂芬·葛林伯雷：《通向一种文化诗学》，载张京媛编《新历史主义与文学批评》，北京：北京大学出版社，1993年。海登·怀特：《元史学：十九世纪欧洲的历史想象》，陈新译，南京：译林出版社，2004年。

④ 海登·怀特：《元史学：十九世纪欧洲的历史想象》，陈新译，第2—3页。

⑤ 海登·怀特：《元史学：十九世纪欧洲的历史想象》，陈新译，第4页。

⑥ 海登·怀特：《作为文学虚构的历史本文》，载张京媛编《新历史主义与文学批评》，第171页。

故事的形式，回忆父亲及整个大家族的历史，所回答的问题也是“我从哪里来”“我到哪里去”这类带有历史人类学意味的本源问题，再加上族人留下的《家史漫谈》这类史料，使得《聆听父亲》确有家族史的形式和意味[①]。虽然如此，该作品还是很难归入严肃的史传部类，而应归于小说。叙事者借助于文学手法，还原诸多人物的心理活动和历史细节，叙述的重心也并非家族的重大事件，而是一些“故事”，重点在讲故事的人、故事讲述的过程和方式。文中常有这类句子：“我这一代的人辗转听到这样的故事的时候”“那个从我奶奶口中传下来的故事的后半段是这样的”等等[②]。以讲故事的方法写族人的历史，这与大陆作家莫言《红高粱》这类带有新历史主义色彩的小说极为相似，文学史的直接源头都是现代小说，尤其是拉美的魔幻现实主义。与骆以军、郝誉翔一样，张大春的讲述方式也是自我指涉性的元叙事，如叙事者就认为他的写作“是一个画梦的行业”[③]，对于先辈的讲述他也不无怀疑，如“在我奶奶的故事里，从来不曾提到”[④]，老人口述的权威性因此大打折扣。

新历史主义对台湾当代作家的影响，丰富了小说的语言和结构。不过，我们引入新历史主义的视角并非是要以台湾当代作家的家族史书写，印证新历史主义对张大春、骆以军等人的影响，而是要借助新历史主义的这重显影液，来考察台湾当代家族史书写与外省第二代作家集体记忆之间的复杂关联。这类家族史叙述中，集中出现的是叙事者对父辈这一代讲述者的怀疑，对故事的重新发掘、修改与重述。从“代”的社会学视角来看，不同代人往往因教育与时代语境不同，呈现出不同的性格特征和文化归属[⑤]。故事的重新讲述（包括讲述方式的选择）实际体现的是，异代叙述者之间不同的历史观与问题意识，因而需要对家族史这一集体记忆做相应的修改。集体记忆并非一成不变，人们常根据时代的需要做出调整，有必要时甚至会发明新的集体记忆。台湾学者王明珂就曾援引英国人类学家古立佛（P. H. Gulliver）的“结构性失忆”理论，来讨论台湾当代的族群认同问题。在他看来，“在特定的时代与社会环境下，人们获得、选择、强调、假借某些记忆，或扭曲、遗忘另一些记忆，以强调一种人群

① 张大春：《聆听父亲》，台北：时报文化，2003 年，第 47、100、101 页。

② 张大春：《聆听父亲》，第 37、38 页。

③ 张大春：《聆听父亲》，第 145 页。

④ 张大春：《聆听父亲》，第 36 页。

⑤ Mannheim K. *The Problem of Generations, Essays on The Sociology of Knowledge.* London: Routledge, 1997.

认同”[1]。外省第二代作家对家族史的叙述方式，与这种历史与族群认同上的模糊与犹疑具有某种形式上的同构性。

作为出生于台湾的外省第二代，他们的乡土观念与父辈的原乡情怀已有较大的差异，正如论者所指出的：“省外第一代，由于他们有自原乡离开的经验，所产生的记忆形塑了他们的情感，当然在经过国民党五十年的统治之后，成为重要的文化认同依据。然而对于省外第二代而言，他们的‘身份’毋宁是更尴尬的，因为他们并不如他们的父亲，对于中国的原初性认同，是建立在从抗日、国共内战、逃难所形构的集体记忆（collective memory）上”。[2] 骆以军在小说中也写出了这种“陌生的原乡”的经验：“作为这些老B央的第二代，我想那幢空屋的意象，只有在填写个人资料籍贯时，神秘又心虚地写下那个你从来不了解的地名：‘安徽无为’‘山东莱阳’‘江苏兴化’‘江西资溪’……才会幽幽邈邈地浮起。”[3] 正是这种历史的距离感，这种“神秘”而又“心虚”的双重心态，决定了叙事者的位置和叙事的视点，使得他们在讲述家族故事时，不像其父辈那样沉浸于故事之中，而是在故事中穿插出入；也不像其父辈那样侧重家族的重大事件，而是走向稗史化，常罗列许多并不具有“节点”意义的故事细节。外省第二代作家的这种双重历史经验，使他们宁可反复地咀嚼家族故事，而不愿意做出最终的抉择。正如海登·怀特所强调的那样，暂时搁置历史的真实，而专注于历史的叙述，叙述从手段上升为目的，家族史则从目的转而为方法。这种现象从某种程度上说也是台湾当代历史意识迷惘的表征，青年一代对既有的历史叙述有所怀疑，但又难以寻找到新的历史替代，因而徘徊于如何讲述的方法和过程中。

实际上这也不仅仅是外省第二代的问题，外省第一代在面临时代变迁，面对现代主义等试验方法时，也难免出现历史叙述上的波动。如朱西宁的《华太平家传》就是如此。从格局来看，以个人之力书写家族在近代的变迁，背后渗透着对国族命运的关怀，不能不说是匠心之作。然而，朱西宁的家族叙述，大量的篇幅用在对家族事物的追怀与留念之中，叙事的客观速度过于缓慢，书写家族最终成为家族写作，对家族世界内景的关注程度超过了家族史的历史流变，最终也是故事的讲述代替了讲述的故事。朱西宁此举，似乎也象征着外省第一

① 王明珂：《华夏边缘：历史记忆与族群认同》，台北：允晨文化实业股份有限公司，1997年，第397页。

② 陈国伟：《想象台湾：当代小说中的族群书写》，台北：五南图书出版股份有限公司，2007年，第272页。

③ 骆以军：《月球姓氏》，第246页。

代家族史叙述的最华美但也是最后的努力。[①]

三 家族史的重建

新历史主义让历史叙述显得不可靠，外省第二代作家对讲故事方法的实验，也使家族的记忆显得有些支离。但如果从整体来看，家族史书写成为台湾当代文学的一个现象，也表明这些作家对家族历史的兴趣；而从他们的书写来看，他们对父辈、祖辈经历的记述，对家族历史细节的处理，又往往显露出他们对故土、故人的情感，对父辈历史命运的同情，如《月球姓氏》中叙事者便反复感叹，“是啊，因为时间实在拉得太长了”[②]。在历史的长河与两岸的隔绝中，叙事反而像是一种治愈的方法。如《逆旅》便将“写作”当成“父亲”的归宿：“这就是我为何非提笔写下这些不可的原因了——因为我是在对父亲这样说的：请来吧，请来到我的文字中安歇，不要再流浪了，请来到我的臂弯中寻觅憩息的地方，请安心的阖上眼睡吧。”[③]后人对家族史的重写，因而也就具有了缝合历史断裂的意义。不仅如此，家族史叙事还从情感或精神层面完成了还乡的过程。

重人伦轻物理可说是中国人的传统，家族正是维系人伦的载体，这在文学作品中也不时得到体现，如《红楼梦》所展现的便是一个长幼有序的家族世界，也是一个有情的世界。这早就为台湾家族史小说所继承，如七八十年代之际就有萧丽红的《千江有水千江月》，该小说以细腻的笔致书写了家族生活内部的其乐融融，家人之间的款款情致[④]。司马中原认为有《红楼梦》的味道，齐邦媛也认为它“是一个抒情诗体的小说”，郑清文则认为：“台湾继承着大陆的许多优良传统，却没有人把它表现出来。读这部小说，我才感觉到许多旧藏地下的东西，终于被挖出来了。”[⑤]

新世纪以来台湾的家族书写虽然与七八十年代不同，作家们还是试图维系

① 朱西宁：《华太平家传》，台北：联合文学出版社，2002年。对此小说的研究可参考张瀛太：《从“传统的现代化”到“现代的民族化”——论〈华太平家传〉与朱西宁小说创作美学的转变》，载封德屏总策划、陈建忠编选：《台湾现当代作家研究资料汇编24：朱西宁》，台南：台湾文学馆，2012年，第303—324页；朱云霞：《原乡想象与“后遗民”写作——朱西宁〈华太平家传〉的家族书写》，《当代文坛》2012年第5期。

② 骆以军：《月球姓氏》，第334页。

③ 郝誉翔：《逆旅》，台北：联合文学出版社，2010年，第56页。

④ 萧丽红：《千江有水千江月》，台北：联经出版事业股份有限公司，1981年。

⑤ 《〈联合报〉八〇年度中、长篇小说奖总评会议纪实》，载《千江有水千江月》附录，中国友谊出版公司，1987年版，第303页。

相通的家族情感。正如郝誉翔在《逆旅》大陆版前言中所指出的："唯一差可告慰的是，在这些文字地下所含藏的情感，它们确然是诚恳而真实的，那是一种或可称之为'抒情时代'的，即将消失不见的产物。"[①] 即便预感到了危机，她还是竭力维系着"抒情时代"的遗绪。朱西宁的《华太平家传》何尝不是如此，他对家族内饰的深情，正是他家族意识和家族情感的归属性表达，书写本身是家族史叙述的实践，同时更是家族意识和情感归属的文化实践。

张大春的《聆听父亲》虽然充满了形式实验的意味，但如果将这部作品置于他个人的创作历程来看，也还是指向某种回归。此前张大春可以说是台湾当代在小说形式实验领域走得最远的作家，尤其是他在新闻媒体工作的经历，使他常突破纪实与虚构之间的界限。而到了《聆听父亲》一书，他反而回到了传统的"说书人"的角色，为即将出生的孩子讲述家族的历史，虽然还是在诗与真、讲史与演义之间不断拉扯，但这也表明他所面对的族群认同问题，需要通过对家族史这类集体记忆的辨析取舍，以获得新的身份机制，在释放焦虑之后，家族史还是构成台湾人历史认同的重要来源。有学者在研究台湾当代的族群认同时，认为台湾人"创造、诠释新历史记忆与历史失忆同时进行"，"在建立新历史记忆方面，主要是以'日据时代的经验'与'南岛民族的本质'来定义台湾人与台湾文化"[②]。但我们从台湾家族史的书写来看,这种说法也有待商榷,无论是作家对家族史母题的重拾，还是家族史书写中的抒情方式，及历史细节处的情感认同，都表明大陆的家族源流及其文化传统，依旧是台湾人尤其是外省人的集体无意识。这种现象在其他几部家族史小说中显示得更为清晰。

陈玉慧的小说《海神家族》，写的是她家族的记忆与历史。她之所以回溯这段历史，正是因为现实生活常面对族群认同上的焦虑。如叙事者在台北搭出租车时，司机问她是哪里人，她回答道："我的曾祖父是蒙古人，蒙古白旗人，他和家人在迁移北京后，与江苏人的曾祖母结婚。我的祖父和父亲都在北京出生，后来全家搬到安徽当涂附近种田、做买卖。父亲 18 岁离家后便到台湾来，与我母亲结婚，我的外婆是日本人，外公是福建来的台湾人。"连叙事者自己都极为迷惑的身世问题，司机的回答却很肯定："你的父亲应该算是北平人，你不是台湾人，你是外省人。"[③] 而在叙事者听来，"'外省人'这三个字听起来像莫名的谴责。"作为外省第二代，陈玉慧与骆以军、张大春等人一样，分享着同样的认

① 郝誉翔:《逆旅·前言》，北京：人民教育出版社，2012 年。

② 王明珂:《华夏边缘：历史记忆与族群认同》，第 397 页。

③ 陈玉慧:《海神家族》，南京：江苏人民出版社，2009 年，第 5 页。

同焦虑。但她的家族史书写却与骆以军等人不太一样，她花费了极大的篇幅追溯了母系家族的谱系，这包括来自琉球的外婆三和绫子，母亲静子等人的身世、经历、生活习惯与情感世界等，她都予以了大量的笔墨。从家族史书写的传统来看，她突破了传统以父系为主脉的写作格局，因而受到女性主义研究者的重视。同时，她的方法也符合王明珂对当代台湾人集体记忆建构的现象，即重新钩沉“日据时代的经验”。但随着叙事视角向“父亲”的转移，叙事者也开始逐渐认同父亲的历史，最终走向了与父亲的和解。对父系宗族的回归，正如小说结尾所写：“我迟疑了一会，终于走近病床边。‘爸，谢谢你的礼物。’那是家谱，他从大陆带回来的家谱。”[①] 家谱是家族记忆的重要物质载体，它记录了家族的源与流。台湾作为一个以移民为主的社会，家谱在家族史中起着举足轻重的地位，自明代以来，从大陆移居台湾的家族都依靠家谱保持着与原乡的联系[②]。这种精神联系除了家谱、宗祠等物质文化形式外，还以信仰的形式延续着。《海神家族》的书名便透露着信仰对于家族传承的意义。

《海神家族》实际上是以两尊神像开启还乡之旅的，这便是“千里眼”与“顺风耳”，如叙事者所说，“它们是海神妈祖的保镖”，在人生风雨中是它们陪伴着主人公，反过来，叙事者又以它们为线索，回溯父母的人生并远及踏海来台的祖辈。神像的物质形态只是维系个人记忆的一个方面，更重要的在于它的象征意义，它所唤起的精神和情感结构，这是集体记忆更为关键的所在。正如论者所指出的：“集体记忆具有双重性质——既是一种物质客体、物质现实，比如一尊塑像、一座纪念碑、空间中的一个地点，又是一种象征符号，或某种具有精神含义的东西、某种附着于并被强加在这种物质现实之上的为群体共享的东西。”[③]“千里眼”与“顺风耳”这两尊神像是叙事者及其家族历史与情感的见证者，作为物质实体，它们往往起着“睹物思人”的作用，但它们本身所蕴含的信仰，又指向一个更为广阔的群体，这就是由大陆迁往台湾的历史以及两岸沿海人民海上劳役、海上沉浮的历史渊源与现实中的命运共感。

如果说陈玉慧笔下的妈祖信仰是沿海尤其是东南沿海的某种集体记忆，那么，骆以军的《西夏旅馆》则提供了一幅更为宏阔的场面，从而将中国南北的历史与命运都融入了进来。该小说讲述的是在一处虚拟的西夏旅馆中，进出来往的人所各自讲述的不同故事，它们如同梦境，似真似幻，既有党项人的历史、

① 陈玉慧：《海神家族》，第293页。

② 陈孔立：《清代台湾移民社会研究》，北京：九州出版社，2003年，第130页。

③ 莫里斯·哈布瓦赫：《论集体记忆》，第334页。

李元昊盛极一时却最终熄灭的霸业，有小说主人公的祖父在西北勘测铁路的经历，也有叙事者这个台湾外省人的现实境遇。虽然处于不同的历史时刻，但他们的命运似乎冥冥之中重叠在一起。如李元昊和他的骑兵团远征吐蕃的路线，“恰正与二百年后，西夏王国被蒙古铁骑歼灭，党项人遭屠杀灭种而有传说中最后一支西夏骑兵仓皇往南出走的路径神秘重叠；那也正是我祖父带着我父亲在一九四九年那次古怪、残酷，离开‘中国’之境的步行路线”[①]。小说中的主要人物图尼克是台湾人，也是西夏人后裔。从小说虚构的层面来看，这种族群“误认”是基于当下部分台湾人社会文化心理，对集体记忆的一种创造或发明。较之其他家族书写，该小说的特殊性在于，它更关注空间性的平行对照，而非历史性的传承，西夏之于主人公图尼克，虽然有历史上的关系，但西夏的视野，更多提供的是“华夏边缘”的认知和叙事结构。

从叙事结构来看，西夏人的往事，不仅仅是叙事者拉杂进来的素材，而是为小说提供了一个历史神话的结构，正如乔伊斯的《尤利西斯》，荷马史诗中的还乡之旅，为现代人布鲁姆破碎的精神世界提供了一个结构，《西夏旅馆》中西夏人与台湾的命运也形成了历史的对位结构。该对位关系可从几个方面来理解：首先，台湾的外省人与西夏人一样，背负着迁徙、逃亡的历史宿命，图尼克祖父一行逃亡的路线，也正是“最后一支党项人”遗民当初逃亡的路线[②]；但逃亡的终点并不是归宿，而只是进入到另一个人的梦里，西夏人进入的是李元昊的噩梦，外省人进入的则是蒋介石的“复国”之梦。其次，这个对位关系还在于台湾与西夏，都处于“华夏边缘”的位置，容易带给民众身份认同上的不确定状态。同时，西夏介于胡汉之间的处境，它所提供的“华夷之辨”的民族界限，也将叙事者所面对的本省与外省的历史症结，转化为了华夏边缘的族群认同问题。

如果说《西夏旅馆》在历史的类比中并未寻找到归宿的话，杨渡近作《水田里的妈妈》则从社会视角找到了家族故事的讲述方法。他并不回避祖先的历史，相反，祖先的历史成为人们生活中的某种精神象征和情感寄托。正如祠堂里供奉的唐山石：“这个石头，随着最早的祖先渡海来台，落地生根，祖先想念家乡，便舍不得丢弃。中间经历漳泉械斗，家族互斗，传说祖先也曾流离过许多地方，辗转逃亡，但这个石头，竟奇迹般地保存下来。它被放在祠堂里，作为一种不能遗忘的象征，象征着我们祭拜祖先的时候，没有遗忘自己的根。而

① 骆以军：《西夏旅馆》（下），桂林：广西师范大学出版社，2011 年，第 33 页。

② 骆以军：《西夏旅馆》（上），桂林：广西师范大学出版社，2011 年，第 209 页。

留传下来的渡海故事，或许不被提起，但每一个后代都知道，这是‘祖先石’。”[①] 唐山石作为祖先来台的象征，它代表着自己的来源，也象征着台湾人经历的苦难和拼搏历程，这是《水田里的妈妈》所着力讲述的。它从社会的一角，讲述父辈在光复后凭借智慧和拼搏，为台湾的繁荣夯实社会的根基。从家庭内部而言，作者对父亲是爱恨交织。其父亲虽然眼界开阔，却也十分专制，是一个矛盾、复杂却又真实的台湾人。从家庭外部而言，家庭作坊的兴起，又是位于美国和日本经济援助的背景下，当日本人拒绝将最新专利卖给台湾人的时候他看到了援助背后的掠夺本质，家族由此见证了台湾经济腾飞的奇迹及内部的隐忧。从这个角度而言，杨渡的家族书写提供了一个有别于新历史主义式的叙事形式，他选择回归传统，着眼历史和现实，以一种质朴的方式讲述家族半个世纪以来的经历，而这种质朴的方式，反而连带出台湾近代以来的复杂进程。其启示在于，在各类后学盛行的时代，当颠覆和破坏已成共识的时候，重新回到历史脉络，或许才是克服危机的出路。

总之，在新的政治议题或文化思潮影响下，台湾当代的家族书写试验了多种叙事手法，使家族史几乎不足以成史，而只能称之为家族书写。但这些作家在颠覆既有的书写方式时，也通过其他方式重续或重建家族书写，这包括女性视角的家族史重构，通过传统说书的方式重新收纳家族佚事，通过情感的方式追怀历史，通过引入历史或传说结构性地呈现身份归属问题，或从社会层面直面自己的历史，等等。这些方式和视角在传统家族史遭到质疑的情况下，找到了重新讲述家族史的方法和视角，如《海神家族》的女性视野对父权体制做了颠覆，《水田里的妈妈》则从家族观察到台湾当代的社会变迁，这些实验极大地丰富了台湾家族史的形式和容量。

附记：该文在“第六届两岸文化发展论坛”上发表时，点评人赵刚教授提醒要关注陈映真的家族书写，会后黄琪椿教授认为该文讨论对象主要是外省人或外省人后代的家族书写，建议进一步关注本省籍作家的家族书写。感谢二位教授的批评与建议，本省人的家族书写，确是拙文所忽略的，希望有机会专文讨论这个问题。

---

① 杨渡：《水田里的妈妈》（上），台北南方家园文化 2014 年，第 30—31 页。

一个人的陈映真阅读史*

李　勇**

半个多世纪以来，陈映真高擎理想主义旗帜，以坚执的中国立场和人道情怀、刚健的历史理性、不屈的战斗姿态，成了台湾知识界的“异数”。陈映真的精神姿态和立场，使他在当代大陆同样遭受孤独。然而，在人（尤其是弱者）仍遭受压抑和损害，虚无主义、实利主义大行其道的今天，陈映真的价值仍有待重识和发掘，这也是我们怀念他的理由。

读到一部作品，了解一个作家，有时需要缘分。我是十多年前才对陈映真的名字有印象。按理说，这个名字对中文系学生来说不该感到陌生，因为在任何一本并不狭隘的中国现当代文学史中，一般都会包括“台港澳部分”，而其中必然不会绕开“陈映真”这个名字。但实际上，在现当代文学研究界，众所周知的是，“台港澳文学”和“海外华文文学”一直都只是中国现当代文学史的一个旁支，处于这个旁支内的作家，自然也很容易被忽略。我是十多年前读博士时才开始了解陈映真——之前只是听说，并没有细读——但相信这在大陆学界并不算最晚的。

后来逐渐了解陈映真，还与一本名为《台湾的忧郁》的书有关。标题很吸引人——“台湾的忧郁”，写的是陈映真。一个人的忧郁，竟是台湾的忧郁？那薄薄的书，当时读得并不仔细。直到后来更多地了解了陈映真，才赞叹那书名的精妙。后来又读吴浊流的《亚细亚的孤儿》、钟理和的《原乡人》等，才发现，所谓“忧郁”，确实不是陈映真一个人的，而是整个“台湾的”。而从造成这种忧郁的那种对于祖国的深情的角度讲，陈映真的忧郁才是最真挚、最持久、最深重，从而也是最能代表台湾——历史的和现实的台湾——的忧郁。

---

* 基金项目：国家社科基金一般项目《陈映真评传》（17BZW158）；河南省高等学校青年骨干教师资助项目“海峡两岸社会转型期现实主义文学比较”（2016GGJS-009）。

** 李勇，郑州大学文学院教授。

“忧郁”这个词后来长时间在脑海挥之不去。眼前总是浮现着一个孤岛、一个人以及茫茫大海。毕业那年去厦门面试，招聘方在海边一家酒店款待晚宴，他们知道我们多是从外地过来，便特意带我们到酒店外的一个高台，让我们面朝大海眺望远方，说：看，那有灯火处就是金门。那是我到当时为止距台湾最近的一次。书和文字所带来的想象，在那一刻，竟有了一个真实的载体。

一

参加工作后的2011年，我读到台湾人间出版社1988年版的十五卷本《陈映真作品集》（小说5卷，访谈、杂文、评论等10卷），以及洪范书店2001年出版的小说集《忠孝公园》卷（内收陈映真世纪之交创作的《归乡》《夜雾》《忠孝公园》）。读这些书，前后用了几个月的时间。也是在阅读的过程中，原来那个“忧郁”的陈映真的形象开始具体化，具体化为《面摊》里那个年轻俊美的青年警察、《我的弟弟康雄》里自杀的康雄、《乡村的教师》里疯掉了的吴锦祥，等等。他早期这些小说中的那种忧郁、感伤是如此明显，仿佛他内心郁积着稠密、炽烈的情绪，那浓得化不开的情绪浸透了他的语言，使得这些作品读来就像他自己所言的那样，透着一种“市镇小知识分子的忧悒和无力感”。忧悒而无力，所以便造成了一种倦怠。于是，《面摊》里那个年轻警察的形象便成了我当时对陈映真最具体的想象。但是也不仅如此，那个在年轻警察面前生了心事、在丈夫面前却又将这心事隐藏的年轻俊美的母亲，竟也渗入进了这想象，我莫名地感到还有一个忧伤、敏感、哀怨的女性化的陈映真。这个陈映真在《我的弟弟康雄》里，时而成为少年康雄本人，时而却又幻化成康雄的姐姐，让我感到恍惚。

陈映真早期的作品整体上笼罩着这种忧郁、内向的气质，但也有例外。大约是在他1962年军中服役后，他写出了《文书》《将军族》等一系列外省人题材的作品。所谓外省人，也就是二战后赴台的大陆人。这是后来在陈映真思想体系中占有重要地位的冷战问题批判、“台独论”批判等都无法绕开的一群人。这些作品中写得最好、知名度也最高的，便是《将军族》。它写的是外省老兵（三角脸）和本省人（小瘦丫头）相濡以沫的故事。王安忆谈到她第一次读这个作品时的感受时说：“这小说打动了我的是，作者将相濡以沫这一种情状写得感人至深，使这一个情意款款的人间常事显得非同寻常。”王安忆的感受里并没有外省人和本省人的问题，而这可能也正是陈映真写作时想要达成的一种意愿——他是刻意地将这两个人放在一个非地域性、超地域性的视野内进行审视的。那两个人所遭受的苦难，并不因他们不同的畛域身份而有任何差异，相反是他们共同的出身、共有的底层身份，使他们遭受了同样的命运。而他们最终相拥赴死的结局，也显出了一种社会历史和政治寓意：跨越了地域的鸿沟，外省人和本省人融合为一体。所以，这篇小说可以说已经涵纳了作为陈映真后来整个精神思想根基的那种超地域、超族群的阶级和民主的立场。

我已不太确定到底之前有没有读过《将军族》，也许读过，但在对陈映真、对台湾社会历史缺乏了解的情况下，即使读过也不能留下太深刻的印象并不意外。后来重读，才体会到它表层故事之下的深层意味。而回到小说表层故事本身，它也有一种让人着迷的魅力（那似乎也是使得这篇小说在更广阔的范围内流传的原因），这种魅力即它对人尤其是底层生命尊严的挖掘——小瘦丫头和三角脸那种在人世的苦难中建立起来的爱情，与我们熟见的爱情有太多不同，他们居龌龊之地，穷困潦倒、肢体残破而又不洁，但最后他们竟以如此高贵的方式绽放了自我。读它我会情不自禁地想起法国电影《新桥恋人》（1991），烂掉了一只眼睛的流浪女和丑陋而令人恶心的流浪汉，在那个被世人遗弃的铁桥上，因为爱情和对自由的向往，竟绽放出烟花般璀璨夺目的美来。我还会想起黄春明的小说《看海的日子》，那里面有一个毅然要为自己生一个清白干净的孩子的妓女白梅，但黄春明的小说只是在一种对普遍的人性美的发掘上与《将军族》有着共同之处，它缺少了后者那种更宽阔的社会历史视野。这种视野使陈映真在当时便已显现出了进一步走向廓大的可能。

在《陈映真作品集》里收录有不少陈映真的照片，照片中的他身材高大、长长的头发，而且常常是笑着的——微笑甚至大笑，满面温暖。有一张他参加抗议游行的照片，举着巨大的纸牌，脸上也是爽朗的笑。这与我的想象完全不同，他应该是忧心忡忡、眉头紧锁才对啊，或者还夹一支烟，像鲁迅先生那样。很多人是称他为“台湾的鲁迅”的，但读完他的作品我才体会到，他与鲁迅实在有很大不同，这不同直观地显示在他的照片中：没有刚刷般直竖的头发，没有指间的香烟，却多了一份温暖甚而爽朗的笑。照片也许并不能完全反映真实生活中的陈映真，但我相信那些照片也绝对是一面镜子——哪怕是偶尔才捕捉到的他的那些笑，却也如此频繁，那么生活中的他，即便不总是笑口常开，也绝不是愁眉紧锁、横眉冷对的吧？当然，这些笑着的照片中的陈映真，泰半已走过了七年牢狱之灾，也走过了“乡土文学论战”的硝烟和凶险以及生活的其他磨砺，那么是否是这些生命的磨砺，使他获得了一种对待生活的宽和与从容，从而常常发出着这样的笑呢？

当我更多地读他的作品，不仅读他的小说，也读他的访谈、杂文和散文，我才发现，并非如此。他的那种笑，那种笑所掩饰不住的温暖，并非纯然来自生活的馈赠，而更是他深在的精神思想的映照。

1967年陈映真发表《唐倩的喜剧》，这是他的转型之作。这篇讽刺性作品以漫画素描的方式批判了当时的台湾知识界。它可以和陈映真同年发表的文章《现代主义底再开发》《期待一个丰收的季节》对读。它们所共同批判的，就是当时弥漫于台湾知识界的崇洋之风。以文坛为例，当时正是现代主义文学在台湾大行其道之际，那种表面上朦胧晦涩、内在地传达一种人在普遍的生存困境中的精神体验的现代主义文学，因其抽象性和技术性而与社会现实（尤其是政治）保持了迢远的距离，从而在战后台湾那种窒息的政治高压环境中获得了长足的发展。但是它以物化社会对人的异化为主要批判目标的精神诉求，显然与尚处于政治专制下的台湾现实相距甚远，它的繁荣在当时更多的是因为当局的默许和社会崇洋之风的滋养，这一切也是它后来在70年代受到大规模批判的原因。台湾文坛对现代主义文学的大规模反省是在70年代，而陈映真对台湾现代主义文学的批判则要提前了数年。也就是说，陈映真在此展现出了一种历史预见性，它来自他清晰明智的历史理性。

然而，他的这种历史理性是从何而来呢？从陈映真发表于1993年的《陈映真的创作历程：后街》（后文简称《后街》）一文和根据其发言整理的《我的文学创作与思想》（发表于2004年第1期《上海文学》）一文来看，陈映真在台北读书期间便已经开始大量阅读中国新文学、社会学、政治经济学等书籍，当时台北牯岭街旧书店是他阅读“禁书”的乐园，他在那里不仅读到了鲁迅、茅盾，还读到了《大众哲学》（艾思奇）、《政治经济学教程》、《联共（布）党史》、列宁的《国家论》《帝国主义论》以及卢那察尔斯基、普列汉诺夫的日文书籍等。这些“禁书”对他的启蒙让他终生难忘，比如他描述当时读到艾思奇的《大众哲学》时的感受时便说：“我就好像把眼睛揩明亮一样，觉得整个世界都不一样了”。那是他如饥似渴地吸取知识的阶段，而那些左翼的文学和马克思主义政治经济学在当时必定因为令人窒息、苦闷的社会环境而更进一步地吸引并影响了陈映真。一种知识的接触、学习、消化需要一个过程，同时主体自身的成长、经历也在促进这种知识消化的过程，而这种被消化的知识最终转化成一种文学表达，还需要主体心灵与外部世界的实在碰撞。我们看到，从大学时代接触和学习这些知识，到1967年他写《唐倩的喜剧》，这中间经过了将近十年的时间。

这十年也是台湾政治高压的十年，陈映真的精神“豹变”只使他在行动上有过星星点点的“寸进”（1965年翻译《共产党宣言》和一个日本社会主义者的《现代社会之不安》），如果连批判现代主义文学也算在内的话，这些“寸进”其实正如久处暗夜的人偶见光亮一般，那光亮不仅不会让他振奋，反而让他更感压抑和绝望。陈映真正是在那样的黑暗中独自忍受着“绝望和悲戚”。

之后，陈映真1968年的被捕更彰显了那个政治禁锢年代的严苛。在有关的材料描述中，导致陈映真被捕的所谓“民主台湾联盟”案，实际上就是几个思想“左倾”的青年组织阅读马列等书籍，并似乎是预谋做一些后来被陈映真称为“幼稚地走上了幼稚形式的组织的道路”的实践。但在当时这即是重罪，陈映真等36人被判处徒刑。但让人感到奇怪的是，陈映真每每在谈及这段历史的时候总是极快地跳过，似乎总是不愿多谈。在《后街》中，他对被捕一事是这样描述的：“一九六八年五月，他和他的朋友们让一个被布建为文教记者的侦探所出卖，陆续被捕。同年十二月三十日，他被判决徒刑十年定案。”而在《我的文学创作与思想》一文中，他对入狱一事更是一语带过：“我就跟最要好的画家吴耀忠（已过世），形成了一个很小的读书圈子，后来当然被国民党特务渗透，很便宜就把我们卖掉了，坐了几年牢。”说这些话的时候，已经不是那个讳莫如深的年代了，陈映真为什么在谈到这件事时仍是如此简略、语焉不详？这让我感到奇怪。因为即便在他极简的描述中，我们也了解到这个“被捕”事件包含了特务、出卖等惊险，如果换成一般人，哪怕仅仅出于一丁点情不自禁地满足听者好奇心的心理，也多半是要稍稍展开的，而陈映真则是一语带过。

与他不愿多谈自己被捕经历形成对比的是，陈映真对自己入狱后的一段“特殊经历”却总是大说特说、大书特书，这段经历即他在狱中与50年代因参与地下左翼运动而被捕的共产党人的相遇。这些人正是陈映真在大学期间便日思夜想地追慕着的台湾左翼运动的见证者和参加者，他们在当年的血屠中侥幸生存下来并被囚禁于绿岛。因为思想的燃烧而被捕，却因这被捕而见到了那点燃他思想的“火源”本身，陈映真的激动是可以想见的——

在那个四面环山，被高大的红砖围墙牢牢封禁的监狱，啊，他终于和被残暴的暴力所湮灭、却依然不死的历史，正面相值了。……在押房里，在放风的日日夜夜，他带着无言的激动和喟叹，不知餍足地听取那被暴力、强权和最放胆的谎言所抹杀、歪曲和污蔑的一整段历史云烟。穿越时光的烟尘，他噙着热泪去瞻望一世代激越的青春，以灵魂的战栗谛听那逝去一代的风火雷电。

我不知道当年的被捕是否在身体上曾对陈映真造成过打击和创疼，但从上面这些言语我们可以肯定的是：牢狱之苦至少在精神上并没有对他造成任何威吓，反而是经由与那些曾经的革命者的相遇，他更进一步地坚定了自己已树立起来的共产主义信念。这样的信念，加上这段“奇遇”，在陈映真的心里埋下了一颗文学的种子。

1978年，已出狱的他发表《贺大哥》，这篇关于越战的小说至今让我印象深刻。它那种设下悬念、步步揭开谜底的叙事方法，显示了陈映真的叙事才华。但小说更打动我的，还是贺大哥的“忏悔”。这个敏感忧悒的美国大兵一直走不出“梅莱村惨案”的阴影而终至发疯，他让我想到《面摊》里那个青年警察，只不过那个警察是仁爱、正义的，而贺大哥本性虽纯良，却作恶杀人了。但一个本性纯良的人为什么会杀人？激起这样的追问，显然正是陈映真的意图所在——他是在控诉战争以及战争背后的体制力量（国家）。在这里，值得注意的正是这种“控诉”，早期《面摊》《将军族》都是在表达“爱”，而“控诉”则是审视“爱”的受阻，作为“阻力”的战争、体制开始更为显著地进入了作家的视野。这说明，从绿岛归来的陈映真正在发生某种精神的变化。

《贺大哥》是反思历史，然而，让出狱后的陈映真触动最大的却不是历史，而是现实。50年代之后，随着国民党土地改革等政策的刺激以及美国联合日本以各种方式对国民党政权进行扶助，台湾在较短时间内迎来了经济腾飞，至70年代已经由一个以农耕文明为主的前现代地区，一跃而发展为了一个发达的现代工商业社会。陈映真出狱后，骤然面对了这样一个社会，难免有沧海桑田之感。而与时世变幻相比，人心的变化让他更感伤痛，因为和平的年代是告别革命的年代，而重新经受“革命”洗礼归来的陈映真，却仍怀抱着未竟的理想。这个繁荣发展的台湾真的是自己为之梦想、奋斗的台湾吗？陈映真并不相信。因为“冷战”还在，两岸隔绝还在，甚至这“繁荣”本身也有问题……所以在1978至1982年，他接连发表了“华盛顿大楼系列”，这几篇小说所揭露的便是台湾资本主义化繁荣的虚假——“繁荣”背后是乡村的凋敝和底层的沉沦（《万商帝君》），是资本主义生产方式本对人的压迫和异化（《上班族的一日》），是进步和正义力量的被摧毁（《云》），是台湾所付出的出让自身发展主动权和尊严，进而沦为美国和日本发达资本主义国家“附庸”的残酷现实（《夜行货车》）。这样的“繁荣”是表象的、脆弱的、危机重重的。

那么，如何改变呢？这是陈映真更大的焦虑。答案自然是继续革命。然而，在和平的年代谈革命，谈何容易？那海晏河清的太平盛世，那俗常庸碌却也安定稳妥的日常，是足以摧毁一切锐气和激情的日常。革命从来都是发自少数人，在和平时代，这少数人更显孤独。孤独也正是陈映真后半生的写照，无论在台湾，还是后来在大陆，都是如此。不过在他自己，还是有信心和力量的，这信心和力量很大一部分便来自他在绿岛的经历。在 1983 年至 1987 年发表的“《铃铛花》系列”（《铃铛花》《山路》《赵南栋》）中，高东茂、叶春美等那些为了理想献出青春、生命的革命者是当仁不让的主角，他们让我们看到了陈映真当年在狱中从那些革命者身上所感受到的激励，就像他自己说的那样——“我不是要写共产党员的伟大，其实不是的。我想见证，就在那样苛刻的时代下，有一群年轻的人，把他们的一生只能开花一次的青春和生命献给了他们的信念和理想。这样的一种人性的高度是事实上存在过的。”不过，即使如此，他难免也会感到失落吧？《赵南栋》中革命者叶春美出狱后寻找革命遗孤，等待她的却是她未曾预料过的失望。这失望显然也是陈映真的。

在 1983 年，也即发表《铃铛花》《山路》的那年 8 月，陈映真赴美国爱荷华国际工作坊。在那里，他遇见了大陆作家吴祖光和茹志鹃、王安忆母女。那是他第一次见到自己一直寄予深情的大陆同胞，自然充满期待，但是从事后各方反应来看，当时的见面并没有预期那般美满。彼时的大陆刚刚从极“左”的年代走出来，举国上下热切呼喊的是一个改革开放的新时代，这是台湾已经先一步迈入的新时代，却也是陈映真所正揭露和批判着的新时代。王安忆在《英特纳雄耐尔》一文中回忆了她和陈映真的一次交流：“我运用的批判的武器，就是八十年代初期，从开放的缝隙中传进来的，西方先发展社会的一些思想理论的片段。比如‘个人主义’、‘人性’、‘市场’、‘资本’。先不说别的，单是从这言辞的贫乏，陈映真大概就已经感到无味了。对这肤浅的认识，陈映真先生能说什么呢？当他可能是极度不耐烦了的时候，他便也忍不住怒言道：‘你们总是说你们这几十年吃了多少苦，受了多少穷，我能说什么呢？我说什么，你们都会说，你们所受的苦和穷！’”在王安忆的描述中，陈映真明显是失望的。而之后的某一天，他们二人又一起去看一场美国足球赛，王安忆回忆说，在欢乐的人群的海洋中，“我努力使自己兴奋，去符合人们的情绪。就在这时，我身边的这个人，忽然站起身，向着狂欢的人群大声叫道：‘傻瓜！你们这些傻瓜！’”王安忆描述的这个怒冲冲的陈映真，与他一贯温柔和煦的形象似有不符——这个陈映真，不仅失望，而且激愤。但是在日渐孤独的 80 年代，他的失望和激愤，却是可以理解的。

但陈映真并没有放弃努力。通过“《铃铛花》系列”，以文学的方式铭记曾经赴死的一代（叶春美）、批判陨落的一代（赵尔平和赵南栋），同时又让那些良知不泯者主动忏悔以发起切实的激励（蔡千惠），便是陈映真当时在文学的范围内做出的最大努力。然而文学毕竟是有限的，陈映真所加诸自己的，是文学所无法单独完成的宏伟使命。所以，他在文学之外寻求了更有力的实践——创办《人间》杂志。这本大型纪实性思想文化刊物存活于 1985 年 11 月至 1989 年 9 月，维持近 4 年，总共出版 47 期。这份刊物虽然寿短，但却“受到读者经久不衰的评价”。在发刊词中，陈映真说，《人间》杂志的宗旨就是“从社会弱小者的立场去看台湾的人、生活、劳动、生态环境、社会和历史，从而进行记录、见证、报告和批判”。我并没有详细阅读《人间》，但王安忆曾收到过陈映真托人带给她的全套《人间》，并在《乌托邦诗篇》和《陈映真在〈人间〉》两篇文章中介绍过这本杂志。在《乌托邦诗篇》中，她以大量篇幅提到了《人间》杂志报道过的“汤英伸案”，那是陈映真和他的杂志社同仁联合社会各界去营救一个名叫汤英伸的山地青年的事件，这个事件当年轰动全台，今天还常被人提起。陈映真和他的《人间》杂志社最终并没有挽回这个少年的性命，但却竭尽了全力。对“汤英伸案”的报道和介入，是《人间》杂志宗旨的一次最有力的体现——它不仅是语言的、思想的，更是行动的。

创办《人间》杂志这段时期应该是陈映真人生最为激荡的一段时期，然而《人间》终“因不胜财务亏损而休刊”。《人间》休刊是否还有其他原因我不得而知，但“休刊”对陈映真造成打击应该是一定的。打击还在更大的范围内接踵而至：80 年代末李登辉上台，“台独”进一步掀起高潮；东欧剧变、苏联解体，世界局势发生大变局；同时随着两岸互通，陈映真也开始断续到访大陆，而此时的大陆已经更匆忙而急迫地奔向陈映真所忧虑着的“新时代”……

当世纪之交，陈映真重新执笔写出“《归乡》系列”（《归乡》《夜雾》《忠孝公园》）时，我们看到，《人间》杂志虽已停刊，但作为一段历时近四年的火热的实践，《人间》却以另外一种形式融入了陈映真的生命。在更为质朴写实的“《归乡》系列”中，陈映真早期的抒情风格几乎已消失殆尽，取而代之的是对历史的大量钩沉。这些小说写到太平洋战争、国共内战，写到殖民地军夫、赴台的国民党特务、破产的农民，视野宏阔，史料翔实——在《归乡》中，战士杨斌参加内战时的部队番号、行军路线等，都被介绍得一清二楚。这一切，显然是经过了长时间的积累和研究，而这个积累和研究工作，正是《人间》时期便已经开始的：《人间》第 18 期“人间亚洲”栏目里的《遗忘道义和人权的日本，是人间之耻》便是关注的日本侵华战争期间的台湾军夫幸存者向日本进行民间索赔问题；而第45期特别企划“民众史：赤狱国特”系列报道则是对“特务”问题的关注。这些议题后来在《夜雾》和《忠孝公园》中都有直接性的体现。

二

读陈映真的过程中，我不自觉地便将他与大陆作家进行比较。比较后也发现，陈映真在对底层的悲悯方面，做得比很多大陆作家好。

陈映真并不是纯粹的乡土作家，他写农民的作品不是很多，他对农民的关怀是包含在他对所有社会弱小者的关怀内的。从处女作《面摊》，到最后一篇作品《忠孝公园》，他的作品贯穿了他对社会弱小者的悲悯。这种悲悯在大陆作家身上也有体现，比如很多乡村出身的作家便宣称对农村和农民抱有眷恋和同情，但这种眷恋和同情仔细辨别的话会发现，它们其实不过是一种源于和故乡的血肉联系而生发的故土深情罢了，而并非那种源于对“人”的生命价值和尊严的肯定而生发的悲悯——前者是本能性的，后者则出于理性和自觉。深情并不稳固。比如贾平凹90年代以来的乡村书写，在情感和观念上便总是处在一种游移和动荡之中，这背后透露出作家对社会转型的焦虑，但这焦虑很大程度上并不是起于对鲜活而具体的生命的关怀，而是对“民族”“国家”“文化”等宏大性事物历史命运的担忧。

陈映真的关怀却是首先指向了“人”的，他始终抱定了对“人”的价值和尊严的认定，所以哪怕他看到了世界的灰暗，他也并没有止于抱怨和批判这灰暗，而是更积极主动地分析它、改变它。虽然在他早期的《故乡》等作品中，我们还能看到他的颓唐失望，但从1968年风格转变之后，那种颓唐失望便不见了，他之后所有的创作都让我们看到，他是在用一种强健的理性分析、批判乃至试图改变那种他认为不合理的现实：“华盛顿大楼系列”和“《归乡》系列”是发现问题、分析问题，“《铃铛花》系列”是试图解决问题。由此，他的整个文学创作历程也体现着一种罕见的思想的、行动的轨迹。

陈映真身上的标签有很多，“台湾的鲁迅”“民主斗士”，等等。这些标签并不错，但却常常给人以误导，因为他并不是那种金刚怒目的人。如果非要给他一个标签，我还是愿意称他为“一个坚定而彻底的人道主义者”——从他拿起笔的第一天到他生命的最后一刻，对“人”的关怀是他思想、行动的唯一出发点。

同情和关怀别人并不难，难的是把它作为毕生的坚持。读他的小说，有一点让我好奇，即尽管它们批判力十足，但却都难掩一股动人的温蔼之气，尤其是他思想成熟后的创作，读来竟感受不到一点纯然的情绪化的批判和嘲讽——哪怕是在写那些反面人物的时候也是如此，比如“华盛顿大楼系列”中那些跨国企业的高管、“《归乡》系列”中那些国民党特务和愚昧的农民等。他总是努力去呈现他们内心的挣扎、被愚弄的命运，而不是去批判和指责。这里显示了他对“人”的一种体谅和理解，而相应地，社会、历史、体制、文化才是他批判的重点。当然，这种批判是需要强健的理性作为支撑的，而陈映真半个世纪以来分析台湾社会性质、研究台湾战后历史、批判资本主义生产方式和后殖民体制、批判“台独论”等，所显现的正是这样一种理性。

有这样一种理性，加上那种始终不渝的对“人”的关怀，这才成就了一个毫不畏惧和妥协、始终温暖和煦的陈映真吧？读他的作品，让人感到沉重的同时，又总是会有一种扑面而来的温暖，他那长长的、曲折而富有温度的句子，浸透着陈映真特有的温柔与淳厚。他说：“中国的新文学，首先要给予举凡失丧的、被侮辱的、被践踏的、被忽视的人们以温暖的安慰；以奋斗的勇气，以希望的勇气，以再起的信心。”他是这样说的，也是这样做的。也只有这样的陈映真，才会发出着他照片里那样的让人难忘的笑吧？

不过，这样的陈映真又所从何来呢？

陈映真青年时代开始信仰共产主义，但他同时又是一个基督教徒——虽然他对台湾基督教会持有批判（如《台湾长老教会的歧路》一文），但他一生都笃信天主。这里必须要提到的是对他一生影响甚巨的他的父亲，陈父陈炎兴1905年生于台湾贫困农家，少时丧父，并因此辍学，但聪慧上进的他后靠自学通过了日本殖民当局的检定考试，取得了文官资格，此后大半生都以教育为业。陈父出身寒微，早年亦受左翼思想影响，家中藏有鲁迅的《呐喊》等进步书籍——这些书籍后来直接启蒙陈映真走上了文学创作道路。陈映真在《父亲》《我的文学创作与思想》等文中曾深情回忆过这位父亲。在他的描述中，父亲至少有三点令人难忘：一是公平，从事教育事业的他始终推崇教育平等，竭尽全力让所有的孩子接受同样的教育和关爱；二是正义、勇敢，比如在“白色恐怖”时期，父亲曾不顾危险，探视被捕老师的家庭；三是开明进步，在父亲任校长时，曾排除偏见，聘请外省人到学校教授国语；等等。种种迹象表明，这位父亲并非一般的开明进步。关于这位父亲，还有一件广为传颂的事情，即陈映真第一次被捕时他去探视，他没有责备儿子半句，而是嘱咐他谨记三句话：“首先，你是上帝的孩子。其次，你是中国的孩子。最后，你才是我的孩子。”陈映真一生固守人道主义和中国立场，其实都可以从这三句话中找到根源。这样的父亲让陈映真难忘，谈起父亲，他总是充满眷念与深情：“父亲从不是达官显贵、富商大贾。父亲也不是世俗所称的硕学鸿儒，教会中的大牧。但对我们儿女来说，父亲的形象高大、挺拔，远不是凡世名位功业可拟。父亲没有留给我们任何屋宇田园，却留下了世间的财货所不能交易的、丰盛而永不朽坏的精神的产业。”也许正是因为有这样一位父亲，才会有这样的陈映真吧。

当然，陈映真之为陈映真，肯定还与其性格、读书、写作、交友等多种因素影响有关，但作为其精神根基的那种人道立场，其根脉应该是在他的父亲——那里不仅仅有基督教的仁爱，更有将这仁爱化成日常生活里一言一行的潜移默化。这种影响之大，可能再怎么评价都不过分：陈映真说他青少年时代是一个很虔诚的基督徒，每天都在找自己的错；他还曾将耶稣、史怀哲视为自己的偶像；而在读书期间，他甚至一度立志要去台湾山地少数民族部落当医生，后来只是因为数理成绩不佳而作罢。

而就是这样的陈映真偏又生逢乱世，在那严苛的“白色恐怖”时代，他亲睹了双生哥哥的病亡，见证了学校老师莫名其妙的“消失”，亲爱的陆家小姑被宪兵带走，亦曾见到街头张贴的猩红朱墨写就的处决告示和当街瘫倒的家属……这些无法抹去的创伤记忆后来在他的回忆文字中无数次被提起，有的甚至直接化成了他的小说。这让我们看到，这些“创伤”是如何不断刺激着他温热的良心——这“刺激”也势必更进一步地激发着他对生命的爱以及为这爱而奋斗的决心和勇气吧。

由是，我又想起他对他坐牢事件的“缄默”，其实那可能根本就不是缄默，而只是不在意——不只不在意坐牢，而是根本就不在意他自己。不久前读台湾学者赵刚的书，才发现他早就发现了这一点。他说：“陈映真的小说很少说他自己的事，不论是他的家庭、童年、服兵役、坐牢、爱情，或是老病。想想看，要是很多作家，一定把自己的七年牢狱翻过来炒过去，变换成多少文字了，但陈映真从来没有写过自己的牢狱经验，飘飘几笔‘远行归来’，就算是风波远飏了。”

这就是陈映真。但就是这样的陈映真，在今天却一直被忽略甚至遗忘。物欲横流的时代，我们已经不相信世界上还有这样的人存在——他们形单影只，却抗拒着世界，当世人皆奔向那个繁花似锦的世界，他却看到那个世界的虚假，以及那些面目黧黑的被抛弃者、被践踏者。而当我们不再相信，也就意味着我们不再向往和追慕——我们用怀疑的目光打量一切，把道德视为虚假，把理想诬为高调，直至有一天，我们自己也为我们所憎恶的一切所吞没。

然而，对于绝大多数人来说，我们总会有一天感到孤单、无助。大概六年前，我去北京做一个手术。手术并不致命，但有一定风险。我一直忧心手术，但到了北京才发现，手术并不是首要的，首要的是先排队、挂号。来自全国各地的病号挤满医院，为了挂一个号，很多人彻夜排队。几块钱的号，被“黄牛”炒到几千元仍供不应求。我不知道情况今天是否有好转，至少在六年前，当你好不容易挂到号之后，你还要从管床医生、麻醉师、护士长、护士，到护工，上上下下疏通好。那段日子，在那个人满为患的，也许是世界上最痛苦的人聚集的地方，有人彻夜难眠，有人一夜白头。那个彻夜排队挂号的冬夜，一个千里迢迢从江苏赶来的中年女子，她母亲被诊断出恶性肿瘤，她来北京，住最便宜的宾馆，吃最便宜的饭食，终于排到“号”——医院保安给大家排队用的凭证，有这个凭证才能在医院上班后到窗口挂正式的号。然而凌晨时分，正当大家拿“号”排队时，外面呼啦冲进十来个彪形大汉，满脸杀气、横冲直撞，把原先排的队伍冲得七零八落，并骂骂咧咧地霸占了每个窗口最前排的位置。这些位置，后来我才知道，他们已预先高价卖出。医院每天发放的号是有限的，他们这样做，等于让许多彻夜排队的人前功尽弃。这伙人明显是有组织的，医院保安见怪不怪、无动于衷的表情已说明了一切。但正当大家敢怒不敢言时，人群中爆发出一声凄厉的嘶叫——是那位中年女子发出的。原本排在最前面的她，刚刚被挤出了队伍。那嘶叫，完全是人被逼入绝境时才有的声音。她指着那些彪形大汉大声叱骂、哭诉……也许是怕事态扩大，医院保安最后出面，她被重新排进了队伍。

当年发生的那一切，终生难忘。那个女子凄厉的嘶叫，就像刀子一样。我想到那些所经受的——那彻夜的排队，那些横冲直撞的人，甚至我们生病，我们求人，我们蝼蚁般活着……这都不是无缘无故的。那个绝望的女子，很多时候就是我们自己。然而，我们又能做什么，改变什么？

这时候我就会想起陈映真：想起他写下的那个三角脸和小瘦丫头的故事；想起他三十年前为了救助一个他完全不认识的年轻人而奔走呼号；想起他办的那本名叫《人间》的杂志；想起他办杂志时说的那些话——

我们盼望透过《人间》，使彼此陌生的人重新热络起来；使彼此冷漠的社会，重新互相关怀；使互相生疏的人，重新建立彼此生活与情感的理解；使尘封的心，能够重新去相信、希望、爱和感动，共同为了重新建造更适合人所居住的世界；为了再造一个新的、优美的、崇高的精神文明，和睦团结，热情地生活。

想到这些，心底就会生出些许光亮、些许力量。

然而，这样的人，已经远去。这样的人，还有吗？女作家王安忆二十年多前写下过她和陈映真的一次别离："我走出大门，门外是一个上海难得寒冷的冬夜，雪已经停了，地面结了冰。我回身朝他挥了挥手，他忽然举起双手，握成了拳，向我做了一个鼓舞的欢乐的手势，我哭了。我不知道这个人所做的事情能否对这个世界产生什么影响，我不知道这个世界能否如这个人所良善愿望的那样变化，我只知道，我只知道，在一个人的心里，应当怀有一个对世界的愿望，是对世界的愿望。"就让这文字作为我们对他永远的怀念吧。

《海东青》的历史叙述与空间寓言

张　帆*

台湾“解严”后，象征权威的官方大力士叙述解体，也带来了原来被压抑者的众声喧哗。如何诠释台湾成为台湾文化场域中的一个重要议题，而许多作家也纷纷转向，接入历史书写场域。至世纪末，后现代思潮进一步瓦解着原有的价值体系，此时李永平却以不合时宜的现代主义姿态，试图在台湾的地理空间中重新寻找中国行，并书写了一部沉重的现代都市的警世语言，其现代主义的启蒙姿态和追求乌托邦的执着，与其保守鲜明的政治意识形态形成了奇妙的张力。但如同张诵圣所说，这也不过是“解严”后台湾文化场域中改写台湾/中国现代史的众多版本之一。

李永平在《海东青》中描绘了一个大学教授靳五在台北都市到处游荡的经历。曾经的伊甸园已然如地狱般鬼影憧憧，到处充满了末世的景象：道德沦丧、信仰失落、传统的家庭伦常与人际关系都在金钱的碾压下分崩离析，而靳五就在这废墟中寻找着救赎的希望。因此其“浪子”般不断漫游的状态，也被赋予了一种孤独的英雄主义色彩，不仅隐喻了他失根无家的历史宿命，也是他凸显自身主体性的宣誓姿态，在在编织着他与现代化都市的拮抗与对话。

《海东青》的书名即指明要书写一部关于台湾的寓言，而寓言二字凸显了作者现代主义的启蒙意识和批判视野。本雅明曾说道：“在这种文学的发展中，古代诸神的世界必须消失，而能够保存这个世界的恰恰是寓言，因为对事物瞬间性的理解以及要拯救从而永久保存它们的关怀，正是寓言的最强烈动力之一。”[①]他认为：“寓言正像丢勒的著名版画《忧郁》所展示的那样，阴郁的表现了世界

---

* 张帆，福建社会科学院文献信息中心副研究员。

① 瓦尔特·本雅明著，陈永国，马海良编：《本雅明文选》，中国社会科学出版社，1999年，第174页。

的黑暗、自然的颓败与人性的堕落。”[①] 而这无疑是李永平创作动机的真实写照。他曾在一篇访谈中说道：“他要在《朱鸰漫游仙境》中以朱鸰等小女生早熟的眼光揭露‘社会的诸多病态’，他要在作品中评论的不只是台北社会的乱象，更应该包括成人世界，包括他自己（赖素玲 1998: 127）。”[②] 描写恶，是为了追求善，因此，台北都市在靳五的漫游与观看中，被叙述成为关于历史、文化、性别与现代性的深刻寓言，其路线的移动、交会、转折、停顿，形绘出城市的空间地图，将空间场域私人化、历史化、寓言化，书写了一部空间维度上的历史政治寓言。

一、从故乡到异乡——历史与空间的辩证与错位

当李永平在序言中表达出对过去与现状的忧思的时候，历史的悲情就已经奠定了这部作品的基调，但是他将历史书写空间化，从历时的时间思维转移到共时的空间思维，探索台湾历史与文化断裂与冲突的现状，从个体行走于都市空间的观察联结到叙述者个人的感官经验与心理空间，使两者之间产生互动，互相指涉，而其中最重要的媒介就是漫游者。

《海东青》里面的主人公靳五是一个典型的漫游者。他从国外回到阔别八年的台湾，刚下飞机就开始了在台北的第一次漫游。他数次自嘲是“浪人”“浪子”，“客家人爱漂流”，在繁华热闹的都市中却充满了孤独流离的味道，犹如一个无家的被放逐者，又是一个充满了理想主义气质的“拾荒者”。不仅如此，他复杂的身份认同又加深了他的浪子情结——他的家乡在马来西亚的婆罗洲，但他又是一个客家人，同时又客居台湾，这种地理上的故乡与文化上的原乡的错位与冲突，形成了书中独特的空间维度。可以说，《海东青》中的都市空间就是靳五人生经验的投射。王德威认为，李永平最大的企图就是描写原乡：“李永平这位来自南洋的‘侨生’，一心向往中国。但他心目中的中国与其说是政治实体，不如说是文化图腾，而这图腾的终极表现就在方块字上。李对中文的崇拜摩挲，让他力求在纸上构筑一个想象的原乡，但在这个文字魅影的城国里，那历史的中国已经暗暗地被消解了。”[③]

---

① 瓦尔特·本雅明著，陈永国，马海良编：《本雅明文选》，中国社会科学出版社，1999 年，第 26 页。

② 黄美仪：《漫游与女性的探索——李永平小说主题研究》，政治大学中国文学系硕士学位论文，2003 年，第二章，第 20 页。

③ 王德威：《原乡想象，浪子文学——李永平论》，江苏社会科学，2004 年第 4 期，第 101 页。

而且《海东青》中还存在着许多漂泊失家的浪子。午夜在街头徘徊的老兵，已是白发苍苍，为了回到大陆终日在街头徘徊等车。朱鸰的爸爸也是一个失家的浪子，家已经成为遥远的记忆，偶尔回想起父老乡亲只能一声长叹。这些浪子漂洋过海，连接着大陆和台湾两个时空，身上镌刻着历史的伤痛和悲情，从故乡到异乡的转换也让他们充满了失落和无奈，空间的失落也带来人性的扭曲，他们不是一蹶不振，就是发疯失常，或者流落街头，他们身上负载的历史也同那个时空一起被遗忘和埋葬。可以说，故乡和异乡的撕扯，一直是困扰李永平的原罪，在他眼里，故乡代表的不仅仅是一个地理，离开故乡，就是离开家园，浪子在启程的那一刻，就被蒙上了背弃和遗弃的阴影。但是，对李永平来说，何处是故乡呢？婆罗洲？台湾？还是大陆？对家的不懈的探寻，也成为他不断漂泊，不断追寻的动力，而在这不停转换的空间之下，隐含着李永平重建历史的企图。

列菲伏尔认为："空间生产就如任何商品生产一样，它是被策略性和政治性生产出来的。因而，空间是人造的，不是自然而然的，不是纯粹形式的，不是理性抽象的，……总之，空间不是自然性的，而是政治性的，空间乃是各种利益奋然角逐的产物。它被各种历史的、自然的元素浇铸而成。空间从来不能脱离社会生产和社会实践过程而保有一个自主的地位，事实上，它是社会的产物，'它真正是一种充斥着各种意识形态的产物'。从这个角度而言，空间永远是具体化的，时间性的，历史的。"[①] 靳五在台北这个都市空间中每一次的漫游，便如同对这个庞大复杂的都市文本一次又一次不同的阅读。他并非只扮演客观的观察者／读者，而是主动地辨识、归纳、解析，甚至试图"重新书写"都市空间。他对于台北这个都市文本所隐含的政治性与意识形态有着充分的自觉，都市中的建筑、景观，乃至于街道都透露出与历史中不同阶段的联系——被不断更名的街道，象征着台湾不断被改写的历史；随处可见的日本买春团，象征着资本主义强国的掠夺和肮脏交易；反复出现的孙中山塑像以及靳五谦恭的身体姿态，象征着靳五所追寻的政治信仰和历史记忆。这些空间以隐晦的、民间的、私人的面目出现，却在在指向了厚重的政治历史意义。

不仅如此，《海东青》里面所处理的空间更是多重的，不仅有都市中的物质空间，还有靳五自身的心理空间以及物质空间背后所隐含的历史空间。

一方面，李永平运用大量的白描手法描绘了靳五所感受的都市空间：热闹

① 汪民安：《身体，空间与后现代性》，江苏人民出版社，2006年，第102页。

的人群、拥挤的街道、混乱的交通、繁荣的娱乐场所和消费场所，如桑拿会所、理发店、酒店等在书中反复地出现。相反，那些能给人归属感和认同感的空间，如家、故乡等却在这个繁华都市中缺席。传统的家庭体系在工商业文明的冲击下分崩离析，父母们或者忙于工作赚钱，或者萎靡懦弱，无力看管逐渐成长的孩子，他们在家庭中的失职和缺席，让孩子面临着失贞和堕落的危险。比如书中的小女孩总是有家不想回，半夜在外游荡，览尽繁华的同时，也造成了她们心理的早熟与世故，而书中大量少女被侵害的事例似乎也是在对这个变异的社会发出控诉。如书中朱鸰在街上碰到姐姐朱燕，放声痛哭："她们一天到晚都不回家！妈妈一年到头去日本留学，朱鹂交男朋友，朱燕在街上游荡，只有爸爸在家里喝虎骨酒看中日少棒赛。"[①] 短短一段话，道出了繁华都市掩盖下的空虚和危机。

性交易场所的反复出现，不仅批判了都市的堕落，还预示了都市空间与身体的异化关系，都市空间成为一个消费场所，身体在其中不仅找不到安全感和归属感，反而不断地被卷入其中，成为其中的消费品。家已经形同虚设，而更为吊诡的是，故乡也成为异乡。靳五追随中华文化的图腾而来，希望能找到故乡，却发现台北的都市空间也被物化为一个巨大的游乐场，成为日本人、美国人寻芳猎艳的场所，历史已经被"现代化"的洪流冲刷干净，靳五只能通过捡拾空间的碎片将断裂的时空拼接起来；历史也因此被碎片化，成为一段段充满意涵的符号。

比如书中不断出现的猥琐的日本老嫖客，总是到处小便。"水银路灯下，榕荫里，一队儿八条枯小身子西装革履背对满街人潮车潮，排排站，揭开裤裆掏出朘子，捧着，瞄准槐里国民小学围墙上鬃着的八个红大字'三民主义统一中国'，嘘，嘘，八个臀子一拱，哗啦哗啦迸出了八条灿烂的水花。"[②] 作者用富于性意味的污秽场景来冲击读者的感官，"三民主义"的信念成为被侮辱的卑贱物，时空的破碎凸显出历史的扭曲。如同王德威所说："历史的遗骸既然难以摆脱，移民的影响也就无从消逝，折冲在遗忘与记忆，弃绝与留传，除魅与招魂的可能间，有关现代性的两难于焉显现。"[③]

可以说这些都市的物质空间是被夸张化的、空洞的、平面的，消除了历史感的空间，犹如一幕幕热闹的肥皂剧，相似的景象，相似的人物，不断地在街

① 李永平：《海东青——台北的一则寓言》，联合文学，1992年，第312页。

② 李永平：《海东青——台北的一则寓言》，联合文学，1992年，第364页。

③ 王德威：《后移民写作，印刻文学生活志》，第13期，台北，2004年9月，第38—45页。

头巷尾上演，没有结局的演出预示着未来与希望的幻灭。而与之对照的是靳五的心理空间以及由此产生的历史空间。

在靳五这个漫游者眼中，台北这个都市空间从来不是毫无意义，其中的街道、地景，就像是某种社会象形文字、某种密码，蕴藏着时代讯息以及历史意义，甚至寄托着他的国族想象和文化认同。

例如书中靳五不断地对台北街道的名称进行考证与溯源，发现台北的街道名称不仅历经数次更换，而且现在的名称似乎就是对大陆的复制，相同的名字，其指涉的空间却完全不同，地名被抽离其原本的空间文化脉络，成为空洞的能指，并被赋予新的所指空间，而这些名称也真正的变成了“名存实亡”的国族寓言。其中隐含着历史的变迁和权力的操弄，更是指涉台湾殖民历史中不可避免的错综复杂特质。“今天中午我在江陵街喝喜酒，喝完搭巴士，经过三楚路合肥路赭圻街湖陆路金乡街鉅野街清水路枋头街东燕路仓垣街陈留路，在襄邑街下车，就好像在古早古早的中国，兜过一圈！”[①]类似的对话更是在书中不断地出现:“广武？考考你的历史,那是什么地方？”“楚汉对垒。”“武济路呢？”“武王伐纣渡河的地方啊。”“成周？”“洛阳别名。”[②]街名与土地的对应，故乡与异乡的置换，熟悉的地名，奠祭的却是已经逝去地历史与记忆，家国已成空，如今恐怕只有李永平还如此执着的在地图上，路名上面铭刻曾经的文化图腾了。不仅如此，路名的变迁，还印刻着台湾殖民历史的伤痕，战争中中国败给日本，于是台湾被迫把路名改成日本地名——“金田町猪苗代町丸龟町”，国民党迁台后，又改成了中国地名——“成周路安阳街许昌街”，而如今的地名又仿佛是在对古中国的召唤和怀想——“商丘路雍丘街城濮街黄池路大梁路苍垣街官渡路汜水街成皋路河阴路伊阳街”，靳五在历数这些街道历史学的时候，实际上是在梳理台湾多重殖民的复杂历史，并试图缝合其中的缝隙与冲突。如同德瑟铎所说，在都市空间的漫游 / 书写中，街名与门号在位阶与语意上构成了城市表面的秩序，标示出其年代顺序及历史含义。但这些街道 / 文字会慢慢失去铭刻于其上的价值而挣脱它们原先所定义的具体物质空间，不过其意义指涉功能仍存在，因此行人可自由地赋予它们不同的意义，这些个人化的“街名渊源学”便构成意义悬空的隐晦地理。

究竟应该如何面对这些空间上的错位呢？李永平的意图是在行走中重新召唤和建构历史，当道德败坏，理想失落，曾经的乌托邦不在，缅怀过去就是为

① 李永平:《海东青——台北的一则寓言》，联合文学，1992 年，第 124 页。
② 李永平:《海东青——台北的一则寓言》，联合文学，1992 年，第 110 页。

了启示未来，历史成了李永平抵御现代化、重塑认同的旗帜，也是与故乡重新建立联系的唯一途径，如同本雅明所说，“过去带着时间的索引，把过去指向赎救”[①]，书中琼安问靳五：“靳！你到底在寻找什么？”“孙逸仙博士。”[②]孙逸仙博士作为一种精神信仰的象征，屡次在书中出现，靳五和朱鸰亚星聊天的时候也提到，孙中山先生是他们最崇拜的人，甚至将他比喻成海东青，认为孙中山是海东青的化身。孙中山的塑像也成为地理空间上的一处地标，每次靳五和孩子们经过塑像的时候，都要深深地鞠一个恭，但正是这样不同寻常的朝圣姿态，更突出了靳五对文化归属追寻的迫切，而周围堕落的环境的强烈对比，也注定了这过程的艰难与坎坷。可见，靳五找的并不是一个物质天堂，而是一个精神家园，一个能承载厚重的中国文化与历史的精神家园，能够提供给都市异化的、孤独的、堕落的、迷失的人群新的洗礼与庇护的精神家园，而显然，目前的台北都市空间并不能承载他的这个理想，因此也无法让他停下寻找的脚步。

二、圣与魔的对立——历史的神圣化与神祇的降谪

卢卡契认为，历史小说的本质是反映人类社会——历史的整体，而“写实主义追求的历史性，到后现代，只有‘历史感’，而无真正存在的‘历史’，因为它们是由记忆拼凑的断片，或者已被作者介入的自我书写，在历史这大坐标上，个人只能是游标，人在失去整体之后，只能是局部。小说家追寻历史与叙事，乃在于当代人面临‘真理的危机’，这是一个见证的年代，也是追忆的年代”[③]。整体性的失去，意味着神性的丧失以及对历史敬意的失去，历史不再是承前启后的真理，而成为模糊虚幻的记忆片段。但是李永平反其道而行之，试图在这个后现代社会中，重建神圣感、重新追求真理的力量，而他的策略就是将历史神话化，为历史披上宗教的外衣，试图将神话与台湾现实历史扣合起来，为台湾历史寻找中华性。

将历史神话化，是《海东青》中的一个重要特点。在书中，他将蒋介石败逃台湾的历史，描述成为圣经中摩西带领以色列人出埃及的壮举，从而赋予这段历史神性的色彩，而在序言中他也化身为一个传道者，循循善诱当今堕落荒

① 瓦尔特·本雅明著，陈永国，马海良编：《本雅明文选》，中国社会科学出版社，1999年，第404页。

② 李永平：《海东青——台北的一则寓言》，联合文学，1992年，第59页。

③ 周芬伶：《圣与魔——台湾战后小说的心灵图像（1945—2006）》，印刻出版社，2007年，第132页。

淫的人民，引经据典，告诫人们违背神圣誓言的代价即是“惹神发怒，灾祸果然降临”。因此，作者直言：“《海东青》这部寓言，因此也是一则预言。”可见作者认为，过去的历史是神圣化的时空，与之相对应的是希望、道德、纯洁、信仰等等，而如今人们忘记历史，即是抛弃了宗教信仰，失去了神性，堕入地狱，需要被救赎和唤醒，否则面临的就是灭亡。因此，与历史的失落相对应的就是宗教的亵渎与神性的丧失。这里，作者采用对圣经拟仿的方式，圣经中的意象不断在书中出现，甚至成为朱家代代相传的神话故事。但是当作者在将这些历史转化成民族寓言的时候，同时也掉入了历史的建构性和虚伪性的陷阱，历史一旦成了神话，也面临着被谪降和遗忘的命运。

如靳五在街上游荡的时候，碰到当局正在举行的“中国总统筹备会议”，而场外的台湾人举办“还我海东人尊严群众大会”表示抗议。他们将那些所谓的“国会代表”一一请上台进行批判，当郎将军夫人被押上台的时候，她对着台下的抗议群众布道：“三十多年前蒋公带我们渡过海峡，就像摩西分开红海，如今，蒋公回到主耶和华身边复命去了，我们却还在荒漠中辗转漂泊……大家都是同胞，都是炎黄子孙的中国人，别不承认嘛！”[①]但是她得到的回应却是：“日本中国相杀，日本打输中国打赢，中国人就跑来我们这里劫——收！国共两党相杀，国党打输共党打赢，国党就跑来我们这里成立‘中国大总统府’！乱改我们马路名，没有道理，笑死人！华阴路哦汉阳路哦历山街哦天水街哦南京路哦桂林路哦峨嵋街哦，笑死人，假装我们这个小岛代表全中国。”[②]最后，当郎瑛将军夫人被押解下台的时候，靳五看到她“落日下那脸胭脂汗水澘澘，灰灰败败，剥落出一圈皱皮两瓣憔悴的尖腮子”[③]。布道者的苍老与狼狈，似乎在嘲讽着曾经的神圣姿态，连同之前所说的那些冠冕堂皇的话，都在这真相面前变得虚伪和不真实起来，而作者之前努力建立起来的历史的神圣性，也在这一刻瓦解了。空间的荒谬性也在在折射着历史的荒谬性，族群冲突的现实似乎在讽刺着作者意识形态的一厢情愿，作者在面对这些荒谬的时候，同样无可抑制着内心的彷徨和质疑。在这里，神话又再次被消解，历史重新堕入无可救赎的毁灭与灾难。

其中最重要的体现是对神祇形象的降谪，观音形象在李永平的许多小说中出现，佛教中观音生而度人苦难，多面观音有欢喜嗔怒诸面容以惩恶奖善，而李永平笔下的观音，不能奖恶惩善，不能度人苦厄，在贪婪人性的玷污下，他

① 李永平：《海东青——台北的一则寓言》，联合文学，1992年，第491页。

② 李永平：《海东青——台北的一则寓言》，联合文学，1992年，第495页。

③ 李永平：《海东青——台北的一则寓言》，联合文学，1992年，第498页。

成了一尊被玩弄的木偶，人们假他之名，进行着暴力与性的勾当，而他则失去了原本代表的神圣与救赎的性质，红幽幽地、暧昧地笑着，看着人世的错乱与罪恶，甚至还参与了人世的罪恶。如在靳五乘坐的计程车的倒后镜，“两根红丝线兜挂着小小一尊白瓷观音坐像”，随着车子的行驶，观音像“待笑不笑浑身只管抖簌不停”[①]，而神龛出现的地方也往往是在舞厅妓院，象征着观音形象的沦落与谪贬。

“长长一条黑巷，檐口眨着水珠。红霓一圈。颤声娇。海陆空三式仁者乐山智者乐水。满店屋梁玻璃，门洞里红幽幽一龛佛灯。蓬蓬鬓鬓一窝子披头散发抱起胳膊吸着香烟，坐着十来个少小姑娘，星星火光，袅闪着。”[②]神龛供奉在妓院当中，意为保护妓院的生意，而恰恰是这些妓院，伤害了许多无辜的少女。

小说末尾，靳五抱着朱鸰，要求她不要那么快长大，故事即戛然而止，既然时间之轮无法抗拒，朱鸰必定长大，那么她堕落的命运已然注定，而朱鸰这个天真纯洁的少女一旦堕落，是否意味着神圣性再次遭到亵渎和玷污，历史重构的希望再次破灭？

丹尼斯伍德的《地图的力量》认为，我们周围的生存空间是记录我们日常生活的一个重要证据，空间不仅承载着具体的人、事、物、主体的欲望和记忆等印记也溢塞每一个特定的空间，常识性的空间感受为旁观者的视线顺延出相对明确的坐标方向，对作者而言，故事在叙述中呈现出来的空间形态与对这空间的抗拒性，常常与作者本人的情感体验、精神指向和道德诉求紧密关联，因而文学文本中空间化为符号，记录着不同时空中的历史与文化情境，也承载着不同的文化寓意、价值与情感。《海东青》中的靳五，将台北的空间文本转化为这个都市中隐含的复杂的历史文本，并试图在这其中找到救赎的可能，重新建构已经堕落的社会。

① 李永平：《海东青——台北的一则寓言》，联合文学，1992年，第8—11页。

② 李永平：《海东青——台北的一则寓言》，联合文学，1992年，第18页。

历史的分断与联系：

试论陈映真晚期小说《归乡》《夜雾》与《忠孝公园》

彭明伟 *

陈映真（1937—2016）在2000年前后接连发表《归乡》（1999）、《夜雾》（2000）与《忠孝公园》（2001）三个中篇小说，这是继他发表中篇《赵南栋》（1987）后中断小说创作十多年之久所写的，也是他在2016年底过世前最后的三篇小说。这三个中篇都是在1987年“解严”之后所作，相较于此前陈映真所有小说，特别是20世纪60年代创作的小说，由于受当年的政治禁忌、言论尺度所限，陈映真在写作时不免有想写而不能写、想说而不能说的限制，而他在写作《归乡》等篇时应是更无顾忌、更为“自由”，然而也有更为迫切的、非写不可的创作冲动。在他已届花甲之年积极投身政治运动之际，仍提笔上阵奋力创作好的“艺术作品”，首要的便是响应迫切岛内的统“独”问题，同时更进一步思索近现代历史中的“台湾问题”。

在《归乡》《夜雾》与《忠孝公园》这三篇小说，陈映真从广阔的历史视野看当前台湾的政治矛盾和两岸问题，引发笔者对当前台湾社会日益剧烈的族群政治矛盾冲突的进行“历史性”的思索，看似遥远消逝的战争历史依然紧张牵扯着当下的现实，左右着渺小的个人的命运。战争、国家暴力的历史一直内在于个人的生命经验，分断的思维也主宰着个人的言行。

近来笔者从台湾社会族群政治的激化，深切感受两岸乃至整个东亚都依然还在“战后”状态，两岸的交流与隔阂、朝鲜半岛的核武危机、中日为钓鱼岛的军事较量，战争虽然不至于一触即发，可是敌对的双方之间彼此怀着莫名的憎恶，在自由而不负责任的网络媒体空间里大肆散播仇恨的言论，战争历史的创伤仍不时抽痛着——这是笔者前些年夏天初次造访美丽之国，置身在富裕和

---

* 彭明伟，台湾交通大学社会与文化研究所副教授。

平安逸、百年来也未曾遭受战火摧残的西方世界，遥想我们的东方时油然而生的感受。

处在“战后”状态，当前台湾一般媒体与高等学术圈不自觉地以美国之眼看世界，站在文明现代、民主人权这一边，普遍对大陆有说不清的仇视和歧视，“台湾人”的自我形象便在这种将“中国”作为仇恨和歧视的他者的对照下而逐渐强化，获得想象的优越感与快感。同时这样的新“台湾人”自我形象却又很吊诡地深陷在日本殖民和国民党统治下的受难历史之中而不可自拔，总是喜爱以受害者、受难者形象来揽镜自照，顾影自怜，对甘于帝国附庸而缺乏自我反省，对过去的日本殖民历史也缺乏清理勇气。

在此谈论陈映真晚期小说和评论，其实也促使成长于李登辉时代的笔者面对自我，深入分析内在于自我的“战后”状态，特别是仍旧牢固的分断思维。为了更好谈论陈映真晚期小说，笔者得先向读者做一些时代政治背景的说明，特别便于大陆读者了解近30年来陷入统“独”论争、认同政治危机的台湾社会。

一、背景之一：“统派”的标签

2000年前后“统派”的标签早已牢牢贴在陈映真的额头上，一提起陈映真，他就是台湾文化界的“统派”代表。尽管20世纪80年代后期西进大陆的台商畅快地大赚人民币且主流社会热切地拥抱“反共意识”升级版的“台湾主体性”论述，陈映真仍擎起“统派”鲜明的旗帜，坚定站在“政治不正确”的这一边，站在新兴的“台湾人”的对立面。当时的陈映真“等于”“统派”，而且陈映真“只是”“统派”，仿佛他打自投胎转世就是“天然统”的。当时的我虽有机会认识他，活动场合中也只是远远地看着、不甚明了他的理念，也没有兴趣深入探究他“统派”思想的根源。

其实陈映真应是“统派”中的“统左派”，台湾的“统左派”运动既统且左，两个主要诉求是追求两岸和平统一与社会主义社会公义。这既与当时的国民党、新党等“右翼”的、反共的统派有别，与极力切割两岸历史文化连带的“独”派更是截然对立的。正如陈映真在20世纪80年代“中国结”与“台湾结”论战时所说的，他的“中国结”是被“台湾结”逼出来的，我认为陈映真的“统”是被后来的“独”给激化，本来陈映真在文化上、政治上作为天然的“中国人”是不需怀疑、不需思考的，从20世纪50年代以来是不是“中国人”根本就不成问题。然而在20世纪80年代到2006年陈映真在北京病倒之前这期间，20多年来日趋白热化的统“独”论争中，在国民党与民进党相继共谋、接力竞合之下，亲美媚日而垄断台湾“主体性”专卖权的分离主义者日益荒唐却逐渐占据文化、政治主流，因而将陈映真逼进“统”的角落、把他贴上“统”的标签。

其实早在20世纪80年代前期陈映真便看清了国民党与党外运动（构成日后民进党组党的基础）亲美媚日的共通性，为了争夺政治权力，看似对立的两方都争相到白宫晋见、拜求做美帝的附庸，甘为美帝的马前卒。在《美国统治下的台湾——天下没有白喝的美国奶》（1984）中，陈映真质疑说：“如果国府是一个亲美的政权，那么，何以做为国府的对立侧面的台湾中产者民主运动，也抱持绝不亚于国府的亲美、媚美、美国庸属的立场？”① 他认为：

同在一个美国依附的社会基础上，国府和党外同时培养并且发展了亲美、崇美，对美国基本上没有批判意识的相同体质，并且相互影响，相互吸收，形成一个错综复杂的“美国结”。②

很久以前国民党宣传着“以三民主义统一中国”，还喊着要“反共复国”，但在2000年前后国民党为求胜选，不再高喊统一的口号时，陈映真只能够不识时务地当“统派”的代表，更为坚定地站在中产阶级的主流社会认为“政治正确”的对立面。

这就是2000年前后的陈映真，义无反顾，舍我其谁，然而他又何其孤独。这时的陈映真变得让人难以理解了，他站在他生活富裕安逸的中产阶级读者的对立面，逐渐让许多曾经崇拜他的人与被《人间杂志》感动的读者所无法理解，陈映真怎么会变成“统派”呢？但话说过来，究竟是谁变了呢？

对于两岸的读者都是一样的，“统派”的标签其实阻碍我们认识陈映真，我们现在需要更复杂地了解陈映真，或许得先搁置这样的刻板印象。

二、背景之二：如何告别“台湾人的悲情”？

“台湾主体性”论述其实是根植在“台湾人的悲情”这样的情感政治基础

---

① 陈映真：《美国统治下的台湾——天下没有白喝的美国奶》，《美国统治下的台湾》，台北：人间出版社，1988年，第16页。原载1984年6月《夏潮论坛》。

② 陈映真：《美国统治下的台湾——天下没有白喝的美国奶》，第18页。

上，在文化论述上发挥了强大的动员认同感，渲染“唯国民党、外省人有罪论”[①]，将历史灾难过错全都归咎于国民党及外省人，而所谓的“台湾人”是无辜的受难者、受害者。怀抱着这样受难历史和被抛弃的孤儿意识，占据了道德高位，提出从压迫者统治下解放出来的诉求，产生“台湾人”要自己当家做主的企求。从吴浊流战后出版的《亚细亚的孤儿》（1946）到1989年侯孝贤导演的《悲情城市》及吴念真导演的《多桑》（1994）上映，不断强化“悲情历史”的叙述。例如以政论、文学批评享誉盛名的陈芳明在其20世纪80年代的政论集《在时代分合的路口》之《后记》满怀深情地说：

揣在我胸怀里的，是台湾的形象，那是我仅存的希望。我怀念台湾，不再是烟雾迷蒙的咖啡屋，不再是流淌约翰˙伦农与巴布˙迪伦歌声的台北街头，而毋宁是在历史上受害、受创的岛屿。[②]

与此类似的，陈永兴在为陈芳明的序言中表示：

……我们的内心深处有一份共同的期许以朝向台湾永恒的未来，我们相信彼此的生命已经融合在苦难岛屿上众多为公义和平民主自由共同牺牲的台湾人命运历史洪流里头！[③]

宣称台湾这苦难的岛屿，“在历史上受害、受创的岛屿”，以弱势者、受难者的身份隐然占据了道德的高位，清清白白且弱小的自己站在公理正义的这一方，指摘专权暴力蛮横的另一方，评判历史责任时不免流于简单武断的黑白二分。正因如此，格外需要警惕“台湾人的悲情”之渲染与滥用。

如何超越当代台湾流行的历史的受害者情结，告别台湾人的悲情，终结孤儿的历史观呢？台湾被殖民的历史不仅是受害者、抵抗者的历史，更是受害者与加害者构成共谋结构的历史，台湾人并不全然是受害者，受害者也并不必然是善良纯净的，他们往往也被迫或自愿成为殖民体制的协力者，甚至充当帝国

① 陈映真：《为了民族的和平与团结》，《美国统治下的台湾》，台北：人间出版社，1988年，第67页。原载1987年4月《人间杂志》。

② 陈芳明：《后记：离台十五年祭》，《在时代分合的路口》，台北：前卫出版社，1989年，第316页。

③ 陈永兴：《台湾要往何处去？——序陈芳明著〈在时代分合的路口〉》，收录在陈芳明《在时代分合的路口》，第8页。

主义殖民和战争的爪牙而成为加害者。如吴浊流《亚细亚的孤儿》便描写了殖民地台湾知识分子的双重性，既是日本殖民体制下的受害者，同时也是日本帝国主义发动侵略战争的协力者。

又如龙瑛宗早在日本战败投降的光复之初对此便有了反省。他在小说《从汕头来的男子》(1945)描述:“日本帝国主义者派遣少数，宁称汉奸的台湾人，横羁于对岸。经营鸦片馆子、妓院、赌场等使中国人卖儿、卖淫，竟予陷入沦亡之窘境;又利用台湾人做间谍的爪牙。”[①]故事的男主人公周福山是当时中学毕业的知识分子，因不满受到日本人的歧视，渡海到汕头投靠亲戚，在叔父的商铺里工作。他在汕头亲眼所见:“于遥远的汕头城里的台湾商人，仍是戴着日本帝国主义的大帽子，压迫着祖国的商人。原来日本庇护台湾同胞。”不仅如此，龙瑛宗进一步刻画周福山的内在矛盾与自省:“周福山看见帝国主义的爪牙，欺凌着祖国的生意人。同时,我本身也是一只借着虎威的狐狸罢了。”[②]对殖民地知识分子的依附性格这样深刻的自我反省，这样清楚意识到自己的战争责任，在近年“台湾主体性”论述所积极塑造的悲情的台湾人身上几乎完全消失，有意无意地被抹消了。

接续这个脉络，我们可容易理解陈映真何以对台湾分离主义运动提出这样严厉批评。在《何以我不同意台湾分离主义？》(1987)一文，陈映真明确表示:

台湾分离主义运动，在依附美日新帝国主义、甘为新帝国主义鹰犬，甘为逐渐破产的“两极对立”冷战构造服务，盲目“反共”“恐共”和反华，可以推想，万一“台湾民主共和国”成立，它也不过是一个极端法西斯的、美日附庸的“国家”。我也可以想见这样一个国家的社会、文化、思想和政治生活的极度的荒废。[③]

为历史的“悲情”所苦的台湾人缺乏历史责任的自省精神，局限于一岛视角看不清历史的全局，身陷新殖民的依附结构中而不自知。“我们”当前所面临

① 龙瑛宗:《从汕头来的男子》,《龙瑛宗集》，台北：前卫出版社，1994年，第178页。原作为日文，龙瑛宗自译。

② 龙瑛宗:《从汕头来的男子》,《龙瑛宗集》，第179—180页。

③ 陈映真:《何以我不同意台湾分离主义？》,《美国统治下的台湾》，台北：人间出版社，1988年，第77页。原载1987年5月《中华杂志》286期。

的困境，根源于20世纪以来日本的帝国殖民与侵略战争、国共内战、冷战等历史接踵而来所造成的创伤，旧的历史伤口还在淌血，新的殖民暴力又来猛烈撕扯，没有疗救止痛的意念，哪有痊愈的可能呢？

三、“冷战—分断”历史共同体

目前对陈映真的小说创作的评价，一般偏爱他1968年入狱之前所写的，尤其赞扬他20世纪60年代初忧郁的康雄时代的作品。他1975年出狱之后所写的美日跨国企业和资本主义运作题材的《华盛顿大楼》系列受到正面肯定的就少了许多，那么我们如何看待陈映真晚期创作《归乡》《夜雾》与《忠孝公园》的成就？如王墨林所说的，20世纪80年代陈映真所写的《山路》《铃珰花》与《赵南栋》三篇可称为“白色恐怖三部曲”[①]，我想发表于世纪之交的《归乡》《夜雾》与《忠孝公园》三个中篇小说不妨称为“冷战—分断”历史小说系列，陈映真在这三个中篇里想说的不再是台湾左翼革命志士的故事，不再是中国社会主义革命的历史与理想实践的成败问题，他的首要之务是对抗割裂两岸连带的分离主义的论述，批判当道的“台湾主体性”的历史论述。换个角度来看，这系列作品就是陈映真对李登辉执政以来日益被强化的“台湾主体性”议题与操弄本省人、外省人对立的省籍情结所提出的响应。陈映真发表《归乡》时曾表示：

……我的确是用这故事来对于台湾区分外省、本省、中国人、台湾人的主流意识提出质问。有一种意识形态认为台湾人比较善良、朴直、勤劳；外省人比较奸诈、会欺负人、会拐弯抹角。这些都是偏见和歧视！好像台湾人都是牺牲者、被迫害者、善良的人，他们落在狡诈的中国人手里受苦。[②]

整体而言，他持内战延续论，在战后二极对立构造中“冷战—国家分断”结构中分析台湾问题，秉持反帝国主义、反殖民、追求民主主义的理念，试图化解被李登辉代表本土政治路线所炒作的省籍情结，与局限于台湾一岛的生命共同体论述辩驳。早在20世纪80年代陈映真在《国家分裂结构下的民族主

---

① 王墨林：《“白色恐怖”的历史心灵活动》，收录在陈光兴、苏淑芬编《陈映真思想与文学》，台北：台湾社会研究杂志社，2011年，第232页。

② 宇文正、陈映真：《访陈映真谈新作《归乡》· 第三问》，《联合报· 副刊》，1999年9月24日。

义——“台湾结”的战后史之分析》(1987)中表示：

……作为上述“台湾结”的反论的“中国结”，首先要求从战后世界史的视野，凝视中国作为新生的民族国家的发展来把握，从而对战后二极对立构造中“冷战—国家分断”这个外铄的架构和它的历史加以分析、追查和批判，从而建立中国民众自己和主体性，又从而在中国民众的民主主义这个基础上，摸索国土和民族统一的道路。[①]

陈映真从两岸中国人陷于“内战—冷战”的双战结构的观点，摸索民族统一的道路，与“去中国化”、媚日亲美的“台湾主体性”构建而成的台湾人史观辩驳，也与制约台湾社会的美日现代文明的标准竞争。陈映真必须要两面作战，一面响应国民党的反共历史叙述，另一面批判民进党以台湾一岛为中心的历史论述、质疑何谓新兴的“台湾人”。

陈映真在这三篇小说中展现一种“冷战—分断”历史共同体的理念，不同于李登辉20世纪90年代所倡扬的一岛中心的“生命共同体”，揭穿去历史化、扭曲历史、粉饰太平的想象共同体的假面具。他里描写的“我们”不仅是台湾激进的“独”派、“本土派”所指的本省人，还包括所谓1945年以后来台的外省人及外省第二代，长年滞留在大陆的台籍老兵，乃至2000年前后大批来台打工的菲律宾移工、越南帮佣。这些故事里的人物如此异质、如此多元，在当下现实中看似各过各的，彼此生命不相干、没什么明显交集，但在彼此过去的记忆与生命都因为战争、白色恐怖而联系起来，在这共同的历史中彼此或有仇恨与残酷，但也在历史中的某一个角落还保有人的善良与爱。所以，当下看似各自独立的个体在遥远的战争历史与记忆、在爱、仇恨与愧疚之间联系起来，即便是汉奸、特务这样沾满血腥罪孽、令人嫌恶的角色，陈映真也将他们包容在“我们”的历史共同体。

例如《归乡》开头描写小镇庙埕前一群早觉会会员晨练健身的一幕，就是2000年前后经历半个世纪的国民党统治后，一个台湾各地常见本省、外省族群混杂而居的典型景象。陈映真描写：

……张清这几年来特别喜欢谈“台湾的主体性”“命运共同体”。他还喜欢

① 陈映真:《国家分裂结构下的民族主义——“台湾结”的战后史之分析》,《美国统治下的台湾》，台北：人间出版社，1988年，第103页。

谈“吃台湾米，喝台湾水”就应该“爱台湾”一类的话。然而，这早觉会的算是强韧的团契感，始终没有让张清和郝先生之间偶发的争论，影响了早觉会基本上的和谐。其中张清的女人和郝先生的太太——人称郝妈妈——及时的排解，就起了挺大的作用。[①]

机车行老板张清是本省人，热衷于政治话题，受到当时流行的政治语言所影响，不时说出几句应景的口号。郝先生则是外省人，而且反共情结牢固，他明显从这些本省人“主体性”的政治口号感觉受到排挤而不安。幸好两位夫人的女性角色及时发挥居中调解的作用，陈映真对不同性别的政治态度，有其敏锐观察。不过这早觉会基本的和谐要如何继续且长久维持下去呢？或者这里团契感（共同体之感）只是各自唱不同调的勉强组合呢？或类似文艺界操弄的后现代主义的多元混杂拼贴呢？这是2000年前后台湾各地常见的典型的情景，在我们日常生活周遭常可看到，陈映真可说是很如实而且准确地写出台湾社会内部在和谐表面下的冲突与紧张感。

故事中张清和郝先生虽有省籍上矛盾，可是一旦面对对岸，一碰见从大陆归来的“共匪”杨斌，他们却又是立场一致，即刻站在一块，有了共同的敌人。因为有了共同的敌人，郝先生和张清又成了“台湾人”。故事主人公杨斌是一位滞留大陆的台籍老兵，他最后对侄儿吐露返乡后所受到深沉的委屈。“我再说，你行许就懂。我在大陆做了几十年中国人，这回回到台湾老家了，没有人认我这个台湾人，还当我外省人！”杨斌说：“张清，郝先生，老朱，都硬说我是个大陆老兵。”[②] 杨斌，原名林世贤，本是宜兰人，光复之初的1946年入伍参军而被强行运送到大陆，被迫投入国共内战，国民党部队溃败后遭到解放军俘虏，之后长年滞留在大陆，在大陆娶妻生子。在世纪之交这位老兵返乡回到台湾后，却被所谓的本省人和外省人同样当成对岸的“敌国”的人。杨斌感受的历史荒谬感，正是李登辉时代积极推动“本土化”的政治路线所致，台湾社会的族群矛盾日益浮现，同时两岸开放往来之后，以往“反共抗俄”年代所丑化的抽象的“共匪”渐渐成了具体可见的“中国人”，“中国人”这概念与新兴的“台湾人”想象几乎是同时产生。

陈映真这些小说不单是陈述政治理念（这是评论、杂文的形式），而是诉诸更为人性化、人情化的个人与历史纠缠不休的生命经验，透过讲述历史过程中

① 陈映真：《归乡》，《忠孝公园》，台北：洪范书店，2001年10月，第5页。

② 陈映真：《归乡》，第65页。

某些个体的生命故事，展现历史的复杂性与荒谬感以及虚无感，同时也摸索超越历史的可能。如《归乡》中让主人公杨斌（林世贤）与外省老兵老朱自己讲述一生因国共内战而流落异乡的故事;《夜雾》中透过李清皓的私密的手札日记，讲述身为情治人员虽忠于职守，为曾经构陷无辜入罪而让自身内疚煎熬;《忠孝公园》中则透过马正涛和林标两人的回忆，分别讲述日本帝国统治下的伪满州国汉奸特务马正涛辗转流离来台成为国民党特务的故事，以及台籍原日本兵林标在大东亚战争末期被迫入伍，派赴菲律宾充当日本军夫的故事。陈映真借由这些看似差异性很大的人物故事相互交错来构造“冷战—分断”历史共同体。

三篇小说中的五位主要人物的生命历程都相当完整，叙述这些历史浪潮中渺小的个体，无论是被迫当兵从军，或自愿做汉奸特务，他们个人的命运无不深受历史情势的变化所左右、所操弄。陈映真一视同仁以极大的同情来展现小人物在历史中的生命挣扎状态，捕捉他们生命转折的具体经验细节，梳理他们一生与战争、暴力历史纠缠，甚至深入人物灵魂深处探触他们长年化解不开的恐惧与焦虑。香港评论家黄继持谈论陈映真这三篇小说时曾指出：

> ……就当下社会上一些“边缘性”的人物，回溯他们不太寻常的过往，揭示他们隐秘的灵魂负担，从而响应当前某些纠葛不清或扑索迷离的问题。对人间情况与角色处境，或同情，或理解，或谴责，但即使在谴责中，也不无浓重的悲悯。①

读者或许会感到好奇，为何陈映真同时描写两组对照反差极大的人物呢?姑且先不分所谓的本省人、外省人，一边是同样出身农村的贫苦的受害者，杨斌、老朱还有林标三个老兵，一边是汉奸特务、白色恐怖的执行者、加害者，受过高等教育的李清皓与马正涛两个情治特务。他们个人的生命经历差别很大，彼此间有何关联呢？我想陈映真恰恰是借此打破一般善恶二元对立思维和黑白分明的分类框架，从历史全局来看渺小的个人遭遇到复杂而艰难的处境，不论他是老兵或是特务。陈映真从历史中的个体、小人物的苦恼，从边缘人物的问题以及问题的人物，展现充满问题的历史，或说是把历史问题化来处理了。

日本学者松永正义对陈映真晚期这些作品曾有简要的评价，他说：

---

① 黄继持:《历史凝视、苍生感喟、艺术取向：小说家陈映真复出之作印象记》,《鲁迅、陈映真、朱光潜》，香港：牛津大学出版社，2002 年，第 137 页。

……《铃珰花》或《山路》处理的是历史或者生存于其中的人们的悲哀，这样的部分。但第四时期的作品〔引者案，指《归乡》等三篇〕，对于历史如何推动具体的现实，有更深度的处理。因为如此，对于思考中国或者亚洲近代时需要怎样复杂的手续，而思考的立场应该是如何等等，都给了我们重新思考的提示。作为文学作品来说，《铃珰花》或《山路》，可以说是完成度较高的，第四时期的作品在某种意义上，或许可以说是只有陈映真才能写出的一种顶峰之作吧！①

我认为大致相当贴切，而最后一句话是十分公允的。

无论是从战争历史的动态过程来刻画人物，或从人物的心境变化来把握战争历史的变动，陈映真晚期小说对于历史的纵深与广阔，以及对人物的心理与思想困境的描写都达到新的高度与深度。不仅如此，这些作品在思想与艺术表达的手法较为圆融结合，对当前台湾的现实政治局势产生强大的批判力度，这得自于陈映真能充分把握历史的广度与深度，以及观照当前现实时所具有全局的穿透力。

四、战争责任与历史虚无感

关于陈映真晚期小说描写的人物，我想主要从两个方面来谈，一是个人在战争国家体制中既是受害者也是协力者，因参与战争、执行国家暴力而产生内疚感、罪恶感；另一是由个人在大时代的境遇所展现战争历史的矛盾与荒谬，战争历史如何前世今生的转化，个人成了战争的牺牲品或感受历史的虚无感。

首先，陈映真特别着墨这些人物生命经验中的内疚感，罪恶感，他们个人在战争局势中被迫参与暴力、借着国家安全之名对个人行使恐怖压迫。陈映真特别描写这些人物在历史过程中既是国家、战争体制的受害者，同时又是国家、战争体制的协力者，以致在某些时刻以国家权力之名施展暴力而成了加害者。

如《归乡》中的外省老兵老朱自己是1946年被国民党部队强迫拉夫当兵，他回想随部队来台湾之后，有位自愿入伍的台湾兵王金木，在部队计划秘密把台湾籍新兵运送到大陆参战的前夕，王金木的老父亲来营区想与自己儿子“面会”（会面），当时老朱是看守营区大门的卫兵，他基于职守拒绝这位老父亲的

① 松永正义：《抒情和现实之间：陈映真文学试论》，《陈映真：思想与文学（下）》，台北：台湾社会学研究杂志社，2011年11月，第74页。

请求。老朱向杨斌提起这段让他无法忘怀的往事：

……“王金木他家老人留下一小袋柑橘，我就想起我娘了。”

……（中略）

“这是亡国灭种的。”老朱低下头说，“而我竟也帮着人家把父子拆散呀。”

接着杨斌又讲述另一桩往事：

……“我们七十师，在……三十五年十二月的一天，驶离高雄港。离港不久，就有两个台湾兵从上下船锚的大洞钻出去，跳进黑压压的大海。没多久，甲板上传来人声，向着黑夜的大海扫机枪……”

……（中略）

“我就时常这么想：那是谁开的枪？”杨斌说，“开枪的人，能不那么办吗？”①

“这是亡国灭种的。”老朱当时成了国家体制的帮凶，虽是迫于职责，他晚年被这事所苦苦纠缠。老朱后来说：“事情过去了那么久，都麻木了。可是等上了岁数了，才知道有些事，其实还住在你心里头，时不时，在你胸口咬人。”杨斌虽是历史的受害者，他对老朱当年这般不得已为之的心境给予同情的安慰：“说来，你也不能不那么办……”杨彬从历史的高度来看全局的发展，同情理解老朱以及他自己这样的渺小个体在历史中所扮演的角色。

又如《夜雾》中的情治人员李清皓，他出身台湾南部的眷村，不仅是党国忠贞不贰的特务，而且是调查局中少数不堕落腐化的清流。他视之如师如父的长官丁士魁秘书认为他是天生正直的人，秉性善良，不是干特务的料。“世上有一种天生正直的人，坐在灵堂里的丁士魁这样想着，天生的正直，但绝不是拿自己的正直处处去判断别人，不肯饶人的那种正直。李清皓这人就是。”②有一回李清皓侦破某大学校园里的叛乱案，构陷一位阮老师入狱，即便他所布建的职业学生事后向他澄清这是一桩冤错假案，不过错误既已铸成，李清皓只好将错就错。事后阮老师的老岳母被迫搬离学校宿舍，他为此深感良心不安。他忘怀不了阮老师的老岳母搬家的一幕，李清皓在日记中回忆说：

① 陈映真:《归乡》，第 27—28 页。

② 陈映真:《夜雾》,《忠孝公园》，台北：洪范书店，2001 年 10 月，第 73 页。

我站在学院宿舍一棵垂着飘飘的须根的老榕树下，看着白发的老太太把捆得不结实的家当搬上蓝色的小发财车。司机看了一会，卷起袖子为她搬了床架、桌子和两篮满满的厨具。我看着老太太在烈日下艰难地搬动，不觉走出了榕树的树荫，还没等回过神来，就发现自己正加入搬家的行列了。①

李清皓的善良与愧疚，让他自己无意识地动手帮忙这可怜的老太太。李清皓这忠贞善良的调查局干员被多年积累下的罪恶感所纠缠，后来在百货公司偶遇曾受他构陷的外省政治受难者张明，仓皇脱逃。张明当着汹涌的人群大声喊着“拦住那个国民党特务！丧尽天良的”，“害得人家破人亡！”②，他在商场里追着李清皓要讨回公道。这一插曲压垮了李清皓，他先是精神失常，最后以自杀了结自己。

又如《忠孝公园》中的台湾人原日本兵林标，在新婚不久后被迫入伍、与妻子永别，日本战败后有幸返回家乡，然而妻子已经贫病而死。林标无疑是日本殖民统治的受害者，然而他被派赴菲律宾当军夫参战、作为驾驶兵协助日本部队屠杀菲律宾人民。陈映真描写林标看到长途客运上两个菲律宾移工，听他们说着遥远而熟悉的塔加罗语，林标想起自己当年在菲律宾。

……林标记得，在那些年，日本人即使在战地上，也不给台湾军夫配备任何武器。然而，也因为身上没有了武器，才使林标和其他台湾人军夫只成了杀人炼狱的旁观者。这又绝不能说在天皇军队中的台湾人的双手就能不沾上日本军队兽行的血迹。③

林标在马尼拉服役时认识了一位开杂货铺泉州的华侨，有一天他窥见老板家中有位十五六岁的女儿，这泉州人老板变得神色不自然，一味卑屈绝望地想讨好他。“林标明白了穿着日本军衣的自己，从来就是这泉州人可怕的敌人和仇家。”④ 如同龙瑛宗小说《从汕头来的男子》所写的，林标当下意识到自己作为日本侵略军的爪牙，使自己同胞心生畏惧，让自己深感到难堪苦恼。

如我先前所谈的，陈映真借由描写老朱、李清皓和林标等人物作为国家、

① 陈映真：《夜雾》，第 101 页。

② 陈映真：《夜雾》，第 118 页。

③ 陈映真：《忠孝公园》，《忠孝公园》，台北：洪范书店，2001 年 10 月，第 189 页。

④ 陈映真：《忠孝公园》，第 191 页。

战争体制的协力者身份，突显了受害者 / 加害者的双重性，试图打破台湾人是历史的“受害者”这样片面的刻板印象。老朱、李清皓和林标等这些“台湾人”面对战争苦难、国家暴力，看见自己的历史罪责，看见历史的复杂性，从而有可能走出“台湾人的悲情”。

其次，陈映真借由小说人物个人在大时代的境遇展现战争历史的矛盾与荒谬，在这些小人物的故事里也不禁流露出一种是非成败转头成空的历史虚无感。个人的人格在战争、国家暴力下遭受严重扭曲变形，战乱造成离散、家庭破碎，这些深刻的伤痕伴随他们的一生。尽管牺牲代价无比巨大，最后换得的只有空虚。

如《夜雾》中，李清皓视之如父的丁士魁看过他死后遗留下的日记后，打算拟个报告呈给调查局的上级。适逢“大选”前夕，丁秘书预测国民党候选人胜选，预拟了一个胜选版的报告。陈映真写道：

丁士魁想写的是，时代剧变，调查工作的三大支柱——领袖、国家、主义——已经全面遭到变动的世局极其强烈的挑战。他想起了“民国三十九年”后随着几年强烈的“肃共”斗争，他把成千上万的共产党在风风火火的“肃共”行动中经过百般拷讯，送上了刑场、送进了监牢，终竟保住了国民党的江山，当时靠的正是对领袖、国家和主义的不摇的信仰。今天的挑战，对调查工作的冲击，李清皓内心严重的纠葛，就是生动的说明。[①]

丁士魁想写的全是官样文章，事实上，在他眼中李清皓不过是一个情报机关赖以运转的工具，李清皓不过是一个打手，他自己长年所投入的情治工作根本毫无理想、毫无信仰可言，不过是为了巩固国民党统治权力的特务机关。不料丁秘书在国民党败选、民进党上台之后，很快就见风转舵，在他的学生劝进下继续为“反共大业”、维护“国家安全”而奉献。

而受不了良心折磨而自杀的李清皓呢？作者描写丁士魁这样看待李清皓之死：

……现在他终于可以把李清皓作为一个卷宗，关起来归档。“他什么也不曾

① 陈映真：《夜雾》，第 122 页。

说，好家伙。”他默然地说。[1]

李清皓最后成了一个无意义的卷宗，可想而知，将来不过是一件埋没在库房中无人翻阅的档案。陈映真在这若无其事地写来格外嘲讽，特务头子的冷酷无情，可随时易主、为新的政权服务，而忠贞不贰的李清皓不过是权力运作下的历史牺牲品，这样的历史着实让人不寒而栗。

在以国家、民族之名所行的战争与戒严的恐怖暴力下，无论是参与者、协力者或被迫动员者，没有人可以逃脱被暴力的历史碾压的命运。我们从《忠孝公园》可以看出，故事中无论是毕生坏事干尽的汉奸特务马正涛，或是卑微的原日本兵林标，他们一生的命运都被战争所操弄，他们都是历史的牺牲品，在他们回顾一生时感到同样的空虚与虚妄。

这两位人物的故事看似各自平行发展、没有内在密切的关联，不过从作者对于两人最后的描写相互参照可以看出，陈映真同样传达了一种被历史作弄、欺骗的无意义的虚无感。如在2000年民进党人陈水扁当选地区领导人，国民党分裂重挫之后，马正涛深感空虚与焦虑。作者描写马正涛的心境：

顷刻间，马正涛感觉到仿佛他半生的记录都成了白纸；……（中略）他那从旧伪满洲宪兵队、而军统局、而保密局、终而警备总部这半生的绑架、逮捕、拷问、审判和处刑，都曾经因屹立不摇的国民党而显得理所当然，理直气壮，而没有自我咎罪的梦魇。自今而后，那密密地封存在各个机关里的，附有他亲笔签注的无数杀人的档案，难保没有曝光公开的一日。他成了坠落在无尽的空无中的人。他没有了前去的路途，也没有了安居的处所。他仿如忽然被一个巨大的骗局所抛弃，向着没有底的、永久的虚空与黑暗下坠。[2]

与此相似的，陈水扁上台后，“外交”路线倾向媚日亲日而不愿为台籍原日本兵争取日本政府的赔偿，为此故事中的曾金海极力劝说林标等老战友，“为了咱自己的政府”，“为了国家”要大家委屈退让。林标感到巨大的欺罔，陈映真描写林标：

“日本人骗了我。”林标哭着说，“巴不得我们这些人早些死光，吞吃我们的

① 陈映真：《夜雾》，第121—122页。

② 陈映真：《忠孝公园》，《忠孝公园》，台北：洪范书店，2001年10月，第220页。

军饷和军邮储金。”

……

“现在，又轮到我们自己的人，说，为了国家……要听日本人的。巴格鸦罗，骗来骗去呀，骗死一片可怜的老人呀……”①

马正涛与林标两位同样出身日本殖民地的忠孝臣民，在战争时他们自愿协力或被迫参战，在历史猛烈变动中苟活下来，自此他们人格受到严重扭曲了，深远影响他们后来不堪回首的一生。

又如《归乡》中的杨斌身为家中长子，早年为了养家、为了照顾两位弱小的弟弟而自我牺牲入伍从军，之后被迫到大陆投入国共内战，开始流离曲折的一生。杨斌没料到有生之日能重回到台湾，两岸开放探亲往来之后，他踏上故土后却再也回不了他的故乡，因为他“想了四十年的家”②早已破碎。故事中杨斌的二弟及其侄儿林忠一家抓住台湾社会发展的契机，趁势买卖土地而发家致富，开始享受挥霍奢靡的生活。在杨斌重回台湾后，二弟一家却翻脸不认这位大哥、大伯父，只因他们侵吞大哥杨斌所应继承的一份家产。二弟一家还生怕受到这位陌生的“共匪”牵连，拒绝与杨斌碰面。杨斌早年的牺牲换来一辈子苦难与台湾家人的离散，最可悲的当是晚年自己的骨肉兄弟为了财产利益而反目成仇。杨斌苦笑说:“还硬生生编派我是共产党,是冒牌来抢财产的外省猪。”③这样的家庭离散分裂成了1949年来两岸的分断历史最生动也是最荒诞的缩影。幸而杨斌在大陆建立了自己的家庭，晚年还有不离不弃的老妻与可爱的儿孙做伴，大陆的家成为他最后的依靠。

从杨斌、老朱、李清皓、马正涛与林标这些小人物个别的人生遭遇到思考历史的意义、观照大历史提炼出解释承受苦难意义，回顾他们的一生，最后都因价值观的扭曲与理想的空缺而留下挥之不去的空虚感。

五、英雄人物缺席的历史

从20世纪80年代的《铃珰花》等白色恐怖历史小说系列到2000年前后的《归乡》等“冷战—分断”历史小说系列，最明显区别是故事中再没有散发着理

① 陈映真:《忠孝公园》，第228—229页。
② 陈映真:《归乡》，第57页。
③ 陈映真:《归乡》，第66页。

想主义光芒、政治立场鲜明的英雄人物，也就是说，在 1987 年发表的《赵南栋》之后，陈映真在《归乡》等三篇讲述的历史都是英雄人物缺席的历史。

《铃珰花》等故事中讲述一系列追求社会主义理想的地下党人，如高东茂、李国坤、黄贞柏、宋蓉萱、赵庆云、张锡命、蔡宗义、林添福等，或如蔡千惠、叶春美等受这些理想主义革命者所启发、影响的人物，不过到了《归乡》等故事中只剩下渺小的边缘人物，如杨斌、老朱、李清皓、月桃、林标及其孙女等，甚至卑劣至极的人物马正涛。《归乡》等三篇小说里讲述着"冷战—分断"时期，特别 2000 年前后的故事都是没有正面的、理想的英雄人物的，只剩下动荡的历史浪潮里平凡、渺小的边缘人物。这一明显的转变意味着什么呢？没有英雄人物的历史不仅仅只是作家的观看视野的转移，可能更透露作家所感受的时代危机感。

20 世纪 80 年代吕正惠阅读这《铃珰花》这系列小说后曾表示这样的强烈印象：

> 初读《山路》和《铃珰花》的人，大概都会有强烈的震撼。这一震撼，在《赵南栋》（特别是一、三两节）里转为悠长的余音，让人久久不能释怀。这一震撼来自：当历史的厚厚的灰尘被扫清以后，我们突然面对了一个被掩埋三十多年的生命世界。①

这种强烈的震撼不仅来自面对一段被遮蔽的历史，而且是被掩藏在这段历史下诸多怀抱着革命理想的青年，他们不惜牺牲青春的生命而前仆后继追求奋斗的热情。

从 20 世纪 80 年代以来两岸的社会同时快速地开放发展，开始享受富裕繁荣的生活，台湾社会在"解严"之后有了所谓政党政治与自由选举的"民主"，然而陈映真却感到更深忧虑与困惑，他观察历史的发展趋势不是上扬的，不是进步的，而是日趋下滑、日渐堕落的。例如在《山路》里，蔡千惠最后忧郁发病而亡，根本是由于她自觉违背了昔日革命的理想，在富裕安逸的生活中深感自责罪咎。此外在 20 世纪 80 年代最后一篇小说《赵南栋》里，陈映真描写赵庆云、宋蓉萱两位地下党人的后代赵尔平、赵南栋的腐化堕落，可以说作者沉痛地刻画父与子两代人的活在两个时代、两个世界。赵庆云一家人虽然生存在

---

① 吕正惠：《历史的梦魇——试论陈映真的政治小说》，收录在《文学的思考者》，台北：人间出版社，1988 年 5 月，第 215 页。

同一个年代，父与子彼此间的精神世界却是截然分断的。

陈映真在《赵南栋》里有过这样的提问："这样朗澈地赴死的一代，会只是那冷淡、长寿的历史里的，一个微末的波澜吗？[①]"理想主义昂扬的50年代过去了，对照之下，活在消费主义盛行的80年代的人有何精神上的追求？在历史观、价值观混乱的年代，人与人如何能够相互理解？或是每个人只能更为孤立地讲述自己的往事？

陈映真在《赵南栋》刻意采用一种特殊的小说结构，四个章节分头讲述叶春美（及宋蓉萱政治犯等）、赵尔平、赵庆云及赵南栋的故事，但这几位主要人物的故事看似各自分别展开，人物在彼此之间没有密切的交集与联系。同一时代的赵庆云、赵尔平及赵南栋一家人仿佛陌生人，成长于资本主义、消费主义高涨年代的儿子不知道父母亲在抗战、内战时期青春浪漫的故事与理想，而系狱多年的政治犯父亲错过儿子们的青少年成长过程，出狱后内心仍活在牢狱的回忆之中，全然不清楚老大赵尔平在外商公司如何经过惊险的斗争而保住饭碗。父亲也完全被蒙蔽，不知道生于监狱的老二赵南栋如何长年耽溺在欲情感官的享受，颓废吸毒而不能自拔。一家人各自活在自己的世界，互相不理解，唯一稍稍能将赵家三人联系起来、化解彼此隔阂的就是陌生人叶春美，她在宋蓉萱遭枪决后，在80年代便以代替宋蓉萱的角色出现在故事中，她是唯一贯穿全篇小说的人物，也是最后能拯救小番石榴赵南栋的拟母亲。

从《赵南栋》这篇，我们可看出所谓的"分断"，不仅是两岸在政治意识形态、政治体制之差别对立所造成的分断，更是小说人物彼此间的历史观、价值观存在巨大落差的分断。陈映真很巧妙借由家庭的破碎与一家人之间的内在隔阂，具体而微地反映内战、冷战以来的历史病变所造成的社会病变。

《归乡》等"冷战—分断"历史小说系列中采取双线叙述的结构，可视为延续《赵南栋》的特殊叙述结构而来的。如《归乡》中的杨斌与老朱、《夜雾》中的李清皓与丁士魁、《忠孝公园》中的林标与马正涛等，陈映真借由双线同时展开叙述的人物故事，既能呈现更多20世纪历史的侧面与发展线索，也能彼此作为模拟或对照。如《归乡》中的杨斌与老朱两人讲述参加国共内战的往事时，一方面既同样表达了战争的残酷，另一方面两人在有意无意间分别代言了中共史观与国民党史观。又如《夜雾》中的李清皓与丁士魁都是调查局的情治人员，小说虽是以李清皓因罪咎而写的"狂人日记"为主体，但从他视之如师如父的

① 陈映真：《赵南栋》，《铃珰花》，台北：人间出版社，1988年4月，第141页。

长官丁士魁的视角来补充叙述20世纪70年代以来迭起不断的重大的政治事件。李清皓至死不渝，对“党国”忠贞不贰，而丁士魁在旧政权垮台后，立即见风转舵拥护新政权，两人形成强烈的对比。

双线叙述结构在《忠孝公园》尤其明显。陈映真分头叙述林标与马正涛两人从日据时代分别在殖民地台湾被征召到南洋当军夫与在伪满洲国替日本宪兵队工作的特务头子，历经1945年抗战胜利光复后（或是日本终战），林标从南洋返台，迎来的是发妻亡故，家庭破碎，而马正涛也经过国共内战辗转来到台湾，继续在情治单位干特务工作。两位孤独的老人2000年前后都住在高雄某个忠孝公园旁，曾碰过几次面，能用日语交谈。敏锐的读者当然不难发觉，《忠孝公园》里林标与马正涛两人的出身与遭遇相差悬殊，而且他们的人生故事其实没有任何交集。陈映真大可将之拆分成两篇来写，但为何执意要将两人这么“硬凑”在一篇故事里呢？如黄继持所说：“林马两线交合其实不多，双线并行也不一定要互相呼应，重要的是把人与人有关无关的活动放到广阔的境域中，从而营造出更为深广‘意义场’。陈映真中期小说已作出尝试，现在更趋前一步。”①

不过，我们若再稍加深入探究，不难发觉《归乡》等三篇小说的人物在故事中彼此有过短暂的交往联系，彼此的人生故事或有交叠，但彼此间说不上有多么深刻的理解。如何从三篇小说中六位主要的人物故事、从分繁多线的历史线索理出更为深广的“意义场”来呢？怎样将这些人物历史的分断重新联系起来呢？老朱与杨斌彼此的国共史观的分殊能否调和起来？林标与马正涛两位从帝国时代走过来的人能否产生深刻的生命交集呢？正直忠贞的李清皓负疚身亡能否感动丁士魁这样的特务头子，而让他继续掌权主导政治发展呢？

陈映真冷静面对2000年前后共同存在台湾社会而出身背景与人生境遇迥异的人物，特别是一些老人的人生遭遇，他们都是历史的活化石。他不愿用什么“生命共同体”这样漂亮的口号骗人，粉饰太平，制造美好的共同体假象。他诚恳思索20世纪中国历史的分断的多重根源，借由故事人物在历史动荡时代的遭遇将历史过程中所衍生的种种罪恶、压迫人性的社会结构揭露出来。从这样广阔的历史格局来看，当前两岸的分断不仅是以1949年那一年作为时间分水岭、隔海对峙的分断，而是上溯可追踪更深的殖民地创伤与国共斗争的历史因素，1949年以后加上冷战因素演变出更为扭曲的后果效应。

---

① 黄继持：《历史凝视、苍生感喟、艺术取向：小说家陈映真复出之作印象记》，《鲁迅、陈映真、朱光潜》，香港：牛津大学出版社，2002年，第145页。

陈映真在《归乡》等三篇小说与其说是提出什么鲜明的政治主张，不如说是他诚实面对分断历史的复杂根源及后续效应时所感到的困惑。他勉力思索沟通联系的方法，以求弭平历史观、价值观的鸿沟。他一方面讲述在历史浪潮中浮沉苟活的小人物故事，另一方面则是面对曲折变化的近现代中国历史、思考当前两岸社会的发展。他不愿轻易再以20世纪80年代《铃珰花》等篇里高扬的50年代左翼理想主义为唯一的价值评判标准，不再采取那样鲜明的好恶褒贬立场来评价2000年前后的这些故事人物。在《归乡》这系列小说中再也看不到高东茂、李国坤、蔡千惠、宋蓉萱、叶春美等这样的英雄人物或正面的理想人物，只剩下在被卷入历史浪潮、载浮载沉的小人物。这些小人物只能随波逐流，但求苟活自保，根本没有力挽狂澜的念头，他们最终都是历史的牺牲者，他们的故事结局不免都是悲哀且空虚的。

没有英雄人物的历史可能更难书写，除了50年代的左翼理想主义，陈映真摸索新的价值观，不过整个前景还不十分明确。如在《归乡》中，杨斌在历经"文革"批斗和二弟一家的背弃（霸占他所应继承的一份家产）后，他想起跟老妻所说："以后再有什么大风大火，也绝不能就不做人。"[①] 不能失掉做人的道理，无论处境如何艰难，总得坚持某种道德的底线。陈映真言外之意，恰恰是这种道德底线开启了化解两岸的分断、消弭人与人之间的矛盾的契机，分断之后的新的统合联系、新的共同体需要奠基在新的价值观之上。

六、结语：如何超克历史的分断？

阅读《归家》《夜雾》《忠孝公园》等篇时，我不断想起鲁迅早期创作的《狂人日记》与《药》，突然更理解鲁迅为何一开始创作小说便写了形式与风格如此迥异的故事。《狂人日记》的狂人无疑是《夜雾》中精神错乱的李清皓的前身，狂人批判吃人的社会，但也警觉自己也是吃过人的人，为此产生罪咎之感和投身拯救历史的动力。而《药》的故事里头华、夏两家之双线叙述，被吃的受害者与吃人的加害者在同一个历史体制下都成了迷信与愚昧的牺牲者，华大妈、夏四奶奶两位老母亲最后同样怀着丧子之恸，在清明节城外的坟场上感到一种空虚感。

我想鲁迅在《药》中想传达的应该是另一种更大的空虚感，这空虚不仅来

① 陈映真：《归乡》，第65页。

自两位母亲失去了他们人生的挚爱，更来自革命党人夏瑜的牺牲之无意义，具体就是人血馒头被当成仙丹妙药之失效，鲁迅笔下的一般人（茶馆的看客）与革命者之间（包括夏瑜的母亲与夏瑜之间）在思想上的鸿沟是更为可怕且让人感到可悲的。人与人之间因各种价值思想的差异而隔阂乃至对立，活在平行的世界而互不交涉。陈映真《归家》这三篇正是思索两岸当前的分断，实为历史观、价值观、思想立场的分断，当前的分断困境有其复杂的历史根源，得先认真面对分断的历史根源，才能超克分断体制，破除人与人之间的隔阂，而能相互理解，产生情感的真实联系。

陈映真在《夜雾》《忠孝公园》写了李清皓和马正涛两个特务，对他们心境转折刻画都很细致深刻，从中可看到陈映真从“冷战—国家分断”结构的历史全局来观照，对他们有很深的同情理解。我想或许借此陈映真自己要与造成自己大半辈子的苦难的特务人员和解，在现实中不正是情治机关特务的思想压迫而造就了现在这个作家陈映真？陈映真的文学不正是在与现实政治体制的压迫下而产生顽强的生命力吗？能有这历史的共同体的视野才有超越创伤历史的可能。如陈映真所说：“我看过德国关于纳粹集中营的很多艺术作品，这样的苦难除非变成一种艺术作品去升华去反省，我们共同的受伤害的历史，才能够得到疗愈。”[①] 陈映真这三篇艺术作品疗愈了“我们”共同受伤害的历史，试图超越历史、克服历史创伤，这可说是非常难得的。

最后想回到我自己，谈一下我如何接近陈映真与这三篇小说。为了写这篇陈映真的论文，我翻阅陈映真在2000年以后陈水扁执政时代所主编的《人间创作与思想丛刊》，从里头不经意地发掘出土十年前自己的两篇旧文，或许当时陈映真看过我这两篇幼稚的作品。我看自己的旧作仿佛看到自己的康雄时代，笔锋异常的热情爽朗，对照之下，感到自己真是今不如昔。由此，我突然明白自己何以往日阅读陈映真作品时偏爱的是他早期的小说，一般所谓这时期的小说艺术性较高、不那么政治主题先行，其实说穿了未尝不是被陈映真当年青春热情的理想主义所吸引，即便现在看来那不过是一种单纯，甚而有些不切实际的乌托邦想象——读者有时需要这样的理想热情来鼓励，有时也乐于接受这样正当的欺骗。

陈映真晚期这三篇恰好是与康雄时代迥异的作品，这三篇的历史感或说是历史的虚无感特别浓厚，非得是通晓人情冷暖、饱尝过政治的狡诈险恶的苦头

① 陈映真：《我的文学创作与思想》，《陈映真文选》，北京：三联书店，2009年12月，第46页。

之后才写得出来。这三篇作品让我回想自己在2000年前后念大学、研究所时代，突然间自己对故事里的这些人物感到亲切，原来我也曾和他们一样啊，我也曾在同一时期迷惘挣扎。

我想引述《归乡》中的一段话作为结尾。在《归乡》中，杨斌的侄儿林启贤看到大伯在离乡40多年后上坟祭拜父母的情景，陈映真特意刻画林启贤这样对两岸分断历史没有多少认识的一般人，在当下片刻深刻的体悟。

> ……他和大伯之间，原本隔着年辈；隔着他无从攀登和探视的历史；隔着辽阔、陌生的地理。但那一天，杨斌那至大的哀伤和悲怆，深深地渗透到他最里面的心坎，使他泪流满面。就打这回起，林启贤忽而从生命中感觉到大伯是亲人，是骨肉，他甚至感到上天竟活生生地又给他一个新的父亲。[①]

感谢陈映真，读他的作品让我面对内在于自我的“战后”状态，着手克服内在于自我的“分断”思维，从而有了告别“战后”的可能。

起稿于陈映真逝世之初，修订完稿于五四运动一百周年

① 陈映真:《归乡》，第61页。

关于父亲叶荣钟《台湾人物群像》的几点省思

叶蔚南*

一、引言

1945年3月，二姐芸芸于台北大龙峒（今大同区）出生，因美军空袭，停电，当二姐出生那一刻电来了，父亲当下即给二姊的乳名，即唤作“光复”。由于《台湾新报》已然成为军部的傀儡，加以台北粮食短缺，父亲遂辞去《台湾新报》的工作，举家迁到台中郊外的军功寮（今台中市大坑的军功里）渡过了台湾光复前的最后四个月。

8月15日本天皇的无条件投降，父亲的疟疾竟无药而愈。隔天即搬回台中市区，高兴地庆祝重回祖国怀抱，当了“欢迎国民政府筹备委员会”的总干事。1946年9月，父亲参加了由丘念台鼓吹、林献堂为团长的“台湾光复致敬团”，经上海赴南京拜谒中山陵，又远赴西安祭黄陵。在大陆停留了三十几天。返台后参与省立台中图书馆的工作，担任编译组长兼研究辅导部长，与馆长庄遂性合作，举办包容各派人士的政治、经济、文化讲座以及围绕着台湾之建设为话题的谈话会。并邀请台中女中的国文老师来教授国语（普通话），目的即在于教育民众重新认识祖国文化，清理日本据台五十年遗留下的殖民伤痕。但是来年还是发生了“二二八事件”的惨剧，父亲与庄遂性一起丢职，庄先生还一度被抓。之后庄先生退隐山林务农于大同农场，父亲则一度封笔，拒绝了蒋介石的台湾省参议员的任命，来年再度拒绝青年党及民社党两党共同推荐的“监察委员”，而选择进入彰化银行服务。

父亲叶荣钟（1900—1978）一生跨越了日据、国民党统治时代，留下了不

* 叶蔚南，抗日志士亲属协进会监理。

下三百万字的著作。包括历史纪实：约五十万字的《日据下台湾政治社会运动史》和约二十余万字《近代台湾金融经济发展史》。以及人物传记《台湾人物群像》约三十万字，随笔散文《半壁书斋随笔》约四十五万字（包括《半路出家集》《小屋大车集》《美国见闻录》以及与友人洪炎秋、苏芗雨合撰的《三友集》。汉诗集《少奇吟草》计六百余首，另有约十余万字的《日据下台湾大事年表》，三十余万字的《早年文集》，四十余万字的《叶荣钟日记》。本文想着重于分享我重读《台湾人物群像》几位人物传记的心得。

二、关于林献堂在史、传书写中的对比：蕴含改良派与革命派两条路线的雾峰林家

父亲撰写《日据下台湾政治社会运动史》时，刻意以梁任公(1907 年)和林献堂（1881—1956）于 1907 年之相识为政治社会运动的开端，而舍弃日本明治维新元勋板桓退助的“同化会”。就如同书中开宗明义的凡例所述：所谓“民族”的观念、系以文化、传统、目的、愿望等共通的心理因素为其内涵。台湾民族运动的目的在于脱离日本的羁绊，以复归祖国怀抱为共同的愿望，殆无议论余地。

《近代台湾金融经济发展史》虽然以日据时期的金融体系为其着论的重点，但是开宗明义就指出“清丈赋课”是始于前清台湾巡抚刘铭传，奠定了税收的来源，日后台湾总督府的民政长官后藤新平（1875—1929）倒是萧规曹随。

《台湾人物群像》一书中，对于当时台人与日本帝国主义殖民抗争的主要领导人，父亲皆有其评价，就如同戴国煇老师在《叶荣钟全集》的序文所述：“他任林献堂的私人秘书及日文翻译，并参与了文化协会等抗日反日的一系列社会文化运动，更是日据时代唯一台籍新闻的重要干部的一员。光复后，不曾放弃过当一个冷静观察者的自定角色。在这不寻常的生涯中，他见证了日帝的残酷支配并剥削台湾的实况，也目睹了光复后不分本外省的人生百态。”

1956 年，林献堂先生于日本过世，1960 年父亲因主编《林献堂纪念集》（包括年谱、遗著、追思录）而重新提笔创作，当时即发表了《杖履追随四十年》，收录于《林献堂纪念集之追思录》。1966 年又写了一篇《明智的领导者林献堂》(1966.9 发表于《大学杂志》，后改为《台湾民族运动的领导人——林献堂》收入 1985 年帕米尔书店出版《台湾人物群像》)。

《杖履追随四十年》一文父亲道尽与献堂先生私人之情谊，文末尤以 1952

年父亲代表彰化银行同仁去探望先生，先生所赠一首诗，当时未能体会而耿耿于怀。特录于下："别来倏忽已三年，相见扶桑岂偶然。异国江山堪小住，故园花草有谁怜。潇潇细雨连床话，煜煜寒灯抵足眠。病体苦炎归未得，束装须待菊花天。"其中"故园花草有谁怜"实乃先生之痛，当初这些一起打拼的同志，是他无颜面对的，只好继续漂泊异乡到死始得归乡。全文一一细数了父亲追随献堂先生四十年为民众奔走的事迹，感怀之情溢于言表！

至于《台湾民族运动的领导人——林献堂》，笔调语法全然不同，这是父亲于公的认知，对于历史的交待。其中有一段特节录于下："乙未割台以后雾峰林家对外是由林季商代表，因为他是统领林朝栋嫡子，林家最高的权威福建水陆提督、太子少保林文察的嫡孙，自然而然成为林家的中心人物。但是自林季商脱籍离台之后，林家的主导权就落在灌公（林献堂字灌园）手中。"父亲的目的即在指出雾峰林家是三代以来都是侄子带着叔叔打天下的，林文察与林奠国，林朝栋与林文钦，林季商与林献堂，因为侄子有功名，自然而然族长之职是落在侄子身上，一直到林季商脱籍返回祖国，参加孙中山的二次反袁帝制革命，才起了变化，林献堂也才开始掌握雾峰林家的主导权。（详见拙著《雾峰林家与台湾史——记儿时饭桌上的故事》《两岸犇报》第 177 期）。

1962 年，父亲在写《台湾民族运动的铺路人——蔡惠如》（原登于 1964 年《台湾文艺》第二期，后于 1975 年改写登于《台湾政论》第一期），又再度提起雾峰林家，林文察、林朝栋、林季商三代的伟大事迹。根据家兄叶光男、家姊叶芸芸编写的《叶荣钟年表》（晨星，2002），父亲开始计划写民族运动史之初，既已先写了部分重要的人物传记。林献堂对于父亲，于私而言是恩同再造，因此《杖履追随四十年》是从私人情谊为出发点来书写。但是于公而言，包括 1975 年连续发表于党外杂志《台湾政论》的《台湾民族运动的铺路人——蔡惠如》《台湾民族诗人——林幼春》《革命家蒋渭水》，这些向往革命的祖国派，父亲更是发自内心尊崇不已。因此他在书写《日据时期台湾政治社会运动史》的历史时，除了突出了维新改良派的梁启超、林献堂的贡献，但也不忘将林文察、林朝栋、林季商祖孙三代抛头颅、洒热血的革命派的功绩记上一笔。

《日据时期台湾政治社会运动史》于 1967 年 5 月开始动笔，于 1970 年 3 月完成，先于《自立晚报》连载，历经周折于 1971 年出单行本，更名为《台湾民族运动史》，2000 年以手稿版再现于《叶荣钟全集》时复名为《日据下台湾政治社会运动史》（以下简称《运动史》），如上所述，"凡例"非常明确地指出台湾民族运动的目的在于脱离日本的羁绊，以复归祖国怀抱为共同的愿望，殆无议论余地。在《运动史》第一章《台湾近代民族运动的滥觞》的导言中，有下列的描述："台湾近代民族运动与领导者林献堂有密切的关系，林献堂一生的思想行动，除他生得的性格与学养外，受梁启超先生的影响最多也最深，是故本篇为追本溯源起见，先由梁任公与林献堂的关系写起。"交待了台湾政治社会运动史的肇端于与祖国康、梁维新的联结，但却又急转直下婉约地评论"林献堂参加同化会是他一生被误会受诬谤最深的一出"，以林参加同化会"纯系出自一种解悬拯溺的迫切心情"为其文过。同文也公正地道出了林献堂的局限与贡献：

何况林氏的性格也不是硬绷绷的革命家，他的资产、地位、声望，也会使他的行动受到一定的限制。他的思想形态，充其量也不能超过"改良主义"，这在今日虽然平淡无奇，或者已入落伍之列，但在风气未开的当时，不能不说是难能可贵。我们若再进一步去检讨他当时所处的环境，他的同辈、他的同族大部分的公子哥儿都是过着醉生梦死的生活，而他竟能独立独行飘然不群，也可以看出他的伟大处。……所以他第一着手和坂垣伯提倡同化会，可能也是根据任公的指示而来的牛刀初试。(《日据下台湾政治社会运动史（上）》，2000 年晨星版，第 31—32 页。底线为笔者所加）

关于献堂先生参加同化会之举，父亲在写人物传《台湾民族诗人——林幼春》一文中，因对比林幼春的民族风骨，则评价说："1914 年伯爵坂垣退助以明治维新开国元勋的身份，纡尊降贵来到新附的台湾，倡导创设同化会，当时台湾的一般知识分子（不免有点饥不择食的气味），莫不群起响应，林献堂、林痴仙尤为热心……论理林痴仙的行动，林幼春是没有不追随的。唯独对同化会两者之间意见似乎并不一致。"父亲认为：在初期民族解放运动，幼春先生的"民族纯粹性"是起到很大的作用，除了能赢得追随者的信赖、加强向心力，更大力度的激发个人斗争的热情。幼春先生在民族运动的阵营里，可以说是鲁殿灵光、民族精神的灯塔。父亲在文中认为幼春先生始终保持旺盛的批判精神，坚持不与日人接触，维持汉族自尊。对于幼春先生能跟上祖国的思想潮流基于以下三点理由，（1）求知欲旺盛。（2）有众多留在大陆的亲友。（3）不必为衣食奔走，能专注祖国动向。林献堂在林季商脱籍返回大陆参加孙中山的反袁帝制二次革命后，担起了林家族长的重担，与统治者周旋成为不可避免的任务。唯独幼春先生能幸免，但也种下日后"治警事件"被捕入狱的原因。谈"治警事件"必须先谈"八骏事件"。1922 年秋天当时的日本总督内田嘉吉召见林献堂、林幼春、杨吉臣、李崇礼、林月汀、甘得中、洪元煌八人，劝告林献堂停止“台湾议会设置请愿运动”，否则必须出售上等水田三十甲以上才能偿还台湾银行债务。一个族长为了维护家业而做出妥协，而遭受同志责难，其难言之隐可想而知。来年 12 月 16 日终于爆发“治警事件”包括蒋渭水、林幼春、赖和、林呈禄等 60 多人遭逮捕，由此可见日本总督府是有计划地将文化协会这个当时唯一的反殖民团体连根拔起。对比上述运动史与人物传的书写差异，父亲评价先贤的历史地位，在遣词用字上真可谓用心良苦，值得后人细细分殊、体会。

三、高度推崇革命派的蔡惠如与蒋渭水

1. 推崇蔡惠如

蔡惠如（1881—1929）在《运动史》的登台是在《第三章海外台湾留学生的活动》，第二节提到“新民会”于 1920 年 1 月 11 日于蔡惠如涩谷区的寓所成立，席上公推蔡任会长，但蔡极力谦辞，并列举数点强调会长非林献堂莫属。“新民会”与先前的“启发会”，“声应会”最大的不同之处，是当天决议的第二项——发刊机关杂志。这个决议案的背后原因，1917 年俄国十月革命，1918 年美国总统威尔逊发表了 14 条和平基础的民族自决，1919 年朝鲜发生了“三一独立运动”，即所谓的“万岁事件”，同年祖国发生了五四运动，这一连串的事件冲击着台湾海外留学生。尤其朝鲜的万歳事件更是为甚，因为朝鲜被日本统治是 1910 年，整整比台湾慢了 15 年，对于台湾留学生是脸上挂不着的，急于希望有一个有组织有发声的管道来表达意见。这也促成了“新民会”后来成为台湾政治社会运动的指导机关凡十余年。蔡惠如在自己经济已捉襟见绌的情况下，仍“剜肉医疮”地拿出了 1500 元交给林呈禄，创办了“新民会”的机关刊物《台湾青年》，成为后来台湾人唯一的报纸《台湾新民报》。

在《台湾民族运动的铺路人——蔡惠如》一文中，有下列一段描述：“在民国初年，惠如先生是中部地方首屈一指的领导人物，其声望也许比较林献堂更为显赫。”“在这时候，他对留学生的影响力，远比林献堂先生为强。”父亲在文中指出三个理由：（1）惠如先生，讲义气，重然诺、富有热情，自然也有“虽千万人吾往矣”的冲动性，颇具东方式豪杰的风格。但是台湾的民族运动，并不是揭竿起义式的武力革命可以成功的，过去武装蠭起，屡试屡败，运动方式只有退而求其次，用要求和交涉，所以领袖的人格、信誉必须是能够赢得对手的信心的人方能有济。（2）东京留学生的人数毕竟是少数，而运动必须是能够

博得全台湾同胞的支持。（3）这种运动是需要有雄厚的资力才能够持久，发生作用。以上三点，惠如先生自知远不及林献堂，所以他自愿以一个铺路人的身份来促进这个运动的进展。在这里，必须提一下，惠如先生的孙子蔡意诚，在国民党白色恐怖时代两度入狱，一共坐了23年7个月的黑牢。他也如同他祖父一样默默地支持当时的党外活动，出资赞助创办了《夏潮》杂志（由苏庆黎主编，与陈映真等人共同创办），这也开启了战后台湾左翼的再出发，延伸之后的《人间杂志》、人间出版社、夏潮联合会，可说是功不可没，详见拙著《蔡惠如一门忠烈》（《观察》杂志51期，2017.11）。

2. 推崇蒋渭水

1920年7月16日《台湾青年》月刊在东京创刊，1921年10月17日“台湾文化协会”创立。在《运动史》《第六章台湾文化协会》的导言有以下的陈述：台湾议会设置运动、台湾文化协会与《台湾青年》杂志是台湾非武装抗日运动的三大主力。台湾文化协会成立的缘由，在《运动史》中有以下几点论述：（1）官方的记录，以台湾总督府警务局所编的《警察沿革志》所载：“在岛内为该运动的先驱者而奔走于团体结成的是台北市的开业医蒋渭水……1910年7月蒋访谒林献堂，协议团体组织事宜。”（2）蒋谓水的回忆，在其所著《五年中的我》一文第三项《组织文化协会的动机》说：“自林献堂氏归台，在台北开了欢迎会以后，新交的同志，李应章、林丽明、吴海水、林瑞西……诸氏，屡次怂恿我出来组织团体，并提出他们所做的青年会章程和我研究。我考虑以后，以为不做便罢，若要做呢，必须做一个范围较大的团体才好，于是计划出来的就是文化协会。”（3）医专学生间的酝酿，据何礼栋的谈话，在1920年11月间（当时他是医专四年级生）他与同学李应章、吴海水，为避免日本官宪的干涉，不谈政治专以启发台人之文化向上为目的拟组织一个团体，苦于没有可做领导者的社会人士，经赖石传的推荐而找上蒋渭水。综合以上三点，可以确认其经过是台北医专学生的讨论，找上蒋渭水，而渭水先生希望能有更大的影响力，又找上林献堂，以期获得社会更多民众的支持。

台湾文化协会于1921年10月17日下午一时在台北市大稻埕静修女学校举开创立总会。公推林献堂为总理，杨吉臣为协理，蒋渭水为专务理事。这在当时的氛围是甘冒大忌的，因为日本人最忌讳的就是台湾人与祖国的联结，而“总理”是孙中山国民党所采用的称谓，在当时的殖民统治下是不容许的。

《台湾文化协会》一章中，特别提到“二林事件”，因为父亲认为这是台湾左翼思想的起源，二林的文化演讲将一个仅能容纳二百人的碾米厂挤得水泄不通，围观民众多达三千人，促成了二林农民组合的成立。李应章，简吉，叶陶这些当时有左翼思想的人展开了台湾另外一条路线的社会运动，在国民党“戒严”体制下，父亲的目的即在于留下线索让后人得以顺藤摸瓜，由此认识台湾当时由小资产阶级领导的反殖民抗争如何演变成阶级斗争的过程。

父亲在《运动史》的叙述，1927 年，“台湾文化协会的历史的临时大会在台中市公会堂举开。属于连温卿派的大甲、彰化以及由台北大批拥进会场的无产青年占大多数，他们以连温卿为中心占据座席的中央，大有睥睨全场的气势……依据新章程选举中央委员的结果，连温卿直系十一人当选……蒋渭水与连温卿本来是共同战线的提携者，但因两者思想上有不可逾越的界限……所以他也不屑留在连派旗下共事，……向来以民族主义的文化启蒙团体的形态存在的台湾文化协会，一变而成以阶级斗争是务的无产阶级的文化启蒙团体”。1927 年 7 月 10 日下午 3 时，台湾民众党假台中市新富町聚英楼酒家举开创立大会。“1928 年 2 月台湾工友总联盟结成后，民众党的政策显然有迁就阶级斗争的倾向，这与立党当时所标榜的全民运动颇有偏差。”

但是在人物传《革命家蒋渭水》一文中却陈述道：“1928 年，在渭水先生指导下成立的台湾工友总联盟，据说它的组织法，完全用上海总工会的章程做蓝本……在那个阶段，无疑地都是属于资产阶级的民族运动。大多数的指导者，对于青年及劳工的力量并没有充分的认识，唯有他能够洞察时代的趋势。”“1924 年，国民党在广州召开全国代表大会，表示‘联俄容共’的态度以后，他不但对一部分所谓（无产青年）采取温存的态度”，蒋渭水对于无产阶级的同情，而造成日后文化协会的左右分裂，感到惋惜。自清末以来，以“孙黄革命，康梁维新”的两条路线深深地影响着台湾同胞，虽然父亲跟随林献堂走上了革新之路，采取接受梁启超之建议，仿效爱尔兰的斗争方式，先在英国国会取得议席来为爱尔兰人争取应有的权利。但是他心中所仰慕的是林季商、蔡惠如、林幼春、蒋渭水等这些革命思想的先行者。（详见拙著《叶荣钟对孙黄革命、康梁革新》的评价）《观察》杂志第 46 期 2017.6)。

四、悼念丘念台与于右任民胞物与的人格

1. 悼念丘念台

父亲于 1967 年 9 月 13 日写了《我所知道的丘念台先生》来悼念于同年一月 12 日逝于东京京山王医院的丘念台先生。后收于《台湾人物群像》（叶荣钟

全集，晨星）。诚如文中所述："笔者在1918年到东京留学的时候就听到丘先生的大名，当时他不叫念台而叫丘琮"。而与丘先生第一次见面是到1914年，丘先生暑假归省由粤赴日返校，途过台湾，专程赴雾峰拜访献堂先生，而父亲那时正在献堂先生处当秘书兼通译，才得以见面。而真正的接触是到1945年，台湾光复后，先生写信告知献堂先生，台胞在粤的困难情形，并呼吁设法营救。1946年8月，先生发起组织"台湾光复致敬团"赴南京献金抚恤先烈家属，并祭"国父"，晋谒元首，并拟赴陕西祭黄帝陵。父亲随团赴大陆前后滞留了卅余天。相信这卅余天的密切互动，才有日后返台后，更进一步的了解。如文中所述"我们出生在割台之后，所受的完全是日本式的教育，对祖国的政治情势一无所知。所以念台先生的周旋应对，以至于一举一动都足以启动我这单纯幼稚的脑筋。他体格高大魁伟，但是思虑周密而感觉锐敏，一面又是心平气和，谦恭有礼。经过这一次的接触，他老人家似乎以我为孺子可教，所以另眼看待，以后一年间总有数次来台中，来了一定会到舍下看我。"儿时的记忆，一年会有两三次的机会看到念台先生，每次要来之前，秘书一定会来电，时间是否可以，家是否有其他客人。每次都是一身藏青色的中山装，不苟言笑，母亲泡好茶，要我们送入客厅，退出后，门就关上，即使站在门外也听不见声音，辞去时也是不苟言笑，非常有威严。

"台湾光复致敬团"是念台先生一手促成的，1946年8月29日林献堂率台湾光复致敬团成员黄朝清、林为恭、林叔垣、叶荣钟、姜振骧、李建兴、张吉甫、钟番、陈逸松、顾问丘念台、财务陈炘、秘书林宪、陈宰衡、李德松等15名由台北飞往上海，展开了为期37天的祖国之旅，除了拜祭中山陵，晋谒元首，赴南京献金抚恤先烈家属，赴西安祭拜黄帝陵于10月5日结束。由团员中所留下的日记，回忆录我们可以理解致敬团在祖国的生活点滴，和那些政府官员的互动，留下日记的有林献堂、李建兴，叶荣钟和丘念台先生的回忆录。60年后，2006年由当时致敬团的秘书林宪和林光辉先生的奔走，组成了后人团，循着先人的脚步到黄帝陵祭拜并立碑，我深感荣幸得以参加这次活动，更重要的是能将当初致敬团于耀县遥祭黄帝陵，父亲所写的"祭黄陵文"立碑于黄帝陵。

关于丘念台与父亲筹组"东宁学会"的过程，父亲在文中有以下的陈述："1947年冬，我们几个同志感觉，本省与祖国隔绝半世纪，台胞在此期间所接到有关祖国的消息，都是经过日人一番剪裁染色，因此与事实颇多出入。"更有感于日本帝国主义殖民政策的恶端，不容台人教育自己的同胞。一切教育言论皆操在日人手中，就连通俗的讲习会演讲会也多方阻挠，“很想组织一个团体来从事文化的启蒙运动”。大家推我和念台先生商量，并请他出来领导，遂于 1947 年 12 月 21 日在台中市成立“东宁学会”。然而念台先生在他的回忆录“岭海微飙”中，对于“东宁学会”有以下的描述：“我计划中的党的外围组织，其命名起初想用‘台湾政治协进会’，或‘台湾协进会’，‘东宁协进会’（东宁是台湾在郑成功时代的名称）等，后来和前主任委员（国民党台湾省党部）即当时社会处长的李翼中商定用‘东宁学会’的名称。”然而好景不长，父亲于 1948 年 5 月接到台中市政府一纸训令“事由：奉电转知该会未经依法请准组织，不得擅自活动希知照由。”对于祖国政治情势一无所知的父亲本以为有念台先生为顾问的“东宁学会”，可以好好地展开群众的文化启蒙运动，却事与愿违，硬是被扼杀了。相信对念台先生和父亲来说都是不小的打击。

父亲的朋友中有延安经验的除了徐复观以外就是念台先生。难能可贵的是抗战期间念台先生所领导的“东区服务队”是完全仿效延安精神身体力行 。据家姐转述已逝林宪老先生的话，1949 年广州解放的前夕，他曾陪念台先生到广州火车站会见叶剑英，林在外等候，念台先生出来后跟他说“叶剑英告诉他全国解放在即，无须去台湾，留在祖国为新中国效力”。然而念台先生还是当晚离开广州经香港到台湾。为什么？我心中难免有此疑问。直到我于 2018 年 10 月跟随蓝博洲参观了位于蕉岭的丘逢甲故居，看到这个宅院是坐西朝东的，我才终于了解念台先生于台湾光复次年就鼓吹“台湾光复致敬团”，其目的不外乎是为了对祖国政治情势一无所知的六百万台湾子民担任桥梁的工作。一旦当他获知全国解放在即的消息，他当然义不容辞急于回到台湾帮助台湾人民了解红色祖国。

2. 悼念于右任

1964 年 11 月，父亲写了“伟大人物的丰度”来悼念于右任先生。文中开始的叙述：“用星辰的陨落来形容伟大人物的仙逝，可以说是中国民族传统的发想，可是使人有切实的感觉，在笔者个人来讲当以于右任先生为嚆矢。”父亲一辈子不攀爬权贵，为何要特地来悼念于右任先生。原来他们还有一段不为人知的交往，1946 年 9 月 6 日，于院长奉命往新疆宣抚，事毕由兰州归来，西安党政军各界设宴欢迎，父亲参与的台湾光复致敬团躬逢其盛，恭陪末席，然父亲说当晚于院长的致辞他一句也听不懂，因为于老是陕西人。9 月 17 日，致敬团由西安飞返南京，22 日晚受于院长招宴，父亲落座于于院长右邻，惶恐不安的父亲，当他老人家举杯邀饮时，自告奋勇陪他干杯。一两杯后竟然成例，以后他一边举杯，一边就叫“白干的朋友”再来一杯。“人格的力量是不可思议的，我虽然有过同他老人家并坐交欢的光荣，但事实他连我的姓名都不知道。”除了丘念台是旧识外，其余皆是第一次见面，“不过在这场合，个人的认识并非重要，因为他老人家的一片真诚，只是对暌违了五十星霜的台湾同胞，表示慰抚的热忱”。“谩说一行中有林献堂先生那样有地位、有声望的人，假使统统都是平时不见经传的角色，只要他是台湾的同胞，我想他老人家的热诚，也不会减少的。”“这和当时以胜利者的派头，来君临台湾的所谓‘重庆面孔’比较，相去真是不可以道里计。”或许诚如吕正惠老师所言，如果当初的接收大员皆如于老，“二二八”就不会发生了。从父亲对于丘念台与于右任先生的悼念中，我深深感受到两人民胞物与的人格气度。

五、结语

父亲于 1974 年得以脱离特工的监视赴美探望贯兄与芸姐两家人，在贯兄的陪同下拜访在渥太华的庄生兄（庄遂性长子）。如今虽已无法知道那三天，他们谈了些什么？但是在父亲返回芸姐家后给庄生兄的信，我们可以理解，他们有很严肃的话题。对于台湾的前途，父亲在信中很明确地告诉庄生兄的台湾人自决是行不通的，唯一的一条路就是“与大陆八亿中国人同其运命”。国共内战时期，麦克阿瑟即一再倡导台湾“国际托管”论，其实是美国的战略考虑，意在使台湾陷入冷战架构下的棋子。父亲是以国共内战的视野来看这件事，这是中国民族自家的事，容不得外人插手干预。身为出生于台湾的中国人，怎能依附外国势力来损害两岸统一的民族大业？

父亲从美国归来后，在国民党“戒严”体制，言论管制仍严厉的情势下，分别于 1975 年 8 月、10 月与 12 月在党外杂志《台湾政论》连续发表了《台湾民族运动的铺路人——蔡惠如》《台湾民族诗人——林幼春》《革命家蒋渭水》，以项庄舞剑之举对国民党政权发出批判。同年 12 月 27 日《台湾政论》刊行五期后即被查禁。父亲之所以为这本第一次集结党外势力的杂志撰写台湾革命派先辈的事迹，除了期许年轻一辈能认知、传承先人之志，最重要的是，正如他写给林庄生的书信一样，希望台湾青年在谋台湾出路的同时，不可或忘于这些革命派的民族风骨与祖国情怀！

赖和汉诗与日据台湾士人的遗民精神

陈美霞*

1895年乙未割台，传统士人精神并没有因鼎革而断裂，私塾教养与社会结构使之延续。同时，乙未割台，台湾士人面对的并非传统中国的朝代更替，而是全球的现代的殖民侵略，他们富有遗民精神的汉诗也呈现出不同的特质。传统汉诗具有相对稳定的象征系统与文类秩序。汉诗作者需要谙熟传统文化、典故系统，在此过程中文化命脉得以延续，民族认同感无形中生发与增强。文学创作是时代与社会的反映，新话语、新思想的入诗并不稀奇。令人惊叹的是，赖和作为“台湾新文学之父”，其人汉诗与日据时期台湾传统汉诗界存在共享的遗民话语模式及其背后的意义承载。台湾士人借用传统的思想资源与表现形式，呈现遗民情怀，传达抵抗精神与祖国认同。

一、赖和汉诗与日据时期遗民话语

遗民作为一种姿态，隐含着放逐、出世，也蕴藏着抵抗、不屈。遗民，往往意味着对前朝的眷恋，对现政权的不合作。这些话语资源都为日据台湾士人所继承，只是他们面对的现代全球性的殖民情境不完全等同于传统的朝代更替。日据台湾士人面对的虽然不是宋元之际、明清之际的遗民生存环境，但同样面临鼎革之际的政治认同、文化保存、伦理承担。特殊历史时期的个人选择最见读书人的精神境界。

乙未割台，台湾士人自认为是“弃地遗民”，文教保存历来是遗民努力所在。台湾文化民族主义者多以“弃民”“遗民”“逸民”自许，不少士人纷纷改字号。洪攀桂，字弃生，闭门著述、记录日人恶政，以遗民终生，甚至禁止儿

* 陈美霞，福建社会科学院文学研究所副研究员、博士。

子学日文、亲自教授汉文；王松，号寄生，又号沧海遗民，以“如此江山楼”命名居所，退隐避世、寄情诗酒。“抗日”表现为以诗文纪念沦陷、以诗文咏怀。中国历史上，士人在易代之际面临着异乎寻常的伦理道义承担，这在东晋、南宋、明末遗民身上表现尤其显著。这种政治姿态关乎士人的道德操守，政治认同的背后是“气节”。遗民的共同特征是对前朝的认同，但内部并非铁板一块，对新政权的态度是各各不同。日据时期台湾士人的汉诗写作颇具遗民味道。这一时期共享遗民话语的知识者，背后的认同是歧异的，有以“明遗民”自居的连横，也有感觉“没了辫子就不像是一个人”的清遗民，更有欲投毒袁世凯认同民国的杜聪明等青年，但是他们都认同“神州正朔”这一象征符号，认同文化中国。

不同于传统的朝代更替，日据时期台湾士人面临的是全球性殖民主义，但传统遗民的抵抗方式与不屈精神被继承发扬。“栎社”诗人以“弃人治弃学”自我标榜，自觉置身于遗民身份。栎社遗民群体在“事功”“处世”上态度不尽相同，既有不问世事专注文化保存的石锡烈、林痴仙，也有积极领导“台湾议会设置请愿运动”“台湾文化协会”的林献堂、林幼春。

赖和继承了“遗民”的道德姿态与高尚气节，虽然也积极入世，但并非走上街头直接领导政治运动，而是以文学为武器通过文化启蒙、召唤抵抗之心。赖和曾以“逸民”为笔名发表《读台史杂感》七首，[①]他的汉诗一再提及“故国”“兴亡”,挥之不去的是“身世”伤悼。《四城空见》[②]的组诗中有“凄凉古迹凭谁吊，历历兴亡我可羞”的历史兴亡感；更值得注意的是，此诗下半部分赖和明白表露自己的遗民心事：“我来不禁自抬头，我是无忧年少者。今日镇东门外路，我是前朝一遗孽。”不知出于何故，赖和后来又把“我是前朝一遗孽”改为“我是新朝牛马士”。“牛马士”写出赖和在异族统治下如牲畜般被奴役驱使的生存状态与精神体验。赖和针对“前朝”“新朝”进行话语调整，内在倾向前朝、排斥新朝的遗民情怀并没有改变。

赖和陆续参与台湾汉诗界的活动，例如《台湾日日新报》组织的“诗钟”活动。诗钟始于福州，号称折枝之戏，限题、限韵、限时，仅有两句十四个字，光绪年间传入台湾。[③]1917年起《台湾日日新报》汉文栏《诗钟揭晓》刊出《郑成功、地球》《苏武　嵌五字》《端午、竹》等“诗钟”活动的征诗情况，赖和

① 逸民（赖和）:《读台史杂感》,《台湾》3年4号。

② 赖和:《四城空见》，载《赖和全集》汉诗卷，台北：前卫出版社2000年，第69页。

③ 黄乃江《诗钟与击钵吟之辨》,《台湾研究集刊》2005年第3期。

多次名列前茅、诗句亦在该报注销。郑成功、苏武、屈原、文天祥等在中国传统士林社会已成为忠贞、爱国、高洁、义勇的精神象征。《台湾日日新报》是总督府机关报，折枝之戏选择效忠前朝、复兴家国、英勇不屈者为题，颇具遗民情怀。主持汉文栏的传统诗人，其家国之感、兴亡之思无疑都凝聚于诗题的命名。

不管是赖和本人还是他人评价，都说他有“遗老的气质”。“遗民”的气类相投，致使赖和尤其注意不为利益所左右，刚正不趋附的士人。苏武、屈原、诸葛亮、文天祥等莫不以“忠义”“气节”为人敬仰，构成了遗民共享的情感结构。在日本殖民语境下，面对异族坚持操守、罔顾强弱效忠前朝，并非历史人物的单纯言说；这些选择性参与，无不凝聚着作者个人的身世怀抱与幽微寄托。遗民不仅仅是政治身份认同，更有文化保存与伦理承担，赖和身上闪耀着传统遗民精神的光辉。

赖和描述苏武“刺股亲勤苏子志，鞠躬尽瘁武侯心”，“牧民不外苏生计，筹国宜将武备先”。[①] 赖和把苏武与诸葛亮相提并论，把他们视为国家复兴之希望；下一首诗则提到“苏武牧羊”这一典故，认为国家应重视国防武力装备。第七期诗钟《端午、竹》，此次上取三十名，中取四十名，赖和入选三首，分别是“楚客孤忠曹女孝，唐人沉醉晋贤游”“屈子独醒人尽醉，湘妃何恨泪常斑”“莫道彩丝能续命，却从玉版共参禅”[②]。诗题把“端午”与“竹”置放在一起，二者的共同点是高尚不俗，“端午”源自屈原沉江的故事，屈原被后世誉为“爱国诗人”，“竹”在中国古典文化里被视为品行高洁的象征。“楚客”与“南冠”“楚囚”为一个典故系统，都有“孤忠”之节操，是传统遗民诗人常用之典故。

1923 年《台湾》第三回征诗，赖和应征并发表《文天祥》于《台湾》4 年 1 号，获第十名。

江山半壁眼中亡，胡马南来势莫挡。不忍衣冠沦异族，散将声妓事勤王。

---

① 赖和:《诗钟揭晓》,《赖和全集》杂卷，台北：前卫出版社 2000 年，第 236 页。原载于《诗钟揭晓》,《台湾日日新报》第 6033 号、第 6072，1917 年 4 月 16 日、5 月 25 日。苏武（前 140—前 60 年）为西汉大臣，奉命以中郎将持节出使匈奴，被扣留，威胁利诱欲使其投降；将他迁到北海边牧羊，扬言要公羊生子方释他归汉。苏武历尽艰辛，留居匈奴十九年持节不屈。苏武去世后，汉朝封赐为麒麟阁功臣，彰显其节操。

② 《诗钟揭晓》赖和诗作,《台湾日日新报》6143 号、6149 号、6152 号，1917 年 8 月 4 日、8 月 10 日、8 月 13 日；转引自《赖和生平与创作年谱》,《书写台湾，台湾书写——赖和的文学与思想研究》，第 519—520 页。

空坑军败心逾奋，柴市人来血尚香。天地只今留正气，浩然千古见文章。[①]

首句写文天祥抗元的形势，半壁江山沦亡，异族侵略者来势汹汹势不可挡。面对可预见的失败局面，文天祥不忍心华夏文明沉沦异族，响应朝廷召唤抗击外族。文天祥兵败被捕拒绝投降，留下千古名句“人生自古谁无死，留取丹心照汗青”。南宋遗民文天祥的知其不可而为之的坚韧、视死如归的浩然正气鼓舞着无数士人。殖民情境下，赖和极力表彰文天祥的战斗精神与抵抗意志，用意自然是召唤台湾士人同仇敌忾、不屈服于日本统治。

在《生挽王竹修先生诗（因读诀别书作）》[②]中，赖和对斯文废坠、汉文衰微的处境深感忧心：“一死由来未易知，吊君欲及在生时。斯文废坠犹牵念，大命倾颓尚赋诗。”此组诗化用陆游的《示儿》“元亮挽歌多作达，放翁遗嘱有余悲。就令骏骨山阿掩，光气终难没尾箕”，显见陆游“王师北定中原日，家祭无忘告乃翁”[③]之踪影，陆游之诗是希望收复沦丧山河。赖和诗句“放翁遗嘱有余悲”，既是寄往祖国强大收复旧山河的心情，更是因放翁心系异族统治下的遗民而心有戚戚。

赖和之遗民情怀更多是继承传统“士的精神”，却也不无政治认同的曲折言说，他多次写“文姬归汉”“昭君出塞”等“胡汉”故事：“漫道文君才绝伦，辨琴最是慧心人。胡笳拍入阿瞒耳，胜彼明妃寄语频。”[④]相传蔡文姬博学多才善音律，东汉末年曾为南匈奴所俘虏，后曹操闻声识人，派人赎回，是为“文姬归汉”。此诗前两句以文君作比，写文姬才华绝伦；后两句写曹操听闻文姬胡笳，重金赎回，表层意思是《胡笳十八拍》在“归汉”作用上胜过昭君频繁寄语申诉，深层解读则是文艺在祖国认同、文教保存等方面的凝聚力。“魏主何心怜蔡琰，汉王有意嫁王嫱”，[⑤]赖和也是写蔡文姬与王昭君的故事，汉胡联姻或汉胡和亲。“怜蔡琰”表明了诗人对“胡汉”之心态，因“怜”使其归汉，诗人自身向往“汉”的心情表露无遗。王松在《书感》中叹息：“一去王嫱难复返，

---

① 原载于《台湾》4年1号，1923年1月1日。“文天祥”，南宋末年，抗元名臣，著有诗文《过零丁洋》《正气歌》等。

② 赖和：《生挽王竹修先生诗（因读诀别书作）》，《赖和全集》汉诗卷，台北：前卫出版社2000年，第445—446页；卷首写“甲子”，即创作于1924年。

③ 陆游《示儿》：“死去原知万事空，但悲不见九州同。王师北定中原日，家祭无忘告乃翁。”《秋夜将晓出篱门迎凉有感》：“三万里河东入海，五千仞岳上摩天。遗民泪尽胡尘里，南望王师又一年。”

④ 赖和：《文姬》，载《赖和全集》汉诗卷，台北：前卫出版社2000年版，第26页。

⑤ 赖和：《落花》，载《赖和手稿集》汉诗卷，彰化：赖和文教基金会2000年，第16页。

三呼宗泽有遗哀！可怜春燕巢林木，桃李如今半废材。”[①] 有论者指出，在哀伤绝望的“遗民”心境下，退隐是王松保持忠贞和气节的途径之一[②]。不管是赖和还是王松，他们都取法“香草美人”传统，以“王嫱”嫁匈奴的去“胡”故事，表现自身的哀情。

新文学运动与政治运动的遥相呼应，新文学启蒙大众、改造现实的企图直白显露，为当局所忌惮。传统汉诗因其隐晦、曲折，“曲高和寡”被殖民当局与知识者认为是远离大众的、远离启蒙现代性的。古典汉诗是日据时期台湾士人寄托遗民情怀颇具效力的文学方式，语言蕴藉、典故隐晦使其可以躲避殖民审查。

赖和汉诗称中国为“故国”，有论者认为“称中国为故国，当然有民族血缘、文化关系的感情，但毕竟是隶籍日本的台湾籍民，对于时局只有感叹”。[③] 这种解读显然忽视了诗词背后的典故系统及其互文指涉而产生的超出诗歌本身的意义，忽略了“故国”与遗民话语的联系。“故国之思”“黍离之悲”在传统的遗民话语里是伤感当下、追忆前朝，古典文化修养深厚的赖和，对传统士人精神与遗民典故系统自不陌生，他的心态不会是“毕竟是隶籍日本的台湾籍民”的疏离与旁观。与“故国”相对应，“南冠”“楚囚”频现于赖和汉诗。“短鬓渐疏终不悔，南冠对泣总堪羞”[④]，两鬓发白疏朗并不觉得怎么样，令人难堪羞愧的是，失去故国之人只能相对哭泣而无所作为。“南冠”指南方楚人的头冠，“楚囚”指楚国的囚犯。《左传》记载，春秋时，南方的楚人钟仪被囚时穿戴南方家乡的衣冠，后比喻被囚禁者不忘故国。二者在汉诗典故与遗民话语系统里，已经超脱时空局限，获得一种更深广的家国之思的意义。

二、郑成功书写与抵抗意识、遗民情怀

遗民的生活状态并非只有“隐逸”，消极避世、读书而不仕是一种生活方

① 王松:《沧海遗民剩稿》，台湾文献丛刊第 50 种，台北：台湾银行 1959 年，第 57—70 页；转引自吴文星《日治时期台湾的社会领导阶层》，台北：五南图书出版股份有限公司 2008 年，第 33 页。

② 吴文星:《日治时期台湾的社会领导阶层》，台北：五南图书出版股份有限公司 2008 年，第 33 页。

③ 林瑞明:《赖和汉诗初探》，《台湾文学的历史考察》，台北：允晨文化公司 1996 年，第 111 页。陈建忠选注《赖和集》(台南：台湾文学馆，2012 年) 延续了这种解读方式。

④ 载《李君兆蕙同黄张二君来访因留住在劝之以酒书以言志》，载《赖和全集》汉诗卷，台北：前卫出版社 2000 版，第 431 页。

式，如郑成功积极进取充满抗争意识是另一种遗民形态。中国历史上，隐逸有三种，一种是如伯夷、叔齐隐居“首阳园”不食周粟，不仕新朝；一种是“隐逸”是为了入世，作为一种手段，如唐朝诸多诗人隐“终南山”，“隐”是为了“仕”；另有一种则是“仕”与“隐”可相互转换，世道清明则兼济天下，世道污浊则隐而独善其身。[①] 日据时期，台湾士人的“隐逸”想象既有自我放逐消极避世，更有兴怀寄托意在用世。

郑成功，祖籍福建南安，为中日混血儿，曾被封为“延平郡王”“国姓爷”。明郑政权治台业绩为台湾民众所感念，甚至“神化”其人，建设“开山庙”以香火祭祀。郑成功既是打败荷兰殖民者、收复台湾的民族英雄，又是奉明朝为正朔抵抗清朝统治的“遗民”。[②] 康熙曾评价郑成功“系明室遗臣，非朕之乱臣贼子”。虽有上谕，因生前抗清，清领台湾两百多年，郑成功一直被封建统治者与御用文人视为“逆贼”与“海寇”。[③] 换句话说，清朝官方文件里，郑成功形象依然是负面的。

清朝当局对郑成功态度之转变是在台湾面临异族侵略时，1874 年日本借口“牡丹社事件”[④] 侵略台湾，沈葆桢临危受命赴台办理交涉防务事宜。沈葆桢不仅通过“重兵修路”“开山抚蕃”“理谕、设防、开禁”等方式开启了台湾的近代化之门，还顺应民意奏请朝廷在郑成功兵营故地台南建“延平郡王祠”。清廷官方为何愿意为抵抗自身的前朝遗臣建祠纪念？与其说是看重郑成功的遗民忠贞精神，毋宁是在日本觊觎台湾的“牡丹社事件”的威胁中企图召唤郑氏驱逐荷兰侵略者保卫国土的气概。清廷官方与台湾民众共同尊奉郑成功，二者所理解、认同的郑成功不尽相同，前者欲弘扬郑氏驱逐荷兰殖民者的精神，后者祭祀活

① 蒋寅：《陶渊明隐逸的精神史意义》，《求是学刊》2009 第 5 期，第 89—96 页。

② 朱双一曾从闽台区域文化的角度对郑成功“遗民忠义精神”有过精彩分析。他认为郑氏驱逐荷兰殖民者、忠于明朝的精神，被闽台民众以各种方式纪念。闽台位于偏远区域，古时常为罪人流放之地，改朝易代之际多为前朝遗臣或遗民延续政权之所在，甚至形成与“中央”对抗的“小朝廷”，局部势力虽无一例外地汇入中华大一统的中央政权，但却形成绵延流长的“遗民忠义精神”。参见朱双一：《文学视野中的郑成功——“遗民忠义精神”及其在日据时代台湾的传衍》，《台湾研究集刊》2002 年第 3 期，第 2 页。

③ 邓孔昭：《连横的郑成功研究及其对台湾抗日民族运动的影响》，《台湾研究》2007 年第 2 期。

④ “牡丹社事件”起因是 1871 年琉球船队遇风漂流至台湾，3 人溺死、54 人为台湾牡丹社少数民族所杀，12 人在台湾汉人帮助下至福州，闽官员加以抚恤并护送回琉球。琉球长期“视中朝为父，视日本为母”。明治维新之后，日本迫于国内压力积极向外扩张，觊觎台湾已久，琉球渔民为生番所害恰恰为其提供极好的出兵借口。1874 年，日本派人到北京交涉，请求清朝惩治“蕃人”。清朝官员以“台湾虽我疆土、蕃人乃化外之民”回绝。日本悍然出兵台湾并驻扎下来，剿灭与安抚并用对付台湾少数民族，并笼络汉人；此事引起清朝的警觉，派沈葆桢赴台办理交涉。

动所承载的意义则更为复杂多层。

20余年后乙未割台，台湾汉诗界对郑成功的凭吊与缅怀达到了高潮，洪弃生、连横、蔡国琳、施士洁、林维朝、王石鹏、陈瑚、郑鹏云、许南英、丘逢甲、吴德功、王松、林朝崧、苏镜潭、林鹤年、林景仁、胡殿鹏、赖绍尧、林子瑾、吕敦礼、谢国文、林树梅等人均有关于"郑延平""延平郡王祠"的诗词，或者关于石井、鼓浪屿、万石岩、日光岩、台南、鹿耳门、红毛城等郑成功遗迹的大量汉诗。文人的郑成功书写，无疑是借文字召唤抵抗外族、驱逐侵略的精神与实践。不管是传统士人还是新知识者，郑成功及其相关的典故系统延续了几乎整个日本殖民时期，1936年赖和资助出版的《台湾民间文学集》也收录了《国姓爷打台湾》《国姓爷北征中的传说》等民间故事，赖和认为"鸭母王、林道乾、郑国姓南北征的传说"由历史看"尤为名贵"。[①]

殖民时期，台湾士人与日本人都推崇郑成功。日本殖民者之看重郑氏，一是郑氏的反清思想有利于据台早期拉拢士人偏离清朝认同；二是郑氏母亲为日本人，以郑氏日本血统笼络台人。1917年1月10日《台湾日日新报》第3597号《诗钟揭晓》，诗题即为"郑成功、地球"。此次"诗钟"活动，赖和入围并刊登于《台湾日日新报》。诗句"荒岛纪年遵永历，圆轮绕日肇科伦"，[②]"永历"为南明年号，台湾还在遵守明朝纪年时，大陆已进入清朝顺治年代，时间的背后是政治认同。赖和写南明的"遵永历"，联系其人"前朝一遗孽"的自我期许与身份认同，日本殖民统治下，内心认同的无疑是神州中国。

异族统治下的赖和，遥忆驱驰荷兰殖民者郑成功之时有着怎样的幽微情怀？除却征诗活动关于郑成功的诗句外，赖和的厦门之行、台南之行，因到郑成功遗迹故地，引发思古之幽情，吊昔以寓今，感叹身世，寄托心情怀抱。

赖和客居厦门，游历周边，从国姓爷故地遗迹写及明郑旧事，例如1918年的《秋日登日光岩绝顶》《郑成功废垒用张春元韵》《登观日台》，1919年创作的《万石岩》《施琅墓道碑》《石井》等汉诗融合了延平郡王的史事、传说。访问延平郡王故里南安写就的《石井》："漫将遗事访延平，故老酸辛说有明。五马江中沙已涨，余潮犹自作军声。"[③]故老说"有明"的时候是"酸辛"的，赖

---

① 赖和：《台湾民间文学集 赖序》，李献璋编著《台湾民间文学集》，台北：牧童出版社1978年，第1页。

② 参见《诗钟揭晓》赖和诗作，《台湾日日新报》1917年1月10日第5937号，转引自《赖和生平与创作年谱》，《书写台湾，台湾书写——赖和的文学与思想研究》，第519—520页。

③ 赖和：《石井》，载《赖和手稿集》汉诗卷，彰化：赖和文教基金会2000年，第449—450页。

和本人的价值判断与情感倾向在“明郑”。“不信芝龙为豪杰，咸知有子是英雄。草鸡未应真王谶，俯仰江山落照中。”父子对比的写法，更突出郑成功的“英雄”气概，俯仰无愧于江山社稷。日据时期缅怀驱逐荷兰殖民者收复台湾的郑成功，无疑暗含着抵抗殖民当局、思慕祖国之意。

1923年三四月间赖和曾有嘉义、台南之旅，此行留下的《台南杂感》《吊延平郡王》《吊五妃》《旗山废垒怀古》[①]等汉诗写及明郑旧事。《台南杂感》:“开台首作帝王畿，万户人烟已式微。郑氏营为新圣庙，朱家宫是旧天妃。”“人悲克塽心先死，我惜郑经命不长。”[②]赖和对郑成功、对明郑的抒怀涉及方方面面，从驱逐外虏、保存明郑，从父辈郑芝龙到子孙辈的郑经、郑克塽，写到施琅攻台。此诗还写到郑氏归顺清朝时，五妃[③]的死节，五妃、宁靖王、郑经都属于“明郑”典故系统的主要意象。常人多把明郑战败降清归因于郑克塽的消极，赖和别出心裁，为胸怀“王气中原尽，衣冠海外留”宏大抱负的郑经之早逝颇感惋惜。在《吊延平郡王》赖和直接抒写郑氏英雄业绩：

一掬寒泉冽又清，瓣香垂泪拜延平。穴中蝼蚁无强虏，海上沙虫尽义兵。
人怪施琅犹有后，我怜克塽竟亡兄。汾阳空负中兴略，云暗遥天日不明。
命世英雄不偶生，老天何意绝朱明。焚衫志气千秋壮，袖角遮羞一死轻。
空负台澎跨两岛，遑云金厦扼孤城。我来恍惚威灵见，头上摩挲发几茎。[④]

国姓爷乃命世英雄，驱逐荷兰殖民者，奉明朝为正朔，抵抗清政权。殖民时期台湾同样面临异族统治的历史语境，台湾汉诗界之凭吊郑成功别有意味。赖和首次大陆行写就的《施琅墓道碑》“靖海功勋终泡影，世间争说郑延平”，[⑤]相比施琅的靖海功劳，庶民大众无疑更为肯定郑氏的扶持南明。这种认同取向无疑是延续明清之际遗民话语。中国传统文化素来重视忠孝节义，在“遗民”“贰臣”这一历史语境中，施琅平定海峡的功勋被大大消解，郑成功“知不可为

① 赖和:《旗山废垒怀古》，载《赖和全集》汉诗卷，台北：前卫出版社2000年，第409—410页。

② 赖和:《台南杂感》，载《赖和手稿集》汉诗卷，彰化：赖和文教基金会2000年，14—15页。

③ 宁靖王、五妃之自尽殉明，是明清易代之际流传甚广的遗民事迹。宁靖王朱术桂还有一首《绝命诗》:“艰辛避海外，只为数茎发。于今事已毕，祖宗应容纳。”最后一句另有“不复采薇蕨”的版本，显是引伯夷、叔齐之典故。

④ 赖和:《吊延平郡王》，载《赖和全集》汉诗卷，台北：前卫出版社2000年版，第407页。

⑤ 赖和:《施琅墓道碑》，载《赖和手稿集》汉诗卷，彰化：赖和文教基金会2000年，第448页。

而为之”的抗争性遗民情怀却广为后人追念。

梁启超、林献堂、赖和及历代诗人，对延平郡王祠、台南、石井、日光岩、万石岩等郑成功遗址的书写，共同建构了郑成功的汉诗典故系统，也弘扬了郑成功抵御外侮、扶持南明的遗民忠义精神。

三、台湾士人精神苦闷与魏晋“隐逸”传统

遗民可以归入“隐逸”一类，“‘遗民’未必可以作为不死的‘忠义’；‘遗’‘逸’并非判然两途，绝无交集。文献中更常见的，是亦遗亦逸，因遗而逸，由逸而遗。”[①]“遗”而“逸”在台湾并不鲜见，梁启超致信林献堂且附诗《奉赠献堂逸民先生兼简贤从幼春》，梁启超向来称呼林献堂等栎社诗人为“遗老”，在此又称“献堂逸民”。无独有偶，赖和也曾以“逸民”为笔名发表汉诗《读台史杂感》。

赖和不少诗作表现他“出世”与“入世”的两难心态：“失志独悲难问世，不才敢望欲成仁。人间荣辱今抛却，托足渔樵作逸民。”[②]诗人表达了志向怀抱无法施展，希望抛弃世间荣辱，化身渔樵过逸民生活。事实真如是乎？《放言》组诗前还有：“摧尽心肝欲济民，拼将血泪洒红尘。一生志愿成何事，半世飘零剩此身。”[③]“入世”与“出世”并非完全对立，而是辩证转换的。竭尽全力“济民”却一事无成、半世飘零，无奈之下向往“逸民”的隐遁生活。认同前朝、不与新政权合作的隐逸心态，显见赖和其人的民族认同，这也导致赖和向传统寻求抵抗资源，尤其关注魏晋之际的士人，如认同前朝陶渊明、阮籍、嵇康，希图在前贤身上寻求异族统治下的抵抗资源与进退自处之道。

陶潜的最大特点是“隐逸”，本质则是对东晋的认同，对刘宋政权的消极抵抗。风雨如晦之中台湾汉文界如此频繁提及陶潜，绝非偶然，而是带着一种暗示、一种自我期许。二次入狱，陶渊明依然是赖和的精神支柱，“卷头词之里，有渊明诗，又想得渊明集一读”。[④]隐逸传统的追念、世外桃源的向外，乃是士人怀念祖国不满殖民统治的隐晦表达。

赖和不少诗篇写及魏晋士人。《闲斋偶成》“交游与世终须绝，名号犹宜署

---

① 赵园：《想象与叙述》之《忠义与遗民的故事》，北京：人民文学出版社2009年，第116页。

② 赖和：《放言》，载《赖和全集》汉诗卷，台北：前卫出版社2000年，第150页。

③ 赖和：《放言》，载《赖和全集》汉诗卷，台北：前卫出版社2000年，第149页。

④ 赖和：《狱中日记》，载《赖和全集》杂卷，台北：前卫出版社2000年，第14页。

懒嵇”[①],《醉卧》“茶浆断绝由妻懒,为诵刘伶传与听”[②],《旗山废垒怀古》“广武有险不能凭,遂使阮籍哭竖子”[③],《小逸堂菊花》“陶令高风久已忘,东篱依旧菊闻香”。嵇康、刘伶、阮籍、陶潜都是易代之际、社会黑暗、政治高压下的读书人,阮籍、嵇康在司马氏当政时代不无压抑,抵抗方式各异。嵇康因姻亲关系为当局忌惮,强硬对碰的结果是命丧九泉;阮籍则不得不以醉酒避世,对抗现世黑暗,保持内心自我与文人道义。汉文功底深厚的赖和谙熟魏晋士人的诗文风度,征用魏晋或狂放或隐逸之诗人,以乱世文人的处世之道,反观自身激励自身。

陶渊明生于晋、宋易代之际,曾“三仕三隐”,隐逸期间写了大量诗作,被称为“隐逸诗人之宗”。五柳先生这一称号,遮蔽了他在世道清白时的出仕,仅仅记住了他的“隐逸”。赖和对陶渊明极为喜爱,前述诗作《放言》体现了“隐逸”与“济民”的辩证转换。赖和的陶潜书写侧重“隐逸”的精神气质,若说“济民”,只有“劝农”、关心稻苗,这也是隐士的乡土责任。

传统士人除了“修身齐家”之外尚有“治国平天下”的使命感,“士”的道义担当与知识者的责任感使赖和积极参与文化运动,但他也有一定的“避世”念想。这在他化写《桃花源记》的诗作《无题》中一览无余:“行行不觉入桃源,豁断云深隔乱山。自是渔郎来有意,桃花流水两无关……”[④]言为心声,赖和借古喻今,意在当下,道出自身出世与入世的两难。“魏晋南北朝时代,强者固团结乡党自建坞堡,而弱者不乏逃避深山,度其遗世独立之生活,加以文士因政治不安定,有逃世之想,此陶潜《桃花源记》所由作。”[⑤]身处乱世、社会压抑,想寻求桃源以避“秦世”苛政,是日据时期台湾知识者的自况,也是殖民当局“糖饴与鞭”残酷政策下台湾民众的美好想象。

“采菊东篱下,悠然见南山”的隐逸姿态,使陶潜与菊花意象有着难解之缘。赖和就读的汉文私塾小逸堂常有咏菊之聚,诗作难脱陶渊明典故,精神意象多为“不趋时”“傲世”等。赖和著作多首《小逸堂菊花》,其中一首:

今秋雨水饶农产,只有黄英独不宜。民命非关吾辈事,赏心每恨见花迟。

① 赖和:《闲斋偶成》,载《赖和全集》汉诗卷,台北:前卫出版社2000年,第449页。
② 赖和:《醉卧》,载《赖和全集》汉诗卷,台北:前卫出版社2000年,第448页。
③ 赖和:《旗山废垒怀古》,载《赖和全集》汉诗卷,台北:前卫出版社2000年,第410页。
④ 赖和:《无题(行行不觉)》,载《赖和全集》汉诗卷,台北:前卫出版社2000年,第78页。
⑤ 严耕望:《中古时代之仇池山——由典型坞堡到避世胜地》,《严耕望史学论文选集》,北京:中华书局2006年,第128页。

陶令高风久已忘，东篱依旧菊闻香。可怜送酒人来到，踯躅花前自举觞。

避世精魂绝世姿，迎风裹露九秋余。自惭骨干生来俗，不与渊明共起居。[①]

此诗透露赖和“隐逸”与“入世”的两难，虽言“民命”非关吾辈事，事实上这正是赖和彼时最为关切者，有点欲盖弥彰。赖和从菊花香，联想到陶令高风的被遗忘。自谦生来俗骨，无法如渊明选择隐逸生活方式。实际上，赖和虽厌恶殖民者，极力想做“逸民”，但传统士人的淑世情怀与现代知识者的使命感令他无法忘怀黑暗现实、独善其身。

遗民的外在表现形态是多姿多样，一种是如洪弃生般不合作、自我放逐，一种是如丘逢甲般慷慨悲凉的抗争，赖和、林献堂应该是介于二者之间的遗民。赖和 1924 年创作的《读陶》[②]，借古人抒发自己胸臆：“与世委蛇羞北海，倾心爱菊在东篱。一腔故国沉沦痛，千古难忘晋义熙。”赖和想望“见南山”的悠然闲适，叹息当世道德沦丧，有着桃源中人“避秦世”恶政之念，但强烈的现实关怀与启蒙理想使得他仅仅停留在钦慕的位置，并未真正隐居不问世事。“羞北海”是指孔融当官，与世委蛇。赖和自身并非如陶渊明般耕读避世，而是参与台湾新文化启蒙运动，担任《台湾民报》编辑，参加台湾议会设置请愿运动等，赖和还因为反抗殖民统治两次入狱。赖和出世与入世的纠结矛盾，是因为他关心现实的介入情怀，与日本殖民统治台湾的压抑形成鲜明对照，因此他诗作一再写陶渊明，倾心他爱菊东篱的隐逸姿态。毋庸置疑，最本质的因素是“一腔故国沉沦痛，千古难忘晋义熙”。赖和借他人酒杯浇自己块垒，重点在于难忘前朝“晋”义，这无疑是遗民赖和的夫子自道。中国历史上，东晋、南宋、明朝的遗民及其表现最为精彩，陶渊明是东晋遗民。钱穆曾说：“陶乃闲适田园诗，而实具刚性，境界之高，颇难匹俦。”[③]赖和之推崇陶诗，明是隐逸，实乃慕五柳先生的遗民情怀与刚正气节。

陶渊明、阮籍等魏晋士人处于朝代频繁更替的复杂纷纭，他们有着儒家治国平天下的理想，却遭逢战乱的年代与改朝换代的政治斗争。日据时期，台湾士人缅怀魏晋士人，并不是因为政权转换面临着新朝旧朝的选择与考验，而是以传统士人坚贞不屈的遗民精神作为思想资料，反抗日本殖民统治。

① 赖和：《小逸堂菊花》，载《赖和全集》汉诗卷，台北：前卫出版社 2000 年，第 463 页；《赖和手稿集》汉诗卷（下），彰化：赖和文教基金会 2000 年，第 193—194 页。

② 赖和：《读陶》，载《赖和全集》汉诗卷，第 440—441 页。

③ 严耕望：《钱穆宾四先生与我》，《治史三书》，上海：上海人民出版社 2011 年，第 262 页。

战时下的等待——龙瑛宗战争时期杜南远系列作品析论

黄琪椿 *

从日据时期台湾新文学史发展历程来看，龙瑛宗无疑是异端性存在。自1937年以《植有木瓜树小镇》获得日本《改造》杂志悬赏小说佳作奖开始，龙瑛宗便以“自觉或不自觉带上西方现代主义的无力感及东洋风的纤细厌悒色彩”[①]的艺术风格，独树一帜。然而，最重要的是龙瑛宗完成了台湾新文学主题的重大转变。日据时期台湾新文学向来以抗议殖民统治、批判封建制度、揭露阶级剥削为重要主题，着重强调反殖民的抵抗精神。龙瑛宗则提出了台湾小知识分子在殖民统治下社会上升管道的困难以及由此产生仰慕统治者“文明进步”的扭曲性格，进而走上堕落颓废道路的问题。[②]因此，描绘小知识分子挫折与精神困境的图景，标志了龙瑛宗文学的独特位置。

在龙瑛宗笔下的小知识分子类型[③]中，最常被讨论是颓废型的小知识分子，这类小知识分子多半怀抱着立身出世的梦想，却在殖民统治社会现实高墙前破灭。例如《植有木瓜树的小镇》里的陈有三们，各个身怀“出头天”的“青云大志”，最终只能“发现紧紧抱住露骨的本能、徐徐下沉的颓废之身，竟有极为

* 黄琪椿，义守大学大传系博士后研究员。

① 施淑:《白色的山脉解析》，收于何寄澎编，《中国现代小说选析》，台北：长安，1984，第1114页。

② 吕正惠:《龙瑛宗小说中的小知识分子形象》，收于氏着，《殖民地的伤痕——台湾文学问题》，台北：人间，2002，第17页。

③ 关于龙瑛宗作品中小知识分子类型，讨论者各有不同类型区分，如山田敬三分成挫折型、世俗型与破灭型。陈建忠则分成颓废型与妥协型。综观龙瑛宗知识分子小说，以陈建忠之分类较具统摄性，故采用之。见陈建忠，《寻找热带的椅子——论龙瑛宗1940年的小说》，收于陈万益编，《台湾现代作家研究资料汇编7·龙瑛宗》，台南：台湾文学馆，2011，第156—172页。

合适的黄昏荒野存在着”。[①] 或者是《宵月》里的彭英坤，曾经“洋溢着年轻的热情”，激昂地论述“切莫虚掷青春，要为社会的发展向上而努力，同时谋求自己的荣耀与进步”，却在踏入社会五年后成了“凹下去的眼睛，看起来像黑暗的沼泽，偶尔以混浊的眼神凝视的人或物，但其实是什么也不看，只是做着一种姿势而已”。[②] 乃至于《黄家》里喜欢音乐的若丽，自以为有才能，渴望到东京学习音乐，最终仅能任由儿子因迷信病死，也怯弱于责难村里裁缝师欺瞒，耽溺于酒精中渐渐腐坏。另一类则是妥协型的知识分子，这类知识分子，面对相同的现实困境，却能以务实态度应对，如《黄家》里相信自己有绘画才能，同样“对未来抱持着华丽的幻想”的若彰，对“以艺术家为专职的事，始终抱着观望与怀疑，自觉不是生为艺术家立身的境遇，不愿以无计谋的野心而灭了一生”[③]；最后选择当肖像画家以维持家计。这两类知识分子共同构成了研究者阐述龙瑛宗文学与思想的基本框架。

这两类之外，另一类型的知识分子小说，则较少获得关注与分析。1941 年，龙瑛宗从宛若“全球化”缩影[④] 的台湾银行台北本行调职至花莲分行工作，于太平洋战争爆发前夕，以“杜南远”为主角，创作了一系列作品，包括《白色山脉》（1941 年 10 月）、《龙舌兰与月》、《崖上的男人》（1943 年 1 月）[⑤] 与《海边旅馆》（1944 年 1 月）。这系列作品共同特色为抹去具体社会历史背景，没有严谨的情节结构，只突杜南远某一段经历，描写他的沉思性格、对所遇见的外在人、事印象，以及借此呈现出来的心境变化。这一系列作品，在龙瑛宗文学中占有关键性位置。从战争时期龙瑛宗的创作历程来看，正如研究者山田敬三所言，从 1941 年开始，龙瑛宗的创作无论是风格或题材均有所转变。[⑥] 其次，“杜南远”这个人物，战后再度出现于龙瑛宗作品中。他在小说集《杜甫在长安》自序中提到，《夜流》《断云》《劲风与野草》属于自传性作品，“该作品的主角，

---

① 张良泽译：《植有木瓜树的小镇》，收于陈万益编，《龙瑛宗全集中文卷第一册 · 小说集（1）》，台南：台湾文学馆筹备处，2006，第 47 页。

② 陈千武译：《宵月》，收于《龙瑛宗全集中文卷第一册 · 小说集（1）》，第 154 页。

③ 陈千武译：《黄家》，收于《龙瑛宗全集中文卷第一册 · 小说集（1）》，第 184 页。

④ 龙瑛宗：《我的秋风帖》里一小段名为“性格的巢”的文字，提及台湾银行是继正金银行之后的汇款银行，世界各地都有支店，在台北本店有来自纽约、澎湖、台东、爪哇、汕头各地的银行员。陈千武译，《我的秋风帖》，收于《龙瑛宗全集中文卷第六册 · 诗 · 剧本 · 随笔集（1）》，第 142 页。

⑤ 《龍舌蘭與月》和《崖上的男人》同时发表，合题为《龍舌蘭と月 · 他一篇》。

⑥ 山田敬三：《悲哀的浪漫主义者——论日据时期的龙瑛宗》，“赖和及其同时代的作家——日据时期台湾文学国际学术会议”论文，清华大学中文系主办，1994 年 11 月。第 6 页。

屡次在作品里登场，名字叫作杜南远，而他就是我”。[①] 再者，一般认为战争结束后龙瑛宗从战前的感伤苍白小知识分子气息，转变为战后声嘶力竭的呐喊。[②] 面对这样的转变，无论是所谓怀着“原罪阴影”创作 [③] 或者是不免于“时局文学”书写 [④] 的说法，都是带着特定意图 [⑤] 随顺着历史时间迁移所产生的认识。如果要根据龙瑛宗个人与历史发展的内在逻辑来理解战后初期龙瑛宗判若两人的变化，不掌握战争期龙瑛宗的文学思想的内容则不可能。因此，处于转折位置又具有自传性质的杜南远系列作品，实是掌握龙瑛宗文学思想发展的关键作品。重新理解杜南远系列作品，可能重构龙瑛宗的精神面貌，其重要性不容小觑。

然而根据《台湾现当代作家研究资料汇编·龙瑛宗》所整理研究评论数据目录来看，以杜南远系列作品为焦点的研究，相对偏少。当然造成此种现象的原因很多；不过从中可以看到一种根植于日据时期台湾新文学研究发展过程中形成的惯性思维与随之而来的后果。日据时期台湾文学研究的兴起与战后台湾历史的发展密切相关。20 世纪 70 年代初期，因为钓鱼岛事件、退出联合国、美国尼克松总统访问中国并发表“上海公报”以及中国与日本建交的国际局势急遽变化下，台湾的知识青年们在意识上起了多种变化：包括“对台湾前途命运的关心因而生发的‘民族 / 乡土’意识的高涨；以及含有社会改革意识的，对社会大众生活的关心，因而形成的‘乡土’取向；还有就是对一向过度模仿西方文化的风气的反省，因而产生的对传统文化的再评价等”。[⑥] 这种种意识的变化汇合使得 70 年代台湾文化和社会思想方面出现一股“回归乡土”潮流，日据时期台湾历史与文学即是作为这个潮流的一部分才得以重新被认识和把握。由于“回归乡土”的潮流响应的是国际局势变化所引发的生存危机，整理日据

① 龙瑛宗：《自序》，收于龙瑛宗著，《杜甫在长安》，台北：联经，1987，第 8 页。

② 许维育：《战后龙瑛宗及其文学研究》，清华大学中文系硕士论文，1998 年 6 月，第 45 页。

③ 陈建忠：《被诅咒的文学？：战后初期（1945—1949）台湾小说的历史考察》，收于氏著，《被诅咒的文学——战后初期（1945—1949）台湾文学论集》，台北：五南，2007，第 19—21 页。

④ 施懿琳：《认同矛盾挣扎下的双乡人——试析龙瑛宗长篇小说〈红尘〉》，收于李瑞腾等编，《中华现代文学大系（贰）——台湾 1989—2003 评论卷（二）》，台北：九歌，2003，第 1053 页。

⑤ 沟口雄三认为只要是历史叙述，就必然具有某种叙述的意图，所以多数历史学家都会面临两难之境：及如何使本来应当属于主观范畴的自我意图能够保持客观性的问题。笔者认为文学史叙述同样得面对这个问题。见沟口雄三，《关于历史叙述的意图与客观性问题》，收于王瑞根译，孙歌校，沟口雄三著，《沟口雄三著作集——中国的冲击》，北京：三联书店，2011，第 200—208 页。

⑥ 陈炳昆译，陈正醍：《台湾的乡土文学论战》（一九七七至一九七八），收于曾建民编，《台湾乡土文学，皇民文学的清理与批判》，台北：人间，1998，第 131 页。

时期台湾历史与文学的目的是为了“探讨台湾未来的命运时不至于迷失方向”[①]，欲捕捉“朝向明日的方向感”。[②]因此，“社会性”“民族性”与“现实性”的强调成为阐释日据时期台湾新文学的主要框架。这个框架既反映了现实主义美学的要求，也合乎时代要求，有一定的合理性。透过这个框架确实也能有助于深化对于文学与现实、文学与民族等问题的思考。不过，当这个框架从具体历史过程抽离成为一种惯性思维，当结合了生存危机意识、民族意识与社会意识的“抵抗精神”上升成为价值判断标准时，所产生的后果是所谓的“现实性”“民族性”与“社会性”被简化为具体的景物、生活习俗或具体历史事件的描写。文学作品成了素材集合体而不是感觉、经验与思考即人与生活的载体。自然，当我们带着简化了的“社会性”“民族性”“现实性”眼光阅读时，其实是无能为力，难以进入被抽离了社会历史背景的杜南远文学世界。

一、非现实之现实

到底该如何理解杜南远系列作品？60年代中期叶石涛开始建构台湾乡土文学史时，即认为《白色山脉》为逃避现实，走向浪漫唯美道路的作品。[③]最早全面性研究战争时期龙瑛宗作品的罗成纯对《白色山脉》等以杜南远为主角的作品有较深入的分析，她指出进入战争期以后，除了几篇意识到时局所写的小说之外，龙瑛宗创作最大的特征便是“缺乏历史因素”。作品完全回避了台湾人被强求成为“皇民”时的内心感触，背后隐藏着龙瑛宗的“逃避主义”，使得这些小说的思想性不明或者缺乏思想性。[④]相对于罗成纯的批评，较近期研究者朱家慧则认为杜南远系小说是龙瑛宗“逃避战争时局的写作策略”，从中坚持自由创作的尊严。[⑤]这些“逃避”说的背后，依然是由所谓“抵抗精神”支撑着；

① 宋国诚、黄宗文合著:《站在我们的土地上说话——访苏逸凡》，收于《新生代的呐喊》，台北：著者印行，1978，第149页。苏逸凡即致力于整理日据时期台历史与文学的刊物《夏潮》主编苏庆黎。

② 若林正丈:《黄呈聪的待机意义——日本统治下台湾知识人的抗日民族思想》，收于氏著《台湾抗日运动史研究》，东京：研文，1983，第180页。

③ 叶石涛:《台湾的乡土文学》，收于氏著《台湾乡土作家论集》，台北：远景，1981，第33页。

④ 罗成纯:《龙瑛宗研究》，收于张恒豪编《龙瑛宗集》，台北：前卫，1994，第265—267页。

⑤ 朱家慧,《两个太阳下的台湾作家——龙瑛宗与吕赫若研究》，台南：台南市艺术中心，2000，第174页。

不过，这个假设了龙瑛宗从他所处的社会历史现实中逃开的“逃避”说，却也提出必须认真思索的问题：龙瑛宗所面对的“现实”是什么？龙瑛宗又是以什么样态度面对这样的“现实”？

处于战争时期与战时体制下台湾，应该是一般认知上龙瑛宗所面对的现实。然而，这个战场不在台湾的战争，对生活于其中的台湾人而言，到底意味着什么？战争爆发后一年，龙瑛宗写了一篇随笔《南方通信》提到了战争爆发后台湾的变化。他看到街头上女性因为“皇民化”运动大多穿起了洋装，劝业银行等建筑物配合了南国风光而有了日本本土少见的样式，台湾人街道上则多了大和洋行等内地式的店号建筑物的风貌，内地人所开的商店里，本岛人店员说话、眼神和动作都跟内地人一模一样，小学里改了姓名的本岛人更难与内地人区分，本岛人系统的电影院里报导电影若出现日本军人，每次都会有热烈的掌声，皇族出现的场面，也都会脱帽表示敬意，连乡下平常不讲日本话的老妇人也急切学习着日本语：

其他向银行蜂拥地要卖金子的岛民的样貌，或军夫等活跃的传闻等，感觉到本岛也越来越跟内地结成为强固的单一体了。[①]

这篇随笔发表于日本《改造》杂志上，以面向日本本土姿态报导台湾事情。直观地看，文章里异国情调，呼应时局的色彩浓厚。但如果不是简单依赖“认同”框架解读文章，将发现龙瑛宗非常敏锐地观察到战争对台湾社会最直接的影响在于与日本的关系更加紧密。战争爆发后，配合日本国内“国民精神总动员”所推动的日语常用运动、强制参拜神社、家庭奉祀“神宫大麻”、推行日本生活样式，日台共学，改姓名运动，以致按照年龄、职业、性别与地方保甲组织组成奉公团体的“皇民奉公运动”等等[②]，将每个人从身体到精神缜密地编入体系性、系统性组织之中。与日本的关系越来越紧密的结果是形成一个“一体化”的社会，在这社会中，表面的民族界线已然模糊。不管愿意与否，每个人的精神与身体都经历着与以往不同的现实。与战争前殖民地社会相比较，这是一个全新的现实，也是龙瑛宗所面对的现实。在这个新的现实面前，该如何响应？在这篇随笔之后，龙瑛宗写了一首《午前之诗》：

① 陈千武译:《南方通信》，收于《龙瑛宗全集中文卷第六册·诗·剧本·随笔集（1）》，第136页。

② 蔡锦堂:《再论“皇民化”运动》，《淡江史学》18，2007年9月，第227—245页。

屋外是雨的风景
风微微地刮来了
濡湿的树木战栗着
而且落叶飘摇着
我也不知为何悲伤了
为什么？
我的影子独自走出房间
在门口回顾一下我
然后一直往前走去
走到有树木的泥泞处　变小了
它是前往过去呢？
抑或前往未来呢？
寂寞的我的影子哟①

正如林巾力所言，这首诗描写一种“自我裂解”的主体分裂状态②，但龙瑛宗并不停留于哀叹自我的裂解，而是以精炼的文字层层揭示主体分裂的根由，分裂后肉体、精神与现实的关系。透过诗人的眼，首先看到的是屋外下雨的风景，虽然风仅只是微微刮着，但战栗的树木与飘摇的落叶传达了潜藏着的不安与肃杀。屋内房间里的“我”正为着“我的影子”的离去而悲伤。显然，“我的影子”的离去意味着主体分裂与不安肃杀的雨景有直接的关联。但主体的分裂，不全然是被动的；“我的影子独自走出房间／在门口回顾一下我／然后一直往前去”，分裂后的精神显然具有某种自由与前行的力量。相反的，留在象征具体现实空间的“房间”里的“我”，并没有追回“我的影子”的行动，只是兀自在房间里哀叹独自远去的“我的影子”的寂寞，同时也哀叹着被留下的“我”的寂寞。从被现实所拘束缺乏行动力的“我”看来，前行的“我的影子”徘徊于过去与未来之间，是茫然无所依；但那脱离了现实毅然前行的“我的影子”在远方的姿态，却是与过去和未来保持着高度紧张关系，努力思索着历史动向的姿态。这首诗发表于1941年，在此之前，中日之间战争进入相持阶段，39年德国攻击波兰，英法向德国宣战，第二次世界大战爆发，虽然都远在台湾之外，

① 原文为日文，译文由笔者根据原文，综合龙瑛宗自译本与陈千武译本修改。
② 林巾力：《主知、现实、超现实：超现实主义在台湾的实践》，收于《台湾文学学报》第15期，2009年12月，第106页。

却宛若“屋外是雨的风景／风微微地刮来”。敏于感受时代氛围的龙瑛宗以高度凝练的文字，冷静道出在肃杀不安的局势里，在具体现实支配下，人不可能有行动与突破的可能，只能兀自哀伤。唯有脱离具体现实支配，才能产生思索历史动向的可能性。更重要的是，这样的思索本身并不是直观式肯认过去或者直觉的面向未来，而是以一种维持高度张力关系进行着。可以说，剥去悲伤寂寞哭泣等情感的外衣，龙瑛宗其实是冷静地凝视着现实。

精神既已脱离了现实，却又凝视着现实，乍看之下是矛盾的。龙瑛宗非常强调现实的重要，他认为“作家之眼并非是射出观念，而是必须射出现实”①，但他所说的现实，不是一般意义上的现实：

作家并非是将现实原原本本抄录下来，而是要将现实暂且拆散解体，然后再以文学方式加以有机组合。其间要以想象或者幻想作为媒介。所谓想象或幻想，本是与生俱来。比起这种先天的东西，努力可为后天之物。而且为了支撑努力，意志与环境具有决定性的影响力。②

龙瑛宗认为“现实，是生活表象的社会，非常复杂与庞大，呈现混沌的面貌”③，写实一般地将现实记录下来，反而失去了真实性，因此作家必须将现实拆散解体后，以幻想或想象为媒介，重新有机组合后的现实，才能够完成的呈现现实的样貌。换言之，龙瑛宗所谓的 " 现实 " 并不是一般意义上、直观的现实，而是非现实的现实。诚如林斤力所言，龙瑛宗是“以现实主义所无法达到的方式，向我们传达精神世界里更为真实的风景”；④从这个角度来说，杜南远系列作品缺少历史性因素，并不是逃避现实，而是直面现实。

一如《午前之诗》所揭示，主体的分裂并不意味着肉体与精神的完全脱离，“我”总是关注着“我的影子”的去向，同时也时时意识到在具体现实支配下的无行动能力的自己，并因此而哀伤寂寞。如此，一方面现实里的“我”兀自哀伤哭泣，一方面“我的影子”却又苦苦求索的形象，不仅成为杜南远系列作品的基本叙事结构，同时也是龙瑛宗创作杜南远系列时的精神状况。毋宁说，正

① 林至洁译：《作家之眼》，收于《龙瑛宗全集中文卷第五册　评论集》，第 30 页。
② 林至洁译：《关于作家》，收于《龙瑛宗全集中文卷第五册　评论集》，第 77 页。
③ 林至洁译：《作家与读者》，收于《龙瑛宗全集中文卷第五册　评论集》，第 127 页。
④ 见前引林巾力：《主知、现实、超现实：超现实主义在台湾的实践》，第 177 页。

是为了克服在现实里的绝望，所以才会在精神领域里凝视现实痛苦地思着；杜南远系列作品正是精神状况的结果。

龙瑛宗这种直面现实、与现实保持着高度张力思索着历史动向的姿态，在战争时期，也许是具生产性的一种面对现实的姿态。1943 年以争取大东亚战争争胜战，诱导台湾文化人士透过“职业报国（职域奉公）”协助思想战的目的，“皇民奉公会”设立了“台湾文化赏”[①]，将台湾文学奖颁给西川满、滨田隼雄与张文环。当时台北帝大助教授工藤好美写了《台湾文化赏与台湾文学》首先检讨台湾文化赏制度上的缺失，其次指责台湾诗坛所出现的世纪末颓废风格与堕落化的浪漫主义，有着逃避现实的趋向。继而评论三位文学奖得主的作品。工藤认为西川满描绘的是“过去”，应该朝向现实世界发展；张文环的作品是自然主义式的现实主义，应加强历史意识；滨田隼雄则是将官方的命题强加于过去的事实上，是“调查工作做得很好的小说”。最后综合提出“历史性的现实主义”的主张。[②]工藤的评论引起滨田隼雄以《非文学的感想》反击，滨田批判岛内浪漫主义脱离现实，现实主义乃自然主义末流，并指责本岛人作家迷恋“现实的否定”,“身为皇民的既不积极也不肯定的态度”[③],引发了著名的“粪写实主义论争”。表面上看来“粪写实主义论争”围绕着浪漫主义与现实主义展开，实则如研究者柳书琴所言，“是文艺统制派与文艺自由主义者之间的格斗，而隐蔽其后的则是皇民／非皇民、帝国臣民／台湾人的认同之战”。[④]不过，遮蔽在文艺流派论争与认同论争之下的核心问题，其实是工藤好美所提出的关键问题：

> 现在正面临一个历史的大转换期，我可不想徒然沉湎在过去的穿凿附会之中。不只这样，台湾的诗人们也绝不会被包含在唯一的趋势之中，在他们当中也有能够突破一般的或支配的气氛而打出清新风格的人，从以前开始，找出这

① 柳书琴:《粪写实主义与皇民文学：1940 年代台湾文坛的认同之战》，收于《东亚现代中文文学国际学报》第 4 期汕头大学号，2010 年 5 月。今引自 http://www.tl.nthu.edu.tw/people/writing_journal.php?Sn=7。引用日期 2013 年 9 月 7 日。第 4 页。

② 邱香凝译，涂翠花校译，工藤好美:《台湾文化赏与台湾文学——以滨田、西川、张文环三人为中心》，收于黄英哲主编,《日治时期台湾文艺评论集·杂志篇第四册》，台南：台湾文学馆筹备处，2006，第 104—116 页。

③ 邱香凝译，涂翠花校译，滨田隼雄:《非文学的感想》，收于前引《日治时期台湾文艺评论集·杂志篇第四册》，第 128—133 页。

④ 见前引柳书琴《粪写实主义与皇民文学：1940 年代台湾文坛的认同之战》，第 12 页。

些例外的作家，就是我们乐此不疲的工作。[①]

即面对一个大的历史变局，只有突破一般或者直观受支配的现实，直面现实的思索与尝试才有可能产生新的历史认识与掌握历史的动向。因此工藤强调创作应该找回与时代的联系。他所谓的时代性，并不是一般或者支配的趋势，而突破直观的现实，直面现实的时代性。龙瑛宗直面现实，以与现实保持着高度张力关系思索着历史动向的姿态，正与工藤好美的主张有相合之处。事实上，工藤好美对时代性的要求，恰恰好触及了殖民地台湾作家无法明言的苦恼的根底。工藤文章发表前后，吕赫若在 1943 年日记里记录了他苦恼的过程：

二月二十三日

听说帝大的工藤好美教授说我的作品在意识形态方面薄弱。

四月十二日

校订自己的作品《合家平安》，读着读着，不觉深深厌恶起来。觉得希望更具有感情的一面。

四月十三日

作品第一主义。要让作品发挥力量。

五月二日

我不满以自然主义文学手法

五月二十四日

找陈逸松，他向我要求："希望在文学上是更具民族爱的作品"，非常赞同。

五月三十日

想写小说但觉为难。为题材伤脑筋。说是要有建设性，真伤脑筋。[中略]工藤教授给了我以下的批评："结构、文章很好。希望将来朝向追求美的事物或者是有建设性的方向去发展。"

五月三十一日

为手法而苦恼

六月一日

是要写对民族更有贡献的作品的时代吗？自己只是想描写典型的性格而一直写到如今。因此也描写了黑暗面——好吧！那就是描写美的事物吧！

① 见前引工藤好美《台湾文化赏与台湾文学——以滨田、西川、张文环三人为中心》，第 110 页。

六月七日

因为《血》一题在当前局势下太骇人，所以改为《流》。对时局性的处理感到为难。

六月十三日

我并不是不会写以人的个性美为对象的小说，而是一直更想以社会为对象，描写人的命运的变迁。

六月十五日

最近对《兄弟》的构成感到头痛。说要加入时代性什么的。但我讨厌把轻薄的时代性塞进去。我坚持真实地、艺术性地，我要写永恒的作品。[略]塞进的太多时局性之故，情节感到不自然，苦恼。

六月十八日

想到了短篇小说《路》的主题，想描写一个医生徘徊于开业还是做研究之间，想明示本岛知识阶级的方向。

七月三日

和张文环、龙瑛宗，三人去古亭町拜访工藤好美，他劝我研究历史哲学。必须认识政治和政策、时代与时局之间差别。

八月七日

晚上更新构思，开始写《清秋》。想描写当今的气息，以明示本岛知识分子的动向。①

这一串看似为创作而苦恼的日记，其实是吕赫若在肃杀局势之下，苦于思索如何面对台湾的新现实？如何有助于寻找出路的心灵秘史。结合了时代性与生产性（建设性）思考的果实，即是《清秋》，揭示了台湾知识阶级的动向。虽然吕赫若与龙瑛宗的性格不同，表现不同，但是龙瑛宗的杜南远系列，直面现实，求索着历史动向的姿态却是与吕赫若相同。就这一点而言，龙瑛宗其实并非他自以为的寂寞与孤独。

二、龙瑛宗的历史认识

一如工藤好美所示，浪漫主义之所以脱离现实，是为了借此阐明精神的主

① 钟瑞芳译，陈万益主编《吕赫若日记（1942—1944）中译本》，台北：印刻，2004，第296—371页。

体性，为主体精神对客体存在（现实）施以建设性或创造性活动的条件做好准备。一旦丧失了脱离现实之初的建设性的动机与热诚，将成为纯粹逃避现实的堕落。[①] 意即精神与现实之间，如果丧失了内在的联系，精神最终将吞噬了自己。所谓内在联系，就是作家的历史认识。龙瑛宗一向被认为是游离社会之外，不关心政治社会现实；又或者被视为因为战争动员不得不配合时局写作。这两种看法看似背反，实则同样肯定龙瑛宗缺乏历史认识。但叶石涛回忆，战争末期他有一次参加了龙瑛宗与吴浊流的中午会谈，龙瑛宗与吴浊流起先以客家话交谈，后见叶石涛不懂客家话，也就改用日语交谈。这一席话，给他带来了相当大的震惊：

> 他们讨论，日军在南洋打仗节节败退的惨况到预测台湾将被解放后走向哪里去的问题。受到日本军国主义教育长达十多年的我，满脑子都是日本人的神话，我相信日本是神国，决不会有战败的一天的……［略］
>
> “日本真的会战败吗？”我用怀疑的口吻问道。
>
> “必败无疑！”两位先辈作家异口同声坚决地回答。
>
> “战败后，我们台湾人会变成哪一国人？”
>
> “马关条约的结果台湾割让给日本。日本战败，中国战胜，马关条约会失效。台湾可能会回到祖国的怀抱。”龙先生说。
>
> “我们祖先本来是汉人，来自一衣带水的大陆。战后变成中国人是顺理成章的事吧！不过，对于中国和中国人是什么一回事，我倒有些心得。我到过大陆。我正在写一本小说《胡志明》，写的正是中国人与台湾人互相认同的危机。”[②]

1941 年 12 月日本突袭美国珍珠港，同时向英美两大阵营宣战，初期战争进展顺利，日本陷入战争狂热中。1942 年 6 月日本进攻中途岛失败，海上局势开始扭转，1943 年 2 月日本撤离瓜达尔卡纳尔岛，美军取得太平洋战局的主导权。约略同时，欧洲战场也因为德国在斯大林格勒战役中败北，逐步后退，使整个第二次世界大战战局出现了转机。[③] 龙瑛宗与吴浊流的谈话，大约发生于 1943 年六七月左右，正值战争局势开始逆转之时，龙瑛宗已断言日本必然战败，

① 见前引工藤好美《台湾文化赏与台湾文学——以滨田、西川、张文环三人为中心》，第 108—109 页。

② 叶石涛：《我的先辈作家们》，收于氏著《府城琐忆》，高雄：派色文化，1996，第 43 页。

③ 藤原彰著：《日本近现代史》，北京：商务印书馆，1992，第 100—102 页。

并且能从历史角度客观分析战争结束后台湾前途问题[①]，显见龙瑛宗虽然不是反抗型作家，亦不直接书写政治社会现实，但并不表示龙瑛宗是个没有定见的人，他和吴浊流都是关注着局势的发展并且思考着台湾的前途问题。

叶石涛的回忆同时也提出了另一个问题：战争时期龙瑛宗的历史认识是如何形成的？战争时期的龙瑛宗很少正面处理政治社会现实，但如同《南方通信》，少数报导性观察随笔却透露了龙瑛宗思考的蛛丝马迹。1937 年 12 月，龙瑛宗撰写了《台湾与南支那》一文，论述台湾与中国南方的关系，刊载于《改造》"南方支那号"上。表面看来，文章谈论的是台湾因日本统治中断了与中国南方关系的既成事实，加上龙瑛宗与改造社的渊源[②]，这篇文章很容易被视为"配合杂志编辑所需，以报导介绍性的内容为主"[③]，忽略了字里行间由"作家之眼"所折射出来的历史认识。

"南方支那号"的出版脉络，提供了从《台湾与南支那》掌握龙瑛宗历史认识发展过程的关键。"南方支那号"发刊于 1937 年松沪会战之后，是《改造》的临时增刊。根据高崎隆治，中日战争爆发，造成日本国内杂志刊物极大的冲击，在国家权力宣传的"不扩大方针"与战局扩大倾向的夹缝间，杂志刊物只好发行临时增刊号因应。[④]松沪会战后，因为战局转向南方，关于南京政府的迁都、上海租界以及对英关系的尖锐化等问题，促使改造社发行了临时增刊"南方支那号"。[⑤]本号除了刊登龙瑛宗文章之外，同期尚有来自战争现场的报导（如"江浙战线"栏），周边区域如琉球、香港、法属印度支那的观察报导，更有与战事当下所面对的问题与将来走向的观察论述，如第三国调停的可能（《第三國調停は可能か》）、战时经济的问题（《日本經濟の動向とその指導政策》《敗戰と支那の經濟體制》）、英国动向问题（《英國外交論》《英國東洋政策の基調》）。对于中国抗日势力与走向的分析，更是关注报导的焦点，不仅刊登了郭沫若的《蔣介石を訪う》（《蔣委員長會見記》），还刊登张国平《第八路

---

① 叶石涛后来修改了这一段回忆，龙瑛宗与吴浊流同样讨论局势问题，但龙瑛宗对于日本是否战败则显得迟疑。见叶石涛《纤细，知性的作家——龙瑛宗》，收于氏著《从府城到旧城——叶石涛回忆录》，台北：翰音文化，1999，第 108 页。但笔者认为，龙瑛宗在战争后期对局势发展已形成定见，详见后述。

② 龙瑛宗因《植有木瓜树的小镇》获奖后，应邀赴东京与改造社社长山本实彦、编辑部人员交流，因此也成为改造社与台湾文化界交流的窗口。见王惠珍，《扬帆启航——殖民地作家龙瑛宗的帝都之旅》，《台湾文学馆研究学报》第二期，2006 年 4 月，第 32 页。

③ 见前引王惠珍《扬帆启航——殖民地作家龙瑛宗的帝都之旅》，第 35 页。

④ 高崎隆治:《戰時下の雜誌　その光と影》，名古屋：風媒社，1976，第 13 页。

⑤ 《編輯だより》，《改造》十九卷五号"南方支那号"，1937 年 12 月，第 368 页。

軍の全貌》与李初黎《延安の印象》，并预测长期抵抗的可能《(長期抵抗の現實基礎》。[①]总地来说，“南方支那号”的内容不局限战事进展报导，而是试图全面性把握战争。其背后的支撑点正是战争爆发后，《改造》凝视重大时局的变迁，把握中日战争的全貌，以探究盘踞中日之间的根本问题，并寻求解决之策的编辑方针。[②]

正是在《改造》的编辑方针与“南方支那号”的出版脉络上，突显了《台湾与南支那》的意义。首先诚如王惠珍所言，《改造》杂志是殖民地作家的基本文化素养养成的主要来源之一。[③]长期阅读《改造》杂志，战争爆发前后又与改造社密切交流的龙瑛宗对于《改造》杂志的态度，应该有所认识。因此对龙瑛宗而言，重视全面性把握战争的《改造》犹若窗口，使他能透过《改造》的报导，从世界局势角度掌握战争局势的变迁。其次，“把握中日战争的全貌，以探究盘据中日之间的根本问题”的编辑方针，进一步向身为殖民地作家的龙瑛宗抛出了根本性问题：在战争中，殖民地台湾与中国的关系将如何发展？《台湾与南支那》正是对这一根本性问题的初步回答。龙瑛宗在文章中的叙述结构非常特别，首先他肯定地说“当今的年轻本岛人，除了台湾以外，而认为南支那是遥远的外国”。接着反论，“但在他们的父祖时代，南支那还是父祖们的精神故乡”。然后从历史角度说明过去台湾与中国南方往来密切，无论是风俗、习惯、语言等跟中国南方差不多，经济关系密切。话锋一转，他说明如今因为日本统治关系，在交通、经济、文化方面，都切断了联系，结果是“语言、风俗、习惯的南支那风格都逐渐被驱逐了”。因此，他总结说：“现在南支那和台湾之间，交通并不频繁，经济上、文化上也都没有什么重要的关联了。”整体而言，是对现状的肯定；但是文章结尾，龙瑛宗却留下了一段耐人寻味的文字：

东亚正刮着暴风雨，但是总会有结束的一天吧。到那个时候，台湾和南支那之间，可以预想首当其冲的在经济方面将产生比现在更为深刻的关联。[④]

如果抽去前述“把握中日战争的全貌，以探究盘据中日之间的根本问题”

---

① 《改造》十九卷五号“南方支那号”目次，1937年12月。

② 见前引高崎隆治《戰時下の雜誌　その光と影》，第22页。

③ 王惠珍：《殖民地作家的文化素养问题——以龙瑛宗为例》，收于柳书琴、邱贵芬主编，《后殖民的东亚在地化思考：台湾文学场域》，台南：台湾文学馆筹备处，2006，第52页。

④ 陈千武译：《台湾与南支那》，收于《龙瑛宗全集中文卷第六册·诗·剧本·随笔集（1）》，第119—120页。

的脉络理解，这段暧昧性文字应该会被理解为对战争的肯定与协力吧。可是正是作为对“在战争中，殖民地台湾与中国的关系将如何发展？”问题的回答，看到了龙瑛宗的历史认识。可以说，龙瑛宗认为过去台湾与中国之间父祖之国的关系因为日本统治被截断了，导致年轻的台湾人视中国为“幻想领域的异国”。这个阻隔现状将随着战争的结束而有重新产生深刻关联的可能。这个认识里，有两个突出的地方。一个是对战争的破坏性有着某种乐观的期待。他将战争比喻为“暴风雨”，在另一首题名为《战争》的诗里，他更直接歌咏战争的力量：

是巨大的神的姿势
是旧世纪的解体
是新兴世界之象①

如果忽略了殖民地的现实脉络，同样会将这首诗诠释为协力战争吧！可是对龙瑛宗这样一个小资产阶级出身，出身不良，又有野心的殖民地知识分子而言，一如陈有三们的处境，他所想望的出人头地在殖民地现实环境中完全没有实现的可能；唯一的出路就是渴望借由战争的破坏，能够同时完成阶级与被殖民地的解放，开创新局。这种渴望，毋宁是被殖民的小知识分子最大的反抗吧。②其次，此时的龙瑛宗对于将来台湾与中国南方的关系留下了模糊性的空间，从文章发表于1937年年底的时间来看，战争开始不久，模糊性或许也意味着《台湾与南中国》是龙瑛宗历史认识发展的起点而不是终点吧。不过，根据高崎隆治，八一三事变后，日本舆论界认为战争即将结束，弥漫着乐观的气氛。③在这样的氛围里，龙瑛宗却对将来发展有着模棱两可的认识，不能不说是个异数。

何以龙瑛宗能在高度乐观的战争气息中保留某种模糊性？战后龙瑛宗两度提到了尾崎秀实，第一次是1946年在《认识中国的方法》中，推举尾崎秀实的中国研究是相当正确的研究。④第二次则是在1979年《黑与白》随笔中，再度

① 陈千武译:《战争》，收于《龙瑛宗全集中文卷第六册·诗·剧本·随笔集（1）》，第24页。

② 虽然龙瑛宗在战争期间歌颂战争的力量，但不能本质化为龙瑛宗支持战争，战后龙瑛宗呼吁停止内战，即是一例。

③ 见前引高崎隆治《戰時下の雜誌　その光と影》，第24页。

④ 叶笛译:《认识中国的方法》，收于《龙瑛宗全集中文卷第五册·评论集》，第259页。

提及尾崎秀实，并称他为“眼光透澈的”“真正爱日本国”的人。[①]这在龙瑛宗全部作品中是罕见的情况，对其意义非比一般。尾崎秀实（1901—1944），为《台湾日日新报》汉文部主笔尾崎秀真之子，著名评论家尾崎秀树之异母兄。少年成长于殖民地台湾，就读台北一中（今建国中学）。台北一中毕业后进入东京帝国大学法学部就读，关东大地震后因为大衫荣被宪兵队杀害事件，开始研读社会主义著作。1928年以《朝日新闻》特派记者身分赴上海，在“同时存在着革命与反革命的上海”，他不仅与史沫特莱（Agnes Smedley）、左尔格（Richard Sorge）往来[②]，并通过内山书店与郭沫若、鲁迅、左联的夏衍交流，也和鲁迅、山上正义合作，为《支那小说及阿Q正传》写序。[③]1932年返回日本后，发表大量日本与东亚问题评论，引起轰动，成为中国问题专家。1938年成为第一次近卫内阁特别顾问，参与策划“近卫新体制”，侧身“支那事变处理”相关政策立案与“东亚协同体论”喧嚣之中。[④]1941年以左尔格间谍事件首谋者身分被逮捕入狱，1944年被日本政府施以绞刑处死。尾崎秀实做为一个共产主义者，在战争中跻身日本内阁高级幕僚，又以间谍身分被处死，其行动本身已跨越了民族的框架，走着异端的道路；其思想与认识也是“帝国知识谱系的异端”[⑤]。尾崎秀实主张要全面性正确理解中国，必须要以科学的方法，对中国进行活体的解剖。因为“一向长期处于假死状态的支那，事实上还保存着活力，而且，新的运动规律对之起著作用”。[⑥]所以他以自己在中国的体验，通过“国际关系”与“民族运动”两个视角来分析中国，从而导出了“支那与列强资本”与决定现代中国动向的“民族运动”问题，尤其关注中国民族运动的发展。他认为中国的民族运动，以“一向盲目连方向都不知道却以惊人之顽强在这块土地上营营而生的支那民众的形象”表现出来，运动的本质是“自己解放”。因此，卢沟桥事变发生后，他便预测中国的统一终将往非资本主义的方向发展。[⑦]野村浩一

① 龙瑛宗:《黑与白》，收于《龙瑛宗全集中文卷第六册·诗·剧本·随笔集（1）》，第332页。

② 张学锋译，野村浩一:《近代日本的中国认识》，北京：中央编译社，1999，第172页。

③ 陆平舟译，横地刚:《由〈改造〉连载〈中国杰作小说〉所见日中知识分子之姿态——从鲁迅佚文/萧军〈羊〉所附〈作者小传〉说起》，收于陈映真主编《人间思想与创作丛刊·迎回尾崎秀树》，2005年4月，第199—201页。

④ 见前引野村浩一，《近代日本的中国认识》，第192页。

⑤ 清华大学王中忱教授以“帝国知识谱系的异端——以矢内原忠雄与尾崎秀实有关‘支那问题’的论争为中心”于新竹交通大学专题演讲，2011年11月2日。本文关于尾崎秀实的论述，仰赖王教授启发，谨此致谢。

⑥ 尾崎秀实:《现代支那论》，东京：岩波，1982，第1页。

⑦ 见前引野村浩一:《近代日本的中国认识》，第174—183页。

认为尾崎对中国的情况越是准确地把握，越是对问题朝向相反方向发展感到悲痛。因此在战争爆发后乐观气息里，他的时局评论一方面流露出“战争何时能结束，谁也预测不到”的情绪[①]，另一方又认为“日支关系的破局，是符合且内在于日本资本主义发展的特殊事情的结果,可说是日本大陆政策必然的归结”。[②]正是从这个认识出发，尾崎认为：

我们在事变的初期，都预料到了这一事件的重大性，为了两国，心中希望能够找到和平手段迅速解决。以后，事情发展到现在，已经全面展开。时至今日，半途而废的解决方法已经绝对不允许，唯一的道路就是战胜支那，否则别无他路可寻。不再挥舞假面，集中精力与支那斗争，除此之外，别无生路。[③]

表面上是呼应且鼓动战争，但是“除此之外，别无生路”含藏着失败的阴影，流露出微微暗沉的调子。正如王中忱所言，尾崎高呼协力战争，其实是一种“婉曲”的表现，因为中日战争和日本的生存直接相关，如果没有能从本质上根本改变日本的东西，问题依然无法解决。[④]

尾崎秀实的时局评论多半发表在《改造》《中央公论》与《朝日新闻》等公众刊物上，广受注目。《嵐に立つ支那　轉換期支那の外交、政治、經濟》，在日本出版后[⑤],《台湾日日新报》随即刊出署名“Ｉ．Ｓ生”推荐书评[⑥];新竹州立图书馆亦纳为新到藏书之一。[⑦]《台湾日日新报》并与《名古屋新闻》《神户新闻》约略同时连载《现代支那要人论》[⑧]；可见，即使在殖民地，尾崎秀实亦是

① 见前引野村浩一,《近代日本的中国认识》, 第 190—191 页。

② 尾崎秀实:《時局と對支認識》, 转引自前引高崎隆治《戰時下の雜誌　その光と影》, 第 22 页。

③ 尾崎秀实:《長期戰下の諸問題》, 转引自前引野村浩一,《近代日本的中國認識》, 第 190 页。

④ 王中忱教授以“帝国知识谱系的异端——以矢内原忠雄与尾崎秀实有关‘支那问题’的论争为中心”专题演讲发言内容，由笔者记录而成，若有误解疏漏之处，责在笔者。

⑤ 《嵐に立つ支那　轉換期支那の外交、政治、經濟》出版于 1937 年 9 月 10 日。尾崎秀实著作资料，参见松田义男编《尾崎秀实著作目录》, 2003 年 5 月 14 日编，2009 年 10 月 25 日改订。引自网路“ドキュメントの共有”，2012 年 9 月 29 日摘引。http://welead.net/html/13_Html_%E5%B0%BE%E5%B4%8E%E7%A7%80%E5%AE%9F%E8%91%97%E4%BD%9C%E7%9B%AE%E9%8C%B2_2771.html#.UkfxYUawoWQ.gmail。

⑥ I.S 生:《‘嵐に立つ支那’　尾崎秀實氏好著》,《台湾日日新报》13580 号，1937 年 11 月 9 日。

⑦ 堀克夫:《圖書館だより》97 号，新竹市：州立新竹图书馆，1937 年，第 5 页。

⑧ 见前引松田义男编《尾崎秀实著作目录》, 第 14 页。

关注的焦点；可以合理推测龙瑛宗差不多同步地接受了尾崎秀实的著作与思想。身为日本内阁高级幕僚，尾崎的中国分析在当时相当受到看重，被视为中国问题的权威，其著作并未因他被逮捕而遭禁，反而成为当时的畅销书籍。[①] 但是“唯一的道路就是战胜支那”激昂语调的背后，在国家权力的许可范围内，胆战心惊表达前途黑暗的沉痛语调[②]，却不是那么容易被读出来。然而：

当时我看到日本高级杂志的论调，充满着杀气腾腾的叫声。惟其中只有一个虽不敢正面反对，但眼光透彻的，详细阅读的话，其婉曲的论调里可发觉日本军国对中国侵略是大错特错，结果只有一败涂地的命运。其人是谁呢？这个真正爱日本国的是生于台湾，就读于台北一中及东京帝大出身的尾崎秀实。[③]

或许是处于殖民地现实里，对于黑暗有着共感吧，一直凝视着现实，与现实保持高度张力进行思索的龙瑛宗读出了尾崎的悲痛。从《台湾与南支那》结尾对台湾与南中国未来给出模糊性判断到叶石涛回忆里 1943 年判断日本必败，台湾将回到祖国怀抱的果断，其发展过程与尾崎秀实的思想发展过程相近，或可说，龙瑛宗通过了尾崎秀实对战争的认识与中国的分析，加上 1941 年珍珠港事变，牵动了英美势力加入战局的结果，龙瑛宗最慢在 1943 年中期左右已确立了中日战争日本战败，台湾将回归祖国的历史认识。就这点而言，龙瑛宗在战争结束后，立刻发表了《从汕头来的男子》与《青天白日旗》，以至积极主张“紧急研究祖国之文化，认识今日之立场，向新中华民国的再建前进”[④]，应该都是这个历史认识下，内在于龙瑛宗思想脉络的结果。

三、战时下的等待

建立了“非现实之现实”与“历史认识”两个坐标后，重新把战争时期杜南远系列放在这个坐标里观察，将可发现杜南远系列并非龙瑛宗逃避时局之作，

① 陈绍英，《一名白色恐怖受难者者手记》，台北：玉山社，2005，第 103 页。

② 见前引高崎隆治《戰時下の雜誌　その光と影》，第 24—25 页。

③ 龙瑛宗：《黑与白》，收于《龙瑛宗全集中文卷第六册·诗·剧本·随笔集（1）》，第 332 页。

④ 《卷头语》，《中华》创刊号，1946 年 1 月，页 3 页。这份刊物，中日文合刊，发行者陈国柱，背景不详，主编为龙瑛宗。《卷头语》为中文，未标作者，刊中另有日文《本誌の使命》，内容相同，推测卷头语应为龙瑛宗执笔，经他人翻译而成。

反而是龙瑛宗直视现实思索战争中台湾人应如何自处的记录。

1941 年 4 月，原本在台湾银行台北分行任职的龙瑛宗，突然被调往花莲分行任职，在花莲蛰居了十个多月。[①] 关于这一段调职的经过，龙瑛宗本人并未多所描述。据龙瑛宗夫人李耐女士回忆，龙瑛宗本来不愿被调职，后因生活压力屈服，约定以一年为限同意赴花莲工作。[②] 从结果来说，因为“对文学的喜爱和执着”[③] 以及“文学活动之需”[④]，是促使龙瑛宗辞掉银行工作返回台北任职《台湾日日新报》的原因之一。但从他先是屈服生活压力同意调职花莲，不到一年，毅然辞掉生活保证的银行工作来看，显然调职花莲对他冲击相当深刻，才使得个性压抑的他做出人生中罕见的“冒险”行动。[⑤] 与断然辞职的行动相呼应的是，1941 年调职花莲以后，龙瑛宗的文学创作亦出现转变。究竟，什么样冲击，让龙瑛宗的人生与精神有这么大的转折？

龙瑛宗工作的台湾银行，是以台湾为基础的日本资本帝国主义发展的机关，活动范围以台湾为主，扩及日本，对外则以华南、华洋为主，扩及一般外国。[⑥] 因为是继横滨正金银行之后成为外汇银行，除了台北本店外，世界各地都有支店，因此：

有气宇轩昂地走在纽约百老汇的行员，带着美国养成的时髦归来，有从澎湖这个沉闷没有树木的孤岛来的，也有罹患了风土病从台东的蕃社市镇回到本店的行员。还有从印度、爪哇晒黑回来的。在汕头和厦门等地，因为排日运动

① 关于龙瑛宗调任花莲的时间，众说纷纭，龙瑛宗自制年表亦有 1940 与 1941 两个时间。根据王惠珍的考察，应该是 1941 年 4 月至 1942 年 1 月左右。见王惠珍，《地志书写港市想象——龙瑛宗的花莲文学》，收于陈万益编《台湾现当代作家研究资料汇编（07 龙瑛宗，1911—1999）》，台南：台湾文学馆，2011，第 179 页。

② 王惠珍访问，李耐口述，见王惠珍，《龍瑛宗研究——台灣人日本與作家の軌跡》，日本关西大学大学院文学研究科中国文学专攻博士论文，2004 年 9 月。第 297 页。

③ 刘知甫：《幻想与读书　悼念父亲龙瑛宗——生命中的两大支柱》，收于陈万益编，《龙瑛宗全集中文卷·第八册·文献集》，台南：台湾文学馆筹备处，2006，第 303 页。

④ 王惠珍，《地志书写港市想象——龙瑛宗的花莲文学》，收于陈万益编，《台湾现当代作家研究资料汇编·7 龙瑛宗》，台南：台湾文学馆，2011，第 211 页。

⑤ 据刘知甫回忆，除了自己的家庭之外，龙瑛宗还需负担 1936 年逝世之二哥刘荣瑞所留下的六个孩子的生活。在如此重的生活压力之下辞职，就现实层面而言相当“冒险”。刘知甫的回忆，见王惠珍《龍瑛宗研究——台灣人日本與作家の軌跡》，第 291 页。龙瑛宗负担两个家庭生计的压力，在《白色山脉》中亦多所呈现。

⑥ 周宪文译，矢内原忠雄著：《日本帝国主义下之台湾》，台北：帕米尔书店，1987，第 63 页。

被殴打成伤包着绷带回来的，甚至也有因为强盗而丧失生命的人。[①]

从本店走向汕头厦门，走向爪哇，走向纽约，再从殖民扩张版图各地回归本店的行员们，标志着龙瑛宗原本工作的台北本店，事实上是殖民资本主义发展的中心点。而40年代的花莲则是一个充斥着“追逐利权梦想巨富的粗鲁男子，流浪的人们，出卖青春的年轻女郎，新开拓地的酒色生活”的新开发地。波涛汹涌的海洋，险峻的山脉围裹着千古原始林的蓝紫色，诡异地弥漫着瘴疠之气的自然环境，与丛生的疟疾、恙虫、毒蛇咬伤等风土病，凭添了此地的荒凉感。从台北调往花莲，宛若从尖端的都会中心来到了“一八〇〇年代西部美国的寂寞城镇”[②]，不啻为具有下放意味的“降调”（“都落ち”）。[③] 这一次的降调，仿佛是当年以台湾商工学校第三名毕业进入台湾银行，旋即因为差别待遇下放南投分行的情节再度上演。[④] 对龙瑛宗而言，这无疑是个人在殖民资本主义社会里向上爬升过程中的再次挫败，也再度将他拉入了《植有木瓜树小镇》中陈有三所经历过的挫败与绝望中。他在《在沙滩上——从波涛汹涌的小镇》里，写着来到花莲一个多月，每天为激烈生活所困，感到肉体深沉的疲惫，夜晚被噩梦魇住了：

黑暗的夜。淅沥淅沥的雨敲打着窗户。一打开窗，吸尽雨水的黑色旷野里，滚卧着几千个杜斯妥也夫斯基。杜斯妥也夫斯基层层迭迭的翻倒着。痉挛着的杜斯妥也夫斯基，口吐白沫的杜斯妥也夫斯基，流着泪的杜斯妥也夫斯基，焦黑的杜斯妥也夫斯基，木乃伊般僵硬的杜斯妥也夫斯基，寂寞的杜斯妥也夫斯基，悲哀的杜斯妥也夫斯基，可怜的杜斯妥也夫斯基，在宿命里挣扎的杜斯妥

---

① 译文乃笔者根据陈千武译文修改而成。龙瑛宗：《我的秋风帖》，收于陈万益编《龙瑛宗全集中文卷第六册·诗·剧本·随笔集（1）》，第142页。

② 叶笛译：《在沙滩上——从波涛汹涌的小镇》，收于陈万益编《龙瑛宗全集中文卷第六册·诗·剧本·随笔集（1）》，第197页。

③ 龍瑛宗在《文学杂志帖》中以“都落ち”形容这次的调职。日语中“都落ち”意指离开都会，转调地方任职；义同于“降调”或者“贬谪”。“贬谪”一词为传统语汇，有独特的文化脉络，因此“降调”较适合现代的脉络。

④ 龙瑛宗战后回忆，台湾商工学校毕业时同时进台湾银行的三位台湾人，日后陆续被派到南投、台东、新竹等分行。他在南投服务时，主持台湾商工学校校务的佐藤先生到南投与校友聚会，低声向校友说：“日本对你们有差别，实在不应该哪！”见龙瑛宗《我的足迹》，收于陈万益编《龙瑛宗全集中文卷第七册　随笔集（2）》，第97页。

也夫斯基。我簌簌地直掉泪。然而，这是我的梦。[①]

俄国作家陀斯妥耶夫斯基，出生于莫斯科的贫穷军医家庭，从小罹患癫痫症。出于家计考虑，陀斯妥耶夫斯基被送往军事工程学校就读，就学期间大量阅读俄罗斯文学与西欧文学，荷马、莎士比亚、席勒、霍夫曼等都在他的阅读范围内。军事工程学校毕业后，以《穷人》广获好评；但1849年因为参与反对沙皇，主张社会主义的彼特拉舍夫斯基小组活动遭逮捕，获判死刑。当陀斯妥耶夫斯基怀着对于死亡的确信准备迎接死刑时，却在行刑前一刻获赦，改判流放西伯利亚。四年的西伯利亚苦役期间，陀斯妥耶夫斯基几乎处于绝望状态中，感觉痛苦无时无刻重压在灵魂之上，这也让他的癫痫症日益严重。结束苦役后的陀斯妥耶夫斯基，却遭逢兄长去世，一家人的生活都仰赖他接济，辛苦的工作却迎来了破产的结果。[②]显然，贫穷家庭出身，以文学成名却因政治因素被流放，一生为社会环境、宿命、性格与贫穷所困的陀斯妥耶夫斯基成为龙瑛宗自我投射的对象。雨水落下，立刻被黑色旷野吸尽，消失得无影无踪，突显外在环境的无边暗黑，几欲将人一起吞噬。在这无边黑暗里，陀斯妥耶夫斯基癫痫发作时的翻倒、痉挛、口吐白沫、僵直等身体姿态，流露出难以言喻的绝望与痛苦。强烈的构图传达了这种绝望痛苦较之“紧紧抱住露骨的本能、徐徐下沉的颓废之身，竟有极为合适的黄昏荒野存在着”的颓废感，更具强烈的肉体真实感。对跨入而立之年，在文坛已经稍有名气的龙瑛宗来说，这一次的降调比起初出校门即遭调往南投分行的挫折，显然冲击更为强烈。正是这一种，僵卧在黑色旷野里陀斯妥耶夫斯基式的痛苦，影响了龙瑛宗行动与创作方向。

降调花莲的挫败与冲击，使得龙瑛宗面临了人生与精神方面的转换；则转换的依归是什么？虽然龙瑛宗曾说，现实境遇越悲惨，他的空想也就越华丽[③]；但花莲时期的他却走向另个方向：

醒来的我把脸颊靠在冷冷的窗玻璃上，但真的下着雨。夜深落雨的草原黝暗，什么都看不见，但我却觉得杜斯妥也夫斯基仿佛犹然成片地滚倒在哪里似

① 叶笛译：《在沙滩上——从波涛汹涌的小镇》，收于陈万益编，《龙瑛宗全集中文卷第六册·诗·剧本·随笔集（1）》，第197页。译文为笔者根据原文修改。

② 杨德友译，梅烈日科夫斯基：《托尔斯泰与陀思妥耶夫斯基》，沈阳：辽宁教育，2000，第115—167页。

③ 龙瑛宗自译：《夜流》，收于陈万益编《龙瑛宗全集中文卷第三册·小说集（3）》，第129页。

的。海轰轰地鸣响着。我忽然想到人为什么活着？不过，这个问题是无法被解答的。可是要追求幸福是没错的吧。[①]

从梦中醒来意味着龙瑛宗清楚意识到，如果耽溺于绝望中，如同雨落进黑色旷野，人终将为黑暗所吞噬。从而，他凝视着僵卧在黑色旷野里陀思妥耶夫斯基似的困境，追问“人为什么活着？”的问题，企图通过对存在问题的思考，指示挣脱黑暗的方向。但龙瑛无法像陀斯妥耶夫斯基一般，从宗教与道德层面思考人的存在问题，而是现实性 / 现世性提出人活着的目标是为了追求幸福。然而“企盼的幸福终究没有来，但现在的我至少唯一的幸福就是文学”，幸福的落空与以文学作为幸福的皈依，很容易被解读为被降调花莲的龙瑛宗因为现实境遇的挫败转向个人性与美学的追求，“追求幸福”似乎仅仅是个人主义式的追求。不过，当他从激烈的生活短暂逃脱，面向大海所见却是“除了汹涌的波涛之外，什么也看不见”时，他有着个人主义之上的思考。他节录了俄国作家普希金的诗《致大海》：

你呼唤着，你等待着……
可我被束缚着
我的心徒然地激昂
因强烈的激情而翻腾
我留在了岸边

周围渺无人影
啊！大海哟！　你要把我带向何方？
人们的命运到处都一样
幸福所在之地　必有
文明或暴君看守着[②]

此首《致大海》写于 1824 年，乃普希金二度流放前所做，原诗共十五节，

① 叶笛译：《在沙滩上——从波涛汹涌的小镇》，收于陈万益编《龙瑛宗全集中文卷第六册·诗·剧本·随笔集（1）》，第 197 页。

② 龙瑛宗所引普希金《致大海》，内容与现今流行译本略有不同，今由笔者根据龙瑛宗引文翻译。龙瑛宗引文疑出自上田进译《プーシキン詩抄》（改造社，1941），龙氏藏书中列有此书，今由台湾文学馆典藏，笔者未见。

表达了中年普希金经历一连串人生困阨与挫折后内心的冲突，对命运的感叹以及对自由和理想的渴求。普希金的境遇和诗中的思想情感，在在引起龙瑛宗的共鸣，却又不只是“如同苦恼于饥渴的旅人一般，渴望着清冽水泉的憩息”，仅仅寻求情感共鸣。龙瑛宗透过借由普希金的经历，以及节录了第七节和第十三节的方式，形成新的文本，突出了身不由己以及前途渺茫的感慨，进而委婉回答企盼着的幸福没有到来的原因：为外在于个人能力的时代与社会因素所阻隔。如此，龙瑛宗便将个人困境的解决与历史的动向联结起来：

从惊涛骇浪的太平洋听得见历史的跫音。啊！历史的跫音，历史要如何引导人类的命运呢？在汪洋之涯，巨大的战舰如幻一般地浮着。太阳旗在飘扬着。英国国旗和美国国旗濡湿着。我为日本的光荣祷告着。

这个寂寥的城镇也有历史在搏动着。[①]

普希金笔下的大海象征着自由，龙瑛宗眼中所见的大海则是历史，这是龙瑛宗的想象，也是现实。1941 年德国进攻苏联，日美关系紧绷的情势，让龙瑛宗对于一触即发的战争有着乐观的期待。龙瑛宗确实为“为日本的光荣祷告着”，但这不能简单解释为殖民同化的结果，也无法以“被迫呼应战争”自我开脱，毋宁应说殖民地的被殖民者如何看待战争，应该是值得深思的问题。[②] 在此处可以看出，对英美开战迫在眼前，他对于历史将如何引导着人类的命运有着期待，期待通过历史的变动以解决个人的困境，打开通往幸福所在之处。如此，龙瑛宗所谓的“人活着是为了追求幸福”就有了在个人主义之上，与历史相关联的意义。

将个人的困境与历史的变动联系，企望通过历史变动解决个人的困境，这是殖民地里被殖民的人们才会出现的思考模式。不过，对龙瑛宗而言，个人与历史的联系，并不殖民地解放即可解决所有个人问题的，透明无中介式的联系，而是有着更复杂的过程，杜南远系列作品，即是这个过程的思考表现。杜南远是龙瑛宗作品中唯一出现在不同时期、不同作品中的贯穿性人物。这个人物的出现，与其说是出于对杜甫的孺慕之情，不如说是龙瑛宗塑造杜南远这个经历与性格都与自己相似的人物，来说明个人如何经由中介与历史联系，最后才得

① 叶笛译：《在沙滩上——从波涛汹涌的小镇》，收于陈万益编《龙瑛宗全集中文卷第六册·诗·剧本·随笔集（1）》，第 197 页。

② 关于龙瑛宗对战争的态度，将另文讨论。

以坚定等待历史变动到来的过程。正因如此，杜南远系列作品并不是依照花莲经验的实际时间顺序写作，也无意让杜南远在一连串的事件与行动中展开他的命运与个性，而是经由叙事结构与杜南远所见的人事与景色变化，借此呈现龙瑛宗通过杜南远所表现的对于现实与历史的思考。

历史小说中寻找知音

——析杨逵对郑振铎《黄公俊的最后》的译介*

蔡榕滨**

杨逵（1906—1985）自从1927年处女作《自由劳动者的生活剖面——怎么办才不会饿死呢？》以至于1985年生命终结，其文学书写历经了日据时期、台湾光复初期、绿岛时期及返台时期，持续了半个多世纪。不论何种遇际，命运多舛，杨逵始终笔耕不辍，他以如椽大笔对台湾新文学发展做出了杰出的贡献。杨逵写作过评论杂文、小说、诗歌、戏剧；整理过歌谣谚语，创办过《台湾新文学》《一阳周报》，担任过《大众时报》记者，做过《台湾文艺》《和平日报》《力行报》等编辑。除此之外，杨逵还有七种翻译作品，其中四种皆完成于台湾光复初期。而且此四种译本原作皆为中国现代名家作品，它们分别是鲁迅《阿Q正传》、茅盾《大鼻子的故事》、郁达夫《微雪的早晨》及郑振铎《黄公俊的最后》。①

台湾光复初期，因应时代变化，受东华书局之邀，杨逵着手选译中国现代名家鲁迅、茅盾、郁达夫及郑振铎作品。其译介活动的展开是在被视为“现代台湾文学史上唯一的，台湾文学界与大陆文学界最直接密切交流的四年”②的大

* 【社科课题】福建省中青年教师教育科研项目：光复初期两岸文化交流——以杨逵译介活动为观察点 JZ180423。

** 蔡榕滨，福建信息职业技术学院副教授，福建师范大学文学院博士研究生。

① 杨逵中日文对照版鲁迅《阿Q正传》包括《鲁迅先生》《阿Q正传》；杨逵中日文对照版茅盾《大鼻子的故事》包括《茅盾先生》《大鼻子的故事》《雷雨前》；杨逵中日文对照版郁达夫《微雪的早晨》包括《郁达夫先生》《出奔》《微雪的早晨》。这三种翻译在1947至1948年间，由台北东华书局先后出版。东华书局“中国文艺丛书”第一辑后的出书广告中，共列有六种书目，除了以上三种外，郑振铎作、杨逵翻译《黄公俊的最后》注明“印刷中”。但可能未曾出版，故至今未能见到。

② 转引自[日]下村作次郎:《战后初期台湾文坛与鲁迅》[A].邱振瑞译.[日]中岛利郎:《台湾新文学与鲁迅》[M]，台北：前卫出版社,2000:127。

背景下发生的，其译介旨于“普及国语运动”，促进台湾民众正确地理解认识祖国的文化。[①]郑振铎的历史小说《黄公俊的最后》是杨逵于此期间完成的译介作品之一。

郑振铎（1898—1958）与鲁迅、茅盾及郁达夫为同时代的中国现代作家。除此之外，郑振铎还是中国现代著名的学者、评论家、文学史家、艺术史家、翻译家及收藏大家。郑振铎与鲁迅、茅盾及郁达夫都有着密切的关系。比如与茅盾：“在茅盾漫长的文学生涯中，有着许多携手共进的文坛知交佳友，如鲁迅，瞿秋白，叶圣陶等等，而现代文坛上著名作家、学者郑振铎先生，却是茅盾最早的一位文坛知交。”[②]郑振铎是文学革命初期“文学为人生”的重要倡导者。1921 年 1 月倡导“文学为人生”的文学研究会在北京成立，郑振铎即是此研究会的发起人之一。而杨逵终其一生坚持着“文学为人生”的创作理念不变。在这个层面上，毫无疑问杨逵与郑振铎的文学创作主张是契合的。

东华书局“中国文艺丛书”第一辑后的出书广告中，共列有六种书目，其中郑振铎作、杨逵译的《黄公俊的最后》注明“印刷中”[③]，然而遗憾的是此辑丛书至今却未能得见。正因为未能见到此书，为此我们无法知晓杨逵《黄公俊的最后》译本中是否与杨逵日译本《阿 Q 正传》《大鼻子的故事》以及《微雪的早晨》一样，除了对小说《黄公俊的最后》的翻译之外还刊有杨逵对郑振铎的介绍性短文，或者还收有郑振铎的其他作品。但从另一角度却也可知，杨逵是看过，而且翻译过郑振铎的小说《黄公俊的最后》的。

《黄公俊的最后》原载于 1936 年商务印书馆版现代历史小说集《桂公塘》,[④]是郑振铎创作于 1934 年的作品。此作以清朝太平天国运动为背景，写作了黄公俊参加太平天国，后来为了挽救危局，两次只身前往湘营，试图说降曾国藩和曾国荃两兄弟，然而反遭囚禁后慷慨赴死的故事。小说“不把客观翔实的史事放在第一位，而是以主观感情和创作理想抒发为根本，与其说是面向历史，不如说是面向当下，面向现实。它取材于太平天国野史，夹杂了作者淋漓尽致的想象，将史无其人的黄公俊塑造成一位民族义士”。诚然，“这种摆脱历史真实，

---

① [日] 下村作次郎:《战后初期台湾文坛与鲁迅》[A]. 邱振瑞译 .[日] 中岛利郎:《台湾新文学与鲁迅》[M]，台北 : 前卫出版社 ,2000:136

② 钟桂松:《人间茅盾：茅盾和他同时代的人》[M]，郑州 : 河南人民出版社 ,1993:84。

③ 转引自 [日] 下村作次郎:《战后初期台湾文坛与鲁迅》[A]. 邱振瑞译 .[日] 中岛利郎编:《台湾新文学与鲁迅》[M]，台北：前卫出版社，2000：136。

④ 1936 年商务印书馆版小说集《桂公塘》收录四篇历史小说，包括《桂公塘》《毁灭》《黄公俊之最后》。

超越常规的写法”；这种“不符合历史主义原则”的创作，[①]使得《桂公塘》一经出版，便毁誉参半。但是在 20 世纪 30 年代的中国，民族矛盾、阶级矛盾尖锐，在这动荡的时代背景下，郑振铎包括《黄公俊的最后》在内的一系列新型历史小说创作主旨意向是明确的，其中的现实指向性和战斗性是极强的，均有着很强的现实意义。

其实，正如杨逵选译的作品《大鼻子的故事》《雷雨前》并非茅盾最具影响力的作品；《出奔》《微雪的早晨》并非郁达夫最具代表的作品；《黄公俊的最后》也并非郑振铎最为成功的作品。比如学者陈福康也曾经说过《黄公俊的最后》“还不能让人满意”[②]，而现今《黄公俊的最后》也甚少被评论界关注。

在笔者看来，就内容而言，《黄公俊的最后》其实也确实有值得斟酌之处。比如作品中对曾国藩的书写。尽管近百年来，对于曾国藩的评价是仁者见仁，智者见智。尽管曾国藩有着近 20 年与太平军作战的经历，他镇压太平天国罪责难逃。但是却也不能就此完全否定曾国藩的历史功绩，比如他对中国近代现代化建设所做出的积极贡献。毕竟曾国藩还被视为中国历史上真正积极实践近现代化建设的第一人、中国思想政治工作的开山祖师、修身齐家治国中华千古第一完人等。而在《黄公俊的最后》中，曾国藩则完全被丑化了，他被写成一个“良心已经腐烂了”的虚伪的政治投机分子：“曾国藩最重要的是他的军权，他的信仰——绝对不能把将到的肥肉放了下去。”他是个“帮助敌人在和自己的兄弟们战斗，相斫”的“大汉奸”[③]。此外，小说中不断强调着的“敌人”是进行着“民族复兴运动”的太平军；而其笔下的“满妖”则指代着满族人。这样的书写不免有陷入狭隘的民族主义之嫌。诚然如此，但是值得注意的是，郑振铎是在民族与阶级矛盾极为尖锐的 20 世纪 30 年代，在客观环境险恶和觅取现实题材受到限制的情况下完成现代历史小说《黄公俊的最后》。郑振铎的书写用心是良苦的：运用借古讽今、借古喻今的独特方式来指斥时政，揭露时弊，“从反面讽刺当时国民党反动派的对日本军阀的侵略步步退让，到了谈虎色变的地步”[④]。

尽管杨逵选译《黄公俊的最后》与郑振铎创作此作时的历史背景并不一样，

---

① 张业芸：《凝眸历史与现实，剖析忠义与不义——论郑振铎历史小说集》《桂公塘》[J]，《乐山师范学院学报》2008(1):47—48。

② 张业芸：《凝眸历史与现实，剖析忠义与不义——论郑振铎历史小说集》《桂公塘》[J]，乐山师范学院学报 2008(1):49

③ 郑振铎：《黄公俊之最后》[A]，郑振铎：《郑振铎全集（1 卷）》[M]，北京：人民文学出版社，1985:556—562。

④ 《读书破万卷·〈桂公塘〉》(4140) http://blog.sina.com.cn/xiafengjun57327。

但是在笔者看来，杨逵试图通过对《黄公俊的最后》的译介来实现以历史影射现实这点上与郑振铎的创作用意是一致的：

首先，杨逵在选译此作时距离台湾结束长达半个世纪的日本殖民时期不到两年。而此作中，对于民族矛盾的书写，对于民族自由解放的热望呼唤，对于那些出卖民族利益的不肖子孙的深恶痛绝，郑振铎甚至直指其如“猪狗般”①，在某个层面上，其实或者正是杨逵借以对于刚刚过去的日据时期的回顾与清算。

其次，1947 年 1 月②，正值台湾光复初期。如上所述，台湾人民刚刚结束了长达半个世纪之久的日据时期，他们欢天喜地盼到了祖国的来人，然而陈仪政府的恶政，“接收人员腐败贪污、特权垄断的作风，造成物价飞扬、治安败坏，台湾人民从热望跌入绝望的深渊”③致使台湾省籍矛盾极为严重，“二二八事件”一触即发。对于努力希望消弭双方（战后与国民党政府一起从大陆赴台的人和台湾本地人）的裂痕的杨逵④而言，可想而知是多么痛心。而《黄公俊的最后》中那原本以民族复兴运动主持者自居的仁义之师太平军最终却江河日下地衰颓下来，其缘由主要就在于：“领兵者都成了肠肥脑满的富翁的时候，又为了军需，而不得不横征暴敛的时候，当许多新的大姓富户出现于各地，择人以噬的时候，农民们却不得不移其爱戴之心而表现出厌恶与反抗的了。”⑤其实在某个层面上，太平军的下场或者也是杨逵用以间接对当时国民党政府敲的一记警钟。

再者，在《黄公俊的最后》中不难从主人公黄公俊身上看到杨逵的身影。从某个层面上，黄公俊或者正是杨逵在历史中寻找到的知音。如黄公俊的舍生取义、铮铮铁骨，为了结束兄弟们之间的残杀，为了整个民族的前途，而不怕任何的艰苦和牺牲，明知不可为而为之的做法，与杨逵何其相似。因此，可以说杨逵选译《黄公俊的最后》何尝不是在借以间接地传达自己心声。而且，历史是极为奇妙的，正如黄公俊为结束兄弟们之间的自相残杀，为了整个民族的前途试图游说曾氏兄弟后失败被囚，并最终慷慨赴难。译介《黄公俊的最后》两年后，杨逵由于写作旨于弥补省籍关系鸿沟的《和平宣言》不但未能取得成

---

① 郑振铎：《黄公俊之最后》[A]，《郑振铎全集（1 卷）》[M]. 北京：人民文学出版社，1985:546。

② 台北东华书局“中国文艺丛书”第一辑出版于 1947 年 1 月，其书后的广告中即注明郑振铎作、杨逵译的《黄公俊的最后》正“印刷中”，为此可知。

③ 张炎宪：《覆刻缘起》.[J]，《文化交流》（第一辑）. 台北：文化交流服务社，1945:3。

④ 杨逵：《台湾老社会运动家的回忆与展望——杨逵关于日本、台湾、中国大陆的谈话记录》[A]，彭小妍：《杨逵全集》（第十四卷）[M]，台南：文化资产保存研究中心筹备处，2001:283。

⑤ 郑振铎：《黄公俊之最后》[A]，《郑振铎全集》（1 卷）[M]，北京：人民文学出版社，1985:563。

效，其自身反而因此被捕入狱，从此身陷囹圄十二载。

诚然，除上所述之外，小说《黄公俊的最后》中所持有的农民立场，以及对于知识分子（绅士）的批判："绅士们的口，是一味儿的传布着恐怖与侮蔑之辞。""绅士们的奔走、呼号，……其实，打开天窗说亮话，只是要保护他们那一阶级的自身利益而已。""那绅士们，吃得胖胖的，出卖了自己的灵魂和民族的利益，猪狗般的匍伏在鞑子们的前面"[①]，这些均与杨逵的"草根文学主张""人民的立场"以及对知识分子的批判性审视也是极为契合的。

总之，战后初期（1945—1949），为了因应时代巨变，为了学习祖国语言文化，台湾出版了不少中国现代作家作品的中日对照本，据下村作次郎统计有：[②]

一、1947 年

1. 鲁迅著、杨逵译《阿 Q 正传》，东华书局，1 月

2. 鲁迅著、王禹农译《狂人日记》，标准国语通信学会，1 月

3. 郁达夫著、杨逵译《微雪的早晨》，东华书局，8 月

4. 鲁迅著，蓝明谷译《故乡》，现代文学研究会，8 月

5. 茅盾著、杨逵译《大鼻子的故事》，东华书局，11 月

二、1948 年

1. 鲁迅著、王禹农译《孔乙己 头发的故事》，东方出版社，1 月

2. 鲁迅著、王禹农译《药》，东方出版社，1 月

三、1949 年

沈从文著、黄燕译《龙朱》，东华书局，1 月

即，光复初期四年间杨逵译介活动的展开是在被视为"现代台湾文学史上唯一的，台湾文学界与大陆文学界最直接密切交流的四年"[③] 的大背景下发生的。从涉及面上看，在当时多数台湾译介者将眼光集中于鲁迅作品之时，杨逵则在译介鲁迅作品的同时将眼光投向更多的中国现代作家，如郁达夫、茅盾及郑振铎。郑振铎《黄公俊的最后》就是杨逵在此期间的译介作品之一。从译介数量上看，光复初期四年间，台湾出版了对大陆作家作品中日对照本共计 8 种，杨逵的译作即占有 3 种，几近半数，为此也足可见杨逵为"普及国语运动"，促进

① 郑振铎：《黄公俊之最后》[A].《郑振铎全集》（1 卷）[M]，北京：人民文学出版社，1985:542—546。

② [日] 下村作次郎：《战后初期台湾文坛与鲁迅》[A]，邱振瑞译 .[日] 中岛利郎：《台湾新文学与鲁迅》[M]. 台北：前卫出版社 ,2000:128。

③ 转引自 [日] 下村作次郎：《战后初期台湾文坛与鲁迅》[A]，邱振瑞译 .[日] 中岛利郎：《台湾新文学与鲁迅》[M]，台北：前卫出版社 ,2000:127。

台湾民众正确地理解认识祖国的文化的努力与良苦用心。[1]尤其，对于“由小学一年级开始，一直就被用日语来教育长大的”，并且是“从台湾回归中国以后，才开始正式学习北京官话”[2]的杨逵而言，其译介过程的不易是可想而知的。

① ［日］下村作次郎：《战后初期台湾文坛与鲁迅》[A]，邱振瑞译 .［日］中岛利郎：《台湾新文学与鲁迅》[M]，台北：前卫出版社，2000:136。

② 戴国煇：《杨逵忆述不凡的岁月》[A]，黄惠祯 . 杨逵 [M]，台南：台湾文学馆，2011：175—177。

性政治批判与救赎

——论李昂短篇小说的叙事演变

徐秀慧[①]

台湾女作家李昂从1968年，发表《花季》至今，可以说是写作文类多元的作家之一。她所涉及的文类包括：短篇、中篇、长篇小说，报导文学，文化评论与散文，是创作质量均丰的作家。综观她的创作文类与主题的演变，可以看到一个作家随着阅历的增长以及社会的变迁发展，自求突破地不断扩充。从中，我们可看到一个女作家的自我成长，并管窥台湾社会发展的缩影。李昂的创作，从现代主义到乡土文学，以至于后来80年代的政治小说、90年代的后现代小说，跟台湾文坛的主流变化，其实是亦步亦趋。李昂虽然一直是个受争议的作家，但争议的焦点往往集中在她的中长篇小说，而短篇小说细腻的叙事手法虽不亚于受人瞩目的中、长篇小说《杀夫》《暗夜》与《迷园》《北港香炉人人插》《自傳の小說》，相对来说，却较不受重视。从李昂的创作历程看来，她的中长篇小说往往是奠基在一段时期的短篇小说的基础上，唯有了解李昂各个阶段的短篇小说，随着作家个人的成长与社会变迁的演变轨迹，我们才能更完整地掌握李昂小说与“李昂现象”在台湾社会的意义，因此本文以李昂短篇小说的叙事演变作为分析的范畴，并以性政治批判与救赎的问题意识作为分析的切入点。

一、前言

李昂早期的短篇小说，记录了台湾社会性观念从保守到开放的轨迹，更记录了台湾女性从性爱关系中，追寻自我、建立自我的轨迹，有些社会问题表面上已不成问题，但实质上仍是成长过程中的女性依旧会遇到的挣扎与困境。笔

① 徐秀慧，彰化师范大学国文系副教授。

者以为女性自我的建立，虽然不一定要透过性自主，而可以由其他的社会实践来完成。但是，性自主仍是女性成长过程中建立自我的重要环节，并不因婚姻与性爱禁忌的脱钩、解放，就能完成的。所以我认为李昂早期短篇小说中，女性借由性、爱的辩证过程，追寻自我的建立与完成，仍有其超越时空的价值。但这些短篇之作，相对于李昂受瞩目的中、长篇小说，却有被冷落的感觉。从李昂的创作历程看来，她中、长篇小说的创作意识其实是奠基在早期短篇小说的基础上，唯有了解李昂早期短篇小说，如何随着作家个人的成长与社会变迁的演变轨迹，我们才能更完整的掌握李昂小说与“李昂现象”在台湾社会的意义，因此本文以李昂短篇小说的叙事演变作为分析的范畴，并以性政治批判与救赎的问题意识作为分析的切入点。

《花季》以后，李昂一直自觉地以社会关怀的创作自诩，除了少数的作品涉及同性恋议题，她的大部分小说都以女性议题作为关注的主题，而且这女性议题往往有一个社会基础，就在于她小说中的女性依旧处在一个父权体系的社会中，浮沉于自我与情爱矛盾的挣扎中，虽有所自觉却无力走出困境。这或许是李昂的小说之所以不被“女性主义者”赞赏的原因。关于这个“女性主义”命题的价值判断，我们希望在一路探索李昂写作轨迹的同时，能厘清此一问题。换言之，笔者想探索的是，透过李昂小说的叙事变化，从社会批判指向性政治批判的小说，作者与其笔下的女主人公是否找到救赎之道？

二、蛰伏待放的“花季”：
作为“自我”象征的性叙事

李昂早期的小说，从《花季》到《长跑者》[①]是她初试啼声，在文坛展露一个早熟的高中文艺少女的创作才华，也跟她后来的倾向社会现实的作品很不一样。这些作品向读者展示的正是一个原本就骚动不安的、青春期的灵魂，受到联考制度的禁锢，呈现一种蛰伏等待破茧而出的焦虑、不安以及对被禁锢与压抑采取一种叛逆式的发泄。[②]这部分施淑在《花季》一书的代序《盐屋》中已有精辟的分析，兹不在此重复。本小节将着重探讨李昂早期这些小说所呈现出

① 这些小说包括《花季》《婚礼》《零点的回顾》《混声合唱》《有曲线的娃娃》《海之旅》《长跑者》，收录于《花季》，台北：洪范，1994。

② 见李昂受林依洁的访谈记录《叛逆与救赎》，收录于《她们的眼泪》一书附录，台北：洪范，1983，203—228 页。

自我追寻的主题与叙事手法的关系。

《花季》一文可说是一个要脱离童话世界的少女进入青春期的成长仪式。透过一个逃学少女脱离日常生活的轨道，进行一场短暂的自我追寻与探险的旅程。故事开始于少女幻想要一棵如童话世界里王子和公主乘凉的华丽圣诞树，于是从她幻想的国度出发，随着市场花匠的出现欲带领少女前往花圃，现实世界的人事一一被少女变形，纳入其自我探寻的虚幻世界中，展开一场少女幻想的虚幻世界与秩序井然的现实世界之冲突、对峙。透过这场自我追寻的仪式，从公主与王子幻想出发的童话世界一一被解消。不但期待繁花似锦的花园落空，在悬荡不安的过程中，进行的少女自恋式的、对性暴力既恐惧又期待的玄想，终无声无息地落幕，徒剩疲惫的无趣。一场花季不但不曾花开，竟荒芜一片。在此我们看到的是一个抵制现实僵固世界的青春期少女，从决定逃学那一刻起突然意识到的"自我"，在经过对"性"怀抱浪漫、好奇、探险、排拒、恐惧种种纠杂情绪之后，终须回到现实世界的了无生趣。乍现"自我"的探险叙事，由于什么也没发生，又变得"我自己也不清楚"般的莫名所以。显见在国民党高压统治的台湾社会，被禁锢在大学联考压力底下的青春期少女，对自我懵懂的性启蒙意识感到既期待又怕受伤害的情绪起伏。40 年后的今天，后设地来看这篇作品，作为处女作的《花季》中，李昂对"性"的叙事，以少女幻想的童话故事般繁华的花园，对照现实世界花圃的荒漠，隐喻了"性"对于少女来说杂揉了梦幻与暴力的想象，但其实是一场落空的仪式。早熟的李昂无意识地透露出"性"之于女性成长的意义，不在于那场仪式本身，而在于涉入其中的"自我"的体悟过程。写作《花季》当时的李昂虽然还是个高中少女，但是笔者认为这种对"性"与"自我成长"的观念思想，其实一直贯串在她的所有作品中，即便到后来以谢雪红为模型的《自传の小说》与追寻谢雪红之旅的《漂流之旅》，"性"都是作为女性自我实践与自我成长的中介叙事。而这显然是因为"性"对于处于父权社会的女性来说，仍有其道德的枷锁意义，此一以"性"为中介的叙事才会一直被李昂拿来大做文章。

《混声合唱》的叙事，也是在一个短暂的时空中进行的"自我"追寻和质疑。作为故事主人公的女孩，莫名所以如往常一样的必须在五时整，被命定安排来到牧师的教堂中练唱，一进入教堂却犹如进入充满鬼魅阴魂的废墟中。等待多时，得到的却是一个否定这场仪式的答案。过程中，借由令人厌恶的花香男孩亲吻了女孩，以"性象征"的姿态，提出对这场仪式的质疑，唤醒了女孩原有的怀疑，平日教会存在的崇高意义也一一解体。故事结束时的时间，依旧是开始时的“教堂钟声敲了五下”，又是一场“也许一切都没有发生”之虚幻仪式的荒谬剧。在这个短篇中，我们看到高中生李昂，也受到当时台湾文坛流行的存在主义的叙事命题，把自我对性意识萌芽的焦虑，抽象地转换成一种荒谬的存在情境，道尽了被禁锢的花样年华对象征崇高的教会仪式的虚幻感，也显露了李昂对于徒具形名的神圣道德的叛逆性，看来女作家的离经叛道与其文才一样早慧。

而《婚礼》中，一个在现实中爱情挫败的男孩，更是彻头彻尾都莫名所以、身不由己地必须去寻找一个名为“菜姑”的女人，完成了自己都不晓得发生了什么事的、可笑的“冥婚”仪式。“婚礼”原本该是场成人礼，却是在一座鬼影幢幢犹如阴森古堡的迷宫中，完成压根就非存在于人世的冥婚。再对照主角现实中无法实现的爱情，作者李昂根本否定了主角实现自我的可能。不太清楚早慧的李昂，是否在嘲讽无法自主的婚姻制度的荒谬性，但小说中的男孩陷入“迷宫”的成年礼的仪式，其实也暗喻着“性交”的叙事，透露出李昂对于性与婚礼的联结抱持着否定的态度。

李昂这一系列小说的叙事视角，呈现的是去性别化的主人公，在封锁的特定时空下自我追寻无望的处境。这些小说展现一个被禁锢在联考制度下的早熟的文艺少女，接触了西方心理学，以存在主义式的命题，将蛰伏待出的心境，透过想象，将自传式的现实生活经验变形扭曲，不断地予以变奏，所以有很浓的鹿港印象，当然这种叙事手法很大的原因是限囿于作者还没有丰富的人生历练。因此这阶段可说是李昂象征主义的创作期。值得注意的倒是奠基在这样一个创作的基础上，李昂日后在倾向社会写实的写作时，一直颇注重人物心理变化的铺展；至于受到存在主义叙事命题影响的部分，也一直是李昂创作的基调。她虽然是个“问题意识强烈的作家”，却始终维持“发现和接受问题，但绝少论断；怀疑和挑衅，但绝少尝试改变现状”，[①] 也因此难为女性主义者满意。然而，如此一个蛰伏待出的创作阶段的存在主义式的叙事命题，小说中围绕着性意识萌芽的焦虑，构成了李昂对“自我”能否建构主体从而得到救赎的关注，也影响了日后李昂小说创作的世界观。

① 见施淑《迷园内外》，收入《李昂集》序（台北：前卫，1992），第9—10页。

三、非怀乡的鹿城风俗画

李昂考上文化大学哲学系后，好不容易达成了她欲挣脱鹿港小镇的心愿，却回过头去写鹿城系列的作品。[①] 根据1973年李昂在《杀夫》一书的《写在书前》的说辞是："对过往写了三年充满心理分析与存在主义的小说形式与内容，感到无法继续，但尚找不到新的出路……于是很自然回顾起生养自己多年的家乡"。这阶段可视为她对鹿城家乡成长经验的反刍，仍然有很强的自传色彩，可视为李昂从自传性的创作到社会关怀之作的过渡。陈映湘于1977年1月的《中外文学》发表一篇《当代中国作家的考察——初论李昂》，因囿于李昂鹿城系列发表的时间，误认为是李昂受到70年代乡土文学运动的影响，而写下"回归乡土"之作，指责李昂未尽怀抱乡土之责，批评李昂是带着知识分子的光环回头看故土，"十分功利地在榨取着鹿城的余晖"。陈映湘这篇评论恐怕也是囿于"乡土文学"的时代意识来要求李昂吧，无视于李昂在小说中呈现对鹿港新旧人事变迁的矛盾心态。

李昂显然有意从几个新旧时代的女性命运与形象的叙事，去描绘鹿港的兴衰变迁；换言之，鹿城的时代变迁与不同世代的女性在此变迁的鹿城中的命运，成了这一系列作品的一体两面。李昂于此思索自己与鹿城的关系，曾经让她觉得禁锢她的鹿城，隔一段时空距离回首，早期作品吸取鹿港特有的文化背景所呈现出古老阴森的气息，已经消逝。小说中蔡官自命判官地道人长短，对学舞回国的林水丽批评道："会出像水丽这种女儿，真是坏竹长不出好笋。"[②] 叙述者李素面对鹿城人事因而"发觉自己与这些曾自以为了解的鹿城人们毫不相干"，并且认定离乡去国的姊姊虽饱受离乡之苦，却是值得的！李昂这个阶段的鹿港书写，并非用后来乡土文学风行时的怀乡笔调去缅怀生养她的鹿港，而是用客观的叙事视角去记录鹿城的时代变迁。小说中描写传统市镇社会以保守的道德意识去批评现代女性的自我追寻，显见李昂对鹿港仍停滞于保守的道德意识深感不满。小说里描写了压制女性自我发展的，往往是内化了父权道德机制的女性，对此，李昂对某些女性作为父权社会的共犯结构提出反思，而非一味同情所有的女性。至此，李昂特有的女性自主意识已经成熟了。

鹿城系列中较特别的是《色阳》一文中色阳这个女性形象。色阳，可视为鹿城百姓众生的象征，一个靠手工艺维生老跟不上时代变迁物质文明进步的角

---

① 李昂：《杀夫》，台北：联合报出版社，1973，第5页。

② 李昂：《杀夫》，台北：联合报出版社，1973，第36、39页。

色，无意间一句怨叹运命的话，却刺中丈夫王本——一个徒增年岁，却停滞了40年未长进的生命，正可视为40年来未曾随着物质文明的入侵在而在文化上有所进化的鹿城象征——的要害，色阳也因而从守活寡变为地道的寡妇，李昂对此段描述道：

她只不过说了一句隐忍了二十多年的话，也许还只是一句不甚重要的话，但甚至在这样小小的鹿城里，这样的一对夫妻间，都承受不起，事实上，什么是因？什么又是果？而整个世界化形在鹿城生活的变迁，又曾怎样加诸于她身上来导致这样的结果？然而这一切或都不重要，重要的是她知道自己无可避免说到它，既已无从挽回，她只有承受它。[①]

言辞之间，对于曾经作为两岸贸易港而风光一时的鹿港，因海港淤积，随着现代工商业社会发展而没落感到无可奈何。当70年代乡土文学运动回归乡土热潮之际，李昂对故乡鹿城并没有太多的留恋情绪，甚至对鹿港的停滞保守流露出她的不满，这和五四以来，两岸男性作家往往把乡土当作母土一般的眷恋，有很大的差异性。笔者认为这是因为传统农村社会对女性充满了父权的宰制，女性很难“回归”到尚未历经启蒙的乡土社会传统。那么对一个充分意识性别差异的女作家李昂的“回归”或救赎，将是什么？李昂有意着眼于传统社会对女性宰制最深的“性”问题，展开她的社会批判。大学毕业后的李昂，从1974年《中国时报》发表的《人间世》开始探讨大学校园中的性爱问题。

四、“人间世”里的性、道德与救赎

《人间世》系列之作后来结集成册为《爱情试验》《她们的眼泪》[②]这两本作品集，李昂自称这15篇小说“共同的特点都是以女性为中心，由此企图探讨成长、情爱、性、社会、责任等等问题”[③]。这些小说也正是李昂随着阅历的增长，开始关怀女性从个人、家庭、学校到社会各个层面的情爱与性问题。创作年代从1973大学时代一直到1981年30岁，历时8年的时间，其间已自美国修完戏剧硕士学位回来任教于文化大学。这些小说比起早期的小说无论在质与量上都

① 李昂：《杀夫》，台北：联合报出版社，1973，第57页。

② 李昂：《爱情试验》，台北：洪范，1982；《她们的眼泪》，台北：洪范，1984。

③ 李昂：《写在书前》，《她们的眼泪》，台北：洪范，1984，第2页。

较可视为李昂创作的风格代表，但除了《昨夜》和《莫春》曾引起侧目外，李昂因此被冠上“成人小说作家”的称号。[①] 其他小说篇章，除了吕正惠与洪珊慧曾一一探讨过这些小说的主题外，基本上并未被深入讨论。[②]

这些小说大部分的叙事观点都化为小说中的主人公来发声，不仅是以第一人称“我”发声的小说，就是以第三人称叙述的小说，其叙事视角，也都是小说的主人公，也就是说作者的叙事视角与小说的主人公之间几乎是没有距离的合而为一，显现作者有意将女性自我的追寻投射在主人公身上。首先引起我的注意的是《回顾》这篇作品。这篇小说写在 1973 年创作的《人间世》之前，却不曾发表，埋葬了 10 年，直到 1982 年收入《爱情试验》才公开问世。而她处理的主题虽然是“性”启蒙小说，可是此一“性”却不只是异性恋的模式，而是台湾 90 年代随着女性主义与同志论述带动流行起来的，纠缠了多元的“性”的情爱模式，显现了李昂“性”叙事的前卫性。[③] 但我很讶异于李昂在 1973 年的大学时代就具有这样前卫的意识，虽然这些小说都称不上是同志小说，而不过是女性在成长过程中，对于女性身体与“性”探索的叙事，基本上依旧是在异性恋的框架下看待女性的性意识。于今回顾这篇作品的面世，也许正如同故事中的女主角，在事隔多年“回顾”过往的日记时才抚平了纠缠多年的情结。这篇被积压多年的《回顾》，在 80 年代以回顾的姿态发表，也正好说明了台湾社会对这样一篇多元的“性”的情爱模式主题的作品，是需要事隔多年才能冲破道德的尺度的。

李昂的“人间世”系列就在《回顾》这篇多元的“性启蒙”之后拉开创作序幕，展开了她对女性在社会各层面多元议题的关怀。其中《人间世》处理的是教育体制对性的压抑与惩罚，相同的问题发生在家庭里则是《误解》和《讯息》，都是性与道德冲突的难题。吴锦发认为李昂小说中的性描写是一种社会反抗的象征，[④] 这的确是李昂小说中的一贯企图。以现在的眼光回顾这些小说，因为网络发达以及消费社会的性文化与性话题的泛滥，这些问题“似乎”早就不是问题了。如果现在把这些作品当作教材给大学生看，大概很能突显“戒严”

---

① “成人小说作家”之说出自《文艺月刊》71 期（1975.4）的“大家谈”专栏，转引自洪珊慧《李昂小说研究》，台湾清华大学硕士论文，1998 年，第三章注 23。

② 吕正惠:《性与现代社会——李昂小说中的“性”主题》,《小说与社会》，台北：联经，1988，第 153—171 页。洪珊慧《李昂小说研究》同上注。

③ 由此也预示了李昂在写遍异性恋的各种社会问题后，2005 年走上了同性恋的书写，推出《花间迷情》。

④ 吴锦发:《略论李昂小说中的性反抗》，见《李昂集》附录（台北：前卫，1992)。

时期国民党教育体制的荒谬可笑。然而在当时的确被当成严重的“社会问题”，小说人物就是身陷在我们今天看来荒谬可笑的情境中严肃地思索可能的出路，甚至为反抗父母加诸自身性行为的道德谴责，而如《误解》中的王碧云以死来证明自己的清白。令人疑惑的是，李昂自称这一系列小说写到最后，有意让女性走出狭隘的个人情爱纠缠，并参与、关怀社会及诸多人类面临的重大问题，以使女性找到新的出路与立足点。[①]但在《误解》一文李昂透过一个高中女生王碧云对陈德明和林欣在自己家中发生性行为，以致造成父母对她的误解时发出了质疑：

如果陈德明对他身旁最亲密与接近的这些朋友，都不曾多加着想，那么，他口中常提及的那一群与他根本没有任何深切关联的所谓劳苦大众、穷困渔民与盐民，又能期待他会给出怎样的帮助？

李昂安排王碧云最后不但失去平日为社会服务、助人的信心，甚至自助不了走上死路。有意思的是，李昂以王碧云的“死谏”，戳破了陈德明这类说一套做一套的男性知识分子人道关怀的假面。但是这样的结局，不免还是夸大了女性缺乏韧性的受难悲情，这大概是女性主义不能“赞赏”李昂的原因。然而，笔者想指出的是李昂在铺陈这些受到道德压制的女性心理方面，相较于后来《迷园》中的朱影红的性爱承载着家国叙述以及《北港香炉人人插》中的女主人公在性政治与权力网络中的算计与被算计，笔者认为早期短篇小说中细致描绘女性在性、爱中的心理转折，其实是比较投入而诚恳的。显现出李昂对父权社会下女性处境，以存在主义的主体思维，探索女性如何摆脱在父权社会中“他者”的命运。

从女性受到的性压抑与惩罚出发，《爱情试验》《她们的眼泪》中后来的篇章，李昂开始让女性走出个人面向社会。然而我们看到的是，小说中走出个人的女性，对参与的社会工作的无力以及不确定。但可以肯定的是李昂并不放弃她在这方面的信念，日后她的确开始这方面的实践，于 1991 年以报导文学《鹿窟纪事》得到中国时报的文学奖首奖。并于《误解》之后的作品中，再次提出女性的社会实践问题，我们可以看到《误解》中王碧云的质疑，在《爱情试验》与日后《一封未寄的情书》中，李昂继续思索女性个人情爱与社会关系的冲突，

① 李昂：《写在书前》，《她们的眼泪》第 2 页。

肯定了女性可能借由参与社会而达到自我成长与实践。反倒是原本怀抱关怀社会理想而吸引女主角的男性，在现实中堕落了。笔者认为李昂在“人间世”系列作品中，除了关怀女性与社会关系的冲突叙事，李昂也企图寻求一条女性的救赎之道。换言之，如果女性想要寻求个人的解放，则必须改造这个社会，唯有父权社会松动了，女性才有解放的可能。事实上，这也是大陆 20 世纪 30 年代的女作家丁玲之所以奔赴延安，走上革命道路的原因。千禧年前后，李昂借由谢雪红一生的叙事来探索女性自我的追求与实践，也是基于同样的思维。而在《一封未寄的情书》与《年华》中，我们也看到实际参与乡土文学运动、党外社会运动浪潮的李昂，投射了她社会实践的现实经验与反思。

笔者因此认为这一系列小说，是李昂从个人转向社会、政治关怀的关键期。刚开始，李昂写的较多，也最执迷的，当然还是女性在多元“性关系”的情爱当中的自我摸索，例如《莫春》《昨夜》《爱情试验》与《生活试验：爱情》中所做的多方探索。其中曾引发争议的《莫春》，因为完整地叙述女性从性爱过程寻求自我的实现，穿插了大量的性场景与性描写，而引起哗然。故事叙述一个挣扎于女同性恋情结下的唐可言，从异性恋的性爱关系中，得到救赎，实现了自我的完成。表面上看起来是唐可言摆荡于同性恋与异性恋中的叙事，事实上，李昂想追寻的还是一个异性恋认可的结合性、爱的婚姻关系，而被唐可言当作爱恋的对象 Ann，其实只是一个如母性一般温柔的依恋对象，小说结束于不体贴、花心的男主人公李季最后终于懂得了“爱”，而不再把唐可言视为必须为两人的性关系负责的对象，或是把唐可言当作性欲的对象，终于开口求婚而画下完满的句点。其间还出现一段插曲，唐可言怀着“救赎”男同志，与“报复”自己失身于男性的复杂情绪，引诱一位纤弱的、不愿意承认自己性倾向的男同志未果。这篇小说触及了两个问题，一是在异性恋社会中，男 / 女同志性倾向被禁锢而怀有“原罪”的问题，一是唐可言所代表的是：因不满父权社会中的男性以自我为中心，而自以为自己爱恋的是具有母性般温柔的 Ann，囿于原罪意识以及感觉到生理的无法结合的憾恨，离开了 Ann。最后因李季从粗暴到体贴，从一间间的旅馆性交，最终带唐可言回“家”，完成了性、爱的合一。唐可言终于完成了自我的追寻与实践。姑且不论，小说中展现仍是异性恋的性爱与婚姻合一的叙事价值观，我想李昂以唐可言的形象，提出了她对父权社会结构男性的自我中心，构成对女性与同性恋者的权力宰制。可惜的是，李昂早于时代风气之先提出的女性自我追寻的课题，在当年的评论资料中，我们看到李昂被当成“色情作家”，评论者往往专注在小说中性描写之大胆而非议之，随着女性主义在台湾社会的渐成气候，按理李昂是该获得平反才对，可惜又被女性主义学者批评她作品中的女主人公自觉性不够，无法彻底地与父权社会的价值决裂。事实上，李昂这一系列小说仍然保持她一贯提出问题，不强作解人的创作态度，这和她早期从存在主义命题切入小说创作仍有密不可分的关系。另外她针对不同时期、不同阶层的女性，面对不同的个人与社会的课题，在情爱关系困境的体验中，铺陈女性细腻的性心理变化所做的努力，我认为是值得肯定的。21 世纪的今日，检视台湾社会的同志论述“似乎”已不是禁忌话题，但能够出柜的女同志相较于男同志还是寥寥无几，相信还是有很多女性挣扎在当年“莫春”的情结之中，这些唐可言们，其实不是真正的女同志，而是无法认同父权社会价值的女性，却又无法毅然地“归属”于女同志的圈子里。李昂曾针对“自恋”写了《水仙花症》《移情》，针对人生意义的追寻写了《渡》，针对现代文明中人性的善恶写了《三寸灵魂》《三心两意的人》等人生寓言小说，看起来这部分似乎与她前后的写作风格无关，事实上这部分正好点出了李昂在创作中，一直在思索的人生无法回避的命定的哲学课题。在爱情中，在自我实现的理想中，在人际关系的权力网络中，自恋、人生意义与善恶等等价值判断，都是人生困境与企望救赎的问题之源。

五、解构女性情爱迷思的情书

李昂说她因为写了《暗夜》之后颇受攻击，赌气写了《一封未寄的情书》等四篇情书系列，以证明自己也有“纯情派”的叙事能力，但并不想白费力气只为了赌气写爱情小说，仍希望于其中探讨一些问题。事实上这四篇小说颇具反讽意味，借由情书的书写，李昂刻意让男性无法发声，写出了男性不在场，而意图解构爱情与婚姻的小说。尤其以《一封未寄的情书》意图最鲜明，透过一个女子的书信，叙述自己从暗恋有妇之夫，到自己接收家庭安排步入婚姻，从怀抱对婚姻的期望到失望，紧接着又面对一场外遇爱情的抉择，透过心理自白思索爱情与婚姻的本质。文本进行中并不断透过括号的运用，插入另一叙述观点的议论叙事，其中包括女性主义的理论、变迁的台湾社会下男女的角色关系，或点出女子书信自白中的爱情与婚姻的盲点与困境，对于习惯阅读线性叙事的读者无疑是一种干扰。但李昂有意透过这种干扰，解构女性深陷在情爱当中的迷思，显现婚姻制度对女性在生理与心理上的制约。李昂企图用此二者的对话，让读者从中思索找出一条女性从情爱中自觉，寻求出路的可能。刘毓秀对李昂这样的尝试，批评为生硬、跟正文欠缺关联：

两种叙事观点呈现不平等的权力关系：女性主义是智者、导师，而那封情书，则是一个温婉、乐于受教的女人，正如情书中自剖的不知名女人。①

从文本的形式看来，议论是放入括号，情书才是主，议论是副，而情书中自剖的不知名女人最后也没有找寻到自己的答案，乐于受教的女人之说难以成立。至于《假面》中，同样插入括号，加入不同的叙事观点，但两者并未形成对话的张力，括号里的叙述只是补充说明，其实去掉括号亦可，如此实在没有用两种叙事观点的必要。但《假面》此一书信末了坚持强调，回到一个女人的身份，要回复到最简单的自身，写一封信给仍深爱着的情夫，希望借此学习为自己的所作所为肩负责任，将许多事情看清，并为自己找到一条出路，文末嘱名为“不贞的妻子”，与《一封未寄的情书》一样，都在思索女性如何在婚姻和爱情中实现自我，思索寻求出路的可能。《曾经爱过》从标题就可看出不再执着永恒爱情的神话，文中希冀能抛除物质文明欲望的爱情模式，回复到单纯的爱，也是在反思当今社会爱情的本质。《甜美生活》叙述一个甜美幸福待嫁的女儿在婚礼即将举行前，面对未来生活的恐惧，即使在一切美满幸福的条件俱足的情况下，女人依旧是不安的。

这四篇书信体自白心理小说，在无男性在场的情况下，从纯粹的女性自我立场发出对婚姻、爱情本质的探索，过程中一再透露出女性面对爱情与婚姻时的焦躁不安，爱与不爱似乎不是其诉说的目的，寻求女人自身的出路与定位才是它的目的。书信体的叙事呈现的，完全是自剖的女性面对婚姻和爱情的自我追寻。追寻的结果虽仍然是悬而未决，不知何去何从，只是让我们清楚了女性在当代社会男女性关系中的心理焦虑。李昂还是维持她一贯无解决的创作态度。李昂于此展现的女性书写策略是，女性在父权体系社会中，本身就处在一种悬宕姿态。在父权社会下，性别同样是一种政治，李昂是到了创作《彩妆血祭》时，才正式提出性政治的批判：当“二二八事件”的政治平反运动如火如荼地成为实现正义之声之际，女性与同志仍在暗不见天的黑暗中，默默地被牺牲与压抑。然而后设地回顾李昂早期短篇小说中的叙事，不难发现，那些挣扎在爱情与婚姻、性自主与道德两难中的女性，何尝不是对父权结构下的性政治提出

① 刘毓秀：《李昂与女性之谜》，收于《从四〇年代到九〇年代——两岸“三边”华文小说研讨慧论文集》，台北，时报，1994，第307—318页。

了质疑与批判？

六、小结

李昂的短篇小说，很容易从创作时间的先后划分创作的分期，如此容易分期的作家风格，只有一个可能，李昂是自觉地在寻求每个时期的创作主题并实验创作的形式。从《花季》八篇早期存在主义式的小说一鸣惊人之后，如此早熟的年轻作家，李昂也曾坦承她碰到了创作的瓶颈。所幸她没有眷恋这过早的文学声誉而停留其中，一直保有一个创作者的敏锐度，随着自身的成长，思索作为一个女作家与社会的关系，试图寻求创作上突破，每当有人企图从她作品中的杯弓蛇影，将之与文学流派挂钩的时候，她就在实践完一个阶段的创作后企图求变。求变的同时，亦有她创作上一脉相连的地方，例如她一贯提出质疑的叙事，当性爱还是社会的道德禁忌时，她以性议题作为突显矛盾冲突的关键，当性爱不再是社会的禁忌，欲望的流动使得性关系变得容易时，她反而回到纯粹的女性自身心理去思索两性关系。李昂在创作上的不愿被定型，事实上和她小说中的人物一直有个想要逃离的禁锢，或想摆脱的困境，有异曲同工之妙。她时而耽溺于对女性在情爱中的狂喜叙事，时而进一步反讽地将此叙事情境予以解构，转为悲境的僵局，她就是不想给主人公有个所谓的觉醒或救赎，因为她一向让她小说中的人物：

肯定某些价值，也许在肯定中仍不断遭受别的问题侵扰，但至少开始确定，才能不断再遭遇，也才能不一定是荒谬，不全然被打倒……[①]

在台湾的女作家中，诚若邱贵芬突显李昂与其他同世代女作家不同之处，在于李昂“不留情面地撕破传统女性书写里浪漫情爱的纱幕”，从《杀夫》开始，“性/暴力/经济和赤裸裸的男女权力关系”，从此一再出现在李昂的创作之中，在《暗夜》《迷园》里呈现这条思考路线的延展和反复辩证。[②] 诚哉斯言！李昂叙写台湾女性图像的努力，迟到1998年才开始获得女性主义学者的认同。综观李昂的小说，“性议题”一直与小说家李昂有着不解之缘，其中又以《迷园》为界，在此之前“性议题”为李昂挑战社会既定规范的利刃，“性反抗”一

① 施淑:《迷园内外》收入《李昂集》序，台北：前卫，1992，第9—10页。

② 邱贵芬:《“(不)同国女人”聒噪》，台北：元尊文化，1998，第92页。

直是评论李昂小说持续的议题，从《迷园》开始逐渐在“性反抗”的议题中加入了与政治、权力的纠葛、倾轧，李昂在其中大篇幅地专注在“性场面”的叙事，可谓达到“登峰造极”之作，日后的《北港香炉人人插》与《自傳の小說》李昂反而显露出对此经营的不耐，而以各种抽象的形容词形容性器作为罗列了事。事实上在世纪末的台湾，对十七八岁的新世代而言，性爱早已不是禁果的今天，“性反抗”对她/他们也只能是远古的神话，女性除了在性与权力上与男性峥嵘来成就自己、肯定自己之外，已有更多的选择。创作触觉敏锐的李昂，是否也因这样的社会发展的共振而开始对性反抗、性描写感到不耐呢？台湾文坛的“李昂现象”这一路的漂流、追寻，可说见证了台湾女性追求性自主，实践自我价值的探求与思索。

走笔至此，我想溢出本文的讨论范畴，对“李昂现象”做个总结。我认为在散文叙事的《漂流之旅》[①]中，在那个同时活着李昂、谢雪红两种人生，具有自传色彩、充满柔情的《漂流之旅》的散文旅记中，我们看到李昂从女性自身出发，以更复杂的叙事，面对台湾历史、政治、社会、女性处境等等议题，纷杂、感性的叙事，而非男性理体中心的系统陈述，交织出另一种性别政治的发言。不仅是李昂一步一步地走入谢雪红多采多姿的生命历程中，以她现时的生活呼应着谢雪红过往的人生；女性读者透过阅读呼应历来女人们的生命历程，“我们”在这里找到更多的共鸣，即使是从挫败、逃离出发，透过追寻，“我们”“重又一点一丝的活跳跃动起来”[②]，在旅途终点，“我们”乃发现了属于李昂/“我们”的涅槃逆旅。

李昂小说的叙事，叙写的毕竟是她所看到的不同时代、阶层的女性在父权结构下挣扎、浮沉的图像，这些女性图像作为李昂用以对抗父权社会的叙事，构成了李昂小说的“黑暗”。李昂为此说道：“这样的黑暗，会来自女性被宰制、被压迫的集体潜意识，以至于为我们所共有吗？”并且自省道：“的确，在我作为一个‘最受争议的作家’，在过去漫长的二十几年中，为了要反抗加诸于我身

---

① 李昂《漂流之旅》(台北：皇冠，2000)。笔者曾在另文指出作为《漂流之旅》的对照之作《自傳の小說》中，李昂有意挪用以男性为中心的历史中贬抑女性的论述，刻意将谢雪红的一生“妖魔化”，而“妖魔炉火纯青的修练过程正代表女性权力伸张的过程”，以展现她在情欲和权力上相关位置的转变。但是笔者认为“在充满虚构的、凌厉的《自傳の小說》中，这样反制以男性为中心的历史论述，仍不免令人怀疑深陷在男性理体中心二元对立的思考中，小说中对权力与情欲面向的描写，基本上仍是男性对权力的看法、对性的诠释”。徐秀慧：《自传还是小说？小说家李昂的漂流、追寻》，1999.6.19，《中央日报》“阅读版”。相较之下散文旅记《漂流之旅》书写自我对革命者谢雪红一生的寻访、反思，显得诚恳而令人动容。

② 李昂：《涅盘逆旅》，《漂流之旅》序，台北：皇冠，2000，第9页。

上不公允的对待，一定也使我用了更决绝的姿态来背水一战”[①]。但她认为在新作《看得见的鬼》与《花间迷情》[②]中,展现的是“不黑暗的李昂”笔下的女性。其实，我以为这个“不黑暗的李昂”在完成《漂流之旅》时，即可预见。但是这个“不黑暗的李昂”若非经过“黑暗李昂”的自我追寻、探索与实践，又从何浮出历史地表?

① 李昂:《我小说中的女性》,《花间迷情》附录，台北：大块文化，2005，第223—238页。
② 李昂:《看得见的鬼》，台北：联合文学，2004,《花间迷情》，台北：大块文化，2005。

台湾地区“历史宣传战”与认同政治刍议

张立本 *

本文旨在讨论台湾地区[①]认同（青年认同）概况的一个特定面向，着重于政治势力如何以“历史书写”行其谋略，并试省思此宣传方式近十年间于岛内的影响。特定势力锁定“青年”为目标受众，以错误史观影响“认同（identity）”，接受者又成为传播的一环，循环巩固了歪曲的认识。将历史偷渡为抽象意识形态，除扭曲了“台湾人民”作为“中国人民”之有机组成的事实，取消历史原始脉络与意义，也发明了特定政治（意识形态）的道德高位。“分离主义”者在岛内则以民间团体与组织为外衣，发动非科学、不合逻辑的“历史编造”，企图扩大岛内“认同”的偏差曲度，基本呼应福柯（Michel Foucault）谈“话语”与权力之关系的提示，揭示了反驳与拮抗之难但与之竞争又极其必要。

一

近年常听见“天然独”一词，学界或一般人皆借此表述当前岛内青年认同倾向。“天然”有“生来如此”之意，岛内以此宣传者，似乎意在传达已然成形、不可且不会改变的某种态度。[②]而大陆方面使用“天然独”时，虽多意在批判，我们也担忧无意间肯定了“天然独”为实然与实存。如何实事求是面对此种“认同状态”之性质、成因与作用？借用马克思的话：“不是人的社会意识

* 张立本，闽南师范大学文学院助理教授。

① 笔者倾向于使用“台湾地区”或“岛内”，但本文各段落涉及书写对象之原始用法时，则将保持原词并以*斜体*加“引号”呈现。

② 或许也可以说，应视“天然”一词之语意本质为内在于“人人生而平等”此一以 1776 年美国《独立宣言》为集中表现的资产阶级意识形态。

决定社会存在，相反，而是社会存在决定人们的精神生活和政治生活领域”[①]；那么，“天然独”为代表的特殊精神状态，又是如何被发明（create）？如何将之问题化从而寻找对抗“分离主义”意识形态的突破口？

依上述问题意识，本文将以“陈文成基金会（以下简称：‘基金会’）”[②]与“共生音乐节（以下简称：‘共生’）”[③]，这两个近年在台湾地区青年间发挥较大影响的“‘拟’分离主义团体”为主要讨论对象。两团体相似地利用实际历史元素，以概念抽换／偷换达到混淆效果，竖立其政治与意识形态之正当性（legetimacy），我称此战术为：“历史宣传战”。虽使用的语言逻辑甚为混乱，但如福柯（Foucault）的提示，我们不得不关心“分离主义”言说之构成的细节，及其如何发挥效用：

> 修辞是一种艺术、一种技术、一套能够使得说话人说出可能根本不是他所想的话的程序，但是这套程序可以达成这样的效果，就是能产生说服力，诱导某些行为，或者给（说话针对的）人灌输某些信条。（Foucault2015：401）

借用福柯的提示，并非指两团体是循福柯的理论而行动，本文也无意以此为案例验证福柯的知识框架；但福柯的提示确实有助整理政治团体修辞逻辑的一般性状况，即如何创造一套思维（想象），创造“道德—政治结构（Foucault1998：116-7）”，安置其自身也安置其欲影响的对象。

二

长年来，几乎不可考地，1947年“二二八事件”一直是塑造“台湾人的悲情”的历史元素。20世纪90年代成立的“基金会”或2013年成立的“共生”，亦都首重“二二八事件”。岛内社会对“二二八事件”理解的一般，往往充满模棱而混淆1949年至1987年的岛内“戒严时期”，又混淆同时具有名词与形容词性质的“白色恐怖”，更不区分基本“肃清”了岛内地下组织（省工委）的

① 马克思《政治经济学批判》序言收于《马克思恩格斯选集》（1972年版第2卷，第82页）。

② 本文所采基金会资讯来自网站（http://www.cwcmf.org.tw），存取日期为2018年8月。

③ 本文共生音乐节材料来源于其页面（https://www.facebook.com/GongSheng228/）。存取日期2018年7月22日。

“1950 年代台湾地区白色恐怖”[①]。两团体表现的修辞也如此，运用历史元素服务其政治立场时，重于强调镇压与恐怖的印象。

两团体将各种从结果与形式而言略似，却实际上性质与意义迥异的事件、概念，任意等同为己所用。特别应注意的是，原难为“分离主义”所用的，与在台地下组织高度相关的“1950 年代白色恐怖”，晚近开始被恣意撷取与曲解，纳为“历史编造”的元素。撷取“省工委”历史，当然不是同情或支持当年的党人思想与情感，也不是由于搞不清楚历史，而是，分离主义者正在颠倒全部的历史叙事，完成其历史虚构。

岛内历史叙事的模棱性，或部分源于长期噤抑不可谈。耳语、模糊散播的方式，导致“二二八事件”与“戒严”时期各种案件的认知仅能任由错误不断叠加。但今日的特殊性则在于，特定力量一方面承续以讹传讹之方式，另方面大规模颠倒曲解各种事件。抽除脉络即把具体事件抽象化，先抽换意义为人权、自由、民主事件，再将历史元素并置以达到稀释效果，于是无论所挪用的历史是否彰显台湾地区与全中国的关系，都可以成为言说武器。历史宣传战不仅将历史本身“空洞化”，也以抽象概念“空洞化”了信息接收者的意志与情绪，但却有效形成“召唤术”。而除稳固构建反对国民党（从而是反中）的叙事，因不断强化抽象意识形态正当性与道德位置，于稳固抽象观念的道德性时也稳固了团体自己的道德高位。

笔者的基本态度截然不同。本文看待诸如“二二八事件”“1950 年代台湾地区白色恐怖”等历史的方式，是置于“内战—冷战”（双战构造）视野（参考陈映真 1997）。易言之，本文认为应基于唯物史观，将岛内事件视为“内在于”全中国发展、乃至受到世界范围内政治对立之影响的结果。一旦采“双战构造”视角，可立即显示 1945 年台湾光复至 1949 年间岛内的风风火火之属于全中国反饥饿反内战时节里发生的反封建、反法西斯民众运动的一部分；而 1949 年 5 月发布台湾地区“戒严令”、1950 年 3 月蒋介石官复原职，至 6 月“韩战（朝鲜战争）”爆发等，后头的“中国内战”性质与“美国新帝国主义”介入亚洲等

---

① 2013 年，北京西山“无名英雄广场”落成，是某种程度地公开纪念 20 世纪 50 年代牺牲于台湾地区的革命烈士。关于 20 世纪 50 年代以前人员派遣与组织的情况，即“省工委”概况和后来遭到整肃、组织重整、破灭的过程，可参考陈映真（1994）、蓝博洲（2014）等口述采集与调查。

要素，也成为无法忽视的铺垫。[①] 而也因为“内战—冷战”之理解，本文除欲批判“分离主义”者如何以错误史观影响岛内“认同（identity）”，也期呼吁关注作为“中国红色历史”重要组成部分的台湾地区红色历史、民众史，完整以“中国视野”理解台湾地区。[②]

三

成立于20世纪90年代的“陈文成[③]基金会”，原以“财团法人台美文化交流基金会”名义运作。2000年以前国民党长期执政期间，基金会便将陈文成事件转译为西方国家惯用的“抽象”“人权”议题，循此业务扩及“戒严”时期各种事件，将“二二八事件”“林（义雄）宅事件”等都转为“人权问题”。

基金会的网站表露了基本叙事逻辑。基金会描述陈文成为：“人在海外，关怀故乡，始终热心支持‘台湾’民主与人权运动”，并且定义陈文成之死为：“为‘台湾’前途付出生命。催化‘台湾’的民主与人权运动”；网站也自定义宗旨为：“纪念这位热爱乡土、为‘台湾’前途付出生命的勇者”。如此，一方面将“陈文成”赋予符号化象征：“故乡与乡土、民主与人权”，二方面也使“基金会”得以成为中介“故乡与乡土、民主与人权”概念的“装置”。不相干的“故乡与乡土”与“民主与人权”两组概念也总合为一。通过简单的叙事串接，就协助基金会以混淆并置的方式，将岛内“戒严”时期发生的各种案件无差别等同地裹以“人权受害者”，从而突出国民党独大时期的“不”“民主与人权”。既然“故乡与乡土”与”民主与人权”两组概念已经合一，由“不民主不人权”VS.“爱故乡与爱乡土”的对比便可衍生更多暗示：各式各样“好VS.坏（威权、戒严、国民党，乃至于中国）”之对比。

---

① 采取“双战构造”的原因还在于，虽然“内战”视野得以帮助我们从全中国的视野看待发生在台湾地区的事，但“冷战”除了有助理解美国介入台海之影响，也可以协助将如1948年发生在南朝鲜济州岛的美军屠杀事件、1948年左右开始的英国在马来西亚扑杀左翼政党的行为等并入思考，便于更有效理解“1950年代台湾地区白色恐怖”之所以发生在20世纪50年代的政治经济学意义。

② 台籍作家蓝博洲自20世纪80年代起便于《人间》杂志致力于捍卫“红色历史”与声张岛内爱国主义者的话语力量。可惜的是，虽长期经营，发声机制与能量都尚待开发。

③ 陈文成（1950—1981）是台籍留美学生，1975年赴美国留学，1981年回台不到两个月，遭台湾方面“警总”约谈隔日忽然死于台大校园，至今悬案未解（历来称“陈文成事件”）。此案当然反映了某一时期台湾地区政治社会状况，涉及戒严时期的某种阴暗面，确实值得关注，然而却不理所当然使得“陈文成”可以具有“抽象”人权、民主、自由等观念的象征意义。

2000年陈水扁上台，台当局同意其更名“陈文成基金会”，基金会则公开拉抬民进党、陈水扁为“人权立国”，并且开始与台当局合作，以“人权”之名搜集、展示、出版各种档案史料，及规划所谓“人权纪念园区”。不过，基金会与特定政党的紧密合作，也可说自创了必然内崩的悖论。“人权立国”的象征隐含着过简的线性进化观，欲以修辞赋予“民进党执政”以具断裂性的时代变化意义——此前是威权、此后是民主——刻意忽视“代议制度”不具备“革命”般的巨变意义，故来日国民党因着同一套机制再次执政时，此叙事逻辑就破产了。事实证明“人权叙事”确实是临时性的政治宣传语言，不真的打算将“2000年后”视为台湾地区进入“新时代”。因此，当国民党再次执政，基金会便重拾“反威权（反国民党）、威权再临”等修辞，展开新的战术，亦即2008年开始每年一度举办“绿岛体验营”号召学子，操作“国民党—威权”记忆。

众所周知，“绿岛”上有关押政治受难人的监狱，却不是全部政治受难人的关押地，而押往绿岛的也非全为政治受难人。但“绿岛”确实具有象征意义，关押着“50年代台湾地区白色恐怖”中与在台地下组织有关的终身监禁者。营队介绍是这么说的：

> 2008年5月开始，两代青春在绿岛以倾听、诉说相互交换，重构政治受难者遭遇的白色恐怖，见证前辈们以青春、生命为后人铺出的人权之路。这种性质的体验营是独一无二的，震撼力强，对“‘台湾’历史意识”的建立和巩固，形同某种成人仪式。①

上述简介体现了基金会如何运用政治修辞。无论白色恐怖或“1950年代白色恐怖”的历史背景、原因等，都被抹去而化约为抽象“人权”；而人权又被直接等同为“‘台湾’历史意识的建立和巩固”。白色恐怖受难者于是被编入了“乡土、故乡＝人权、民主、自由”的政治叙事，可谓“分离主义”介入扭曲红色历史的滥觞。营队运营时，除不得不邀请“真案”政治受难人出席，活动主要围绕已转向“分离主义”的“真案”政治受难人，和未必理解受难者政治态度与历史实相却多有情绪的家属、受难人。当事人和家属的参与，使活动更具说服力。我们不否认本营队使得广泛真、假、冤与错的政治案件有了曝光机会，问题在于如此具有引导性、人为编造痕迹的活动并非基于科学论证。该营队无

① 本文所采基金会资讯来自网站（http://www.cwcmf.org.tw），存取日期为2018年8月。

意带动参与者借由 1945 年后数场发生于岛内的事件思索台湾地区与全中国的紧密连带关系，也不揭露 1950 年后“两岸分断”的历史现实之本质是内战与冷战双重构造的产物。营队仅以修辞创造一种说法，掩藏“分离主义”者的政治企图，故将使得参与者错失真正认识历史的机会、错失通过历史理解岛内状况与全中国的历史关系。一旦营队设定的受众（高中生、大学生、研究生）以全然逆反、颠倒的历史意识理解历史，也将影响对现实与未来的判断。①

2016 年，民进党再次上台，让我们见到“乡土、故乡 = 人权、民主、自由”叙事的再一次裂解，但也见其真正威力。由于蔡英文当局并未做到基金会的诉求（还原真相、转型正义）②，迫使基金会不得不重申其一贯态度（即:宣示“民主”应与“人权”有紧密关系），且批评蔡英文当局的表现是“全球第三波民主化”③“极少数不曾严肃面对威权统治遗绪，追求转型期正义，揭示历史真所相，进而深化民主意识”。民进党当局的表现，当然显示了“乡土、故乡 = 人权、民主、自由”本就不科学而仅为极易破灭的修辞策略，也让我们见到“基金会”不断转化叙事修辞。由于强调“爱乡土、故乡”，基金会不可能与“分离主义”势力真正决裂，但“民间团体”与政党与政权之区隔处，也才真正显出具破坏性的机制之所在。“民间团体”随时可为特定政党的辅助，又可随时拉开距离，既表现其如何成功创造抽象价值、意识形态以向民众行销，而意识形态宣传的有效性则一定程度证成“民间团体”自身保存着意识形态正当性、道德位置的诠释权。④

四

陈水扁下台后，马英九当选。2013 年，即马英九连任不久，岛内出现了一

① 这些营队参与者于 2008—2016 年间发挥的政治效果是直观存在的，但很难科学考证。

② 蔡当局上任后以清算国民党党产为“转型正义”的标志，迟迟没有针对“白色恐怖”案件的档案材料等问题展开更进一步公开作为。

③ “第三波民主”，本质上是一种北美、欧西推行的政治意识形态、国际政治战略，在此不多讨论。但须注意所谓第三波实际上指的是以前“殖民地”为主的地区、国家，从而所谓“第三波民主”也意味着新帝国主义对这些地区、国家的介入干扰之成效。

④ 蔡英文上台前有一重要口号是“转型正义”，包括清理戒严时期政治案件。由于一直没做到，使基金会提出批判:“在民主转型之后，迟迟未能调查历史真相”，可能导致“面临更根本的认同冲突时，甚至连最基础的民主机制也遭到破坏”。虽在形式上批判了蔡当局，却也高扬了保持着民主、人权等抽象价值的基金会自己。而当蔡当局真正开始“转型正义”，也是继续抬升基金会本身所宣传的价值观。

个显然承袭民进党政治口号（和解共生）的，自称“自发、民间、青年”组成的团体：“共生音乐节”。“共生”选定每年2月28日为活动日，毫不遮掩地利用“二二八事件”为其政治资源；反过来说，如此自我标定的战术于后来证实有效，也证成了岛内社会普遍将“二二八事件”与岛内政治、情绪、民意冲突联想在一起。根据网站：

共生音乐节是由一群关心“台湾”历史的年轻人举办、全“台湾”规模最大的二二八纪念活动。……共生音乐节乃是有感于年轻世代以及“台湾”社会对于二二八事件的遗忘而开始，二二八事件不仅仅是“台湾”历史上的一道伤痕，更是一道持续到现在的伤痕。我们期许这个音乐节能够促使更多人来思考二二八事件乃至白色恐怖对于“台湾”的意义，也期许我们能让更多的人看见二二八，而不是假装其不存在。①

上引文明确呈现“共生”企图运用历史元素，向年轻世代宣传“思考”“台湾”之重要性。但也立即可见，“共生”将“二二八事件”与“白色恐怖”独特化为发生于岛内的事件。因之强调“由一群关心‘台湾’历史的年轻人举办、全‘台湾’规模最大的二二八纪念活动”，加上如其所述“采取音乐节、地景导览、真人图书馆等较年轻的活动形式”，搭上了文创、艺术（音乐）等形式的感性风潮，不得不说十分有渲染力。“共生”基本不掩饰与政治团体的关系——创立第二年的文宣便清楚吐露政治倾向：主办单位包括“台湾教授协会”“北社”等（这些团体的政治立场非常明显），而协办单位则有台北市小英之友会。鲜明的政治立场必然带出一个疑惑：参与者是否纯然通过“共生”的活动才逐渐形成其政治态度？本文暂时无法展开此问题。②在此仅能展示“共生”如何执行“历史宣传战”，一旦有效将“白色恐怖”为总象征的历史事件联系上“台湾”，便会构成一套得以反复运用与操作的论述武器。其修辞策略也协助“分离主义

① 本文共生音乐节材料来源于其页面（https://www.facebook.com/GongSheng228/）。存取日期2018年7月22日。

② 这涉及如何评估岛内认同状况的一般性（in general）；但必须提醒，认同政治与意识形态必须区隔“支持”与“不排斥”。也就是，“认同”可能有模糊、不确定性，当中不亲“台独”者有可能因为意识中已经确立了边界明确的“岛”，而逐渐显明为“台独”。要解决这项难题，至少必须从李登辉（“独台”）时期开始的“打造台湾主体性”分析起。并且，必须理解，通过陈水扁篡改教科书，和马英九时期沿用“杜正胜发明的同心圆史观”，使得“台湾主体性”已或隐或显存在于一般岛内人的意识中。虽尚无较可信的调查，但本文所示之历史歪曲之所以轻易找到支点，与多年来的意志打造是有关的。

者”将“非台独”历史元素嵌进其政治企图。例如2017年11月5日举办的“史民庆生会（史明欧吉桑生日分享会）”。[①]根据文宣：

今年为史明一百岁生日，过往史明教育基金会及亲朋好友，皆会为史明举办庆生活动。而在解严三十年、二二八事件七十年、史明一百岁的这个特殊时刻，我们希望能扩大举办生日活动，邀请外界共襄盛举。希望能以此为契机让年轻世代及台湾社会认识这位人士，也认识他坚持一生的精神——“台湾独立”（按：原文照引）。[②]

该文宣串接了台湾地区“解严”“二二八事件”“史明生日”三个毫无关联的元素（“二二八事件”发生于1947年，“戒严”则是1949年）。史明生日到底和另两个历史范畴有何关系？我们只是见到，粗糙地以历史元素起头后，便将焦点导引至特定政治立场。这是与“基金会”类似的修辞战术——混淆并置——且更直接地指向“分离主义”。在“共生”这儿，无论真假、是否非“分离主义”，及与“二二八事件”“戒严”有关与否，都可以排列组合，转化为“思考台湾”。真假混用，稀释了真正能够表现与解释战后台湾地区历史变迁之意义的事件。因此，“台共”也被挪用，2017年1月17日的“共生讲座：谢雪红与二七部队”，文宣便这么说：

1947年五月，在二二八事件后的空前肃杀下，“台湾共产党”的三位领导人在香港聚首。尽管离开台湾，但他们并未放弃对这块土地命运的思考，仍然组织政治团体“台湾民主自治同盟”、发行刊物《新台湾丛刊》——前者至今仍是中共的“八大民主党派”之一，而后者则在发行六期之后，于1948年熄灯。[③]

主事者当然知道，要彻底完成“历史编造”，以修辞抽换历史事件的意义为其所欲，则不能闪避、掩盖任何历史事件。愈完整的历史叙事才愈有说服性。文宣不避讳“台共”的派生团体“台湾民主自治同盟”，不避讳谈论“台盟”于

---

① 参与成员：台湾教师联盟、彰化县医疗界联盟、“台湾人权文化协会”、“唤醒彰化青年联盟”、台湾东社、“独立青年阵线”、“台湾教授协会”、前卫出版社。政治立场显而易见。

② 本文共生音乐节材料来源于其页面（https://www.facebook.com/GongSheng228/）。存取日期2018年7月22日。

③ 本文共生音乐节材料来源于其页面（https://www.facebook.com/GongSheng228/）。存取日期2018年7月22日。

目前大陆的角色（台湾人也参与在大陆政治体制），但是，文宣强调“对这块土地命运的思考”（“思考台湾”），而不从历史动态本身来讨论，如“台共”成立之与中国共产党的组织关系史[①]，或当时世界范围的共产主义浪潮，及中国自身脉络的共产主义运动，从而阻碍了阅听众从其论述中思考台湾地区与全中国历史的更深关联。“共生”此种顾左右而言他的修辞技巧，也使之毫不避讳谈及台籍人士参与全中国共产主义运动的历史，2015年2月6日“228地景导览”便直面这段事实：

二二八事件后，这些参与抗争的学生对国民党政府感到强烈的不满，心中充满怨气与苦闷，他们有的转而追求台湾的主体性，有的转而倾向共产主义。后者和以后台湾地下党的发展有密切的关系。[②]

虽未以负面方式描述一部分人如何转向“共产主义”或转而加入在台地下组织，但是，修辞也夹带了更深一层的意识形态偷渡：个人主义与多元主义。从政治社会学的角度，“自由、民主、人权”等主要由美国向世界散播的资产阶级意识形态，因强调个人“生而平等”，并且“尊重多元”，本就在有限范围内一定程度允诺不同政治意识形态之表达。因此，将当年的学生描述为“有的转而追求台湾的主体性，有的转而倾向共产主义”，是以“个人选择—多元观点”取消历史，强化了稀释与混淆效果。“共生”确实也将许多少为人关注的事件、研究、故事等，都搬上了台面，然而当其采用的修辞术是将一切能够运用的历史资源围绕“思考台湾”的命题重新组织起来（同时隐喻着思考与批判“威权国民党”），因为已经先偷换了历史所能指向且引发思索的内核，再多的历史元素都是作为意识形态的陪衬，欲以历史书写创造“分离主义”者的“主体”论的合法性。

以上三个例子已经表明“共生”的叙事策略，在鼓励参与者“思考台湾”的前提下，使用的历史元素虽远超过其成立宗旨（“二二八事件”）。主导的政治意识为前提，历史元素都仅具“装置”作用，意在促动阅听者不假思索地建立

① 如台共成员多原有中共党员（如台籍烈士翁泽生，目前在漳州市烈士陵园设有其雕像）受命回台发展“台共”（1928年4月15日，日共台湾民族支部在上海成立）。参考蓝博洲2014。

② 本文共生音乐节材料来源于其页面（https://www.facebook.com/GongSheng228/）。存取日期2018年7月22日。

“分离意识”。[①] 而“共生”与各大学社团合作，基本席卷了岛内各异议、时政性质大学社团，与少量顶尖高中的社团，也昭示了企图影响且发明新一代青年认识历史的方式、自我理解方式。[②] 至 2018 年岛内某 T 大学生社团以“噤声”为名举办了鬼屋游戏，便让我们见到“历史宣传战”果真达到效果。“噤声”总和了多元稀释、并置错接、歪曲颠倒等历史编造术，俨然由接收者成为传播者。社团文宣可窥端倪：选用陈澄波、郭倍宏及林木杞三位，先抽离各自案件的脉络，再围绕“人权、自由”重新组织起来。

首先，他们使用画家陈澄波为素材，强调其遭遇“国民党的暴行”，且突出“台湾”：

曾经热爱国民党的陈澄波在二二八事件中，没有经过审判，不明不白地死于国民党政府残暴军队的血腥暴行，游街示众、公开枪决。从此几十年的黑暗时光，“陈澄波”的名字成为禁忌，没有出现在台湾的报章杂志，他的画作也绝迹于台湾画坛。唯独陈澄波的妻子张捷，一位勇敢的台湾女性，她用尽一生的生命守护着陈澄波。[③]

上述文宣没有说明的是，陈澄波思考“文艺的中国问题”的意识是很清楚的，[④] 不能化约为“爱国民党”的画家；而刻意强调其妻的身份，也在于创造修辞装置，以调动阅听者对比“国民党 VS. 台湾”。接着，他们使用林木杞的证言时，不仅同样强调“国民党 VS.‘台湾人’”，且多一层偷渡“人权、自由”概念：

① 额外一提，反国民党的论述不仅是反国民党，长期来，国民党已被概念偷换为“中国人”且影响力也在变化中。同样无法展开的，则是岛内与境外舆论对“中国”的攻击对岛内的影响。

② 初步整理曾与共生合作的高校社团：文化野青社、中国医学生会、中兴黑森林社、北医义斗社、台大浊水溪社、台大历史系学会、台大学生会、台大意识报、台北大学历史系学会、台北大学翻墙社、台北教育大学台文所所学会、台科酷儿同乐会、台科醒鸣社、师大暗暝合作社、师大学生会、师大人文学社、东吴大学难容社、辅仁大学学生会、辅大社会系、政大野火阵线、阳明大学学生会、佛光大学我佛你社、成大零贰社、南女南蛮、世新大学青年阵线、东吴跳马社、建中青年、阳明有意思社、静宜大学台湾研究中心、静宜大学寻根树、清大基进笔记、东华乌头翁社

③ 本文使用“噤声”的材料皆来自页面（www.facebook.com/噤声），存取日期 2018 年 8 月 8 日。

④ 参考陈澄波写于 1946 年的《日据时代台湾艺术之回顾》所言：台湾必须再组织一个强健的美术团体来开发省民的眼光和文化水准。更希望设立一个美术学校来启蒙省民的美育，成为大中华民国的模范省，倘若能增补四千年来的大中华文献，则我生于前清，而能死于汉室，实是我平生最大的愿望也。

二战战后，二二八事件结束，国民政府罔顾人权、自由，监控着百姓的一举一动，任何言行可疑的人士都将被逮捕，使得人心惶惶，民众无不饱受折磨及迫害。……受难者林木杞口述：国民党对228事件的整肃，不仅师承旧制，更远远超过旧中国的残酷不仁，视“台湾人”为反叛者、敌人，以对敌作战的方式镇压、屠杀“台湾人”：用铁丝反绑人手，贯穿手腕脚踝，将若干人串成一串，集体枪杀后踢入大海。[①]

在最抽象层，上引文与“基金会”的修辞策略是一致的。倘若回归历史，国民党的问题并非人权、自由。虽然提到了国民党的“旧中国”特性，却仅是一种修辞而不是历史分析、社会性质分析，从而不会引导接收讯息者以正确的“中国革命史”理解：国民党此一封建反动政权迫害的是全中国人而非仅“台湾人”，而正是国民党封建反动性的暴露，鼓舞了包含台湾地区在内的中国人民拥抱中国共产主义运动。“噤声”的文宣同样师承基金会、共生，意在借由聚焦国民党暴行，抽离脉络、填入自由民主人权，再把目光转向“台独”。于是如此使用郭倍宏为材料：

郭倍宏是现任的民视董事长，他也是一位“台独运动”领袖、蒋经国时代的“黑名单”异议分子，1989 年 11 月，郭倍宏成功从美国闯关入境台湾以后，国民党直接悬赏 220 万通缉他！但他不惜一切亲自闯关回台的目的，就是为了“推翻国民党、建立新‘国家’”（按：原文照引）。[②]

虽然郭倍宏的事情不能说不是“白色恐怖”的一环，但绝非等同“二二八事件”，也不等同“1950 年代白色恐怖”；郭倍宏作为“修辞”“装置”的作用就像史明在“共生”那儿的作用，仅在突出且导引参与者从思维上把事件转向“分离主义”。

总的来看，“历史宣传战”如何将事实转化为“分离主义”政治的助力，已相当鲜明。各种“去历史的历史”仍然表现为“历史叙事”，将严重影响岛内民众的认知。泛“分离主义”势力将不同历史意涵、社会意涵的事件无差别地并置、多元稀释，虽使某些事件现形，却因淘空真实意义而使历史抽象化为不相

① 本文使用噤声的材料皆来自页面（www.facebook.com/ 噤声），存取日期 2018 年 8 月 8 日。
② 本文使用噤声的材料皆来自页面（www.facebook.com/ 噤声），存取日期 2018 年 8 月 8 日。

干的概念，才真正深刻危及“历史”。而同样地，民进党2016年再度当选后的一连串行径，也暴露了“共生音乐节”的缺陷，使之开始批判民进党没有遵照承诺“公布真相”“转型正义”。与此同时，一度被“共生”启动了的“青年、学生团体”也开始站队、区隔自己与民进党的关系，当中较激进者走向与民进党当局直接对立，如参与争取劳动权益的社会运动。但是，一方面是本文尚未展开的“主体性”意识的普遍性①问题，二方面是无论基金会的“乡土、故乡=人权、民主、自由”或共生的“思考台湾”都逐渐塑成自身的道德高位，故不能快速视青年反叛为具有进步性②，而是必须继续寻找方式有效检视当前岛内情况。

五

笔者在此疏整了两个晚近于青年之间发挥极大效果的“民间团体”，是如何以“历史宣传战”达成其“分离主义”政治宣传（历史宣传战）；然而，除了必须批判“分离主义”及各“‘拟’分离主义群体”对历史、从而是对岛内认同状况与精神的伤害，本文亦尝试解构这些团体所发明的“认同”的内涵，继而提示对抗的方式，待来日进一步辨明与论证。

首先，“分离主义”者的目的是歪曲历史元素，以打造“台湾主体性”。虽然采行的是极为粗糙的手法，但因一般社会大众主要不是以科学方法理解世界，使得“历史宣传战”很容易成为形塑认知的有效武器，塑造人们不假思索地将“历史宣传战”中荒谬的政治修辞误认为理当如此。类似活动、叙事不胜枚举且已然是青年常态，必须重视。前已指出，“分离主义”者试图把历史中受到国民党伤害的，或者历史中积极向着共产主义投身而去的，都“概念抽换／偷换”为“爱乡土、爱故乡”与“人权、民主、自由”议题，进而联结为一体。于是，“分离主义”不单颠倒了、歪曲的历史，也发明了新的“认同”。回到开头所提，笔者认为“天然独”或“台独”都不够精准；“爱乡土、爱故乡=人权、民主、自由”的概念从应视为新形态的“公民国族主义（Citizenship-Nationalism）”。公民（citizen）与国家（Nation-State）原属于政治社会学范畴的一组有对张关系的分析范畴，但是，由于岛内“分离主义”势力发明“认同”的方式长期假

① 这涉及如何评估岛内认同状况的一般性（in general）；但必须提醒，认同政治与意识形态必须区隔“支持”与“不排斥”。

② 这些反叛民进党执政当局的青年，许多都与新崛起的由境外势力支持的小党有关。诸多因素都待更细致整理。

借“反威权（反国民党独大政治）”而为，使得尤其晚近的青年意识既容易亲向“乡土、故乡”，从而是由此延伸的“拟国族意识”，又极易显露对于岛内任一执政当局的反叛。假使笔者的概括尚称合理，新兴“公民国族主义”此一心灵状态虽有传统理解的“分离主义”的意思，也是由“分离主义”推动，其中“人权、民主、自由”等抽象意识形态的作用却仍待进一步关注。

继之，必须留意“分离主义”在“双战构造”中的角色，理解岛内两大政党的辩证关系、相辅相成。倘使留意认同之不孤立于社会过程、构造，那么对于“分离主义”的批判应可以让我们把触角延长。岛内长期处于国、民两大党为主的政治构造，当其中一党背负着历史罪行而事实上也在历史中为恶多端，另一党自然容易回收正当性。从“双战构造”来看，无论民进党，或者本文提及的团体，其意识形态中的“反共、亲美”，是承袭国民党。长期“反共教育”已在岛内产生成效，使得岛内青年不易晓得共产主义运动在世界范围内的意义，当然也就容易排斥理解全中国的共产主义运动与历史。换言之，两大党不具备本质差异。而如果以“双战构造”的历史产物的方式定位岛内认同情况，除归咎国民党的意识形态遗毒，当然也必须看见，尤其是20世纪70年代末以来美国在世界范围内行销其抽象“人权、民主、自由”观的战略，即“人权、民主、自由”带有美国新帝国主义的“意识形态武器”的性质。当“分离主义”者欲扭曲一套“主体论”等证实台湾地区独特性的修辞，我们应该以“双战构造”察觉“分离主义”本身有境外势力的痕迹。

最后，晚近岛内“历史编造”已经朝向把在台地下组织的历史编入其内，正在介入“红色历史”，提示了积极保存、书写、发扬正确史观下的革命史的重要性。岛内“分离主义”“认同”形塑（formation）的过程，除了历来善用“二二八事件”和粗制滥造对于“白色恐怖”的解释，已经正式侵犯了“1950年代台湾地区白色恐怖”。这使得“历史宣传战”表现了形式上的“多元声音”，但更是其战术的核心旨趣——以稀释、混淆的方式抹去历史本意。“白色恐怖”之所以能发挥如今的效力，一方面自是和长期晦暗不明有关，但是，“白色恐怖”之所以能更成为台当局公开谈论的对象，当然也显示岛内“解严”至今确实不同了。只不过，我们更该注意，虽岛内“资产阶级民主”确实变化，变化的内涵仅在于符合资产阶级民主自身所需的多头竞争，而无意创造契机使人民理解台湾地区与新民主主义革命的历史关系。目前看来，岛内两大党（乃至于小党）都愈来愈以“自由、民主、人权”为其号召选民的象征武器，也仅是“双战构造”的产物，而不具根本变化的意涵。因此，如本文所谈的“分离主义”团体

“历史宣传战”所为，只是见证了政党、政权、民间团体不断将历史创伤、人伤伤害之情感、事实、档案、材料为其所用，相互斗争，从而持续支持“内战与冷战双重构造”，而不是对“双战”的突破或反叛。此种循环于“双战构造”的情况，潜藏巨大危机。而要对抗之，需勠力于还原内战史、岛内整肃史，将台湾地区置回全中国为框架的革命叙事，一方面对抗“分离主义”者的“国民党＝外来者”VS.“台湾人＝受害者”修辞，二方面也对抗所谓西方政治哲学意义的“人权、民主、自由”观念。

编造与篡改历史极其容易，无须科学论证便能成立，揭示了反驳与拮抗之难。但是，本文所谈的范围正在扩大岛内“认同”的偏差曲度，使我们必须将此视为当务之急。然而，如何把颠倒的颠倒回来？既反对“分离主义”的虚构，也同样否定从前国民党的封建与法西斯，需要的是坚定、札实的历史认识为基础的书写方法。

艺术篇

动漫产业与跨域文创人才

陈清河*

一、前言

许多城市的工程硬件建设，包括高楼、桥梁与地铁的工程，确实让整个城市变得更大，殊不知城市需有文化，才会变得更伟大。然而这些伟大的文化，最终仍须回归跨域人才与永续发展的文创产业环境。

文创产业的存在与永续，不是硬件的引领，也不是一个形式的扩散，应该结合跨领域创作人才与文化创意。更重要的是，应善用营销与营造流动感，衍生另类流行的生活空间，将建筑、艺术与古董、工艺设计、时尚设计、影视、互动娱乐、音乐、表演艺术、出版、程序软件服务、广播、游戏娱乐等专业人力，能与本文所要探讨的动漫产业互融其中。

二、文创与动漫的共伴

如前所述，由于各国在流行文化所着重的区块差异，系基于历史、人文、政治、经济与科技发展条件的不同，自然会带出独特的文化产业，加上各国基于国家软实力取向、政治结构差异与文化厚度的优劣势。

全球化步调的加速，反映在流行文化的再现与区块，逐渐有趋同演化（convergent evolution）与趋异演化（divergent evolution）的现象。美国的好莱坞电影、日本动漫产业、到近年崛起的韩国 K-POP。其中，日本的动漫产业最值得探讨，日本动漫产业收入主要来自音像创作、影视播映与商业授权的收入；产品包括电视动画、原创动画视频 OVA (original video animation)、电影与剧场

* 陈清河，台湾世新大学副校长、教授。

等多种模式之外，再开发衍生产品如玩偶、游戏、角色扮演、声优（character voice）等产业。

文创产业的先备条件，经常是仰赖供应链及消费链中的情境互动，尤其是美感经验、文化体验与创意思维的累积。以动漫产业为例，经历了从无到有、从小到大、由少到多、由代工走向原创以及由传统媒材结合 VR、AR 技术的转变，在推动文化产业结构逐步升级的共识下，结合公部门与投融资媒合、漫画家与校园的资源，引进跨域文创人才，链接出版业、媒体、影音创作、舞台剧、衍生商品等跨域产业，串联起漫画产业一条龙发展；具体作为，期待将创意与资源带进来，把人才与产业带起来，再把文化的力量带出去。

三、动漫文创产业经济的演化

归纳文创产业的面向，应有三种不同的参与层次，首先是实体空间的参与，好山好水必须给它好的故事，让许许多多的房舍、饮食服饰与文化习性，诠释新的生命力；其次是虚拟网络空间的参与，宽带网络空间不是实体的空间化而是新空间化，需仰赖电信和网络工具的虚拟社区消费参与，营造知识经济的时代。最后则是，影视音媒介空间的参与，须强调共性化的互通，结合历史故事陈述，使动漫产业、游戏娱乐及衍生商品，形成多元驱动与易于变现的空间。

根据国际授权业协会的定义，具体而言系将授权商标、版权应用到产品、服务的过程，通常授权的资产可以是姓名、logo、图案、文案、签名、图铃、标签，甚至是角色扮演等。如投射到动漫产业的领域，应是颇为贴近的对照，尤其在社群媒体环境成熟之后，带给动漫家更多新的平台，许多网络的插画家借由角色创作，不仅累积知名度，并逐步开创粉丝经济与宅经济效益。

四、动漫、文化与数位叙事

动漫产业是一个资金密集、科技密集、知识密集、创意密集甚至可称市场密集的文创产业。如今的动漫产业，更可强化跨领域媒合，例如漫画和 VR 科技结合，或将小说、剧本、影音、漫画书、报刊、游戏服装、玩具与舞台剧，扩大衍生成 ACG（Anime、Comics、Games）动画、漫画、游戏产业，再透过新媒体跨平台内容产制，发展基础内容并推动角色经济 (role economic)。

传统叙事通常着重在视听觉上的呈现，当非线创制 (non-linear creation) 与

VR360 等工具推出后的数字叙事模式，则要能从消费者洞察、多元媒体企划、数字产销等不同层面发想，贯穿图文、影音、互动、联结与社群等多元内容，才可有效达成动漫产业的叙事需求。

五、文创产业变迁与跨域取向

在后工业的信息社会年代，服务业将逐步替代生产业，以知识加工和讯息服务为主导的产业结构，建构多职场的趋势。也因为服务业具有不恒常、客制化与多元化的特质，造成其供需之间的交易，经常是游离在专业能力、时间成本、观念沟通与信息服务的对价关系。对照当下的信息快速流通与感知处理的要求，自然比起传统动漫产业更需跨领域的能力思维。

不言而喻的是，动漫产业的从业人员必须具备几项核心能力，包括具备融媒体创制与市场预测相关管理能力，以作为动漫产业生产链与价值链的前置需求；具备串联跨领域与跨专业知识能力，替代动漫产制需求的考验；具备线性与非线性素材梳理能力，提升动漫产制效能；须具备洞悉新消费行为测量能力，响应动漫产业的配置需求；强化善用新媒体软件工具设计能力，适应多网融合与云产业介接环境；具备创新设计与感动叙事的能力，寻求动漫产业目标受众的共鸣度与深度的影响力。

六、跨域斜杠的动漫人力结构

纽约时报专栏作家 Marci Alboher 撰写的《多重职业》一书中提及，斜杠效应型 (the slash effect) 人才，将成为社会的常态，诸如律师兼签约作家、摄影与旅行达人；导员兼制片人与新媒体专家；杂志主编兼投资人与部落客；知识管理兼市场营销与购物专家，这些具有跨领域专业的人，确实令人羡慕与佩服。其实，动漫就是科技融通之下，最容易与周边产业结合的产业。

科技的宿命与产业的革命，让媒体产业从纵向分流到横向合流，自然形成跨媒体、跨产业、跨载具与跨域化的思维；更促成了融媒体、自媒体、串媒体、跨媒体、互动媒体、社群媒体等多元平台新媒体模式的出现。正因前述跨媒体平台的形成，系出自主流媒体转化的新媒体、跨媒材融合的新媒体、多网内容互联的新媒体、终端机具与内容结合的新媒体。尤其是以原生创意取向的动漫文创产业，在其产业价值链的结构中，最需要跨专业能力的人才。

七、结语

当数字叙事的动漫产业，将资金、创意、产制、管理、营销、云端化、创收和人才结合以后，必然会有人流、金流、物流、信息流、服务流，甚至商流的另类共伴效应出现。足以推论，动漫产业要能更上一层楼，整体产业推动的背后，必须培植一群强调文创发想、文化角色、文化时尚、文化美感、文化空间等想象，愿意追求创造一种永续流动感官体验的跨域人才。

比较视野中的美学理论——以汉宝德的美学观为中心

李修建[*]

引言

美学是一门西方学科。自古希腊柏拉图的《大希庇阿斯篇》为发端，西方就开始了对美的本质的哲学探寻。直到1750年，德国哲学家鲍姆嘉登提出建立美学，专门研究感性学，与研究理性的逻辑学，研究道德的伦理学并列起来，大大提升了感性的地位，鲍氏因此被尊为“美学之父”。此后，举凡青史留名的大哲学家，如康德、黑格尔、叔本华、尼采、维特根斯坦、海德格尔等人，皆视美学为当然的思考对象，都有美学专著问世，使其成为一个专门学科和领域。

中国传统之学术，可以经、史、子、集涵括。历代典籍中虽不乏对美的论述与思考，却没有形成西方式的学科形态。中国之美学，乃19世纪末20世纪初西学东渐的产物。中国美学之发展，经历了三个阶段：一是引入期，蔡元培、梁启超、王国维等学者，多有留学欧美或日本的经历，将美学这一学科引入中国。1904年，由张之洞等组织制定的《奏定大学堂章程》，规定“美学”为工科‘建筑学门’的24门主课之一。王国维在1906年起草的《奏定经学科大学文学科大学章程书后》，要求在大学的文科里开设“美学”专门课程。民国初年《教育部公布大学规程》(1913)，国文学中列入“美学概论”。蔡元培所倡导的“以美育代宗教”，大为提升了美学在普通知识分子中的地位。二是建构期，以朱光潜、宗白华为代表，二人都有留学欧洲经历，会通中西，专治美学，成果甚丰，影响巨大，朱光潜早期的《谈美》《文艺心理学》，宗白华在1949年之前

---

* 李修建，中国艺术研究院艺术人类学研究所研究员。

写成的一些美学论文，皆是名篇；三是两大热潮期，20世纪五六十年代的美学大讨论，以知识分子改造为背景，参与者甚众，集中于从认识论的角度对美的本质的探讨，形成以朱光潜（主客观统一）、蔡仪（客观说）、李泽厚（客观与社会相统一）为代表的美学三大派。20世纪80年代，又兴起一股美学热。此一阶段，美学担负起"启蒙"功能，热衷引进西学，探讨美的非功利、艺术的本质等问题。李泽厚是这一时期的灵魂人物，他的《美学三书》(《美的历程》《华夏美学》《美学四讲》，尤其是《美的历程》）影响甚巨。宗白华的《美学散步》在1981年结集出版，同样影响甚大。朱光潜老骥伏枥，在80年代初出版了《谈美书简》，并译出黑格尔的《美学》、维柯的《新科学》等名著。四是专业研究期。20世纪90年代以后，美学研究进入平静期，研究者分散于哲学美学、文艺学、艺术美学等专业，成果仍不断涌现，但关注者更多限于业内学者。

台湾地区的美学研究，在1949年之后，经历了与大陆颇不相同的发展方向，最为突出的创获，是新儒家美学。以方东美、唐君毅、徐复观、牟宗三为代表的学者，极力发掘中华传统文化的审美意趣和美学精神，如方东美的《生生之美》、唐君毅的《中国文化之精神价值》、徐复观的《中国艺术精神》等著作，具有较大影响。此外，台湾地区的文艺美学研究，也值得关注，如王梦鸥的《文艺美学》等论著，不过其影响仅局限于美学专业内部，和新儒家美学远不能比了。最近一些年，台湾美学的主潮是生活美学，注重衣食住行等日常生活之美，带有很强的实践性。

汉宝德属于生活美学潮流中的一员，他虽非美学专业出身，却对美学多有论述，出版著作多部，在海峡两岸颇富影响。

一、汉宝德与朱光潜的可比之处

汉宝德（1934—2014），祖籍山东日照，1949年赴台，本科就读于台南工学院建筑专业，后赴美深造，获得耶鲁大学建筑学硕士和普林斯顿大学艺术硕士，回台后曾任东海大学建筑系主任、中兴大学理工学院院长、台南艺术学院（现台南艺术大学）校长、台湾宗教博物馆馆长等职。汉宝德不仅是一位著名建筑家，更是一位学者，他认为建筑的背后是文化，不了解文化，就无法参透建筑的本质，因此，长于写作的他，所论多为文化、美学与艺术等问题。他富有传统文人风范，出版著作丰赡，广泛涉及园林、建筑、收藏、美学、艺术教育等领域。北京的三联书店最近推出"汉宝德作品系列"，共12本。《汉宝德谈美》一书，是作者在《明道文艺》上所写专栏结集，最初由台湾联经出版事业公司 1984 年推出，上海文艺出版社 2013 年引进出版。

汉宝德其人其书，与朱光潜先生及其《谈美》多有可比较之处：一是二人皆有海外留学背景；二是二人都擅写文章，两书皆为专栏文章结集，书名相同，文体一致，文笔生动；三是二人都有深厚文艺经验，朱光潜擅长古典文学，汉宝德以建筑为业，精通园林、书法、鉴赏等；四是二书讨论主题一致，汉宝德的书，与朱先生的书形成批判性对话关系；五是二人皆有传统士大夫的家国天下精神。朱光潜谈美，倡导人生的艺术化，是有感于时局的动荡，社会的没落，意在通过审美唤醒人心，提升人格境界，最终救亡图存。汉宝德谈美，意在提升公民素养，使其与现代生活方式相适应。

二、谈美的切入点：美感

汉宝德无疑受到了朱光潜的深刻影响。据相关研究，台湾出版朱光潜的著作有 20 余种，主要有《文艺心理学》(1948)、《谈美》(1958)、《谈文学》(1960)、《诗论》(1962)、《我与文学》(1977)、《谈修养》(1977)、《给青年的十二封信》(1978)、《西方美学史》(1982)、《诗论新编》(1982)、《西方美学家论美与美感》(1983)、《悲剧心理学》(1984)、《诗与画的界限》(1985)、《歌德对话集》(1986)、《启蒙运动的美学》(1987)、《狂飙时代的美学》(1987)、《现实主义的美学》(1987)、《新科学》(1987)、《美学再出发》(1989)、《变态心理学》(1994)、《柏拉图文艺对话录》(2005) 等。以上仅列出了第一次在台湾出版的年份，像《文艺心理学》至 1967 年开明书店已出至第 9 版，《谈美》开明书店从 1982 年起已出至第 15 版。[①]

朱光潜留学欧洲之际，正值审美心理学派处于盛时，朱光潜接受了他们的学说，如克罗齐的直觉说以及内模仿说、格式塔心理学、审美距离说等，尤其是康德对审美判断的论述，注重审美的无目的性和非功利性。审美心理学把美的本质问题转化成了美感问题。朱光潜谈美，实际上谈的是美感。汉宝德同样如此，在他看来，美是单纯的感官愉悦，是一种令人忘我的愉快感觉。而之所以产生这样的感觉，是基于生命的需要。因此，对美感的体会是一种本能。如此一来，汉宝德同样把美的本质转化成了美感，并视美感为生命之需要和人的

① 李春娟：《朱光潜美学在台湾地区的传播与影响》，载《河南社会科学》2016 年第 9 期。

本能。

三、美感与快感的区分

康德在《判断力批判》中对美的性质下了四个判断，从质的方面说，审美呈现出“无利害的愉快”，这就是我们常说的审美无利害。在此，他对美感与快感做出了区分，美感是无关功利的，而快感则与生理需求和功利活动有关。这一原则被后世广为接受，西方审美心理学派的美学观同样如此，中国现当代美学同样深受其影响。朱光潜接受了这样一种审美观。《谈美》中有一名篇，即《我们对于一棵古松的三种态度》，朱光潜谈到，面对一棵松树，或带实用的态度，或有科学的目的，或持审美的眼光，实用与审美，是相对立的。因为审美不具实用性，最为超越，精神上最是自由。这一观点在美学界影响甚大。

汉宝德不同意这种观点。他指出美感本就是人类的天赋，没有必要弄得太过玄虚。针对朱光潜的观点，他直言：“朱光潜先生谈美，最深入浅出，引人入胜，但是他老先生也认为一般人所谓美，大多指的是‘好看’，指‘愉快’，并不是美。依他的看法，我们的美感只是快感而已。这一点，我实在不能同意。……我觉得，他是公认的美学专家，却不懂得美。”[①]那么，汉宝德如何理解美感与快感之间的区别呢？

在他看来，美感与快感是完全不同的两种东西，不能搅和在一起，不能以实用与否来区别美感与快感。实用是一件东西的本然价值，好看是一件东西的附加价值，也就是精神价值。日常生活中为了满足基本的欲望，并没有“快”的感觉。快感是动物性的人类所追求的感觉，长时期没有快感的经验，如果不在精神上寻求出路，就会有郁闷的感觉，而失去了生命力。由此，他提出，美感与快感是风马牛不相及的。美感之所以成为文明世界最重视的文化果实，正是因为贤哲们希望以美感取代快感，来解除精神的压力，满足精神的需要。所以美感经验绝对是“愉快”的，不是“痛快”。[②]

汉宝德针对朱光潜的审美心理学观点逐一批驳，提出要分清美和诱惑，主张美不需要距离，距离本身不是美，“共鸣”不一定产生美感。他认为：“过去把美感视为距离造成的观念是一种误解。第一个误解是把文学与艺术中基于人生经验而生的‘共鸣’视同美感。第二个误解是把艺术与真实间距离的本身视

① 汉宝德：《汉宝德谈美》，上海文艺出版社2013年版，第19页。

② 汉宝德：《汉宝德谈美》，上海文艺出版社2013年版，第21页。

同美感。把美感认定为是由距离所造成，自然产生进一步的误解，认为美只有在脱离生活真实时才会产生。这个误解就推演出真实生活中没有美感的结论，使得有些人相信美感只有在虚幻中存在，与现实生活是不相干的。”[①] 而他的观点是，美与现实生活同在。

四、美与现实生活

汉宝德之所以主张美与现实生活同在，与他对社会阶段的划分有关。

他根据经济发展状况，将社会分成了三个阶段，并对每个阶段的审美焦点做了说明。

第一阶段是贫苦期，文学最受重视，因其是一种廉价的传播形式，靠人生经验产生共鸣。由文学衍生出来的戏剧和话剧也受欢迎。

第二阶段是小康期，视觉艺术特别是绘画成为主要表现形式。绘画传达美感的经验，可以直接提高精神生活的质量。可以通过展览来欣赏，或用印刷品传播。比较有深度的艺术爱好者，在绘画中寻找精神的满足。美感因此成为艺术的要件。

第三阶段是富庶期。人们的精神生活着重于寻求娱乐性的满足，并且因拥有一定的财产为自己筑梦，因此最主要的艺术形式为生活艺术，也就是应用艺术。以人生经验的共鸣而产生的情感，已是非常遥远，即使是绘画，也趋于轻内容而重形式，有一目了然的效果。视觉的美感遂成为此一时期生活中唯一的精神价值了。

在他看来，我们目前处于第三阶段，必须以完全不同的观点来看美感。在生活艺术中，美是真实存在的，而且要与我们的现实生活同在。这之间没有丝毫距离可言。生活中需要大量的美感，它们是否附着在艺术上，并不十分重要。正是因为生活中充满了美的事物，为了方便，就把它们称为艺术品。[②]

显然，朱光潜的立论，是以文学为重，是处于社会第一阶段的产物，无法意识到生活美学之重要。

① 汉宝德:《汉宝德谈美》，上海文艺出版社 2013 年版，第 32 页。

② 汉宝德:《汉宝德谈美》，上海文艺出版社 2013 年版，第 32-33 页。

五、美感发展四阶段与美的标准

汉宝德认为美感是人的一种本能，美来自生命，他从逻辑的角度，提出美感发展有四个阶段：第一个阶段是原始的美感，以求生存为目的；第二个阶段是生命的美感，开始追求心灵满足；第三个阶段为高贵的美感，以建立文明生活的品位；第四个阶段为抽象的美感，以追求普遍的原则为目标。[①] 在他看来，作为学者的朱光潜关注的是抽象的美感，他所关注的则是充满动态和个性的生命美感。在汉宝德眼中，最能体现生命之美感的，是古希腊雕塑和建筑所代表的古典美。

他对于这一古典美进行了盛赞讴歌，总结了它的若干原则和特质：第一，美得没有瑕疵。第二，美得超乎感情，美而不动人。第三，美的高贵典雅，是一种平静、安详的美。第四，古典美有大众性，它的价值具有永恒性和普遍性。汉宝德高扬古典美的完美性和理想性，并将之作为美的最高标准，去衡量其他文化以及其他发展阶段的美感。

六、对中国传统文化与美学的批判

基于对美感的如上理解以及秉持的古典美的原则，汉宝德对于中国传统文化和美学多有批判。

他认为中国传统价值观以善为统帅，美合于善。对于外物之审美，要符合善的要求，尤其是对于女性的审美，未能把美感与欲望相脱离。他说："美感与欲望的脱离，是人类文明史上很重要的一步，可惜在东方，一直没有走到这一步。中国文明中，未能把美感自欲望中分解出来，因此在先贤的著作中，没有美的观念。相反的，美被视为一种危险的质量，因为它会诱人堕落，甚至亡国。不客气地说，朱光潜先生对美的看法，仍然脱离不了中国传统观念的影响。"他提到，由于我们的文化不曾把美感与欲望或实用分开，所以在生活中容不下美感。这种观念塑造了中国人的双重人格，即出世与入世的矛盾性。他进而指出，中国文人不太接受美与实用的结合，不承认工艺之美的价值，同样出于这一原因。由于中国文人一直压抑审美的渴望，未能把美感在文化的上层呈现出来，

① 汉宝德：《汉宝德谈美》，上海文艺出版社 2013 年版，第 37 页。

无法使其成为显学。因此中国自明代以来，整体来说，审美能力逐渐堕落，俗文化反而上升，成为品位的主流。到了现代，大部分的中国人已不知美为何物了。这实在是中国文化的悲哀。①

汉宝德对中国传统美学的批判，是以西方古典的审美标准进行强硬解读，显然与历史不符。他本人深谙中国文人美学，对其有深入领会，因此，他在书中又不乏褒扬之处。比如，他提道：“传统中国的知识分子都是爱美的人，甚至以美为生命的。他们都是书法家与诗人，不具备这两个条件，也就没有进入政府为民服务的资格。”② 他又认为中国人虽不谈美，却有美的境界：“明代的中国人都欣赏木材的质感与色彩。几、桌等简单的构造，与高贵、优雅的比例，远超过宫廷中精雕细凿的器物。即使一个黄花梨的提盒，或镜架，也美不胜收。自这些器物之中，我们可以看到中国人对美的极度敏感，是不会落后于古希腊人的。而在他们的生活中，自士大夫的悠闲、恬静所自然发展出的静观的心境，是美感的泉源。中国人不谈美，却有美的境界，在生命的层面，在视觉的层面，都是不落人后的。”③

这样的论述，无疑有自相矛盾之处。究其根源，乃在其完全以西解中，以今观古，未能以文化相对论的同情心态去理解中国传统美学。

七、如何培养美感

汉宝德谈美，并非着眼于学术，而是有其明确目的，即提升公民的审美素养，使其适应现代生活方式。

他认为美感是人的一种本能，是天生的，一方面每个人的禀赋各有不同，另一方面可以通过后天的培养（即美育）获得。大陆学者谈美育，是将其理解为审美教育，汉宝德则直称为美感教育。他认为美感教育的任务是把孩子们潜在的审美能力发展出来，形成一种判断力。

在他看来，美育不等于艺术教育，因为艺术不等于美，尤其是后现代艺术，已经和美产生了分离，甚至与美为敌，更多是在表达观念和思想。因此，他指出美感教育不能通过纯艺术的教育去完成。而要在日常生活中寻找，自日用器物中觅求，这才是一条正途。他的名言是“美从茶杯开始”，主张从设计入手来

① 汉宝德：《汉宝德谈美》，上海文艺出版社 2013 年版，第 57 页。
② 汉宝德：《汉宝德谈美》，上海文艺出版社 2013 年版，第 6 页。
③ 汉宝德：《汉宝德谈美》，上海文艺出版社 2013 年版，第 146 页。

培养美感。这一观点，一是有感于西方的工艺运动对于社会发展的促动作用，比如莫里斯所倡导的艺术与技艺运动，提升了民众的审美能力，促进了工业产品的审美性与竞争力。他指出西方的产品有一种内在的质量是我们所做不到的，那就是美感。二是缘于他对美的观念，他认为美的核心是形式，美感教育自设计美感着手，是因为那是视觉美的基础，最接近审美的潜能。

这一观点，对于当下的美育提供了一条切实可行的路径，值得深入探讨。

小结

与专业学者不同，汉宝德的美学观，是在对艺术实践和生活经验的反思中得到的，他不是一味地只谈学术，而是有其明确的旨趣，意在提升民众的审美素养和生活质量，推动社会文明进步。需要注意的是，汉宝德以古希腊雕塑和建筑为代表的古典美为最高理想，以现代西方工业社会和后工业文明为准则，以之衡量其他文化中的美学观，尤其是及中国传统审美时，难免存有偏见，甚至自相矛盾之处。汉宝德对美感教育与艺术教育的区分，所倡导的美感教育的实施路径，对于当代美育具有一定的参考价值与实践意义。

文化生态保护区建设的理论与实践

——以徽州文化生态保护实验区为例

汪　欣*

我国自2007年开始实施“文化生态保护区”的命名和建设。经过约7年的实践摸索，我国在文化生态保护区建设的理论和实践方面都积累了一定的经验。

一、文化生态保护区建设的理论渊源与实践借鉴

文化生态保护区的建设建立在文化遗产整体性保护和文化生态保护理论上，同时，借鉴了我国各地实施的文化生态保护实践。

（一）文化生态保护区建设的理论渊源

文化遗产的整体性保护原则和文化生态保护理论是我国文化生态保护区建设的主要理论渊源。

1. 文化遗产的整体性保护

整体性保护是国际文化遗产保护的主要原则。从单体建筑到历史建筑群、城市景观、建筑环境，再到城市历史街区和保护区，成为国际文化遗产保护的主流趋势。

非物质文化遗产保护也遵循整体性原则。所谓整体性保护，即保护非物质文化遗产所拥有的全部内容和形式，包括传承人和文化生态环境，从整体上对非物质文化遗产加以关注并进行多方面的综合保护。为了实践整体性保护原则，我国在对非物质文化遗产项目及其代表性传承人进行保护的同时，还设立了“国家级文化生态保护区”。文化生态保护区就是将保护区内的非物质文化遗

* 汪欣，中国艺术研究院艺术人类学研究所副研究员。

产和与之相关的物质遗产，以及文化遗产发生、发展的文化生态环境进行整体保护。

非物质文化遗产的整体性保护原则是由其本身的整体性和活态性决定的。非物质文化遗产不是单一的文化现象，自其产生以来，就是同其生存的社会文化环境以及其他的文化要素相关联着，既具有其独特性又与环境相互依存的文化事项。因此，非物质文化遗产不仅自身是由多种元素构成的整体，又与其生存环境是不可分离的整体。

非物质文化遗产的活态性体现在共时性和历时性上。从共时性来说，非物质文化遗产在不同的空间相互传播、相互影响；从历时性来说，非物质文化遗产在历史上形成，流传至当代，并且在未来不断演进。非物质文化遗产的活态性，决定了不仅要保护非物质文化遗产存在形态的完整性，还要尊重其不断发展的自然规律，尊重非物质文化遗产自然的变迁。

2. 文化生态保护理论

20 世纪以来，全球范围内的工业化、现代化、城市化进程，造成了严重的环境危机，关注人类生存环境的生态学迅速发展。到 20 世纪中叶，环境危机日益严重，各界开始从生态学视角探讨社会问题。在人文科学领域，人们也发现，随着经济全球化的蔓延，文化同质化正在取代世界文化多样性发展。世界各民族经济发展的不平衡，使民族文化也受到外来强势文化的冲击。自然生态系统的失衡逐步蔓延到社会文化领域。由此，生态学开始从自然生态向人文生态拓展。

1955 年，美国新进化论学派人类学家朱利安·斯图尔德（Julian H Steward）首次将生态学理论引入文化研究，发表《文化变迁轮：多线进化方法论》，提出了“文化生态学”概念。他的主要贡献，一方面，是发现了文化与环境的互动关系，并系统论证了这种互动关系对于人类社会的作用；另一方面，是提出了多线进化论，认为世界上存在的多种生态环境也造就了与之相适应的多种文化形态和进化途径。

关于文化与环境的互动关系，他系统阐述了生态环境、生物有机体与文化要素之间的关系，即（1）生产技术或工具与生态环境之间的关系；（2）生产技术与人的行为方式的关系；（3）行为方式对文化其他方面的影响，如对家庭制度、政治制度、风俗习惯等。

斯图尔德的“文化生态学”强调文化与环境的关系，但其所论证的“环境”主要是自然环境和技术、经济因素，忽视了意识形态等社会环境因素对文化的影响。在后来的文化生态学研究中，人们将“社会环境”加入进行，将“文化生态”完善为由“自然环境、经济环境和社会组织环境”三个层次构成的复合结构。

20世纪90年代以后，我国经过近半个世纪的现代化、工业化和城镇化建设，不仅自然生态遭到了破坏，社会文化也受到了前所未有的冲击，民族传统文化濒临消逝。文化生态的平衡发展问题因此逐渐受到关注。

文化生态失衡以及世界民族文化多样性的危机，是国际非物质文化遗产保护事业开展的时代背景。文化生态学也成为非物质文化遗产保护的重要理论基础之一。在这一理论指导下，我国提出建立“文化生态保护区”，对特定区域内的非物质文化遗产与其发生、发展的文化生态环境进行整体性保护。

（二）文化生态保护区建设的实践借鉴

20世纪八九十年代以来，随着我国文化生态失衡的加剧，各地实施了多种文化生态保护实践。这些实践对于我国文化生态保护区建设积累了经验借鉴。

生态博物馆的理论产生于法国，20世纪90年代在中国传播和实践。生态博物馆强调“自然和文化的整体”（法国政府对“生态博物馆”的界定），是“对自然环境、文化环境、有形遗产、无形遗产进行保护、原地保护、发展中保护和居民自己保护，从而使人们与物与环境处于固有的生态关系中并和谐地向前发展”（中国博物馆学家苏东海）。从其概念界定来看，“生态博物馆”具有以下特征：（1）尊重文化与环境的关系，将文化置于本地环境中进行原地保护，并且让当地居民参与保护；（2）注重无形遗产（非物质文化遗产）的保护，强调有形和无形遗产的整体保护；（3）尊重文化发展的规律，强调在发展中保护。

自1998年中国与挪威政府合作在贵州建立第一座生态博物馆——梭嘎生态博物馆开始，生态博物馆实践在中国贵州、广西等地普遍兴起。这也是我国最早探索文化生态保护的实践。经过近20年的实践，生态博物馆在中国的发展并不是很成功，出现式微或衰落的趋势。究其原因，一方面，城镇化、工业化带来的现代文明势不可挡，民族传统文化难以抵抗现代文化的冲击；另一方面，生态博物馆实践没有真正起到促进当地经济发展的作用，没有处理好保护与发展的关系。在这些实践与理论的现实差距中，生态博物馆在我国没有很好地起到保护民族传统文化、维护文化生态平衡的作用。尽管如此，生态博物馆对于文化生态保护也积累了一定的经验，如强调当地居民的自主性和参与性，强调物质与非物质文化的整体保护，以区域较小的自然村落为单位，在区域内划分核心区、重点区实施分层保护等。

民族文化生态村是于20世纪90年代后期在云南实施的文化生态保护实践。民族文化生态村以地域文化、民族文化以及文化遗产的保护、传承和可持续发展为目的，是“努力实现文化和生态环境、社会、经济的协调和可持续发展的中国乡村建设的一种新型模式。”其核心理念是在原生地对文化及其生发的环境进行整体保护，追求乡村经济、社会与文化的全方位的、可持续的进步与发展，改善居民的生活环境，提高其生活质量。

民族文化生态村是实践先行的文化生态保护方式，在实践中逐渐完善其理论。在民族文化生态村的理论设计中，具有两个主要特点：（1）以具有地域文化、民族文化特色的村寨为单位，范围小，易于操作和管理；（2）将改善民生、提高生活水平放在重要位置，鼓励村民利用本土文化来改善生活，认为只有提高村民的生活水平，才能激发他们保护、传承本民族文化的自觉性。在实践中，他们将民族文化生态村建设与旅游业结合，引导村寨以旅游业为主要发展途径。这种结合促进了当地旅游业的发展，为当地社会带来了经济发展。然而，旅游业的过度发展也为民族文化生态村带来了负面作用，如生态环境的破坏、为迎合游客而肆意歪曲传统民族文化的行为，在目前都是难以改变的现实。如何在发展经济的同时守护好民族文化，仍是民族文化生态村建设者面临的难题。

我国对古村落的保护和发展经验也为文化生态保护区建设提供了一定的借鉴。20世纪80年代以来，一些地区看到古村落的价值，制定了“以发展促进保护”的保护策略。其中，发展村落旅游是最为普遍的做法。旅游业为村落带来了经济效益，从而使当地有了维护村落环境的资金，也让当地村民认识到村落的价值，从而更加自觉地保护环境。从当前各地村落的存在现状来看，旅游业发展较好的村落，往往也是保存得最为完整的村落。然而，旅游业在带来发展的同时，也为村落环境构成了一定的危害，如村落风貌同质化倾向严重，造成了“千村一面”的局面。

综上所述，生态博物馆、民族文化生态村和古村落保护，都是涉及文化生态环境保护的实践探索，其中值得借鉴的经验有：（1）维护自然环境的完整性；（2）尊重当地居民的自主性；（3）以发展促进保护，注重民生发展，将文化保护与当地经济社会发展相统一。

二、文化生态保护区建设的实践与经验——以徽州文化生态保护实验区为例

2007年，我国设立了第一个国家级文化生态保护实验区——闽南文化生态保护实验区。关于“文化生态保护区”的建设实践由此开始。截至2014年，我国设立了18个国家级文化生态保护实验区。

文化生态保护区，即“以保护非物质文化遗产为核心，对历史文化积淀丰厚、存续状态良好，具有重要价值和鲜明特色的文化形态进行整体保护，并经过文化部批准设立的特定区域。”从设立标准来看，文化生态保护区是非物质文化遗产较为集中、本地传统文化特色鲜明、文化生态环境保存较为完整的特定区域。设立“文化生态保护区”的目的是完整地保护当地非物质文化遗产及其所生存的文化生态环境。

徽州文化生态保护实验区于2008年1月正式由文化部批准设立，是我国第二个国家级文化生态保护实验区。保护区的设立，是当地探索非物质文化遗产与其文化生态环境整体保护的实践。

徽州文化生态保护实验区是以古徽州“一府六县”及相关的周边地带为保护范围，以非物质文化遗产为核心的徽州文化为保护内容，实现非物质文化遗产同当地文化生态环境整体保护的特定区域。保护区突破现有的行政区划概念，以徽州文化圈所涉及的地缘范围为保护区域，涵括了今日行政区划中的黄山市全境、宣城市绩溪县和江西省婺源县。但在保护实践中，由于现实行政区域的壁垒，保护区涉及两省不同的保护机构，而有效的跨省协商机制仍在建设之中。因此，保护区在建设实践中被分割为安徽省区域内的“保护区”和江西省区域内的“保护区”，两省分别制定保护规划，并有各自独立的保护机构和措施。笔者以安徽省区域内的“保护区”为考察对象，分析徽州文化生态保护实验区的建设情况。

徽州文化生态保护实验区的建设目标有两个。第一，以非物质文化遗产为核心，构建科学有效的地域文化遗产保护体系，维护当地文化生态平衡，营造一个有利于传统文化保护与传承、实现文化可持续发展的生态空间；第二，促进区域内文化与经济、政治、社会的协调和可持续发展。这两个建设目标，一方面，体现了从非物质文化遗产保护到文化生态修复与维护的保护思路；另一方面，突出了非物质文化遗产及其文化生态保护的目的是实现文化与当地社会

发展的良性互动。

徽州文化生态保护实验区的建设遵循“保护为主、抢救第一、合理利用、传承发展”的方针。其关键词是“保护”“传承”“利用”和“发展”。保护，是指对保护区内的非物质文化遗产、各级文物保护单位、自然保护区以及与之有关的物质环境进行整体保护，以实现文化生态环境的良性发展，在保护的过程中，要首先抢救濒临失传或消失的非物质文化遗产，及时对这些项目资料进行整理建档。传承，是非物质文化遗产保护的核心内容，目的是维护非物质文化遗产的活态性。在保护区中，通过认定、资助非物质文化遗产项目代表性传承人，设立传习基地，建立起稳定持续的传承机制，实现当地传统文化的延续。利用，是激活非物质文化遗产在当代社会的生存活力，使其重新获得存在价值的途径。因此，合理利用被当作保护区建设和非物质文化遗产保护内涵的延伸。在具体措施中，保护区通过对非物质文化遗产项目进行生产性保护和建立非物质文化遗产保护利用示范区，来实现对保护区内文化资源的合理利用。发展，即实现保护区内以非物质文化遗产为核心的徽州文化的可持续发展以及本土文化与当地经济、政治、社会的协调发展，无论保护、传承还是利用，其目的都为了实现本土传统文化的复兴和再发展。

徽州文化生态保护实验区的保护和建设主要遵循四个原则：第一，非物质文化遗产与物质文化遗产保护相结合的原则，即将非物质文化遗产同与之相关的物质载体整体保护，如徽派传统民居营造技艺需要同徽州明清时期遗存的古民居一同保护，才不使对传统技艺的保护流于形式。第二，人文生态与自然生态相结合的原则，这是对非物质文化遗产与物质文化遗产保护相结合原则的引申，在保护区建设中，除了保护作为个体存在的非物质文化遗产项目以及与之相关的物质遗产，还要实现以非物质文化遗产为核心的人文生态环境同以物质遗产为核心的自然生态环境的整体保护。第三，保护区建设与当地经济社会发展相协调的原则，保护区不是独立于当地经济社会的“特区”，而是经济社会发展的一部分，保护区建设规划要与经济社会发展规划相一致，彼此促进；保护区建设的目的是实现当地文化与经济、社会的协调、持续发展。第四，整体保护与重点保护相结合的原则，指在具体保护措施中，既要突出保护区的整体性，也要有所重点优先保护、发展一些项目和区域，如在各级名录中遴选出重点保护的项目作为试点；在重点保护一些项目的同时，不能忽视保护区作为文化生态环境的整体性。另外，保护区建设还有坚持以人为本、尊重人民群众文化主体地位的原则，坚持保护优先、开发服从保护的原则以及政府主导、社会参与的原则。这些原则都是在以往非物质文化遗产保护实践中得出的经验，也是在保护区建设中不可忽视的工作方式。

徽州文化生态保护实验区实施“两轴、九区”的保护格局，即两条文化生态发展轴和九个文化遗产密集区。两条文化生态发展轴，即“祁门—黟县—休宁县—徽州区—歙县文化生态发展轴向东至浙江，向西通向江西”和“绩溪县—徽州区—歙县—屯溪区—休宁县文化生态发展轴向北至江苏，向南至江西”。这两条文化生态发展轴是依据古徽州对外交通要道——新安江水系和古徽道的拓展路径而设计，以完整体现徽州人对外发展和徽州文化的辐射路径。九个文化遗产密集区，即“屯溪密集区、歙县密集区、岩寺密集区、呈坎—潜口密集区、万安密集区、甘棠—仙源密集区、西递—宏村密集区、上庄—华阳—伏岭密集区、祁山—历口—渚口密集区”。文化遗产密集区的设立是根据徽州地区非物质文化遗产的分布情况、区域文化的关联性和地缘上的亲近性，主要是对同一小区域内的非物质文化遗产及其相关的物质遗产和当地文化生态环境进行整体保护，形成徽州文化生态保护实验区大圈子中的小圈子，以化整为零的方式在小区域内实施整体保护，最终摸索出保护区大区域性的整体保护模式。

徽州文化生态保护实验区的保护方式遵循保护与利用并举的原则。保护措施包括：第一，完善更新非物质文化遗产四级名录体系，实现非物质文化遗产资源档案的数字化管理。不断挖掘整理保护区内的非物质文化遗产资源，更新四级保护名录项目名单，并通过建立数据库实现资源共享和档案的数字化管理。第二，建立徽州文化博物（展示）馆。目前已进入规划的有 8 个徽州文化博物（展示）馆：安徽中国徽州文化博物馆（已有）、程大位珠算博物馆（已有）、绩溪县三雕博物馆（已有）、祁门县红茶博物馆（已有）、休宁县万安罗盘博物馆（规划建设）、徽州民俗展示馆（规划建设）、徽州传统技艺展示馆（规划建设）和绩溪县博物馆（规划建设）。这 8 个博物（展示）馆将作为徽州非物质文化遗产集中展示场所。第三，保护传承人，建立传习基地。建立起稳定、规范的传承人认定、保护和动态管理机制，为其开展传习工作提供场所，资助其开展授徒传艺、教训和交流活动，并给予经济困难的传承人一定的生活补贴，同时，为学艺者提供一定的助学、奖学金；挑选一些传承状况较好的项目，将其中传承、发展该项目较好的保护单位（企业、学校、博物馆、表演团队等）认定为传习基地，作为该项目的稳定传承机构，以建立其稳定持续的传承机制，目前，当地已有传习基地 22 个，规划建设的有 14 个，涉及民间文学，传统音乐，传统舞蹈，传统体育、游艺与杂技，传统美术，传统技艺和传统医药。第四，维护徽州传统节庆的存续环境。保护区确定 8 个群众基础较好的传统节庆为重点保护对象（八月靖阳［屯溪区］、元宵节［徽州区、歙县、黄山区］、安苗节［绩溪县］、轩辕车会［黄山区］、上九［徽州区］、庙会［绩溪县、屯溪区］），通过举办活动的方式，如展示相关非物质文化遗产内容等，重新营造传统节庆氛围，复兴传统节庆文化内涵，恢复人们的情感记忆，由此，修复、维护徽州传统节庆的存续环境。如果说非物质文化遗产是保护区建设的“点”，文化生态环境是保护区建设的“面”，传统节庆等习俗活动则是连接“点”和“面”的“线”。通过传统节庆等习俗，将非物质文化遗产各要素关联起来，进而融入徽州文化生态环境整体。

合理利用的措施包括：第一，在对徽州非物质文化遗产项目综合评估的基础上，遴选出具备实施“生产性保护”条件的项目，促进其由文化遗产转化为文化资源，实现社会经济价值。这类项目主要包括传统美术类、传统技艺类、传统医药类以及部分具备实践操作性的民俗类非物质文化遗产项目。第二，建立非物质文化遗产保护利用示范区。选择非物质文化遗产项目较为集中、传承和发展状况较好的区域，作为保护和利用的示范点，促进本区域非物质文化遗产与文化生态环境的整体保护，带动其他区域的共同发展。

徽州文化生态保护实验区非物质文化遗产保护利用示范区

序号	非物质文化遗产保护利用示范区	相关保护项目	
		名称	级别
01	屯溪老街	徽州三雕、徽墨制作技艺、徽州漆器髹饰技艺、徽州根雕、徽州竹编等	国家级、省级
02	徽州区呈坎	徽州传统民居建筑营造技艺、徽州三雕、徽州板凳龙、徽州竹编、灵山酒酿、徽州毛豆腐等	国家级、省级、市级、区县级
03	歙县许村	徽州传统民居建筑营造技艺、徽墨制作技艺、歙砚制作技艺、徽派版画、徽州篆刻、大刀灯、徽州板凳龙、唱灯棚、踏梁等	国家级、省级、市级
04	休宁县万安镇万安老街	万安罗盘制作技艺、松萝茶制作技艺、兰花火腿腌制技艺、五城豆腐干制作技艺、五城米酒制作技艺等	国家级、省级
05	黟县西递、宏村	徽州楹联匾额、徽州传统民居建筑营造技艺、腊八豆腐制作技艺、宏村水系建筑技艺、竹制艺术、黟县砖雕、闹灯会、地戏等	国家级、市级、区县级

续表

序号	非物质文化遗产保护利用示范区	相关保护项目	
		名称	级别
06	绩溪县龙川	徽州传统民居建筑营造技艺、徽州民谣、徽州民歌、徽菜等	国家级、省级、市级
07	祁门县历溪	徽剧、徽州目连戏	国家级

徽州文化生态保护实验区的保护主体由政府、专家、社会组织和当地民众共同构成。政府主导、社会参与是保护区建设的基本原则之一，政府是保护区建设的领导实施者和主要服务力量，而专家、社会组织和当地民众是社会参与的主体。

徽州文化生态保护区建设中，由安徽省政府组建保护区领导小组，统一指导、协调黄山市和宣城市开展保护区建设工作，并在安徽省文化厅设立办公室。黄山市和宣城市人民政府成立保护区工作领导组，全面负责辖区内的保护区建设工作，领导组由本市人民政府主要负责人任组长，市文化局、发展改革委员会、建设委员会、旅游委员会、财政局、规划局、环保局、教育局、国土资源局等部门为成员单位，并在市文化局设立日常事务办公室。涉及保护区工作的重大决策，由市领导组召开会议研究决定。各区县文化局也设立专门机构和工作队伍负责本区域内的保护区建设工作。如此，在保护区建设中形成自上而下的管理队伍和组织系统，保证建设规划的实施。

徽州文化生态保护实验区从规划到具体建设，都是一项专业很强的工作，因此，在建设过程中，专业咨询机构是必不可少的依靠力量。在保护区规划和建设过程中，需成立省、市两级专家委员会，针对保护区工作提供专业咨询、理论指导和科学论证服务。

社会组织（包括企业和非营利的社会团体）和当地民众是文化生态保护区建设不可缺少的主体力量之一，是保护区建设以人为本、尊重人民群众文化主体地位原则的具体体现。徽州文化生态保护实验区通过在承担保护项目的村镇成立“徽州文化生态保护协会”，同时，依靠当地已有的社会团体，如文联组织、行业协会、文化艺术协会等，广泛开展民间保护活动，来实现政府与民间社会的互动，从而实现保护区建设力量的整合。

徽州文化生态保护实验区自 2008 年被正式批准之后，便开始制定《徽州文化生态保护实验区总体规划（2011—2025）》。《总体规划》于 2011 年被文化部批准，并于 6 月 1 日开始实施。由此，保护区建设有据可依。至今，保护区

《总体规划》实施已有两年，一些可操作性强的规划项目逐一实施，如传承人保护，传习基地、保护利用示范区建设等，按照规划，当地有计划地落实具体措施。但就保护区《总体规划》与建设实际对比情况来看，保护区建设取得了一些经验，也存在一些问题。

就保护区建设经验来说，首先，突破了文化生态保护实验区建设中普遍存在的对“整体性保护”纯概念性解读而无具体措施的困境。在当前文化生态保护实验区规划和建设中，“整体性”是一个被泛化的概念，虽然所有的规划文本中都将“整体性”作为最核心的保护原则和方式，但在具体保护措施中，难以摆脱专注于“单一项目”保护的藩篱。徽州文化生态保护实验区采取了“点—线—面”循序渐进的保护模式，以非物质文化遗产项目为点，以徽州文化对外辐射的路径（“两轴”）为线，以文化遗产密集区的小区域性保护向整个保护区建设渐进实现“面”的保护。这种渐进的保护模式具有一定的可操作性，为其他保护区的整体性保护提供了借鉴。

其次，保护与利用并重，注重传承发展的建设模式。“控制性保护”模式虽然有利于文化遗产的保存，但不利于区域社会的整体发展，因此，徽州文化生态保护实验区坚持保护与利用并重的原则，注重文化的传承与发展，从而实现文化与区域经济社会的全面协调发展。保护区以非物质文化遗产的保护和利用为出发点，进而实现区域传统文化的复兴和传承，以区域内文化、经济、社会的整体发展为保护区建设的目标。

最后，政府主导、社会参与的建设原则。要实现一个区域性文化生态保护区的发展，没有政府的主导作用是很难实现的。政府作为政策制定者和执行者，可以通过政策引导和扶持，为保护区建设集中最大程度的人力和财力，这种扶持力度，不是任何社会组织的力量可以相比拟的。徽州文化生态保护实验区从最初的设立，到保护规划的制定以及最后各项政策的具体落实，都由各级政府机构牵头实施，在某种程度上对保护区的建设起到了引导和推动作用。社会参与是保护区建设另一支不可或缺的力量。在公民意识不断觉醒的现代社会，民众的自主性对于社会发展具有强大的推动作用。没有民众的自主参与和积极响应，政府的政策和措施最终会因曲高和寡而流于形式，难以取得预想效果。徽州文化生态保护实验区在建设过程中，通过组建专家委员会和村镇徽州文化生态保护协会，来促进民间社会与政府的沟通，旨在最大程度尊重当地民众的文化自主权和文化主体地位。

就保护区建设存在的问题来说，其面临的首要问题是从理论到实践的转化。

无论多么具有理论合理性和完整性的规划，都需要转化为具体实践才具有现实价值。而从理论到实践的转化，也会面临各种与现实不甚吻合的误差，这些都需要从实践中进行摸索和修复。徽州文化生态保护实验区的建设，目前更多的是按照预先设计好的规划文本一步步予以落实，但现实保护效果仍有待时间的验证。

其次，政府主导的保护区建设，虽然保证了建设过程中所需的人力、财力的最大程度集中，但会产生一系列的问题，如政绩工程思维和政策的不稳定性。政绩工程思维是目前我国各项建设中出现的公共难题，各地政府为了突出本届政府的政绩而忽视项目实施的实际效果和民生效应，以 GDP 指标作为衡量工作的唯一标准，这对于“功在当代、利在千秋”的文化建设工程，会成为一种急功近利的运动，带来的弊远远大于利。政府的换届，则会影响政策的稳定性，没有持续稳定的政策保证，保护区的建设也会因政策的变更而中断，最终难以实现保护区的可持续发展。

最后，社会参与虽然是保护区建设的原则之一，但在实践中，以精英参与为主，普通民众的参与途径有限。无论是专家委员会、研究机构，还是村镇的徽州文化生态保护协会，都是具有专业知识的本土精英人士的团队，他们以专业知识为保护区建设提供专业咨询和理论指导。但保护区是一个以复兴民间传统文化为宗旨的文化建设工程，普通民众是文化的主体持有者和发展者，他们的自觉参与才是真正意义上的社会参与。因此，在社会参与中，建立起普通民众参与的常规渠道具有重要意义。另外，企业和非营利的社会公益组织也应成为保护区的建设力量之一。企业作为当地社会发展不可或缺的活跃因素，理应承担一定的社会发展责任，而文化建设就是这种社会责任的一部分。这种企业，除了与文化遗产相关的文化产业，还应包括当地其他行业的企业。社会公益组织作为沟通政府与企业的社会第三方，本身具有促进当地社会、经济、政治、文化协调发展的使命，保护区应加强同这类社会组织的合作，或者鼓励当地民众组建相应的公益组织，参与到保护区的建设实践中去。

三、文化生态保护区建设经验探析

综上所述，我国文化生态保护区建设具有以下共同点：

1. 在管理上，由政府、专家和社会民众及团体共同参与。首先，政府发挥主导作用，由有关政府领导牵头，联合各相关部门组成领导机构；政府将保护区建设纳入当地经济社会发展规划和工作考核目标，并制定相关政策，实施基础设施建设；在文化行政部门设立日常工作机构负责具体工作。其次，设立专家咨询机制，对保护区建设提供咨询和指导。最后，调动社会各方面力量参与保护区建设，突出社会公众的文化主体地位，鼓励民众参与非物质文化遗产项目的保护，调动学术研究机构、高等院校、企事业单位以及各社会组织参与保护区建设。

2. 在资金支持上，经过国家文化部门的论证审核，由中央财政拨付专项保护经费；保护区所在地政府将所需建设经费纳入本级财政预算，同时，通过政策引导等措施，鼓励个人、企业和社会组织对保护区建设予以资助，提倡多渠道吸纳社会资金投入。

3. 在保护内容上，对保护区内各级非物质文化遗产名录项目，针对不同项目的特点，采取不同的保护方式，制定相应的保护措施，建立非物质文化遗产档案和数据库；对保护区内各级非物质文化遗产名录项目代表性传承人进行认定，资助传承人招徒授艺、开展传习活动；保护与非物质文化遗产有关的物质遗存；修复和维护保护区内的自然生态环境。

4. 在保护方式上，在保护区内划定“重点区域”，对自然环境和传统文化生态保存较为完好的街道、社区、乡镇和村落进行整体保护；注重非物质文化遗产与物质遗产、自然环境以及人文环境之间的关联性，进行多种文化表现形式的综合保护；对濒危非物质文化遗产项目进行抢救性保护；对传统技艺类项目进行生产性保护；对民俗类项目进行整体性保护，促进集体传承；进行非物质文化遗产博物馆、展示馆、传习所等基础设施建设。

文化生态保护区建设是一个系统的文化工程，不仅需要合理的规划和理论指导，更重要的是具备可操作性。从保护措施的可操作性来看，文化生态保护区建设中要注意以下问题：首先，整合保护区内传统村落、历史地段、历史街区等区域性文化遗产保护资源，并以此为保护区建设的基本单元，实现由点到面的保护。其次，要以人为本，重视民生发展，以发展促进保护。

漳州布袋木偶戏“非遗”之路十二年记

高 舒*

“弄尪仔”的“尪”，同“尫”，音 wāng。苏轼曾作《大老寺竹间阁子》一诗：“残花带叶暗，新笋出林香。但见竹阴绿，不知汧水黄。树高倾陇鸟，池浚落河鲂。栽种良辛苦，孤僧瘦欲尫。”“尫”在字面上，有脊背不直、瘦弱佝偻之意，联系起福建漳州布袋木偶戏手掌套入木偶的自然状态，似乎也有几分相似。当地把拜菩萨、神明称作“拜尪”。“尪”字真正与布袋木偶戏联系起来，是在漳州的日常生活里。“尪仔”是手里操作的玩偶、布袋木偶，“尪仔头”就指布袋木偶头，而当地人把操弄布袋木偶，上演布袋木偶戏，称为“弄布袋戏尪仔”，俗称“弄尪仔”。

此外，“尪”，在闽南地区又具有一些神性的意味。民众将农历年腊月二十三晚上叩送灶君及众神上天庭禀报当年家事的仪式称为“送尪”，农历正月初四清晨拜迎神明归家的供奉称为“接尪”。漳州市平和县国强乡等地还有与菩萨的迎请、巡社相接续的“走水尪”祭祀活动。民间作为活人替身的木人、土偶、纸人，也俗称“替身尪仔”。奇妙的是，如今漳州布袋木偶戏里还保留着的“三出头”（扮仙），就是以“尪仔”（布袋木偶）饰演“尪”（神佛）的仪式小戏。

2018 年，距离 2006 年，漳州布袋木偶戏入列首批国家级非物质文化遗产名录已经 12 年，距离 2012 年联合国教科文组织将“福建木偶戏后继人才培养计划”列入“非物质文化遗产优秀实践名册”已经 6 年，可亲但又具有灵力的“尪仔”是否依然得到民众认可？“弄尪仔”的传承人们是否依然怀着虔诚与敬畏，将具有神性的偶像高高举起？这个围绕着“尪仔”“弄尪仔”而存活的地方木偶戏是否还能带给凡俗大众人神同乐的精神放松？“非遗”语境里的漳州布袋木偶戏值得关注。

* 高舒，中国非物质文化遗产保护中心博士、副研究员。

一、"非遗"语境里的漳州布袋木偶戏

布袋木偶戏，即套在手掌上表演的手套式木偶戏，简称"布袋戏"，亦名"掌中戏"。布袋木偶戏由演员操作布袋木偶表演，木偶头、手掌与足靴都用樟木雕刻，偶头中空，偶身躯干与四肢用布料连接，另加头盔和戏服。演员表演时，将手掌套入戏偶的服装中，食指支撑木偶头，拇指和中指等四指支撑木偶双臂，双手表演时，各手各执一偶，单手表演时，一只手执偶，另一只手可协助表现偶的腿部动作。

漳州是中国布袋木偶戏的代表性区域，当地布袋木偶戏作为我国"北派"木偶戏传统的代表剧种，自公元10世纪始在漳州及周边地区广泛传播。表演者在60年前在全国戏剧汇演上脱颖而出，为国家捧回世界第二届木偶联欢节金奖，赴苏联、捷克、波兰、法国、瑞士、南斯拉夫、匈牙利、蒙古等国家进行访问演出，成为中国历史上第一个到国际上演出的木偶艺术团。1955年，这群表演者被文化部邀请至中央戏剧学院木人戏研究组教学，并在当年成立中国木偶艺术剧团，留京三年，教授了中国木偶专业第一批学生，培养出该剧团第一批职业演员，促使上海美术电影制片厂拍摄出中国第一部彩色木偶舞台艺术电影纪录片《掌中戏》。21世纪，文化部主办的全国艺术学科教学大纲论证会采用并印发了漳州市木偶剧团、漳州市木偶艺术学校的教学大纲，实现了我国的木偶学科建设的起步。不仅如此，漳州布袋木偶头也多次揽获全国工艺美术大奖，截至2016年，中国美术馆已收藏了漳州布袋木偶头雕刻精品1千余件。

2006年，我国公布首批国家级非物质文化遗产名录，漳州布袋木偶戏罕有地以"木偶戏（漳州布袋木偶戏）"和"漳州木偶头雕刻"两项入列名录，分别属于"传统戏剧"和"民间美术"类。一个剧种拥有两项国家级名录的案例在此后多年也不多见。从2007年开始，漳州布袋木偶戏传承人相继在第一批、第二批、第三批国家级非物质文化遗产项目代表性传承人中占得席位。全国非物质文化遗产保护各级机构持续多年对漳州布袋木偶戏的充分重视，对它源于闽南传统文化，又兼具北方戏剧特质的"北派"风格进行了有效的保护。目前，漳州市木偶剧团已拥有相应的国家级非物质文化遗产项目代表性传承人5人（去世1人），另有省级、市级非物质文化遗产项目代表性传承人多人。其中，国家级非物质文化遗产项目代表性传承人分别是第一批徐竹初、徐聪亮二人；第二批庄陈华、陈锦堂二人；第三批陈炎森一人，这些传承人年龄都在60岁以

上，过半数年近70岁。

2009年，闽南文化生态保护区作为我国首批设立的国家级文化生态保护区中的首例，逐步展开了整体性保护，该戏所在的漳州市位列其中。2010年，当地国家、省、市、县四级非物质文化遗产保护名录体系基本确立之后，各级文化主管部门也进一步明确了“活态”保护这一地方戏的要求。2012年12月4日，联合国教科文组织巴黎总部举行的保护非物质文化遗产政府间委员会第七次会议，决定将中国申报的“福建木偶戏后继人才培养计划”①列入“非物质文化遗产优秀实践名册”②。从组成内容上，该计划直接包含了以漳州布袋木偶戏为重要代表的福建木偶戏群体，在地域上包括了位于福建东南沿海的漳州市和泉州市作为计划的主要实践地区，而漳州市木偶剧团、福建艺术职业学院漳州分校（即漳州木偶艺术学校）等教育机构、徐竹初、庄陈华等漳州布袋木偶戏的国家级非物质文化遗产项目代表性传承人，乃至当地的小学生、中学生，幼儿园学童等也都作为“福建木偶戏后继人才培养计划”的相关社区、群体或个人包含在内。

扎根闽南的布袋木偶小戏走上“非遗”之路，并得到了国家文化主管部门乃至联合国教科文组织的肯定，使直属漳州市文化新闻出版局的事业单位漳州市木偶剧团以及漳州为数不少的民间剧团，都得到了前所未有的关注，在“非遗”保护机制中的漳州布袋木偶戏也在这12年中得到了切实的发展。

二、承续传统，完善传承机制

在非物质文化遗产保护工作中，实际上存在着两个主体：一个是非物质文化遗产的传承主体——传承人本身，一个是非物质文化遗产的保护主体——政府、学界等社会各方。非物质文化遗产保护工作机制再完善，终归是让保护主体和传承主体双方各就各位，各司其职，而不能越俎代庖。政府运用行政优势

① “福建木偶戏后继人才培养计划”是继成功申报人类非物质文化遗产代表作名录、急需保护的非物质文化遗产名录之后，我国第一次成功申报的又一类联合国教科文组织人类非物质文化遗产名录。计划从2008年至2020年正式实施。主要目标是通过系统的专业训练，培养新一代木偶戏从业者，提高福建木偶戏的内在存续能力；通过整体性保护，培育潜在的木偶戏从业者及欣赏者，改善福建木偶戏的生存环境，最终实现保护传承福建木偶戏。这是我国为推进福建木偶戏的传承保护，相关社区、群体和代表性传承人围绕培养传承人的主要目标，制定的一项针对福建木偶戏的传承人培养计划。

② 联合国教科文组织人类非物质文化遗产名录分为三类：人类非物质文化遗产代表作名录、急需保护的非物质文化遗产名录和非物质文化遗产优秀实践名册。

对辖区内的非物质文化遗产传承，给予法律保护、政策保护、经费支持等积极扶持，但是传承的责任和义务始终落在这个剧种的传承人群体上。

由于偶戏表演对手指技术的专业性要求，漳州布袋木偶戏很早就意识到了培养后继的重要性。早在20世纪50年代，他们就先行建立了培养艺术人才的专业学校[①]，这甚至早于专业剧团的建立。这从根源上得益于清中叶以后，漳州布袋木偶戏主要流派“福春派”“福兴派”“牡丹亭派”一直保持“家传父教，师徒授业”的方式，其中“福春派”传承八代近二百年，最为久远。但是，传统带徒存在着教育方式单一，缺少系统文化知识和专业的艺术理论的落后一面，另外，没有系统教材，寄望于老艺师彻底传授，或者徒弟完整领会技艺，也不容易。20世纪50年代后期，“南江木偶剧团”与“艺光木偶剧团”掌门人郑福来、陈南田、杨胜等与文化局合力，成立了“龙溪专区艺术学校木偶科”[②]，进行专业教学，并授予学员中专学历。这个在1957年经国家批准创办的布袋木偶戏专门学科，作为当时地方艺术改革的试验点，由福建省直接管理，面向全福建中小学生，招纳手指条件好的布袋木偶戏苗子，建立了针对木偶的编导班、表演班、舞美班，培养了漳州布袋木偶戏最重要的后继人才。

可以说，列入国家级非物质文化遗产名录这12年来，漳州布袋木偶戏除了继承“传承”方面的优秀传统外，在系统的学科教育方面又有创新。一方面，近年来，漳州木偶艺术学校针对漳州布袋木偶戏的艺术特点，设置木偶表演、木偶制作、木偶器乐等专业，面向全省招收小学、初中毕业（十二岁至十五岁左右）的学生，学制分别为六、五、三学年，毕业后由颁发国家承认的福建艺术职业学院学历证书，享有与普通大、中专院校毕业生同等的待遇。另一方面，从2009年起，漳州木偶班也进入了上海戏剧学院，按需招生。在国内一流的戏剧院校里培养布袋木偶系专业的本科生，这还是头一遭。这些毕业生，有的留守福建各地，有的奔赴京沪豫黑，有的定居欧、美、日等国，大多数人走入了国家或民间职业木偶剧团，或从事与本专业相关的教学和辅助管理工作，成为接续这个剧种的中坚力量。

在系统地开展学科教育的同时，当地校园业余木偶社团活动也充分地践行和拓展了“非遗进校园”的可能性，利用课余时间演练偶戏的儿童活动，使

① 紧随艺校之后，1959年3月，业务由福建省直接管理的“龙溪专区木偶剧团”才由“南江木偶剧团”与“艺光木偶剧团”合并组建。

② 龙溪专区艺术学校木偶科之名经“福建艺术学校龙溪木偶班”等历次变动，最后改称为“漳州木偶艺术学校”，隶属于福建艺术专科学校（现福建职业艺术学院）。为区别于漳州艺术学校等单位，当地业内多以“省艺校木偶班”“艺校木偶班”称之。

“非遗”的传承真实地铺展到了青少年中间，有效地完善了传承机制。漳州布袋木偶戏与中小学的合作是有历史基础的。20世纪50年代，木偶表演大师杨胜就帮助漳州市巷口中心小学成立了“红领巾木偶剧团”①，漳州市木偶剧团、漳州木偶艺术学校成立后，又协助多所中小学校创办了如“春蕾木偶剧团”“木偶戏兴趣小组”等等，后因“文革”中断。而现在漳州市木偶剧团的岳建辉、洪惠君带领着青年一辈开展的布袋木偶社团校园共建活动，不仅在漳州市巷口中心小学恢复组建了“红领巾木偶剧团”，还正式成立了由原漳州市第一、第二实验小学、第四中学、华侨中学和地区、市幼儿园等六个演出队组成的“漳州市儿童木偶艺术团”，走入闽南师范大学等许多福建省内高校甚至国外大学，成立专门的木偶学会和表演小团体。各式木偶学会、木偶社团和兴趣小组的建立，既延伸进中小学、幼儿园的第二课堂，使得一届又一届的漳州布袋木偶戏传承人和潜在观众在各个校园里成长。

有了团带班、师带徒的基础，有了艺校的专业教育和社团的兴趣培养，有了“非遗”保护的专项经费，当下的剧团，已经不再是家传的民间班子了。布袋木偶戏的传承开辟了多样化的道路，由原先的个别传授开始向学科系统教学、社会大众传播，为漳州布袋木偶戏职业和非职业传承人提供教学、培养和培训的格局发展。社会各界及国内外同行也对漳州布袋木偶戏提供的各种新传承方式给予了积极的响应。

三、源头猜想，审视偶戏本质

在漳州布袋木偶戏的传承有条不紊地进行的同时，对这一非物质文化遗产的理论研究和学术认知，也在近年取得了突出的进展。一方面，该剧的专门研究书籍《北调南腔——漳州布袋木偶戏的执守与嬗变》（高舒著，暨南大学出版社2016年出版）和口述历史《漳州布袋木偶戏传承人口述史》（高舒著，暨南大学出版社2016年出版）弥补了这一剧种长期缺少研究论着的遗憾。另一方面，剧种研究，引发了对布袋木偶戏历史源流的新猜想，并通过比较木偶戏与真人戏的种种不同，赢得了学界对木偶戏这一类传统戏剧本质的重新审视。这

① 在漳州市区中小学校园的业余木偶表演活动中，尤以漳州市巷口中心小学最为红火。除了“文革”的特殊时期，这个由学生们自愿组成和参加的布袋木偶戏表演社团已经开展活动近60年了，而且随着一年一年老团员毕业，新团员加入，从未间断过，培养了无数“北派”布袋木偶戏传人。

一点，使此前地方木偶戏长期淹没在传统戏曲中，与众多人戏相提并论的情况有了很大改观。

1. 猜想源头

闽南地区是现今我国布袋木偶戏的流行区域，既有研究常称其“源于晋，兴于明”，观点出自晋·王嘉所撰《拾遗记》的记载。

> 七年。南陲之南，有扶娄之国，其人善能机巧变化，易形改服，大则兴云起雾，小则入于纤毫之中。缀金玉毛羽为衣裳，能吐云喷火，鼓腹则如雷霆之声。或化为犀、象、狮子、龙、蛇、犬、马之状。或变为虎、兕，口中生人，备百戏之乐，宛转屈曲于指掌间。人形或长数分，或复数寸，神怪欻忽，衒丽于时。乐府皆传此伎，至末代犹学焉，得粗亡精，代代不绝，故俗谓之婆候伎，则扶娄之音，讹替至今。[①]

但在与中央戏剧学院麻国钧先生讨论的过程中，他提醒笔者，布袋戏的历史源流问题可能是学界的一个长期误读。回溯王嘉《拾遗记》原书，笔者发现“源于晋”确实是一个谬误，错在将“扶娄之国”奇人巧艺的发生时间“七年”置入了《拾遗记》的成书时间东晋十六国时期。通读上下文，王嘉在《拾遗记》中所述“七年”，实际记述的是“(周成王)七年”。换句话说，书中所指扶娄国“指掌”“人形”“婆候伎”的发生时间，不是东晋，而是上古周成王时期之事。据此，笔者提出了漳州布袋木偶戏可能从相邻的广东博罗附近（原“扶娄国”）传入，后受到漳州当地士绅喜爱京剧昆曲的影响，发展出了“北派”表演风格的猜想，也因此进一步提出漳州“北派”布袋木偶戏与北方的扁担戏、福建泉州的提线木偶戏存在关联，但相互独立的观点[②]。

以上观点之外，布袋木偶戏传入漳州的时间依然没有明确记载。据清·沈定均主修《漳州府志》卷三十八《民风篇》记载，南宋绍熙元年至三年(1190—1192)，宋代理学家朱熹任漳州知府时曾作《谕俗文》“劝谕禁戏”：“约束城市

---

① 晋王嘉撰，梁萧绮录，齐治平校注，《拾遗记》，北京：中华书局，1981年出版，48—54页。

② 见高舒《北调南腔——漳州布袋木偶戏的执守与嬗变》（暨南大学出版社，2016）一书，第一章中第二节“源流考辨”。

乡村，不得以镶灾祈福为名，敛掠钱物，装弄傀儡。[①]”再据宋庆元三年(1197)漳州知府陈淳[②]的《上傅寺丞书》记:“当秋收之后，优人互凑诸乡保作淫戏，号曰‘乞冬’，……逐家搜敛钱物，豢优人作戏，或弄傀儡，筑棚于居民丛萃之地，四通八达之郊，以广会观者……谨具申闻，欲望台判散榜诸乡保甲，严禁止绝。[③]”至明万历《漳州府志》有记载:“元夕初十放灯至十六夜止，神祠用鳌山置傀儡搬弄。”说明了明万历年间漳州木偶戏已颇兴盛。此后，对漳州当地木偶戏、布袋木偶戏的历史资料出现了中断，但老艺人们一直认为，漳州布袋木偶戏于明末清初在当地盛行，《漳州文化志》沿用此说。

笔者尝试依据该戏“福春派”前后七代的传承谱系，按时间推导，证其合理性。由于第二代传人杨月司出生于1801年，即19世纪初年，可推测第一代创始人陈文浦，大约活跃在18世纪。同时期的当地流派还有多个，如“福兴派”“牡丹亭派”（后并入“福兴派”）等，而考虑到剧种兴起到形成流派、百花齐放，应历经数十到上百年时间，可推知漳州布袋木偶戏应于17世纪前后，在当地兴盛。这与老艺人们听上一辈师父说的“漳州布袋木偶戏盛行于明末清初”，是基本一致的。

2. 偶戏、人戏大不同

在全国多种传统戏剧品类中，漳州布袋戏的台上演员是木偶，而不是真人。因此，偶戏从演员、分工、表演等方面都与人戏有很大不同，甚至包含木偶雕刻等许多真人戏剧完全不涉及的内容。这些不同，正是木偶戏“成戏”的一个重要部分。

（1）分工

简单说来，布袋木偶戏有着比人戏更为复杂的分工。偶戏“刻木为偶”，偶形雕刻，尤其是木偶头部及面部五官表情的雕刻和脸谱绘制，对木偶戏角色的塑造起到了直接的重要作用。所以，布袋戏偶作为真人的再现，每个木偶演员除了会操作木偶之外，还要掌握雕刻修造缝制木偶的功夫，这才能为自己的手掌量身定做出大小合适的偶。

与之相似，舞台灯光和服饰道具也必须按照木偶尺寸来量身定做。相比真

① “巧仁”可能是对这位秀才的尊称，闽南方言“巧人”的“人”与“仁”音通。古代闽南将偃师、马钧等著木偶名家统称为巧人。

② 闽南方言中所指的“讲故事”。

③ 一种田间小蜂的弃巢。

人演员的身高，漳州布袋木偶俨然“小人国”一个，“袖珍”许多。过去的传统木偶只有八寸大小，1949后，应表演需要，北派布袋木偶的尺寸和舞台都有所加大，雕刻的木偶头尺寸也在逐步增大。木偶尺寸扩大到传统剧目的一尺二三，100集木偶电视剧《秦汉英杰》的一尺四五，52集木偶电视剧《跟随毛主席长征》的约一尺三等多种形制，木偶的武打动作范围进一步放大，视觉效果更清晰。即便如此，布袋木偶的舞台也比人戏小得多。

除了木偶量身定做之外，漳州布袋戏要求演员具备专业的木偶制作和木偶戏手指功夫，因此，“偶戏演员能演人戏，可是人戏演员却演不了偶戏”。人戏演员，经过基本的身形和表情台词训练，可是却不知道如何操持木偶演出。而且木偶演员也有入门门槛，即必须在小学毕业，手指柔软度较好的年龄，就进入专业的木偶学校，进行6年以上的学习，熟悉掌握木偶戏相关的所有技能才有可能成为从事这一行业。

（2）表演

漳州布袋木偶戏行当角色齐全、分工细致，表演程序上与“人戏”一样，可分为“唱、做、念、打”，但是从表演方式上却不相同。比如，“做”和“打”则要通过演员的双手操纵木偶间接地表现出来。而“唱”和“念”则是从视听感受上是由木偶在舞台上表演，实则由演员在舞台下表演出来。

另外，偶戏在剧目选择和表演内容上也充分地发挥了似像非像、若有还无、时真时假的意味。它可以通过模仿真人，通过人偶特技，重现真人世界里常见的饮酒、吐水、抽烟、喷火等生活动作，让你“以偶为人”；也可以跳出对人的行为写实，设计出丑角把脖子拉出几倍长，一口被老虎吞下肚再活着出来，人物“狗腿子”的腿断了搞笑地接上了一条狗腿……这剧情中的戏谑与趣味，是真人演员即使用特技训练都不可能表现的。正是这些对漳州布袋木偶戏来说毫不费力的妙笔，让小木偶大显身手，满足了观众“真戏假做”和“假戏真做”的好奇心理，在表演过程中达成演员、偶人、角色三者的“自我”统一。

（3）音乐

木偶戏“以偶做戏”，万万不能代入研究真人戏曲的立场。10年前，笔者为进行学位论文而初涉漳州布袋木偶戏，曾经产生疑问。因为在关于漳州布袋木偶戏唱腔的记载里，它的音乐内容一直不断地发生变化，套用、变更为各个历史时期流行的人戏唱腔，到1949年后，甚至因为在外地和出国演出而改编出了没有闽南语唱词的配乐版本——艺人们口称的“哑剧”。后来几年，我才想通，正是老艺人们从事了漳州布袋木偶戏几十年，才真的学透了、领会了该戏灵活用乐的传统。归根结底，就是不能以研究人戏的观念去解释偶戏。

人戏去除音乐声腔，算是走板荒腔，动其根本，而布袋木偶戏完全不同。偶戏没有真人上台，彻底用木偶演剧情。台上的偶看似集木偶雕刻、操作技巧和音乐唱奏于一身，实际上，只有雕刻和操作与木偶本身直接相关，这两者是偶戏不可轻动的本质。而音乐，从人戏套用来的音乐，则是这个地方民间小戏中最灵活，最能体现新意，最能吸引来观众的一元。因此，要在漫长的历史年代里吸引观众，存活下来，就需要不断学习当地的流行戏曲。灵活用乐，不时地套用各个历史时期观众喜欢的戏曲唱腔，甚至去掉唱腔以便非闽南语观众理解剧情，非但不是改弦更张，反而是必须为之，是漳州布袋木偶戏长期生存在民间，在大浪淘沙之后存活的草根经验和生存智慧！

四、悬而未决，聚焦核心问题

这几年来，依托于我国的非物质文化遗产保护工作的系统推进，漳州市木偶剧团传承机制完善、学术理念进展，年轻演员技艺提高很快，奖项不断，还多次与联合国教科文组织亚太地区非物质文化遗产国际培训中心合作，在柬埔寨、印度尼西亚、中国福建和澳大利亚等地相继开展相关交流活动。但漳州布袋木偶戏在在“非遗”保护方面成效不断的同时，也需要不断地关照自身的薄弱环节。

1. 量身定做，满足特殊需要

作为一个国家级非物质文化遗产名录项目的保护单位，作为一个全国唯一的漳州布袋木偶戏官方剧团，漳州市木偶剧团至今依没有一个正规的排练和演出场所。20 世纪 60 年代，漳州市区有 9 家影剧院，剧团所处的北桥核心地带，半公里半径内，分布着大众电影院、工人文化宫、侨乡剧院、木偶剧院、梨园剧院 5 家影剧院。后来旧城改造，把原来的木偶剧院拆了，历任领导一直承诺将来把重修的侨乡剧院给剧团，但至今没有落实。这是一个遗留了几十年的老问题，但对于一个剧种和关注这个剧种的观众来说却是关键的问题。

团长岳建辉告诉笔者：“剧团是从事布袋木偶戏表演的业务单位啊，千万不能够连旧的剧场都没有，办公条件差，我们可以克服，但是没有一个固定的排练场所，我们捉襟见肘。面对着社会各界要来剧团看戏的要求，我们惭愧婉拒，不是没有人，不是没有戏，不是没有行头道具，而是我们连个演出场所都没有，到哪里去观看？所以，漳州布袋木偶戏“墙内开花墙外香”，经常在外地、外国上演，但对广大的期待看到漳州布袋木偶戏的本地老百姓们，我感到非常抱歉。”①

除了剧场，剧团本身的处境也十分尴尬。剧团团址所在的澎湖路是漳州古城的核心区域，正在拆迁，周边街坊们都已经搬走，整条街上只有剧团和团员们独守着危房，排练集训。长期没有专门的木偶剧场，漳州布袋木偶戏又不能使用人戏的大舞台，长此以往就会丢掉在本市演出的阵地，即便是跨区域传播，在外地或者或外国上演得再精彩，也会逐渐远离当地民众最基础的观众。因此，解决专业剧场，是决定漳州布袋木偶戏的根落在哪儿的问题，是首当其冲要解决的问题。

2. 齐全完备，打破结构失衡

目前关于漳州布袋木偶戏已经出版了两本著作，基本实现了对这个剧种的基础研究。同时在研究这个剧种的期刊文章中，以研究木偶头雕刻，尤其是徐竹初为首的徐家的木偶头雕刻的占大部分。在研究的广度和深度角度上，这个剧种依然有许多方面值得挖掘，需要有更多的人对这个剧种的各个侧面，究根问底。

以大家前期着重关注的国家首批国家级非物质文化遗产名录项目“漳州木偶头雕刻”为例。当地木偶头雕刻技艺高超，源于建州于公元686年的漳州城自古以来精湛的神像雕刻、泥塑技艺，也得益于当地一直丰厚的木料资源。可是为什么用樟木，大家一致简单解释为原料丰富或者防腐，其实不仅如此。

笔者曾经专门就木偶头为什么用樟木，而不用其他木料，询问过多位偶雕老艺人，徐聪亮的解答较为完整。首先用樟木木纹细腻、油脂充分、容易刻画；其次，长期雕刻佛像的经验告知樟木防蛀防虫、经久耐用，不易开裂；其三，樟木在当地资源充足、取材便利，价格合适；其四，雕刻艺人容易刻伤手，樟脑油能消毒，伤口愈合得快不会溃烂；第五，也是最关键的还有一点，樟木的质量较轻，适宜长期举着一身木偶进行表演的“弄尪仔”人。这5点理由是从从事这个剧种的艺人们在不同的分工实践中总结得出的，这才充分而有力地解释了当地有名贵木料可用，各个作坊却至今严守樟木雕刻传统的原因。

同样值得注意的是，保持雕刻流派的风格多样化问题。清末民初，漳州木

① 见高舒《漳州布袋木偶戏传承人口述史》，广州：暨南大学出版社，2016，79—71页。

偶雕刻进入了规范化制作，基本特质逐渐定型，造型严谨，精雕细刻，人物性格鲜明，夸张合理，有地方特色，彩绘精致，着色稳重不艳，保留唐宋绘画风格。在雕刻家族总最出名的是以徐、许两家。漳州市区的徐家一派有徐年松、徐竹初、徐聪亮父子，漳州石码镇的许家一派有许盛芳、许桑叶父女。1949 年后，漳州布袋木偶戏建立了专门的艺校木偶班，徐、许两家都有人任教。目前，大家过于单一地关注木偶雕刻的徐竹初一家，对保持当地这一“非遗”项目的风格流派非常不利。

以徐年松一家为代表的徐氏木偶雕刻，是漳州布袋木偶头雕刻的重要一脉。从徐年松，到其子徐竹初、徐聪亮，其孙徐强、徐昱等等，全家从事木偶雕刻，已跨越七代。徐竹初是漳州市木偶剧团最为知名的雕刻师，现已年近 80 岁。早在 20 世纪 50 年代，少年徐竹初就把木偶头送给了毛泽东主席，还收到了中共中央的来信。从某种意义上说，徐竹初像是漳州木偶头雕刻的一个活广告，吸引着大家走近漳州布袋木偶戏，但是，比起众人皆知的徐家，许家大名研究者甚少，在木偶界之外鲜为人知。其实，许家在业界声望极高，也是漳州布袋木偶头雕刻的行家里手。当年，许盛芳制作的布袋木偶深受杨胜等布袋木偶戏名师的好评和爱用，就因为它最具“北派”粗犷大气的特点，生动传神，历久弥新。许盛芳为人低调，不喜欢张扬，一生默默潜心在漳州及厦门授徒传艺，如今，撑起许家木偶雕刻的许桑叶依然延续着父亲潜心雕刻、处事低调的性情，专心于漳州布袋木偶戏的院校教学。在木偶头雕刻越来越商品化的时代，许家依旧享受这种“心系舞台身在外”的平静。学术研究不是一家专属，透过徐派、许派不同派别的木偶雕刻，有心人看到的一片豁然开朗，才是漳州布袋戏原样的天空。

结语

2018 年，漳州布袋木偶戏的“非遗”之路已进行了 12 年。在国家各级文化主管和专业研究机构的支持下，漳州布袋木偶戏列入了国家级“非遗”名录、认定代表性传承人、建立传习所、成立信息中心和研究中心等专业机构、形成分工合作机制、开展木偶戏交流合作等多种措施，培养新一代木偶戏从业者，广泛培育潜在的受众，并通过整体性保护，改善了生存环境，明显提高了存续能力。其中，它建校、建团，培养专业后继的传承思路，使一个看似“不足为外人道”的“操弄尪仔”的地方小戏走上了学科教育的正轨，迈向规范的职业和非职业传承体系；它努力挖掘历史，实现对自身本体的基础研究，并带动偶戏得到学界正视的格局也值得敬重，尽管一直面临着没有专业剧场等悬而未决的心病，但这群“弄尪仔”始终没有放下手中的“尪仔”。12年来，这一点坚持和顽强，始终是这个剧种风格承续的关键保证。

作为中国布袋木偶教学的重要基地，漳州布袋木偶戏获得国家艺术基金2014年度资助项目“中国福建木偶戏在亚太地区的传播交流推广”，并于2015年9月再度以木偶戏《招亲》获得国家艺术基金2015年度舞台艺术创作资助项目（小型舞台剧［节］目和作品）。这些支持和赞誉，进一步说明这一“弄尪仔”的小戏在转变传承方式、复兴传统的努力，得到了政府和专业领域专家学者们的肯定。在享有联合国对非物质文化遗产保护最高度的荣誉、承担起地区内非物质文化遗产保护的责任的同时，“弄尪仔”的那群传承人也正在摸索与海对岸的台湾进行更深入广阔的学习与合作。

以弘一法师为例谈佛教与书法的关系

周　延*

早在东汉，佛教已经传入我国。自后，随着信徒人数的不断增多，贵族及知识阶级的参与，佛典的研究与谈论也逐渐风行。比如晋代的支道林与王羲之、谢安等人的论辩；慧远大师在庐山结莲社，社中就有许多当时名流。因此，对佛经的需求也大幅度增加。同时，典籍的广泛传播对佛教的发展也是至关重要的。所以，鼓励信徒全力传播典籍是佛教，也是任何宗教的方针。为了传播典籍，不吝许以最美妙动听的言语。在很多佛经经典中，就明白写上写经能够获得无上功德的文字。如《金刚般若波罗蜜经》云："须菩提，若有善男子善女人，初日分以恒河沙等身布施，中日分复以恒河沙等身布施，后日分亦以恒河沙等身布施，如是无量百千万亿劫，以身布施。若复有人，闻此经典，信心不逆，其福胜彼。何况书写受持读诵，为人解说。" ①

因此，书写佛典之事亦逐渐风行。尤其是在印刷术发明之前，所有的典籍复制都靠双手抄写。各个阶层的信徒都纷纷以写经作佛事。唐代宫廷中有专门的写经所："该写经所的首任负责人由虞世南的儿子虞旭担任，其后由阎玄道（大概是画家阎立本的儿子或侄子）继任。该写经所拥有几十名甚至是上百名书手，不仅有专业的书手，还有为数不少的秘书省、弘文馆、左春坊等宫廷图书馆的书手也参与其中。" ② 历代高僧、名士写经则更多。如赞宁《宋高僧传》记载温州人云寺僧鸿楚刺血写《法华经》一部 ③。《金石录》记载有邬彤《金刚经》《尊胜经》，柳公权《西明寺金刚经》④ 等等。即使在印刷术高度发达的 20 世纪，

---

* 周延，中国艺术研究院中国书法院二级美术师。

① 《金刚经集注》，上海古籍出版社，1984 年版，第 80 页。

② （日）藤枝晃著，李运博译《汉字的文化史》，新星出版社版，2005 年版，第 118 页。

③ 电子版文渊阁《四库全书》。

④ 电子版文渊阁《四库全书》。

弘一法师还是作《普劝发心印造经像文》鼓励大家以各种方式传播佛教典籍。

因写经而获不可思议之事迹历代有之，佛教信徒也很虔诚地将这些事迹记录下来，比如《会玄记》《华严悬谈》《高僧传》《三宝感通录》等等。其中有几条比较具有代表性的，印光法师就将它们辑录出来，作为他对写经的思考的案例。

佛教写经是一种特殊的书法现象，其特殊之处，即在于书法是艺术，在书法状态之下，会不自觉地将个体的情绪表达扩大化，这与作为宗教的佛教有着根本性的冲突，这种冲突不明显，但是在根本之处是存在的。这种情况究竟会给书法带来什么，值得令人深思。下文将着重对比印光法师与弘一法师对写经的不同态度，以此分析写经的特殊书法现象。

一、印光法师对写经的思考

印光法师是弘一法师最为敬重的大德。1924 年弘一法师在致王心湛的信中赞叹道："朽人于当代善知识中，最服膺者，惟印光法师。"他又引述温州著名居士周孟由的话："法雨老人（印光法师）禀善导专修之旨，阐永明料简之微。中正似莲池，善巧如云谷。宪章灵峰（明蕅益大师），步武资福（清彻悟禅师），弘扬净土，密护诸宗。明昌佛法，潜挽世风。折摄皆具慈悲，语默无非教化。二百年来，一人而已。"认为此"诚不刊之定论也"[①]。1936 年在与高文显的信中法师还是这句话："于当代善知识中最佩仰者，惟印光老法师。"[②]

印光法师修净土宗。净土宗是佛教宗派之一，专修往生阿弥陀佛极乐净土的念佛法门。念佛的方法有四种：一是持名念佛，专念佛的名号；一是观像念佛，观佛的塑像与画像；一是观想念佛，观想佛的妙相；一是实相念佛，观佛的法身。这四种方法印光大师认为："持名一法，乃入道之玄门，成佛之捷径。"这种方法最实在，不易弄巧成拙，是一条捷径。而另外三种方法，若是修行不当，反入魔道。"今人教理观法，皆不了明。若修观想实相，或至着魔，弄巧成拙，求升反坠。宜修易行之行，自感至妙之果矣。"[③]

写经当然是能获得大福报的，对此印光法师是不能怀疑的。但是在印光法师看来写经并非是一条像持名念佛一样的捷径，而是可能"弄巧成拙，求升反

① 修订版《弘一法师大师全集·第八册》，福建人民出版社，2010 年版，第 332 页。

② 修订版《弘一法师大师全集·第八册》，福建人民出版社，2010 年版，第 407 页。

③《印光法师文钞·与徐福贤女士书》，宗教文化出版社，2000 年版，第 84 页。

坠”的。

写经的功用是什么呢？在印刷术还没有发明之前，写经是佛教典籍传播的重要手段，所以为了鼓励信徒大量写经，佛教是许以大福报的。在印刷术发明之后，写经的某些弱点也就被暴露出来了，首先在速度上它没有办法与印刷比；其次，美观的书写、严格的校勘与印刷也是有些许差距的。当然也有在书写上绝胜印刷的写经，比如弘一法师的写经。但是这毕竟是少数。这时候，说实话写经对佛教传播来说已经不是一项非常重要的手段了。但是还有许多佛教信徒仍然热衷于写经。写经到底有什么功用，这是需要解答与思考的问题。

印光法师经过一番思辨后，认为写经的功用是："夫书经乃欲以凡夫心识，转为如来知慧。"①是写经者通过写经而“上感三宝，下契自心”②，在当下“致令业尽情空，了生脱死，高登上品宝莲，亲证不退转地矣”③。但是他并不认为只要写经都能获得如是福报，其间还有一个方法与态度的问题，甚至如果一不小心就可能弄巧成拙。印光法师认为写经首先要态度端正，要“志诚恭敬，一笔不苟”④，就像“新进士下殿试场，尚须严恭寅畏，无稍怠忽”⑤。他经常责问那些他认为不恭敬写经的人："方欲以此断烦惑，了生死，度众生，成佛道，岂可以游戏为之乎？"⑥古代僧人德圆⑦、修德⑧的不可思议事是印光法师说服别人也说服自己的有力论据。

这两个例子印光法师的解读是："德圆之诚，超越古今。故其灵感，杂沓相仍。今人虽无此财力，于力所能为者，可不竭诚尽敬以期三宝垂慈，冥显加被乎。倘惟事形迹，了无诚敬。则无边法力，莫由感通。谓为佛法不灵，其可乎哉"⑨，及“古人于三宝分上，多皆竭诚尽敬。绝不似今人之怠忽亵慢，有名无实也。举笔吐气者，或欲咳嗽，或欲呵欠，即停笔少顷，面向旁边，令气出之，不敢以口气熏经故也。才写经毕，俄即迁化者，以专心写经，不求名利，志诚

① 印光大师致弘一法师信，修订版《弘一法师大师全集·第八册》，福建人民出版社，2010年版，第502页。

② 《印光法师文钞·书〈华严经〉讼过记（代宽慧师作）》，宗教文化出版社，2000年版，第1482页。

③ 《印光法师文钞·竭诚方获实益论》，宗教文化出版社，2000年版，第1402页。

④ 《印光法师文钞·复方圣照居士书二》，宗教文化出版社，2000年版，第808页。

⑤ 印光大师致弘一法师信，修订版《弘一法师大师全集·第八册》，福建人民出版社，2010年版，第502页。

⑥ 信见修订版《弘一法师大师全集·第八册》，福建人民出版社，2010年版，第502页。

⑦ 《印光法师文钞·竭诚方获实益论》，宗教文化出版社，2000年版，第1400页。

⑧ 《印光法师文钞·竭诚方获实益论》，宗教文化出版社，2000年版，第1401页。

⑨ 《印光法师文钞·竭诚方获实益论》，宗教文化出版社，2000年版，第1401页。

之极，致令业尽情空，了生脱死。高登上品宝莲，亲证不退转地矣。观此，可见佛法不辜负人，而今之缁素，多多皆是辜负佛法耳。奈何奈何”[①]。

因此，印光法师特地辑录这些因写经而获不可思议之事迹编成《竭诚方获实益论》一文，企欲真修实践者，有所取法焉。同时，他很想在文献或现实生活中找几个“弄巧成拙，求升反坠”的例子以示告诫。但是似乎找不到。在《竭诚方获实益论》末印光法师说：“本拟广录恭敬三宝之利益，及亵慢三宝之罪愆，令研究佛学者取法有地，获罪无由，以目力不给，遂止。”[②]

那么印光法师所谓写经时因怠忽亵慢而获罪指的是什么呢？在《印光法师文钞》中有五封关于写经的信札，分别是《复宁德晋居士书四》《与陆稼轩居士书》《复方圣照居士书二》《致弘一法师法师书》《致弘一法师法师书》，从中可以看出印光法师的想法。

一是物质上怠慢：

比如若要刺血写经，那么要注意出血的位置。印光法师说：“古人刺血，或舌或指，或臂或胸前，亦不一定。若身则自心以下，断不可用；若用，则获罪不浅。”“将欲刺血，先几日即须减食盐及大料调和等。若不先戒食此等，则其血腥臊；若先戒食此等，则血便无浊气。”“刺血则一时刺许多。春秋时，过二三日即臭；夏日半天即臭，犹用以写。又有将血晒干，每写时，用水研干血以写之者。”这样的刺血写经，在印光法师看来了无恭敬，“直是造业”，“不是用血以表志诚，乃用刺血写经，以博自己真心修行之名耳”。同样的，在印刷佛经时也有许多注意。比如丁福保要印《佛学小辞典》，印光法师致信劝诫其不能用“有光纸”，因为“有光纸落墨，药水轻者，只可经十余年。能经二十余年者甚少。药水重者，数年即落”[③]。

一是因字体不端正而使人产生误解：

对于佛弟子来说写经有两种功用，一是“乃欲以凡夫心识，转为如来智慧”的当下悟道，了脱生死；二是志在流通，以书弘法，累积功德。

无论是哪种，对于典籍来讲，都不能使人产生误解。而要让人一览了然，不致产生误解，就不能用行、草、隶、篆等体，“须请善书者楷书之”。印光法师断定说：“若用半行半草，及带隶带篆等，则只可作悦目之具，非为利人之据

① 《印光法师文钞·竭诚方获实益论》，宗教文化出版社，2000年版，第1402页。
② 《印光法师文钞·竭诚方获实益论》，宗教文化出版社，2000年版，第1404页。
③ 《印光法师文钞·复丁福保居士书》，宗教文化出版社，2000年版，第523页。

也。故凡欲一切人同皆一览了然，决定用不得行草隶篆等体格也。”[①]再进一步说，“又须各用正体字”。所谓正体就是在比较郑重的场合使用的正规字体[②]。对文字的规范历代有之，以规范文字流通也是对文化的维护与尊重。印光法师坚持用正体就是这种思想的反映。他说：“又有执泥古体，如魔作磨，悬作县，玛瑙砗磲作马脑车渠，阵作陈等，则有违时之失。如必曰悉依古文，即时行正体，皆不堪用。则字字皆须更换，无一字可用矣。杨仁山破泥古者曰：字须遵时，何必泥古。如必欲从古，且请先从‘人’、‘入’二字改起。古‘人’字作‘入’，‘入’字作‘人’。如‘人’、‘入’不能改，则余字何须特改？且古体亦非当日苍颉所制之字，不知几何变更，方成此体。君既好古，宜从虫文鸟书为正体，则吾无由置喙矣。否则毕竟为无事生事，劳而无功。生今反古，圣有明训。如庄居士志在流通，当一扫文人习气，字字遵时。凡诸破体、俗体等一概不用。俾一笔一画，皆可为法。”[③]所以印光法师这里所说的善书者是相当于一个优秀的雕版书写者，他首先应该是通晓正体字，其次有一手优秀的馆阁体，绝不是当下流行的书法家的概念。

印光法师懂书法，但是他在阐述写经时排斥书法。他说：“又须各用正体字，凡俗体、帖体、破体均属轻佻，有碍庄重，亦不宜用。”[④]所谓的俗体就是如裘锡圭所说的日常使用的比较简便的字体[⑤]，它是与正体相对应的，以规范与否来区分。帖体是与书法有关的概念，是指那些专求字形美观、用笔连贯书写字体。“均属轻佻，有碍庄重”有两重意思，一是从规范来讲，这些俗体、帖体、破体不适合在正规场合使用，所以“均属轻佻，有碍庄重”；一是这些俗体、帖体、破体专求美观，与佛经的庄严似有不合，所以“均属轻佻，有碍庄重”。

宗教与书法在根本上是不同的，是相互抵触的。这当然也不妨碍它们互相帮助，融合。以印光法师对写经的态度为例，他从心底里希望写经者写得一手好字。比如方圣照想写《华严》供佛，请示印光法师，印光法师劝道：“汝之字，不甚好，不必又写《华严》。以字不甚好，后来人不甚注重，还是一心念佛好。”[⑥]从语气中揣摩：书法不好，人家也不会重视，所以流通的价值已经大打折扣了，又写经还可能有因书而废道之虞。

---

① 《印光法师文钞·复宁德晋居士书四》，宗教文化出版社，2000年版，第595页。
② 裘锡圭:《古文字概要》，商务印书馆，1988年版，第43页。
③ 《印光法师文钞·与陆稼轩居士书》，宗教文化出版社，2000年版，第130页。
④ 《印光法师文钞·复宁德晋居士书四》，宗教文化出版社，2000年版，第595页。
⑤ 裘锡圭:《古文字概要》，商务印书馆，1988年版，第43页。
⑥ 《印光法师文钞·复方圣照居士书二》，宗教文化出版社，2000年版，第808页。

比如在写经的时候若是出现写重或写落的情况，如果不想重新抄写的话，可以在重复的字上点一大点或在字旁加一△表示删除，对于遗漏的文字可以在旁边补书。如果为了形式的美观只是在末尾加注标明，这是印光法师所极力呵斥的，他说："彼只图好看，置文义于不顾，此乃大通家之恶习。"[①] 还有，作为典籍来说，最好加上句读，能让每个人都能念得成句。而写经者往往不肯不点句，致使初次阅读佛经之人，殊难懂其文义。

这种所谓的恶习还只是表面上的，真正让印光法师感到"恶紫之夺朱"[②]、兴买椟还珠之叹的是耽于书术的写经。

二、印光法师对弘一法师写经的劝诫

1920 年春，弘一法师作《印光法师文抄》牟辞云："余于老人向未奉承，然尝服膺高轨，冥契渊致"[③]，可见，在 1920 年暮春之前弘一法师与印光法师没有书信往来。据修订版《弘一大师全集》，有一封印光法师回复弘一法师的信是作于 1920 年 7 月 26 日[④]。弘一法师发愿写经是在 1919 年到 1920 年之间，因为在 1922 年致郭奇远的信中弘一法师说："比以写经多忙，二三年来，发愿未写者有十数种。"[⑤]。所以弘一法师与印光法师关于写经的通信应该在 1920 到 1921 年之间。

得信知弘一法师发愿刺血写经，印光法师云："座下勇猛精进，为人所难能。又欲刺血写经，可谓重法轻身，必得大遂所愿矣。虽然，光愿座下先专志修念佛三昧，待其有得，然后行此法事。倘最初即行此行，或恐血亏身弱，难为进趋耳。入道多门，惟人志趣，了无一定之法。其一定者曰诚、曰恭敬。此二事虽尽未来际诸佛出世，皆不能易也。而吾人以博地凡夫，欲顿消业累，速证无生，不致力于此，譬如木无根而欲茂，鸟无翼而欲飞，其可得乎？"[⑥] 印光法师只是客套的表示勉励赞叹。继而他又指出入道多门，无一定之法，其不变者"曰诚、曰恭敬"而已。他建议弘一法师专修念佛三昧，待其有得，然后行此法

---

① 《印光法师文钞·复宁德晋居士书四》，宗教文化出版社，2000 年版，第 595 页。

② 见《论语·阳货》，电子版文渊阁四库全书。

③ 修订版《弘一法师大师全集·第七册》，福建人民出版社，2010 年版，第 618 页。

④ 修订版《弘一法师大师全集·第八册》，福建人民出版社，2010 年版，第 502 页。

⑤ 图片见《温州博物馆平湖李叔同纪念馆珍藏弘一法师大师墨迹》，浙江古籍出版社，2010 年版，第 163 页。

⑥ 修订版《弘一法师大师全集·第八册》，福建人民出版社，2010 年版，第 502 页。

事。但是他也知道弘一法师是不会轻易改变想法的，所以将刺血写经的利弊及注意点陈列一番。“其写一字，礼三拜，绕三匝，称十二声佛名。”这是印光法师认为的写经礼仪。“光近见刺血写经者，直是造业，以了无恭敬。……又所写潦草，毫不恭敬，直是儿戏。不是用血以表志诚，乃用刺血写经，以博自己真心修行之名耳。”非为修行，实为博名，这是很多的事实存在，也是印光法师所深诫的。

以上乃就“刺血”一事的利弊论述。接下去印光法师对书法进行论述。“又写经不同写字屏，取其神趣，不必工整。若写经，宜如进士写策，一笔不容苟简。其体必须依正式体。”印光法师所说的写字屏，就相当于我们当下流行的书法创作，他对书法的认识还是很到位的认为“取其神趣，不必工整”，以表现神趣为核心要素，而外表的工整与否并不重要。那么写经的核心要素是什么呢？这在他另一封信中有所阐释[①]：“夫书经乃欲以凡夫心识，转为如来智慧。”这是针对写经者自身而言的，所以写经必须要恭敬、工整，要“比新进士下殿试场，尚须严恭寅畏，无稍怠忽。能如是者，必能即业识心成如来藏，于选佛场中可得状元”。

在做了上述的铺垫之后，印光法师告诫弘一法师说：“若座下书札体格，断不可用。”

弘一法师的那封信是什么样的风格，现在已不得而知了。上文大致得出弘一法师给印光法师写信的日期是 1920 年。弘一法师的信札可能就如 1918 年 6 月 18 日致夏丏尊的信，此信虽楷书化，但是时有牵丝，在印光法师的眼中还是属于不工整，没有达到“如进士写策，一笔不容苟简。其体必须依正式体”的要求，是会被呵斥的。而从“又写经不同写字屏，取其神趣，不必工整”来看，弘一法师给印光法师的书写风格应当如 1918 年 9 月赠夏丏尊的《地藏经偈轴》，是非常书法化的风格。这恰恰是印光法师最头痛的事，也是他最费口舌的事。印光法师认为，这些人是入了书法魔道的。

三、弘一法师对写经的看法

从印光法师内心来说他对写经是持反对态度的。这是因为印光法师是站在个人修行的立场上说的。他认为就是念阿弥陀佛最好了，只有益处没有一丝的

① 图片见《温州博物馆平湖李叔同纪念馆珍藏弘一法师大师墨迹》，浙江古籍出版社，2010 年版，第 180 页。

副作用。写经虽不至于缘木求鱼，弄不好就会妨碍自己修行的。

弘一法师则是立足于弘法来看写经的。弘一法师《李息翁临古法书序》云："夫耽乐书术，增长放逸，佛所深诫。然研习之者，能尽其美，以是书写佛典，流传于世，令诸众生，欢喜受持，自利利他，同趣佛道，非无益矣。冀后之览者，咸会斯旨，乃不负居士倡布之善意耳。"佛所深诫者乃"耽乐书术，增长放逸"。这也是印光法师内心的忧虑。但是弘一法师把它放在一边，他立足于"以是书写佛典，流传于世"的传播环节。弘一法师认为这是"自利利他"的事业，利他可以说比较明显，基本上是成立的。自利吗？答案是肯定的，因为毕竟是做功德。问题是是不是最大程度的自利，弘一法师没有回答，其实谁也不好回答，但是从学理上印光法师是持否定态度的。显然弘一法师没有在这方面进行深入思考。弘一法师的认识是自利利他的。

目的明确了，那么相应的手段自然生成："令诸众生，欢喜受持"。所以，让阅读写经的人欢喜是很重要的。弘一法师用最朴素的"美观"两字表达他的手段。

如对刘质平说《华严集联》"格式甚好看"①，"奉拙书数纸，其中大佛字为新考案之格式，甚为美观"②，"朽人之字件，四边所留剩之空白纸，于装裱时，乞嘱裱工万万不可裁去。因此四边空白，皆有意义，甚为美观。若随意裁去，则大违朽人之用心计划矣。……《华严集联》亦可重印，托陈海量居士最妥。字宜缩小，上下之空白纸宜多，乃美观也。《华严集联》书册之形式宜改为长形，与《四分律戒相表记》相同，上下多留空白，至要！"③

追求美观并非意味着通俗、媚俗。弘一法师对受众是很明确的。"《集联》……全体格式尚佳，但学校作为习字范本，则未甚宜耳（因字体不通俗）。"④又如在《护生画集》编辑中弘一法师认为："《戒杀画集》出版之后，凡老辈旧派之人，皆可不送或少送为宜。因彼等未具新美术之知识，必嫌此画法不工，眉目未具，不成人形。又对于朽人之书法，亦斥其草率，不合殿试策之体格（此书赠予新学家，最为逗机。如青年学生，犹为合宜）。"⑤"此书虽流通甚广，雅俗共赏，但实偏重于学者一流之机。因子恺之画，朽人与湛翁之字，皆非俗

① 修订版《弘一法师大师全集·第八册》，福建人民出版社，2010年版，第285页。
② 修订版《弘一法师大师全集·第八册》，福建人民出版社，2010年版，第300页。
③ 修订版《弘一法师大师全集·第八册》，福建人民出版社，2010年版，第301页。
④ 修订版《弘一法师大师全集·第八册》，福建人民出版社，2010年版，第288页。
⑤ 修订版《弘一法师大师全集·第八册》，福建人民出版社，2010年版，第377页。

人所能赏识。故应于全体美观上，十分注意也。”①

对写经也是这样。

1926 年弘一法师致黄庆澜的信言：“前承属书《行愿品偈》，今已写就。笔墨久荒，书写工楷，气既不贯，字体大小，亦未能一律。几经修饰描改，益复损其自然之致，如何如何！去年陈伯衡居士石印拙书《八大人觉经》，曾呈法雨老人（即印光法师）阅览。老人以为折本太长（与今写者相同），未便放置，以后再印宜改短云云。故今所写《行愿品偈》，未写冠首之科文，及后附之释经名题。如是仅存大字经文，再将上下空白纸处缩短，则可与金陵折本行愿品，长短相似。藏置书架之上，应无折损之虞矣。”② 从中可知：印光法师以“未便放置”这个轻微的不足建议“以后再印宜改短”，弘一法师也牢牢地记住这句话，要求黄庆澜在出版《行愿品偈》的时候要“将上下空白纸处缩短”以满足印光大师的建议。这说明弘一法师很在意印光法师的意见。但是有意思的是弘一法师既然牢记印光法师嫌《八大人觉经》折本太长，《行愿品偈》出版时要“将上下空白纸处缩短”，为何他在书写《行愿品偈》的时候还是按照《八大人觉经》的格式？说明弘一法师对“老辈旧派之人”内心的叛逆与表面的敷衍塞责。

又如 1932 年致赵伯廎的信弘一法师云：“写经已就，附挂号邮奉。五六年来，未曾以小楷写经，故笔墨十分生疏，字体亦有俗者，未能校正，未能工整，乞亮之。……此经宜用摄影石印为宜，因将来他处可以翻印，广为流传。”③ 从“他处可以翻印，广为流传”足见弘一法师对自己写经的自信。而所谓“笔墨十分生疏，字体亦有俗者，未能校正，未能工整”既是自谦之语，也是认定赵伯廎为“老辈旧派之人”而作的自我调侃之语。

四、佛教对书法的警惕

佛教经典《五分律》里有“比丘差次，不知书记，佛听学书，不得为好，而废道业”④ 之语，这当是印光法师所本。正因为如果执着于书写有荒废佛道的可能，所以对于书写来说，仅仅要求工整就已经足够。对书法而言，此时它的

① 修订版《弘一法师大师全集·第八册》，福建人民出版社，2010 年版，第 376 页。此信札原稿影印见虞坤林编《弘一法师大师书信手稿选集》，山西古籍出版社，2006 年版，第 250 页，从法师的朱砂分段来看句中的“此书”系指《护生画集》，而非上句提到的《嘉言录》。

② 修订版《弘一法师大师全集·第八册》，福建人民出版社，2010 年版，第 374 页。

③ 修订版《弘一法师大师全集·第八册》，福建人民出版社，2010 年版，第 403 页。

④ 转引自《释氏要览》卷中，《大正藏》第五十四册，第 293 页上。

释读功能是占有首要地位的。所以印光法师说："今人书经，任意潦草，非为书经，特借此以习字，兼欲留其笔迹于后世耳。"① 他接着说："如此书经，非全无益"，"而其亵慢之罪，亦非浅鲜"。所以，当王宗懿为资先祖父母冥福而书写《地藏菩萨本愿经》一部向印光法师请示，法师一看到字体不整，不再多看就厉声呵斥，谓："大乘经典，诸佛慧命，书写不论工拙，要以诚敬，一笔不怠，庶几获益。若专求字体帖学，文饰美观，转失恭敬，致贻亵慢之咎。"② 有一位庄居士也写了《法华经》向印光法师请示，法师对人说："见其笔法坚劲精秀，不胜钦佩。但其用笔，犹有文人习气。于流通法道，似有未合。"③ 印光法师所谓的"文人习气"就是表现于"专求字体帖学，文饰美观"。在印光法师看来这就无疑是买椟还珠。不幸，弘一法师在致蔡丏因的一封信中印证了这种情况："拙述《四分律比丘戒相表记》，今已石印流布。是书都百余大页，费五年之力编辑，并自书写细楷。是属出家比丘之戒律，在家人不宜阅览。但亦拟赠仁者及李居士各一册，以志纪念。开卷之时，不须研味其文义，唯赏玩其书法，则无过矣。"④ 佛经的文义在弘一法师的写经里成了次要的东西，正中了印光法师所说的那种忌讳。

所以，若希望通过写经而获得无上福报就要做到恭敬，竭诚尽敬，一笔不怠。在《印光大师文钞》中有《书华严经讼过记（代宽慧师作）》一文。这是印光法师代宽慧法师写的一篇《讼过记》。宽慧法师发愿写《华严经》，以行草书写经。被印光法师看到了，说："汝发心写经，拟欲资之以忏宿业、显本有、超凡入圣、了生脱死。其所希望，大不可言。如此草率，何以能上感三宝，下契自心。断烦惑以证真常，生安养以侍导师。岂不辜负自己一番苦功，与诸师赞襄之莫大恩德也耶。汝取华严感应传读之，见德圆、修德等古德书经之懿范，与彼所获之利益，能不愧死。"⑤ 意思是：你发心写经的目的是借此忏宿业、显本有、超凡入圣、了生脱死。你想得到多么大的福报，却付诸以如此草率之心，焉能有得！再则，你这样写经从某种意义来说也算花了大苦功了，但是却无福报，岂不可惜！再想想《华严感应传》中的德圆、修德等人因书经所获得的利

① 信见修订版《弘一法师大师全集·第八册》，福建人民出版社，2010年版，第502页。

② 王宗懿《纪念印光大师》，海量编《印光大师永思集》，福建莆田广化寺佛经流通处，第118页。

③《印光法师文钞·与陆稼轩居士书》，宗教文化出版社，2000年版，第130页。

④ 修订版《弘一法师大师全集·第八册》，福建人民出版社，2010年版，第338页。

⑤《印光法师文钞·书〈华严经〉讼过记（代宽慧师作）》，宗教文化出版社，2000年版，第1482页。

益，是不是有点冤呢！所以，厉声呵斥，希望他马上改正。不仅如此，还要做一篇《讼过记》。在《讼过记》中说宽慧法师“闻命之下，痛如割心。深恨最初不遇此老。因顿改前非，竭诚尽敬。虽拙朴仍旧，而恭谨笃至。一部笔法，前后不同。恐阅者见怪．故述缘讼过。亦冀一切四众，受持读诵一切经典，悉皆竭诚尽敬，无或怠忽。如对圣容，亲聆圆音。庶慧之罪过，借以消灭。而当人之福慧，速得圆满矣”。宽慧法师有所改正是肯定的。但是从“彼请光代作，故芜钞中录之”，他要请印光法师代作《讼过记》可见他的理解还是没有达到印光法师的期望的。

是不是印光法师太不讲道理了，把现实与理想混为一谈了呢？肯定有很多人对印光法师的要求是不以为然的，我想，宽慧法师也是有那么一点，包括弘一法师。

但是听听弘一法师晚年时说的吧。1941 年致性愿法师[①]：“每日写字接客，自惭毫无修养之功，勉力撑持弘法之事，时用汗颜耳。”壬午（时弘一法师 63 岁，是年圆寂）元宵弘一法师致李芳远信[②]：“此次朽人至泉城，虽不免名闻利养之嫌，但较三四年前则稍轻减。此次至泉，未演讲，未赴斋会。仅有请便饭者三处，往之。惟以见客、写字为繁忙耳。夫见客、写字，虽是弘扬佛法，但在朽人，则道德学问皆无所成就，殊觉惶惭不安。自今以后，拟退而修德，谢绝诸务。以后于尊处，亦未能通信。倘有惠函，亦不披阅。诸乞原谅，为祷。以后，倘有他人询问朽人近状者，乞以‘闭门思过，念佛待死’八字答之可耳。”弘一法师说得很明白“夫见客、写字，虽是弘扬佛法，但在朽人，则道德学问皆无所成就，殊觉惶惭不安。”虽要度人，也要度己。再说了，己尚不度焉能度人。故要“闭门思过，念佛待死”。由此可见，印光法师的要求是合理的。

五、书法与佛法

因为佛教对书法始终保持着警惕，所以佛教通常会以一种反艺术的姿态出现。但它内部仍有可能孕育支撑书法的动力，在弘一法师身上我们可以清楚地看到这一点。

佛教的破除执着与道家哲学的“心斋”类似，这可以为书法提供一种生发的精神契机。蔡邕云：“夫书者，散也。欲书先散怀抱，任情恣性，然后书之；

① 修订版《弘一法师大师全集·第八册》，福建人民出版社，2010 年版，第 459 页。

② 信见修订版《弘一法师大师全集·第八册》，福建人民出版社，2010 年版，第 422 页。

若迫于事，虽中山兔豪不能佳也。夫书，先默坐静思。随意所适，言不出口，气不盈息，沉密神彩，如对至尊。”① 通过破除执着，进入一个更自由的创作空间。

在学理上，佛教的破执比道家走得更远，它对艺术所赖以存在的性情、感发要素都造成了威胁。对弘一法师来说，情况又是有所不同，弘一法师是一位修持很深的高僧，同时，类似于一种儒家的情怀也一直伴随着他。在题《格言联璧》② 中弘一法师说自己在童年时代就读过这本书："三十以后，稍知修养，亦奉是为圭臬。今离俗已二十一载，偶披此卷，如饮甘露，深沁心脾，百读不厌也。”肯定会有人发问这种书尤其是其中的齐家、从政二门与出家的宗旨是抵牾呀，弘一法师回答道："然整顿常住，训导法眷，任职丛林，方便接引，若取资于此二门，善为变通应用，其所获之利益正无限也。”又如他圆寂前勉黄福海“吾人日夜行住坐卧皆须至诚恭敬”语及“三省”横披。这些都可以看出弘一法师是一个僧中之儒者。就书法艺术而言，佛家“耽乐书术，增长放逸”的戒律是一种因素，同时，儒家情怀是另一种因素。在佛家因素中弘一法师汲取了虔诚、安详、静穆等，在儒家情怀因素中弘一法师汲取了端正、有所作为等。在这两种因素的调和中，弘一法师达到了一种奇妙的境界。

由于儒者情怀的入世情怀的羁绊，弘一法师是始终都未能真正放下。在1938年致施慈航信中，他说："前在清漳与仁等时相过从，至为欢忭。今离群索居，怅惘何已。”③ 熊秉明看到了弘一法师的“没放下”，他尝试着在弘一法师的书法中寻找与之对应答案。但是显然他的答案是不能令人满意的。但是熊秉明的雄心即书法形式与书写者精神的问题确是每位书法研究者都怀揣着的。它是一个无法回答的问题呢，还是能回答只是没找到答案。对弘一法师来说，本文认为弘一法师“在皈依后并未有完全的解脱”是能够通过他的生平事迹得以确认的，而且在弘一法师书法中可以找到一类现象与之相印证。即弘一法师晚年为张人希家藏《清代名家书画册》作跋④ 这类字，字很小，书法也很可观，但是相比“莫嫌老圃”“吾人日夜行住坐卧皆须至诚恭敬”等，其用笔过于扭动，多了一丝装饰性，没有那种无欲而刚的肃穆感。本文认为这就是弘一法师还“没放下”的痕迹。当然本文也只能是印证，并不是由书法现象推理出“在皈依后

① 蔡邕《笔论》,《历代书法论文选》，上海书画出版社，1979 年版，第 5 页。

② 见修订版《弘一法师大师全集·第七册》，福建人民出版社，2010 年版，第 643 页。

③ 见修订版《弘一法师大师全集·第八册》，福建人民出版社，2010 年版，第 426 页。

④ 图片见修订版《弘一法师大师全集·第九册》，福建人民出版社，2010 年版，第 302 页。

并未有完全的解脱”这个结论。

弘一法师曾经自信地说过“余字即是法”。[1]可见，有那么一刻确实让弘一法师感受到自己的心灵进入了自己的书法中，求字即是求法。只有在字即是法的理想境界里，才出现弘一法师的那些毫不造作、极端精彩的作品。况且佛法高深无边，字即是法，然法却非字，所以弘一法师在晚年还会有“夫见客、写字，虽是弘扬佛法，但在朽人，则道德学问皆无所成就，殊觉惶惭不安”的忏悔。

弘一法师的书法是独具魅力的，他的书法中透出浓浓的佛家气息。

硕儒书法家马一浮评弘一法师的书法道：“大师书法，得力于张猛龙碑，晚岁离尘，刊落锋颖，乃一味恬静，在书家当为逸品。尝谓华亭于书颇得禅悦，如读王右丞诗。今观大师书，精严净妙，乃似宣律师文字。盖大师深究律学，于南山、灵芝撰述，皆有阐明。内熏之力自然流露，非具眼者，未足以知之也。”[2]赵朴初为弘一法师手书《金刚经》跋语云：“所书多为经典，以助亲友道侣回向菩提，人因其书而重法。晚年书法益纯熟，平淡恬静，如见其人。”[3]周作人在弘一法师《华严经》跋云：“上人书如其人，觉有慈祥静穆之气拂拂从纸上出，对之如听说法，此可谓之文字禅，正是一笔不徒下者也。”[4]

在很大程度上弘一法师凭借佛教的滋养而取得了书法上的巨大成就，在弘一法师这里，佛法从一种本质上是针对主体的内心修行的功夫转变成为针对他人的弘法功夫：人们确实在他的书法里感受到佛家的境界。因此，他既成功又失败了。他的成功是因为他真正把书法锻造成了一种弘扬佛法的艺术，他失败了是因为对他自己而言，由于书法他的一辈子终将带着未能超脱的遗憾。

---

① 叶青眼：《纪弘一法师大师于温陵养老院胜缘》，虞坤林编：《弘一法师日记三种》，山西古籍出版社，2006年版，第159页。

② 马一浮：《华严集联三百》手稿跋，修订版《弘一法师大师全集·第十册》，福建人民出版社，2010年版，第379页。

③ 赵朴初：《弘一法师大师手书金刚经》跋。

④ 陈子善、张铁荣编：《周作人集外文·下》，海南国际新闻出版中心，1995年版，第516页。

别样梅香：梅派艺术在日据台湾的传承及其路径*

简贵灯**

目前学界主要关注梅兰芳访日、访美、访苏的史实及其文化意义，而鲜见梅派艺术在日据时期我国台湾地区传播方面的研究。梅兰芳是日据时期台湾知名度最高的大陆旦角演员。透过京伶演出、剧目移植、唱片传唱等方式，梅派艺术传播至台湾并深刻地影响台湾旦行艺术的发展，确定了台湾戏曲界以梅派为旦角正宗的传统。

引言

1993年4月14日，在台湾开放大陆演艺团体来台从事商业演出的次年，北京京剧院携梅兰芳之子梅葆玖、张君秋之子张学津、谭鑫培曾孙谭元寿、裘盛戎之子裘少龙、梁秀娟之子白其麟、马连良之女马小曼、叶盛兰之子叶少兰等名门之后，在台北中山堂演出《龙凤呈祥》《凤还巢》《遇皇后》《战马超》《遇龙酒店》《定军山》《钓金龟》《将相和》《吕布与貂蝉》《沙桥饯别》《霸王别姬》《挑滑车》《群英会》《四郎探母》等传统剧目。在长达15天的演出中，梅葆玖先生及其领衔主演的《龙凤呈祥》《凤还巢》《霸王别姬》《四郎探母》四出剧目，尤为引人注目。梅葆玖先生为了原汁原味地呈现梅派艺术，将梅兰芳当年的行头、晚年的琴师（京胡姜凤山、京二胡虞化龙），甚至当年与梅先生共同设计戏胡、负责帮梅先生穿戴的行头师傅郭岐山，一起携带渡台。梅葆玖无论

* 基金项目：本文系江西省高校人文社会科学研究项目“日据时期台湾民间京剧演剧研究”（1895—1945）”（项目编号：YS18109）阶段成果。

** 简贵灯，戏剧与影视学博士，赣南师范大学讲师。

是扮相、个头、嗓音，无一不神似乃父，他唱的每个梅腔梅调，作的每个梅派身段，每每让老观众仿若又见到了梅王，而新一代台湾观众则在他的身上遥想当年。可以说，梅葆玖一行随北京京剧团踏入台湾，即掀起了一阵“梅派旋风”。

梅葆玖先生成为台湾文艺界关注的焦点人物，除了他是梅兰芳四个孩子中唯一继承父亲衣钵者外，台湾戏曲界一向以梅派旦角为正统大家也是原因。实际上，早在日据时期，梅兰芳已经是台湾知名度最高之大陆旦角演员①，梅派艺术亦于彼时透过种种管道流播至台湾各地，并影响台湾旦行艺术的发展。对于这一事实，学界迄今未有任何的关注。

日据时期，京剧由大陆传入台湾地区，营业演出清一色是海派京剧，并无任何京派剧团。海派俨然一股时尚潮流风行台湾地区，不仅在绅商、文人阶层流行，亦受到平民百姓的喜爱。影响所及，艺妲也在酒肆酬唱中改习京调，一时间蔚为风尚。不过，在京剧全面海派的形势下，梅派艺术却异军突起，深刻影响台湾旦行艺术的发展。彼时，一些梅派经典剧目已经通过唱片、电台的京音播送，为台湾同胞所熟悉；一些梅派坤伶已通过搭演上海京班的方式进入台湾剧坛演唱；甚至一些本土京班、台湾艺妲也开始习唱、搬演梅派剧目。这些，不仅为台湾观众鉴赏梅腔梅调奠定了一定的基础，同时也在慢慢地改变台湾同胞的欣赏趣味。

一、戏以人传：赴台演出的梅派坤伶

日本侵占台湾时期，渡台演出的上海京班，阵容强大整齐，它们除了各行当配置演员数人，以“一剧双演”招揽观众外，还常常会聘请有一定知名度的名角如张文艳、露兰春、梁一鸣、十三旦、小三麻子等，以资号召。在此背景下，以崔金花为代表的梅派坤伶也随上海京班赴台演出。

崔金花，安徽籍，长于南京，年十三已在新加坡、台湾、青岛、济南及南洋献艺，颇有声誉。②崔金花于1916年9月随上海群仙女班赴台演出。上海群仙女班全班八十余人，演员由从京、沪、苏、杭等地特选的名优组成，该班重要坤角有武生姚小猴、二花小黑灯；须生丁桂芬、银晓峰；花旦丁灵芝、花美玉、金菊花；武旦赵际云、二花白胜奎、武丑小月来、武生徐凤楼、大花胡处、

① 传统艺术中心:《听到台湾历史的声音》(1910—1945台湾戏曲唱片原音重现)[M].台湾：传统艺术中心筹备处,2000年版，第123—124页。

② 《谈崔金花之戏剧》[N],《申报》,1924—10-25。

小生小金红等人[①]，彼时崔金花仅是二路角，主要安排在日场演出。上海群仙女班在台北、新竹等地巡回演出后，于1917年7月搭乘轮船归沪。群仙班虽然为首个渡台演出的髦儿班，不过台湾剧界对它的评价并不高，认为该班“角色极杂，故男女不齐，老少不等，比之前数班，为自桧以下。”[②]

1920年10月，崔金花随上海复胜京班再次赴台演出，彼时她已经成长为班中台柱。崔金花在复胜班先后上演《千金一笑》《黛玉葬花》《宝蟾送酒》《天女散花》等梅派剧目。时人评价崔氏饰演之天女：“如花似月丰姿、超群出类技俩，而演此风流旖旎新剧，犹能发挥其细腻熨贴手段，饰以京沪时装，令人有身亲上界之快”[③]；饰演之宝蟾“服饰之整齐，颜色之华丽，犹为众目之所环注”。复胜班不仅“工作唱念，色色俱佳”，还以“真刀枪大开打”“上海新流行奇术师登台开演”等手段招徕观客，因此“夜夜满座”，大获其利。[④]1921年5月，在复胜京班返沪之后，以崔金花为代表的部分演员选择留在台湾继续演出。1921年8月，复胜班一部与新到台湾演出的上海复兴班合并，组织复胜复兴合班在台北新舞台演出。复胜复兴合班仍以崔金花为头牌，并以“赠与崔金花之古装写真照”[⑤]为吸引观众的噱头。台湾士绅黄旺成因“崔金花不见,兴味萧然，回食担面而睡”[⑥]。

1922年1月，复胜、复兴合班易名重组为醒钟安京班，崔金花被誉为该班“翘楚”，所演之梅派剧目受到台湾评论界的交口称赞：

去三十夜，大舞台，演《嫦娥奔月》一剧，台上布置月宫，清雅可爱；侍女随驾，莲步逡巡，俨然一宫殿也。扮嫦娥者，为崔伶金花，服古宫装，毫光灿烂，手携花筐，万紫千红，左右盘旋，莺啼燕啭，余音嘹哓，春山献秀，秋水为情，诙谐百出，情景迫真，台下观客，多疑广寒仙子谪降也云。[⑦]

崔金花，醒安钟坤角中之翘楚也，假演于大舞台以来，颇博好评，观其所唱诸出，多涉猎于梅伶，做工虽未能如梅之妙，亦略迫肖。[⑧]醒钟安京班人气极

---

① 《上海女优开幕》[N],《台湾日日新报》,1916-9-29。

② 《金菊花不出演原因》[N],《台湾日日新报》,1916-11-17。

③ 《宜兰短讯·菊部阳秋》[N],《台湾日日新报》,1921-3-16。

④ 《新舞台剧目》[N],《台湾日日新报》,1920-11-25。

⑤ 参见《新舞台剧目》[N],《台湾日日新报》,1920-11-20、1920-11-25、1920-12-15、1920-12-17、1920-12-28、1921-11-5。

⑥ 黄旺成:《黄旺成先生日记（8）》[M]，许雪姬主编，台北:“中央研究院”台湾史研究所,2012。

⑦ 《疑是月宫》[N],《台湾日日新报》,1922-9-11。

⑧ 《舞台剧目》[N],《台南新报》1922-2-12.

旺，台湾评论界推原其故，把很大功劳归到崔金花名下："该班花旦崔金花、老生薛德瑞，做唱俱工，观客每叹观止；而股东所持入场券过多，竟为廉售，故有如此人气。"①

经过台湾舞台的淬炼后，崔金花1923年1月随醒钟安京班返回大陆，并很快在上海共舞台站稳脚跟。《申报》评论其："貌艳于花，艺亦不弱，颇为沪人士所赞许，所演各剧，如《贵妃醉酒》《翠屏山》等最为拿手……他如《麻姑献寿》等戏演来亦有精彩。"②著名评论家及票友天台山农及梅花馆主甚至出面为其组织"崔社"。

除了崔金花，其他可考赴台演出的梅派坤伶还有花美玉、十三旦、白玉凤、侯月琴、王丽云等人。

花美玉，原名小翠红，擅长泼辣戏，《阴阳河》《杀子报》为其拿手戏，曾在武汉、上海等地演出。1916年，花美玉随上海群仙女班渡台演出，主要演梆子及传统老戏；1919年花美玉，随上海天胜班再次赴台，演了不少梅派剧目，其所演《黛玉葬花》一剧，台湾评论界认为"苦心仿效，能得其（梅兰芳，笔者注）神似"。③

十三旦，原名刘昭荣，天津宝来坤班出身。先后在上海、武汉等大码头演出，颇具盛名，词学大家刘坡公曾为其编撰《十三旦集》特刊。1920年，十三旦随上海余庆天胜合班奔赴台湾演出。其间，十三旦多次演出梅派剧目，并拍摄《黛玉葬花》《贵妃醉酒》《嫦娥奔月》《宝蟾送酒》等的古装写真来招揽观众。④

白玉凤，1925年1月被聘至台湾演出，彼时年方十一。该伶"身材娇小，体态轻盈，歌舞步骤，各得其妙"，演《嫦娥奔月》《天女散花》《宝蝉送酒》诸剧，不亚他班名角。⑤

侯月琴1925年随上海乐胜京班在台北永乐座演出，以"梅派古装坤角"招揽观众。侯氏"演《黛玉葬花》一出，能形容当日美人之伤心惨目，至葬花后偶与宝玉相遇，犹能惓惓深情一丝不乱，露出心中无限欢喜，其形神可谓毕肖

① 《京班好况》[N],《台湾日日新报》,1922-6-18。
② 《女伶小评》[N],《申报》,1924-10-30。
③ 《天胜班之剧目》[N],《台湾日日新报》,1919-12-6。
④ 《写真》[N],《台湾日日新报》,1920-4-10。
⑤ 《是是非非》[N],《台湾日日新报》,1925-1-7。

矣”。①

王丽云，20世纪30年代初在上海神仙世界女子京班演出，“曾受梅博士之熏陶，故得梅派之秘奥。”② 1935年11月，王丽云随上海天蟾大京班赴台演出。《台南新报》评论其演出，大加称赞：“王丽云之扮贵妃（《贵妃醉酒》，笔者注），大似梅派，娇媚处若桃李，轻狂处若柳花，形神毕肖，嗓音清脆，可谓一座之翘楚”。③“王丽云之扮虞姬（《霸王别姬》，笔者注）各能传神入肖，一为绝代佳丽，一系盖世英雄，于生离死别之间，露出无限缠绵悱恻之态，虞姬之当筵舞剑何等神情。”④

除了上述有名可考的梅派坤伶外，其他不知名的梅派传承者们应该也不在少数。京剧艺术是一项以“人”为核心的综合表演艺术。梅派艺术的传承、繁衍离不开这些追随、效仿、弘扬梅兰芳的梅派子弟及传人。正是这些在日据时期奔赴台演出的梅派弟子们的筚路蓝缕，从而，才有今天台湾繁盛无比的梅派。

二、唱片放送：流入台湾的梅兰芳唱片

京剧唱片是现代科技与传统艺术结合的产物，京剧艺术的勃兴又在一定程度上带动唱片业的发展：“国人创制留声机，颇有研究之功。出品之精巧，花样之新奇，几与舶来品并驾齐驱。言销路之旺，月达万针。推其原因，大半系以京剧又至复盛时代，嗜剧者日多，有以致之。故凡中产之士，几于家置一具，以资消遣。”⑤ 在市场的推动下，谭鑫培、梅兰芳、余叔岩、荀慧生等京剧名伶纷纷灌制唱片，以谋商业之利。民国年间，上海一地灌制的唱片虽然无法统计，但其数量之巨大，却是毋庸置疑的。

戏曲唱片的出版在日本侵占时期的台湾也相当蓬勃。1914年，日本蓄音机商会邀请台湾乐师到日本录制包括《山伯英台》的唱片，为台湾灌制唱片的滥觞。日本徐賁商会是最早纠集台湾艺人灌录京剧唱片的唱片公司，该公司主要灌录了本地艺妲（老生鲈鳗、大金治、大花脸阿蕊等）和票友（赵炎甫等）演唱之京调（京音）二黄、西皮唱段，另外，亦收有留台京班艺人王吉芳、梆子艺人黄福山、小秃子、小金喜之唱段。后来，陆续有金鸟印、利家（REGAL）、

---

① 《新到女优好评》[N]，《台南新报》，1925-2-18。

② 《花花絮絮记梨园》[N]，《台南新报》，1936-1-6。

③ 《菊部管窥》[N]，《台南新报》，1936-1-3。

④ 《花花絮絮记梨园》[N]，《台南新报》，1936-1-3。

⑤ 虞廷扬：《中国之留声机业》[J]，《国货评论刊》，1928(7)。

古伦美亚（COLUMBIA）、三龙（SANRION）等唱片公司发行本地京调唱片，主要演唱者为（一）本地京班演员，如桃园之清华桂、早梅粉；（二）本地京调票友，如鹿港玉如意之许嘉鼎、曾温州、陈神助等；（三）知名艺妲，如秋蟾、幼良、凤娇、大金治、鲈鳗等。①

不过，台湾本地京剧演员、票友、艺妲灌制的唱片已经无法满足台湾观众胃口，台湾商人从祖国大陆进口百代公司、胜利公司（VICTOR）、高亭公司（ODEON）等出品的京剧名家唱片，演唱者多为如梅兰芳、马连良、李多奎、蒋少奎之类的当时红极一时的京剧名伶，其中有关梅兰芳唱片的情况，详见如下：

编号：15，类别“北平名剧”，曲目“三娘教子（头段）”，演唱者“特聘环球驰名花衫泰斗 梅兰芳”，出版者“VICTOR 物克多唱盘”，唱片编号“54391A”；

编号：16，类别“北平名剧”，曲目“三娘教子（二段）”，演唱者“特聘环球驰名花衫泰斗 梅兰芳”，出版者“VICTOR 物克多唱盘”，唱片编号“54391B”；

编号：17，类别“西皮 北京”，曲目“二本太真外传（三段）”，演唱者“全球驰名伶界大王梅兰芳”，出版者“ODEON 高亭唱片”，唱片编号“24094A”；

编号：18，类别“西皮 北京”，曲目“二本太真外传（四段）”，演唱者“全球驰名伶界大王梅兰芳”，出版者“ODEON 高亭唱片”，唱片编号“24094B”。②

另外，台湾彰化县北斗地政事务所陈庆芳收藏的 1938 年六月古伦美亚发行的“台湾戏曲音乐唱片总目录”亦有梅兰芳先生唱片的信息。《古伦美亚发行台湾戏曲音乐唱片总目录》收录“正音戏曲”“南管清管”“北管福路”“北管西皮”“京音西皮”“北管什类”“京音二簧”“影片说明”“梆子”“小曲”“流行新曲”“影片主题歌”“流行歌”“童谣”“新歌剧”“改良采茶”“风俗戏”“家庭笑剧”“情曲”“跳舞音乐”“调和乐”“相褒”“新款采茶戏”“滑稽曲”“福州歌”“广东曲”“歌仔戏”共计 27 个类别。梅兰芳灌制的唱片收录在“正音戏曲”中，有《霸王别姬》《太真外传》《丁山打雁》《杨贵妃》等。此外，还收有梅兰芳与马连良合作灌制的唱片为《四郎探母》《打渔杀家》。

---

① 传统艺术中心：《听到台湾历史的声音》（1910—1945 台湾戏曲唱片原音重现）[M]，台湾：传统艺术中心筹备处，2000 年版，第 39 页.

② 传统艺术中心：《听到台湾历史的声音》（1910—1945 台湾戏曲唱片原音重现）[M]，台湾：传统艺术中心筹备处，2000 年版，第 15 页.

梅兰芳先生是民国年间灌制唱片最多的京剧演员。中国唱片上海公司出版的《梅兰芳老唱片全集》收集整理梅先生在1936年之前灌制的唱片，共169面粗纹唱片，包括42个剧目，《三娘教子》与《太真外传》《霸王别姬》《丁山打雁》《杨贵妃》也在其中。[①]彼时梅兰芳在台湾已被称为“全球驰名伶界大王”“环球驰名花衫泰斗”，这应该与他两次成功的赴日公演有关。

以梅兰芳为代表的大陆名家唱片被引入台湾，显示了台湾部分民众已经具备相当高的京剧鉴赏能力，不仅促使京剧艺术在台湾的广泛传播，同时也使得梅派唱腔在台湾得以延续传承。

除了引入京剧唱片之外，台湾总督府递信部放送局（以下简称“放送局”）还常常“放送京音”。“放送局”“放送京音”的方式有两种：一为真人演唱。放送局一般邀请本地子弟票友、艺妲、职业演员三类人前往电台演唱。如在台湾广播正式放送的两个月后，放送局就广播了新赛乐班的筱来宝、张桂元两人演唱的《马前泼水》与《扫松下书》两出京剧；[②]再如，台北放送局在1929年5月15日播放的节目中，安排京调票房萃英社员演奏上海音乐，剧目为《孔明招亲》、《(捉）放曹》等戏出；又如放送局邀请万华艺妲大金治演唱《法门寺》《飞龙传》、大稻埕艺妲鲈鳗演唱《曹操迫宫》，伴奏者为江山楼音乐师。[③]根据《台湾日日新报》的记载，1929年4月1日晚上八点三十分，台北放送局曾放送过梅派剧目《天女散花》，演唱者为艺妲阿宝、曲师邓阿九、高详里[④]；二为“曲片演奏”。台湾放送局还时常以“曲片演奏”的方式播放大陆名家的唱片：

> 台北放送局，于十日午后零时十分，放送京调（曲片演奏）：一、玉堂春及骂殿，程砚秋；二、青风草及哭刘表，马连良；三、头本开天辟地之洞房及头本狸猫换太子，刘小衡。四、大保国及取荥阳，金少山。[⑤]

根据这则材料可知，经由“曲片演奏”的方式，祖国大陆第一流的名伶如程砚秋、马连良、刘小衡、金少山等的唱腔艺术传入台湾，为台湾民众所欣赏。虽然目前尚未发现放送局以“曲片演奏”的方式放送梅兰芳唱片的文献，不过，鉴于梅兰芳先生在国际的影响力，他的唱片既然已经传入台湾，放送局没有理

① 柴俊为:《梅兰芳的老唱片》[J],《中国京剧》,2004年(11)。

② 无线电放送中国音乐:《本夜五时半》[N],《台湾日日新报》,1929-1-14。

③ 廿六日放送曲目: [N],《台湾日日新报》,1929-1-26。

④《放送京音》[N],《台湾日日新报》,1929年4-1。

⑤《放送京调》[N],《台湾日日新报》,1930-1-10。

由不播放梅兰芳的唱片。梅兰芳的声音很有可能在日据时期已经通过电波进入台湾千家万户。

三、梅剧流芳：台湾戏院上演的梅派剧目

1919年4月，大仓喜八郎邀请梅兰芳先生访日演出。按照梅兰芳赴日前夕在《顺天时报》公布的戏码，梅氏预备在14天的演出中准备了囊括传统老戏、古装新戏、昆曲在内的14出戏：《御碑亭》《黛玉葬花》《春香闹学·游园惊梦》《贵妃醉酒》《天女散花》《游龙戏凤》《嫦娥奔月》《奇双会》《霓虹关》《千金一笑》《女起解》《尼姑思凡》《武家坡》《假期·拷红》。[①] 这些剧目能够较为全面地展现出当时梅兰芳表演艺术的面貌，不过，在实际的演出中，仅《天女散花》《黛玉葬花》两出古装新戏就占了全部演出的一半行程。[②]

梅兰芳访日演出，不仅在日本本土引起强烈的反响，甚至在被日本侵占的台湾也引起沸腾。台湾报刊除了对梅兰芳先生访日演出进行跟踪报道、刊登文人创作的吟梅诗词之外，还并号召有识之士邀其赴台演出：

> 梅兰芳为支那第一名优，此次来朝，其约束不过三万五千金，若台湾有人，向他交涉来台开演一礼拜，则台湾艺术界当因而改良，市面当因而殷赈。问机敏家何不起而提唱，若万五千圓交涉得来，决不至于损失也。（时乎不再）[③]

台湾各界积极响应《台湾日日新报》的这一提议。台湾乾元药行认为“梅兰芳来台，为各界所企望，艺术方面，亦当受益”，表示愿意资助一百金；有好事者号召募集股株，委托辜显荣、吴文秀出面交涉梅氏来台事宜。[④] 虽然梅兰芳访台一事最终不了了之，不过梅派经典剧目却被一些在台湾淘金的上海京班带到台湾[⑤]，在台湾各戏院轮番上演。

① 《兰芳消息》[N]，《顺天时报》，1919-4-17。

② 在实际的12天演出中，《天女散花》演出5天，《黛玉葬花》演出2天。吉田登志子曾指出，改变剧目的主要原因大概是出于时间上的考虑，因当时日本剧院没有每天更换剧目的习惯，且这次京剧演出插在其他日本戏之间进行，时间上约束较大，不能每天随便更改演出时间。参见：吉田登志子著，细井尚子译：《梅兰芳1919、1924年来日公演的报告——纪念梅先生诞辰九十周年》，《戏曲艺术》，1987年第1期。

③ 《蝉琴蛙鼓》[N]，《台湾日日新报》，1919-5-6。

④ 《蝉琴蛙鼓》[N]，《台湾日日新报》，1919-5-7。

⑤ 详见简贵灯：《上海京班赴台演出的剧目策略（1908—1937）》[J] 戏曲研究，2017(102)。

（一）《黛玉葬花》

最早引入台湾的梅派剧目是《黛玉葬花》，将该剧目带到台湾的是上海天胜京班。1919年8月13日，受聘于台北遗兴茶园的天胜京班，在班主石云奎的带领下，全班百余人搭乘“湖北丸”抵达台湾。该班原定在台北新舞台开演，但因台北三市街及附近村落恶疫流行，不得已转往台南演出。天胜京班“文武角色齐备、服饰全部新制，其能演剧目，新剧及全本剧甚多”①，因而在台南大舞台大受观众欢迎。1919年9月26日，即将前往嘉义“嘉义座”巡演的上海天胜京班，特排《黛玉葬花》一剧，酬谢台南观众，并于前一天（9月25日）在《台湾日日新报》上发布该剧的戏目预告：

为酬南人雅谊，特排《黛玉葬花》一剧，将于明二十六夜扮演，以金美红扮演贾宝玉、花美玉扮林黛玉，新制衣裳，极为高雅。布景如潇湘馆、梨香院、埋香冢等，皆用花木真宗，宛现当年大观园中实景。按:《黛玉葬花》其剧本为支那名翰林樊增祥所编，京伶梅兰芳最为擅长，京沪各界人士遇梅兰芳演此剧，皆争先恐后，戏园之地无立锥。金美红与同流派，曾与美玉合串，技得仿佛，沪人誉之。本年春间，梅兰芳在东京扮演，名公巨卿、其他各界人士，以剧本之优雅、词曲之高妙，均欲一睹为快，故一剧连演旬日，座客恒拥挤，非数日前购票，则不得入场。今者该班演唱是剧，在南各界人士，其争先快睹可知已。②

《黛玉葬花》为1916年梅兰芳来沪演出时携带而来以相号召的古装新戏。该戏口碑之盛，较《嫦娥奔月》更盛。上海天胜京班借梅氏访日之影响力，将《黛玉葬花》引入台湾剧坛，可谓正逢其时。另外，该班为《黛玉葬花》一剧的演出特意新制衣裳，布置实景的做法十分海派，故而能够引起台湾观众的强烈反响。此后，天胜京班多次搬演《黛玉葬花》，均大受观众欢迎③。

继天胜京班之后，《黛玉葬花》先后被余胜天胜合班（1920.8.25，新舞台；1921.1.23，艋舺戏园）、复胜班（1920.11.23，新舞台）、天升班（1920.12.29，嘉义）、复胜复兴合班（1921.11.1、1921.11.6、1922.2.6，新舞台）；第二次

① 《支那优伶渡》[N]，《台湾日日新报》，1919-8-14。

② 天胜京班演新剧[N]，《台湾日日新報》，1919-9-25。

③ 参见天胜班之剧目[N]，《台湾日日新报》，1919-12-6；1919-12-23；天胜京班在演出该剧目的同时，还将《〈黛玉葬花〉曲本》刊之报端，以飨观客。参见《〈黛玉葬花〉曲本[N].《台湾日日新报》，1919-12-8。

渡台演出之天胜京班（1922.1.23、1922.2.18、1922.3.15，新舞台）、联和京班（1924.2.6、1924.2.17、1924.3.15、1924.5.2、1924.8.4，新舞台）、乐胜京班（1924.2.6、1924.2.9、1924.2.15、1924.2.17、1924.3.15、1924.3.25、1924.4.5、1925.2.15、1925.3.25、1925.4.5，永乐座）、庆升京班（1926.2.16、1926.3.6、1926.3.18，新舞台）、醒钟安京班（1922.5.24、1922.10.26，大舞台）等不下十个上海京班搬演，成为日据时期台湾盛演不衰的剧目。①

（二）《天女散花》

《天女散花》由台湾演剧公司所招之上海班（以下简称“上海班”）首演于台北新舞台。“上海班”阵容强大，全班百余人，“既善演旧剧，又善演新剧”，且专雇彩画师，掌管布设实景②，故该班尚未抵台，已引起台湾同胞的热切期盼。“上海班”搭乘“湖北丸”，由基隆港上岸，原计划8月8日开台演出，但因付关税检查，迟至12日才得以在新舞台开演。

1920年9月23日，“上海班”在《台湾日日新报》发布《天女散花》即将上演的预告：

> 《天女散花》一剧，其故事系玻利城每年发生疫气，人民受祸，如来遣维摩转世，普救众生。维摩独力难支，自己亦染疫气，如来闻之，别遣文殊菩萨往救，又请天女散花，分香气以灭疫，救护万民，自后玻利城，不再发生疫气。该剧计八幕，扮演约费二勾钟。此系古装新剧，去年梅兰芳曾在东京扮演，甚博好评，此番金美红艺员拟演。该公司不惜重赀，备有新布景，及临时电灯幻影，加以特制剧服……观客必争先恐后，后至者必不得入也。③

“上海班”当夜安排的戏码为《四郎探母》《四杰村》《天雷报》《天女散花》，《天女散花》压轴。“上海班”打出梅兰芳作为噱头，以“新布景”“电灯幻影”“特制剧服”来号召观客，极尽广告营销之能事，可惜未见相关评论，演出效果未知。

继“上海班”之后，《天女散花》先后被上海天升京班（1920.12.24，嘉

① 以下均根据《台湾日日新报》《台南日报》整理，括号内为演出时间及地点，下文不再一一标注．

② 演剧公司招班[N]，《台湾日日新报》，1920-7-6。

③ 演剧公司剧目[N]，《台湾日日新报》，1920-9-23。

义乐成茶园）、上海复胜班（1921.1.30，艋舺戏园；1921.3.6，嘉义南座；1921.3.28，台中乐舞台）、复胜复兴合班（1921.9.3、1921.9.23、1921.10.31、1921.11.5，新舞台；1922.2.20、大舞台）；醒钟安京班（1922.5.22、1922.7.13，大舞台；1922.12.5、新舞台）、联兴京班（1923.10.23、1923.11.22、1923.12.3、1923.12.9，新舞台）、联和京班（1924.2.7、1924.2.17、1924.2.24、1924.3.16、1924.4.6、1924.4.15，新舞台；1924.6.12、1924.7.4，大舞台）乐胜京班（1924.2.17、1924.5.22，永乐座）复盛京班（1924.10.4、1924.11.2，新舞台）上海提线京班（1925.6.20，新舞台；1925.7.16，大舞台）、四得升班（1926.2.18、1926.2.211926.3.9、1926.3.21，大舞台）等赴台演出之上海京班搬演。《天女散花》为梅派的看家戏，非擅舞之演员不能上演，赴台之上海京班搬演此剧，显然需要一定的实力支撑。

（三）其他梅派剧目

将《贵妃醉酒》《嫦娥奔月》《千金一笑》引入台湾的均为上海余庆天胜合班。余庆天胜合班为天胜班留台之一部分演员（盖春来父子等人）与“平乐茶园”招聘之四十名男女演员合班而成。该班为投时人所好，频排“在台未演”之戏。[①]《贵妃醉酒》于1920年3月17日被余庆天胜合班搬上台北新舞台。其他搬演该剧目的京班有：上海如意女班（1921.5.14，新舞台）、复胜复兴合班（1921.9.16，新舞台）、天胜京班（1922.1.28、1922.2.16、1922.3.03、1922.6.13、1922.6.28，新舞台）、醒钟安京班（1922.12.17，新舞台；1922.12.20、1923.1.1，艋舺戏园）、乐胜京班（1924.2.5、1924.2.8、1924.2.10，永乐座；1924.5.16，大舞台）、联和京班（1924.2.18、1924.3.9、1924.4.20，新舞台）、庆升京班（1926.2.13，新舞台）。

《嫦娥奔月》于1920年4月11日被余庆天胜合班搬演于台北新舞台。除余庆天胜合班曾演出过《嫦娥奔月》外，京都三庆班（1921.2.12、1921.3.12、1921.3.14、1921.4.27，基隆临时戏园）、上海如意女班（1921.4.28、1921.4.29、1921.6.8、1921.7.17，新舞台）、复胜复兴合班（1921.9.11，新舞台；1922.2.11，大舞台）、天胜京班（1922.2.2、1922.2.19、1922.3.1、1922.3.25、1922.6.25、1922.7.1）、醒钟安京班（1922.8.29，大舞台；1922.9.11，新舞台）、德胜班（1923.3.18、1923.10.10、1923.10.29，新舞台）、复胜京班（1924.9.13，新舞台）、

① 余庆天胜之剧目 [N]，《台湾日日新报》，1920-3-7。

联和京班（1924.7.3，大舞台）、乐胜京班（1925.1.25、1925.2.13、1925.5.6，永乐座）、庆升京班（1926.2.17、1926.3.5，新舞台）、四得升京班（1926.3.20，大舞台）等上海京班亦时有搬演。

《千金一笑》（即《晴雯撕扇》）也在1920年4月18日被余庆天胜合班将其搬上台湾舞台。复胜班（1920.11.20、1921.1.17，新舞台；1921.5.3，大舞台）、复胜复兴合班（1921.9.9、1921.9.27，新舞台）、天胜京班（1922.1.29、1922.2.17、1922.6.18，新舞台）、醒钟安京班（1922.11.16，新舞台）、联和京班（1924.2.7、1924.2.13、1924.2.251924.3.21、1924.4.12、1924.5.16、1924.7.25、1924.9.14，新舞台）、乐胜京班（1924.2.6、1924.3.11、1924.3.16、1924.11.30，永乐座）、四得升京班（1926.3.5，大舞台）、庆升京班（1926.6.17，总督府官邸）等也曾在台湾戏院上搬演过该剧。

其他在台湾上演的梅派剧目还有《麻姑献寿》《洛神》《西施》《太真外传》等古装新戏，限于篇幅，在此不一一罗列。

需要特别指出的是，日据时期一些台湾本土戏班及台湾艺妲已经习得并多次搬演梅派剧目。如1922年6月23日，桃园天乐社一行五十人到嘉义南座巡演，在26日的演出中，该班以《贵妃醉酒》为大轴；①1924年11月10日，桃园重兴社在台北永乐座上演《天女散花》②；1925年1月7日，该班复在台南大舞台上演《天女散花》《嫦娥奔月》《宝蟾送酒》等梅派剧目。③作为台湾时尚代表的艺妲也曾搬演梅派剧目。根据《台湾日日新报》的报道可知：1935年日本殖民者为纪念“始正四十周年”在台湾博览会的“余兴”活动中，聘请台湾艺妲表演《天女散花》。④另外，在台湾民间迎神赛会的“艺阁”活动中常常出现“黛玉葬花”⑤“贵妃醉酒”“天女散花”“麻姑献寿”⑥等梅派剧目中的人物形象。据此，可以说梅派剧目在日据时期已经深入到了台湾民间。

---

① 桃园天乐社为台湾较早的职业戏班，该曾聘请上海上天仙班的武二花赵福奎、老生王世芳、头等吹手徐金元为该班的教戏先生，专在各地戏院演出。天乐社活动至1923年，因社长简元魁逝世，该班被迫解散．参见广告[N]，《台南新报》,1922-6-26。

② 永乐座女班剧目[N]，《台湾日日新报》,1924-11-10。

③ 《是是非非》[N]，《台湾日日新报》,1925-1-7。

④ 南方馆余兴:《艺妲出演》[N]，《台湾日日新报》,1935-7-1。

⑤ 在1921年5月1日的艋舺迎妈祖的祭典中，泉郡惠邑乡亲的艺阁“黛玉葬花”荣获第一名．参见:《艋舺迎神志盛》[N]，《台湾日日新报》,1921-5-1。

⑥ 在1925年7月1日的艋舺奉送妈祖的活动中，同时出现两台以梅派剧目人物为创意的艺阁:“天女散花”及“麻姑献寿”。参见《艋舺奉送大盛况》[N]，《台湾日日新报》,1925-7-1。

四、结语

日据时期，京剧由上海及福州传入台湾，营业演出清一色是海派京剧，并无任何京派剧团。海派俨然一股时尚潮流风行台湾地区，不仅在绅商、文人阶层流行，亦受到平民百姓的喜爱。影响所及，艺妲也在酒肆酬唱中改习京调，一时间蔚为风尚。不过，在京剧全面海派的形势下，梅派艺术却异军突起，深刻影响台湾旦行艺术的发展。日据时期，一些梅派经典剧目已经通过唱片、电台的京音播送，为台湾同胞所熟悉；一些梅派坤伶已通过搭演上海京班的方式进入台湾剧坛演唱；甚至一些本土京班、台湾艺妲也开始习唱、搬演梅派剧目。这些，不仅为台湾观众鉴赏梅腔梅调奠定了一定的基础，同时也在慢慢地改变台湾同胞的欣赏趣味。1948 年，梅兰芳先生高足、被誉为“台湾梅兰芳”的顾正秋在“顾黛之争”中胜出，成为台湾京派京剧奠基的起点，同时也使得梅派艺术成为台湾旦行艺术的标杆。而与顾正秋争胜的戴绮霞，演了数十年的海派戏，却一心想改京朝大路的梅派，为此，“和琴师孙执中研究梅腔十五年，每星期都吊嗓子从来没间断过，直到九十岁时唱《穆桂英挂帅》，才敢说自己这戏是梅派”[①]。

① 转引自高美瑜:《角力与峥嵘：试论顾正秋与戴绮霞对台争胜之意义》[J].《戏剧学刊》,2014(20)。

两岸南音创新发展现状分析

陈燕婷 *

新时代新风尚，“创新发展”成了南音界的关键词。海峡两岸在南音创新发展方面各有各的特点，相互之间又有一定的联系。在大陆，对南音进行创新发展的主要有三大团体，包括两大专业南音社团泉州南音乐团（创办于 1960 年）和厦门南音乐团（创办于 1954 年），以及新兴的晋江市南音艺术团（成立于 2010 年）。在台湾，创新团体主要有陈美娥创办的汉唐乐府（成立于 1983 年）及王心心创办的心心南管乐坊（成立于 2003 年）。

本文将对两岸创新发展的主要团体进行简单分析，对存在的问题进行思考，进而提出解决思路。

一、两岸南音创新发展的主要团体

出于传承和交流的需要，厦门市和泉州市在 20 世纪中期先后成立了专业南音乐团，归政府管辖，拿政府工资，参与官方的接待演出、对外交流活动等。南音人首次以官方的、职业的身份出现。

泉州南音乐团，初名泉州民间乐团，1960 年由时任泉州市市长王今生创建，面向社会公开招聘团员，知名南音人士马香缎、黄淑英、苏诗咏、杨双英、施信义等人即为第一批团员。于 1986 年更名为泉州南音乐团，2013 年再次更名为泉州市南音传承中心。泉州南音乐团自 1981 年起，协办了十届泉州国际南音大会唱，代表泉州市赴海内外参加各种南音交流活动。多次晋京演出、教授南音，例如 1985 年参加在北京人民大会堂举办的第三届《华夏之声》福建南音音乐会；1986 年庄金歪、曾家阳、林伟强、施信义等人，应邀到中央音乐学院，

* 陈燕婷，中国艺术研究院音乐研究所副研究员，中央音乐学院博士。

教授学生学习南音；2004 年与中国音乐学院合作举办“泉州南音年”活动，并做专场演出，等等。多次赴国外进行文化交流，如 2003 年“中法文化年”中赴法国做南音专场演出、2007 年随温家宝总理赴日演出、同年参加法国联合国教科文组织总部举行的中国非物质文化遗产艺术节、2013 年赴韩国光州参加“东亚文化之都”文艺演出等等。除了南音传承工作外，也积极探索新南音。例如，吴启仁、曾家阳编曲的创新南曲《枫桥夜泊》；王丹红作曲，詹敦仁作诗的《千家罗绮管弦鸣》；吴璟瑜作曲的打击乐合奏《赏春》等等。乐团也多次获得各种奖项，如演奏《走马》和《梅花操》获 2013 年 6 月文化部首次组织举办的《中国民族器乐民间乐种组合展演》一等奖；获“2013 海峡两岸欢乐汇”优秀曲艺节目一等奖等等。

厦门南音乐团，原名厦门金凤南乐团，成立于 1954 年，首任团长纪经亩。成立不久即三次进京演出，其中 1956 年参加“全国首届音乐周”时，还被选入中南海表演。同样在 20 世纪中期，由纪经亩率领一群南音乐人创作而成的大谱《闽海渔歌》，被台湾和厦门出版的大谱集收录，成为除传统流传下来的十三套大谱外的第十四套大谱。1980 年更名为“厦门南音乐团”。乐团除从事南音传承工作外，还积极创新，其中，2002 年推出的南音乐舞《长恨歌》获中国文化部第十届“文华新剧目奖”“文华音乐创作奖”；2010 年的大型交响南音《陈三五娘》，请来著名作曲家何占豪创作，台湾南音名师卓圣翔编创南音唱段。后进京赴国家大剧院演出，并在中国艺术研究院召开了“中西交融 古韵新声——交响南音《陈三五娘》学术研讨会”。多次为国家重要领导人及国外来宾献演，例如，1990 年赴菲律宾艺术交流，受邀入总统府，为阿基诺总统演唱；在 2017 年于厦门举行的第九次金砖国家领导人会晤晚会上为习近平总书记及各国元首献演。多次参与海内外重要活动，如，2004 年赴法国巴黎参加中国“古乐精华”开幕式演出以及伊西市“中国文化年”演出月；2009 年赴台湾参加“台中县大甲妈祖观光文化节”及“福建文化宝岛行——海峡两岸传统戏曲汇演”大型文化交流活动，等等。

2010 年 6 月成立的晋江市南音艺术团也是一个政府支持下的新型团体。由晋江市文化馆发起，市政府牵头组建。是一个公益性团体，资金自筹，不涉及商业演出。团员来自晋江各地，都是学有所成的年轻南音人。虽然属于民间社团，但是经常参与政府有关部门的接待、演出等活动，由于做出了许多贡献，晋江市在著名的 4A 景区五店市打造了一套“南音会馆”，作为艺术团的活动场地。乐团自 2010 年成立至今虽然只有七八年，但是风头越来越劲，知名度越来越高，如2017年赴武夷山、湖南演出，2018年初参加中央电视台《非常传奇·年度非遗盛典》节目录制等等。艺术团曾与民乐队合作为南曲《满空飞》伴奏；在演奏南音时配合花道、香道、茶道表演等，已成为该团的保留节目。

台湾南音创新团体中较知名的主要有汉唐乐府和心心南管乐坊。台北汉唐乐府，成立于1983年，由陈美娥创办。1996年推出的结合南音音乐与梨园歌舞科步的《艳歌行》获得极大成功。代表作品还有《洛神赋》《韩熙载夜宴图》等。后者于2009年秋天，作为庆祝新中国成立60周年献礼作品，在故宫上演。心心南管乐坊，由王心心创办于2003年，致力于南音与当代诸多艺术的跨领域合作，例如，将南音与昆曲、古琴、舞蹈、现代剧结合，代表作品有《昭君出塞》、南管现代歌剧《羽》、南管诗《葬花吟》、南管禅唱《普门品》等。

从上述团体的代表作品来看，对比之下，早年台湾团体的创新意识更为超前，创新尺度更大，如汉唐乐府将梨园科步与南音结合，并在演奏中加入压脚鼓等乐器的做法，在早年确实算是比较前卫的做法。而大陆团体的创新则相对比较谨慎，主要是在南音演唱中加入适当的肢体动作，用旧有曲牌创作新词，将南音改编成曲艺形式，等等。而近些年来，心心南管乐坊推出了许多如前文所说的南管现代歌剧、南管禅唱等创新作品，大陆团体的创新发展也渐趋大胆，交响南音、民乐与南音的对话等等，花样翻新，层出不穷。

当前，两岸共同的问题是，南音创新发展如火如荼，但是呈现离传统越来越远的趋势。因此，倡导更有深度的创新南音是当务之急。

二、传统过支联唱的舞台化呈现

南音团体只要有条件，都会筹建或租借一个场地，作为固定的活动场所。在这个场所里，他们供奉郎君祖师的神像，布置一个专为演奏交流的小舞台，并在舞台上摆放用于显示地位的太师椅、宫灯、彩伞、金狮等。南音人活在自己的小世界里，有独特的信仰和追求，有许多规则、习惯和禁忌。他们认为南音是“御前清曲”，地位崇高。他们喜爱南音，认为演奏南音有利于修身养性。因此，他们学习南音主要不是为了表演，但是也不排斥表演。然而这种表演主要是一种平时积累的自然表达，非专为舞台表演而刻意学习、排练。所以，南音表演事实上是一种自娱自乐、水平展示、感情技艺交流，兼及表演的多重目的的活动。

传统南音最正式的表演称为“排门头”，有着非常系统、严格，而且极其独特的程序和规范，同时又具有开放性和灵活性。南音由带唱词的套曲“指”、纯器乐套曲“谱”及散“曲”构成。“排门头”演出兼顾这三大部分，先奏一首“指”，称为“起指”，然后接唱若干散曲，这是主体部分，最后再奏一首“谱”结束，称为“煞谱”。“门头”是南音中的专有概念，类似于一般所说的“曲牌”，但又与之不同，因为有的“门头”之下还包含若干“曲牌”。例如【相思引】【沙淘金】【锦板】在南音中都属于“门头”，但是前二者没有下属曲牌，而【锦板】则包含了许多下属曲牌，包括【满堂春】【秋思】【风流子】等。“排门头”，顾名思义，排列门头。每次演出前，主办方都会限定两个或两个以上的门头，并按由慢到快的顺序排列。演出时，在“起指”之后，先集中演唱某一门头的乐曲，再集中接唱另一门头的乐曲。有意思的是，转换门头时要演唱“过支曲”。“过支曲”，即包含两个门头的乐曲，前半首为一个门头，后半首为另一门头。当前一门头乐曲唱完，需要转入下一门头时，要演唱兼有前后两个门头的“过支曲”，才能接唱下一门头，因而“排门头”又称“过支联唱”。“排门头”演出曲与曲之间接连唱奏，不得中断，为此，南音人发展出了自己一套演唱、演奏者顺畅衔接的规则和程序。[①]

“排门头”演出既给初学者以一定的展示机会，但是机会有限，又给水平较高者很大的展示空间。南音虽然门头众多，但是较受欢迎的门头有限，每一门头都有相对通俗、流行的曲子和较难唱、生僻的曲子。一般人学习乐曲都是从该门头通俗、流行的曲子学起，这类曲子南音人俗称“面前曲”。这类曲子多数南音人都会，而那些难唱、生僻的曲子只有学习时间长、具有一定水平的人才会接触。于是，“排门头”演出时，所学不多者往往要早早去预约演唱规定门头内相对通俗、流行的曲子，晚到者则由于会唱的曲目已被人捷足先登而无曲可唱。而那些水平较高者则大可不慌不忙，等那些“面前曲”都唱完后，再缓缓上台演唱其他乐曲。因此，一场“排门头”演出，表演者水平高低一目了然。

“排门头”演出需要有一大批水平较高的南音人参与才能撑得起来，否则，几首“面前曲”唱完，便难以为继。然而，经历了社会动荡，南音就像其他许多传统音乐一样，深受打击。慢慢地，真正深入潜心学习和研究南音的人越来越少，多数南音人会唱会奏的曲子都是大致相同的那些曲子，常唱到的门头有限，会唱的同一门头乐曲更加有限，假如严格按照传统“排门头”程序进行的话，那么一场演出唱不了几首曲子就结束了，更有可能的是衔接不下去。所以，

① 更为详细的关于“排门头”的介绍，详见陈燕婷:《南音“过支联唱”初探》,《中国音乐学》2011第3期，35—40转93页。

半个多世纪以来，传统的“排门头”演出几乎销声匿迹。

如前文所说，传统“排门头”过支联唱演出近半个多世纪来在民间几乎销声匿迹，要想恢复这样的演出需要大批高水平的南音人才能做到，所以短时间内看不到恢复的可能。如今人们记忆中，“排门头”的具体规则、程序已渐模糊，面临失传危机。在这样的情况下，将这种演出形式提纲挈领地搬上舞台，既是对即将消失的传统的一种保存，同时又对扭转当前重创新、轻传统的舞台演出倾向有一定示范意义，是值得鼓励的一种做法。

就笔者所知，“排门头”演出第一次被搬上舞台是在2005年。当时，台湾江之翠南管乐府申请下来一笔资金，用来恢复“排门头”过支曲演出传统。该团的周奕昌团长来到大陆找了几个南音团体，都无法接手这个项目。后经人推荐找到了南音国家级非物质文化遗产项目代表性传承人苏统谋。苏统谋当年不到70岁，据他自述，虽然他小时候看过这种演出，但是记忆已经很淡了。不过，强烈的想到海峡对岸看看的愿望使他大胆地承接了下来。他立刻回到从小学习南音的深沪镇御宾南音社，找到了当时80多岁的两位经历过过支曲奏唱的老人，一步步教他演出的程序与步骤以及演奏、演唱者交接的具体做法等。然后找来丁水清、丁世彬、丁则友等当时的南音精英，排练了两场演出，五空管、四空管[①]各一套，并录制成4张光盘。先是于2005年6月26日晚，在泉州晋江南苑酒店汇报演出，后于同年7月8日，赴台交流演出。两场演出听众反应差别很大。在晋江的演出，听众反应平淡，在台湾的演出，则引起很大反响。

需要强调的是，这两场演出，由传统“排门头”演出提炼而成，是事先编排好的曲目，由固定人员，通过一定时间的排练而成，因而具有可操作性，易于搬演，与传统民间“排门头”演出自由、灵活的形式有本质区别。然而，这样的演出仍少有人尝试。一方面，“排门头”演出有很多规则和程序，还要接连不断地奏唱，相较一般的单曲节目排演难度较大；另一方面，人们普遍认为，舞台演出要想吸引观众，就要求新、求变，每个节目都要有新形式、新花样，丰富多彩的演出才能吸引眼球。而这种“排门头”演出显然不符合上述要求，太过清雅，会导致听众没有耐心听完，因而少有人问津。

一直到2018年11月9—12日，在中央音乐学院主办的“中国民族民间音乐周”期间，这种“排门头”过支联唱的形式再次在苏统谋的精心排演下被搬上舞台，作为音乐周的闭幕音乐会在12日晚上得到呈现。对这场演出，苏统谋

① 南音按管门分类，共有四大管门，包括五空管、四空管、五空四仪管和倍思管。

等人始终捏着一把汗。“音乐周”在9月初筹备时，艺术总监和云峰教授提出想邀请南音团体参与。于是，笔者联系了苏统谋，希望他能排演一场过支套曲赴京演出，苏老当场拒绝，理由是：一、2005年排演过支套曲的那班人马已经有几位先后去世，人员组不起来了；二、这种演出太冷清，观众会坐不住。后来，笔者经与晋江市南音艺术团团长陈铭伟商量，陈团长做了大量工作，最终迂回说服了苏老。笔者之所以希望苏老排演过支套曲是因为：一、南音进京演出并不少见，假如还是像以往那样呈现几首零散的乐曲，意义不大；二、正好借此机会，促成过支套曲再次在舞台上呈现，否则这种优秀传统演出形式再排演的可能性不大；三、在中央音乐学院这样的音乐最高学府，呈现纯音乐的演出，再合适不过。四、晋江市南音艺术团由苏统谋倡导成立，近几年风头正劲，团长年轻有为、思维活跃，团员虽然都各有自己的工作，但是热爱南音，而且个个年轻充满活力，既有能力排演这样的节目，又能够通过这类节目的排演，促使他们进一步深入扎根传统。

经过两个多月的紧张排练，苏统谋及陈铭伟带领晋江市南音艺术团十余人于11月8日来到北京。苏老见到笔者第一时间再次表达了他的担忧：这样的一场演出，不知道听众能不能接受。作为表演者当然都希望演出能得到听众的喜爱，假如演出到一半大家听不下去纷纷离场，那么表演者心都凉了。而笔者坚定地跟苏老表示：在中央音乐学院这样的音乐最高学府，假如大家对这种纯音乐的演出都无法接受，那么，不是我们的音乐出了问题，而是整个社会都出了问题。话虽如此，其实笔者自己心里也承受了巨大压力，因为，假如这场演出遇冷的话，那么今后南音界将更加回避传统南音的上演，不创新就没出路的论调将更加横行。

在音乐周上，南音团除了参与11月10日上午的开幕式演出外，还于当天下午赴清华大学做了专场演出；于11日下午赴国家大剧院，在《祖辈留下的瑰宝》展演中做了上半场的表演。开幕式演出只有一首曲子5分钟的时间，另两场演出考虑到观众多数为非音乐专业人士，因此演出曲目由往常演出中效果较好的几个节目组合而成。如此一来，12日晚上的过支联唱专场演出是该团该套节目的首演，众人心里都异常紧张。

12日下午有一场由笔者主讲的学术讲座，为了配合晚上的演出，笔者特意选了《南音传承困境谈》这样的题目。在大家的印象中，南音近些年来搞得风生水起，颇为引人耳目，其传承相比其他传统音乐，似乎已经走出了困境。而且，困境已经提了很多年了，似乎说不出新意，大家也都说烦了。然而，笔者坚持这样的论题，因为，正如前文所说，困境真实存在，而且笔者在近来的田野考察中，感到新旧矛盾不但没有调和，反而越趋尖锐。讲座中，笔者详细介绍了“排门头”过支联唱，并以晚上的演出为例做了讲解。

12日晚上演出前，笔者先对这套“五空管弦管过支套曲”进行了简短介绍。演奏厅里坐满了观众，半圆形的观众席虽然最里侧还有些座位，但是因为角度不佳，许多人宁愿站在最后面过道，还有好多人架着录像机全程录像。演出由苏老先生祭拜南音祖师的环节开始，之后音乐不间断演奏，观众席鸦雀无声，个个屏息凝听。一个半小时的演出结束后，许多观众涌到台上，有求合影的，有问问题的，热闹非凡。

此次成功演出使苏老及艺术团成员都感到了莫大的鼓舞。团长陈铭伟说，他在第一首曲子执拍的时候，感受到那种庄重典雅的氛围，在其他演出中所没有的自豪感油然而生，眼泪都快掉下来了。许多团员表示，传统果然更震撼、更感人。当不再掺杂其他表演，只是静心演奏祖先传下来的音乐时，才能真正感受到纯粹的、高雅的音乐给人带来的那种震撼人心的力量。

三、思考

就当前情况来看，南音的创新发展受社会舆论导向影响很深，诸如“南音要能适应社会的需要”“要让年轻人喜欢”的话语对南音造成了很大影响。造成的普遍现象就是，南音往戏曲化、曲艺化、舞蹈化的方向发展，普遍加快速度、加入各种肢体表演，加入各种吸引人目光的声光电效果，加入大众喜欢的乐器，如大提琴、古琴、钢琴等等，与其他艺术种类如昆曲、曲艺等融合……

创新发展后的南音表演与传统文人雅集型的南音唱奏在性质上已经大不相同，成了一种艺术表演，迎合观众喜好，注重舞台效果。而迎合大众喜好、强调舞台效果，使舞台南音一直朝着综合、多元的方向发展，个性削弱，共性增加。

因此，两岸南音的创新发展，虽然各有各的特点，各有各的路子，但总的来说，就是为舞台服务。而总体趋势则是离传统越来越远。

非遗保护热催生了舞台南音的蓬勃发展，但是舞台南音已是另一个品种的南音，与传统南音有着本质区别，对此应有清晰的认识。舞台化南音演出面向普通观众，更受人们关注，具有更广泛的社会影响，但是创新作品当道，传统作品被认为不适合在舞台上呈现。而传统过支联唱舞台化呈现的成功经验告诉我们，当像“排门头”这样的演出传统已经无法在民间重现时，考虑将其搬上舞台，是比录制成光盘送进博物馆更好的办法。我们应该提倡更有深度的舞台南音呈现。在当前社会，娱乐化、大众化的舞台南音作品，确实吸引了一批年轻观众，引发了人们欣赏南音的兴趣，有其积极意义，值得肯定。但是，光有这类作品还不行。对社会大众的审美，更需要的是引导和提升而不是迁就和迎合。通俗化、大众化的南音舞台作品可以作为有益补充，但是不应该成为主流。类似传统“排门头”演出的舞台化呈现那样的纯音乐演出值得进一步宣传和推广，要改变所有演出都应该载歌载舞、五光十色，充满视觉感官刺激的观念。应提倡更有深度的舞台南音呈现，前述传统过支联唱的舞台化呈现就是值得发展的方向之一。

无论如何，扎根传统越深，未来的路才能走得越远！这应该成为每位南音人的座右铭。

闽台南音乐谱数字化保存与共同保护策略

陈彬强 *

南音作为中国现存最古老的乐种之一，广泛流传于闽台及东南亚通用闽南语区域的民族传统音乐，亦称为南管、弦管、南曲、南乐、郎君乐、锦曲等，是保存我国古代音乐文化较丰富、较完整的乐种，2009 年成功入选“人类非物质文化遗产代表作名录”。闽台南音的源流可远溯汉唐，是中原古乐的遗存，至今仍保留着汉《相和歌》的“丝竹更相和、执节者歌”的演唱形式。南音的传习可分为两种方式，口传心授或谱承师授，演唱需以古泉州府的唱腔为“正音”。闽台南音的乐谱又称曲簿、曲谱，采用的是专用的工乂谱记谱法，可分为印刷本和手抄本，从前在物资艰困的年代，往往以手抄为主，较有钱者则请人抄写；亦有出版印刷的方式，出版南音乐谱的历史可上溯到明代，一直到清代都还有南音乐谱的出版。闽台南音乐谱保留了很多中国古代音乐的历史遗迹，具有重要的史料价值、文学价值和艺术价值，对闽台南音乐谱进行数字化保存，有利于深化两岸非物质文化遗产保护方式，彰显图书馆作为非遗文献信息中心的地位，具有重要的现实意义。

一、闽台南音乐谱概述

闽台南音乐谱主要由“指套”“大谱”和“散曲”三大部分（俗称“指”“谱”“曲”）组成。“指套”亦称“套曲”，简称为“指”，是指有词有谱和注明琵琶指法的大曲，原有 36 套，后来发展至 50 套。每套套曲由两首以上至七首的散曲组成，以音乐的“管门”和“滚门”归类编成套。“大谱”即纯器乐曲，有标题有谱和琵琶弹奏法，但没有曲词，原有 12 套，后来发展至 16 套，其中

* 陈彬强，泉州师范学院图书馆副研究馆员。

以“四”（四时景）、“梅”（梅花操）、“走”（八骏马）、“归”（百鸟归巢）四套最为著名，又有3套佛教音乐“金钱经”，深具研究价值，每套谱分为4到8个乐章不等。“散曲”，简称“曲”（亦称“草曲”），有谱、有词，数量最多，在南音中占有很大比重，闽台两岸总汇的曲目达上万首，扣除明显重复者也有5000多首[①]。

闽台南音向有“词山曲海”之说，可见历代刊刻、传抄的南音乐谱之多。2008年泉州南音艺术研究院搜集到的1949年以前的南音古曲谱原件就已达7000余件，还不包括两岸各博物馆、文化馆、图书馆等的收藏。最早的南音乐谱刊本可追溯到明代。20世纪中叶，英国著名汉学家龙彼得先生在欧洲先后发现了3本明刊南音曲簿：第一本是《新刻增补戏队锦曲大全满天春二卷》，1604年刊，藏于剑桥大学图书馆，收录有146首南音曲；第二、三本分别是《精选时尚新锦曲摘队，别题精选新曲钰妍丽锦》和《新刊弦管时尚摘要集，别题新刊时尚雅调百花赛锦》，1613年刊，两个曲本合为一册，藏于德国德勒斯登的萨克森州立图书馆。这两个曲本扣除重复的曲子后共计有113首，三个刊本合称《明刊三种》。根据龙彼得的比对，《明刊三种》中共有103首目前仍存于现今南音曲簿中，而且有不少是目前仍在传唱的名曲[②]。可见，至少从明代起，南音即已相当流行。《明刊三种》主要收入曲词，未见管门、寮拍的标记和说明，但发现有“o”“乂”“调”“曲牌”等跟记谱有关的符号，配合曲词，构成当时乐师能够看懂的简易“乐谱”[③]。

清代是南音发展的鼎盛时期，南音印刷曲谱以“指套”和“大谱”为主，大概因为这些曲目是每个馆阁所必备的，且曲目固定，一旦印刷出版可有较广销路，也可见当时南音的流传范围之广、传唱人口之多。21世纪初发现的两种清代南音孤本《道光指谱》（1846年手抄本）和《文焕堂指谱》（1857年木刻本）可以较清楚地看出清代南音文献的发展脉络。《道光指谱》全套4卷，1至3卷收入有唱腔套曲40套，第4卷收入工乂谱附南琶指法的套曲7套，承接明代指套萌芽衍进而来，已具有“大谱”的形式和规模，但抄簿上尚未出现“指套”和“大谱”的称谓。《文焕堂指谱》全套4卷，前3卷收入“指谱”（指套）36套，第4卷收入“大谱”12套，作者在谱序中将其总称为48套“指谱”。经

---

① 郑国权：《泉州弦管曲词总汇》[M]，北京：中国戏剧出版社，2014:641。

② 陈彬强：《龙彼得对中国古籍整理研究贡献探析》[J]，《图书馆工作与研究》，2015(03):92—95。

③ 李寄萍：《明清南音文献指谱衍进探究》[J]，《音乐研究》，2012(05):57—70,127。

对比发现,《文焕堂指谱》应用的工乂谱与《道光指谱》属同一体系，两者收入的指套有27套完全相同，另有8套各有局部交叉现象，曲牌则完全相同，均为明代的延续①。明清以来，随着郑成功率部拓殖台湾，南音“乐随人走”，陪伴着大量闽南人迁台而在台湾开枝散叶，广泛传唱开来。

清末至民国年间，南音的“指”和“谱”已基本定型，创新不多，曲词的创作数量则很多，在民间广为流传，乐谱以手抄本为主，刊本较少见，其中最著名的当属南音大家林霁秋（林鸿）穷20年之力旁搜博采各地流传的南音指谱而编纂出版的《泉南指谱重编》。《泉南指谱重编》于1912年在上海刊刻，1921年竣刻，分为礼、乐、射、御、书、数6册，共收录45套指套，13套大谱，其选曲、分类、订谱、注音及附说等均甚精审，可谓南音之集大成者。《泉南指谱重编》对南音始祖“孟府郎君”和“御前清客”典故做了细致考证，对南音乐器、乐谱谱式、寮拍、管门以及歌曲演奏等也都有所考述，开了南音研究之历史先河，堪称南音发展史上的里程碑之作。同时，台湾的南音乐谱也在广为传抄中有所创新发展。如高雄光安社保存的道光三十年（1850年）老抄本《指谱集》，是目前可知台湾存世较早的抄本，在它的序文中，可以看到当时是以“南管”而不是“南音”之名称呼“弦管”，从中也可探知南音一词的衍化史。

1949年以后，南音迎来了发展良机，南音馆阁和艺术团体相继成立，民间的许多曲谱相继得到发掘和研究。但不久即爆发“文革”，南音被当作“歌颂帝王将相、才子佳人”的毒草而遭禁演，许多名贵的南音古谱也被付之一炬，损失惨重。改革开放以后，闽台南音重获生机，被解散的南音馆阁重新设立，民间传唱南音蔚然成风，两岸南音文化交流也日益频繁。南音乐团在台湾曾多达60余个，遍布台湾各大城市，目前仍有20多个南音乐团尚存，长期以来都有组织赴大陆开展南音文化交流活动。台湾的南音乐谱收集整理工作起步较早，且未经过人为破坏，保存数量较为可观。如有关《陈三五娘》的曲词，泉州仅找到200余首，而据台湾艺术大学林珀姬教授介绍，经她收集、整理的曲词就达400多首，是泉州的两倍。进入21世纪，福建方面也加大了南音保护研究力度，泉州市政府特别设立了泉州南音艺术研究院和泉州地方戏曲研究社，在南音乐谱的搜集、整理和研究上取得了重大进展，先后出版了《明刊闽南戏曲弦管选本三种》(1995)、《泉州弦管名曲选编》(2005)、《泉州弦管名曲续编》(2007)、《泉州弦管曲词选》(2007)、《泉州弦管史话》(2009)、《泉州弦管曲词

① 李寄萍:《清代南音主要流行的谱式》[J],《乐府新声》(沈阳音乐学院学报),2009(01):47—50。

总汇》(2014)、《泉州弦管指谱大全》(2015)等多部汇聚了闽台两地重要南音文献的整理成果，在海内外弦友中引起强烈反响。尤其是《明刊闽南戏曲弦管选本三种》，证明了早在明代南音的记谱法已逐渐成形，表演则十分成熟，民间接受程度非常之高，具备了市场刊刻条件，其文献整理研究成果为南音成功入选2009年“人类非物质文化遗产代表作名录”提供了非常重要的文献佐证材料。

二、闽台南音乐谱的文献价值

1. 独特的音乐史料价值

我国古代音乐典籍散佚较多，而流传下来的乐谱很多由于时值和节奏符号缺失，不如欧洲记谱法那样精细，仅凭谱面难以对乐曲精准解读，敦煌遗书中的三份古乐谱即是因缺少这些要素而无法确切破译，因此学术界一直诟病中国音乐史是一部“哑巴音乐史”，但闽台南音乐谱的发掘和研究结果打破了这一说法。南音的乐谱有曲词、五音、时值和琵琶指法，在韵律与乐理上与欧洲记谱法完全相通，可以与五线谱和简谱对译[①]，是除古琴减字谱、民间工尺谱外，能够完整保存、可以确切辨认，并仍在使用的古谱，因此被誉为中国音乐的活化石。南音历史悠久、源远流长，保存了很多古代音乐遗迹，目前虽因史料所限而无法确知其完整历史，但最迟也可追溯到唐宋，传世的南音乐谱记载可以清楚看出这一点。如南音有50多首曲词所标明的调名和节拍符号，与《中国古代音乐史稿》的《唐燕乐二十八调表》的内容完全吻合[②]；南音乐谱使用的是工乂谱，与唐高宗时的“思、一、六、犯、工、尺”六字乐调十分相近，管门、空门、滚门、寮拍等乐语也并非元代以后的音乐术语，而是唐宋乐工的专用语[③]。此外，明清南音曲簿中所见琵琶的形制与日本正仓院所藏奈良时代由中国传去的五把琵琶，以及南唐顾闳中《韩熙载夜宴图》中琵琶的形制极为相似，“拍板”也与敦煌壁画中的伎乐图一样，洞箫则沿用唐代“尺八”遗制，长1尺8寸开6孔，与现代洞箫有较大区别。南音乐谱所载曲目、乐语、记谱法乃至乐器的形制几乎完整保留了唐、五代的遗风，为研究中国音乐史提供了宝贵的资料。

---

① 郑国权：《泉州弦管史话》[M]，北京：中国戏剧出版社，2009:216。

② 郑国权：《闽南文化与泉州南音》[C]，闽南文化研究，北京：中央文献出版社，2003:385。

③ 何昌林：《唐风宋韵论南音——写给海内外南音弦友》[J]，《人民音乐》，1985(05):34—37。

2. 珍贵的文学艺术价值

闽台南音乐谱中常唱的曲词有 100 多首，泉州南音一般能见到的则有 2000 多首，而台湾保存下来的曲词更多，扣除与泉州南音曲词明显重复者，尚有 3000 多首，多系民间无名氏文人创作，但也有来自李白、刘禹锡、李煜、苏轼、岳飞、魏夫人等名人的诗词名篇，具有很高的文学艺术价值。主要表现在：一是题材的多样性。南音的曲词大致可分为抒情、写景、叙事三类，取材范围极为广泛，山水、花草、鸟兽、人物皆可入词，人物故事主要取材于唐传奇、话本和宋元及明代戏剧，保存了很多文学典故；二是曲词的音乐性。中国的古典诗歌，顾名思义是诗与歌结合，汉乐府、唐诗、宋词、元曲的许多作品，最初都是为合乐而作，因此有“朝成一词，夕被弦管”之说，但时至今日，因缺少有效的记谱方法，诗词与曲谱共存的书籍已极为少见，大多是仅存诗词而不见曲谱，诗词的音乐性完全消失了。但南音曲词则是特例，因南音有其自成体系的一套记谱法，能够在曲词上标明音高、时值、节拍和琵琶指法，因而得以固守诗与歌相合的古老传统，所有曲词均具有音乐性，可以歌唱，其文学性与音乐性始终紧密结合在一起；三是内容的高雅性。南音一直以来都被称为“雅乐”，在古代是文人自娱自乐、抒发情怀的一种娱乐方式，曲词的创作者一般都具备相当的文化素养。与广泛使用俗语、俚语的戏曲文学不同，南音的曲词大多音韵典雅、用词考究，体现了较高的文学水准；四是字音的优美性。南音的曲词需用标准泉州音吟唱才算地道，这里的泉州音并不是现在泉州日常生活中的某些用语或土话，而是文读音，特别讲究韵味，要求“口顺、声纯、入音、合韵”，这样唱出的曲词才能柔美雅致、悠远绵长。由于泉州方言保留了很多晋唐时期中原官话“河洛话”的遗音，有“语言活化石”之称，南音中所存李白、李煜、苏轼等的诗词名篇用泉州音唱来韵味十足，更能体现出唐宋风味。

三、闽台南音乐谱的数字化保存策略

近年来，随着人们生活节奏的加快和生活方式的改变，闽台南音的传承发展受到很大冲击，南音的古谱文献也随着老一辈南音艺人和爱好者的离世而快速消失，需要尽快采取切实有效的数字化保存措施，进一步提升闽台南音乐谱的保存价值，创新两岸非物质文化遗产保护方式，彰显图书馆作为我国非物质文化遗产文献信息中心、保护中心的功能和地位。

1. 根据闽台南音乐谱特点，制定适宜的数字化保存方案

闽台南音乐谱经过长期的演化发展，形成以下几个特点：一是手抄本多、刊本少。南音乐谱采用的是工乂谱记谱法，使用了不少特殊符号，刊印成本较高，因此，除了每个馆阁所必需的“指套”和“大谱”有一定刊本外，大量的散曲只能采取手抄方式，存世的散曲手抄本特别多。二是文献不易保存。乐谱属于民间俗本，并非藏书机构的收藏目标，在古代官方编修的史志和私人撰写的著述中鲜有提及，更不用说辑录。历朝历代创作的南音乐谱数量虽多，但散佚的也很多。三是全文数字化识别难度大。现有纸质乐谱数字化最成熟的技术是光学乐谱识别技术（OMR），但该技术针对的是五线谱，而南音采用的是工乂谱，记谱所用的特殊符号需经过专门软件处理后方能识别，OMR 尚无法实现。

乐谱属于特种文献，有其自身特殊性和复杂性，尤其是古乐谱，其谱式更是繁杂多样，专业性极强，数字化处理难度较大。据目前所知，国内尚未有专门针对古乐谱文献进行数字化保存的详细方案，缺少相关的案例和经验可资借鉴，我们只能在参考现有古籍保护方法的基础上，根据闽台南音乐谱特点，结合现有数字化技术，提出南音乐谱数字化保存方案：（1）数字化前期准备工作。将搜集到的南音乐谱进行清理修复、无酸化处理、分类编号，为数字化打好基础；（2）乐谱的数字化扫描、入库与典藏。将整理好的南音乐谱进行影像数字化扫描，加工处理扫描图像，与目录信息挂接后存入存储服务器，并将所有纸质文献典藏入库；（3）数据库拓展功能建设。通过数据库各项拓展功能的开发，实现南音乐谱的转写转译，为用户提供浏览、查询、视唱、下载、打印、刻录光盘等一系列综合信息服务。具体流程如图 1 所示：

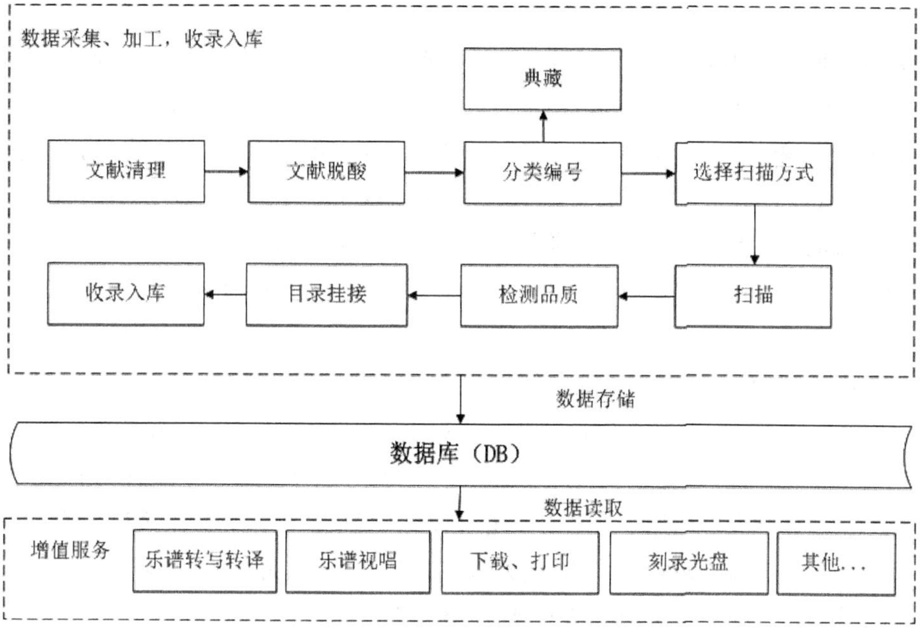

图 1　南音乐谱数字化流程图

2. 数字化前期准备工作

目前收藏在闽台各档案馆、图书馆、博物馆的南音乐谱原件有上万件，大多未被编目典藏和数字化建库，也没有受到专门保护，很多乐谱直接堆在密集架上，布满灰尘，纸张老化、霉变或被虫蛀，脱字、掉墨、破损现象较为严重，在大规模数字化之前，必须对乐谱文献进行必要的修复整理，主要步骤包括：（1）清理文献的灰尘、泥土、霉斑、墨水、油脂等污染。可先在通风的情况下，用软毛笔或软毛刷轻轻地刷去浮面的灰尘、泥垢和霉菌，刷不掉的污斑再用水、有机溶剂或混合溶剂清洗掉，并使用杀菌、杀虫剂进行熏蒸、消毒，以达到防霉、杀菌的目的。此外，严重折皱不平，影响扫描质量的页面也要进行压平或低于 50℃烫平等相应处理；（2）纸张脱酸。纸张的老化、酸化使纸张变得易碎、易裂、发黄，有的甚至轻触即变成碎屑，危害性极大，在数字化扫描之前需对纸张进行脱酸处理。综合考虑成本、场馆条件以及南音乐谱的特点，可选择采用美国 PTLP 公司的 BookKeeper 手工喷雾脱酸法，将乐谱平放后通过金属压力喷枪把无水脱酸液逐页均匀喷洒在纸张上，干燥 1.5 小时后即可脱酸，脱酸前后需用检测笔检测纸张的 PH 值，以观察脱酸效果。脱酸后纸张的 PH 值可从 4.3—7.5 提升至 7.6—9.0，反应碱保留成分在 1.0% 以上，脱酸过程对文献的油墨、黏合剂、装订材料、印迹、颜色等无化学损害，也不改变纸张的质地、颜色或气味，处理后的材料里无有害物质，脱酸后乐谱文献的保存寿命可延长 3—5 倍，该方法安全性好，成本较低，且简单易行，在馆内就能直接进行。（3）乐谱的分类编号。南音乐谱清理脱酸后，先把其中内容完全相同的部分挑选出来放在一起，再按“指”“谱”“曲”顺序予以归类，由于散曲的数量最多，同一曲名可能分属不同滚门，还需将同一曲名的曲簿挑选出来，按“滚门”类别予以排序，之后给每份乐谱编制单独的典藏号，以便批量数字化和入库典藏。

3. 闽台南音乐谱数字化扫描、入库与典藏

根据闽台南音乐谱的保存质量和尺寸大小选择相应规格的专业扫描仪进行彩色数字化影像扫描，纸张状况较差以及过薄、过软的乐谱，采用平板扫描方式，而纸张状况好的乐谱可采用高速扫描方式以提高工作效率，对于大幅面的乐谱则采用加长式扫描或者图像拼接方式处理，扫描分辨率设定为≥ 300dpi，扫描的图像应做到字迹清晰、颜色恰当，不宜过浅或过深，并且不得出现字迹笔画残缺或字迹笔画叠合而影响阅读的情况，即使原乐谱存在锈斑变质、颜色过浅或深浅不一致，也要保证扫描图像可读。扫描后应逐张检查图像质量，查看有无黑边、折角、图像偏斜、模糊、失真等现象，并根据存在问题采取相应的纠偏、去污、拼接、裁边等措施，重新对图像进行处理，使之符合图像质量要求。

扫描处理后，应尽快将图像成品上传至数据库的存储服务器，利用管理软件中的对应挂接功能将扫描图像信息与目录信息进行对应挂接，确保目录与原文的一一对应。乐谱扫描完成后，纸质乐谱就可以典藏入库了。在每份南音曲簿中间放入同等大小的无酸化垫纸，按编号顺序放入专用的无酸折叠夹中，再将折叠夹存入无酸典藏盒，盒子的侧边标记典藏号起止号码，[①] 按序将所有南音乐谱典藏入库。由于南音曲簿大部分为手抄本，且有一些是名家抄写的古谱，具有珍贵的收藏和研究价值，为了防止文献再度酸化、老化，在条件允许的情况下，应按国际标准设立恒温恒湿的专用典藏室，将典藏环境控制在温度 21 度、湿度 35%—50% 的范围，以使南音乐谱得到长期、有效的保护，为子孙后代留下一份宝贵的遗产。

---

① 钱仁平，肖阳：《华人作曲家手稿典藏与数字化保存的实践与思考——以〈萧友梅档案〉为例》[J]，《音乐艺术》，2012(02):38—50。

4. 数据库拓展功能建设

数据库拓展功能建设主要是进行闽台南音乐谱的转写转译，提高乐谱的附加值，并通过服务平台能将所有南音文献资源有效整合，统一数字转换格式，实现一站式检索，提供在线浏览、下载、打印等一系列信息共享服务，有效实现文献的“去纸化”，使服务方式从文献单元、信息单元向知识单元转变，提升资源共享和文化服务传承的功能。

乐谱转写转译模块的主要功能是通过曲词、五音、琵琶指法、寮拍符号等的手工录入排版，逐曲将纸质乐谱转写为电子乐谱，进行工乄谱的读取、编辑、保存等操作，并转译出相应的五线谱和简谱。系统采用根据南音乐谱特点设计的专用排版技术①，基于矢量字体，建立可扩充的自定义字库进行特殊符号的可视化输入，提供根据参数设定不同版式风格输出的功能，实现谱、词的同时录入和混编排版，并可直译为五线谱和简谱，便于初学者学习掌握，有效解决了南音工乄谱竖体编排、词谱混排、使用特殊符号记谱等难题，开创了我国古乐谱全文数字化录入排版的先例。通过该系统录入生成的“彩色电子版工乄谱”与原谱内容完全一样（图 2），用户可以检索所有曲词，一定程度上弥补了 OMR 技术无法实现南音乐谱数字化全文识别的不足，为乐谱数字化使用和南音学术研究提供了极大便利。

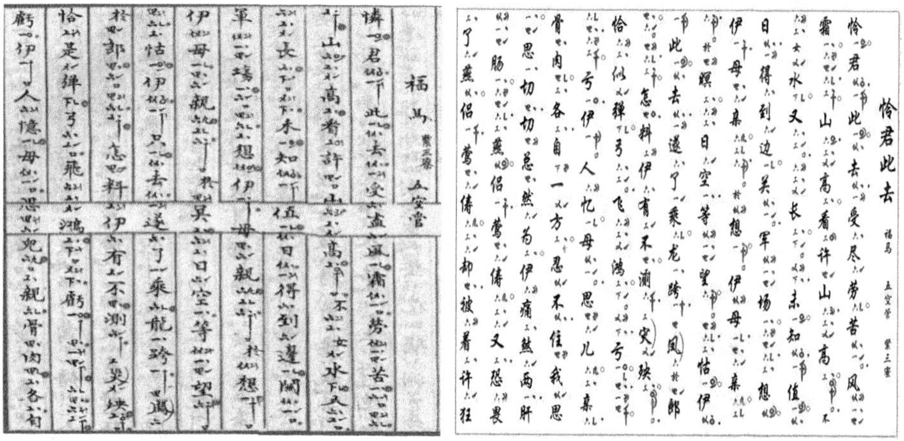

图 2　手抄本南音曲《怜君此去》（左）录入排版后生成彩色电子版工乄谱的效果（右）

增值服务是数据库开发的重要环节，平台将所有的闽台南音数字资源，包括乐谱原谱扫描件、彩色电子版工乄谱、五线谱、简谱等多种资源进行有机整

① 陈荣鑫，陈维斌：《南音工尺谱排版软件的设计与实现》[J]，《计算机工程与设计》，2005(08):2246—2248。

合，用户只需在一个检索框内输入搜索词，便可直接获得自己所需资源，实现对南音乐谱的一站式检索，用户可根据需要自行选择不同版本的乐谱视唱，大大提高了乐谱的附加值。为了方便用户使用，平台门户设有资源导航，按照不同的数据类型对资源进行分类，通过等级和层次的显示，为用户使用南音乐谱提供良好的资源导向。同时，用户可通过平台的在线浏览、打印、刻录光盘等功能，将自己感兴趣的乐谱调取查阅或下载打印、刻录光盘。随着移动网络的全面覆盖以及智能手机的普及，未来还可以考虑改变南音乐谱的服务方式，开发 APP 移动应用，实现乐谱与音乐同步，通过手机即可进行南音的学唱，使用户从线下走到线上，极大提升用户体验，有力促进南音乐谱的数字化传播。

四、加强闽台交流合作，推动两岸携手共同保护

闽台南音的传承发展是增进两岸民众文化认同，增强民族凝聚力的重要途径。闽台应采取共同保护策略，通过联合开展南音文献普查工作、共同举办南音文化交流活动、培养南音研究管理人才等措施，推动南音在海峡两岸的传承发展，为深化闽台文化交流合作服务。

1. 联合开展南音文献普查工作

闽台南音文献遗产资源十分丰富，两地应充分发挥闽台亲缘的独特优势，凝聚各方力量，联合开展南音文献的普查工作，不仅可以让台湾同胞共享这一世界级非物质文化遗产的尊严与自豪，还可通过其文化、教育功能，让台湾民众真正懂得南音文化遗产的内涵和意义，使台湾台胞认识到两岸共同文化的重要性，从而促进两岸同胞的文化认同、民族认同，在潜移默化中培养台湾同胞的文化认同自觉和民族认同自觉。

在联合开展南音文献普查过程中，应加强互访学习，交流普查工作心得，并完善相关辅助文字资料和影像资料，利用地理信息系统（GIS）、数字技术、视觉系统、生态足迹等现代方法与绿色技术结合，支撑该线性文献遗产保护。同时，加大资金投入力度，开展点面结合的地毯式普查，按时推进两岸南音文献的搜集、整理工作，并根据计划安排年度阶段性任务，提交年度措施报告，尽快完成普查工作，以文化促认同，以普查心连心，有力促进台湾同胞对“根”“祖”“脉”的认同，从而有效发挥福建在沟通同胞情谊、增进两岸合作、促进两岸关系的积极作用。

2. 共同举办南音文化交流活动

闽台民众渊源深厚、历史交往密切，南音等各种非物质文化遗产在海峡两岸有着很高的同质性，这种以血缘为基础的文化，具有很强的坚韧性和民众基础，是海峡两岸人民同根、同祖、同缘的文化见证和情感纽带。闽台应积极利用这种纽带关系，创新南音保护模式，共同举办两岸南音大会唱、南音新作会演、南音曲簿合璧等各种相关文化活动，进一步营造两岸一家亲的氛围。同时，还必须加强闽台南音学术交流互访，将学术研究与南音文化遗产的保护、开发、建设有机结合起来，促进闽台非物质文化遗产研究的深入和学术的繁荣。

近年来，闽台两地依托南音文化遗产资源，结合各博物馆、图书馆、档案馆的宣传文化阵地优势，大力开展两岸南音文化交流活动，逐步形成一些有较大影响的交流平台，如南音大会唱、南音艺人工作坊等，还加强了两岸南音艺人的交流互访，如台湾著名南音艺人王心心，曾受邀赴北京、上海、福州、泉州等地展演其新创作的南音曲目《葬花吟》《琵琶行》《声声慢》。两岸南音文化交流活动呈现出规模不断扩大、交流领域不断延伸、交流品位不断提高的趋势。随着闽台交往的深入，与南音相关的学术交流活动也日益频繁，泉州南音国际学术研讨会、闽台传统音乐等各种学术研讨会顺利召开。两岸的专家学者就如何挖掘闽台南音文化资源、交流保护经验、创新保护方式等内容进行了全面系统地研讨，并出版了《中国泉州南音系列教程》《泉州南音》《南管乐语与曲唱理论建构》《南管二弦八骏马演奏探讨》《泉州南音国际学术研讨会论文集》等大量教材、学术专着和论文集，取得了丰硕成果，为保护和弘扬闽台非物质文化遗产，推动海峡两岸学术繁荣做出了贡献。

3. 联合培养南音研究和管理人才

南音 2009 年被联合国教科文组织列入“人类非物质文化遗产代表作名录”，其蕴含的音乐、历史、民俗等方面内涵极为丰富，需要学术界从社会学、音乐学、人类学等多个角度进行更深入的研究。闽台高校应主动承担起这一非物质文化遗产的学术研究与大众普及任务，开设与南音保护相关课程，设立相关学位，联合培养研究和管理人才。在人才培养模式上，应注意理论研究与调查实践相结合，探索出一条合作办学的创新之路，使培养的南音非遗人才具备更系统的理论知识和更强的实践能力，可以更好地解决闽台南音文化遗产发展过程中所面临的问题。

目前闽台高校联合培养南音非遗人才已取得一定成果。如泉州师范学院南音学院通过聘请台湾心心南管乐坊、台南南声社等著名社团的南音艺人来校授课讲学和合作开展学术研究，联合培养南音艺术人才，进一步完善南音口传心授的传承方式，提高毕业生就业率。南音专业的历届毕业生不仅到教育部门任教，也到各地南音社团执教和相关机构担任文艺骨干，有些学生还被台湾、新加坡、菲律宾作为引进人才专门传授南音。随着两岸文化、教育交流合作的不断深化和大众对非物质文化遗产保护的热情升温，闽台高校将继续扩大联合培养南音文化遗产人才的范围和数量，进一步促进闽台南音的传承发展。

两岸合拍偶像剧的现状以及未来方向研究

潘玥岑*

引言

台湾与大陆合拍电视剧自20多年前开始，曾出了不少经典之作。台湾电视人为当时的大陆带来了先进的电视剧制作理念、雄厚的制作资本及包装完善的演员，为两岸影视剧产业开辟了新的市场。但是近年来，优质的两岸合拍剧却很少再出现。

2018年2月28日大陆出台《关于促进两岸经济文化交流合作的若干措施》（以下称“惠台31条”），第18到20条对想到大陆发展的台湾影视产业大幅松绑，使得两岸影视产业间的合作以及交流有了更多的可能。

本研究尝试从两岸偶像剧以及合拍偶像剧的发展历史还有制作者的角度来探讨两岸合拍偶像剧的优缺点、该如何突破现阶段的瓶颈期，创作出两岸观众都喜闻乐见的合拍偶像剧。

本研究方法采用深度访谈法，采访了参与过合拍剧偶像剧的演员、编剧和导演，发现两岸合拍偶像剧最大的优点是进入大陆市场更容易，因为合拍剧享受大陆自制剧的待遇，这吸引着很多境外投资者。而最大的劣势就是两岸的不对等，台湾偶像剧在近年来逐渐落寞，而大陆则成为后起之秀，早期“台湾主导，大陆协拍”的模式早已经不适用。两岸应该增加合作交流，明确彼此的审查标准，消除对于审查不过的担忧，尝试将两岸文化更好地融入两岸合拍偶像剧中。

* 潘玥岑，台湾大学硕士研究生。

一、研究动机与目的

台湾与大陆合拍电视剧自20多年前开始，曾出了不少经典之作，《戏说乾隆》《还珠格格》《老房有喜》……台湾电视人为当时的大陆带来了先进的电视剧制作理念、雄厚的制作资本及包装完善的演员，为两岸电视剧产业开辟了新的市场。

但在2000年左右，大陆方面为保护本土剧，开始限制合拍剧的数量，导致两岸合拍剧一度陷入僵局。

2007年前后，两岸合拍剧相关法规陆续松绑，《转角遇到爱》《我的亿万面包》《就想赖着你》等一批合拍剧又开始活跃起来，沉寂许久的合拍剧市场似乎又迎来了第二春。2014年，大陆进入网剧井喷时代。网剧限制没有传统剧的限制多，成本低廉，播出平台多，受众更加年轻。2016年，大陆视频网站爱奇艺在台湾成立爱奇艺台湾站，两岸合作网剧的数量大大增加。

2018年大陆出台的惠台措施中，第18到20条对台湾影视产业到大陆发展大幅松绑，这给两岸影视产业更多发展机会。台湾虽有极佳创意及制作人才，但受限于台湾市场规模，加上过往大陆对台湾影视产业有诸多限制，这次对台湾影视产业大幅松绑，两岸合拍剧环境大大改善。

不过，目前两岸合拍剧更多的是“外请演员”的大陆剧。有幸能与观众见面的合拍剧，也再难有当年的雄风。面对合拍剧市场的“高投入，低效益”，甚至有不少人提出了“合拍剧将死”的说法——称合拍剧为鸡肋，必将被日渐雄起的大陆自制偶像剧所取代。不可否认，在台湾偶像剧优势逐渐丧失而大陆逐渐迎头赶上的情况下，两岸在偶像剧的合作上的关系以及地位也悄悄发生了变化。

此外，由于大陆的庞大市场，所以美国、日本、韩国等国家以及香港地区都在寻求与大陆（内地）的合作，希望可以借由合拍剧来打开大陆市场。在偶像剧方面，就有中韩合拍的《克拉恋人》《翡翠恋人》等，内地与香港合作的网剧《无间道》等，都在各大电视台以及爱奇艺等视频网站播出，可见两岸合拍剧的外在竞争也十分激烈。

如今，国家广电总局对合拍剧持支持的态度，2016年合拍剧数量有明显增长，在合拍申请的时候，最常见的问题还是内容缺少中国元素，这在与美国以及欧洲的合作中比较明显。另一个就是剧本中有较多低俗内容，这在港台合拍剧的情况比较多。

合拍剧身份对很多国家和地区的导演以及制片人来说也是重要的，合拍剧在中国大陆享受的就是国产剧一样的待遇，可以更加顺利地进入中国大陆这个大市场，这对很多境外影视工作者很有吸引力。

那么，在两岸合拍偶像剧的新一轮热潮下，两岸该如何实现合拍偶像剧质量与效益的双赢？

二、文献探讨

（一）两岸合拍剧的定义

两岸合拍剧指的就是台湾和大陆合作拍摄的电视剧，由双方共同投资降低成本风险的制作模式。国家新闻出版广电总局在中外合作电视剧管理规定中规定合作电视剧里的主创人员（编剧，制片人，导演，主要演员）中，中方人员不得少于三分之一，境外者不能超过三分之一，港澳台人员不能超过五人，一人一年不能拍摄超过两部。① 两岸合拍剧其故事情节及主要人物须与两岸主题相关。② 本文中主要讨论两岸合拍的偶像剧。

（二）两岸偶像剧发展史

台湾偶像剧的起源是2000年播出的改编自日本漫画的《麻辣鲜师》，该剧讲述台湾青少年形形色色的问题。而随后在2001年播出的《流星花园》，F4的四位帅哥与美女大S演绎的爱情与友情故事风靡了整个亚洲。《流星花园》的播出，标志着偶像剧在台湾成为正式剧种，并且打破了日韩在亚洲偶像剧的垄断局面。之后台湾也推出了一系列例如《吐司男之吻》《薰衣草》《爱情白皮书》等收视率不错的偶像剧。但这个时期，大多偶像剧都是改编自日本动漫。

2003年三立电视台开始成立创作中心，随着2005年《王子变青蛙》的热播，以三立为首的电视台开始了偶像剧本土化的探索。这段时期的偶像剧大多采用原创剧本，人物更加脸谱化，情节也更浪漫离奇。2009年三立电视台开创了岛内第一个内容产制创意研发中心。

八大电视台也在2005年推出了“终极”系列，首次将玄幻与偶像剧结合，打破了偶像剧常规的浪漫爱情套路。校园玄幻剧大多天马行空，故事更加夸张

---

① 国家广播电影电视总局在2004年6月15日发布的《中外合作制作电视剧管理规定》中，对合拍剧做了定义。

② 大陆《关于加强海峡两岸电影合作管理的现行办法》中规定两岸合拍剧内容。

离奇，将西方魔法、东方的历史神话以及日本动漫的造型融合在一起，加上以校园为背景，吸引了不少年龄较小的观众。2007 年推出的“黑糖”系列让年龄较小的演员来担任主演，情节也为了迎合低年龄的观众而更加幼稚。至此，台湾偶像剧成功打破瓶颈，题材更多元，受众群体也扩大。

2008 年之前的台湾偶像剧无论是浪漫童话故事还是校园玄幻，大多还是脱离现实的。在 2008 年之后最火的几部剧都是更加贴近现实，关心社会热点的剧。例如《败犬女王》讲述了姐弟恋的议题，《我可能不会爱你》里程又青更是道出了许多大龄“剩女”的心声。其中《痞子英雄》则以警察、案件为素材，模仿美剧的故事设置，可以说是台湾偶像剧的又一创新。

但是在 2011 年之后，台湾偶像剧的颓势就一发不可收拾。日韩剧的大势以及大陆剧的崛起，台湾偶像剧在亚洲偶像剧的地位一步步下滑，很少再有风靡亚洲的台湾偶像剧出现。

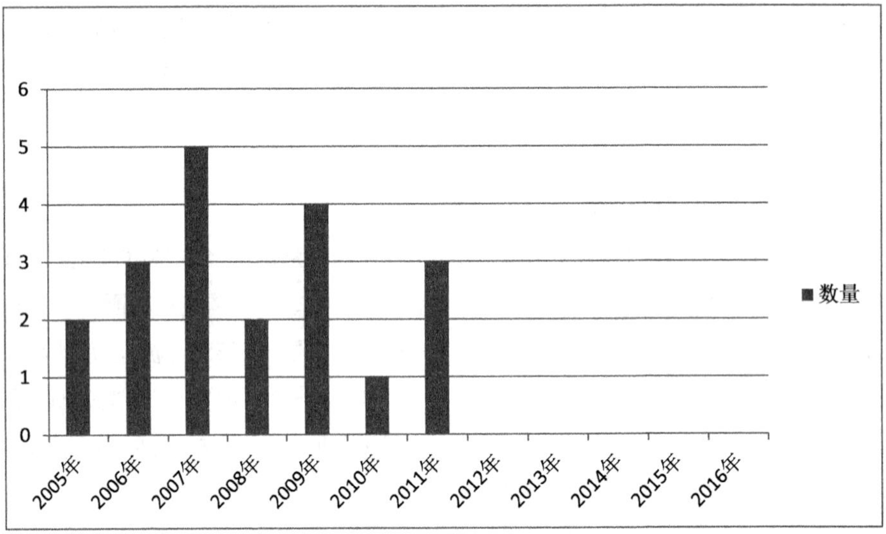

2005—2016 年偶像剧平均收视率排名前 20 的年份分布

图表由研究者根据网络数据整理，由于 2005 年之前的收视率统计没有那么完善，所以像《流星花园》《海豚湾恋人》《薰衣草》《天国的嫁衣》等早期偶像剧没有统计在内。

大陆的最早的偶像剧应该是 1998 年播出的《将爱情进行到底》，李亚鹏和徐静蕾主演的爱情故事，告白的经典情节吸引了不少年轻人模仿。之后一度大火的《奋斗》《我的青春谁做主》也有着俊男美女的靓丽包装、缠绵悱恻的爱情纠葛、时尚高档的物质消费等，主要描写现实生活，节奏明快，台词本土化，创造了大陆偶像剧的新时代。

在2011年播出的《宫》与《步步惊心》开启了大陆穿越偶像剧的风潮。尤其是《步步惊心》更是走出国门火遍了亚洲，2016年韩国还翻拍了《步步惊心》。《步步惊心》由桐华同名小说改编，汇集了两岸暨香港的演员，新鲜的剧情，演员演技也可圈可点，配乐贴合剧情，故事主要发生在清代，是大陆偶像剧本土化的成功案例。《步步惊心》的成功导致后来出现了一批跟风之作，但是都无法超越《步步惊心》。

传统偶像剧大多是由电视台和影视公司等合作拍摄，随着网络的发展，大陆的网络剧开始兴起，2014年开始进入鼎盛时期，2016年到2017年共有17部网剧播放量破百亿。①

网剧目标受众多为学生和年轻白领，与传统正剧不同的是，网剧更能够迎合年轻人，高信息量、年轻化、快节奏是网剧不同于传统电视剧的独特优势。此外网络剧类型丰富，题材包罗万象，更能迎合不同观众的口味。

大陆的偶像剧在慢慢崛起，虽然仍有不少粗制滥造的剧目，但是从一开始的一味抄袭模仿到现在自主研发，而且同时和台湾，日本，韩国等合作，如今甚至输出到其他国家地区，已经是很大的进步。

从两岸偶像剧的发展史可见台湾偶像剧起步要比大陆早。早期台湾偶像剧几乎是独占大陆市场的，尤其是日韩剧还未在大陆兴起的年代，各大电视台争相引进台湾偶像剧，在很多80、90后大陆人眼中，台湾偶像剧甚至都已经成为“童年回忆”了。

（三）两岸合拍剧偶像发展史

早期两岸的合拍偶像剧很依赖台湾，因为台湾偶像剧制作技术更加成熟，演员的知名度也较高，所以早期两岸合拍剧不少都拿到了不错的收视率。但后来随着台湾偶像剧的衰落，大陆自制剧的兴起以及两岸的法规互相牵制，外部又有日韩剧的夹击，所以两岸合拍剧目前仍然面临许多挑战。

回顾两岸合拍剧的发展历程，历经不同阶段的潮起潮落，可以说是与两岸的政治局势也紧密相连。两岸合拍剧的历史大致可以分为“萌芽期”“蓬勃期”“低潮期”“曙光期”四个时期。

20世纪80年代末期随着两岸政治松绑、经济开放，双方的影视合作开始

① 数据源：猫眼电影

有了萌芽。90 年代是两岸影视交流与合作的高峰期，不少电视剧都来大陆取景，也开始有两岸的人员共同完成合作。然而 2000 年大陆颁布《外来剧和合拍剧不得上黄金档（晚间 6 点至 10 点）"》的禁令，导致双方互动陷入低谷。直到 2008 年至 2009 年双方有志一同松绑合拍剧政策，情况才开始有所改善。

萌芽期（1987—1990 年代初）

1987 年台湾开放赴大陆探亲，这使得两岸的影视交流成了可能。

《八千里路云和月》开启赴大陆制作电视节目之先河，随后台湾新闻部门才颁布"现阶段大陆传播事业赴大陆地区采访、拍片制作节目报备作业规定"，主张跨海拍摄应采"单向""间接""非官方"原则，不得有大陆官方资金，"不得宣扬共产主义"，限制主要演员由大陆艺人演出。

1987 年，大陆首次引进台湾电视剧《战国风云》，之后陆续引进《星星知我心》《一剪梅》《昨夜星辰》等剧，那个时候台湾占大陆外来剧的四分之一。

蓬勃期（1990 年代初期至 1990 年代末期）

由于 1993 年台湾"有线电视法"的通过，所以新增近百个频道，导致多数电视台呈亏损状态，不少电视台选择去成本相对低廉的大陆拍摄电视剧。

其中"琼瑶剧"成为两岸合拍偶像剧的成功典范。1990 年，《婉君》《哑妻》《三朵花》以台湾主创、大陆协拍的方式完成。随后，《婉君》在台湾的华视播出，创造了将近 40% 的收视率，引发台湾影视市场"大陆实拍剧"的收视热。1998 年的《苍天有泪》《还珠格格》则开创了两岸合拍剧的新模式，成为台湾、大陆电视合作共赢的产业典范。

从 1997 年的《还珠格格》到 2007 年的《又见一帘幽梦》再到 2011 年的翻拍《还珠格格》，可以说，在电视制作领域，琼瑶率先实现了横跨海峡两岸的制作和消费理想。

1996 年，大陆历史剧也随有线电视引入境外电视剧的潮流下进入台湾。

低迷期（1999—2007）

1999 年，大陆相关部门以少数单位未经批准，擅自聘请港澳台从业人员参与广播电视节目制作为理由，以确保广播影视对港澳台交流在"以我为主、对我有利"为原则，规定一般不得聘请港、澳、台从业人员参与电视综艺类节目的制作，所聘人员的人数每次不超过 3 人；一部电视剧中，港、澳、台从业人员担任编、导、演、摄等主创人员不得超过 5 人。

2000 年国家广播电影电视总局（以下简称广电总局）推出《关于进一步加强电视剧引进、合拍和播放管理的通知》，合拍剧也受到限缩，取得"电视剧制作许可证（甲种）”的单位必须生产完成60集国产剧，并经审查通过后，方可申请与境外合拍一部20集的电视剧。2000年，200多个合拍剧只批准两部，创下有史以来最“严苛”纪录。

直到2007年年底，广电总局开始松绑合拍剧政策，两岸合作才开始逐渐回温。

曙光期（2008年之后）

自2008年1月1日起，广电总局同步放宽各省、自治区、直辖市所属制作机构生产有台湾演、职人员参与的国产剧完成片的审核工作，即原先由中央审批的做法，改为下放由省级广播电视行政部门全权负责。这项开放政策缩短了审批程序与时间，当时合拍剧的审批时长缩短了4个月，大约2个月就可通过。这也减少了制作机构的成本。

同时，两岸合拍的电视剧，经广电总局核准后，即可视为国产剧在大陆地区自由发行和播出。由于剧集得在上星频道全国播出，并可占有黄金时段的广告效益，该项政策势将增加此类电视剧的市场产值；台湾与大陆合拍电视剧的机率因而也将大幅提升。

随着2008年大陆方面的政策松绑，2009年台湾新闻部门也正面响应开放大陆制作公司和演员来台拍摄，两边的合作又开始逐渐增加。偶像剧更是合作的宠儿，《我的亿万面包》《就想赖着你》《泡沫之夏》等合拍偶像剧应运而生。一时间，两岸合拍剧似乎再度迎来了春天。

2010年，国务院台湾事务办公室表示将推动CCTV定期播出两岸合拍剧，台湾电影经大陆主管部门审查通过后，可不受进口配额限制在大陆发行放映。电视剧方面，大陆广电部门也承诺将加快合拍剧审批速度，鼓励两岸影视制作机构参与合拍剧制作和增加引进台湾电视剧等，并且欢迎台湾艺人来大陆发展，大陆逐渐开放政策。2013年，琼瑶再度尝试的两岸合拍琼瑶剧“花非花雾非雾”，同年播出的两岸合拍古装偶像剧《兰陵王》在两岸都获得了很高的评价。

2014年，大陆的网络剧兴起，2016年，大陆著名视频网站爱奇艺在台湾成立爱奇艺台湾站，两岸的合作网剧的机会大大增加。

2015年，两岸筹备合拍改编自上官鼎小说《王道剑》的同名电视剧。同年，也开始筹备《邓丽君》的拍摄。

2017年国务院台办、国家发改委等29个部门发布了《关于促进两岸经济文化交流合作的若干措施》。里面指出：

1. 台湾人士参与大陆广播电视节目和电影、电视剧制作可不受数量限制。

2. 大陆电影发行机构、广播电视台、视听网站和有线电视网引进台湾生产的电影、电视剧不做数量限制。

3. 放宽两岸合拍电影、电视剧在主创人员比例、大陆元素、投资比例等方面的限制；取消收取两岸电影合拍立项申报费用；缩短两岸电视剧合拍立项阶段故事梗概的审批时限。

两岸影视合拍政策发展史

时间	政策
80~90 年代	政策宽松
1999 年	电视剧港澳台主创人员不能超过 5 个，综艺不能超过三个
2008 年	获批后合拍剧享受大陆本土剧同等待遇
2009 年	台湾开放大陆人赴台取景合拍电视剧
2010 年	台湾影片不受进口配额限制
2011 年	大陆鼓励台湾艺人来大陆发展
2018 年	放宽两岸合拍影视剧在主创人比例、大陆元素、投资比例的限制

（本表由研究者根据文献资料整理）

从两岸各自的发展史以及合拍剧的历程，可见两岸合拍偶像剧的发展与两岸关系的良好与否有很大关系。目前来看两岸偶像剧合作前景仍然是十分光明的，两岸都在逐渐开放合拍剧的政策。

当然除了政策方面的原因，两岸合拍偶像剧从开始的“台湾主导，大陆协拍”到后来的“台湾协拍，大陆主导”的情况，可见两岸拍摄制作实力开始易位，台湾若是不想失去自己自身的优势，就必须增强自己的实力，寻找新的突破点，这样才能在合作过程中不至于处于被动地位。

（四）两岸偶像剧利弊分析

从台湾电视产业的内外环境分析可知，台湾的问题有电视市场狭小，而且到了过于饱和的状态，主要参与者已无利可图。因此，为了摆脱产业必然的恶性循环，提升内容的优质化、国际市场的拓展及跨界跨国的合作，将是未来台湾电视产业升级的发展重点。台湾电视产业的机会在于利用台湾在亚洲流行文化的位阶高度，将人才、明星、创意、作品销售至更广大的海外市场，因此台湾内部必须加强产业整合并搜集国际市场信息。

两岸合拍剧可以说一定程度上达到了互补的概念，台湾创作偶像剧的起步要比大陆早，所以相对导演和编剧等经验比较丰富，而且很多台湾艺人在大陆粉丝数量巨大。而且大陆可取景地多，投入资金大，市场也相对大。

当然这也不是说两岸合拍剧就一定完美无缺的，其实还是存在一些问题，也面临许多困境。

两岸合拍剧的 SWOT 分析

优势	劣势
1. 资金共享，降低拍片成本风险。 2. 相比外来引进的剧，有更大机会进入大陆以及台湾市场。 3. 获得海外版权，扩张海外市场。 4. 可以有两岸人气演员共同参演，在两边宣传都比较有影响。 5. 可以有台湾与大陆两个平台播放，受众面更广。	1. 目前主控权大多落在大陆，导致有的时候无法体现台湾的特色。 2. 审查制使题材难以兼顾两岸市场。 3. 两边的编剧人员都很难创作出精彩的剧本，两岸都在重复老套路。 4. 行政流程过于严格。
机会	威胁
1. 两岸的政策目前都是彼此在松绑，这是合拍剧十分重要的前提。	1. 日韩英美等国家产制的偶像剧很多时候收视等超越了合拍剧。 2. 两岸的关系直接影响着合拍剧的政策，所以政策很多变 3. 大陆自己的本土偶像剧做得越来越成功，台湾的优势逐渐消失，台湾对合拍剧的意义日渐下降。

（本表由研究者根据文献资料整理）

三、研究方法

由于本研究计划的变量较难转变为量化的数字，而且对问题的理解需要较多的专业知识以及实际经历。所以本次研究采取对参与两岸合拍剧的工作人员进行深度采访，希望可以借此能深入研究两岸合拍偶像剧，一方面深入了解两岸合拍剧的优劣势，另一方面则进一步了解未来的两岸合拍剧的发展方向，以提供有意继续两岸合拍偶像剧事业的工作者以及两岸相关的部门一些启示，做为未来偶像剧制作与相关规划之参考依据。同时也希望两岸可以合作出更加优质的偶像剧，实现两岸的双赢。

这次访谈是从导演和编剧不同的角度来看两岸合拍偶像剧现状以及对于未来偶像剧合作的建议，所以访纲会有给编剧、导演以及演员的三个版本。

编剧访纲

1. 您当时为什么会想参与两岸合拍偶像剧呢？

2. 您觉得合拍剧和台湾以及大陆完全自制的偶像剧有什么不同？

3. 您觉得两岸的演员和工作人员有什么不同吗？当时组内是台湾的工作人员比较多还是大陆的工作人员比较多呢？

4. 当时两岸的工作人员合作沟通情况如何呢？

5. 您觉得两岸合拍剧有什么独特的优势呢？

6. 之前两岸合拍剧有不少成功的，那您觉得为什么最近产出两岸合拍剧都没有特别大的水花？是存在什么问题吗？

7. 您觉得有什么改进措施吗？

8. 您觉得未来两岸合拍剧该如何发展呢？

9. 您将来还想继续参与两岸合拍剧的制作吗？

导演访纲

1. 您当时为什么会想参与两岸合拍偶像剧的拍摄呢？

2. 您觉得合拍剧和台湾以及大陆完全自制的偶像剧有什么不同？

3. 您觉得两岸的演员和工作人员有什么不同吗？当时组内是台湾的工作人员比较多还是大陆的工作人员比较多呢？

4. 当时两岸的工作人员合作沟通情况如何呢？

5. 您觉得两岸合拍剧有什么独特的优势呢？

6. 之前两岸合拍剧有不少成功的，那您觉得为什么最近产出两岸合拍剧都没有特别大的水花？是存在什么问题吗？

7. 当时在申请拍摄许可的时候有什么困难吗？您在拍摄过程中遇到过什么其他的困难吗？

8. 您觉得有什么改进措施吗？

9. 您将来还想继续拍摄两岸合拍剧吗？

演员访纲

1. 您当时为什么会想参与两岸合拍偶像剧的拍摄呢?

2. 您觉得合拍剧和台湾以及大陆完全自制的偶像剧有什么不同?

3. 您觉得两岸的演员和工作人员有什么不同吗?当时组内是台湾的工作人员比较多还是大陆的工作人员比较多呢?

4. 当时两岸的工作人员合作沟通情况如何呢?

5. 您觉得两岸合拍剧有什么独特的优势呢?

6. 之前两岸合拍剧有不少成功的,那您觉得为什么最近产出两岸合拍剧都没有特别大的水花?是存在什么问题吗?

7. 当时在申请拍摄许可的时候有什么困难吗?您在拍摄过程中遇到过什么其他的困难吗?

8. 您觉得有什么改进措施吗?

9. 您将来还想继续参与两岸合拍剧吗?

四、研究结果

此次研究者访问到了6位受访者,由于问题部分比较敏感,所以为保护受访者本研究将采用匿名的方式。受访者基本情况如下:

编号	受访者职称	简介
A1	导演	曾拍摄多部偶像剧的导演,目前正在大陆拍摄新的偶像剧。
A2	导演	曾经导演过两岸合拍网剧
B1	编剧	多部偶像剧的资深编剧,目前在参与新的偶像剧制作。
B2	编剧	曾在一个两岸合拍偶像剧剧组实习
C1	演员	曾参与多部两岸偶像剧拍摄,但目前没有参与偶像剧拍摄。
C2	演员	曾参演台湾偶像剧的青年演员,目前考虑去大陆发展

由于受访者A1、A2与B1、B2无法接受面访,所以都采用电话采访以及书面采访补充,C1和C2采用面访。采访时间大约一个小时。

以下是采访重点内容整理:

(一)参与拍两岸合拍剧的原因

关于当时参与两岸合拍剧的原因,一部分工作人员都是因为早期参与拍摄的台湾偶像剧引进大陆之后反响很好，所以有大陆的工作人员来主动寻求合作，当然也有业界前辈或者好友推荐进入合拍剧剧组工作的。

当时主要是我导演的一部偶像剧在大陆收视率很高，所以有投资人来问我是否有意愿来拍摄一部两岸合作的偶像剧。老实说一开始我有些犹豫，主要是自己对大陆的影视生态没有那么了解，但是我也想尝试突破，然后期待可以有些创新，所以答应下来。其实整个拍摄过程还蛮自由的，大陆给的发挥空间很大。（导演 A1）

那个时候我觉得台湾偶像剧貌似到了一个瓶颈期了，都是那种王子灰姑娘的爱情故事不停重复，老实说观众骂，我们自己也很无奈，因为很多时候不是我们可以决定的。我也看大陆偶像剧，其实两边偶像剧还真的很不一样。后来有一次一位业界前辈和我说最近准备一部大陆和台湾合拍的偶像剧，问我是否有心来大陆实习，我蛮喜欢新事物的就来了。（编剧 B 2）

之前合作过的一位导演找到我，问我是否愿意参与一部两岸合作的偶像剧拍摄。我看了下那部剧的题材还蛮不一样的，是古装戏，而且是一部在大陆还蛮火的网络小说改编的，之前在台湾都没有机会尝试过拍这种（类型的戏），而且角色是反面角色，我蛮想挑战的，所以我就答应了。（演员 C1）

（二）两岸合拍剧的优势

两岸合拍剧最大优势莫过于两岸合拍剧在大陆可以当成本土电视剧看待，在大陆审核制度严格的情况下，相比台湾本土剧，两岸合拍剧很多时候也就意味更加容易打开两边的市场，这点是最吸引台湾投资者的。

而且合拍剧可以实现两岸各自偶像剧的优势互补，可以既有台湾传统偶像剧的浪漫元素，又有大陆偶像剧写实的特点。相比其他国家和地区，两岸合作的优势则体现在文化差异比较小，编剧、导演与演员之间的沟通没有语言障碍，沟通也相对没有问题。

我不得不说这确实是台湾这边投资方打开大陆的市场最快的方法了，毕竟之前台湾本土偶像剧要引进大陆要费很大的周折，甚至还有可能有的剧播出后“水土不服”，就是在台湾口碑收视都不错的剧，结果在大陆反响平平甚至惨遭“滑铁卢”。而且合拍偶像剧在大陆可以当作本土电视剧一样看待，那差别当然是很大的。而且两岸合拍剧会有两岸的工作人员参与，就一定程度上解决“水

土不服”的问题。（导演A 2）

我觉得最有意思的是（合拍剧）的题材特别广，在台湾可能你只能写都市爱情剧或者校园爱情故事，但是大陆取景地多，所以可以拍宫廷剧、仙侠剧甚至架空的科幻剧。老实说我还蛮兴奋的，创作的可能更多，而且合拍剧的投资都很可观，所以很多特效可以做得更好。（编剧B 2）

那个时候我也是第一次尝试古装戏，在台湾应该都不太会有机会可以拍到这样的戏，因为（台湾）都是现代戏为主嘛。我觉得两岸合拍剧最大的优势就是现在角色可选择的演员人选更多，以前台湾或者大陆自制的偶像剧可能都只会考虑自己的演员，但是合拍剧很多时候就可以在两岸演员里选出最合适剧里角色的演员。（演员C 1）

我觉得合拍剧最大的好处是最起码我们演员之间，与导演以及其他工作人员之间都没有沟通障碍。之前有和韩国演员合作的经历，真的，语言不通的情况下要演出感情，太困难了。（演员 C2）

（三）两岸合拍剧的劣势

随着大陆方面对于合拍剧政策松绑，两岸合拍剧也迎来曙光期。随着大陆网络剧的兴起，偶像剧的播出平台更加多元化，门槛也更低，所以合作网络剧的数量大大增加，但这也导致了两岸合拍剧的参差不齐，而且在大陆本土自制偶像剧的兴起以及台湾偶像剧逐渐落寞而导致两岸合拍剧中台湾处于劣势地位，很多时候甚至只有导演和演员是台湾人。这就失去了合拍剧本身的意义，也不能实现两地不同元素的融合。而且投资方有时候过度介入，导致故事情节偏离原本预定轨道，难免就落入俗套。当然还有外来的威胁，尤其是韩剧的冲击，对两岸合拍剧的杀伤力是巨大的。

大陆偶像剧大多比台湾的更加“现实”一些，传递的很多东西要更加深刻，但早期造型以及音乐很多时候也不可避免地有些“土”。但是最近大陆的偶像剧在造型和音乐方面进步很多。……而早期台湾偶像剧的情节、配乐和造型相比大陆都要时尚些。但是台湾这几年都在原地踏步，也没有人愿意投资。我也很无奈啊，没有钱根本就没有话语权，现在很多都只是主演包括一些工作人员是台湾人，背后就都是大陆的资方占主导。虽然申请拍摄许可问题是容易不少，但很多时候就是考虑到为了迎合大陆市场，就与原本预想剧情越来越远。（导演A1）

我刚来大陆的时候，那个时候合拍剧可以说是台湾在整个剧里是占主导优势的，也都收视不错……但是现在，单纯的爱情故事根本无法满足观众的需求，可台湾偶像剧只会说爱情故事，就是现在所谓的“玛丽苏剧”①，你看韩剧，虽然爱情也是主流，但是也有很多更加深层次的东西在里面。很多合拍剧在剧情上就有一定的缺陷，但是这个因素就多了，编剧本人、导演、资方都有权利修改剧本，也不能说都是编剧的错。（编剧 B1）

我觉得就演员来说，其实现在大陆演艺圈发展很快，早期可能民众都喜欢港台明星，因为那个时候大陆演艺圈还没那么成熟嘛，但是近来很多大陆艺人已经比台湾艺人的更火，所以可能有的时候为了收视考虑就更有可能选择更多大陆的艺人。然后台湾艺人参与进合拍剧的机会大大减少了，有可能就是一两个这样。（演员 C 1）

现在大陆比较火的可能真的就是那几个早年去大陆发展的演员，其实我也觉得大陆现在艺人也很多，台湾年轻一辈的艺人优势在逐渐丧失。其实我对于自己将来去大陆发展的前景还蛮紧张的，毕竟也想被更多人看见。（演员 C2）

（四）对两岸合拍偶像剧的未来建议

目前看来，两岸合拍剧要想重回昔日的辉煌，还需要做很多尝试与改变。比如加入更多两岸的元素，这样才能让两岸合拍剧有合拍的价值，尤其独一无二性。故事可以多样性，但是不能粗制滥造，此外，也希望两岸关系可以维持和平稳定，两岸关系很大程度上决定了合拍剧的命运

老实说我们都希望两边可以有更多优惠政策，不过目前看起来大陆这边更加诚意满满，尤其是惠台 31 条里三条都和影视产业相关，其实我真的蛮开心的。现在合拍剧主创人员选人更宽松，以前要反复斟酌要用几个台湾人，现在可以安心用最合适的人选了。（导演 A1）

现在台湾资金对于影视项目的投资更宽松了。如果有海外及台湾部分的拍摄，日后项目融资的管道也会更多。之前，大陆这边为了打击“假合拍片”，规定陆资比例不得少于 1/3。如今放宽两岸合拍项目投资比例的限制后，对大陆投资比例的要求降低，那台湾投资比例或许就会上升。这个其实平衡一下会比较

① 注：“玛丽苏”原本是二次同人创作里的一个词，意思是作者将自己幻想为女主角，而女主角完美无缺，总是会有不同男主角男配角围绕她转。

好，其实我觉得合拍剧还是应该真正的两岸资本合作而不是大陆资本主导（导演 A2）

我一直也想尝试给合拍剧注入一些更加深刻的内容，比如两岸年轻人共同面临问题，例如晚婚，低薪。还有就是两岸更多的元素，不仅仅只是一个发生在台湾或者大陆的爱情故事。我觉得有的时候或许有两三个编剧分别来自两岸的，来共同编一部戏会更好，彼此最了解自己的文化，才不会有各种与实际不符的剧情出现（编剧 B1）

我希望两岸合拍剧可以平衡一下，我觉得台湾很多地方也可以取景，又很有特色，不一定都要在大陆取景。不然观众也会疲劳，特别是都市偶像剧，北京和上海这两个地方取景最多，很容易审美疲劳。（演员 C2）

五、结论与建议

（一）研究结论

（一）两岸合拍偶像剧最大的优势是进入大陆市场更容易

由于大陆对外来引进的影视剧审核制度较严格，但是合拍剧却能拥有本土电视剧的同等待遇，所以在审核流程以及播出的档期上都比台湾本土偶像剧进入大陆市场更容易，这也是最吸引台湾影视工作者的地方。

此外，两岸合拍偶像剧集合了两岸优质的演员、导演、编剧，而且相比其他国家合拍片，两岸合拍片在文化上的差异较小，在拍摄过程中也比较少会有语言不通的问题，在沟通上也就顺利很多。有两边工作人员共同完成的偶像剧，融合两边的文化，在播出后也更加容易被两岸观众所接受，很少会有“水土不服”的问题。

由于合拍剧能取景的地方更多，而且投入资金也充足，所以两岸合拍剧而且题材多样，从现代都市言情剧到古装仙侠剧，合拍剧提供给观众的选择更多。

（二）两岸合拍剧最大的劣势是两边不对等

两岸合作拍偶像剧的早期，台湾的明星、主创人员（制作人、编剧、导演）、营销人员等成为大陆演艺圈急欲吸纳的对象。所以两岸合拍剧形成了以台湾为主创团队、由大陆提供整合资源的偶像合拍剧分工合制模式。这种模式下出现了不少优质的合拍偶像剧，在两岸的收视率也都十分可观。

但现阶段台湾电视市场狭小、过度竞争，而且制作资金有限，这些条件皆不利高成本偶像剧的产制与发展，所以导致台湾偶像剧逐渐衰落。相对地大陆成为后起之秀，逐渐变为东亚影视市场的中心。如今随着两岸偶像剧拍摄实力的变化，大陆在两岸合拍剧中反而已经占了的主导地位，台湾显得十分被动。此外，亚洲市场也愈趋向大陆倾斜，所以主创团队势必与在地收视市场进行妥协，针对在地观众偏好进行内容上的调整。这将导致两岸合拍偶像剧逐渐变为台湾主创团队为迎合大陆投资方以及观众口味的“四不像”偶像剧。

尽管目前两岸都朝法规松绑前进，但两岸关系仍然不稳定，所以仍面临许多未知因素。而且国家广电总局最近对于电视剧的审查也越来越严格，即使合拍剧也面临着审核不过的风险，这当然也会导致台湾投资方的退缩。可见虽然主管机构明订管理法规鼓励合拍剧发展，但审核制过程仍涉及诸多不可控制之因素，目前仅能促成单次合作个案，目前还没有较好的实现双赢的固定合作模式。

（二）研究限制与建议

本次由于时间以及地区限制，深度采访对象仅仅为台湾方面工作人员，然而现在合拍剧中，其实大陆工作人员或许话语权更加大，所以大陆工作人员如何看待两岸合拍剧的也应该纳入采访规划中。

此外，本次研究也仅仅只深度采访了专业人士，或许阅听人对于两岸合拍剧的优缺点也有一定认识，也可以从中获取一些有用的信息。所以再增加对看过两岸合拍偶像剧的观众对于合拍剧的意见的问卷调查会让整个研究更加完整。

但不可否认的是两岸合拍偶像剧的仍然有很大的市场，应该鼓励影视界的合作，明确审查标准，消除两岸投资方对于审核不过的风险的担忧；而业界则应该好好把握每次合拍机会，累积合作成功与失败经验，尝试将两岸的文化更好地融合在合拍偶像剧中，研究两岸年轻人真正想要看的偶像剧，而不是一味重复王子与灰姑娘的俗套爱情故事。最后，从这些不断的尝试中摸索出现阶段两岸偶像剧双赢的合作模式。

两岸共同保护拳术文化的田调与思考
——以福州宗鹤拳为例

李致伟*

中国传统武术与华夏文明同行，有着十分悠久的历史。过去的几千年间，人类一直处在冷兵器时代，武术便是我国劳动人民在长期与野兽、自然、外族的争斗中，经过不断地经验总结而发展出来的一类行之有效的生存格斗技巧。作为冷兵器时代一项重要的军事技能，武术一直以来便备受历代王朝重视，经过上千年的发展，中国武术形成了种类众多的流派与竞技技法，诸如我们熟知的少林、武当、峨眉、空洞等武术门派，当然也有太极拳、形意拳、八极拳等竞技技法。千百年来武术一直在民间及军队中自然传承，是我国重要的文化瑰宝。

一、近代传统武术走向衰弱

武术鼎盛了千年，从百年前开始，武术的发展由盛转衰。武术的衰弱与冷兵器时代结束有着直接的关系，热兵器代替冷兵器使得体术搏击退出了现代战争的一线舞台。国人对于武术观念的转变也是从近代反侵略战争开始。当年我们科技落后，以武术抵抗西方列强的枪炮入侵无疑是一种螳臂当车、以卵击石的举动，不过武术却遗憾地被当时的人们冠上了“落后”的帽子。武术为近代中国的落后背了锅，自那时起由于人们对武术观念的改变，使得全国习武人数骤降，不少拳种以及武术心法随之失传。

人们对武术整体观念的改变直到20世纪70年代才有所改观。20世纪70年代后期，港台地区武侠小说、电视电影风靡，武术的传承得到了一定的恢复。

* 李致伟，福建师范大学闽台区域研究中心、海峡两岸协同创新中心助理研究员。

在受到影视文化的影响后，传统武术的发展更多的是以演出套路的形式展现在世人面前，然而也是从那时开始，社会上出现了许多打着“武术大师”旗号进行坑蒙拐骗的江湖骗子，他们对社会的负面影响同时也给传统武术的恢复与发展蒙上了一层阴影。近年来，随着网络自媒体的发展，搏击狂人徐晓冬等一行人通过擂台战的方式在全国内进行“武术打假”，多次以真实的比武击败只会表演武术套路的所谓“武术大师”，许多多徒有虚名的武师被推下了神坛。武术打假行动净化了武坛的空气，但与此同时也有越来越多的人开始怀疑传统武术的实战能力，甚至出现了认为武术从创立之始就仅仅只是一种养生保健的体操，根本不具备竞技战斗能力的言论。

这种观点比较偏激。武术也属于非物质文化遗产，任何一样非物质文化遗产的传承都要求其传承者花费大量的时间进行不断地钻研与磨炼，武术的传承与发展也是如此。百年间沧海桑田，由于缺乏系统的传承与应用，如今的传统武术的实战能力确实比古代弱化了不少，但这并不意味着传统武术生来就不能实战。

二、在两岸间共同传承着的拳种宗鹤拳

今日的传统武术较百年前的繁盛相比已不可同日而语，虽然如今遇到了被人质疑实战能力的局面，但大部分人对武术的实战能力还是抱有信心的。在中国南方地区存在着一批具有实战能力的传统拳法，其中发源于闽东福州地域内的一种名为“宗鹤拳”的拳法十分具有特色。福州宗鹤拳是清末时候福建人方世培创造出来的一种瞬间驭劲的实战武学。在过去的 200 多年时间里，宗鹤拳传播到了全球各大洲，在海外享有极高的武学地位，是国外许多武学流派所借鉴并成为他们的开山鼻祖的拳术。比如目前有着三千万在册弟子的日本空手道，就认宗鹤拳为其鼻祖。宗鹤拳沿袭着中国武术的传统讲究习武必须内外兼修（所谓外功是现在所说的搏击技巧，而内功则是气功）不可顾此失彼的特征，传入台湾也有上百年的历史。两岸宗鹤拳如今仍然在闽台两地民间活态传承着，有着清晰的传承谱系，保存有一套完整的传承体系。

三、宗鹤拳的由来

冷兵器时代的武术对一个国家来说具有极其重要的重要地位。自明代以来，

以福建广东为中心的拳法在江南地区获得了很大的影响，人们习惯称这类拳法为“南拳”。南拳虽以刚猛著称，但南拳武师的体能往往是其竞技水平提升的关键所在。武师行拳一段时间后容易出现体力不济的情况，因此耐力问题一直都是南拳武师在拳法提升过程中亟待解决的问题。

在距今160多年前的清道光年间，福建出现了一位十分具有武学天赋的武师——方徽石（字世培）。方世培是个地地道道的武痴，每日除了练功与四处求学切磋之外，他有个特殊的爱好，那便是休息时喜欢观察飞禽走兽的搏卫之道。最初他希望从动物的殊死搏斗的过程中获得一些能够提升技法的灵感，但经过长年的观察方世培却发现了一些另外的门道。他发现许多动物在搏斗时能在瞬间迸发出看似与其体型并不相符的极大爆发力，受此启发他开始思考如果能掌握这种爆发力的控制方法。如果人能控制这种爆发力，那武师便能极大地提高拳法强度，同时由于发劲是瞬发的原因，武师便能实现实战中节约体力的目标，这样一来便有效地解决了南拳武师竞技水平提高的瓶颈问题。找到研究方向后，方世培开始不断地思考与尝试模仿各种动物的发劲原理,最终从“鸟”“虾”“狗”等动物的随身抖劲的方式中获得了极大的启发，开始探索人体通过导气来实现引劲的方法。幸运的是此时方世培结识了福清天竺寺的长老，长老以传统武学中导气术的要领对其进行了点拨，最终方世培创造出了一套能瞬间发气并导气至全身的武术心法。这套心法的特点是能瞬间有效地将气与劲进行结合，同时通过四肢迸发出来，瞬间增加修炼武师的攻击与防御能力。较传统南拳的吐气法而言，这套心法不但解决了当时南拳武师常受制于气力不济而无法实现武学突破的瓶颈问题，同时还让南拳能在瞬间实现攻防一体。弱冠之年，方世培便凭借其独特的内功心法以及集各家之所长的精妙招式典中武举。

虽然高中武举人，但方世培终究是个武痴，一心崇武，无意仕途，反而开启了云游各地、寻师访友、切磋武艺的生活方式。在此之后的二十多年间，方世培访遍各路武学人士，在一边授徒的同时一边依然坚持不断地深化与完善他的武学体系，不断地用实战来进行武学的锤炼与检验，逐渐地取得了威震四方的名声。经过多年的钻研与完善，方世培所创的这套武学的内容也得到了极大丰富，不仅仅局限在最初的心法，还包括了徒手套路、棍法、大刀法等几个主要方向，并命名为“宗鹤拳”。方世培在初创此套武学之时，只是简单地用悟道的灵感来源来给武学命名，将其唤作“虾法狗宗身”，而后在教学的过程中武学名称发生了多次改变。历史上该套武学曾经出现有多种称谓，较为常见的有“茶山软功”“纵鹤拳”“踪鹤拳”“骏鹤拳”“宗鹤拳”等，后来人们普遍称之为

“宗鹤拳”。经过后人百多年的不断学习与传播，宗鹤拳的传播足迹已经遍及全球，特别是在东南亚、日本等地影响极大，甚至还发展出了当地不少的武学流派，其中最著名的便是日本金城昭夫的“纲手流”，受众群体三千万人以上。

四、两岸宗鹤拳的文化体系

两百年间宗鹤拳在两岸人们的共同努力下传承至今，在历代传承人的努力下融入了中国传统文化的许多内容。如今我们看待宗鹤拳不能只把其视为是一种单一的拳术，正如佛教不仅仅只是宗教信仰一样，宗鹤拳也不仅仅只有拳术，除了竞技武术本身之外还涵盖医术、武德、爱国主义等内容，我们更应当以一种文化的视角看待该项非物质文化遗产。

1. 宗鹤拳的拳术文化

（一）武术文化

在几千年的华夏文明土壤里成长，武术深深地被熏染上中国传统文化和东方哲学思想，如：天人合一观、太极阴阳哲理、道观、气观等。可以说，宗鹤拳较为系统地继承了中华传统文化和哲学思想。比如，中国道家的五行学说：在宗鹤拳招式的“五行手”中可以得到体现。结合易经阴阳五行相生相克道理，手法上讲究金、木、水、火、土五行变化，善“断、挪、冲、捽、圆、化”等手法，腿上有“踢、蹬、踩”等技法，讲闪避带打，讲圆化顺滑。一些招式中的相生相克方式也用五行的观念加以阐释。宗鹤拳在技击上的特点是：见力生力，见力化力，见力得力，见力弃力；注意不注气，注气不注力。

（二）道法自然：宗鹤拳的最大特点是“宗”，而这种“宗”是指“狗宗身”之劲，与其他鹤拳所谓的“宗劲”有根本性的不同。这里的“宗”是福州方言，是指狗从水里爬上岸后，全身肌肉舒放，整体骨架主动，耸动全身毛皮来回抖动，发出的弹抖之劲，片刻间把身上的水弹掉、抖净，狗的这种动作在福州话里就叫作“狗宗身”，“狗宗身”发出的劲就叫作“狗宗劲”。宗鹤拳的精髓就是“虾法狗宗身”，主要模仿河虾、家犬、溪鱼、寒鸦、鸪鸟、鹤等动物形态，在训练中宗鹤拳要求练习者练两臂弹抖之劲，全身震抖之功，步法轻、稳、快、灵。要做到：“双手如竹绳，两脚如车轮，进如猛虎出林，退如老猫伺鼠”。身法上要求：“解（胯）吞臂悬、沉肩松臂，含胸拔背、龟背鹤身、虾臂狗宗身”。这些拳法中形象的要求，都是开创者方世培习自然之法的经验总结。

（三）阴阳相生：宗鹤拳含有拳法、刀法、棍法等套路。比如拳法共有一百零八个动作，分三战、四门、梅花步、两步、四步、五步、鹤翅、二十四技击法等。这些竞技技法均是外功招式，但如果只有拳法招式，就如同今天很多武术的武功套路没有太大实战意义。宗鹤拳在整个行拳过程中，自始至终都贯穿着吞、吐、浮、沉的气功运动，把气功运动和套路结合在一起练习，突出吞吐浮沉、刚柔相济的特点，是宗鹤拳与其他拳种区别最为迥异之处。宗鹤拳外形相对来讲好学一点，复杂的技巧较少，难就难在内在的呼吸、行气、调息心法，它的呼吸行气方法是从下丹田发动、胸式呼吸引向腹式呼吸，所以需要很长一段时间进行练习。讲究外形严谨，合乎规范，讲究内在的精、气、神。其独特的运动方式，能够运动到脊椎的每一节，强化筋骨内膜组织，使用鸪气发声的音波共振开发上、中、下丹田，真正将功用发挥出来，独特的行气调息法更能培养丹田内气，开发人体潜能，所以宗鹤拳是集强身、防身、修身于一体的上乘内家武功宝典。宗鹤拳有禅宗取法天地自然之道、平衡身体阴阳之功。养于内，能改变人的精神气质；施于外，能把体内有限的力量发挥到极致。

为了便于理解，现将我对宗鹤拳气劲搏击之道的理解做以下解释：

（1）宗鹤拳之气

战国时代《玉刀珌铭文》有记载：“行气，天则畜，畜则神，神则下，下则定，定则固，固则明，明则长，长则退，退则天。天，天舂在上；其舂在下，巡则生，逆则死。”这则铭文所要表达的意涵与宗鹤拳的内家心法并无二致，这也跟方世培祖师创拳之初得到禅宗长老指点内气运行秘诀有密切的关系。宗鹤拳用气，气沉丹田，注气不注力（松节），注意更注气（意识），呼吸相求，气劲相应。而“气”是指人体内能够运行变化精微物质，有一定运行路线。佛家与道家则利用气息运行予以锻炼，就是气功或内功，宗鹤即要练这种气。

宗鹤拳所练内功乃丹田功，丹田即正中之小腹气海穴，在脐下一寸五分之地方，练习时应气沉丹田，有节奏而呼吸，呼吸时应做到绵、细、深、匀、细柔、不着力、求自然、吸前呼后、意守丹田，而有节奏地进行以胸式呼吸引向腹式呼吸，由于不断进行锻炼，日久会使你当训练开始不久感到腹内一股暖气在流动，全身慢慢感到发热，此即是气血在人体内舒畅循环流动于周身之气。宗鹤拳独特的导气调息法，能迅速培养起丹田内气，从而行在全身百骸，并能极好地开发人体潜能。

在技击中气能助劲，在发劲时足心贴地，气尚能助于稳定自己重心，气自足底起，增强两足之间力量，使下盘稳而活。故气能集中于丹田，鸪气发出，由丹田贯串于足底以气助劲，再发于身体任何要出击之部位。老一辈武术家所说：力坠涌泉，浑身是劲之道理。

宗鹤拳练习时还注意气贯丹田，以意引气，气劲夹出，练时手、腰、脚、气相连谓之一贯之劲。宗鹤所要求者是“宗劲”而非宗力，故动手即要有弹抖震撞之劲，由足起而走气劲到全身发出一种弹抖震撞之劲。这是宗鹤拳所要求能发出强大威力宗劲之最高境界。

（2）宗鹤拳之劲

在武术中，劲与力是有区别的。在武术上“力”仅指对重物发生作用，举、拉、压或推等一种“气力”。在一般意义上所谓“劲”也就是气力。而在武术上“劲”指经过科学系统地训练一段时间之后人体肌肉筋络组织能够迅速收缩而爆发伸张出来之一股弹力。

练习宗鹤拳之人，只要在宗鹤拳名师指导之下，经过长期科学地锻炼，就会变得很有劲，实际上是借助行气催气练出肌肉筋络收缩有力，富有弹性及韧性，反应极迅速，同时因长期锻炼，骨组织密度及韧带增强。“宗劲”发生之弹性是一种由气发动的弹力，由于反应极其迅速，加上灵巧圆滑动作，宗鹤拳名师在与对方交手之时，故能轻而易举将对方抛击出数尺之外。

宗鹤拳在技术上要求，在与对方交手时，只要手触到对方身体之任何部位，均能使对方感到触电感（麻痹），或被击倒，或被抛出数尺之外，乃是宗鹤拳所要求的“一触犹如飙风闪电”。

武术上之劲可以经过训练而成，一般之力一过壮年，若不经常锻炼即消退，有劲之人可以转弱为壮，在技击上有劲者可制胜有力之人，有力之人可以举起重物，却无法制胜有劲之人。就好像牛能拉动重车，如把车绳套在虎背，老虎却拉不动，虎不如牛有力，但牛与虎相斗，最后的胜利者却是老虎，所以说，牛不如虎有劲。宗鹤拳需要虎之活劲，不要牛之死力。武术家能一出手发人于丈外，疾如飘风闪电，而贩夫走卒却难以做到。担挑走贩之人，其力只达到肩头手臂，不能运达到全身，这就是力的体现。武术家能运周身气力于一手一足或一指末端，所以称之为“劲”。

宗鹤拳之功夫练深之人发出之劲又名弹抖震撞之劲，而反应特别灵敏，在技击上能够随心应手击中对方身上为所欲为，且在对手进攻之同时利用巧妙的身法、手法、步法上中下配合恰到好处地加以应付而反击，出手时似乎并不费劲，实际上发出一种绝大弹力将对方击倒抛出数尺之外。

宗鹤拳之劲主要分为刚、柔、虚、实、直、横、斜七种。初学者对劲的道理理解不深，也不懂怎样发劲，所发的是死力僵劲，因此，初期最好用的是刚劲与直劲，这两种劲为明劲，显露于外，进而再辨别横劲与斜劲，这两种劲就有点难度，再深入则辨别虚劲与实劲及柔劲，这是到触摸高级阶段了。如猛虎出林，直冲直撞，是为直劲；饿鹰天降，落扑攫食，是为横劲；至于虚劲与实劲在对抗时“人实我虚，乘虚即实，人刚我柔，乘柔即刚，柔中有刚，是为真刚，刚中有柔，是为真柔”，懂得并能随机应变使用自如，即能达到刚柔相济的程度，则离宗鹤拳所要求的宗劲也就不远了。

（3）宗鹤拳之内外结合

宗鹤拳在训练过程中，在大脑皮层的支配下有意识地行气，以气推劲，结合身上各种动作，边行拳边练气，以意带气，气劲结合。宗鹤拳拳谚曰：“劲断气不断，意不断则劲不断。”也就是说，它的运动特点是意、气、劲三者合一，带动全身进行运动。

在训练时应该有意识地带动身体内的内气运动，抛除掉一切私心杂念，用专一意念来指挥引导气息，采用以胸式呼吸引带腹式呼吸方法，意守丹田，把宗鹤拳独特的气功学好。

内者，即为精气神，外者，手足身。宗鹤拳行拳时要用专注的意念来进行身体内外三合及运气导息运动。我们可以将它分开来讲，一个是外部运动，一个是内部运动。外部运动表现在外表套路上，内部运动表现在内在气功的运行。内外运动既对立又统一。外部运动可以促进内部运动，内部运动可以通过外部运动体现出来。外部运动做得不够准确，不规范，就会影响到内部运动的正常进行，反之，内部运动如果不适当，使精疲气乏，也会影响到外部运动。比如沉马下落时吸气，就会造成下盘滞重，周身绷紧，这样就不利于内气的运行。

（4）宗鹤拳之五行手

习拳之道，熟练为先，练拳多年，以快克慢，天下武功为快不破，任何时候占得先机。出手接招，不能以拳套拳，以招套招，而只要守好子午门户，在无数遍练习（包括五行手）、自然反应基础之上顺势而为，一触即发，意到劲到，发人于无形。临阵交锋切不可拘泥于常人说法。木、火、土、金、水，五行相生相克，阴阳五行变化到了极致，无限逍遥，交触接敌，电光石火间也能做到不慌不乱，随心所欲，胜负就在眨眼间就产生了。

方世培祖师平时喜好读书，熟读《易经》《孙子兵法》等经典书籍，而《易经》一书，广大精微，包罗万象，从本质上来说，是阐述变化之书，书中有大量关于阴阳五行内容，阴阳五行学说，是华夏古代朴素的唯物论和自发的辩证法思想，它认为世界是物质的，物质世界是在阴阳二气作用的推动下孳生、发展和变化；并认为木、火、土、金、水五种最基本的物质是构成世界不可缺少的元素。这五种物质相互资生、相互制约，处于不断的运动变化之中。这种学说对后来古代唯物主义哲学有着深远的影响，如古代的天文学、气象学、化学、算学、音乐和医学，都是在阴阳五行学说的协助下发展起来的，同样也融入中华武术中去，应用十分广泛。阴阳五行学说对宗鹤拳武术文化理论体系的形成和发展，起着极为深刻的影响。从教学方面来说，五行手的区分也给记忆与训练带来很大的方便。

方世培祖师根据《易经》阴阳五行学说，结合自创拳术的特点将宗鹤拳拳术当中几种手法定做为五行手，以便于记忆区分运用。宗鹤拳五行手法之间相互变化，相生相克：金手金力势锐锋利，无坚不摧；木手如钢如锥，使受击打部遭受深入重创；水手水力如水浪，汹涌澎湃，如水寻隙，无孔不入。火手攻击时猛烈而短促。火力如烈火如炸雷，爆烈刚猛；土手或防御或追杀，沉实如泰山压顶。宗鹤拳五行之间的基本变化：水手来土手挡，木手来金手克，金手来火手破，火手来水手堵。宗鹤拳在训练时虽也进行五行手对抗练习，把五行手练熟练透，一旦到了临阵交手之时，就全凭拳练千遍之后自然快速反应，以快打慢，刚柔相济，灵活使用。

（5）宗鹤拳之技击

宗鹤拳武术动作毫无花架虚招，其实战技击运用在武术运动中有着十分重要的实用价值。认识技击，要必须认识人的本能。人的本能有强弱之分，在争斗拼杀中就有胜负之分，但受过技击训练与不受过技击训练的却能改变本能的差异程序，以最大限度地发挥人的思维能力和体能潜力，充分体现出争斗中的技术力量，从而征服对手，战而胜之。练习者本身经过宗鹤拳技击格斗训练后掌握了良好的技击技巧，增加了防身抗暴能力，相对来说其锻炼身体的效果也越好，身体越健康，其技术能力也就越高。二者相辅相成，相得益彰。

2. 宗鹤拳的医术文化

自古习武者都是“武、医”不分家，人类在生产、生活过程中，生病受伤是常见之事，特别是练武之人。习武或自卫都难免会带来某些程度上的运动伤害，因此，练武之人都比较重视学习一些推拿、疗伤、汤药、骨科、针灸等医术，一方面为了自身应急之需，另一方面也能用于服务民众。宗鹤拳一门除了传承有独特武学之外，还有医术的传承。宗鹤拳创拳祖师方世培不但拳法精湛，同时还有一手绝妙的医术。

对于宗鹤拳医术的记载在近代著名翻译家、文学家林纾（字琴南）的笔下，有这样的记载：

（一）《技击余闻——方先生篇》……一日，春燕酒酣，（王陵）竟求与先生较艺。先生陷其樊中，在法当仰跌，先生忽骈三指，置王陵胸，陵肝鬲间如沃沸汤，声息皆渺，如死人。先生曰：“孺子初不自量。”即出小丸药合水饮之，立苏……

（二）《技击余闻——方先生篇》……先生愠，竟以手按竹策肩井，竹铭挺立如木偶，解衣视肩井之骨已下陷。先生大悲，以药治之，三月而愈……

（三）《畏庐笔记——方夫子遗事》……乙累当皆不能得志，师怒，闻声近股际，即以拳吸气下击，中乙要害，立僵。师索火，按之未死，投以药，逾三刻苏……

方世培根据平时行医所积累的经验心得，亲自书写了很多药书，依然保存至今。比如他的独门伤药“八仙丸”，制法独特，代代流传，药效显著。经过多年的发展，宗鹤拳流派医术也在台湾、东南亚、日本多地得到传承与发展。

宗鹤拳作为一种武术运动，强身健体的效果也极其突出，修炼拳法对增强民众身体素质有极大的帮助。宗鹤拳的精髓是“虾法狗宗身”，即模仿河虾、家犬、溪鱼、寒鸦、鸪鸟、鹤等动物的形态，招式动作可以说几乎涵盖人体各部位、各种物理动作，对人体筋骨、肌肉、呼吸和血液循环系统可以说是得到全面的锻炼，尤其是肩、肘、手、背、腰、腹、足等部位运动量较大。此外，传统医学讲筋脉，宗鹤拳也谈筋脉。比如宗鹤拳的吐纳运气之法讲究任督二脉的疏通，练习者达到至高境界时，就能做到气入奇经八脉，突破了南拳练习者极易气促疲惫的瓶颈，方世培在创立宗鹤拳过程中，就是在天竺寺禅宗长老的指点之下练习行气导息方法，并结合自身仿生学创新，才获得突破，形成无论技法还是心法都是全新的武术门派。

宗鹤拳对身体的保养与恢复还有一定的辅助治疗作用，主要是针对人体的肩腰背部肌肉劳损、呼吸系统疾病等有较好的治疗效果。

3. 宗鹤拳的武德文化

国无德不兴，人无德不立。宗鹤拳武术一门历来重视武德教育，重视中国传统礼仪的培养。宗鹤拳祖师方世培自创立宗鹤拳派以来，除了以身作则之外，尤其重视良好家风传承，重视弟子武德修行。

方世培最出色的弟子“八闽五虎将”之一的蔡道恬，最初做小生意常遭人欺凌，于是便特别想学宗鹤拳功夫以便恃技显威。方世培觉得其学习动机不太单纯，便将其拒之门外，直到其端正了思想态度后，方世培才开始对其进行严苛的考察。蔡道恬历经了很多艰难的考核，最终才得列门墙。历代宗鹤拳的师传者，都谨记本门训诫，严把收徒关，参加宗鹤拳学习者在入门之前首先都要接受人品考察，接受武德教育，遵守最基本的做人准则，要完全做到思想行为端正，学习目的明确，学习心志坚定。20 世纪 80 年代初，我国迎来了改革开放的春天，民间武术在功夫电影的助推下，也得以重焕生机。福州地区大批武术爱好者，纷纷来到福清宗鹤拳发源地茶山村向方美锦和方德桢叔侄请求要学习宗鹤拳，其时正值青年追求港澳发型装束时髦风潮，留长头发、穿包臀喇叭裤、留长鬓角、戴蛤蟆镜在年轻人当中流行起来。当时的传承人方美锦看不惯这些显得怪异的仪表，特别讨厌这种带着痞气没正形的模样，所以一看到有以上发型装束的小年轻来拜师，二话不说，一律予以拒绝，就算下跪磕头哀求送礼都没用，他认为学武之人应当要有清爽干练、淳朴英气的正面形象。宗鹤拳从授徒环节开始就特别重视对自身良好形象维护，也是讲究武德的一个缩影。

达到入门条件的准弟子要参加拜师仪式。宗鹤拳的拜师仪式是正宗嫡传宗鹤拳薪火相传的起点，也是中国传统礼仪的基本表现形式，拜师仪式能传播和弘扬对中国传统礼仪文化，能有效地传承，确立师徒关系，对传统宗鹤拳武术，还能起到提高本门声誉以及约束徒弟的作用，保证师徒关系和谐，有利于宗鹤拳的健康传承和发展。

入门之后，每次参加练习前后，都要向祖师爷画像及教练行礼致敬，以体现尊师重道精神。宗鹤拳弟子一旦入门后，就要在以后的学习、生活、工作等各方面都要时刻记得武德训诫，遵纪守法，珍惜宗鹤拳弟子良好形象，为国家、为社会、为人民做出自己的贡献。

（一）宗鹤拳武德要求：

凡进入宗鹤拳门下学习宗鹤拳武术之人要以德为先，学艺先学礼，习武先习德，要谨记本门六德：仁、义、礼、智、信、勇。要谨守师道和孝道，在家兄贤弟恭，在外朋亲友爱，要懂得恭敬谦虚，仪容得体，行事光明磊落，无愧于心，与人为善，明辨是非，守信践诺，“穷不失义，达不离道”，“富贵不能淫，贫贱不能移，威武不能屈”，做一个受人尊敬的正人君子，做一个德行兼备的宗鹤拳弟子，努力追求最高层次的品德修养，努力为宗鹤拳武术添砖加瓦，使这一门优秀传统武术文化永世流传。

（二）宗鹤拳门十二条戒规：

不恃技欺人；不欺师背道；
不懈怠习拳；不懒修德行；
不贪图显贵；不损公害私；
不骄奢淫逸；不惧险救危；
不为非作歹；不骄傲自满；
不是非不辨；不无知争强。

（三）师训：

宗鹤拳弟子在正式拜入了本门之后，要热爱社会，热爱生活，热爱中华文化，切记要孝敬父母，尊师重道，勤学苦练，不图虚名，博采众长，融会贯通，谦恭礼让，遵纪守法，匡扶正义，团结武林同道。你的行为表现、你的功夫展示，社会对你的口碑等各方面都代表着师门，关系着师门荣辱，在做人和功夫上都要力争做到为师门增光添彩，为中华武术传承与发展贡献力量。

4. 爱国主义文化

宗鹤拳门人不仅习武，学习医术，同时也都抱有着炽热的爱国主义情怀。

宗鹤拳产生于中国几千年来封建社会的没落期，其时腐朽透顶的清王朝面临着内忧外患严峻形势，积贫积弱。持续十多年的太平天国农民起义运动，动摇了清王朝统治基础，而帝国主义者发动的鸦片战争，更是使得民生凋敝。在动荡的时代背景和社会背景之下，福清地区老百姓爱国热情及民族热情日渐高涨，练武之人更是渴望以技卫民、以身报国。

流淌在福清人血液里的抗倭文化精神积淀与浓烈的家国情怀也鲜明地体现在玉融之子——方世培身上。据方家后代子孙口述，方世培还曾因为看不惯洋人大力士在中华国土上作威作福而予以教训。弟子林琴南先生也在其师影响之下，用满腔爱国热血挥就了百余篇针砭时弊的文章，他用恰切的文笔完成了《畏庐文集》《讽喻新乐府》《巾帼阳秋》等 40 余部书，成功地勾勒了中国近代社会的人生百态。

方世培爱国爱民族精神深深地影响了本门弟子和后代子孙。从台湾宗鹤拳弟子所著《极化武道 骏身鹤法》等有关宗鹤拳书籍记载发现，无数宗鹤拳门弟子在日据时代的台湾暗中进行反日活动（方绍矞弟子李栋梁和邱清凉曾以寡敌众，狠狠教训了 30 名调戏台湾少女的日本人）；还有许多本门弟子在抗日战争、解放战争中贡献出自己的力量。比如曾在国民党警察局任职的地下党党员、方世培祖师的宗鹤拳第三代嫡传子孙方美振，曾大显神威一脚踹开敌城门勇救战友的城工部共产党党员、宗鹤拳第三代嫡传子孙方美锦；有轻功如猿，腰插双枪，枪法有百步穿杨之神技、让敌人闻风丧胆的传奇人物、闽中工农红军游击队女神枪手何兰英等，都是近代宗鹤拳的优秀弟子。

五、宗鹤拳的传承谱系

（一）大陆传承情况

方世培历经二十年创出宗鹤拳，其间游历江南各省，每与人交手皆占上风，威名远扬。

1. 方世培开宗立派，招徒授艺后，跟随习武者众多，其中第一代弟子中最出名的五位弟子被称为“八闽五虎将”，他们分别是方永华（长短节化身宗身）、唐依鹤（好宗身）、林孔培（好翅股）、蔡道恬（好捞金）、王陵（好化身），以及得意弟子林纾（琴南）、叶鼎城、程学深、侄子方竹铭等。此后代代相传，经久不衰。后世弟子遍布闽台、两广、港澳及东南亚、日本、美国等地。

2. 方世培次子方永华，自幼受方家武风之熏陶，又掌握了“化身短节宗身”的独门绝技，为方家宗鹤拳真传。方永华性格耿直，不贪图富贵，又好打抱不平，故容易得罪人。据方家前辈述说，他因为武功出类拔萃，精通医术，兼且相貌俊秀，身材高大，因此为福建巡抚赏识，特聘为武术教官。除了平时教拳传艺之外，方永华经常凭着精湛的医术为巡抚家人疗疾祛疴。巡抚大人对一表人才的永华抱有强烈的好感，而且巡抚独女对其芳心暗许，为了和意中人多接触，她屡屡故意装病，请方永华为其诊治，意欲留住他结百年之好，但方永华对此有所察觉，谨记父亲平时对他在品格操守方面的训诫，面对美色和拈之即来的富贵，坚决不为所动，为了摆脱无休止的纠缠，就假说茶山家中有急事，方得脱身回乡。方永华后来对友人及后辈解释说，此事还有另一层原因，觉得自己只是一介武夫，配不上那高官之女，若与官家女子结为连理，以后免不得要在官场上与那些达官贵人周旋应对，而这些做派素来不为性格刚直的永华所喜。方永华还会舞双剑，他将武功传给其子方绍峰（外号阿峨师，也得到祖师亲传）、方绍翥（外号阿凤师）。

3. 唐依鹤练功刻苦，深得本门武功之精髓，一身宗劲，鬃乍弹抖，发之随心所欲，沛莫能御。1899 年（光绪二十五年），唐依鹤在闽浙总督府选拔总教练中，经十多场比试立于不败之地，最后与府中侍卫韩忠国比武，唐依鹤以“威猛无俦”的宗劲在三回合之内就挫败韩忠国，荣任府中总教练之职。

4. 林孔培一生记述不多，只知道他嗜好武功，用心极专，为人忠厚，待师极诚，不太爱张扬。林孔培擅于“鹤翅”，而鹤翅技法在宗鹤拳拳法里算是比较难练的招式，练习者能练成并能运用自如者极少，可一旦练成，双手如鹤翅弹击，风声起处，威力惊人，被打中者如被电击鞭抽，故有“鹤如触电”之说。由此管窥一斑即可知林孔培的武功之高深莫测。

5. 蔡道恬是个来自福州的小货郎，平时走乡串村，常常深为恶人痞仔欺凌所苦，后来听说茶山“虾法狗宗身”拳法十分厉害，甚是向往，特意来到茶山要拜祖师学拳。蔡道恬以威猛难挡的“捞金手”绝技著称于江南武林，从而能跻身“八闽五虎将”之列。

6. 福州人王陵的化身功夫在方祖师众多的徒弟中首屈一指。他身高七尺许，雄健精悍，早年曾习练罗汉拳，手掌坚硬如铁，平时常常以掌抵柱，柱子震动得很厉害，又能用手腕砍石块，石块立马断掉。王陵把方祖师延请到福州家中，事师如父，跟随方祖师学了好几年功夫。有一天方祖师要告别王陵回茶山，王陵依依不舍送了好几里路，还舍不得回转去。到了一个小亭休息，王陵跪在祖师面前说：“今天我与师父相别，难道就没有绝招秘术教徒儿吗？”祖师感念他的诚意，就把大身化小身之秘技传授给他。王陵拜受此法，练了三年，其间用此法和人交手均占上风。之后来到茶山，祖师让王陵拿自己试手，结果还是被祖师轻而易举制服了（此段故事见之于方世培亲传弟子林琴南先生所著的《畏庐笔记——方夫子遗事》一书）。纵然如此，王陵的化身绝技是得到方世培祖师真传的。

7. 方世培弟子林纾（字琴南）是近代著名文学家、翻译家，能诗、能文、能画，博学强记，嗜书如命。他因家庭贫困，自幼身体孱弱，曾于12岁时得到方世培的赏识和传授，通过学习宗鹤拳武术以强身健体，武术的锻炼使他得益匪浅，尽管他咯过血，但身骨还算硬朗，60多岁时腰不酸背不疼，还能整日站着写字、作画。林琴南喜欢武术，对其师亦佩服之至，以亲眼所见为依据，将方世培的武术生涯及一些逸闻趣事写入《技击余闻》（列入首篇）、《畏庐笔记》中。

8. 方世培亲传弟子叶鼎城字三耳、号乌脸大师，武功出类拔萃。叶鼎城徒弟金西波为福建马尾海军学校教官，金西波传艺给香店拳宗师房利贵和房友钦、林仕平、林银彬、陈谦榜、卡宝炎、黄兆云等人。林仕平等人也各有传人至今，活跃在国内武术界以及世界各地。

9. 方世培亲传弟子程学深，武功精湛，待师极恭，为人朴实忠厚，主要在福州地区传拳。

方永华嫡传一脉至今已传到了第六代，目前福清市宗鹤拳协会会长方长玉、副会长方长灿即为其嫡系后代子孙。方家嫡系第一代传人方永梁、方永华、方永祥（竹铭），嫡系第二代传人方绍峰、方绍翥、方传模等，嫡系第三代传人方美源、方美振、方美锦、方美銮等，嫡系第四代传人方德桢、方德明、方德亮等，嫡系第五代传人方长斌、方长鑫、方长灿、方长玉、方长林、方德康等，嫡系第六代传人方肇淦、方肇杰、方长江等。

因岁月久远，时局常变，其后世弟子有的造诣不凡，还在用所学武功医术造福社会，有的则暂时失联不闻，还有待于今后继续搜集相关讯息。

（二）宗鹤拳在台湾传承发展历史及其他流派概述

1.“台中二高”张常球一脉

最早于把宗鹤拳传入台湾的是福州人张常球先生，早年学习罗汉拳等南派硬拳，后与方世培次孙方绍翥先生义结金兰并跟随学习宗鹤拳。在方绍翥的悉心指导下，技艺精进，尤对“宗身”用功最深、体悟最多。常球本名二哥，常球为方家所赠之名，后因日本人台中厅长誉二哥武术与德行并美，如新高山（玉山）能高山（雪山）并峙，更称“二高”。世以二高拳法称其术，又称“台中二高”。不幸的是，台北的漳、泉两派常常因为争地盘而争吵，邀请张二高师徒加盟。为了避免卷入不必要的争执，张二高师徒决定南迁。于是先派师侄三人，到台中的三角街租房子，然后开了一间以饮食为主的店。时间久了，三人练武的事被邻居知道了，常常有人叩门拜访，想要和张二高较量较量，但总是“乘兴而来，败兴而归”。从此之后，宗鹤神功之美名远播各地。

张常球于日据时代（1910 年）渡海来台湾，在中部授徒极众，可惜中年时期因饮食不洁而生病，不幸在 50 岁时去世。主要传承弟子有十位，陈春成先生即为其中之一。在传弟子蔡秀春先生得拳法、药功与伤科医术的全部传授。后由子蔡泽民先生传承其艺。

拳法传承：张常球（来台初祖）→张依蝶（二代）→蔡咏腾（三代）→王志熏（四代、扬武道馆）；张常球→陈春成（二代）→蔡秀春（三代）→蔡泽民（四代、永顺武德堂）；张常球→陈春成（二代）→蔡秀春（三代）→赖仲奎→王志熏；张常球→陈春成（二代）→谈清云（三代、轩辕教武道院）；张常球→赖标、赖芳帽、林元龙→赖醒民→林耿贤、施文；道功传承：张常球（来台初祖）→欧阳敬予神父→蔡秀春；张常球（来台初祖）→袁介圭→曾树德→蔡泽民。

2.“虎尾二高”林国仲一脉

福州码头搬运工管工林国仲，福州珠宅人，于20世纪台湾日据时代数次渡海到台湾传授宗鹤拳（纵鹤拳）武术，成为一代宗师。林国仲早年学过罗汉拳，身体高大健壮，孔武有力。后拜方世培长孙方绍峰学习宗鹤拳。林国仲勤练不辍，技艺精进。艺成之后于民国初年赴台传艺，颇有威名，号为“虎尾二高”。其时日本人以高压政策统治台湾，严禁台湾同胞学习中华武术，意图灭绝台胞民族意识。但林国仲怀着强烈的爱国心，排除万难，应聘至各地秘密传技，并暗中宣传中华文化，鼓吹民族意识，在爱国人士协助掩护下，门徒与日俱增。此举招致日本占领军的注意和监视，以“莫须有”的罪名把林国仲遣返福州故里，但从此宗鹤拳（纵鹤拳）武术技艺流传台湾各地。后来台湾光复，林国仲重返台湾，恢复武馆继续收徒传艺。至今林宗师一脉门徒众多，传衍极盛，门下较出名的有林文仙、黄性贤（黄氏太极大师）、林英明、张鼎云、许贞、周清节、蔡泮、林茂芳等人。第三代弟子较出名的有林朝火、洪宗基、李易儒等。李易儒等赴美国加州等地设馆授徒。

3. 方绍翥传台南州五虎一脉

19世纪初叶，方世培次孙方绍翥（阿凤师）也应邀到台湾教拳。方绍翥在台湾盐水、新营一带授徒，在台第一代宗鹤拳传人当中，最得意的弟子有五人，称为“台南州五虎”，分别为太子宫的李栋梁、盐水的邱清凉、新营的林色、新营的沈柏生、番仔厝的周意。其中，邱清凉英年早逝，五虎欠一，邱清凉的幼弟邱太锺同拜方绍翥为师学拳，拳术精湛超群，不亚于乃兄，所以后来就由邱太锺补上五虎遗缺。“台南州五虎”较出色传人有李金德、林细俤、沈龙秋、周锦山、蔡田土、叶万来、邱玲玟、林秋雨、沈铭芳、赵泰穆、林庆文、朱鸿杰、朱鸿泉、柳荣铭、钟明龙、卓育德、邱起顺、曹宗敏、卢炳荣、陈启铨、林荣华、洪大川、吕燕飞、洪世文、陈甘霖、潘明堂、郑昭廉、吴萍生、颜达藏、郑钦永、李斯锋、李明辉等。第三代弟子有邱柏鸣、周武劭、沈文仓等。

4. 方绍翥传嘉义童金龙一脉

嘉义人童金龙也是在台第一代传人其中的佼佼者，他跟随方绍翥学习宗鹤拳后，武艺突飞猛进且灵智大开，得到真传，除了宗鹤拳外，还赴日本学习过柔道、剑道、摔跤，赴大陆学过梅鹤神拳、梅花四十八路游技散手、昆仑八卦掌、龙鹤双形拳、武当拳、翻云弄雾鹤、鹤擒提、五形十二掌、齐圣拳、三宝技击法等拳术，所学甚博，加上自身刻苦磨炼，融会贯通，形成自己独特风格，俨然成为新的流派，创立了“柔拳道”武术，后成一代柔拳宗师，堪称台湾武林界泰山北斗，扬名海内外。

日本空手道研究会创始人金城昭夫慕名从冲绳赴台，跟随童金龙学习宗鹤拳（纵鹤拳），学成后返回日本，20 世纪 80 年代，斥资 10 万元人民币（当时折合 RMB）在冲绳县创立“中国拳法拳圣武道馆”，亲自传授宗鹤拳武术，并将宗鹤拳武术精髓融入空手道中，为空手道的发展做出了贡献，研习弟子达 3000 万人。（据台湾宗鹤拳弟子转述，那时，香港功夫巨星李小龙等一批影视演员早期也曾赴台向童金龙学习过宗鹤拳。）童金龙门下弟子众多，较出色的有第二代传人柯万居、纪保重、李小龙（香港）、张国华（香港）、童耀辉、童国栋、许明德、蔡仁荣、何富雄、黄宝锋（香港）、金城昭夫（日本）、林清松（阿根廷）、黄文进、钟斌光、陈三元、卢文瑞、黄智强、陈瑞明、苏顺三、陈艺元、张家荣、林泰宏、吴火木、李铭泰、陈瑞雄、黄炳明、陈财伊等人，第三代传人有童毅宏、欧震煌、林永利、叶金嘉、宜炫瀚、杨永丰、康品祥、刘永卿、王参、洪志华、纪易宏、杜仿裕、陈竹山、林碧麟、蔡佳熏、洪海源、何明政、HASEN（沙特）、蔡良杰、吴多禾、黄志国、蔡成文、谢明峰、戴弘毅、李启鹏、林瑜、王冠均、朱展立、梁树人、朱健铭、陈文毅、李忠政、王文昌、陈秋燕、李玲珠、许益诚、柯林汉（德国）、官正义、陈丁茂、简羽宏、曾丽雀、李素霞、钟峻良、陈中庸、曾荣伯、黄清风、吴豊仁、洪祥耿、林云勇、曹渟华、蔡进发、张昭贵、魏新桦、黄雄元、廖本煌、方雪娇等，第四代弟子有邱张秀月、洪碧莲、蔡清钟、邱建华、巴永泰、陈淑珍等。

5. 其他流派

（1）冲绳金城昭夫一派

福清茶山宗鹤拳第二代传人方绍翥将宗鹤拳传入台湾，其中嘉义童金龙跟随学习，童金龙后来成为一代宗师，扬名海内外。日本空手道高手金城昭夫闻名从冲绳赴台跟随童金龙学习宗鹤拳（纵鹤拳），学有所成之后返回日本，创立冲绳县拳圣武术馆，任馆长，他汲取宗鹤拳武术精髓，将宗鹤拳武术精华传授给众多弟子，后任日本空手道研究会创始人，为日本空手道发展做出突出贡献。金城昭夫在学习宗鹤拳过程中，从其师口中得知宗鹤拳发源于福清茶山，就发下心愿一定要亲临发源地寻找祖师古迹。金城昭夫经过多方苦苦查找，终于在 20 世纪 80 年代来到福清茶山寻根交流，得遂多年心愿。

（2）香港张国华一派

香港张国华先生，广东开平人，白鹤派第三代弟子，优秀柔拳宗鹤拳弟子，嵩山少林第三十一代弟子，法号释德华。张先生八岁随父到香港，早年随父习武学医——其父为印度尼西亚著名拳师，亦是医术高明大夫。1956年得亲友介绍，有缘跟随白鹤派吴肇钟宗师之弟子区永年以及吴英鉴、李牛、台湾童金龙等师傅，苦练白鹤派、柔拳和宗鹤拳拳术。近年来更将中国拳术推广至中国其他地区和美国、菲律宾、意大利、新加坡、以色列、法国、印度尼西亚及澳洲等地，并正式成立国际白鹤派张国华国术总会。年逾古稀的张国华先生多次积极参加海峡两岸宗鹤拳武术文化节及融台青少年武术文化交流活动，十分关心宗鹤拳武术文化事业发展。

六、宗鹤拳的影响力

宗鹤拳开创之初，先是在福州地区传播（福州、福清、长乐、闽侯），再向福建其他地区、两广传播，随后开枝散叶至世界各地，影响力遍布全球，东南亚、日本、俄罗斯、美国、澳大利亚、加拿大、阿根廷、沙特、德国、台湾、香港、澳门等国家和地区都有宗鹤拳练习者。宗鹤拳在世界各地传播发展过程中，台湾宗鹤拳门人居功甚伟，他们培养了大量的宗鹤拳武术爱好者，这些传承者再以台湾为跳板，把宗鹤拳影响力播散到全球。2007年，福清市宗鹤拳协会在宗鹤拳的发源地福建福清成立，进一步凝聚起各地宗鹤拳弟子向心力。历年来，福清市宗鹤拳协会分别在福清、台湾、香港等地与马来西亚、韩国、德国、沙特阿拉伯、阿根廷、美国、加拿大、等国家和地区的宗鹤拳弟子进行了文化交流，促进了相互之间的了解和友情，也扩大了宗鹤拳武术在世界上的影响力。

1. 宗鹤拳在大陆的影响力

宗鹤拳在历史上最高光的表现是在清末民初，那时可以说在福建福州地区一时风光无两，影响力极大。据福州地区老一辈拳师传述，福州地区很多武术界老前辈除了精于本门功夫外，也有学习过宗鹤拳经历，宗鹤拳的影响力可见一斑、比如黄氏太极拳大师黄性贤、香店拳宗师房利贵和房友钦、上乘梅花拳宗师王鼎（又名王夏莲）等，以及新中国成立之后的一些著名福建武术家，如国际级武术裁判林荫生、福建武术协会原常务副秘书长陈君琬等人，他们都曾经从宗鹤拳拳法学习过程中获益。尤其值得一提的是，北方名拳大成拳（意拳）

和宗鹤拳有着深厚的渊源。据说意拳创拳祖师王芗斋先生南下游宦至福建，其间与方世培长孙方绍峰（阿峨师）互相切磋，探讨拳理，结成莫逆之交。芗老体验到宗鹤拳的神妙之处，吸收宗鹤拳部分武技精华，再融合其他拳学，武功遂至大成，始创意拳。王芗斋先生在世时，曾亲口嘱咐弟子们，以后若遇见福建鹤拳（指宗鹤拳），不可轻敌。由此可见芗老对宗鹤拳拳技功法极为推崇。20世纪初，南北拳术巨擘能有如此真诚交流，实属难得。2016年，北京的意拳传人和宗鹤拳嫡系传承人在海峡两岸宗鹤拳武术文化节上重聚首，再续先人佳话。

近年来，来自辽宁的少林少北拳拳师、安徽的六合心意拳拳师、河南八卦掌拳师等纷纷与福清市宗鹤拳协会进行交流。2010年，方长玉会长应邀赴河南焦作参加河南省静影中国传统武术观摩研讨会活动，与陈氏太极拳、螳螂拳、白鹤拳等各路高手以及台湾逸文出版社社长等进行交流，让北方武术界领略到来自南方的宗鹤拳武术风采。武术家们对宗鹤拳所呈现出的内涵、特点与价值大感兴趣，纷纷认为在南方能存在如此讲究柔化之劲的拳术十分罕见。因此，宗鹤拳在北方武术界也具有一定的知名度。

南方武术界除了本省拳种咏春拳、地术拳、香店拳、白鹤拳、五祖拳、鸣鹤拳、食鹤拳、少林拳等经常与福清市宗鹤拳协会交流往来之外，还与广东、浙江、河南等武术界人士接触探讨，互相促进，互相借鉴学习，达到共同进步目的。

2. 宗鹤拳在台湾的影响力

两岸宗鹤拳渊源深厚，传承历史悠久。

自19世纪初叶，由福清宗鹤拳创拳祖师方世培次孙方绍翥（阿凤师）以及福州人张常球（台中二高）、林国仲（虎尾二高）分别将宗鹤拳传到台湾，乃至发枝散叶至世界各地，拥有巨大的影响力。20世纪，因历史原因，两岸中断往来几十年，两岸宗鹤拳的交流也被迫停止。直到两岸开启“三通”模式，两岸宗鹤拳同门之间才恢复往来。目前，台湾岛内尚有数万同门弟子学习、传承宗鹤拳，对来自福清方家嫡传宗鹤拳武功及传承人极为尊崇。两岸的宗鹤拳武术文化交流活动日趋热络，交往频繁。20世纪80年代末，台湾宗鹤拳传人林英明先生等就费尽周折先行来到大陆宗鹤拳发源地福清茶山寻根溯源，与大陆宗鹤拳方家嫡系传人接续前缘。自此之后，随着两岸民间交流与接触的大门敞开，台湾同门与大陆同门中断了几十年的交流也重新拉开了帷幕。30多年来，台湾宗鹤拳弟子数度到大陆宗鹤拳祖庭访问交流，同门之间互相了解各自的传承及发展情况，增进了互相之间的了解与友谊，拉近了彼此之间的距离，促进了心灵的契合。

福清市宗鹤拳协会自成立以来，在各级人民政府的关心和支持下，与台湾政经文化等各界人士进行了广泛的接触和交流，至今已举办了七届海峡两岸宗鹤拳武术文化节、五届融台青少年文化交流活动等。2014 年起，国台办把海峡两岸宗鹤拳武术文化节暨融台青少年文化交流活动列为对台交流重点项目之一。福清市宗鹤拳协会数次受到台湾同胞的盛情邀请组团赴台参访，在交流过程中又与当地其他拳术进行交流，众多台湾政经界人士成为宗鹤拳弟子，开始学习宗鹤拳武术。

七、宗鹤拳保护与发展情况及保护构思

从 20 世纪 70 年代末至今，即中国改革开放至今。随着十一届三中全会的召开，对“文化大革命”进行拨乱反正，宗鹤拳的发展环境得到恢复。特别是随着国家对传统文化建设的越来越重视，沉寂已久的民间宗鹤拳武术逐步恢复发展，海内外宗鹤拳门徒和爱好者前来寻根问祖和拜访方世培后辈传人的日益增多，他们在渴慕正宗的宗鹤拳拳法同时，都抱着正本清源、提升、深造的念头与方家传承人接触交流，互相印证，切磋研讨，以便更好地做好传承与保护工作。

1. 宗鹤拳文化整理工作与推广工作

为了弘扬和发展南少林宗鹤拳武术文化，在各级人民政府和各界人士的关心支持下，十多年来宗鹤拳协会在为挖掘、收集、整理、保护、传承、宣传、发展宗鹤拳武术文化事业方面做出了大量的贡献。长期以来宗鹤拳的文化宣传作为融台以及作为国际间文化交流的品牌在外获得了很多认可，但是在国内的影响力却没有得到相应的发展推广，这需要我们思考我们对待文化的真正目的。一个地方的文化品牌只有真正在当地扎根深厚，在国际层面才能获得更多的尊重以及话语权。另外目前政府的宣传支持只停留在传统报纸杂志、电视台等官方媒体宣传机构上。但是如今中国的文化传播以及进入一个多元化时代，新媒体更多地被年轻族群所喜爱，因此文化推广还需要充分利用和发挥影视媒体传播层面的优势。如与有关传媒机构合作创作宗鹤拳影视文化作品，开展主题影视作品创作，设立视频关注平台等方法，来利用其优势吸引更多年轻人。

2. 师资队伍培养

重视专业师资力量培养是非物质文化遗产保护与传承方面的重点。武术的

传承需要对传承人（教练）定期或不定期组织教练进行学习研究，促进教练水平的提高。根据以往培养了方世琳、林秉海等优秀教练员的传承经验，协会更应当充分发掘现有教学能力的人才，建立专兼职教师队伍，来缓解师资力量不足问题。通过不断调整、丰富教学内容，创新教学方法，提高了宗鹤拳武术教学培训效果。

3. 进校园培养年轻人才

得益于福清市政府的支持，多年来宗鹤拳协会在福清市元洪青少年宫的传习向地方广收门徒，前后培养的学员已超过 2000 人。学员们除了学习掌握宗鹤拳基本拳术之外，多数人都会从修习本土内家拳术的过程中获益，身体素质得到明显改善，进而更加增强了学员们继续传承宗鹤拳武术的信心和决心。在获得社会认可的基础上，福清市宗鹤拳协会积极利用“非遗文化进校园活动”，先后陆续向福建省邮电学校、福清市玉屏中心小学、滨江小学、瑞亭小学、镜洋镇侯家斌小学、元洪附属小学、西园小学、良镇中学等多所学校派出教练，宣传弘扬宗鹤拳武术文化。从健身、养身手段思考出发，将宗鹤拳与校园广播体操文化结合，创编出了适合青少年的宗鹤拳健身操，率先在福清滨江小学推广，引领广大青少年在校园健身中培养“强身、防身、修身”之“三身”理念，不断增强身体素质，以此来达到习武修德、文武兼修的目的。

4. 探索保持传统武术活力的方法

对于一个拳种来说其话语权永远是其竞技技术水平。这些年宗鹤拳协会经常组织会员进行各类培训、学习、研讨活动，并参加各类竞技赛事。不少弟子都能在比赛中获得金、银、铜牌等一系列好成绩；另外还通过组织或参加公益活动，充分利用各种机会和平台宣传宗鹤拳形象，展示宗鹤拳独特魅力，树立宗鹤拳良好品牌，促进了传承局面的稳步推进，为传承事业的发展打下夯实的基础。

5. 重塑流派形象

宗鹤拳曾经作为闽东地区的一个大拳种，创造过辉煌。如何重塑流派形象，重振雄风成为当下传承弟子们经常思考的问题。

2007 年，宗鹤拳被列入福建省非物质文化遗产保护名录，2013 年，宗鹤拳被评为福清市“十大城市名片”之一，2014 年，福清市宗鹤拳青少年传习所成为福州市首批非物质文化遗产保护项目传承示范基地。融台宗鹤拳武术文化交流研讨活动的定期举办，标志着宗鹤拳武术文化事业进入了新的发展阶段。至今，已参与、举办了两届福州市“海青节”（子项目）、七届海峡两岸福清宗鹤拳武术文化节、五届融台青少年武术文化交流活动，和台湾同门交流不断加强，取得丰硕成果。自2014年以来，宗鹤拳文化节暨融台青少年武术交流活动被国台办列入对台交流重点项目之一，在台设立宗鹤拳分会机构，为各个支派的宗鹤拳弟子提供咨询指导服务，同时对为宗鹤拳在台传承工作做出突出成绩的人员给予表彰，颁发给“优秀宗鹤拳传承人”证书。台湾一代柔拳宗师童金龙的亲孙童毅宏为了学习正宗的宗鹤拳武功，数次往返于两岸之间参加培训进修，学有所成后招收了大量的台湾弟子进行宗鹤拳教学，促进了宗鹤拳武术在台湾地区的传播。2017年，福清市宗鹤拳协会被中联部下属机构中国民间组织国际交流促进会吸收为团体会员组织之一，参与“一带一路”建设的国际交流活动。

如今宗鹤拳成为对外交流的优秀武术文化载体。目前宗鹤拳协会计划通过规划建设宗鹤拳文化村的方式来实现重振流派雄风的第一步。宗鹤拳文化村计划修建在其祖师爷方世培曾经修行悟道的福清“千年古刹”天竺寺，将之作为两岸及国际交流的重要基地，以国外人对功夫的兴趣，来传播中国传统武术文化的精髓，改变人们的一些偏见，为促进宗鹤拳向跨时代的国际化、品牌化方向发展，让宗鹤拳早日重现昔日的辉煌。

文教交流篇

大陆惠台措施在岛内社会中的扩散传播路径

——基于三种扩散路径的比较分析

艾明江 *

大陆惠台措施在岛内社会中的扩散传播关系着大陆对台政策的成效。从当前来看，大陆惠台措施在岛内社会中基本呈现出三种不同的扩散传播路径，这三种路径分别是人际传播、大众媒体传播以及互联网传播。三种扩散模式存在各自不同的特征，共同构成了当前大陆惠台措施在岛内社会中的扩散景象。由于不同的扩散路径对惠台措施构成了不同的影响，因此，有必要结合不同的扩散路径，来从整体上调整和优化惠台措施在岛内社会中的传播模式，从而推动大陆对台政策获得更多台湾民众的了解与认同。

一、问题的提出

2018年2月28日，国台办等相关部门联合发布实施《关于促进两岸经济文化交流合作的若干措施》(以下简称“惠台31条”)，福建、浙江、上海等省市也先后发布各种惠台落地举措。大陆实施的惠台措施很快受到岛内各界的高度关注，岛内的各种民意调查也表明，大陆惠台措施正在逐步对岛内民众的态

* 艾明江，中共厦门市委党校副教授。

度、看法产生重要影响。[①] 这些岛内民调都凸显出，随着大陆影响力逐渐增强，惠台措施不断推出实施，岛内社会对大陆的整体印象正发生着潜移默化的巨大改变。大陆惠台措施在岛内社会获得的积极反响显示出了大陆对台政策在岛内引发了舆论的关注，也获得了较为肯定的正面评价。但与此同时，对台政策由于面临跨海峡区域的扩散与传播，尤其是台湾地区的政治社会与媒体生态较为复杂，民进党当局一直对惠台措施等大陆对台政策采取诋毁与攻击，认为惠台措施是“搞统战”，目的是“削弱台湾”，主张对惠台措施采取反制手段。亲绿媒体也对惠台措施进行妖魔化攻击，认为惠台措施实质是“穷台”。导致惠台措施在岛内将长时期面临复杂困难的扩散局面。

完整的政策系统离不开信息的传播与反馈，伊斯顿认为，在系统和环境之间，存在一个相互影响和反馈的信息渠道，这为政治系统的生存创造了条件。大陆对台政策在制定与实施过程中越来越重视政策在岛内社会的扩散与传播，更加尊重和考虑台湾民众的实际感受，这也是决策者已经认识到对台政策成效在很大程度上取决于是否能获得大多数台湾民众的了解以及认同。从大陆对台政策的实施来看，由于传播渠道与传播效果往往受到岛内不可控因素的影响，大陆对台政策被污名化或扭曲化的现象经常发生。[②] 这也导致一项好的对台政策在岛内的扩散过程中易受到岛内媒体政治偏见的冲击。同时，在市场驱动下，一些岛内媒体往往会通过对大陆的负面化报道来获取社会舆论的关注，这也使得大陆对台政策难以发挥出应有的积极影响。“政治行为者必须运用媒体将其讯息传播给阅听大众，不管是政纲、政策说明、选举诉求、或是压力团体活动、恐怖行为，只有当它们经由报道而为阅听者知悉时，才有政治上意义，也才能发挥传播的效果。”[③] 来看，惠台措施要取得成功离不开台湾主流民意的认同与支持，这就必然面临如何应对和解决好惠台措施在岛内扩散中面临的复杂问题，

---

① 根据台湾网络媒体东森新闻云所做民调显示，受访网友中有 64.3% 知道大陆惠台“31 项措施”，其中又有 72.7% 的网友认同这些措施，52.6% 网友表示有赴大陆发展意愿。台湾《远见杂志》公布“2018 台湾民心动向大调查”显示，36.6% 的台湾民众想来大陆发展，该比例较 2017 年提高 6.3%。此外，50 岁以下民众来大陆发展的意愿较 2017 年都提升了不少，其中，在 18 到 29 岁的群体中，超过 53% 表示“有意愿来大陆发展”。“台湾民意基金会”民调显示，首度出现台湾民众对大陆的好感多于反感，尤为明显的是 25 岁至 54 岁青壮年、大学及以上教育程度的人群对大陆的好感度都超过了 50%。由台湾中华民族致公党委托趋势民意调查公司所做的民调则显示，多数台湾民众认为“大陆惠台措施对台湾有利”。

② 以“一国两制”为例，作为推动两岸和平统一的最佳方案，在岛内某些政治人物以及媒体的操弄下，就长期受到部分台湾民众的不理解，甚至被污名化。

③ 彭怀恩编著：《政治传播与沟通》，台北：风云论坛出版社有限公司，2004 年 9 月版，第 15 页。

这不仅直接关系到惠台措施的实施效果，也关系大陆对台政策能否更有效影响岛内民意的走向。因此，改善和提升大陆对台政策在岛内社会中的传播质量就变得极为重要。

本文探讨的“大陆惠台措施”主要以2018年以来大陆出台“惠台31条”以及各省市在此基础上出台的各种惠台措施为研究对象，[①] 探讨这些惠台措施在岛内社会的舆论扩散与传播机制，即惠台措施通过何种方式被岛内民众所知晓以及了解，是否能达成决策者所希望的目标。本文结合传播学相关理论，并联系惠台措施在岛内的传播实践，认为惠台措施在岛内主要呈现三种不同的扩散路径：即人际传播、大众媒体传播与互联网传播。人际传播主要是通过人与人的沟通联系来扩散惠台措施；而大众传播则是通过电视、报纸等大众传媒来进行扩散惠台措施；互联网传播主要通过脸书（简称“Facebook”）、批踢踢实业坊（简称“PTT”）等社交媒体平台来扩散惠台措施，这三种方式构成了当前大陆惠台措施在岛内进行扩散与传播的主要途径。本文的研究问题主要探讨大陆惠台措施在三种传播途径中的扩散过程及其差异，从传播学层面为提高大陆对台政策成效提出对策建议。

二、惠台措施在人际传播中的扩散

人际传播主要是指通过人际关系网络进行的传播方式，“人际传播是处于一个关系之中的甲乙双方借以相互提供资源或协商交换资源的符号传递过程”。[②] 在大陆居住以及经常往来两岸两地的台胞群体成为连接大陆与台湾社会的紧密纽带，不仅很容易获取大陆方面的各种政策信息，也因为与大陆存在紧密的政治、经济、社会关系，更容易对大陆惠台措施保持关注，而这些台胞群体在岛内也维系着长期的社会关系网络，因此，就形成了以台胞群体为中心向岛内亲朋好友不断扩散的人际传播模式。[③]

① 自从20世纪80年代末两岸关系恢复正常化以来，大陆陆续出台了一系列针对台湾企业、台湾同胞等各种惠台措施，主要体现在经济、社会、文化交流领域。本文所探讨的惠台措施主要是指2018年2月底以来大陆出台实施的惠台措施。

② ［日］竹内郁郎著:《大众传播社会学》，张国良译，上海：复旦大学出版社，1989年11月版，第92页。

③ 应该说，扩散大陆惠台措施的人际传播主体不仅有台胞群体，还有参与两岸关系交流的大陆民众，但本文这仅仅将台胞群体作为承担人际传播的主体，对大陆民众暂不做研究。

（一）惠台措施实施人际传播的原因

在两岸关系中，除了人际传播会主动扩散大陆惠台措施以外，岛内民众获悉大陆惠台措施的途径还有很多，例如有大众媒体、互联网等平台，但是相比较而言，常住或经常往返大陆的台胞群体更容易成为充当扩散惠台措施的主体，因为台胞已经逐步在两岸关系构建出一个有独特身份认同的群体。记者调研发现，相当多在大陆工作、创业以及学习的台胞会主动在“朋友圈”中对惠台措施进行扩散，诸如通过电话将惠台措施告诉岛内亲朋好友，在微信发布惠台措施内容，或者通过 Facebook（脸书）等社交工具与岛内亲朋好友分享惠台措施。这意味着，人际传播已经成为岛内民众了解大陆惠台措施的重要途径。

大陆惠台措施依靠人际传播主要源于两个方面的因素：其一，这些特定台胞群体本身愿意对惠台措施进行扩散，他们不仅因为自身与惠台措施存在紧密的利益相关性，台胞常年在大陆生活、工作必然会更加对大陆对台政策保持更高的关注力，而且他们内心对惠台措施具有主观的高度认可性，愿意在熟人网络中传播分析这些信息；其二，人际传播在传播中更加依赖人际关系的信任与情感，好的人际关系能不断提升人际传播的效果。“人际传播渠道是政治传播的重要通道，其效果直接受到双方人际关系状况的影响。同时，通过人际传播可以建立、维持、发展或中断人际间的政治关系。”[①] 台措施的主体多为常驻大陆生活、工作的台胞群体，他们本身对大陆资讯的了解较为全面真实，且这些台胞群体与相关岛内民众又存在密切的社会关系网络。岛内民众源于信任因素自然更愿意接受从具有熟人关系的台胞口中获悉惠台措施，这能增加关于信息方面的真实性与权威性。由此，人际传播必然会推动惠台措施在这部分特定岛内民众中获得较为积极正面的评价。

（二）人际传播对惠台措施的扩散过程

从中央和地方关于“惠台 31 条”等多个惠台措施出台以来，惠台措施很快就开始在常住或常往返大陆的台胞群体中相互扩散，他们成了第一批在第一时间了解与接触大陆惠台措施的群体，部分台胞群体甚至参与了制定惠台措施的过程。由于这些台胞群体在大陆基本都拥有相互连接的社会关系网络，例如台商协会、创业协会、高校、行会组织等网络都能联结这些台胞群体，在日常互动交往中，自然很容易实现关于两岸信息资讯的沟通与交流。同时，台胞还与

① 邵培仁主编：《政治传播学》，南京：江苏人民出版社，1991 年 12 月版，第 323 页。

岛内社会网络保持着紧密交流与联系，他们的亲友好友在岛内有着广泛的分布范围，惠台措施能通过这些台胞群体很快向岛内的社会关系网络扩散。

表 1　惠台措施在人际传播中的扩散模式

扩散模式	扩散主体	扩散对象	同一群体内的扩散效果	对跨群体网络的影响	扩散工具
口头扩散、文字分享	常住或经常往返大陆的台胞	熟人网络	强	弱	手机、社交媒体、面对面

在实际的扩散过程中，他们主要使用面对面沟通、虚拟线上交流等多种形式来进行，例如社交媒体就成为台胞快速分享扩散惠台措施给岛内亲朋好友的主要工具。根据笔者调查发现，相当多的台胞群体都会在第一时间将惠台措施发布在微信、Facebook 等社交媒体中，从而分享给自己的好友。由于台湾民众之间相互使用 Facebook 的比例较高，这也促成了惠台措施在 Facebook 中的快速扩散。社交媒体不仅可以完成“一对一”的信息扩散，还能实现信息的再次传递，推动好友在获得相关信息后也可能会将信息转发分享给自己的好友，由此推动了惠台措施在好友的好友之间不断扩散。这种“一对多”的扩散模式意味着在惠台措施扩散中，熟悉该政策的台胞往往会主动告知身边的亲朋好友，即对身边的朋友圈进行扩散，由此推动惠台措施在相关熟人群体中的不断再扩散。

相比普通的 Facebook 用户，一些 Facebook 中的“粉丝专页”更能实现惠台措施在大规模群体中的扩散，因为一些社交媒体中的公众人物有着庞大的粉丝群体，一旦发出惠台措施这样的资讯，则势必会引发大量粉丝的转发，这种“一对多”的模式更能快速实现惠台措施在 Facebook 中的不断扩散。由此，借助电话通讯、社交媒体等多种沟通工具构建起来的“熟人”关系网络，使得大陆惠台措施在岛内社会的扩散初步形成了以台胞群体为中心的人际传播模式。

（三）人际传播对惠台措施扩散的影响

人际传播带来了惠台措施在岛内社会的扩散，相当多的岛内民众通过人际传播这种口碑化的形式获得了对惠台措施的初步了解，甚至对惠台措施给予了积极的认可与评价。即使一些岛内民众与台胞群体不存在相应的“熟人”关系，也会因为台胞群体特定的“自己人”身份以及“现身说法”，使得借助台胞群体扩散的惠台措施更容易在一些岛内民众心中获得良好的口碑效应。传播的接受或决绝，部分取决于受众对传播信源的态度反应。通过台胞群体作为媒介来实现惠台措施在岛内社会的扩散模式实际上就是一种人际关系中的口碑传播模式，这种传播模式更容易依靠熟人网络的关系程度而实现有效性扩散。“一般来说，受传者所处的群体的内部联系越紧密，凝聚力越强，他越是认为自己是群体的一员，与群体不可分离，那么他就越容易受群体的影响，群体对其制约性就越强。”[①] 官方对惠台措施进行的政策传播，依托台胞群体实施的人际传播增强了扩散对象的同质性范围，不仅能实现政策扩散的精准化效应，大幅度提升惠台措施在岛内社会的美誉度，而且“人际传播探讨的是人与人之间，通常是面对面的交流。”在人际传播中更能推动政策扩散从枯燥的政治宣传转变为生动的故事讲述，从而大大提升惠台措施在扩散过程中的口碑效应。

尽管依靠人际传播推动了惠台措施在岛内社会的扩散，在一定程度上确保了部分台湾民众对惠台措施的了解和肯定，尤其是人际传播多是在熟人网络中进行，一些台湾民众在大陆的成功经验更能推动惠台措施在台湾民众之间的正面传播扩散，一些岛内民众甚至产生前往大陆进行交流和发展的想法。因此，在一定群体范围内，人际传播的确发挥了推动惠台措施在岛内扩散的积极作用。但是，由于人际传播多在同质性群体之间发生，人际扩散网络大多是同质性沟通。散范围较为有限，例如惠台措施基本在特定的台胞之间进行扩散，这些台胞基本多经常往来大陆与台湾，且与大陆存在广纳的社会、经济、文化交往，这也导致惠台措施很容易在这类特定同质化的群体中进行扩散。而更多其他的岛内民众无法通过这种特定人际传播获得关于惠台措施的资讯，或者即使通过人际传播获得了解，如果缺乏熟人网络的支撑，也难以对惠台措施产生认同和接纳，这就容易导致惠台措施倾向于在相对封闭化的人际网络中进行扩散，自然会影响惠台措施在台湾地区的大规模扩散效果。

在人际传播中，脸书的朋友圈和粉丝群体也都具有一定的同质化倾向，即关注 Facebook 用户的群体基本都与 Facebook 用户有着相同的社交关系、兴趣爱好等特质，很多大型社群网站的使用者并不需要去寻找新朋友，取而代之的是从已经拥有的社交圈里去延伸新的群体，Facebook 均可经由朋友的社交网络再去认识其他的朋友，通过社群网站扩大自己的人际关网络，因此这很容易推动 Facebook 群体的“同质化”，即 Facebook 的朋友圈主要集中在相互有联系的关系网络，也容易带来话题倾向的极化效应。在 Facebook 中我们就可以看到，

① ［美］斯蒂文·小约翰：《传播理论》，陈德民等译，北京：中国社会科学出版社，1999 年 12 月版，第 27 页。

惠台措施在脸书中的扩散很容易获得来自共同朋友圈的点赞与转发，这就是源于同质化朋友圈带来的扩散效应。

由于人际传播在一定程度上制约了惠台措施在岛内社会的扩散覆盖面，难以推动岛内不同社会群体对惠台措施的相互交流。因此，对于这种人际传播存在的不足，要积极推动惠台措施在更多的岛内民众中形成跨群体扩散，同时，要积极借助其他有效的扩散传播形式进行拓展，弥补人际传播在政策扩散中的不足。

三、惠台措施在大众传播中的扩散

在两岸关系中，岛内大众媒体一直是扩散大陆政策资讯的主要平台。[①] 相当多的岛内民众从来没有来过大陆，也没有亲友长期来往两岸，这意味着这些台湾民众很难通过人际传播的方式了解大陆，岛内大众媒体自然就成为台湾民众认识、了解大陆的主要渠道。长期以来，以电视、电台、报纸为代表的传统大众媒体就一直是岛内民众了解和认识大陆的主要传播平台。[②]

（一）大众媒体对惠台措施的扩散过程

围绕各种惠台措施，岛内主要媒体纷纷进行了相关报道。[③] 岛内以《联合报》《中国时报》《自由时报》为代表的平面媒体以及中天、东森为代表的电视媒体都在第一时间给予了关注。例如大陆在 2018 年 2 月 28 日发布“惠台 31 条”，岛内《中国时报》在 3 月 1 日就用标题“等同国民待遇 大陆公布 31 惠台措施”并进行了相关新闻报道。报》和台湾《工商时报》也在头版要闻区报道了“惠台 31 条”措施，用标题“力空前”“破天荒”表达了对大陆惠台措施的积极态度。而《自由时报》也在当天给予了关注。以《联合报》《中国时报》《自由时报》为代表的平面媒体主要以新闻报道、媒体言论以及读者言论的形式来进行舆论的聚焦与扩散，而以中天、东森为代表的电视媒体则通过电视新闻

① 尽管大陆媒体也已经进入台湾地区，但是，从当前发展现状来看，大陆媒体并不是台湾民众获取大陆资讯的主要渠道。

② 长期以来，台湾地下电台就一直是台湾中南部民众了解大陆的主要传播平台，参见陈飞宝:《当代台湾传媒》，九州出版社，2007 年 1 月版。

③ 大陆媒体也是扩散大陆惠台措施的平台之一，尤其专门针对涉台的媒体已经在岛内进行资讯扩散，但是，基于岛内民众的媒体偏好，相比岛内媒体，大陆媒体还无法成为岛内民众获取大陆资讯的主要平台，基于媒体扩散的影响力以及辐射力，本文对大陆媒体对惠台措施的扩散过程与效果暂不做考察。

报道、电视政论节目等形式来呈现。岛内主流媒体各自通过自己的舆论关注从而构建起岛内媒体对惠台措施的基本认知与评价，并在一定程度上影响着岛内民众对惠台措施的看法和态度。

表 2　惠台措施在大众传播中的扩散模式

扩散模式	扩散主体	扩散对象	同一群体内的扩散效果	对跨群体网络的影响	扩散工具
媒体传播	岛内主要大众媒体	媒体 受众群体	强	强	报纸、电视、电台

岛内大众媒体对惠台措施的扩散传播主要通过新闻报道、新闻评论、政论节目、读者言论等形式来呈现。新闻报道主要体现媒体对惠台措施表示关注。新闻评论则体现为媒体自身对惠台措施表达自己的立场。一些岛内媒体还通过邀请嘉宾参与节目互动，即让嘉宾发表对惠台措施的看法，这种借助舆论领袖实施的“二级传播”也成为岛内媒体扩散惠台措施的主要形式。读者言论体现出媒体通过与读者互动的形式来让民众表达意见，例如采取读者投书等形式来呈现媒体与受众之间的互动。在实际过程中，这三种扩散方式的传播机制、传播效果都存在各自差异。由于当前台湾主流媒体的政治立场基本分成泛蓝与泛绿，① 在岛内传统四大报纸中，《自由时报》读者的政党认同最倾向于泛绿，而且认同泛绿与认同泛蓝的差距越来越大，也是唯一读者群众认同泛绿部分要高于泛蓝的报纸，《联合报》《中国时报》以及《苹果日报》读者的政党认同则是倾向泛蓝高于泛绿，其中以《联合报》读者比例最多。这种带有政治偏见的媒体生态也造成了媒体在扩散惠台措施中会采取不同的扩散机制。

从扩散的具体过程来看，针对惠台措施的新闻报道，《联合报》、《中国时报》、《旺旺》、中天电视、东森电视等泛蓝媒体就基本持正面积极的立场，即对惠台措施的新闻报道主要以正面报道为主，在引用相关学者对惠台措施的言论时，其学者立场基本对惠台措施予以认同与肯定，因此，媒体对惠台措施的立场也基本呈现出肯定性评价。而《自由时报》等泛绿媒体对惠台措施却基本持负面的新闻立场，并引用否定惠台措施的言论来源，例如引用一些“台独”学者或“台独”政治人物批判惠台措施的言论。在新闻评论中，媒体的立场倾向就体现得更为显著，《中国时报》、《联合报》、中天等泛蓝媒体的社论、评论基本都持正面肯定的立场，即直接对惠台措施表示赞同，参加节目的嘉宾也主要

① 泛蓝媒体基本倾向支持国民党，或者认同两岸统一。而泛绿媒体基本上则倾向支持民进党，或认同“台独”。这两种媒体各自有不同的言论倾向以及各自的受众群体。

以赞同惠台措施的人士为主。而《自由时报》等泛绿媒体的社论以及评论基本都持负面否定的立场，双方媒体对惠台措施的立场差异较为明显。在读者言论中,《中国时报》等泛蓝媒体基本采用的是肯定认同惠台措施的读者来信，而泛绿媒体基本采用的是否定批判惠台措施的读者来信。岛内媒体对惠台措施的扩散体现出：媒体基于政治立场以及市场因素的考虑，各自对惠台措施进行了符合媒体舆论的选择性扩散。

表 3　岛内主要大众媒体对惠台措施的扩散途径及其效应

扩散途径	《中国时报》	《自由时报》
新闻报道	集中报道大陆台胞以及两岸人士对会惠台措施的正面看法	引用岛内一些政治人物以及学者对惠台措施持负面的看法
媒体评论	惠台措施有利于台湾和民众， 台湾不应该抗拒	惠台措施是“统战”，争取人心 惠台措施不会影响台湾竞争力 惠台措施不可能取得成功
读者言论	认为对惠台措施有利于台湾民众	认为惠台是“穷台”，台湾民众应该自觉抵制
态度倾向	正面，积极	负面，攻击

（二）大众媒体对惠台措施的扩散影响

传统的众媒体是中心辐射的模式，即大众媒体通过媒体言论引导大众舆论，这使得媒体倾向会直接影响岛内民众对大陆的观感和评价。大众媒体一直是台湾地区公众了解与获悉公共信息的主要渠道。由于相当多的岛内民众并没有与大陆存在密切关系的社会资本，而且还存在不少的台湾民众从未到过大陆，缺乏实际参与两岸交流的机会，因此，这也使得一些岛内民众要想通过人际传播的方式来了解惠台措施就存在很大的困难。长期以来，台湾媒体产业发展较为发达，为岛内民众长期通过报纸、电视等媒体平台来获悉政治资讯创造了条件，因此，大陆惠台措施产生以后，大多数岛内民众都是通过岛内大众媒体来获取相关资讯，在媒体的舆论影响下，借助于现代大众传播的形式，惠台措施很快在岛内引发了舆论关注。

但是，在台湾地区，电视媒体以及平面媒体都呈现出严重的媒介政治化色彩，即媒体带有严重的意识形态立场，这就是所谓的“泛蓝”媒体与“泛绿”媒体,《自由时报》与《中国时报》分别就是其中的典型代表。因此，对于长期接受传统媒体影响的忠实读者，媒体言论会更加支持其固有的言论，但是，对于立场不同的受众而言，媒体则会很难发挥其影响力，“一般而言，传播者很难影响与自己意见不符的人，盖受播人往往避免接触和本身意见相左的讯息。”① 这也意味着，惠台措施通过大众媒体虽然可以形成大规模的议题扩散，但是要形成媒体传播的积极舆论效应，从正面影响受众的言论倾向，媒体传播往往会因为受众的选择性倾向而使得舆论效应存在一定群体范围的限制。《自由时报》等泛绿媒体扩散惠台措施只会让泛绿民众更加对其持负面评价，而《中国时报》等泛蓝媒体则会让泛蓝民众更加对惠台措施给予支持，这也使得惠台措施议题在岛内通过传统媒体的扩散很容易形成了二元对立的舆论极化格局。这种舆论分化也体现出，传统媒体的确会继续对岛内民众施加一定的舆论影响，但是受到岛内特定民意结构的影响，媒体对民众施加影响力的界限却更加“泾渭分明”，这也使得媒体对惠台措施的扩散并没有带来相关议题在不同受众之间的沟通与互动，反而由于媒体的扩散传播加深了群体的认知对立。

媒体传播借助现代传播技术很容易实现惠台措施在岛内社会的大规模扩散，即形成广泛的舆论聚焦，大众媒介的三大特点是“大规模生产，受众缺乏控制，和有限的信息频道”。但是，从惠台措施在岛内媒体中的扩散过程来看，媒体虽然构建了舆论的议题，但由于受到媒体立场以及受众选择等多种因素的影响，岛内媒体对惠台措施的扩散却加剧了不同阵营中受众群体的分裂，这也是台湾媒体在政治民主化进程以来所遇到的媒体传播困境，政治对媒体传播的“嵌入”使得媒体在传播大陆资讯中往往会自动分类，从而形成了带有政治偏见的舆论传播。大陆对台政策由于很难依靠大陆媒体主动实现对岛内社会的舆论构建与扩散，这也产生了大陆对台政策容易遭受扭曲或变形，这种失真的政策传播在一定程度上对大陆对台工作带来了较大的挑战，因此，要破解岛内媒体传播对惠台措施带来的负面冲击，不仅要积极支持岛内赞同两岸关系和平发展的主流媒体，更要培养具有国际影响力的大陆媒体，扩大在台湾地区的资讯传播影响力。

三、惠台措施在互联网传播中的扩散

岛内民众普遍使用的社交媒体有 Facebook，推特 (简称 Twitter) 以及 PTT 等，这些社交媒体不仅成为岛内信息扩散的主要平台，也成为岛内民众产生人

① 祝基滢:《大众传播学》，台北：台湾学生书局，1973 年 12 月版，第 26 页。

际互动的重要场域，人们通过使用社交媒体来维持日常生活的联系。相比扩散信息的大众媒体，社交媒体更容易在普通民众中构建以及推动舆论话题的走向，甚至引爆大规模的民意。

（一）PTT 对惠台措施的扩散

对很多社交媒体使用者而言，政治辩论与讨论已经成为数字生活的一个常见现象。社交媒体一直就是岛内民众进行政治参与的重要平台，对于惠台措施，岛内主流社交媒体也给予了较大程度的关注。在“惠台 31 条”出台的当天，PTT 就在第一时间出现了大量的相关新闻贴与讨论帖，并逐步引发了网友对惠台措施的广泛关注。

与脸书不同，惠台措施在 PTT 中的扩散就存在一种“去中心化”的非同质倾向。由于 PTT 本身就是一个相对开放的多元化论坛，不同意见的用户都能发表意见，而且都是匿名性，不存在严格意义上的社交媒体意见领袖，这也带来不同群体在 PTT 中容易形成持续的互动和交流。

PTT 对大陆惠台举措的关注主要通过一些新闻帖子与即时互动来呈现，借助标题与内容吸引网友进行互动，从而形成了议题的大规模扩散。在 PTT 对大陆惠台措施的扩散中，议题构建者可以是通过新闻转发，也可以是直接提出自己关注的议题。在大陆出台“惠台 31 条”当天，PTT“八卦版”（简称“Gossiping”）就在第一时间出现了关于“31 条惠台措施 ”新闻帖子，这体现了 PTT 能及时对大陆重大政策资讯做出反应，并很快成为岛内网友扩散惠台措施的重要平台。在 PTT 出现关于惠台措施的帖子之后，就迅速出现了网友的跟帖和回复，在 2 月 28 日“惠台 31 条”出台的当天，“Gossiping”一共出现了三则关于惠台措施的讨论帖子，在网友参与的讨论中，网友通过对惠台措施提出自己的看法来参与惠台措施的扩散。PTT 对惠台措施的讨论形成了开放化的小群体，由于不断有新的网友加入，这也意味着 PTT 对惠台措施的扩散呈现出较为开放化的群体交流。一些议题甚至引发了网民的热烈讨论，成为“爆”贴，这也说明了社交媒体已经成为扩散惠台措施的重要媒介。

PTT 对惠台举措的扩散不仅是基于信息内容的告知与分享，而且还有相当多的讨论帖子呈现出特定的情感倾向，即对惠台措施持何种态度和评价，这种带有情感倾向的扩散很容易推动议题往情感化方向发展。PTT 中的乡民文化蕴含了丰富的情感能量。根据观察可以发现，PTT 对惠台举措的扩散引发了大量岛内网民的互动讨论。这一方面体现出了 PTT 在岛内社交媒体中具有的使用活力，同时也反映出了岛内网民对惠台举措保持了一定的议题关注力。当然，由于PTT中的使用者为岛内青年人比例较多，这就使得惠台措施在PTT中很容易被构建一个被台湾青年群体所集中关注的社会议题。

PTT对惠台措施的议题扩散

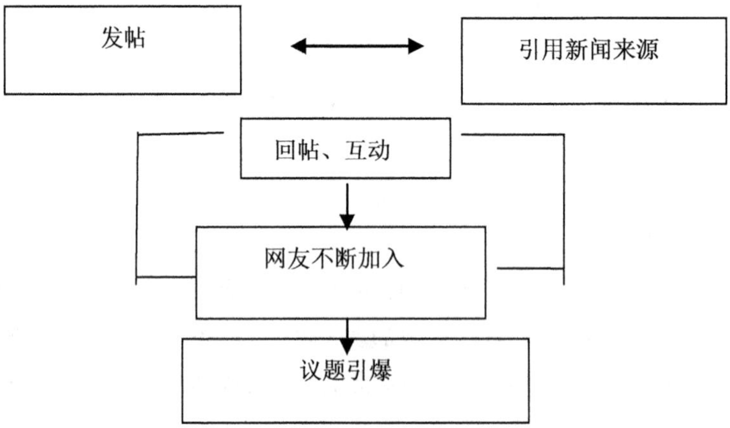

（二）PTT对台湾民众获取大陆资讯的影响

互联网中社会网络结构呈现出“弱连接”的效应，即网络中人际关系亲密程度较为薄弱，但议题能借助社交媒体的“病毒式”扩散打破相同人际关系结构的制约，从而实现对多个不同群体的连接和覆盖，这也导致议题很容易在不同群体中得到大规模的传播。“互联网改变了社会网络的结构，它使网络成员交友更加广泛、并且增加了更多的社会关系弱联结和交流渠道。”[①]PTT网络结构中同样呈现出“弱连接”的社会关系，其使用者多为岛内青年人群体，但由于使用匿名性，导致彼此之间并没有相互认识，也不会被视为某一个群体的专有社交媒体，能快速吸引连接不同的社会群体。社交媒体使用者所存在的数字化世界包含了广泛的连接性，从亲密朋友到家庭成员再到公共人物或者远方的熟人。PTT中对惠台措施的态度与评价，自然就能见到相当多呈现出不同观点的互动贴。弱关系可以使新信息在不同的人际网络中扩散开来。这意味着，惠台措施在社交媒体扩散中已经能跨越不同年龄、性别以及认同意识的群体边界，并且容易推动议题在PTT中被聚焦成舆论热点，让更多的岛内民众初步了解惠台措施。

然而，互联网结构中的“弱连接”的确推动了跨群体的扩散范围，但也降

---

① 鲁曙明主编:《沟通交际学》，北京：中国人民大学出版社，2008年3月版，第316—317页。

低了不同群体之间的共识与情感程度，从而使得网友对信息的获取更多是停留在认知阶段，而难以真正形成有效的深层次接纳与认同。“互联网的兴起，为那些拥有共同兴趣却不知身在何处的匿名对话者，提供了一种新型社区。”① 社交媒体给惠台措施提供了扩散的机会，但却让参与者面临一个多元化与碎片化的舆论环境，这使得政策扩散缺乏足够的稳定性与权威性。由于 PTT 主要集中在台湾青年群体，且岛内青年又具有较强的“台湾主体性意识”，从 2009 年以来，PTT 中的“八卦版”广告牌的政治立场明显转绿。PTT 特有的网络文化生态加剧了惠台措施容易产生议题冲突性，特别岛内部分青年群体在 PTT 构建出了“反惠台措施”倾向，具体表现为对惠台措施进行嘲讽，谩骂，甚至污名化。尽管台湾青年多数不具有浓厚的蓝绿色彩，但偏向“台湾主体性”的立场也依然会对惠台措施充满“有色眼镜”。从 PTT 对惠台措施的扩散内容来看，无论是发帖或是回复，总体的舆论情感都呈现负面评价，即对惠台措施“不看好”“不认同”，这意味着尽管社交媒体关注到了惠台措施的议题产生，也对其进行了议题扩散，但网友并没有从客观公正的角度去对惠台措施进行理性探讨。这也显示，由于 PTT 并不是真正意义上的互联网公共论坛，依靠社交媒体来推动惠台措施扩散，尽管可以获得岛内更多网友的广泛关注度以及舆论聚焦，形成议题的扩散性效应，但很难确保网友对其产生理解一致性的认同与接纳，相当多网友都会按照自己的既有立场来解读惠台措施，同时，社交媒体中的“去中心化”也会不断解构惠台措施的真实意涵，这就与惠台措施在岛内扩散的目标存在很大的距离。

当然，社交媒体中的言论并不一定代表网友的真实心声，不排斥一些网友一方面在 PTT 中批评惠台措施，另外却在现实中积极关注惠台措施，并产生前往大陆发展的想法。此外，PTT 的使用者也只是台湾民众的一部分，不能代表所有台湾民众的言论倾向。对此，要重视社交媒体对惠台措施的关注走向，了解台湾青年对惠台措施的关注聚焦点，对未来惠台措施的改进起到积极的效果。同时，不要过度担忧惠台措施在社交媒体中遭遇的负面评价，因为网络中的表达充斥了相当多的情感宣泄成分，并不是理性思考的结果。随着惠台措施产生更多良好的口碑效应，也能逐步在社交媒体中产生积极的扩散效应。一些网友亲身经历的故事描写就在社交媒体中获取了较为积极的肯定。从根本上看，惠台措施符合台湾民众的根本利益，随着政策扩散的范围，台湾民众认同与支持

① ［荷兰］丹尼斯·麦奎尔著:《受众分析》，刘燕南等译，北京：中国人民大学出版社，2006 年 3 月版，第 53 页。

的人数势必会逐步增多。这也意味着，符合人心的政策都会最终获得大多数人的认同与支持。

结论与思考

本文通过大陆惠台措施在台湾地区的三种主要扩散途径进行了分析，研究发现：

1. 人际传播主要通过口语化的传播形式，在以台胞为中心的“朋友圈”中快速扩散，体现在三个方面：扩散速度快，扩散范围集中，扩散口碑好。但是，由于“同质化”范围较为显著，这也导致人际传播容易形成大陆惠台措施在台胞各自圈子中的小范围传播，不利于岛内不同群体对大陆惠台措施的更多接触与了解。随着社交媒体在人际传播中的大规模运用，小圈子的扩散逐步被突破，也给惠台措施的扩散增加了不同群体互动的机会。

2. 传统大众传播推动了惠台措施的大范围扩散，但是由于受众群体的限制以及媒体政治偏见的影响，导致岛内媒体舆论对惠台措施形成了两极化的反应，这也意味着在政治介入与市场化因素的冲击下，岛内传统大众媒体很难维持媒体的公正性，这也使得尽管大众媒体在扩散惠台措施方面发挥了很大的作用，但是，大众媒体在舆论立场上的分化使得惠台措施形成了在岛内社会的不同评价。

3. 社交媒体推动了惠台措施在互联网成为舆论焦点，并实现了该议题在岛内社会不同群体中的大面积传播，尤其是岛内大量青年人主要都是通过社交媒体来获取关于大陆惠台措施的资讯。但是社交媒体同样存在舆论扩散的极化效应，这也表明了，无论是岛内的传统媒体还是社交媒体，都很难实现真正意义上的客观理性传播，这也使得大陆惠台措施在岛内社会势必会呈现更加多元化、碎片化的舆论演化格局。

鉴于三种不同传播模式都有各自的扩散特征，单纯依靠某一个扩散途径都难以全面提高对台政策的成效，对此，有必要结合三种扩散途径，针对不同群体的传播偏好，采取有针对性的精准扩散，同时，要积极利用其他传播工具来进行相互补充，改变某一个群体对单一信息来源的依赖。最后，本文的发现仅仅是从政策扩散的理论视角对三种扩散理论进行了基本描述以及比较分析，关于不同扩散路径对大陆惠台措施在岛内社会造成的影响还有待于进一步的实证分析。

新时代两岸文化交流与融合发展研究：以影视产业为例

邓启明　林思琴　尹利军*

当前包括影视产业在内的“文化经济”发展势不可挡，逐渐成为全球经济发展战略驱动力量。曾经风靡两岸和东南亚的台湾影视剧近年风光不再，甚至陷入困境，日韩影视却大放异彩。结合“惠台31条”等政策措施的出台与实施，在简要分析、把握当前两岸影视文化交流与产业合作重大意义及难得机遇基础上，文章分析、总结了两岸影视文化交流与产业合作走过的历程及取得的进展，尤其是当前岛内影视产业发展面临的主要问题与挑战，进而就新形势下扩大和深化两岸影视产业合作的配套策略措施进行研究设计，促进两岸经济社会融合发展、共同创造中华文化大发展大繁盛新时代。

一、研究背景与问题的提出

当今经济发展，已由过去主要依靠自然资源和劳动力等要素，转化为以文化、信息、科技等要素为主；尤其是文化经济迅速发展壮大，成为全球经济发展新引擎，对一国（或地区）经济社会全局和长远发展具有重大引领和带动作用。2017年全球文化创意产业产值达2.25万亿美元，占全球GDP的2.79%，超过电信业1.57万亿美元总产值和印度1.9万亿美元国民生产总值；此间，美国和欧洲各国共占全球市场总额77%，日本和韩国分别为10%和5%，中国约占4%左右。

* 邓启明，宁波市海峡两岸融合发展研究院副院长、闽江学院“闽都学者”特聘教授、两岸关系和平发展协同创新中心客座教授；林思琴，宁波大学商学院国际商务专业硕士研究生；尹利军，闽江学院经济与管理学院副院长。

事实上，自2011年“文化强国”战略提出以来，我国“文化经济”发展势不可挡，这种以创造力为核心、高附加值和可持续性强的文化产业大规模兴起，已成为推动经济社会发展的战略驱动力量。据国家统计局数据：我国文化及其相关文化的产值及其占GDP比重，已从2011年的13479亿元、2.85%，发展至2017年的34722亿元、4.2%。换句话说，未来一国（或地区）文化与经济渗透融合的范围、深度和效果，将直接影响其产出的效率和市场竞争力，成为新时期实现稳步发展和前进的重要组成部分。对此，习近平总书记在党的十九大报告中明确提出：要“完善文化经济政策，培育新型文化业态”。

另一方面，作为一种文化交流与创造，影视作品是最贴近人民生产生活的文化宣扬与传播方式，是塑造和展示民族形象重要橱窗。然而，尽管30余年来两岸交流合作呈现出多层次、多方面、多元化发展态势，但两岸影视文化交流与产业合作在人员人数、投资资本等方面限制政策还是非常严格，甚至停滞不前。而且近十几年来，台湾地区影视作品锐减，面临内外夹击险境与挑战。一是影视剧品质大大下降，国际市场份额明显降低，观众数量急剧减少；二是影视收入不断下降，影视投资额也不断下降，恶性循环。

显然，新形势下进一步扩大和深化两岸影视文化交流与产业合作，对于宣扬和实现我国“文化自信”及“两岸一家亲”理念，加快新旧动能转换、推动区域经济高质量发展等，都具有十分重要的影响与深远意义。既是新形势下两岸意识形态交流与碰撞具体体现，也是潜移默化影响两岸民众主流价值观和意识形态的一种主要方式，是推动祖国统一大业不可忽视的重要力量，成为两岸关系和平发展的重要理论与现实课题。特别是2018年2月，国务院台湾事务办公室、国家发展和改革委员会等联合发布了简称“惠台31条”的《关于促进两岸经济文化交流合作的若干措施》，其中关于影视方面的政策措施就有3条，不仅对两岸影视合作数量不做限制，还放宽了两岸影视作品主创人员比例、大陆元素、投资比例等方面限制，值得关注与跟踪研究[①]。本文拟结合当前两岸关系

① 大陆对台影视政策一直在不断放宽。从1979年《告台湾同胞书》实现“三通”以来，首先在政治上打破了两岸对峙格局，初步奠定两岸文化交流的大环境。1994年，大陆发布《关于台湾电视从业人员来大陆拍摄节目的管理方法》，经过审批的台湾剧组可以进入大陆拍摄；从2008年1月1日起，两岸合拍剧经过大陆主管部门审核后，就可以在播出、发行、参展等方面享有与大陆影视剧的同等待遇；2010年签订《海峡两岸经济合作框架协议（ECFA）》后，不再对台湾影视进入大陆的数量进行限制，不管是合拍片还是单纯的台湾片，只要通过核查，便可自由进入大陆市场，甚至推出一系列促进两岸影视制作机构不断加强影视合作的举措。但多年来，两岸影视政策在人员人数限制、投资资本等方面还是严格限制，很大程度上限制了海峡两岸文化交流与产业合作等方面的发展。

和文化经济发展实际，对海峡两岸影视文化产业交流与合作发展问题进行初步研究探索，起抛砖引玉作用。

二、海峡两岸影视产业交流合作的重大意义与机遇

（一）影视合作：两岸共同文化与价值创造的重要实践

海峡两岸同文同种，共同拥有的中华文化既是维系两岸关系发展的重要纽带，更是两岸同胞的强大信念和重要支撑；中共十九大报告提出的“文化自信”，则为中华文化的发展与繁荣复兴指明了方向。作为最直接、最迅速有效的文化交流与传播媒介，我们要充分利用影视作品来推动两岸文化共同建设和两岸关系发展，充分发挥影视文化的力量。尤其是这几年来，大陆对台相关政策措施不断放宽，近期出台的“惠台 31 条”更让台湾同胞共享大陆发展机遇、享受同等待遇，这也在某种程度上展示了我们的文化自信，从而架起两岸沟通的桥梁和心灵契合的平台。必须让两岸更加了解彼此，构筑共同的价值取向和文化理论体系，努力丰富中华文化，促进和真正实现“两岸一家亲”。

（二）传承创新：两岸携手提升华语影视的国际竞争力

近年来，随着大陆经济和影视业不断崛起，对文化建设和“文化自信”也提出新的、越来越高的要求，并朝着国际化方向发展。但因大陆影视起步晚，制作水平较低，整个产业还处于较低水平，难以和国际制作水平媲美。尤其是影视制作机构还未形成一定规模，难以达到规模经济效应。特别是影视专业人才和国际化人才较少，更多影片带有浓厚民族与本土化气息。如果一味迎合本土市场，而不能很好处理影视文化传播和交流过程中的这种转换——忽略了国际市场的开拓等，将事倍功半。值得注意的是，台湾地区拥有众多优秀影视人才，大陆一些热门影视也已逐步启用台湾影视人才与制作团队；事实上，海峡两岸不同背景下成长的影视制作人员间的交流合作与碰撞，对深化两岸文化交流与产业合作，共同打造华语影视进而走向国际有着特殊重要意义，值得鼓励与跟踪研究。

（三）惠台 31 条：两岸影视产业合作发展迎来难得机遇

随着大陆影视制作水平不断提高，虽然相关政策措施不断放宽，但对于人数问题等还是严格控制。如近期大火的《那年花开》，由于台湾演员和制作人员

比较多，在不符合政策规定情况下只能按“特别友情出演”来避免。因而，当2018年2月国务院台办和发改委等联合出台的《关于促进两岸经济文化交流合作的若干措施》明确规定：“台湾人士参与大陆广播电视节目和电影、电视剧制作可不受数量限制；大陆电影发行机构、广播电视台、视听网站和有线电视网引进台湾生产的电影、电视剧不做数量限制；放宽两岸合拍电影、电视剧在主创人员比例、大陆元素、投资比例等方面的限制；取消收取两岸电影合拍立项申报费用；缩短两岸电视剧合拍立项阶段故事梗概的审批时限”等，即引起两岸影视界高度关注，被认为是拯救近十几年来台湾影视业低迷发展的重要机遇，也为台湾艺人进入大陆发展提供了更多机会，真正落实“两岸一家亲”。

三、海峡两岸影视产业交流合作的历程及取得进展

（一）开放影片放映（1978—1989年）

虽然大陆的影视合拍可以追溯到抗日战争初期，如与奥地利成功合拍的《世界儿女》等，但直到改革开放后成立中国电影合作制片公司，才迎来影视合拍的春风，尤其是《火烧圆明园》《垂帘听政》《末代皇帝》《敦煌》等著名电影，都是此间与香港地区合拍而成的，并且在新加坡、泰国等国家和地区掀起一片热潮，创下电影观看人数纪录。受两岸复杂关系的影响，台湾当局对两岸合拍影视却立下严格的规定，两岸影视交流主要是以放映台湾影片为主，而且主要是通过录像带进行电影放映，引进的大多是功夫片和言情片；直到80年代中后期，渐渐有一些代表团赴香港参加一些电影展，才有机会进一步交流并引进一些电视剧，《搭错车》《汪洋中的一条船》《彩云》等在大陆引起了巨大反响。但合拍影片受限较大，困难重重。

（二）开展影视合拍（1990—2011年）

此间两岸影视合拍有了小幅增长、合作的形式也有所增加，但总体环境与取得效果仍不佳。值得注意的是，1990年台湾影视剧《妈妈，再爱我一次》在大陆取得巨大成功，引起台湾影视界对大陆市场极大兴趣，纷纷思考如何进入和拓展大陆市场，台湾当局两岸影视合拍政策也有所放松。前期合拍主要是由台湾出资、大陆一些优秀导演执导，《大红灯笼高高挂》《霸王别姬》《滚滚红尘》《梁山伯与祝英台新传》等一批脍炙人口的影片，受到两岸观众追捧与喜爱；后期则以台湾导演执导居多，一些大陆企业成为主要投资方，两岸影视合

作走向多层次、多元化。1995—2011 年合拍了 30 多部影视，题材也多样化，但并未取得突破性进展，合拍总数只与中美合拍相当、远不如香港。

（三）交流合作迟滞（2012—2017 年）

此间数字技术开启了全球电影产业白银时代，使近年来全球电影市场保持稳定增长态势。特别是好莱坞在全球电影产业中发挥着主导作用，由此带来的全球化和本土化的冲突和融合，不再限于电影，广播电视、有线电视、卫星电视、音乐、观赏性运动、主题公园等各种文化传媒产业都与好莱坞产生了交集，形成横向延伸、跨界整合的经营发展模式。而且使用计算机图像制作的数字电影通常对于其全新构造的科幻、奇幻世界具有强大吸引力，席卷了全球的超高票房。大陆影视文化产业此间也得到高速发展，在 2017 年全球票房创新高达 406 亿的情况下占据了 79 亿的票房（几乎是日本的 4 倍），取得亮眼成绩，但主要是以合拍片为主。然而，海峡两岸间由于政治互信不足，两岸影视合拍虽渐有起色，但每年的合拍数量仍屈指可数。据影视合拍公司统计，2014 年大陆与香港的影视合拍项目约占 60%，与台湾地区、美国、欧盟及韩国的合拍项目分别占 10% 左右。2015 年海峡两岸的合拍片立项 13 部，2016 年只立项 8 部，两岸影视合作呈现低迷状态。若从总的看，此间两岸合拍片以青春文艺片居多，但这些影片对当今影视大环境来说，其市场空间较小、竞争力明显不足。

四、台湾地区影视产业发展面临的主要问题与挑战

（一）资金短缺，优秀影视人才大量流失

昔日台湾，无论是在经济发展、物质文化建设等方面都领先于大陆，影视文化产业更是席卷整个华人娱乐圈。但从第 53 届金马奖来看，最佳导演奖、最佳男女演员、最佳影片等大奖纷纷被大陆收入囊中，台湾地区几乎“颗粒无收”。这主要归功于大陆制作水平的持续提高和巨大影视投资，《步步惊心》《甄嬛传》等影视剧的投入甚至高达几千万或上亿元；校园言情小说《微微一笑很倾城》《何以笙箫默》等青春偶像剧的投入也高达七八千万，从而获得较好口碑和收视率。但近年台湾影视剧发展成“小作坊”模式，每集制作成本仅几万元人民币，10 万元以上制作费甚至被认为是“天价”。这种低制作成本的影片，只能与近几年逐渐走入大众视线的泰剧等相媲美，不仅难以在繁荣发展的大陆市场立足，甚至被不断推陈出新的日韩剧轻易打败，导致影视人才大量流失。从早期的马

惠珍、马景涛、寇世勋等老牌演员，后期的霍建华、林心如、安以轩等，纷纷进军大陆市场。特别是随着大批优质话题偶像纷纷出走，台湾影视剧只能打着本土化偶像剧来维持当地市场，但这种本土化难以走到海外，甚至难以走进大陆市场。如此恶性循环下，只能持续压缩成本，演员话题热度不够，甚至没有演技、没有口碑，影视制作环境每况愈下，整个影视文化产业陷入一潭死水。

（二）题材老旧，制作水平未能与时俱进

早期台湾影视剧的选题，主要是以言情、反映社会和青春偶像类题材为主。20世纪六七十年代基本上是琼瑶的天下，以女性婚恋为题材，成功囊括老、中、青年观众，剧中演员大多一炮而红；社会类影视一般以反映家庭伦理亲情、感人肺腑的小人物之间的爱情与友情等居多，如《搭错车》《妈妈，再爱我一次》等，较好从内心深处引起观众的共鸣，赚足了观众的眼泪；至于青春偶像剧，台湾当为言情偶像剧的鼻祖。火爆银屏的《流星花园》创下6.43的平均收视率，被20多个国家购买版权、持续播出；《王子变青蛙》《恶作剧之吻》《命中注定我爱你》等被多次翻拍的经典言情偶像剧，更是风靡一时，余温不减。期间，也有《八号当铺》《终极一班》等大胆创新影片，将人类无尽的欲望和贪婪摆在台面上讨论，将偶像剧与玄幻剧相组合，将台湾影视推上一个新的高度，一度引领影视界时代潮流。然而，在大陆影视百花齐放，宫廷剧、历史剧、青春剧、都市剧、穿越剧等不一而足，台湾影视早已没有竞争之力，尤其是一味的青春偶像风根本无法满足广大观众口味。虽然近几年偶尔也有一些关于台湾的纪录片、历史文化题材及惊悚片等，但其票房大都不尽如人意；无论是故事情节、人物塑造，还是剧情发展，都没有什么大的突破，难以抓住观众眼球。究其原因，主要是创新力度不足，制作水平和剧情安排未能与时俱进，影片画面够不精良等。

（三）政治敏感，岛内发展环境日益恶化

受多年政党不正常竞争和"台独"活动等方面影响，台湾地区政治敏感度高、族群分裂严重，影视文化产业整体氛围不佳。不管是比较有号召力量的影视明星，还是普通民众，只要在公开场合稍微言论不当，就容易被舆论和媒体无限放大。如徐若瑄曾在公开场合称日本为"养母"，这种不当言论就被舆论不当利用，甚至下架其所有在线产品。在这种大环境下，普通民众容易被大众舆论带偏，失去自身判断力，甚至被那些不实言论所左右。尤其是台湾地区的媒

体也是分门别派，而且有蓝绿之分——许多媒体都为特定政党服务，具有较鲜明政治色彩。一些中小媒体可能迫于压力或者是经营不善，只能依靠政党支持维持生存。在此情形下，各类媒体不得不做出“投蓝”或“投绿”的选择，以寻求支持，在对立的政治格局中得以生存。久而久之，影视文化的生存与发展环境就呈现疲软之势，只能靠着“本土化”来维持发展，闽南语剧数量越来越多、“国语剧”的被边缘化，优秀艺人、优质影片都出现断层现象，很难重现往日的辉煌。

（四）政策保守，与大陆的交流合作受限

近年来大陆方面不仅对台湾影片的引进数量不再做限制，甚至以更加开放、包容的心态鼓励两岸影视文化交流与合作发展，愿意不断吸收台湾影视文化精华，使二者发挥各自所长、共同打造具有特色的华语影视。然而，台湾当局的大陆政策一直“闭关自锁”，倾向于顽固保守与谨小慎微，影视政策也不例外。如 1989 年台湾影视赴大陆拍摄甚至需要台湾全资方可进行，大陆方面仅仅扮演技术协助的角色；1990 年两岸合拍影片禁止大陆影视明星出镜率太高，禁止大陆演员一切采访权；1998 年台湾方面仍限制大陆影视人员在岛内从事商业活动，至于赴台参观、采访、拍片和制作节目等则有所放宽。直到 2006 年，大陆专业人员才可以赴台从事“合理的宣传活动和传播媒体的访问”；2009 年进一步放宽了大陆赴台拍摄的限制，但在人员比例和停留时间等方面仍严格限制①。直至今日，台湾当局仍严格实行“一年只能引进 10 部中国大陆电影”、靠抽签方式决定每年引进哪 10 部大陆影片的政策。显然，台湾当局这种“严格把控”“故步自封”，长期“不开放”自身市场的保守做法，不仅让台湾的影视行业不能很好适应当下影视业发展态势，在各国和地区影视业不断发展创新的情况下，逐步失去了往日的辉煌。

五、海峡两岸影视产业合作的策略选择与对策措施

（一）建立海峡两岸影视发展策略联盟，实现规模化集团化发展

新形势下，加强和推进两岸影视文化交流与合作发展，必须充分整合两岸影视资源，通过政策扶持和引导，将大量涌入大陆的台湾制作团队、影视人员

① 叶实：《开放力度空前！解析惠台新政：放宽多项限制，两岸影视产业将迎来哪些利好？》[DB/OL].https://baijiahao.baidu.com/s?id=1593766180370552697&wfr=spider&for=pc.2018-03-02。

集中起来，有组织有目标地建立两岸影视策略联盟，形成相应的合作平台及规模化产业链，携手打造出更精致、更高水平的能够走向国际化的影片。据统计，当前大陆有电影电视制作机构 200 多家，广播电影电视节目制作机构 1000 多家，但每家尚未形成一定的关联与合作关系，影视拍摄基地遍地都是。显然，这种以小型集约式或是小散户式的制片方式，需要付出巨大人力物力，影视制作成本也相应较高。若建立两岸影视策略联盟，不仅能够减少影视制作成本，对于影片的内容、表现方式等方面的提升也极为有利；也将大大推动台湾地区影视制作水平的提高，共同制作出走向国际化的华语影片。

（二）健全海峡两岸影视合作发展机制，开展多方位多层次合作

海峡两岸相关管理部门和（或）行业协会等应高度重视两岸影视文化交流与共同建设，积极引导两岸影视界建立较规范的密切往来机制，包括两岸对话平台和磋商机制，解决交流合作过程中的不平衡及可能面临的新问题与矛盾。除了逐步放宽（或取消）相关限制、继续出台系列政策优惠，还可以设置一些奖励或项目补贴等，以加强对于艺术团体和媒体行业的引导，吸收社会资金和企业投资，包括积极推进网游、毛绒玩具等配套影视文创产品的开发；尤其是要将影视文化里的流行要素充分融入现实产品的设计、生产与销售中，努力延长产品产业链、调动两岸民众的购买与消费欲望，也为两岸文创产业与产品注入新鲜血液，从而激发和唤起两岸民众历史文化的认同感和归属感，提高影视文化创作的附加值。如此前热播的电视连续剧《花千骨》中“糖宝”系列产品的综合开发，不仅深受各年龄段人群的喜爱，还让影视剧的热度持续不减。特别是要将两岸影视文化交流与合作纳入“文化自信”和“中华文化复兴”伟大实践中，进一步探索和实践包括两岸在内的影视产业国际多方交流与合作发展。既降低两岸间扩大和深化影视合作的敏感性，减少不必要摩擦和误解，还能增加影视文化产品的多元化与市场价值，不断开拓国际市场，为影视文化国际化保驾护航。

表 1 海峡两岸影视交流与合作基地

序号	基地名称	地址	主要建设内容
1	海峡两岸影视文创合作示范基地	湖北武汉	促进海峡两岸大学生在影视文创方面展开创新创业、合作交流的组织、协调平台。
2	两岸青年影视实践基地	浙江温州瓯海经济开发区	结合政府、高校、企业及社会各方资源，给予两岸青年影视文化创业及就业更多发展空间。 提供从创业咨询、项目孵化、政策保障、培训提升到金融扶持等全方位服务。 构建以文化创新为支柱的特色产业体系。
3	海峡两岸影视制作基地	福建漳州	打造闽系最大室内摄影棚，相关配套服装间、化妆间、播控间、编辑室、录音棚、道具间、办公室等。为剧组提供200间影视公寓。建成后每年可接待40个剧组以上。
4	海峡文创中心	厦门市海沧区	成为海峡两岸影视文化交流平台——微电影、动漫、电子游戏、电子商务等，汇集文化产业各种新业态。
5	影视主题公园	福建平潭	打造以影视文化为核心，拍摄、旅游、教研多种功能聚集的特色小镇；充分发挥行业影响力，带动更多优秀企业参与全区文化产业发展。 通过产业导入、品牌打造，将项目建设与乡村振兴战略结合起来，打造影视文化产业标杆。

（三）加强两岸影视文化基地经营管理，打造涉台影视专业队伍

目前两岸影视文化基地主要集中在福建厦门、漳州、平潭等地，浙江温州瓯海经济区、湖北武汉也设立了影视文化交流基地（表 1），大多规模庞大、刚投入运营；虽然各有特点，但不同程度存在“仓促上马，盲目投资、重复建设，粗放经营、产业薄弱，经营分散、人才缺失，技术冲击、游客消费趋向理性，景区配套服务不足、环境污染，资源破坏”等问题①。未来规划建设两岸影视基地，应当充分考虑这些问题，扬长避短。既要关注要素汇聚和影视城扩张，还要关注各要素部门的和谐、高效的市场化经营和管理，加强不同职能部门的联系与监督管理；对于影视基地引进项目孵化和政策保障要落实到位，对于两岸合资（或独资）小微企业（或是工作室）也应当给予相应技术指导和培育；还要深入了解和把握台湾地区中南部民众的文化特色和需求，延伸涉台影视题材的广度

① 周捷：《现阶段我国影视基地建设发展存在的问题》[J]，《才智》，2013（33）：250。

和深度。

（四）共同打造有竞争力华语影片，充分发挥海峡两岸互补优势

由于长期的历史、习俗和制度等方面因素，两岸影视文化多呈现为亲民、接地气、轻松活跃等大众喜闻乐见方式。尽管大陆方面更倾向于影视文化精品，跟台湾地区民众的口味不太接近，但近几年一些历史、校园、宫廷、现实题材剧十分受欢迎。新形势下，可以成立专业的两岸影视交流合作服务机构，专业服务于两岸影视从业人员在文化创意、改善文化产品质量、自主知识品牌和技术等方面提供支持，打造两岸人民喜闻乐见的题材和配套产业链。如：拍摄地在大陆，但后期制作、创意、技术等在台湾进行，将两岸文化进行充分融合，实现优势互补，打造符合观众口味的现代影视剧，为华语影视走向国际奠定基础，为与好莱坞影片等相竞争提供坚实的后盾。

六、小结与展望

如前所述，当前全球文化经济的发展势不可挡，已成为引领世界经济发展的巨大动力。我国文化经济也在不断发展壮大，在经济社会发展全局中的地位显著提高。特别是随着人们生活水平不断提高、对于精神生活的需求不断增长，作为文化创意产业重要组成部分的影视文化产业的发展尤其迅速，呈现出一片繁荣景象。仅影视票房的总收入，就从 2012 年 170.73 亿元迅速发展至 2017 年的 559.11 亿元，预计 2019 年达到 919.4 亿元，成为助推产生新的经济增长点、撬动新一轮经济发展的有力杠杆。

另一方面，改革开放以来，海峡两岸影视文化交流与产业合作起起伏伏，虽然大陆对台相关政策规定一次比一次开放，但所取得的效果并未达到预期。值得注意的是，当前岛内影视业发展也突出面临资金短缺、题材老旧、政治敏感、政策保守等方面问题与挑战。如：台湾当局至今仍严格实行“一年只能引进 10 部中国大陆电影”等政策规定，在人员比例和停留时间等方面也严格限制。这种“严格把控”、长期“不开放”自身市场的保守做法，已让台湾影视业失去了往日的辉煌，岛内影视业必须借助大陆市场方能获得再生也成为必然。换句话说，当前大陆影视产业已取得较大发展，但台湾地区却一直在走下坡路，两岸影视文化的交流与产业合作进入瓶颈期。刚出台不久的“惠台 31 条”等新政策，无疑给台湾影视业发展带来前所未有的难得机遇，也为台湾影视业发展

注入一股活泉。台湾方面要好好把握此次惠台政策的具体内容与导向，积极走进大陆扩大交流与合作，共同发挥海峡两岸各自的比较优势和重要资源，进行资源整合和优势互补，共同打造华语影视的繁荣。

一句话，扎实推动海峡两岸影视文化交流和产业合作，既是新形势下扩大和深化两岸文化交流与经济社会融合发展必不可少的重要内容，也是造福两岸人民的客观要求；“文化经济”时代，海峡两岸更应高度重视、充分发挥文化给经济社会发展带来的重大引领与带动作用。相信在海峡两岸有关部门和影视产业界等的共同努力下，两岸影视文化交流和产业合作将会碰撞出越来越多的火花，从而带动和引领海峡两岸经济社会融合，推动两岸关系和平发展。

浅谈维护两岸关系和平发展的社会路径

——以闽台宗教文化交流为例*

吴巍巍**

宗教文化是维护两岸关系和平发展的有效公约数。两岸宗教文化同根同源、源远流长，是两岸社会民众日常生活不可或缺的组成部分。当前，两岸宗教文化交流和互动愈益紧密，并呈现出一些与以往不同的发展趋势和特点。清晰地认识这些发展趋势和特点，有助于我们更好地分析两岸宗教文化交流的内在规律和外在表现，为两岸关系持续保持良性互动提供经验和资鉴，也有助于我们对将来宗教文化如何在两岸关系新的时代情境中更好地发挥其“稳定剂”和“润滑剂”的作用，提出一些对策性的思考。

一、两岸宗教文化渊源概观

1. 两岸佛教同脉相连

两岸佛教关系十分密切，台湾的佛教宗派大多都是从福建传过去的。连横在《台湾通史》中记载：“佛教之来已数百年，其宗派多传自福建。”[①] 台湾的佛教经过郑氏及清朝康熙、乾隆年间的发展，一直到20世纪50年代左右，逐渐形成了月眉山、观音山、法云寺、大岗山等四大正统佛教派系。而这四大派系都与福建佛教有着密切的关系。清同治十一年（1872），福州鼓山涌泉寺僧理明在台北创建凌云寺，为台湾观音山派的大本山。1912年，福州鼓山涌泉寺僧觉力到台湾苗栗大湖乡创建法云寺，为法云寺派的大本山。1923年，福州鼓山涌泉寺僧善智、妙密在台湾基隆月眉山谷创建灵泉寺，为台湾月眉山派的大本

* 福建省高校新世纪优秀人才支持计划项目“一带一路视阈下的两岸文化动态发展研究”。

** 吴巍巍，福建师范大学闽台区域研究中心研究员。

① 连横：《台湾通史》，北京：商务印书馆，1996年，第407页。

山。厦门南普陀名僧会泉曾四次赴大岗山龙湖庵讲经弘法，传播佛事的各种唱念与拜万佛、水陆法事的仪规。[①]台湾的许多寺院不仅是福建寺院的分支，而且寺院的名称、建筑布局、院规制度等都与福建寺院相同或相近。如台南的开元寺，次寺初名海会寺，后仿效泉州开元寺等起名法，以唐开元年号为寺名。台湾的众多僧人还都视福建禅宗丛林为圣地，纷纷前来受戒，学习佛法，尤其是福州鼓山的涌泉寺为台湾佛教两大源流之一的戒法传承寺庙，据《台湾宗教调查报告书》记载："鼓山留锡者，三年为一期，一年是沙弥戒，二年是比丘戒，三年是成就菩萨戒。修行无过失者，一年进一阶级是为惯例，三年之间允许退山。三年后，受戒满了者，称和尚，得住持资格。尚想当大和尚者，不可再进一级。"[②]福建的一些高僧大德，应邀到台湾传戒、讲经或主持法会。此外，台湾还邀请大批福建高僧入台驻锡弘法，担任寺院住持，建立佛教道场等。

2. 两岸道教一脉相承

道教是传入台湾最早的宗教，台湾的道教所信奉的神祇大多数也是来自福建。据记载，在明万历十八年(1590)，福建漳州闾山三奶派的道士率先到台南传教，此后，茅山派、正一派、清微派也先后传入台湾，其中影响最大的是正一派。台湾的正一派道士又分为红头师公和乌头师公。红头师公着红道冠用红布包头，以掌加持祈祷为主，主要度生。乌头师公着黑道袍用黑布包头，以掌葬祭为主，度生也度死。但无论是红头师公还是乌头师公都是由福建传入。正如学者所言；"乌头师公大多由泉州与漳州传入……红头师公则受闽影响甚多。"[③]台湾道士举行斋醮仪式所用的科仪，也是以闽南的道教科仪为蓝本，深受其影响，并传习至今。

3. 两岸天主教渊源深厚

台湾天主教与福建沿海的天主教一样，都是由西班牙传入，同属西班牙多明我会。而传教士首次入台，也系因赴福州引发。据记载，1619 年，马尼拉天主教玫瑰省派遣多明我会传教士马地涅（Paolo Maldini）一行出使中国，因在海上遇到暴风，漂流到台湾。他对台湾进行了一些调查，并鼓噪要让西班牙占领台湾，以便在那里传播天主福音[④]。随后，西班牙多明我会便于 1626 年派遣 6

① 何绵山:《福建宗教文化》，天津：天津社会科学院出版社，2004 年，第 111 页。

② 林国平:《闽台宗教文化交流及其对两岸关系的影响》,《闽江学院学报》，2008 年第 1 期。

③ 吴季晏:《光复前道教在台湾的发展状况》，载丁煌总编《道教学探索》（台湾），1989 年 12 月，第 321—322 页。

④ Jose Maria Gonzalez,O.P., *Historia de las Misiones Dominicanas de China, 1900-1954*, Madrid, 1955, pp.440-441.

名传教士入台，开始其传教的历史。随着西班牙入侵者被逐出台湾，天主教传播也随之中断。直至1859年，中断了200多年又再度传入台湾的天主教，在行政、人事关系等层面皆是隶属于福建教区的。即使是1895年甲午战后台湾被迫割让给日本后，台湾的天主教仍归厦门教区管辖，一直到1913年台湾成为独立的监牧区后，才脱离厦门教区的隶属关系。台湾教区和福建教区虽然分家，但两者关系仍十分密切，台湾教徒所用经本、教会年历等，仍多采用厦门或福建教会的出版物[①]。

4. 两岸基督教关系密切

两岸基督教（新教）关系极为密切。基督教在台湾开教无论在组织、人员还是方式等都是从福建传过去的。首位来台宣教的传教士是英国长老会的马雅各布（James Laidlaw Maxwell），1864年抵厦门学习闽南语，同年随同杜嘉德入台做传教前期准备；翌年5月，马、杜偕三位中国助手正式由闽入台开教。长老会在台湾开教传播的过程中，始终以福建厦门为中心基地，从厦门派遣传教人员入台考察、正式开教、短期访问视察、生病回厦门疗养等；所以台湾教区无论在教会组织、宣教方法，抑或牧养方式等方面，都受到厦门总会的深刻影响。台湾的真耶稣教（著名的本土教派）也是由福建的一些真耶稣教徒于1926年传入台湾的。另一大著名本土教派聚会处（台湾称“召会”）也是于福州创办，并于1949年由大陆传播至台湾，并在台湾获得快速的发展，现今已经一跃成为台湾第二大教派[②]。可以说，两岸基督教有着俨如一家的至亲关系。

5. 两岸民间信仰同属一系

台湾的民间信仰非常发达，各种宫庙随处可见，所信仰的神祇也非常庞杂，但大多数的神祇也是由福建传入。在历史上，台湾的民间信仰主要通过“分香”“分身”和“漂流”的方式由福建传入，由此，福建的民间信仰与台湾的民间信仰便形成了源与流、枝与业的特殊关系。台湾方面曾先后6次对台湾地区各种寺庙的主祀神进行的调查统计显示，在名列前20名的主神中，除了三山国王从广东传人，开台圣王、有应公、大众爷为台湾土生土长的神灵外，其余的均是随移民的移居、开发浪潮从福建传入台湾的。台湾著名学者吴瀛涛在《台湾民俗》一书中也指出：“福德正神、王爷、妈祖、观音菩萨……此四神约占寺庙主

① 吴巍巍：《闽台天主教源流关系述论》，《闽台区域研究丛刊》（第七、八合辑），北京：海洋出版社，2012年，第244页。

② 吴巍巍：《晚清时期的闽台基督教关系》，《闽台关系研究》2015年第1期；《日本殖民统治台湾时期闽台基督教间的互动关系》，《基督宗教研究》（第18辑），宗教文化出版社，2015年。

神的半数，而此等祭神大部分是由福建以分身、分香、漂流三种方式传来者，也有传入后再传播本省各地者。诸如天上圣母、保生大帝、清水祖师、开漳圣王、广泽尊王等闽籍移民祀奉的祖籍神明，被称为‘桑梓神’，受到台湾民众的特别敬奉。”①

二、两岸宗教文化交流的发展动态：新趋势与特点

当代两岸之间的宗教文化交流始于20世纪80年代，特别是在1987年11月台湾当局开放民众赴大陆旅游探亲后，台湾民间信仰的一些信众纷纷捧着所信仰的神灵到福建祖庙去寻根谒祖。20世纪八九十年代，两岸之间的这种宗教交流还往往是以分散的方式进行，以探亲、旅游及小团组的“朝圣”为主。进入21世纪后，两岸宗教交流的层面越来越广，交流的方式也越来越多样化，各种类型的宗教学术研讨会在各地不断召开，交流的层次更加深化。此外，在这一时期台湾宗教对福建宗教产生的影响也不断加强。

1. 宗教交流的层面越来越广，规模越来越大

20世纪八九十年代，两岸之间的宗教交往，主要是台湾的一些宗教团体和个人自发的组织到福建进行进香谒祖，这一时期的宗教交往比较分散，交流的规模也很小，交流的内容也以民间信仰为主，尤其是妈祖的朝拜，更成为这一时期两岸宗教交往的主流。进入21世纪后，两岸宗教交流规模越来越大，交流内容也由民间信仰逐渐扩散到佛教、道教、基督教等各个方面。2000年6月27日，中国道教协会副会长、政协委员任法融率大陆道教团体道长共15人，抵达台湾高雄县旗山镇合天大道院“中国全真总庙”，进行为期14天的访问。2002年10月12—16日，台湾法鼓山佛教基金会圣严法师率领“大陆佛教圣迹巡礼团”一行500多人来福建部分寺院参访。2006年9月，台湾大甲镇澜宫组织台湾妈祖联谊会的38座会员宫庙的4500多名信徒，到泉州、湄洲等妈祖庙进香。同年10月，全国基督教两会首次赴台，参加了在东华大学举办的“两岸基督教会与社会发展论坛”。

2. 宗教交流形式不断深化，规格和层次越来越高

近年来，随着两岸宗教文化交流的不断加强，两岸之间的宗教交流已由原先的那种由民间的小团体自发组织的到福建进香谒祖为主，发展成为由大型的

---

① 吴瀛涛著：《台湾民俗》，台北：众文图书股份有限公司出版，2011年再版，第47—48页。

寺院宫庙或宗教机构组织的宗教文化学术研讨会和大型宗教活动互访为主；交流的主体也由普通的信众发展为宫庙寺院主持者和官方机构、学术界与民间团体的代表。此外，两岸宗教之间的交往方式也由过去的以台湾方面赴大陆访问为主，变为两岸之间的双向交流。如 2003 年 7 月，厦门南普陀寺举行了一场两岸暨港澳佛教界“降服非典、国泰民安、世界和平祈福大法会”，来自大陆、台湾、香港、澳门的佛教四众弟子 5000 多人齐聚厦门，共同为国泰民安、世界和平祈福。2006 年 5 月 20 日，在福州举行“海峡两岸佛教文化学术研讨会”，就有来自两岸佛教界大德高僧及有关专家学者共 400 余人参加了学术研讨。2011 年 6 月 9 日，“第三届海峡论坛·两岸佛教文化交流周”开幕式在福州海峡国际会展中心举行，活动为期 5 天，内容包括两岸书画联展、福州于山定光寺佛像开光暨普法大和尚晋院庆典、两岸佛教界祈福法会、两岸学僧研讨会、千僧斋、两岸佛教领袖圆桌会议暨《两岸法缘》首发式等。台湾 24 个县市佛教界代表 600 多人前来参会。

3. 宗教界内在联系愈益紧密

随着两岸宗教文化交流的不断升温，两岸宗教界的内在联系也不断加强，各种宗教社团之间的研讨会、联谊会活动不断举行。例如，泉州花桥慈济宫于 1995 年、2001 年、2002 年三次派代表参加台湾保生大帝庙宇联谊会的联谊活动，参访了全岛 18 座重点寺庙。2007 年 1 月 15 日，福建鼓山涌泉寺方丈普法一行 20 人应台湾省佛教会之邀率团访台，参加 16 日举行的“海峡两岸佛教文化法脉交流联谊会”。2008 年 6 月 14 日，厦门市道教协会名誉会长詹石窗和会长郭汉文等积极参加了福建省道教协会与台湾“中华道教总会”共同在厦门举办的“两岸道教文化交流座谈会”。2010 年 6 月 27 日至 7 月 4 日，海峡两岸暨香港道教友好宫观联谊系列活动在台北指南宫隆重举行，以中国道教协会会长任法融道长为团长，北京白云观管委会主任李信军道长为副团长的北京白云观参访团赴台联谊交流。

4. 台湾宗教文化对大陆宗教文化的影响不断加强

台湾的宗教信仰大部分是随着移民由福建传入的。随着近年来两岸宗教交往的加强，台湾宗教文化逐渐也对大陆宗教文化产生了影响，这种影响主要体现在台湾宗教文化对大陆宗教文化的互补作用上。由于大陆在过去发生了许多变动，许多传统的宗教信仰仪式和民俗活动都遭到严重的破坏，有的已经失传。而台湾由于悬居海外，环境封闭，故而保存了许多传统的中国宗教信仰仪式与民俗活动。随着近年两岸宗教间交往活动的密切，一些在大陆失传的宗教信仰仪式和民俗活动又从台湾重新传回祖国大陆。如2007年元宵节，澎湖县宗教团体在泉州天后宫举办“乞龟”民俗仪式，将“乞龟”这种在大陆失传的民俗活动，又重新传回泉州。又如莆田湄洲岛天后祖庙举办的妈祖祭典活动，也多借鉴和参照了台湾妈祖祭典活动的仪式过程等。

三、宗教文化交流与合作展望：一种两岸和平发展的社会路径

两岸宗教文化交流互动是一个持续发展的过程，在这个动态发展的过程中，许多形式和表现都发生了变化。如20世纪八九十年代的“宗教搭台、经济唱戏”已经淡出历史舞台。如今的两岸宗教文化交流呈现多维度发展的格局，两岸宗教文化关系已经愈益表现出与社会生活发生密切联系的格局。

笔者认为，宗教文化作为人类精神世界的需要，是一种长期植根于社会生活而又超越现实生活的观念和行为，两岸民众需要宗教作为思想的慰藉和精神寄托的本质是不易改变的。但是这种“不变”却需要与时代的变化步调一致，才能彰显出宗教的活力和生命力。所以，有必要从两岸社会现实情况着手，做出应对新时代新环境下的调适和变迁，以更好地满足人类社会积极、和平地向前发展的需求。基于两岸社会同根同源的特质，两岸民众共同的价值观念、行为准则及精神诉求的相似性以及趋于同步的宗教实践行为等，两岸宗教文化可以在更多的场域、更深的层面进行交流和合作，如可以在宗教文创产业合作、宗教古迹建筑保护传承、宗教非遗联合申请、宗教市场引导和管理、宗教旅游资源的保护和开发等层面推进，以此达致深度融合、互为一家，即“你中有我、我中有你”的局面，为两岸关系和平发展起到添砖加瓦的作用。下文即以闽台宗教旅游开发为例来说明此一问题。

众所周知，在当前海峡两岸经济建设浪潮的大背景下，旅游业是联络海峡经济纽带、加强两岸经济合作的促进剂，同时也是福建经济社会发展的重要内容。国务院在《关于支持福建省加快建设海峡西岸经济区的若干意见》中将海峡西岸经济区定位为“我国重要的自然和文化旅游中心”，应该努力“拓展闽南文化、客家文化、妈祖文化等两岸共同文化内涵，突出‘海峡旅游’主题，使之成为国际知名的旅游目的地和富有特色的自然文化旅游中心”[①]。这里，凸显

---

① 国务院办公厅:《国务院关于支持福建省加快建设海峡西岸经济区的若干意见》，中央政府门户网站 http://www.gov.cn/zwgk/2009-05/14/content_1314194.htm。

出民间信仰文化是闽南文化的杰出代表，而妈祖文化也被专门列举出来，说明了两岸利用共同的宗教资源进行旅游开发可以获得良好的经济效益和社会效益。在这样的大背景下，闽台宗教文化旅游资源开发正当其时。

台湾是福建旅游主要的客源地。2008 年，福建省接待入境游客 2931908 人，其中台湾同胞 984761 人[①]，占入境游客的 34%，首次超过港澳，成为福建的首要客源。同时，随着台湾对大陆居民赴台旅游政策的放松，福建赴台旅游人数逐年攀升，至 2010 年，台湾取代香港成为福建居民旅游的首选地[②]。闽台之间游客数量的快速增长显示出闽台进行旅游合作的巨大潜力。自可持续性发展战略提出以来，已逐渐为各行业所认同，成为各行业发展的共同目标。旅游业被称为“无烟工业”，整体上看是一个有极大可持续发展潜力的产业。但是就目前我国旅游开发情况来看，出现了许多为追求短期利益，竭泽而渔，肆意破坏自然、人文环境的案例，这对旅游规划者来说是一个提醒。因此笔者认为在闽台宗教文化旅游资源开发中应该结合实际情况，以加强闽台合作和坚持可持续发展为主要原则，其具体对策有如下几点：

1. 明确市场定位，制定科学规划。开展闽台宗教文化旅游，首先需要有明确的市场定位，并对市场进行细分，制定相应的销售策略以吸引游客。闽台宗教文化旅游市场首先是闽台间内部市场，这也是目前开发较为成熟的一块。闽台间因为信仰的传承关系，两地信众围绕宗教信仰内容频繁展开旅游活动。接下来可以着眼于闽台宗教信仰的差异性，挖掘出两地宗教信仰中独特的内容。闽台开展宗教文化旅游不能只局限在闽台内部，而是应该放眼于全国，甚至全世界。从全国范围来看，闽台民间信仰文化是独具特色的。而且随着福建移民的扩散，福建的民间信仰影响范围也遍及世界。“数以千万的以闽台为祖地的海外华人，是闽台稳定的旅游客源，也是闽台民间信仰文化持久的欣赏者和交流者。东亚、东南亚、南亚、北亚等儒释道文化影响地区的游客也是闽台民间信仰文化的拓展客源市场。”[③]民族的就是世界的，凡是对中国传统民间信仰以及习俗感兴趣的游客都是闽台宗教文化旅游的潜在市场。在旅游规划中应该遵循由近及远的原则来进行市场拓展。

2. 完善法律法规，规范宗教场所管理。相较于福建民间的宗教活动盛况，

① 数据来源：《福建统计年鉴 2009》，福建统计局：http://www.stats-fj.gov.cn/tongjinianjian/dz09/index-cn.htm。

② 《台湾成为福建居民旅游首选地》，《海峡都市报》，福州 .2010 年 08 月 06 日，A29 版。

③ 余美珠等：《海峡两岸民间信仰文化旅游开发的 SWOT 分析》，《重庆师范大学学报》（自然科学版），2004 年第 2 期。

相关的宗教管理的法规还是相对滞后的，特别是对民间信仰活动场所的管理。一些大型的宫庙会涉及人员管理，信众捐献管理等实际问题。当在这些地方开展旅游活动时，问题则更加复杂：比如宫庙的修缮维护谁来负责、旅游收益如何分配、景区与民间信仰活动场所的界限、游客与香客的管理等等。在这方面，大陆可以借鉴台湾的相关管理办法，组织管委会或者基金会等类似机构，尽量减少行政干预，采用政府监督与社会监督的办法来灵活应对。

3. 加强内部合作，实现“点—线—面”结合。首先要加强福建省内部各县市的合作。福建神明多而分散，几乎每个地区都有自己的神明，也形成了各自的习俗。在旅游规划中就需要去粗取精，将优势神明及特色习俗分类出来重点开发，如莆田湄洲的妈祖、福州的临水夫人、东山的关帝、安溪的清水祖师、青白礁的保生大帝等。但是这些神明各自分布相对分散。旅游管理部门应该统筹规划，整合同种类的神明旅游资源，避免长期出现的“祖庙”“祖地”“第一”等之争。然后在区位相近的神明之间加强合作规划，由点及线，形成一定规模，再逐渐扩展至互相重叠区域，由线及面。其次要促进闽台之间的旅游合作。闽台宗教信仰的同质性奠定了闽台合作的基础，两地发挥各自优势，加强统一规划。福建可以利用“根源”优势，与台湾宫庙联合，提升台湾宫庙的影响力；台湾可以利用管理经验和资金优势，投资福建的民间信仰旅游项目，或者周边的基础设施建设。两地还可以共同宣传，提升地区旅游资源知名度，如两岸合拍的电视剧《神医大道公》和《妈祖》即分别是以保生大帝和妈祖信仰的故事为题材。这两部电视剧口碑、市场皆不错，有助于提升宗教旅游品牌文化力。如湄洲岛近年就专门以连续剧《妈祖》为基础打造影视展览基地，成为其旅游开发的新兴增长点。总之，闽台两地应该积极合作，携手建立闽台宗教信仰文化旅游区，这样才能加强地区旅游竞争力，开拓更广的客源市场。

4. 活跃管理思想，开发特色旅游。宗教信仰及其习俗文化是在人民大众的生产生活实践中产生的，贴近人民生活的俗文化，具有多源的兼容性和浓厚的人情味。因此在开发旅游产品时要尽可能地发挥闽台宗教的这种特点，开发出贴合游客心理需求、具有参与性的体验式旅游产品。如福建各地的民间信俗活动，在保持信仰习俗本真的前提下植入游客的参与性，寓教于乐，让游客既了解了信仰文化，又得到了身心放松。举例观之，莆田市推出十三道“妈祖宴菜”，这十三道菜均取材自莆田本地食材，又与妈祖文化相契合，游客在品尝美味菜肴的同时，体会了妈祖文化之韵美，比一般的听故事更能深入人心、回味悠长。闽台神灵系统复杂，分布较为分散，游客难以对闽台宗教信俗有一个完整的了解。因此闽台两地可以借鉴民族村、民俗村等类的经营模式，建立“闽台宗教民俗主题公园”。在闽台众多宗教信仰场所中，多能看到各类神明共祀的场景，这种糅杂性、共通性特点，为构建多元文化的宗教信俗主题公园提供了可能性。需要说明的是，这里并非是提倡建立一座供大家顶礼膜拜的大型“众神庙”，而是一个集文化、观光、游乐为一体的“众神博览会”“文化大观园”，彰显的是旅游宣传和观览意义。

5. 争取学术支持，深挖资源内涵。宗教信仰虽然有糟粕、有迷信落后的成分，但它是中国传统文化的一部分，是中华民族传统精神在民间的一种表现形式，诚如学者所言：“民间信仰虽然没有系统的宗教理论和严密的组织，但却有着融合儒道释三教的内容丰富的宗教道德，以儒家的忠孝为主，兼收并蓄佛教的因果轮回、道教的承负报应等等宗教伦理”①，普通大众主要关注到宗教信仰“俗”的一面，其隐含的宗教哲理、文化内涵、历史原貌就需要争取学术界的支持。目前闽台之间也举行过一些诸如“妈祖文化国际学术研讨会”“临水夫人陈靖姑文化学术研讨会”“海峡两岸吴真人文化学术研讨会”等等，这些学术会议对闽台宗教的文化内涵进行了深挖，对闽台宗教旅游开发有很强的指导作用和参考价值。今后应该培育一些规格高、学术强、有影响的学术会议，使其实现常态化、规范化，并逐渐扩大影响力，吸引世界各地学者参与，为开拓闽台宗教文化旅游资源提供学术支持。

6. 加强人才培养，提升服务质量。人才是行业发展的关键，旅游从业人员的素质优劣决定着旅游业的发展。目前闽台高校之间已采用“校校企”和“分段对接”的方式联合培养人才，旅游管理就是其中的一个主要专业。福建师范大学与台湾世新大学还合作创办了“福建海峡旅游学院”，于 2010 年 6 月 21 日正式挂牌。这都为闽台合力培养旅游人才做了有益的探索。在闽台宗教文化旅游开发中，还需要有一定宗教文化和民间信仰知识的专门人才。只有对闽台宗教文化与信俗的内涵、特点以及相关宗教管理政策有一定的了解和掌握，才能设计出既能体现闽台宗教文化特色又能符合法律精神、社会主义道德文明的旅游产品。同样，导游人员也需要热爱、了解闽台宗教信俗文化，才能在导游的过程中让游客体会到闽台宗教的魅力，而不是落入到迷信活动的窠臼。

---

① 林国平：《论闽台民间信仰的社会历史作用》，《福建师范大学学报》（哲学社会科学版），2002 年第 2 期。

结语

海峡两岸宗教信仰及有关习俗一脉相承，是中国传统文化的重要组成部分。我们在对两岸宗教文化进行认识与研究过程中，应当充分发掘和探索其发展规律与变化趋势。宗教来源于生产实践、贴近大众生活，体现了人类对生死、对自然、对人生、对未来的精神态度，以此为内涵展开的两岸宗教文化交流活动也必然需是贴近两岸民众心理，为两岸民众所乐见和愿意接受。有了这样的基础，在开展两岸宗教文化交流与合作的过程中，就需要以宗教文化的根本内涵和特性为思想指导，注重发扬宗教在安定社会、稳定局势方面的特殊作用，为两岸关系和平发展做出自身应有的贡献。可以说，两岸宗教文化的健康发展与良性互动，是两岸关系维持和平发展轨道的一大重要维度。在当下瞬息万变和发展迅猛的时代背景与社会环境下，宗教文化应当也可以为造福两岸民众、增进人民的福祉起到“润滑剂”和“稳定剂”的作用，是维护两岸关系和平发展的有效社会路径之一。

新时代推进闽台文教融合创新发展的思考

黄艳平 *

改革开放以来，福建始终贯彻中央对台方针政策，充分利用中央赋予福建对台工作的先行先试政策，凭借闽台深厚的历史渊源和独特的“五缘”优势，积极开展对台文教交流合作。福建省积极引导社会团体、民间组织积极参与对台交流，对台文教交流布局更加优化，闽台文教交流规模和实效的不断提升，对台文教交流成果丰硕。闽台文教交流从无到有、从少到多，从间接到直接、从单向到双向，不断扩大深化，形成了全方位、多层次的格局，各领域交流、交往达到前所未有的水平。

习近平总书记在十九大报告中明确阐明了新时期对台工作的基本方针和基本原则，提出了对台工作的重要理念和主要措施，表明了反对“台独”分裂图谋的坚定意志和鲜明态度，指出:“一个中国原则是两岸关系的政治基础。体现一个中国原则的‘九二共识’明确界定了两岸关系的根本性质，是确保两岸关系和平发展的关键。”提出深化两岸经济文化交流合作的重要思想:“我们秉持‘两岸一家亲’理念，愿意率先同台湾同胞分享大陆发展的机遇，将扩大两岸经济文化交流合作，实现互利互惠，逐步为台湾同胞在大陆学习、创业、就业、生活提供与大陆同胞同等的待遇。”新时期，福建省认真贯彻落实中央对台工作方针政策和“两岸一家亲”的重要理念，继续贯彻“三中一青”精神，继续发挥祖地文化的优势，持续打好基层牌和青年牌；积极落实中央对台政策，文化交流惠台措施先行先试，各项文化交流活动取得积极影响，有效促进两岸台胞的心灵契合。

* 黄艳平，女，福建社会科学院副研究员。

一、闽台文教交流合作的现状及交流模式

福建省在两岸关系发展进程中，在祖国统一大业中肩负着特殊的历史使命。福建省贯彻落实中共中央对台决策部署，积极适应两岸关系形势变化，闽台文化交流布局更加优化，已基本实现常态化、机制化，闽台文化交流成果丰硕，交流形式上仍然以民间和社会团体交流为主，各项交流平台日趋完善，主要通过以下几种模式开展文教交流。

（一）海峡论坛——基层交流大舞台

2018 年是海峡论坛在福建举办的第十个年头，这是十九大之后首次举办的两岸大规模的交流活动。十年来，海峡论坛本着“两岸一家亲”的理念，坚持“民间性、草根性、广泛性”的定位，充分发挥扩大和深化两岸民间交流、弘扬中华文化、助推两岸经济社会融合发展、促进两岸同胞心灵契合的作用，已成为两岸最具代表性的民间交流品牌，凝聚两岸同胞维护两岸关系和平发展的共同民意基础。海峡论坛每年吸引台湾 22 个县市、30 多个界别和民间社团代表近万人来闽参访，在岛内形势复杂多变的情况下，继续搭建两岸基层民间交流桥梁。

海峡论坛的青年交流相关活动有海峡青年论坛、金点子创意大赛、青创先锋汇、海峡两岸青少年新媒体文创论坛。两岸文化交流相关活动有海峡影视季、妈祖文化活动周、2017 海峡两岸（集美）龙舟文化节、海峡两岸传统武术大赛、海峡两岸船政文化研讨会、海峡两岸桥牌峰会暨桥牌联谊比赛、海峡两岸书院实践与国学发展论坛、闽台关档系案图片展览、福建省非遗文化金门行等活动。两岸宗亲交流活动有海峡百姓论坛、“同名村·心连心”联谊活动、闽台同名村镇续缘之旅等。

（二）节庆活动——基层交流、情感交流的文化平台

闽台同文同种，独特的祖地文化、民俗文化、宗亲文化和民间信仰成为闽台同胞情感上的重要联结。几十年来，福建省各地依托各类富有地方特色的节庆活动开展丰富多彩的闽台文化交流活动，借助两岸共同奉祀的“一后二帝三王”（即天后湄洲妈祖、东山关帝、厦门保生大帝、延平王郑成功、漳州开漳圣王、开闽王王审知）等民间信仰人物，组织开展节庆活动邀请清水祖师、定光佛等台湾信众及朱子、闽王后裔、客家宗亲来闽朝拜进香、认祖续缘。开漳圣

王文化节、保生慈济文化节、关帝文化节、妈祖文化旅游节和闽台对渡文化节暨蚶江海上泼水节等民间信仰文化活动都已被列为大陆重点对台交流项目。

（三）文化会展——文化产业合作对接的重要平台

闽台文化产业合作已逐步拓展到表演艺术、新闻出版、印刷发行、网络动漫、文化旅游、文化会展等各个领域。中国（莆田）海峡工艺品博览会已经连续举办 12 届，海峡旅游博览会已经连续举办 13 届，海峡两岸图书交易会已经连续举办 13 届，海峡两岸（厦门）文化产业博览交易会已经联系举办 10 届，海峡两岸茶业博览会已经连续举办 11 届。文博会和艺博会已成为台湾文化创意产业开拓大陆市场的重要平台和两岸人民文化交流、合作的前沿，展示着两岸文化产业发展的生机和活力。还有旅博会、印博会、版博会、金门书展等会展，都是闽台文化贸易和产业对接的重要平台。

（四）文化园区和交流基地——文化创意产业合作的孵化基地

近年来，福建省以建设两岸文化创意产业交流合作重要基地为目标，深入挖掘闽台（福州）文化产业园的历史文化资源优势、对台文化交流优势和政策优势，致力于将园区打造成为在海峡两岸具有较强影响力的文化产业园区。有国家级文化产业试验园区之一的闽台（福州）文化产业园，还有 13 家的福建省文化产业重点园区。“福州海峡创意产业园”和“厦门·海峡两岸龙山文创园”是闽台文化创意产业交流、成果孵化的重要平台。我省海峡两岸交流基地达到 12 家，为大陆各省区市最多，以基地为平台，每年举办对台交流活动超过 100 场。

（五）学术团体、科研机构举办闽台文化相关研讨会

闽台文化相关的学术专题研讨成为闽台学术团体、科研机构交流的重要平台。近些年来闽台两地联合举办关于闽台历史文化方面的研讨会达百余场，一批批台湾史学研究者跨海来闽参会。闽台两地共办的“武夷山朱子文化节”“海峡两岸船政文化研讨会”等历史文化研讨会在两岸影响力不断扩大。海峡两岸大学校长论坛和百名中小学校长论坛、海峡两岸中小学生八闽文化之旅、闽台职业教育年会等已都是常态化的交流活动。

二、闽台文教交流的主要特点及困境

闽台文化交流布局更加优化，精简运作程序，提升了审批服务质量和效率，对台文化交流活动更加精简规范，对台文化资源整合更加优化。福建积极落实中央对台政策，文化交流惠台措施先行先试；对台“磁吸效应”初显，海峡论坛影响积极广泛；创新弘扬传统文化路径，聚焦两岸文化产业融合发展；出台各项政策引进人才，鼓励台湾青年来闽就业创业。

（一）主要特点

1. 福建积极落实中央对台政策，文化交流惠台措施先行先试

为落实国务院台办、国家发展改革委出台的《关于促进两岸经济文化交流合作的若干措施》，充分发挥福建省独特优势，先行先试，为在闽台湾同胞学习、就业、创业、生活提供与大陆同胞同等待遇，福建省、市制定了具体的政策细则，尤其为台湾青年创新创业提供了一系列的鼓励支持措施。第十届海峡论坛也特别为两岸青年量身制定了举办台湾人才就业创业政策说明会、两岸青年创新创业论坛、两岸青年双创主题峰会等活动，为台湾青年发展提供更多选择。

2018 年 3 月底，莆田市率先颁布出台《关于促进莆台经济文化交流合作的实施意见》，推出 35 条惠台举措，逐步为台湾同胞在莆田创业就业、文化交流、就学就医、旅游出行等提供优惠待遇。厦门市结合实际、积极谋划、率先作为，于 2018 年 4 月 10 日正式颁布出台《关于进一步深化厦台经济社会文化交流合作的若干措施》，包括经济交流合作、社会文化交流合作、台湾同胞在厦学习实习、台湾同胞在厦就业创业和台湾同胞在厦居住生活方面在内的 60 条。

第十届海峡论坛上，福建省人民政府台湾事务办公室和福建省发改委出台《福建省贯彻〈关于促进两岸经济文化交流合作的若干措施〉实施意见》（简称《实施意见》）。《实施意见》包含扩大闽台经贸合作、支持台胞在闽实习就业创业、深化闽台文化交流、方便台胞在闽安居乐业等四个方面共 66 条措施。《实施意见》里，扩大闽台经贸合作方面，一共有 27 条措施。支持台胞在闽实习就业创业方面，一共有 22 条措施。方便台胞在闽安居乐业方面有 9 条措施。深化闽台文化交流方面有 8 条措施，既涉及传统文化的研究与保护，也聚焦两岸文化产业的融合与发展，主要包括：继续面向台湾同胞开展福建省非物质文化遗产代表性项目代表性传承人评选；对台湾图书进口业务建立绿色通道，简化进

口审批流程，优化办理相关手续；协助台湾地区从事闽台民间交流的机构申请两岸交流基金项目；鼓励未来过大陆的台湾同胞来闽参访交流；台湾地区投资者可在我省设立大陆方控股的演出团体，独资设立演出场所经营单位；鼓励台湾机构与我省开展广播电视、电影电视剧等方面合作；鼓励支持在闽工作的台湾同胞申报国家和我省自然科学、社会科学、艺术等方面的基金项目；推动闽台加强闽台文化相关领域研究和成果应用等。

2018 年 7 月 9 日，福建省文化厅出台《福建省文化厅关于促进闽台文化交流合作的若干措施》，共 17 条措施，内容涉及文艺创作演出、公共文化服务、文化遗产保护、文化市场与文化产业以及文化人才等方面。这 17 条措施是对福建省 66 条实施意见中涉及文化部门有关条款内容的细化和落实举措，其中好几条，福建已经先行先试。如在 2017 年率先进行尝试允许台湾同胞参评福建省非遗代表性项目代表性传承人，2018 年，台湾石雕大师廖德良成为首位获评福建省非遗传承人的台湾同胞，享受福建省代表性传承人同等待遇。允许台湾地区投资者在福建省设立独资的演出经纪机构、演出场所经营单位，在福州、厦门、平潭三地设立独资、合资、合作经营的娱乐场所的政策已在福建自贸区先行先试。厦门自贸片区成立了福建省首家台资独资演艺企业，平潭自贸片区也已有几家台资演出经纪机构，目的是通过市场准入放开，促进闽台演艺文化交流发展。这些措施在台湾出版、影视、演艺等行业，引起热烈反响。

2. 福建对台“磁吸效应”初显，海峡论坛影响积极广泛

虽然台湾民进党当局违背民意，加码限制两岸民间交流，给两岸民众往来设置阻碍。但两岸交流往来的势头不但未减弱，反而涉及面更广、程度更深、水平更高。2018 年前 4 个月，台湾民众来大陆人数较去年同期增加 7 万多人次[①]。随着福建一系列惠台措施的颁布实施，台湾台胞尤其是台湾青年来闽就业创业的意愿愈发强烈，福建对台湾民众的“磁吸效应”初显，如今年海峡论坛首次在网络上提供 300 个“首来族”的网络名额就在短时间内报满，且海峡论坛更是吸引了台湾各界 8000 余人参加这次盛会。在当前两岸关系形势下，海峡论坛作为两岸最大规模的民间交流活动，其顺利成功举办，意义重大，产生了广泛积极影响，进一步彰显了两岸关系和平发展的大势，进一步汇聚了民意，鼓舞和坚定了两岸同胞扩大深化两岸交流合作的信心，“两岸一家亲”成为论坛热词。

---

① 芦樵:《两岸民心相亲不可违逆》，人民网，2018 年 6 月 14 日。http://tw.people.com.cn/n1/2018/0614/c14657-30056014.html。

第十届论坛再次成为政策发布和实施见效的重要平台。《福建省贯彻〈关于促进两岸经济文化交流合作的若干措施〉实施意见》的颁布以及人才对接会、面向台湾人才和青年提供2653个就业创业见习岗位等惠台措施，充分体现了福建愿意与台湾民众分享发展成果，给台湾民众满满的获得感。两岸在科技、人才、公益、社区、金融、卫生健康、农田水利等民间各领域、界别和行业签约80多个合作项目（协议）。两岸近百对社团协会、乡镇、村、里和社区达成交流合作共识。取得了累累硕果。

3. 闽台创新弘扬传统文化路径，聚焦两岸文化产业融合发展

《福建省贯彻〈关于促进两岸经济文化交流合作的若干措施〉实施意见》中关于深化闽台文化交流方面的措施以及《福建省文化厅关于促进闽台文化交流合作的若干措施》，既涉及中华传统文化的传承于保护，还聚焦两岸文化产业的发展。

（1）全国首创将台湾同胞纳入传承人评审，鼓励台胞在福建申办福建省非国有博物馆

福建一直以来都重视闽台共同保护和传承中华优秀传统文化，此次，在全国首创将台湾同胞纳入传承人评审。不过在2017年底，在评选第四批省级非物质文化遗产传承人时，就已先行先试，从台湾地区选了一些具有传承基础的省级非遗代表性项目的传承人来推荐参评，有1名台湾籍寿山石雕技艺项目的传承人廖德良就成功获评我省第四批非物质文化遗产代表性项目代表性传承人，并享受我省代表性传承人同等待遇。今后还将加大力度，争取拓展到非物质文化遗产其他的领域，如传统戏剧、曲艺、民俗等，同时，积极推动台湾籍传承人参评国家级非物质文化遗产代表性传承人。

鼓励台胞在福建申办福建省非国有博物馆，对设立后向社会公益开放、传播中华优秀传统文化的，视开放绩效纳入福建省非国有博物馆以奖代补专项资金补助范围。

（2）支持台湾地区文创产品在闽深度融合发展，“个案处理”尽显便利

近年来，福建建设了一大批的文化园区以及闽台青年文创基地，为了实现园区和基地更好地发挥作用，《福建省文化厅关于促进闽台文化交流合作的若干措施》里提道：“支持台湾地区注册的企业法人建设运营福建文化产业园、创新创业园。支持台湾地区文创产品在我省进行展览、展示、交易。”“提高海峡两岸文博会台湾地区参展企业、展位数量和质量，对参展企业采取‘个案处理’的措施给予便利。”

目前，有两个平台来支持台湾地区文创产品展览、展示和交易。一个是在福州西湖福建博物院林则徐广场举办的福建文创市集，每年都举办1—2场台湾专场，免费提供摊位给台湾文创团队和个人。2018年台湾专场从4月28日到29日举行，以“匠心意蕴”为主题，来自台湾的80多位文创业者带来各式各样的文创设计产品。另一个则是海峡两岸（厦门）文化产品博览交易会，这是大陆地区的唯一一个与台湾共同举办的文化产业综合性的展会，《福建省文化厅关于促进闽台文化交流合作的若干措施》的17条措施里，就有第14条与海峡两岸文博会相关，足见其在闽台文创交流合作发展中的地位和重要性。

（3）支持台湾地区成熟的创意设计团队参与特色文化文物示范村镇建设

借助台湾成熟的社区运营经验，服务于福建省文化文物示范村镇建设。为了促进农村文化文物的发展，福建省文化厅在2017年11月出台《关于特色文化文物示范村镇建设项目实施方案》，希望文化文物示范村镇在文创开发，文化旅游等方面跟农村进行产农结合，引进台湾成熟的团队参与村镇建设，并将在平台建设、资金方面给予支持。永泰嵩口镇就是引进台湾团队的参与建设的成功案例，其经验对全省文化文物村镇建设具有借鉴意义。

（4）两岸影视交流政策放宽，闽台影视合作成效初显

国务院台办、国家发展改革委等部门出台的《关于促进两岸经济文化交流合作的若干措施》，其中多条涵盖两岸影视交流合作内容。《福建省贯彻〈关于促进两岸经济文化交流合作的若干措施〉实施意见》指出：“鼓励台湾地区服务提供者在我省设立合资企业从事电影后期制作服务，打造两岸影视产业基地。”“鼓励台湾机构与我省开展广播电视、电影电视剧等方面合作。在闽台合作影视剧的主创人员比例、大陆元素、投资比例等方面放宽限制。鼓励播映两岸合拍的影视剧，支持闽台合作拍摄影视剧。在闽设立‘台湾影厅’，推动我省影视机构引进台湾电影。”这些措施的发布实施，相关门槛进一步降低，已促成闽台影视动漫行业多项合作意向，将深入推进两岸影视合作。

4. 出台各项政策引进人才，鼓励台湾青年来闽就业创业

（1）重视福建文艺人才的培养，柔性政策引进、留住台湾人才

《福建省文化厅关于促进闽台文化交流合作的若干措施》中规定：“对省属文艺院团的演艺岗位、文化事业单位的文创设计岗位等紧缺人才，可聘用台籍高素质人才，采取合同聘用柔性引进，并特设岗位，视业绩实行协议工资。”“在闽创业就业的台籍文化文艺专业人员，享有福建省同类人员待遇，可按规定参加艺术系列的职称评审，通过者可获得相应层次职称任职资格。符合条件的可

按规定推荐进入文化文艺专家评委库。”还强调要“引进台湾高校专家、优秀教师来福建艺术职业学院任教或举办讲座、论坛”，以提高省内艺术类师资水平。

（2）厦门促台湾青年就业创业，打造两岸人才交流合作先行区

近年来，厦门自贸片区在促进两岸人才交流合作的模式、领域、渠道等方面不断寻求突破。据统计，自挂牌成立至2018年4月，厦门自贸片区累计新增台资企业1113家、注册资本189.07亿元[①]。厦门自贸片区管委会9月出台《关于促进台湾青年创业就业的十条措施》，希望通过构建更便利的就业实习渠道、更完善的创新创业载体、更全面的服务保障，全力打造两岸青年人才交流合作先行区。厦门自贸片区支持企业引进高级经营管理类、专业技术型、技能型及知识产权类的台湾青年人才，将引才激励政策与企业用人薪酬挂钩。一方面，通过对来自贸区创业的台湾青年给予创业贷款贴息、创业鼓励金以及租房补贴等政策支持；另一方面，对承接台湾青年就业、创业、实习、实训的两岸青创基地、创新创业园、教育实践基地等平台、载体给予鼓励扶持；还大力支持市场化、社会化机构开展两岸青年、人才多方位深度交流合作活动。

（3）福州打造台湾青年创业福地，推动台湾职业技能等级采认

近年来，福州“筑巢引凤”，在政策扶持、工作机制、平台建设等方面积极探索有效措施，鼓励和支持台湾青年来榕就业创业，并注重完善台湾青年人才在榕创业就业配套政策，已逐步成为台湾青年就业创业的集聚地之一。截至目前，福州市共获批国家级台湾青年创业基地2个（福州海峡创意产业园和海峡两岸青年创业孵化中心），省级基地3个，市级基地17个。全市主要台湾青年创就业平台入驻台湾青年企业347家，在榕创业就业台湾青年逾4000人，在榕高校台湾教师约150名，在榕台湾人才累计有100多人（次）获省市各项人才表彰或证书。[②]

政策支持方面，继2015年8月，福州出台《福州市人民政府关于鼓励和支持台湾青年来榕创业就业的实施办法》《关于在榕创业就业台湾青年住房公积金特殊支持政策的暂行规定》，又相继出台了青创基地场所租金和首次装修改造补贴、一次性开业补贴等配套政策措施。2018年5月，福州继续出台《关于支持台湾高校学生来榕实习实训补贴办法》，吸引更多台湾高校学生来榕实习实训。

在对台人才政策先行先试方面，福州片区自贸区管委会积极探索两岸技能

① 《厦门自贸片区：为台企台青“开门”“引路”》，《福建日报》，2018年5月17日。

② 卢金福：《2018年台湾青年创（就）业福州行举办开班仪式》，东南网，2018年9月18日。http://fjnews.fjsen.com/2018-09/18/content_21489227.htm。

等级对接，推动落实台胞享受“同等待遇”。目前已开展导游、证券、期货、基金从业资格，医师、计算机、网络、动漫等台湾职业技能等级的采认工作。2018 年 6 月，福州在大陆率先开展台湾社工来榕参加大陆社会工作者职业水平考试。

5. 闽台教育交流与合作成果丰硕，并推动较为成熟的先行先试政策、举措上升为地方性法规

在两岸教育交流过程中，福建一直扮演先行先试的重要角色，借助“海峡两岸教育合作十年成就展”，可见海峡两岸教育合作成果丰硕。一是交流合作的规模逐年扩大。截至 2016 年年底，福建省内 69 所高校与台湾百余所高校共签署 560 份合作交流协议，闽台高校在教育理念、学术研讨、师生互换交流等方面不断扩大交流。福建省高校学生赴台学习交流达 377 批 6683 人次，赴台攻读学位生达 726 人，呈逐年递增的趋势。二是教育注重青年双向交流。为吸引台湾青年到福建就读，福建省财政部门从 2014 年起设立福建省高校台湾学生专项奖学金，资助在福建省普通高等学校全日制就读的品学兼优台湾地区专科生、本科生、硕士和博士研究生，目前，福建省内在读的台湾学生有 1652 人，超过大陆高校台生总人数的六分之一。而福建生源的学生也占大陆赴台就读学生总数的四分之一。三是应用技术型人才培养成闽台教育合作新热点。大陆正积极引导一批普通本科高等学校向应用技术类型高等学校转型，加快培养面向生产、管理一线的高层次应用技术技能人才，打通从中职、专科、本科到研究生的上升通道。要进一步拓展闽台教育交流合作的空间和内容，就是要联合加强应用技术型人才培养。

近两年，福建省在认真总结闽台文教交流合作中富有成效的做法的同时，积极推动比较成熟的先行先试政策举措上升为地方性法规。《福建省促进闽台职业教育合作条例》的出台实施也开了各省市之先例。2015 年，福建省政府出台大陆首个支持政策文件《关于鼓励和支持台湾青年来闽创业就业的意见》，同年 9 月 25 日颁布了《福建省促进闽台职业教育合作条例》。为突出福建的地方特色和对台优势，2016 年 8 月颁布《福建省旅游条例》里专设第六章闽台旅游交流与合作，推动闽台文化旅游等业态展。2017 年 6 月再次出台《进一步鼓励和支持台湾青年来闽就业创业的若干措施》。随着闽台文教交流的不断深入，这些法规必然将促进闽台文教交流向规范化、法制化方向发展。

尤其是 2017 年 10 月 19 日省教育厅颁布了《关于进一步深化闽台教育交流与合作的若干意见》，明确要求将闽台教育交流和合作的级别提升，多项举措率

全国之先例：从联办专业到联办大学；联合培养的人才层次要从本、专科层次合作为主，向硕士、博士高层次协同发展；教师引进来与送出去双管齐下，支持台湾高校、行业协会、企业参与组建我省职业教育集团；加强科研合作；涉及高等教育评估和认证等。

（二）存在的问题与不足

闽台文教交流合作持续热络，许多两岸交流合作政策走在大陆省区市前列，但也存在一些问题还有待改进。

1. 闽台文教交流存在不平衡性和不对等性

闽台文化交流合作的基本态势是闽台两地交流合作的不平衡性和不对等性，台湾对闽的文化投资和文化产品的输入教多，福建文化产品进入台湾并打响品牌的少；大陆对台湾媒体的开放程度高，而台湾地区对大陆媒体的限制多；福建为来闽读书创业的台湾同胞提供的福利政策多，且明显优惠于大陆同胞，而台湾地区连大陆同胞的正当权益都无法保障，更别提享受特殊政策。当然，受当前两岸政治关系的影响，近来，闽台文教交流请进来的多，赴台交流的人员较往年有所减少。

2. 闽台文教交流深度和广度有待提升

闽台文教交流几十年，难免出现一些闽台文教交流活动习惯于老套路、满足于旧方法、局限于浅层的交流互动，项目对接程度不高的情况，为此，交流成效有待进一步提升。闽台联合办学及联合培养人才项目合作层次、专业结构的合理性有待提升；对福建高校赴台交流学习的学生管理、教育也亟须出台相关规定加以规范。

3. 涉台文化资源融合发展及挖掘力度有待加强

闽台一衣带水，具有“五缘”优势，福建是众多台胞的祖籍地，闽南文化、朱子文化、客家文化都是独具闽台特色的祖地文化资源，在闽台文化交流中具有明显的资源优势，目前对涉台资源的挖掘、保护、整合的空间仍然较大，资源共享与合作机制尚待进一步研发。目前，对于“祖地文化”资源还多处于交流为主的阶段，合作研究、开发的少，闽台融合发展程度不高。全省同类资源缺乏整合，如以“保生大帝”文化和“临水娘娘”文化开展的闽台文化交流就存在各地市各自为战，重复交流的现象。

福建对闽台文化资源的挖掘利用深度不够，品牌效应有待提升。区域特色文化在传承、保护和开发过程中与文化创意结合程度不高，文化衍生产品如动漫游戏、创意设计等的研发能力有待提升，初级文化产品较多，新兴文化产业规模小，产业化程度较低，科技含量及附加值比重偏低。

三、推进闽台文教融合创新发展的对策建议

推进两岸融合发展，福建有着特殊优势，可以发挥独特的作用。福建将维护和促进两岸和平发展，正确把握闽台文化交流方向；推动两岸同胞共同弘扬中华传统文化，增进文化自信；深化闽台两岸文化交流，实现两岸文化产业合作共赢、协同发展；推进闽台青年交流深度融合，政策支持保障台湾青年在闽创新创业。

（一）维护和促进两岸和平发展，正确把握闽台文化交流方向

两岸民间交流往来历经 30 多年的发展，才有了今天的和平发展局面，从 20 世纪 80 年代主动提议开放探亲，到逐步出台各项惠台政策，大陆从官方到民间均对推动两岸交流报以极大热忱，付出了诸多努力。虽然台湾民进党当局给两岸关系发展设置障碍，但两岸民心相亲不可违逆。习近平总书记在十九大报告中明确指出：“一个中国原则是两岸关系的政治基础。体现一个中国原则的‘九二共识’明确界定了两岸关系的根本性质，是确保两岸关系和平发展的关键。承认‘九二共识’的历史事实，认同两岸同属一个中国，两岸双方就能开展对话，协商解决两岸同胞关心的问题，台湾任何政党和团体同大陆交往也不会存在障碍。”中共中央政治局常委、全国政协主席汪洋在第十届海峡论坛大会上阐述了新形势下维护和促进发展两岸关系和平发展的方针政策，同时强调：“扩大深化经济合作、促进经济融合是两岸关系和平发展的强大动力。密切人文交流、促进心灵契合，是两岸关系和平发展的牢固纽带。我们愿意优先同台湾企业分享大陆发展的机遇，将认真落实《关于促进两岸经济文化交流合作的若干措施》，扩大两岸民众的受益面和获得感，尤其要为两岸基层民众、青年创业就业提供更多机会。”

面对新时期两岸关系面临的新局面，福建要正确把握闽台文化交流方向，闽台文化交流各项活动、出台的各项对台政策举措都必须在坚持“九二共识”这一政治基础之上开展和推进。认真落实《福建省贯彻〈关于促进两岸经济文化交流合作的若干措施〉实施意见》《福建省文化厅关于促进闽台文化交流合作的若干措施》以及海峡论坛出台的各项惠台措施，分发挥福建的对台优势，加

强闽台两地文化交流合作，促进两岸民心融合，服务祖国统一大业。

（二）推动两岸同胞共同弘扬中华传统文化，增进文化自信

习近平总书记在十九大报告中强调:“文化是一个国家、一个民族的灵魂。没有高度的文化自信，没有文化的繁荣兴盛，就没有中华民族伟大复兴。”中华民族五千多年文明历史孕育了中华优秀传统文化，闽台两地一衣带水，闽台文缘，更是一脉相承，要“推动两岸同胞共同弘扬中华文化，促进心灵契合”，推动两岸同胞共同弘扬中华传统文化，增进民族文化自信。

2017 年 1 月，中办、国办出台了《关于实施中华优秀传统文化传承发展工程的意见》，福建随后也相应出台《福建省优秀传统文化传承发展工程实施方案》，并在闽台共同保护、传承优秀传统文化上已经做了一些尝试，2018 年出台的《福建省贯彻〈关于促进两岸经济文化交流合作的若干措施〉实施意见》和《福建省文化厅关于促进闽台文化交流合作的若干措施》明确了闽台文化交流合作今后的努力方向。

推动闽台两地共同开展非遗文化保护工作。一方面，继续面向台湾同胞开展福建省非物质文化遗产代表性项目代表性传承人评选，并保障被评定为传承人的台湾同胞享受福建省代表性传承人同等待遇；另一方面，要鼓励台湾同胞参与福建的文化遗产保护工程，参加非遗项目相关技艺培训和展演展示活动；再者，支持台湾地区传承人到我省开展展演展示活动，并提供场地、资金等方面的支持。共同弘扬、传承中华传统文化。

加强闽台两地在闽南文化、妈祖文化、客家文化、朱子文化、闽都文化、民俗信仰、宗祠族谱、历史民族等闽台共同的领域进行学术研究、开展相关活动、并促进成果应用转化，尤其鼓励台湾同胞和台湾高校、民间社团参与我省有关文化工程项目和学术研究。

（三）深化闽台两岸文化交流，实现两岸文化产业合作共赢、协同发展

充分发挥闽台“五缘”优势，利用海峡两岸各类经贸文化展会平台，提升闽台文创园区项目合作，用足用好自贸区、鼓励大众创业、吸引台湾人才来闽创业等扶持政策，加强与台湾各类文创协会沟通联系，推动闽台数字文化、文化创意、文化旅游、工艺美术、动漫产业等合作，策划实施文艺演出、文化展览、人才培训、文创赛事等一批两岸文化产业活动和具体项目，进一步拓展闽

台文化交流合作渠道，实现两岸文化产业合作共赢、协同发展。①

持续推进闽台文创产业园区建设。发展壮大闽台（福州）文化产业园“一区多园”，打造闽台（厦门）文化产业园产业集群，加强闽台青年文创基地建设，促进“闽台青年创业基地”线上线下平台建设。

打造闽台文化旅游和演艺产业。学习借鉴台湾发展文化观光游、文化体验游、文化休闲游等方面的经验做法，结合进行特色文化文物示范村镇建设；依托妈祖文化旅游节、东山关帝文化旅游节等节庆活动，做大做强一批地域特色鲜明的文化旅游品牌活动；做好博物馆、非遗馆的推介活动，打造一批闽台合作的文化文物旅游品牌；盘活传统演艺产业资源，引进台湾演艺资源和人才，壮大福建演艺产业发展。

促进两岸工艺美术产业转型升级，与台湾优秀文创企业与团体联合开发特色文创产品，开展数字文创产业合作，同时，提升两岸文化展会水平。

（四）推进闽台青年交流深度融合，政策支持保障台湾青年在闽创新创业

习近平总书记在十九大报告中强调：“青年兴则国家兴，青年强则国家强。”“中华民族伟大复兴的中国梦终将在一代代青年的接力奋斗中变为现实。”“全党要关心和爱护青年，为他们实现人生出彩搭建舞台。”福建省是大陆第一个出台政策鼓励台湾年轻人“登陆”创业的省份。近年来，福建省高度重视推动两岸青年交往融合，积极搭建两岸青年交流平台，举办一系列青年交流交往活动，让两岸青年加深了解、促进互信，展示才艺，寻求合作空间，推出一系列创新举措，鼓励台湾青年来闽就业创业。2015 年福建省出台《关于鼓励和支持台湾青年来闽创业就业的意见》。为扩大台湾青年来闽创业规模，2017 年 6 月再次颁布《进一步鼓励和支持台湾青年来闽就业创业的若干措施》，从加强政策信息发布、拓展平台载体建设、加大政策支持力度。2018 年 6 月出台《福建省贯彻〈关于促进两岸经济文化交流合作的若干措施〉实施意见》，其中支持台胞在闽实习就业创业有 21 条，包括按规定同等享受福建居民就业创业优惠，专业技术人员职业资格考试的管理办法，职业资格采认，支持台湾青年来闽实习就业创业，对来闽青年和接收的企事业单位的政策、资金支持，引进台湾人才的优惠政策等，可以说是全面鼓励台湾青年来闽就业创业，并提供了较

① 引自福建省文化厅、福建省台办、福建省文化改革发展工作领导小组办公室关于印发《福建省促进闽台文化产业合作发展实施方案》。

为完善的配套支持保障。下一步要认真落实各项支持政策，保障台湾青年在闽创新创业，推进闽台青年文化交流深度融合与发展，增进闽台青年的合作共识和心灵契合。

论治理路径下以文化融合应对民进党当局的“文化台独”

林小芳*

党的十九大报告指出:“两岸同胞是命运与共的骨肉兄弟，是血浓于水的一家人。我们秉持‘两岸一家亲’理念，尊重台湾现有的社会制度和台湾同胞生活方式，愿意率先同台湾同胞分享大陆发展的机遇。我们将扩大两岸经济文化交流合作，实现互利互惠，逐步为台湾同胞在大陆学习、创业、就业、生活提供与大陆同胞同等的待遇，增进台湾同胞福祉。我们将推动两岸同胞共同弘扬中华文化，促进心灵契合。”这一论述为新时期对台工作指明了在发展中融合、在融合中统一的方向，明确了新时期大陆深化两岸融合发展的内在要求，并成为和平统一理论在新时期的新课题。两岸融合发展，就是要“持续推进两岸各领域的交流合作，深化两岸经济社会融合发展，增进同胞亲情和福祉，拉近同胞心灵距离，增强对命运共同体的认知”。两岸融合发展的提出，是在总结前期两岸交流合作基础上提出的，反映了大陆领导高层对近年两岸关系发展现状和趋势的深刻总结和清醒认识。针对两岸交流一度被学界质疑越交流越疏离的情况，大陆针对性地提出两岸融合发展，为两岸关系指出了在交流中融合、在融合中走向心灵契合的方向。两岸融合发展将和平发展的内涵扩展到价值观念、文化思想、生活理念等文化形态方面，文化融合成为两岸融合发展的重要组成部分。

一、文化融合发展与融合治理

文化，广义上泛指人类在其生存活动中创造出来的一切物质和精神的劳动

* 林小芳，福建师范大学闽台研究中心副研究员。

成果总和，包括有器具、制度和价值观念三个不同层面；狭义上，主要指观念形态上的文化，专指语言、文学、艺术以及一切意识形态在内的精神产品。传统的儒道释文化、当前中国特色社会主义核心价值观、当代西方自由主义宪政思潮法治思想等，都属于当代中国观念形态上的文化的重要组成部分。具体到两岸关系问题上，文化丰富内涵中的传统面和现实面都需要关注。海峡两岸既有共同的血缘、语言文字、宗教信仰、饮食服饰、生活习俗等共同的中华文化传统，也有当前迥异的制度生活及由此生成的价值观念、意识形态甚至于身份认同等，这种现存文化观念上的差异性是研究两岸文化不可忽视的问题。在两岸文化交流中，只有正确认识这种文化差异性及由此产生的文化冲突，才能有效降低文化冲突的负作用，推动文化交流，促进文化融合。“个人认为，两岸文化研究所涉及的‘文化’概念，不能忽视价值观念、意识形态之类的内涵，不能忽视‘中国特色社会主义文化’、‘台湾特色的中华文化’这些现存的主流文化，否则就远离了主题。”[①]

文化融合，又称文化整合（culture integration），指“人类文化在相互冲突中实现相互融合的矛盾运动过程，这个过程包含着文化冲突和文化融合的基本趋势,是文化冲突和文化融合的对立统一”[②]。从文化的根源来看,两岸文化同根同源，一水之隔的台湾地区是中华文化的亚文化区，但由于历史遗留的内战问题，造成两岸分离并走上不同的制度生活道路，在文化上表现出明显的共时性差异，“中国大陆的文化特点，一是原生性和兼容性，二是顽强性和保守性，三是务实性和世俗性”[③]。台湾地区政治上效法欧美的政党政治、三权分立与普选制，经济上实行市场导向的自由竞争机制，社会治理同样仿效西方，社会文化志工文化较为发达，目前已形成以中华文化为内核同时集海洋文化、移民文化、西方文化于一体的自身特色。台湾学者沈清松指出，“虽然两岸文化属于同根，但是基于地区性、时间性、制度性的差异，已然造成不同质的状况”。他强调制度生活对文化认同的影响，认为政治与经济制度的差异对两岸文化的“不同质”发展造成了重要影响[④]。两岸文化共同的中华传统以及相异的政经制度衍生的意识形态，构成两岸文化的现状。只有正视两岸的文化差异，才能在交流中走向融合。

---

① 陈孔立：《两岸文化研究的盲点》，《台湾研究》，2013 年第四期。

② 李晓东：《全球化与文化整合》，湖南人民出版社，2003 年，第 103 页。

③ 俞新天：《两岸关系中的文化认识问题》，《台湾研究》，2010 年第 1 期。

④ 沈清松：《台湾精神与文化发展》，（台北）商务印书馆，2001 年，第 325—326 页。

两岸关系融合发展，既要深化两岸原有的经济、社会、文化融合，促进两岸更密切的交流与合作，也要创新出一种新的融合治理机制，以面对复杂的经济、社会、文化等事务的治理，填补公权力管理机构之不足或缺位。“治理”不等同于统治，罗斯瑙将之定义为一系列管理机制，它指的是一种由共同目标支持的活动，其主体未必是政府，甚至有可能未得到正式授权，但却能有效发挥作用[①]。这表明“治理”的主体除了政府机构，还包括非政府的、市场以及民间的机制。治理活动的主体多元性也决定了其活动方式多元化，不再是由政府下指令的由上而下的单一管理模式，而是由多种指向作用力协作构筑的管理体系。也就是说，治理包括个人与团体、公共与私人、正式与非正式的有目标的共同行动，小到地方社区建设，大到全球跨国行动，从政府到民间的管理活动与合作的行动都属于治理行为。在民进党执政的两岸僵局下，大陆高层将维护两岸关系和平发展的重点转向促进两岸融合发展，更强调以民间动力维护和推动两岸关系和平发展。“两岸关系和平发展的根基在基层，动力在民间”，“两岸关系形势越复杂，越需要两岸民众加强交流，展现两岸关系和平发展的坚定意志和强大力量”[②]。推动两岸关系融合发展，意味着两岸民间社会将走向协调、合作与融合发展的新阶段，这个过程客观上要求民间社会承担更多的责任，担任更活跃的治理角色。在当前两岸关系发展现状的基础上，两岸融合治理的实践需要公权力和民间社会的合理分工，密切协作，积极引导民间社会团体，如企业、商业组织、宗教文化团体、公益团体等全面参与、共同促进，强化两岸民间治理的功能。

二、民进党当局的“文化台独”突显文化必要性紧迫性

弥合两岸文化差异导致的身份认同冲突，是文化融合发展的必要性所在。将近40年的隔绝以及截然不同的制度生活道路造成了观念形态上的巨大隔阂。在以往的两岸文化交流中，由于文化差异导致的身份认同冲突，屡见不鲜。两岸文化冲突的表现在不同领域、不同层次都有表现，双方在价值观念、思维方式等方面的冲突体现在从普通事件的看法评价到敏感的政治文化身份认同等方

① James Rosenau, *Governance Without Government: Order and Change in Word Politics*, Cambridge: Cambridge University Press, 1992, p.5.

② 《俞正声在第八届海峡论坛开幕式上的致辞》，人民网，2016年6月14日。

面。与经济关系一样，两岸文化交往随着两岸交流实现了从简单到多元、从无序到有序、从小规模到多领域多层次的渐进发展过程，随着交流的深化，两岸在价值观念、意识形态上的差异及由此而来的冲突也暴露无遗。最普通常见的是台湾民众对大陆深怀戒备之心的“反统战”意识。他们对于来自大陆的各种文化交流活动如文艺演出、两岸合拍影视剧、兵马俑展出、宗教交流等都冠以“统战”之名，采取排斥甚至敌视的态度，称之为“假文化真统战”。有人直接指出，“什么叫文化交流，其实对北京来说就是要文化统一，就是统一在中共所解释的中华文化，以及中共所控制的中华文化里”[①]。在国民党执政两岸关系大融合大发展期间岛内青年学生发起的反服贸协议“太阳花学运”，对于大陆善意让利的服贸协议，台湾青年学生竟得出“马英九勾结大陆出卖台湾”这种令大陆人错愕的解读，可视为两岸思维方式价值观念截然不同甚至严重冲突对立的典型。在高度敏感的政治文化领域，两岸的文化冲突甚至尖锐对立几乎无处不在，这与文化的政治属性密切相关。“文化本身，就其最根本最内在的文化属性和终极追求来说，本身就完完全全是政治性的”[②]，政治文化及由此决定的身份认同是谈论文化时无法避免的话题，“政治的内容其实就是文化，就是围绕着国家的概念组织起来的历史、文化和价值认同”[③]。将近40年的隔绝，其间两岸走上截然不同的社会发展道路，迥异的制度生活形塑了不同的价值观念和思维方式，这种差异分歧甚至对立有时会造成彼此的感情伤害。这个政治文化的影响，在身份认同上体现为“我群”和“他群”的边界区分，也就是一个人的身份认可和族群归属感，这就涉及台湾民众对“中国人”的身份认可程度和两岸关系的定位及未来发展走向的看法。具体在日常生活中，最常见的是，台湾民众称呼大陆为“中国”，称去大陆为“出国”。而在分离势力的操弄下，本来涵括在“中国人”里“台湾人”异化成了与“中国人”对立的平行概念，在“去中国化”教育下成长的所谓“天然独”一代，已经把地理学意义上的“台湾”当成了政治范畴里国族认同上的“台湾”，凡此种种，都显示出以文化融合化解歧见的必要性。“两岸问题表面上看是政治问题，但从某种角度看也是文化问题。与打造两岸经济利益共同体相比，建构共同的文化认同的任务更为艰巨复杂，文化认同与文化融合是实现两岸融合、整合的‘密匙’及关键，中国人完全有能

① 《学者分析中共文化统战手法》，http://blog.nownews.com/article.php?bid =8576&tid =1651952#ixzz2n2tuaM12。

② 陈孔立：《推进两岸文化融合的思考》，《台海研究》2018年第2期。

③ 张旭东：《文化政治：文明国家的存在理由》，https://www.guancha.cn/ZhangXuDong/2016_09_10_374008.shtml。

力做到这一点。”①

蔡英文执政以来，以“转型正义”之名大行“去中国化”之实，“文化台独”再度大行其道，两岸文化融合任务更为迫切。2016 年台湾实现第三次政党轮替，5 月蔡英文就任台湾地区领导人，民进党实现全面执政。蔡英文上台后即开始一系列文化上的“去中国化”，取消行之多年的遥祭中山陵、黄帝陵；宣布废止马英九就任期间通过的课纲微调，回复到旧版课纲；全面推动“去蒋化”，持续拆除蒋介石与蒋经国铜像，将“中正纪念堂”改为“立法院”大楼，停止播放蒋介石纪念歌曲，商店不得售卖蒋介石纪念公仔；将两岸共同的妈祖信仰政治化为“国民党统治的工具”；污名化郑成功并推行“去郑成功化”，降低原“中枢祭典”的级别，在接见少数民族代表时污蔑郑成功为与荷兰殖民者等同的“掠夺者”“屠杀者”，凡此种种，不胜枚举。其中特别需要提出的是教育上的“去中国化”。早在 2000 年陈水扁上台期间，历史课程纲要的调整就已经明显偏离了传统历史教育中的“中国史观”，2001 年在民进党当局新修订的历史课纲中，“台湾史”脱离中国史，并首次独立成册；明清两朝的历史则纳入世界史的范畴，以台湾为历史学习起点的“同心圆史观”从此在历史课程教育中大行其道。蔡英文上台后这一“台独史观”变本加厉。2017 年，蔡英文当局公布“十二年国民基本教育社会领域课纲草案”，不论是初中还是高中，历史课纲取消以往的“台湾史、中国史、世界史”框架，代之以“台湾、东亚、世界”的分域划分，改为“台湾相关分域”“中国与东亚的历史交会”和“台湾与世界”三个部分，通过将中国史纳入东亚史的方式肢解消亡中国史，将其在历史教科书中彻底抹除。在台湾相关部分，将“摒弃过去以汉人为主轴的思维”，强调台湾是多元族群。在第二部分，着重讨论中国与东亚的历史教会，不再强调中国本身的历史。第三部分谈台湾与世界的联系，避而不提与中国的联系。从史观的角度，这一新的课程强调的是台湾认同与东亚的联结、与世界的联结，台湾人可以是东亚人、世界人、地球人，却刻意切断了台湾与大陆的联结，人为地制造出与“中国”相对应的“台湾民族”，“文化台独”之心昭然若揭。再配合民进党执政两年多以来的一系列“去孙”“去蒋”“去孔”“去郑”甚至“去中华民国”，不再遥祭黄帝陵，在岛内提到“中华民国”时用“这个国家”代替，这背后深刻的政治意涵不言自明。有学者就此评论指出，“如果说李扁时期‘去中国史’还挡着一块遮羞布，一汤匙一汤匙往外洒中国史，现在的台湾当局正把中

① 杨立宪:《两岸融合的“密匙”在于文化认同》，中国台湾网，2014 年 12 月 1 日。

国史整碗泼掉”，“在历经李登辉、陈水扁20多年来的‘台独化’改造，以‘台独’历史课纲为标志，台湾的‘文化台独’终于在蔡英文手上完成”①。这样的历史课程教育出来的下一代，将不再与祖国大陆拥有共同的历史记忆，对中华文化的认知日渐淡薄，对中华民族的认同更加疏离，两岸同胞心灵契合的文化依托将日益脆弱。在这种情况下，依靠民间交流的文化融合更显迫切。

三、治理路径下的两岸文化融合发展

两岸交流经过30年发展，不断扩大深化，两岸人员往来、经济、文化和社会联系达到前所未有的水平，即使民进党执政导致两岸官方对话停摆，但民间的往来依旧活跃，越来越多的台湾青年学生到交流、学习、创业，寻找发展机会，在大陆的台商、台干、台生、台属、台配、台青等现在已经达到200多万，同时，每年赴台旅游、学习、投资的陆客、陆生、陆商超过400多万②，30年的互动交流使两岸的联结程度与共同利益达到历史新高。2018年2月底，国台办公布《关于促进两岸经济文化交流合作的若干措施》，俗称“惠台31条”，给予台企台胞与大陆企业、大陆居民同等待遇。随后大陆各地相继因地制宜接连出台，上海55条、福建66条、厦门60条、宁波80条等等，这些迅速跟进的具体措施使“惠台31条”得以进一步细化，覆盖地域范围越来越广，涉及领域越来越宽，为台胞在大陆学习、创业、就业、生活创造了更加便利优越的环境和条件。与此相应，岛内民众对此高度赞赏，掀起新一轮“登陆热”。在今年台湾高中应届毕业生学测成绩出炉后，大批优秀学生赶赴大陆著名高校登记、面试，人数是往年十数倍。“我们有信心在这里扎根发展，因为看到了更好的未来。”③大陆“惠台31条”措施的乘数效应开始显现，随着大陆各地落实惠台措施工作的推进，为台企台胞提供同等待遇将不断获得突破，两岸经济社会融合将日趋密切，治理路径下的文化融合愈显重要。在现有条件下，需要充分发挥民间平台和机制的作用，尽可能地构建起经济社会和文化融合的相互促进机制，构筑“两岸一家亲”的命运共同体，促进两岸同胞的心灵契合。

首先，求同存异，构建和完善文化融合的民间平台或机制。海峡两岸有共同的中华文化传统，这是两岸文化中现存的最大公约数。在此基础上，拓展和

① 李理:《台湾课纲的历史演变》,《台声》，2017年第17期

② 倪永杰:《融合发展——习近平对台工作思想最新成果》，中国台湾网，2017年8月3日。

③《台湾网评：海峡论坛让我们看到更好的未来》，中国台湾网，2017年6月18日。

寻求双方可以接受的共同话语，如中华传统文化中的仁爱、孝顺、敦亲睦邻、惩恶扬善等。这种价值观念上的“相向而行”可以转化为现实生活中基于共同价值观而来的交流交往，如海峡论坛。海峡论坛是两岸关系和平发展背景下为基层交流而搭建的重要平台，立足民间经贸文化交流，迄今已举办第十届，并以其草根性、民间性、广泛性成为海峡两岸规模最大的民间交流盛会。其中第五届首次举办“闽台同名村镇续缘之旅”“闽台‘同名村心连心’活动周”，邀请闽台同名村的基层民众及青少年来寻根谒祖、共叙乡谊，堪称加强文化融合治理的创新之举。福建依托特殊的“五缘”优势，在这方面大有可为。一方面，可以充分挖掘祖地文化的潜在价值，两岸合编族谱共修宗祠，共同组织宗教文化庆典神像巡游，共同整理出版闽台两地相关的民间文献资料。另一方面，利用先行先试的政策优势，创建闽台文化交融合作的平台，如两岸教育合作试验园区，深化闽台教育合作办学的尝试等。扩大到两岸，就是继续拓展两岸文化传统中的共通之处，接受差异的存在，使这些差异在一个新的整体中多元共存。两岸合作编写图书就是很好的尝试。2003 年，北京语言大学就联合台北中华语文研习所，以民间身份共同编写了《两岸现代汉语常用词典》；2016 年，两岸合编的《中华语文大辞典》在台北正式发布，采繁体、简体并列的方式，收录了两岸当代文化、政治、经济、社会等领域用语逾十万词条。2017 年，福建师范大学联合台湾中华文化教育学会编写的高中语文教材在台湾出版并在多所高中投入使用，含《高中国文》《中华文化基本教材》《高中古诗文选读》共五种五百万字。两岸携手合作共同守护我们共有的文化传承，是文化融合的一种表现，也是治理路径下未来文化融合发展的可行模式，对于民进党当局的“去中国化”教育及各种割裂两岸联系的“文化台独”，是无声胜有声的有力回击。

其次，求同化异，以多元目标和包容发展促进文化融合。在交流的基础上增进相互了解，努力换位思考，尝试尊重、包容、借鉴乃至欣赏不同的价值观和思维方式，缩小观念上的差距，以包容互补促进融合发展。在两岸文化的共时性差异中，大陆这边中国特色的社会主义思想和海峡对岸公民文化人权文化志工文化有一定差异，但社会主义核心价值观和民主、法治、公益、环保也是兼容的。国台办发布的“惠台 31 条”其中包括鼓励台湾同胞和相关社团参与大陆扶贫、支教、公益、社区建设等基层工作。海峡两岸民间热心人士“携手公益惠泽两岸”五年来，论坛主办单位从 5 家发展到 8 家，承办和协办单位从 9 家发展到 40 多家，开展了“温暖中国远征军抗日将士”等近十项公益活动和落地项目，就建立两岸公益机构重大灾难联动机制等签署备忘录，成为两岸公益机构和人士沟通交流以及两岸公益事业融合发展的重要平台。除了共同抗击自然灾害，两岸公益事业的各参与者在社区帮扶、环境保护、扶贫济困等各方面携手并肩、精诚合作，共同诠释了乐善好施、扶危济困在新时代的内涵。此外，在互补包容中发展文创经济也是这一文化融合模式的体现。中华文化传统在两岸各有发展也各有所长。一般而言，文学、技艺、建筑、书法、戏曲艺术、写意水墨、儒道思想，都是中华文化的智慧结晶。在中国迅速崛起的21世纪，全球市场对于中华文化的需求与仰慕日增，两岸合作开拓文创事业大有可为。台湾相较于大陆，优势在于文化内涵、创新，加上多年参与全球交流的经验，能以全球语汇传递文化内涵，并转化为能行销全球的创意产品，如以台北故宫博物院“肉形石”和“翠玉白菜”为题材推出的“故宫之美”礼盒。大陆则有广大的市场以及政府资金支持以及高效的行政效能。两岸都有各自的文化产业优势，如何创新与活用中华文化，并与现代审美、市场期待与科技互为结合，将之转化为文化资本，是两岸文化创意产业能否成为下一个经济推手的关键。两岸可以联合构建跨域文化交流与合作的有效机制与载体平台，评估各自特色与优势，整合两地文创资源，联手将中华文创产品推向世界市场。

两岸开放交流30多年，经济、社会、文化上的联系日益密切，在两岸经济、社会高度融合发展的过程中，文化交流合作与有效融合是持续推进和深化两岸关系和平发展的精神支柱。两岸文化的差异性造成的文化冲突要求我们在融合发展中正视差异，互相包容，彼此欣赏，岛内政局变换“文化台独”滥觞更突显文化交融的紧迫性。在当前情势下，以民间交流搭建文化融合的平台机制，在求同存异求同化异中扫除两岸关系向前发展的障碍、增进文化认同，架设两岸心灵之桥，是构筑两岸命运共同体、达成心灵契合的必要途径。

闽台高等教育交流的发展：机遇与挑战

林中威*

福建是大陆最早开展对台高等教育交流的省份，从20世纪80年代开始，就在对台招生、对台学术交流和师生互访方面进行了有益的探索。2008年以来，福建把握两岸关系快速发展的历史机遇，不断完善对台高等教育交流的制度安排，推进相关实践，为两岸教育文化交流发挥了先行先试的作用。2016年后，面对蔡英文当局执政后日趋复杂严峻的两岸局势，福建仍可凭借其独特优势，为推进两岸教育合作发挥“主场”作用。

福建对台教育交流起步较早。自2007年闽台教育交流正式开展以来，相关合作以学历互认与推动相互招生为起点，联合办学为重心，专业人士互访与学生交流活动为补充，取得了长足的发展。为应对2016年后两岸交流中面临的新挑战奠定了基础。

一、闽台高等教育交流的转折与机遇

（一）闽台高等教育交流的快速发展阶段（2008—2016）

自20世纪80年代开始，福建就在对台高等教育交流领域进行了一系列探索，如逐步实现了8所省内高校对台单独招生，举办了一系列两岸学术会议和师生交流活动等。但在李登辉执政后期和陈水扁执政时期，受双方政治关系恶化的影响，两岸文化教育交流一度停滞。直到陈水扁当局执政末期，台湾政局发生积极变化，这一交流才步入新的阶段。2008年12月31日，中共中央总书记胡锦涛在纪念《告台湾同胞书》发表30周年座谈会上提道：“我们将继续采取积极措施，包括愿意协商两岸文化教育交流协议，推动两岸文化教育交流合

① 林中威：政治学博士、福建社会科学院现代台湾研究所助理研究员。

作迈上范围更广、层次更高的新台阶”[①]，标志着两岸教育交流新阶段的正式展开。此前的2006年，大陆为迎接两岸关系发展新机遇，已单方面宣布承认台湾学校的学历。2011年大陆又允许包括福建在内的六省市学生申请赴台湾就学。在岛内，执政的马英九当局也对两岸教育合作进行松绑。2010年9月，台湾当局修正了与两岸教育交流相关的3项法案，并于2011年1月发布“大陆地区学历采认办法”，认可大陆地区以“985”高校为主的41所高等教育院校学历。2013年，台湾当局又承认了大陆70所“211”高校和191所高等职业院校学生的学历，其中就包含福建的厦门大学、福州大学等8所高校。自此，闽台高校间相互招生的关键障碍被突破。尽管陆生赴台还受到“三限六不”等歧视性政策的影响，但这一群体的人数增长非常迅速。2011年9月，第一批928名大陆学生赴台就读，其中福建学生占242人，在大陆各省份中居首位[②]。2013年台湾开放大陆专科生入台就学，福建也和广东同为首批试点。到2017年，台湾地区新招福建籍硕博陆生303人，超过硕博陆生总录取人数的四分之一[③]。而报名的学士班（包含普通生与艺术生）总人数达793人，占大陆总报名人数的31%[④]（参见图1）。同样，福建省招收的台生人数也快速增长。2008年10月，福建高校累计招收台生人数仅为3767人[⑤]，而到2016年，福建高校在校台生就达到1417人，其中240人还获得了省政府奖学金资助[⑥]。福建成为台生最集中的大陆省份[⑦]。

① 胡锦涛:《在纪念〈告台湾同胞书〉发表30周年座谈会上的讲话》，新华社，2008年12月31日。

② 台湾地区对陆招生联合会网站，2011年对大陆招生统计表，2011年11月2日，https://rusen.stust.edu.tw/spf/RecriutData.html。

③《硕博陆生人数7年来最佳》，台湾“中时电子报”，2017年5月27日，http://www.chinatimes.com/cn/newspapers/20170527000832-260301。

④ 台湾地区对陆招生联合会网站，2017年对大陆招生统计表，2017年11月2日，https://rusen.stust.edu.tw/spf/RecriutData.html。

⑤ 何佳媛:《台生来闽就业与大陆毕业生享受同等待遇》，新华网，2009年7月4日。

⑥ 福建教育砥砺奋进的五年，福建省教育厅对外处，福建省教育厅网站，2017年10月16日，http://www.eeafj.cn/syzhxx/20171016/7651.html。

⑦《福建将引进200余名台湾教师》，国务院台办网站，2016年1月5日，http://www.gwytb.gov.cn/jy/zxzx/201601/t20160114_11365472.html。

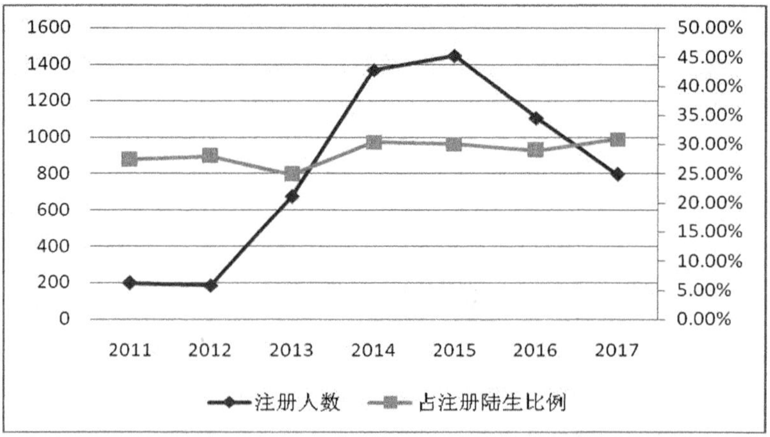

图 1. 在台福建籍学士班陆生总数及其占在台学士班陆生比重

注：2013 年后开始包含艺术生

资料来源：台湾“大学校院招收大陆地区学生联合委员会”

在两岸教育交流快速发展的背景下，福建及时出台相关政策，为闽台教育交流的大发展奠定基础。2007 年福建省政府与教育部签署《关于共同推进海峡西岸经济区教育发展备忘录》，开启了闽台合作项目的先河。次年，省教育厅发布《关于实施闽台教育交流与合作工程意见》的通知，提出要推动两岸教育界的人员交流和项目合作①。此外，为保障在闽台生的长远发展，2009 年福建省还出台《关于做好取得内地（祖国大陆）全日制普通高校学历的台湾学生来闽就业有关工作的通知》，明确了符合条件的大陆高校毕业台生可到省内的国有企业单位和各类非公有制经济组织就业；取得硕士以上学位的台生，可以到省内事业单位（不含参照公务员法管理的事业单位）就业；同时规定台生在福建省内就业与大陆普通高校毕业生在工资福利、社会保险和子女教育等方面享有同等待遇。

得益于政策的完善，闽台教育交流取得了全方位突破。首先，师生交流更为频繁，2009 年秋季，福建将先后组织 9 所高职院校和 5 所本科院校各 100 名学生，到台湾多所院校学习一年②。开创大陆组织大规模、成批次高校学生赴台学习的先例。2015 年，福建省政府又率先开展两岸师资两岸联合培养计划，在福州和厦门建立了四个闽台师资联合培养中心，（参见表 1），计划用三年左右

① 潘峰:《闽台合作项目下赴台交换生的文化认同》,《台湾研究》, 2017 年第 4 期，第 57 页。

② 林小芳、黄新宪:《闽台教育关系研究》，福州：福建教育出版社，2016 年版，第 153 页。

时间，引进台湾教育资源，培训骨干教师和管理干部3000名[①]。随着闽台教育交流的快速发展，仅2016年福建就审批赴台交流578批次，其中教师1346人次、学生5770人次[②]。

其次，合作办学模式不断创新。2009年，福建省开始实施独有的闽台高职联合培养人才项目（2010年改称闽台高校联合培养人才项目）。其主要模式是通过两地高校和企业签订协议，共同建设部分专业甚至是二级学院，具体分为2种：一是“分段对接”模式。主要面向本科高校，当前主要有16所公立本科、1所民办本科高校参与该项目。二是“校校企”模式，主要在专科高校中实施，已有29所高校参与[③]。

表1：福建的四个闽台师资联合培养中心

培养对象	所在地	所在学校	合作学校
校务管理类师资	厦门	厦门大学	逢甲大学
人文社科类师资	福州	福建师范大学	东吴大学、世新大学、铭传大学
理工类师资	厦门	厦门理工学院	台北科技大学
理工类师资	福州	福建工程学院	逢甲大学、云林科技大学

资料来源：福建省教育厅《福建省师资闽台联合培养计划实施方案》

最后，闽台教育交流活动品牌不断涌现。举办海峡两岸大学生职业技能大赛暨科技创新成果展和福建省高级港澳台学生普通话大赛等活动，增强了两岸青少年的心灵契合，文化认同和民族认同。定期轮流举办“海峡两岸大学校长论坛”“海峡两岸应用技术类大学校长论坛”等知名品牌，成为两岸教育学术交流的常态沟通机制。

（一）迎接闽台教育交流机遇与挑战并存的新阶段（2016至今）

2008年以来，福建省把握两岸关系快速发展的机遇，对促进两岸教育交流做了一批开创性的探索，为闽台教育交流持续深化拓展创造了条件。但2016年

① 《福建省师资闽台联合培养计划实施方案》，福建省教育厅，2015年4月30日。

② 《福建教育砥砺奋进的五年》，福建省教育厅对外处，福建省教育厅网站，2017年10月16日，http://www.eeafj.cn/syzhxx/20171016/7651.html。

③ 《福建教育砥砺奋进的五年》，福建省教育厅新闻中心，福建省教育厅网站，2017年10月16日，http://www.eeafj.cn/syzhxx/20171009/7602.html。

5 月蔡英文当局执政以来，拒不承认“九二共识”，使两岸关系日趋复杂严峻。政治局势的变化给闽台教育交流带来了压力，相关合作进入机遇与挑战并存的新时期。在此背景下，福建把握主动，持续深化对台教育交流，在大陆师生赴台交流可能受到台湾当局阻挠的背景下，充分利用福建的地缘、文缘优势，将福建作为推进闽台教育交流的“主场”，做出了新的探索。

2015 年 12 月，《福建省促进闽台职业教育合作条例》（以下简称《条例》）开始实行，这是大陆对台湾地区开展职业教育交流合作的首部地方性法规。2015 年 11 月，福建省教育厅与多个部门共同推出《福建省高校台湾全职教师引进资助计划实施办法》（以下简称《办法》），对引进台湾教师的经济待遇、职称安排和子女就学等问题做出规定。2016 年 5 月的《福建省“十三五”教育发展专项规划》则提出通过创新合作办学模式、师资合作培训、两岸学生双向交流等，全方位加大闽台教育合作力度。2017 年 10 月福建省教育厅公布《关于进一步深化闽台教育交流与合作的若干意见》（以下简称《意见》），全面规划了进一步深化闽台教育交流合作的相关事宜。2017 年 11 月推出的《福建省现代职业教育发展规划（2017—2020 年）》也对推进闽台职业教育合作做出了更为详细的安排。

首先，在推动职业教育合作方面。《条例》作为专门法规，鼓励台湾地区的组织和个人与大陆企业、学校和科研机构合作，举办各种层次的职业教育；开展科技研究和开发；举办职业技能培训；建立职业教育教学与科研资源共享平台；建设师资培训基地和学生实训基地；举办各类职业技能竞赛，从而推动闽台职业教育合作。《意见》则进一步提出，将试点把福建省职业院校或部分院系委托给台湾优质高校管理；支持台湾高校、行业协会、企业在福建参与组建职业教育集团；支持闽台高校在职业教育领域的交流合作，方便学习借鉴台湾较为完善的职业教育体系。

其次，在加强招募台湾教师方面。《办法》提出要在 2015—2018 年引进 800 名台湾全职教师，尤其是支持从台湾引进电子信息、石油化工、装备制造和国际金融等重点发展领域的人才来闽任教。依照这一要求，截至 2017 年，福建已引进台湾高校全职教师 338 人[①]。《意见》则进一步提出，到 2020 年，福建省要引进 1000 名满足自贸试验区和产业发展急需的台湾优秀教师到福建的高校任全职教师。

---

① 《福建省教育砥砺奋进的五年》，福建省教育厅教师处，福建省教育厅网站，2017 年 10 月 16 日，http://www.eeafj.cn/syzhxx/20171016/7650.html。

最后，在探索两岸合办高校上。《纲要》率先提出要在福州和平潭设两岸教育合作试验园区，吸引两岸高水平高等院校，共同建立科学研究中心、科技成果转化中心。《意见》仍然坚持了这一设想，并进一步提出要推动闽台教育由部分领域、部分专业的合作，向闽台高校联合举办高水平大学、应用技术类大学、二级学院的方向发展。还将重点推动福建省高水平建设高校和省重点建设高校引进台湾高校联办两所产业特征鲜明、相对独立的二级学院，以及 3 个以上闽台合作办学项目。

2016 年 5 月以来，闽台之间的高等教育交流也经受住了局势变化的考验，延续了发展势头。据统计，到 2017 年下半年，福建省 89 所高校中有 70 所参与闽台合作，其中本科高校占 83.78%，专科学校占 75%; 台湾地区 158 所高校中有 103 所参与合作，其中公立高校占 71.93%，私立高校占 61.39%[①]。同时，福建也继续实施师资闽台联合培养计划和台湾全职教师引进与资助计划，继续推进高校院系接受台湾 IEET 工程及科技教育认证事务，并于 2017 年对首批院系进行了认证。此外还重点引导有条件的高校将闽台高校联合人才培养项目转报中外合作办学项目；继续组织海峡两岸大学校长论坛和闽台职业教育年会等常态化交流活动。在两岸官方交往停滞的背景下，通过坚持推动两岸教育文化交流，推动两岸民间融合。

二、新形势下闽台高等教育交流的挑战与机遇

（一）两岸局势日趋复杂严峻

蔡英文当局执政以来，不但刻意造成两岸官方交往停摆，还对两岸经济社会融合的态势心怀恐惧，采取多种手段限制两岸交流。近年来其推行的所谓“新南向政策”“5+3 产业计划”以及拓展“国际参与”都将发展台湾与东南亚、南亚各国和西方发达国家的青年交流与教育合作视为工作的重点，妄图以此转移岛内民众对两岸交流的需求，以实现“远中”图谋。

在此背景下，两岸间的教育文化交往难免受到严重影响。如选前民进党和岛内“台独”势力刻意制造两岸矛盾，并对陆生群体释放消极信号，重创大陆学生赴台就学的意愿，导致陆生报名人数逐年减少；针对台生报考大陆高校的热潮，台湾当局大陆事务主管部门又设立“台生赴陆停看听”专栏进行劝阻，

① 练晓荣等:《闽台高等教育资源互补的现状、困境与出路》,《福建农林大学学报（哲学社会科学版）》, 2018 年第 21 卷，第 81 页

并推出“学海飞飏”“学海筑梦”“学海惜珠”以及“新南向”四大计划，以鼓励学生以出国代替西进大陆；台湾当局教育事务主管部门甚至直接对岛内中学施加压力，企图阻止台湾高中生来陆求学。特别是在大陆出台《关于促进两岸经济文化交流合作的若干措施》（以下简称“31 条”）后，台湾当局行政主管机构组成长期性专案小组，提出包含“四个方向”“八个策略”的应对方案，其方向之一就是“提出优化就学就业强化留才揽才”，策略中也提到要“提升学研人才奖励”“强化新创发展动能”[①]，希望避免青年将目光投向大陆。在此基础上，台湾当局又推出一系列具体措施，如威胁台湾大学教师以专案专职方式，参与大陆国家重点研发计划，属于违法[②]，台湾当局科技事务主管部门也着手制定有关“台湾地区特定高科技人员进入大陆地区任职许可办法”，限制科技人才赴大陆工作。其阻碍两岸教育文化交流的态度日益明确，措施也愈发系统。

（二）台湾地区对两岸教育高等交流需求增强

台湾长期受到“闷经济”困扰，加之“少子化”现象严重，导致高校及教师个人普遍面临发展危机。一是青年硕博士等高学历人才一职难求。根据台湾当局教育事务主管部门公布的数据，岛内每年对博士需求仅约 1300 人，却有约 4000 人毕业，扣掉入学前已有工作者，每年有大约 700 名博士失业或以兼职为生[③]。受此形势逼迫，不少高学历人才已经开始将目光转向大陆。二是“少子化”现象导致高校缺额现象严重。2016 年台湾出生人口 208440 人，较 2015 年减少 2.41%；2005—2016 年出生人口平均每年减幅 0.3%。由此台湾地区大专院校的招生缺额呈上升趋势。2016 年，台湾大专院校总数为 158 所，新生注册人数 32.8 万人，缺额 6.3 万人，其中技专院校缺额人数达 4.1 万人[④]。根据岛内高校的估算，第二波高教“大限”还将在 2028 年来临，届时台湾的大学新生可能剩下 16.6 万人。在此背景下，高校必须向外积极拓展各种办学的可能性，而华人世界中最大的教育市场就在中国大陆，到大陆办学则是其中最为可行的选择。

---

① “四大面向及八大强台策略 务实因应中国大陆对台 31 项措施”，台湾当局行政主管机构网站：https://www.ey.gov.tw/Page/9277F759E41CCD91/70ea5798-56c6-4fbc-ba06-730ac87264df，2018 年 3 月 16 日。

② 林志成：“大学教师专案、专职参与大陆国家计划属违法”，台湾“中时电子报”：http://www.chinatimes.com/cn/realtimenews/20180312001696-260405，2018 年 3 月 12 日。

③ 冯靖惠：《博士毕业生太多，估计每年 700 人失业或兼职》，联合新闻网，https://udn.com/news/story/6885/2152685。

④ 练晓荣等：《闽台高等教育资源互补的现状、困境与出路》，《福建农林大学学报（哲学社会科学版）》，2018 年第 21 卷，第 81 页

但受到台湾方面的法规限制，高校招收陆生人数受限，在民进党执政的背景下，还将进一步缩减。因此一些台湾高校正在建议大陆能以试点方式，允许台湾个别高校在大陆进行深度合作办学。其中私立的科技大学尤为踊跃。

最后，台湾高中生赴陆求学意愿上升。随着岛内对大陆发展潜力的认识日益深入，台湾学生“登陆”的热潮有愈演愈烈的趋势（参见图 2）。2018 年台生报考大陆高校的地域更广，人数也暴增。北到辽宁、吉林，南到海南，今年都迎来台生。而在对台招生多年的东部沿海省份，一些原本在岛内知名度不高的高校也开始有台生报考，福建的福州大学、集美大学都在此列。据台湾《中国时报》报道，2018 年 24 所陆校共招走台生近 600 人次。而根据岛内媒体的访谈，不少台生之所以选择大陆，很大程度上是看好大陆的发展前景，希望寻求更大的发展空间。可以预见，台生“西进”趋势还将继续增强。

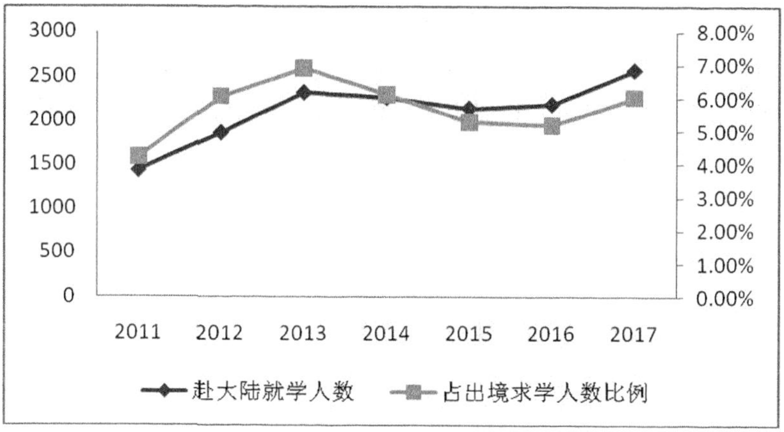

图 2：台生报考大陆高校人数变化

资料来源：台湾当局大陆事务主管部门

（二）福建的地缘文缘与政策优势

根据台湾学者的研究，岛内高中毕业生选择到大陆高校就学，有三项动机值得注意。一是到大陆学习的经济成本和时间成本相对较低，既不像到英美日等国留学那样经济负担沉重，也无须经历熟悉当地语言文化的痛苦过程。二是有利于学习参与两岸经贸所需求的专业知识。相当一部分学生以从事两岸经贸合作为职业目标，为此他们需要积累在大陆学习、生活和工作的经验，也非常强调在两岸人脉的耕耘。三是部分在陆台商、台胞子女或是希望同家人共同生活，或是已经对大陆的环境较为适应，因此乐于在大陆学习[①]。

福建在大陆各省份中与台湾距离最为接近，在历史文化上有深厚渊源。在当前两岸交流中，福建作为先行先试的重点地区，不仅在对台教育交流上有丰富的实践，在其他领域的对台合作也较为充分，在闽台胞众多，惠台政策相对完善，这些都满足了上述三项动机，使福建在对台招生方面优势尤为明显。同样，上述优势在对台教育交流的其他领域也不容忽视。笔者近年来的调研结果显示，地理、文化和政策优势，已经成为福建吸引台湾青年学生和教师的重要因素。台湾师生普遍感到对福建，特别是闽南地区的文化和社会环境较为亲切，同时闽台之间往返的交通成本也相对较低。这些都有利于台湾的学生、教师和高校选择福建作为学习、工作和合作的对象。除此之外，调研中也发现，在福建高校就读的台湾学生和就职的台湾青年教师普遍有较强烈的自主创业意愿，将在闽学习、工作视为未来创业的跳板。“31 条”出台以来，福建各地陆续出台了相应的政策实施细则，在岛内引起热烈反响，这强化了台湾青年对前来福建发展的正向预期，从而为福建进一步吸引台生、台教，推进闽台高等教育合作打下了良好的基础。

二、未来闽台高等教育交流的增长点

（一）继续吸收台湾职业教育的优势

福建省《现代职业教育发展规划 2017—2020》提出，支持闽台高校在职业教育领域的交流合作，学习借鉴台湾较为完善的职业教育体系，鼓励创新闽台职业教育合作模式。具体而言，将探索把职业院校或部分院系委托台湾优质高校管理；支持台湾高校、行业协会、企业参与组建省内职教集团。支持福建高校联合台湾高校办好重点学科群和紧缺专业。联合台湾中华工程教育学会（IEET）开展工程及科技教育认证。实施“福建省高校台湾全职教师引进资助计划”，支持高校从台湾引进 1000 名优秀教师或业内精英。规划明确了闽台职业教育合作的方向，表明这一合作大有可为。除此之外，近年来福建学者还对闽台职业教育合作中实行创新模式提出了一些建议：如闽台职业教育集团化办学、成立大学生创新创业联盟、共建创新育成中心、建立职业教育网络资源共享平台等[②]，其可行性也得到了广泛认可。而在台湾，随着职业教育生存危机的

---

① 《台生的制度框架与迁移轨迹》，《台湾社会学刊》，2012 年 9 月。

② 李红：《闽台职业教育交流合作创新模式研究》，《教育评论》，2017 年 12 月，第 89 页。

愈演愈烈，岛内科技大学普遍对台湾当局重一般大学，轻职业教育的态度不满。越来越多的台湾学校对与大陆发展“一校录取、两岸上课、两张文凭”的“双联学制”和设立“境外专班”招募陆生表现出强烈的兴趣。这都预示着闽台职业教育合作仍有广阔空间。

未来福建可以从以下三个方面入手，进一步完善对台职业教育合作。一是加强评估。在高校内部建立起对台教育合作质量保障体系的同时，引进社会第三方评估机构，参与教学评估。建立起优胜劣汰的机制，促进相关合作不断完善。二是重视与台湾青年创业基地的联动。青年创业基地的特性使其尤为适合职业教育中实习实训的需求。截至 2017 年底，福建全省已形成各类台湾青年就业创业基地 73 个，其中国家级 11 个，省级 15 个[①]，这推动闽台职业教育合作与台湾青年创业就业联动提供了优越的条件。三是利用集团化办学契机，吸引台生前来福建交换学习。福建可以利用推进与台湾科技大学集团化办学的契机，敦促对方派遣台湾学生前来交流学习，探索以合作办校带动的台湾青年来闽的新模式，为推进两岸青年交流创造更多契机。

（二）努力完善引进台湾教师相关工作

近年来福建引进台湾教师工作推进较快，取得了明显的成就，厦门大学、福建工程学院等学校不仅引进台湾教师数量在全国名列前茅，还吸引到岛内一些世界级人才前来任教，有力带动了我省教育的发展。但随着台湾教师“西进”渐成潮流，福建在注意引进人才“量”增长的同时，更应强调“质”的提升。同时教育部门和学校内相关机构加强服务意识，做好引进台湾教师的相关工作，从而最大限度地发挥引进人才的效益，并为推动两岸社会融合发挥应有贡献。

一方面，以往大陆高校在招聘台湾教师时，总是抱有“外来的和尚好念经”的心理，对教师的能力和成果缺乏深入了解。同时由于目前大陆尚未建立统一的台湾学者在台科研成果认定机制，也使用人单位在判定教师专业水准时面临障碍。一些高校在引进台湾教师的过程中，出现了个别教师在入职时签订无法达到的科研承诺，或入职后长期不进行科研活动，期望领取相应补助后“捞一把就走”的现象。因此，高校在引进台湾人才时，既要预先对台湾教师的具体情况进行详细了解，引进高质量的人才，又要注意到台湾教师在对待教学与科研关系上同大陆教师存在的差异，为其安排合适的任务，做到人尽其才。

---

① 吴洪：《我省这样落实“66 条实施意见”》，福建日报，2018 年 7 月 5 日。

另一方面，近年来省内高校台籍教师数量的快速增长，客观上也导致高校对台工作压力明显增大。不少台教反应所在学校缺乏处理涉台事务的经验，一些部门甚至存在抵触情绪，在政策的宣传和落实上都存在瑕疵；由于引进台湾教师尚且缺乏统一的标准，在同一城市不同学校之间，甚至同一个学校内的台教待遇也有较大差异；在台科研成果认定困难，影响台教在大陆参与评奖评优、评职称和申报课题；目前在大陆的台教“身份”“职称”相对混乱，令台教不明就里。这些问题都需要通过政策的进一步完善尽快加以解决。

（三）扩大吸引台生来闽就读

福建在招收台湾学生方面一直走在大陆各省市前列。在2018年台生“西进”热潮中，福建各高校也收获颇丰。报考厦门大学的台生达500人，是过去的5倍；福州大学一次性录取台生24人，较往年也有明显进步；闽南师范大学等高校亦首次进入免试招收台湾学生的行列[①]。但随着岛内对大陆情况了解的加强和其他省份对台工作水平的提高，福建在吸引台湾青年方面正面临其他省市的有力竞争。在2018年的对台招生中，就有台湾媒体注意到，虽然医科是台湾学生多年来在大陆求学的重点，而福建医科大学也是很好的省属大学，但台湾学生却不少因为对该校缺乏了解而宁愿选择其他省市的高校甚至重考。足见福建在对台招生方面仍有潜力可挖。

有鉴于此，福建继续进一步强化对台招生的力度，一是加强对高校台生的管理和服务。做好对台招生政策和学校的宣传，增强省内高校在台湾的知名度；加强高校对台工作部门的作用，使针对台生的政策即使得到传达和落实；指导各地台生建立社团，利用乡音乡情为新生提供必要的社交网络。二是出台政策，适度减轻台生在福建求学的经济负担。如开办针对两岸航行的廉价航空；在节假日为两岸渡轮提供船票优惠；鼓励台商与政府及高校合作，设立针对台生的奖学金等。三是为台生就业创业提供一定的支持。邀请成功台商、模范台青现身说法，向台生传授工作经验；在实施惠台政策时，保证省内高校毕业的台生可以较其他台胞获得优先安排；吸取厦门等地的经验，允许符合条件的台生到各地从事支教、扶贫、农村建设、公益慈善和社区管理等。

---

① 卢伯华:《离台湾近500余名台生报考厦门大学》，台湾“中时电子报”，2018年6月5日。

交融与创新：新时代闽台联合培养文化产业管理硕士策略

尚光一 *

近年来，我国在国家战略层面高度重视文化产业的发展，《中共中央关于深化文化体制改革、推动社会主义文化大发展大繁荣若干重大问题的决定》指出，要"推动文化产业跨越式发展，使之成为新的经济增长点、经济结构战略性调整的重要支点、转变经济发展方式的重要着力点"①。《中华人民共和国国民经济和社会发展第十三个五年规划纲要》中也将"成为国民经济支柱性产业"定为文化产业的发展目标。②党的十九大报告更是明确指出，在新时代，要"健全现代文化产业体系和市场体系，创新生产经营机制，完善文化经济政策，培育新型文化业态"。③不过，对我国文化产业的未来发展而言，推动其快速发展的最重要因素已不是资本和制造力，而是将文化创意运营为具体文化项目的专业人才。国际上文化产业发达的城市中，文化产业从业人员占就业总人口的比重，纽约为 12%，伦敦为 14%，东京则达 15%。④而以福建文化产业最为发达的厦门市为例，据一项调查统计，厦门市文化产业全部人才只有 56200 人，⑤并且多数居于文化产业链中的生产环节，运营环节的文化产业管理人才十分稀少，已成为影响当地文化产业长远发展的短板。同时，文化产业高层次管理人才匮乏

---

* 尚光一，福建师范大学中华文学传承发展研究中心副研究员。

① 《中共中央关于深化文化体制改革、推动社会主义文化大发展大繁荣若干重大问题的决定》[EB/OL].(2011-10-25)[2012-2-10].http://news.xinhuanet.com/politics/2011-10/25/c_122197737_6.htm。

② 《中华人民共和国国民经济和社会发展第十三个五年规划纲要》[EB/OL].(2016-03-17)[2018-2-10].http://www.gov.cn/xinwen/2016-03/17/content_5054992.htm.

③ 习近平:《决胜全面建成小康社会，夺取新时代中国特色社会主义伟大胜利——在中国共产党第十九次全国代表大会上的报告》[M]. 北京 : 人民出版社 ,2017:44。

④ 李宇红，赵晶媛:《文化创意的人文理论和产业研究》[M]，北京 : 中国物资出版社 ,2010:86.

⑤ 课题组:《厦门市文化产业人才队伍建设调研报告》[M]// 林起:《厦门文化改革发展蓝皮书》，厦门 : 厦门大学出版社，2012:172.

现象更为突出，导致高品质文化产业项目运营缺乏稳定的人才支撑。在这种情况下，如果在课程建设与人才培养上不能及时迅速明晰定位、提升层次，不能在高层次管理人才培养上给予文化产业以强有力的支撑，将会严重滞后文化产业未来的发展。

闽台合作项目是以引进、借鉴台湾先进办学理念和优质教育资源为重点，以师生双向交流、教学科研双向合作为主要内容，不断优化人才培养模式的办学项目。例如，2014 年 7 月，闽台合作项目（文化产业管理）在福建师范大学文学院首批招生，效果良好。经初步沟通，福建师范大学文学院与淡江大学文学院达成初步意向，未来将共同推动在现有闽台合作项目（文化产业管理）基础上，进一步开展闽台联合培养文化产业管理硕士项目，这就为基于闽台合作视角审视文化产业管理硕士联合培养策略提供了现实机缘。就宏观形势而言，文化产业管理专业已成为我国着力发展的应用型专业，目前开设有本科层次文化产业管理专业的高校已达 200 余所，培养文化产业管理硕士，将有利于进一步满足文化产业相关领域对高层次应用型人才的需求。因此，探讨闽台联合培养文化产业管理硕士的模式，有助于为文化产业领域高层次应用型人才的培养提供新的思路理念和策略借鉴，具有鲜明的现实意义。

一、文化产业管理硕士专业的属性定位

在本科层次教育阶段，根据教育部发布的《普通高等学校本科专业目录（2012）》，本科层次的文化产业管理专业，被界定为“1202 工商管理类”下的“120210 文化产业管理”。[①] 根据该专业目录，文化产业管理专业不仅可以授予管理学学位，同时可以授予艺术学学位。在实践中，由于文化产业管理专业涵盖范围较广，不同高校将其划归不同院系管理，例如山东大学划归历史文化学院、中国海洋大学划归文学与新闻传播学院、云南大学划归工商管理与旅游管理学院、上海交通大学划归媒体与设计学院、中国传媒大学划归媒体管理学院，等等。不过，由于实践中对文化产业管理专业的属性与边界未能进行清晰定位，目前许多高校在人才培养方面目标模糊，课程设置不合理，教学效果评估体系缺失，所培养的人才未能满足文化产业实践的需要。

与本科层次的情况类似，对目前进行文化产业管理硕士招生的高校而言，

① 中华人民共和国教育部:《普通高等学校本科专业目录》[EB/OL].(2012-9-14)[2012-10-10]. http://www.moe.edu.cn/publicfiles/business/htmlfiles/moe/s3882/201210/143152.html。

一些是经过国家正式批准，明确设置的“文化产业管理硕士”专业，例如中国海洋大学、云南大学、华东政法大学、陕西科技大学、山东财经大学等；一些则是根据自身现有资源自设的与文化产业管理相关的硕士方向，例如江汉大学人文学院开设“文化产品营销与服务”硕士方向；山东财经大学文学与新闻传播学院开设“文化产业管理”硕士方向；首都师范大学文学院开设“文化产业与文艺经济学”“文化产业政策”“新媒体产业研究”等硕士方向；华东政法大学人文学院开设“文化产业管理”硕士培养方向；西南大学文化与社会发展学院开设“文化产业创意与策划”硕士方向；山东艺术学院艺术文化学院开设“文化产业”硕士方向等。不过，这些硕士专业或硕士培养方向，多依托自身力量，较少与外界进行联合培养。经初步调研，目前与境外进行联合培养文化产业管理硕士的高校都是与国外高校开展合作。例如，云南师范大学与泰国正大管理学院联合培养文化与艺术管理硕士，硕士生需赴泰国进入正大管理学院研究生院学习 2 年；中国传媒大学与美国纽约理工学院（NYIT）合作举办文化产业管理硕士项目，毕业生可同时申请两校的硕士学位等，但并无与台湾高校联合培养文化产业管理硕士的项目。鉴于此，在今后闽台联合培养文化产业管理硕士时，专业属性应当清晰界定，即文化产业管理硕士专业是培养策划、运作与管理文化项目的高层次文化产业运营人才的专业，其主要培养目标不是培训文化产业实践中可能用到的各式各样的具体技能，而是培养经营管理文化项目的运营理念和实际能力。这一定位，未来应在闽台联合培养文化产业管理硕士的理念思路和课程体系中得到贯彻与体现。

二、文化产业管理硕士专业的人才特质

无论是正式的文化产业管理硕士专业，还是各类文化产业管理硕士培养方向，其培养的高层次文化产业管理人才应具备何种人才特质，如何与文化产业实践无缝对接、推动文化产业纵深发展，是专业建设时需要思考的关键问题。

当前，国内学界一般将文化产业领域的人才分为创意原创者、文化产品制造者和文化项目经营者三大类。首先，创意原创者是文化创意内容的最初生产者，一般包括文学作家、编剧、词曲家、画家、摄影家等创作人员和工业设计师、建筑设计师、软件开发工程师等设计策划人员，其以“理念服务”为核心、以“开发技能”为手段，为产业提供有价值的文化内容，是文化产业链条“上游”的人才，但此类人才在某种程度上依赖于其自身的天赋与灵感，真正的创

意原创者是无法批量培养的。其次，文化产品制造者是对原始创意进行加工和再创造、使其以最适合市场的形式表现出来的人员，例如导演、歌舞影视演员、导播、编辑、动画制作人员、工艺美术师、舞台美术师、软件编程师、园艺师、剪辑师、建筑师等。他们属于完成文化产品的技术人员，也是目前国内高校培养最多的文化产业人才。最后，文化项目经营者是对市场需求进行调查和预测，对文化产品生产过程进行协调，对文化产品设计、生产、销售的各个环节进行策划、运作、管理的人才，例如创意项目经理、经纪人、中介人、制片人、评估师、图书营销人员等。正是他们最终将原始创意变为市场回报。这类人才应通晓文化产业的规律，明晰文化项目的文化属性与市场属性，擅长根据文化产品的特点进行经营管理。目前，文化项目经营者、特别是其中的高层次人次，是目前文化产业实践中最为急需而又稀缺的人才。因此，文化产业管理硕士专业与我国文化产业的长远发展息息相关，应以培养具有优秀文化项目经营管理能力的高层次人才作为自身特色。

据初步统计，当前涉及文化产业管理硕士招生的高校已涵盖“双一流”院校、普通院校、科研院所等不同类型的培养单位，具体如下：

文化产业管理硕士招生高校表

“双一流”院校	北京大学	“双一流”院校	长安大学
“双一流”院校	中国农业大学	“双一流”院校	陕西师范大学
“双一流”院校	上海交通大学	“双一流”院校	贵州大学
“双一流”院校	南京大学	“双一流”院校	云南大学
“双一流”院校	厦门大学	“双一流”院校	首都师范大学
“双一流”院校	山东大学	“双一流”院校	河南大学
“双一流”院校	中国海洋大学	普通院校	山西财经大学
“双一流”院校	武汉大学	普通院校	华东政法大学
“双一流”院校	湖南大学	普通院校	青岛科技大学
“双一流”院校	中南大学	普通院校	济南大学
“双一流”院校	四川大学	普通院校	山东财经大学
“双一流”院校	重庆大学	普通院校	山东师范大学
“双一流”院校	电子科技大学	普通院校	长江大学
“双一流”院校	兰州大学	普通院校	武汉轻工大学

续表

“双一流”院校	郑州大学	普通院校	湖南工业大学
“双一流”院校	中国传媒大学	普通院校	西南林业大学
“双一流”院校	外经济贸易大学	普通院校	西安建筑科技大学
“双一流”院校	中央财经大学	普通院校	江西师范大学
“双一流”院校	辽宁大学	普通院校	安徽师范大学
“双一流”院校	东华大学	普通院校	北京电影学院
“双一流”院校	上海大学	普通院校	北京印刷学院
“双一流”院校	南昌大学	普通院校	山东艺术学院
“双一流”院校	华中师范大学	普通院校	南京艺术学院
“双一流”院校	湖南师范大学	普通院校	重庆师范大学
“双一流”院校	暨南大学	普通院校	四川外国语大学
“双一流”院校	广西大学	普通院校	河北大学
“双一流”院校	西南交通大学	科研院所	上海社科院
“双一流”院校	西南大学		

不过，具体分析这些高校招生简章中的研究方向、考试科目等内容，可以发现许多存在对文化产业管理硕士定位模糊的问题。因此，今后在开展闽台联合培养文化产业管理硕士专业项目时，应优化课程体系、明晰人才类型定位，一方面要酌情进行高端原创能力的培养，另一方面要重点突出对经营管理文化项目能力的培养，明确所培养人才作为“高层次文化项目经营者”的职业发展定位。只有培养一大批高层次的文化产业运营人才来给予文化产业持续支持，才能促进我国文化产业未来优化升级和纵深发展。总之，借鉴台湾在文创运营实践教育方面的丰富经验，以闽台合作方式开展文化产业管理硕士的联合培养，是凸显专业应具有的高层次文化产业管理人才培养特质的便捷途径，值得深入探讨与先行先试。

三、闽台联合培养文化产业管理硕士的可行性

福建与台湾两地，在文化产业管理专业建设方面，各有千秋，各具基础。一方面，福建文化产业发展迅速，“十二五”期间文化产业增加值年均增长12.2%，比同期 GDP 年均现价增速快 0.2 个百分点，总量和占比分别居全国第

10位和第8位。同时，福建高度重视文化产业发展，出台了《关于推进文化创意和设计服务与相关产业融合发展的若干意见》《福建省优秀传统文化传承发展工程实施方案》《福建省“十三五”文化改革发展专项规划》等一系列政策。特别是，福建尤其重视闽台文化产业合作，2017年9月，省文化厅、省台办、省文改办联合印发了《福建省促进闽台文化产业合作发展实施方案》，提出了众多促进闽台文化产业合作的具体举措。在相关政策的引导下，福建开办文化产业管理专业的高校已有福建师范大学、福建农林大学、厦门理工学院、闽南师范大学、仰恩大学、福州大学阳光学院、厦门大学嘉庚学院等，已初步形成了福建文化产业高等教育的队列。不过对于研究生教育而言，福建目前没有正式的文化产业管理专业的硕博点，已经设置的文化产业管理硕士培养项目，都为研究方向，例如福建师范大学文学院在文艺学硕士一级学科下开设了文化产业管理方向，纳入文艺学统一招生，入学后再由硕士生自行选择。

另一方面，台湾的文化产业起步较早，文化产业形成了比较成熟的理论策略、运营模式和人才培养方式，产业链条相对完整，形成了一批有实力和有影响力的文化企业。其1995年就曾提出“文化产业化、产业文化化”的口号，随后又接连出台了“台湾设计产业翱翔计划”“世界设计大赛暨设计年推动计划”“装修松山烟厂暨台湾创意设计中心进驻计划”“创意生活产业发展计划”等众多文化产业发展计划。2010年，台湾还通过了所谓“文化创意产业发展法”，为本地区文化产业发展提供支持。高等教育方面，为与文化产业发展需要相适应，台湾比较早地开始重视文化产业管理人才的培养，例如2001年高雄应用科技大学就开设了文化事业发展系。经初步统计，截至目前，台湾已有台湾大学、台湾师范大学、淡江大学、世新大学等46所大学开设了文化产业管理专业或学程，屏东教育大学、佛光大学、康宁大学等高校则直接设置了单独的“文化创意系”。并且，基于“创意学群”的理念，台湾各高校整合分布在各个院系的相关教育资源，开设了众多涉及高层次文化产业管理人才培养的研究所、硕博班，形成了“学士—硕士—博士”的文化产业管理人才培养体系。

具体就培养模式而言，闽台各有特点。其中，福建各高校一般将文化产业管理人才培养划归具体的院系负责，例如福建师范大学将其划入文学院，福建农林大学和仰恩大学将其划入管理学院，闽南师范大学将其划入商学院。台湾则主要采用学程制，即学生按照文化产业管理类学程的要求，跨专业、跨院系上课，修满学分后即可毕业，例如台中教育大学有文化创意产业发展学士学位学程，开南大学有创意产业与数位整合学士学位学程，辅仁大学有艺术与文化创意学士学位学程。就培养模块而言，台湾高校的文化产业管理类学程往往涉及文化、经济、创意三个模块的学分，例如台湾师范大学的文化创意产业学程由文学院、艺术学院、理学院共同承担教学任务，涉及营销管理、文化创意、艺术智慧几大主要课程。

在课程设置上，闽台也各有侧重。福建高校更重视经济类、管理类课程的比例，例如福建农林大学、福州大学阳光学院将文化经济学、文化产业管理概论、管理学原理作为主打课程；福建师范大学以文化经纪人、地方文化资源开发、文化产业经营案例分析作为关键课程。台湾高校则比福建高校开设了更多文化类课程，例如文化创意概论、创意设计理论与实务、美学与创意、传统与创意等，更强调为文化项目运营能力培养奠定人文素养基础。例如，为培养文化产业管理人才，台湾世新大学整合相关系所课程，设置了餐旅经营管理组、旅游暨休闲事业管理组、观光规划暨资源管理组等课程组。因此，福建要实现高层次文化产业管理人才培养的跨越式发展，开展闽台联合培养文化产业管理硕士项目正是一个便捷抓手，有利于在较短时间内形成优秀师资梯队和教育品牌，打造出具有区域特色和差异化培养风格的文化产业管理硕士专业。例如，福建师范大学目前已在文艺学硕士专业下挂靠文化产业管理方向，台湾淡江大学也拥有涉及文化产业管理类学程的研究所，未来两校间可以实现优势互补，从而构建出实践模块突出与文化素养涵育并重的文化产业管理硕士课程体系，树立起闽台联合培养文化产业管理硕士项目的品牌。

四、闽台联合培养文化产业管理硕士的举措构想

（一）通过闽台资源互补，突出实践教学环节

与传统学术型硕士专业不同，文化产业管理硕士更大程度上应归于应用型教育的范畴，因而实践环节应成为文化产业管理硕士培养体系的重要组成部分。目前，福建各高校在这一方面比较薄弱，影响了今后文化产业管理硕上的培养质量。与福建相比，台湾更为重视文化产业管理类硕士生的实践能力。在具体培养过程中，台湾高校往往整合创意设计、运营管理、文化分析等交叉学科的学者，构建复合型师资团队，指导硕士生开展文化产业实践活动，例如台湾邱燮友教授就组织台湾师范大学和中国文化大学的研究生，编纂了《台湾人文采风录》，对台湾文化资源和历史遗迹进行了实地考察，以为台湾地区文化资源的

创意开发提供依据。[①] 此外，台湾高校更为重视整合社会资源，积极建设各类文化产业实践基地。例如，中国文化大学通过校企合作模式，搭建了视觉艺术中心、华冈博物馆、影响力艺术中心等文化产业实践基地；高雄应用科技大学与高雄市文化局、高雄市立美术馆、高雄市立历史博物馆等文化机构共建校外实习场所，都为今后在闽台联合培养文化产业管理硕士过程中，拓展硕士生的能力维度以及借力企业教育资源提供了基础。

以台湾淡江大学为例，其十分重视文化产业管理人才的实践培训，其文学院将“文化创意产业学分学程”作为自身办学特色之一。并且，为加强文化产业研究与项目推动，台湾淡江大学2006年即成立了“文化创意产业中心”，是台湾地区较早从事文化产业研究与项目推动的学术机构，连续多年获得台湾地区教育主管部门顾问室“创意学院”最高额奖励、经济主管部门“学界科专”资助、教育主管部门“重要特色领域人才培育计划”“教学卓越计划”等资助，有着多年文化产业“产学合作”的基础。未来在与福建师范大学文学院联合培养文化产业管理硕士的过程中，台湾淡江大学文学院可基于开设“文化创意产业学分学程”的经验，整合下属中文系、历史系、资图系、大传系、资传系五系的实践实习资源，构筑以台湾文化市场调研和分析的文化产业管理硕士班课程体系，在模块中嫁接并深化创意策划、文化品牌经营与全球行销、新媒体资讯传播等实践环节，从而与福建师范大学当前侧重文化研究的文化产业管理方向有机结合，实现“文化理论 + 创意实践 + 管理规划 + 市场分析”的应用型硕士培养目标，树立文化产业管理硕士闽台合作项目的口碑与品牌。

（二）创制导师组模式，体现应用型培养特质

鉴于文化产业管理硕士不同于传统学术型硕士的专业特质，传统“师徒式”的单一导师制已无法适应文化产业管理硕士所需的个性发展和文化资源发掘能力、创意能力、运营能力的培养。并且随着近年来硕士生扩招的加剧，硕士阶段教育越来越成为大众化教育的组成部分。在这一背景下，一方面，传统“师徒式”的单一导师制难以完成文化产业管理硕士的培养计划与目标，硕士生人数的增加也导致导师力不从心，难以确保培养质量，正如有观点指出：“研究生扩招，导师们带的学生越来越多，有的博导所带的硕士研究生和博士研究生人数加起竟有数十人，再加上自身教学与科研任务繁忙，无暇顾及所有人，只好

① 邱燮友：《台湾人文采风录 [M]，台北：万卷楼图书股份有限公司，2008。

采取‘放养’的模式，所指导研究生的质量必然会下降，这也是近几年我国研究生培养质量下降的重要原因。”[①] 另一方面，在传统“师徒式”的单一导师制下，实践中难以有效配置导师资源，往往出现导师的研究方向、兴趣领域与硕士生的意愿大相径庭，无法给予硕士生真正的指导。特别是，对于文化产业管理硕士这样典型的交叉学科专业，导师往往受制于自身的学术门户和师门之见，导致师生互不欣赏的局面时有出现，对文化产业管理硕士生应有的开放视野和创新能力的养成产生了制约。

近年来，一些高校在应用型硕士点尝试实行“双导师”制，其着眼点在于凭借学界的“学术硕导”与在业界遴选的“实践硕导”的双重指导，兼顾硕士生培养中的“理论”与“实践”两大目标，这在一定程度上有所化解上述问题。不过，对于文化产业管理硕士这一类特殊的应用型硕士，“双导师”制仍然有其不足之处，主要表现在“学术导师”与“实践导师”的分离，以及实际效果与培养需要间依然存在着固化与错位。基于闽台联合培养的模式独特性与资源多样性，可通过创制“闽台导师组”模式，有力推进作为应用型硕士的文化产业管理硕士的培养。

闽台导师组的成员，自身应关注前沿业态的发展，不断学习充电、提高自身素质，同时致力于营造和谐互动的师生关系，并基于学生需求给予及时、有效、启发性的指导。为此，首先，在闽台导师组的构成上，要打破门户之见，不拘一格选人才，实现导师组成员多学科背景交融与合理配置；闽台导师组要针对产业运营能力这一核心培养模块，着重吸收相关研究方向的导师；闽台导师组在具体指导文化产业管理硕士生的过程中，要分工合作，职责分明；闽台培养单位要对导师组成员的业绩进行及时考核与跟踪测评，在动态调整中确保文化产业管理硕士的培养质量。其次，闽台导师组的成员，基本上应为“双师型”导师。基于专业特质的考虑，闽台导师组成员应摒弃传统学科“重理论、轻实践”“重知识传授、轻能力培养”的倾向，努力成为“双师型”导师。“双师型”导师不仅应具有扎实的专业基础、开阔的学术视野和前沿的教育理念，同时也应具有较为充分的业界实践经历和较强的专业应用能力。《国家中长期教育改革和发展规划纲要（2010—2020年）》就提出，要大力加强“双师型”教师队伍和实训基地建设，因此在闽台联合培养文化产业管理硕士项目中，更应该“先行先试”、在师资建设方面为我国应用型硕士专业发展起到引领和示范作

① 司晓晨，高田钦：《文科研究生能力结构及培养路径探究》[J]，《教育评论》，2015(4):98。

用。再次，闽台导师组要主持设计配套的培养制度，包括招生制度、课程设置、奖惩制度、学位申请标准等。特别是，在学位授予审核环节中，要打破僵化的“学术论文+口头答辩”模式，敢于融合业界实践报告、创意产品或文案设计、业界奖项荣誉、天使投资游说模拟等模块，以更为灵活的方式认定学位授予。最后，闽台导师组要营造不同于传统学科“板凳甘坐十年冷”的学术氛围，而根据应用型硕士“针对实践、面向市场、能力本位”的特点，营造出自由活泼、敢于挑战、知行合一的学术氛围。既要积极组织与闽台业界精英面对面的论坛沙龙、开设各类针对市场热点和业界形势的讲座，也要发挥大陆导师在科学的世界观、人生观和价值观培养方面的重要作用，引导文化产业管理硕士生养成良好人格与道德品质。

（三）凸显多学科背景，融合专才与通才目标

在传统学科的硕士培养中，人才培养目标往往重视学科出身的“纯正血统”和学术阶梯的专一性，这种固化和单一的思维往往并不符合应用型硕士的目标设定。一般而言，对于应用型硕士，其应用能力和创造能力的激发，往往需要多学科知识背景，呈现“中心向外散射”的知识结构，而不是局限于传统的“线形”学缘道统，正如美国当代教育者德里克·博克 (Derek Bok) 所说：“广阔的论述必须是多学科的，简单的一种研究方法不能揭示一切，就像所有的灯光照射在舞台上，人们在注视着整个舞台。”① 然而，传统学科往往将硕士生局限在相对窄化、以某一学科为基本单位的共同体之中，使硕士生的视野全然不顾及其他学科的发展，即使硕士生能力提升涉及其他专业的相关领域，往往也无法得到制度上的承认与支持。并且，不同学科的硕士生教育资源也缺乏灵活的流动机制和共享机制。而与此同时，随着社会的发展，多学科背景正成为社会对所需人才的重要标准，多学科背景人才也日益成为社会变革与经济发展的重要力量，正如有观点指出：“拥有多学科理论背景和知识的人才是社会变革以及经济发展的不竭动力，多学科背景既保障了社会变革和经济发展的持久力，又为社会提供了持续变革的创新力。”②

对文化产业管理硕士而言，社会和市场对其能力的需求，表现在不仅要求其对自身学科有较深的理解，也要求其具备多学科的背景知识，以适应形势变化而扩展自己的视野和理论深度。特别是，随着人类社会的经济发展与科技进

① 伯顿·克拉克：《高等教育新论：多学科的研究》[M]，杭州：浙江教育出版社，2001:2。
② 卢盈：《多学科背景人才培养的制约因素与现实可能》[J]，《教育评论》，2015(4):108。

步，一些国家和地区已先后进入了后现代社会，知识呈现出异质化、分散化的特征，知识生产处于一种跨学科、在社会中弥散的状态。因此，文化产业管理硕士专业应参考台湾“学程制”课程体系的经验，引入“学程制”等多学科教学理念，着力培养具有多学科背景的应用型高层次人才。具体而言，一方面，就硕士阶段的“学程制”课程体系而言，闽台合作高校应根据文化产业管理硕士在学习和研究中的实际需求，尽可能为其提供能力提升的实现路径与方式。例如，福建师范大学文学院在与淡江大学文学院联合培养文化产业管理硕士的过程中，要积极发挥学科互补优势，增加一定数量的不同学科的必修课程，实现人文学科与社会科学在课程设置中的融通，并建立灵活的选课机制、增加有关新兴交叉学科的课程，使硕士生在打好专业基础的同时尽可能多地介入自身感兴趣的研究方向和专业延伸领域。并且，在课程管理中，要建立不同学科之间的学分互认机制，尽可能地方便硕士生在学习过程中的自由流动。此外，还要通过举办跨学科学术沙龙等活动，加强不同学科间的学术交流，为文化产业管理硕士生获取多学科知识创造有利条件。另一方面，导师素养是硕士培养质量的保障。尤其是，导师的学术视野往往决定其所培养硕士生的视野广度，是多学科背景人才培养的重要因素。多学科背景的导师能较为充分地了解和掌握不同学科的学科规范和研究方法，能对硕士生进行多学科的、全方位的知识传授，从而激发硕士生的学习主动性和探究兴趣。因而，在闽台导师组创设实践中，应更多地选拔具备多学科理论、实践背景的导师，并通过制度设计，鼓励每个导师通过脱产或在职深造等方式对非本专业领域的相关学科进行学习。总之，只有更多地招纳多学科背景的优秀导师来充实闽台导师组，才能为“专才”又是“通才”的文化产业管理硕士培养提供坚实的师资保障，从而实现闽台联合培养文化产业管理硕士项目的理想效果。

（四）创新教学新模式，试验前沿理念与手段

如果未来能够落地，闽台联合培养文化产业管理硕士项目将是当前研究生教育改革的一片实验田，因而要在教学中充分贯彻“先行先试”精神，敢于尝试前沿的教学理念与手段，促进闽台联合培养文化产业管理硕士项目办出风格、办出质量、办出品牌。

首先，在教学过程中，要强调闽台导师组成员与硕士生之间的平等关系，把“对话互动”作为教学过程的核心理念。《易经·蒙卦》云：“匪我求童蒙，童

蒙求我。初筮告，再三渎，渎则不告。”① 孔子曰：“不愤不启，不悱不发。举一隅不以三隅反，则不复也。”② 引文都强调学生在求知过程中应体现主动性。然而，在传统硕士生教学中，导师的主导作用却往往被过于放大，从而在某种程度上导致硕士生不敢创新、主动性受挫的局面。为克服这一弊端，在闽台联合培养文化产业管理硕士过程中，要树立师生间的平等精神，有效发挥硕士生的参与意识与主体作用，充分释放硕士生的创意天性，并在实践过程中重视激发硕士生参与师生合作文化产业项目的主动性。

其次，要秉持“教学相长”的理念，在教学过程中凸显闽台导师组、硕士生在研究和实践中的“共生性”。要尽可能地在教学活动中实施有建设意义的师生合作，努力打破传统硕士生培养模式中常见的导师话语霸权现象，营造新型的教学秩序和师生关系。特别是，要基于闽台两地的文化传统和教育领域的前沿认知，不断调整不适应文化产业管理硕士能力培养的教学手段，利用“情景模拟”“项目合作”“共同探究”等教学环节设置，实现师生间教学相长、相互促进。

再次，在教学过程中要重视授课内容与文化产业实践的关联度。“理论是灰色的，而生活之树常青”，在闽台联合培养文化产业管理硕士项目中，要积极规避传统硕士生教学中“重阐释、轻实施”的弊端，重视所讲授内容与业界现实、业态发展的实际关联，提倡“知行合一”，消弭文化产业管理硕士生与业界现实之间的距离感。在教学过程中，不仅要向文化产业管理硕士生传授理论知识、进行案例解读，更要基于闽台文化产业实践的前沿与趋势，实现教学对现实的回归，使文化产业管理硕士生真正成为理性面对生活、敢于躬身实践的有用之才。

最后，要推进文化产业管理硕士生针对教学过程设计的 DIY 精神。DIY（Do it yourself）意为“自己动手做”，在闽台联合培养文化产业管理硕士项目中，要激发文化产业管理硕士生的 DIY 精神，允许其 DIY 教学模块和课程体系，允许其基于新媒体技术自助灵活选课，允许其经由“慕课”形式获取学分等，使具有不同特点和优长的文化产业管理硕士生能得到最适宜自身发展的“个性定制式”学习过程。对一名文化产业管理硕士生而言，无论其偏于初始创意，还是偏于项目运营；无论其偏于文案策划，还是偏于流程管理，如能秉持“灵活”和“自助”的理念来优化教学过程，将使其感到教学本身就是有创意的成长之旅，从而进一步凸显闽台联合培养文化产业管理硕士项目的独特性和优势。

① 高亨：《周易古经今注》[M]，北京：中华书局，1984 年版，173 页。

② （清）阮元：《十三经注疏》[M]，北京：中华书局，1980 年版，2482 页。

陆生赴台特征与结构分析

邹　亚　汪　琦*

从 2011 年 9 月，台湾地区招收第一届陆生开始。直到 2018 年 9 月，台湾地区已招收了 8 届陆生。这 8 年中，陆生群体经历了 2016 年国民党与民进党的“政党轮替”，其赴台特征与结构也发生了一定的变化。文章首先就陆生赴台数量及其基本特征进行比较，然后就“政党轮替”后对陆生赴台数量等的影响进行分析，从陆生角度以促进两岸关系和平发展。

一、研究背景

从 2011 年 9 月，台湾地区招收第一届陆生开始。直到 2018 年 9 月，台湾地区已招收了 8 届陆生。从陆生元年和第二年仅台湾的大学可招收硕博士且不可招收学士，私立大学不可招收硕博士但可招收学士。招收陆生的地区范围为北京、上海、江苏、浙江、福建和广东四省二市。而从 2013 年开始台湾扩大招收硕博士和学士的学校范围，从大学扩大到私立大学亦可招收硕博士，大学也有少量可以招收学士。招收陆生的地区范围也开始扩大为北京、辽宁、上海、江苏、浙江、福建、湖北和广东六省二市。

这 8 年中，陆生群体经历了 2016 年国民党与民进党的“政党轮替”，台湾地区对大陆政策呈现出诸多不确定性，而两岸关系同时影响到陆生的赴台特征与结构变化。为此，本研究拟通过陆生赴台人数变化等相关统计数据分析，结合当面访谈等方法，对 2011—2018 年间的发展变化情况进行初步分析研究。

* 邹亚，女，宁波大学浙江台湾研究院 / 宁波市海峡两岸融合发展研究院 副研究员 研究方向：两岸关系与两岸交通运输；汪崎，女，宁波大学浙江台湾研究院 / 宁波市海峡两岸融合发展研究院 研究员 研究方向：两岸关系与两岸经贸

二、陆生赴台特征与待遇

在2016年蔡英文当局上台后，两岸青年民间交流也同时出现停滞不前的现象。就两岸青年民间交流中非常重要的群体——陆生而言，其赴台人数与待遇也发生了很大的变化。

在台湾地区，陆生属于弱势群体。截至2018年9月，台湾地区仅招收了8届陆生，陆生群体亦时时受到不公平的待遇。作为在台湾地区生活时间最久接触当地居民最多的两个群体——陆配与陆生中的一个，总体而言，台湾民众对陆生的尊重和客气程度远高于陆配群体。就观察，此现象是由陆生整体所受的教育程度所决定的。陆生赴台攻读硕博士学位的必须来自台湾地区所承认的大陆学历高校，而就读四年制学士学位的必须达到大陆高考二本线以上，申请两年制学士学位的必须达到专升本考试成绩。当地居民普遍认为，陆生群体的素质会高于陆配群体。但与绝大部分陆配的生活范围仅限于家庭内部不同，陆生会接触到台湾学校与社会的各色人等，就此角度而言，更能体会在台湾社会中生活学习的不易。

在台湾地区的大学校园内，教授与同学亦有蓝有绿。陆生在学习过程中也会遭受来自绿营教授与同学的不公正和歧视性对待。无论是在公立大学还是私立大学，每年都有陆生因受不了教授的歧视性差异对待而选择退学。岛内第三次“政党轮替”之后，在有陆生的场合，一些大学的系所工作人员与台湾本地学生交流时往往只愿意用闽南语而非“国语”。并且在陆生与台湾本地学生交谈中，对方几乎很少会有称“大陆”，一般以“中国”取代。而且无论是从台湾传统媒体上、还是从新媒体上，台湾青年所得到的资讯大多是以大陆的负面新闻为主，由此对陆生也会产生极大的偏见。

此外，陆生所缴纳的学费，甚至是就读台湾公立大学的陆生也需缴纳双倍本地学生的学费，这几乎等同于私立大学台湾本地学生的学费。同时政策面上，台湾当局对陆生的“三限六不”，除像台湾交通大学和台湾清华大学对部分优秀陆生有校内高额奖学金补助外，使得陆生家庭必须具有比较雄厚的经济实力。

由表1可见，在台湾地区招收陆生中，2015年招生数达到顶峰，2016年开始陆生招生数逐年下降。其主要原因在于：陆生元年就被提上行事日程的有关陆生纳入台湾“全民健康保险”一事，马英九当局当时一直在推动，但民进党当时作为在野党一直阻挡；蔡英文上台后，表面上将陆生纳“健保”进行松绑，但同时又将陆生等同于“外籍生”，需要陆生缴全额健保保费后才可以享受健保资格，引发了陆生的极大不满，此立案于是就此搁置。同时在2016年政党轮替后，陆生一直处于岛内的敌视氛围中。致使两岸原本比较良好的教育交流环境也同时被打破。

表1 历年陆生学位生人数

单位：人

年度	学位生（2011年起招生）	
	招生数（仅新生）	在学数（含旧生）
2011	928	928
2012	951	1,864
2013	1,822	3,554
2014	2,553	5,881
2015	3,019	7,813
2016	2,835	9,327
2017	2,145	9,462
2018	2,140	
合计	16,393	

资料来源：本研究整理自台湾“教育部”统计资料[①]

三、陆生结构分析

从陆生元年开始，注册的陆生（包括硕博士与学士）一共928人。由陆生联合招生委员会统计数据，陆生元年时按生源地来分，来自北京的有83位，福建的有242位，广东的212位，江苏的93位，上海的74位，浙江的224位。从陆生的生源结构上来看，离台湾地区最近的福建省、浙江省和广东省占据前三，而与台湾有极大文化地域渊源的福建省位列第一。到2015年陆生招生人数达到顶峰时，在台陆生按生源地来分，来自北京的为570位，福建的有2159位，广东的1206位，湖北的313位，江苏的455位，辽宁的511位，上海的326位，浙江的2273位。与陆生元年相同，位居前三的还是浙江省、福建省和广东省三省。

到2016年台湾地区“政党轮替”后，在台陆生按生源地来分，来自北京的为567位，福建的有2557位，广东的1353位，湖北的404位，江苏的548位，辽宁的663位，上海的365位，浙江的2868位。除北京生源比2015年略少外，

① 台湾教育主管机构网站。

其余五省一市的陆生数量均略有上升。这是因为除四年制学生陆生毕业与休学退学的陆生外，陆生的总体人数还是增加了1500名左右。同样，位居前三的还是浙江省、福建省和广东省三省。

到2018年，陆生硕博士的生源地见表2所示，与陆生元年相同，位居前三的还是福建省、浙江省和广东省三省。而就今年硕博士招收的陆生毕业学校来看，毕业自铭传大学共有51人，排名第1，接下来依序是中国文化大学43人、福建师范大学38人、福州大学38人、逢甲大学34人、静宜大学32人、东海大学28人、厦门大学27人、中原大学23人和世新大学23人，前10校中有7校是台湾地区的学校。可见陆生在台湾地区经过四年的本科学习后欲继续深造的人数较多。同时录取硕博士班陆生前二十名的学校分别为：台大、政大、辅仁大学、清大、成功、交大、台湾师范大学、台湾科技大学、中央大学、世新、淡江、东吴、东海、台湾艺术大学、中国文化大学、铭传大学、台北科技大学、中原大学、中山大学、台北大学和逢甲大学。由此可见，硕博士陆生对台湾地区公立大学或在台北的大学倾向度很高。而按陆生录取学科分类，以管理及行政学类104人最多，其次是室内设计及工业设计学类96人，金融、银行业及保险学类81人，软件及应用的开发与分析学类76人，新闻学及传播相关学类68人，电机与电子工程学类64人，中国语文学学类55人，建筑学及城镇规划学类51人，法律学类46人，教育学学类42人。[2]

表2　2018陆生硕博士生源地统计表

省市	录取人数
福建省	354
浙江省	289
广东省	222
江苏省	132
辽宁省	112
湖北省	86
北京市	81
上海市	49
合计	1,325

资料来源：本研究整理自台湾“教育部”统计资料①

① 台湾地区2008学年度大学校院招收大陆地区学生联合招生委员会新闻稿。

而2018年新招陆生学士班的生源地人数以浙江省为最多282人，福建省与辽宁省以226和81人列第二和第三位。随后依次为广东省52人，湖北省和江苏省各30人，北京市和上海市各16人。除辽宁省、北京市和上海市招收的全是一本线以上的陆生外，其他五省兼有招收一本和二本上线陆生。同时录取学士班陆生前十名的一般大学分别为：淡江、铭传、中国文化大学、逢甲、辅仁、东海、中原、静宜、世新和实践大学，主要以台湾地区私立大学为主；科技校院录取陆生前十名分别为：朝阳科技、树德科技、中国科技、文藻外语、南台科技、高雄科技、圣约翰科技、景文科技、云林科技、虎尾科技、勤益科技与昆山科技大学等12所大学，同样也是以私立院校为主。学士班陆生喜欢就读的前10热门科系依序为企业管理、财务金融、电机与电子工程、视觉传达设计、信息技术、外国语文、产品设计、视觉艺术、建筑、综合设计。[2]

由上可见，从陆生元年开始至今的8年间，台湾地区所招收的陆生主要来源地为福建省与浙江省。随2016年民进党上台后，陆生报考台湾地区高校的人数下降，但以前在台湾地区已经经过四年学习的陆生比较偏好在台湾地区进一步深造和学习。由此可见，陆生在比较长的时间内接触到台湾地区的社会和政治情况后，更能起到两岸互动的桥梁作用。

四、相关建议

（一）台湾地区大学招收陆生主攻方向

就以上分析所示，无论是本科、还是硕博士，台湾地区陆生的主要生源地来自福建省和浙江省。除部分公立大学外，私立大学欲在陆生招收数量上更上一层楼，而需在两个方向进行加强。一为重要生源地的宣传，二为开设陆生比较偏好的学科门类。

（二）如何解决陆生在台的待遇问题

大陆民众在台湾地区法律制度保障上并不平等，甚至可说是缺乏，虽然国民党主政时期至少仍在缓慢推动、改善，可是到了“政党轮替”后，民进党是完全冻结国民党主政时期的政策，意图疏离大陆，尤其是针对陆生的待遇问题。针对这些情况，中央政府可集中台籍律师再加上对台法律专家，组建两岸共通法律服务平台服务在台湾地区长期居住的大陆居民（包括陆生在内），替大陆居民提供在台维权咨询与在台维权建议及寻找律师或司法协助。

五、结束语

在台湾地区招收8届陆生的现在，陆生群体经历了2016年国民党与民进党的“政党轮替”，其赴台特征与结构也发生了一定的变化。本研究就陆生赴台数量及其基本特征进行历年比较，然后就“政党轮替”后对陆生赴台数量等的影响进行分析，并从陆生角度提出了一些相关建议以促进两岸关系和平发展。

从两岸文教交流看《国文天地》的光与影

王锦南*

从两岸文教交流的角度来说，福建师范大学文学院与台北《国文天地》杂志社签署“合作编辑出版”的协议，是一件值得乐观其成的事情。但由于两岸体制差异的影响，语境差异和认知错位成为难以避免的遗憾。《国文天地》以“发扬中华文化、普及文史知识、辅助国文教学”为宗旨，然而一手从事两岸文教交流，另一手却刊载“台独”教师的文章，且面对台湾“去中国化”的中学文史课纲不置可否，使人费解其宗旨所谓。本文从一名台湾高中语文教师的所思所学，以及20年来的教育工作经验出发，初探《国文天地》和“陈氏章法学”对于“发扬中华文化”有何具体贡献或悖论，并提出相应的评价与建议。

一、前言：人为的语境差异和认知错位

2018年5月11日，福建师范大学文学院与台北《国文天地》杂志社签署“合作编辑出版”的协议。从两岸文教交流的角度来说，这是值得乐观其成的事情。针对这次两岸文教界交流合作的历史新页，《国文天地》副总编辑张晏瑞说：

> 除了在内容的策划上，更加多元与丰富外，在行销推广上，更借重福建师范大学文学院在大陆的学术影响力，推广《国文天地》杂志，进入到大陆高校的文学院，让更多读者，可以看到《国文天地》杂志精彩的内容。①

同年5月21日，曾任《国文天地》编辑顾问的前台湾师范大学教授庄万寿

---

* 王锦南，台湾高中语文教师。

① 张晏瑞：《福建师范大学文学院与〈国文天地〉杂志社合作编辑出版签约仪式纪实》，《国文天地》第34卷第1期，台北：国文天地杂志社，2018年6月号，第14页。

刊文称："台湾要成为一个'独立的国家'，我们就叫'台湾人''台湾民族'。不要用汉人、华人、汉族及华裔之名。"① 同年6月，创刊宗旨为"发扬中华文化、普及文史知识、辅助国文教学"的《国文天地》才刚与福建师范大学文学院签约"合作编辑出版"后，就刊出庄万寿以"多元民族论"宣称先秦诸子学说"是异国异族的文化"的文章。② 庄万寿这两篇刊文其实是出自他《中国民族主义与文化霸权》一书的主张，③ 也就是出于他同时期的思维脉络，足以相互证明其心迹。虽说《国文天地》自许"提倡学术自由，重视交流讨论"，④ 但庄万寿曾经担任第12届"台湾教授协会"会长，并屡次在《国文天地》发表贬汉崇欧与"台独"文章，却不见《国文天地》刊载与庄文"交流讨论"的异议。这难免令人质疑:《国文天地》在自称"发扬中华文化"时，是不是出现道德瘫痪与理性失衡？

况且，张晏瑞说迈入成立30年的万卷楼图书公司，现在是"福建师范大学文学院在台学术文化交流联络处"，是"两岸中文学人的合作平台"，这固然值得钦佩与期待；但说万卷楼图书公司成立的意义与价值，"是它在戒严时期，突破当局的禁忌，作为第一家大规模进口大陆图书的公司，……使台湾政府重新检讨大陆图书的政策，进而开放大陆图书的进口"⑤。这在时间上就说不通了！因为台湾当局已在1987年7月15日解除戒严，而万卷楼图书公司成立的时间是在1988年，其所谓大规模购买大陆图书是在1990年年中，开幕营业则是在1990年8月。⑥ 如今才刚和福建师范大学文学院签约"合作编辑出版"，就出现急于为万卷楼图书公司抢头功的"笔误"，好像在塑造台湾师范大学编辑群是"突破反共戒严"的形象，这反而令人质疑《国文天地》编辑工作的可信度。且万卷楼还在2009年出版庄万寿的《史通通论》一书，后者提倡"反孔儒、争自由"，宣称"汉族是虚构的""中华民族不存在"等，⑦ 岂不是与"发扬中华文化"背道而驰？台湾师范大学国文系的教授，可谓"国文老师的国文老师"，一

---

① 庄万寿:《还要用汉人、华人、汉族之名吗？》,《自由时报》，2018年5月21日，A14版。

② 庄万寿:《多元民族与先秦诸子》,《国文天地》第34卷第1期，台北：国文天地杂志社，2018年6月号，第97页。

③ 庄万寿著:《中国民族主义与文化霸权》初版，台北：允晨文化，2011年12月。

④ 庄万寿:《还要用汉人、华人、汉族之名吗？》,《自由时报》，2018年5月21日，A14版。

⑤ 张晏瑞:《编辑室手记》,《国文天地》第34卷第1期，台北：国文天地杂志社，2018年6月号。

⑥ 林庆彰:《沧桑的十年，不变的理想——回顾万卷楼的艰辛路》,《国文天地》第187期，2000年12月号。

⑦ 庄万寿:《霸权与民主的文化辩证——〈史通通论〉代序》，见其著《史通通论》，台北：万卷楼，2009年2月，第1—15页。

言而为教师法，如何能不慎？这样看来，《国文天地》试图“借重福建师范大学文学院在大陆的学术影响力，推广《国文天地》杂志，进入到大陆高校的文学院……”则上述质疑也理应跟进。

由于台海两岸体制差异的缘故，不仅使台湾内部对于中华民族和中华文化的认知发生歧异，还造成两岸相互言说间的语境差异和认知错位，这包括以“学术自由”为新衣的置换概念等作为。因此，讨论两岸文教交流，要从台湾华夏化与两岸现代化的历史进程来看待，在这样的视野中审视《国文天地》对于“发扬中华文化、普及文史知识、辅助国文教学”的光与影，或能共襄其“提倡学术自由，重视交流讨论”的美意。但需要指明的是，《国文天地》对于中华民族或中华文化所表现的语境差异和认知错位，只是台海两岸体制差异在文教领域的集中反映，这并非《国文天地》的独家问题。换句话说，审视“《国文天地》现象”，也是在检视我们自身的、共同的心影。“语境差异和认知错位”，与其说是对他者的言说，不如说是在超克两岸体制差异影响的历史进程中，对我们自身的一种反思与补课。

二、台湾的华夏化述评

台湾的华夏化是整个东亚华夏文明发展的一环，[①] 从这个视野来看，台湾的华夏化历史晚于朝鲜和日本；但是，作为华夏国家边缘和中国固有领土的组成，台湾的华夏化曾经历华夏政权的直接影响，而有别于朝鲜和日本。在荷兰殖民统治台湾的最后 10 年，明末儒士沈光文在岛上开启了台湾文学，被认为是“海东文献初祖”。清代诸罗县令季麒光说:“台湾无文也，斯庵来而始有文矣。”[②] 沈光文是以明末遗民的身份来到台湾，这决定了台湾文化是以强烈的华夏认同为

① “华夏”一词历来有多层次的解释，一般认为它的中心在黄河中游的黄土平原，也就是“中原”的概念。以西周初年的“何尊”为例，其铭文出现的“中国”一词，说明中原是西周的核心地区，例如当时的洛阳。在先秦时，“华夏”是一种界分的概念，从《左传·定公十年》记载孔子说的“裔不谋夏，夷不乱华”两句话可见。不过，和传统“中国”概念相同的是，“华夏”的边界不在地理，而在文化，因此华夏认同的边界是相对易变的情况，见许倬云《说中国：一个不断变化的复杂共同体》，桂林：广西师范大学，2015 年，第 50—54 页。笔者按：欧洲后起的 nation（“民族”“国家”）概念，无法适切解释具有天下意义的“华夏”，问题是出在后起者的历史与文化不同。

② 沈光文 (1612—1688)，字文开，号斯庵，浙江鄞县人，见陈昭瑛《台湾诗选注》，台北：正中，1996 年，第 11 页；陈昭瑛《台湾文学与本土化运动》，台北：正中，1998 年，第 24 页。又见古继堂主编《简明台湾文学史》，台北：人间，第 26—27 页。以上著作认为沈氏来台时间为 1652 年。

开端。[①]

1662年，郑成功驱走荷兰人，在台湾建立第一个“华夏政权”，同时从大陆带来近3万人口。估计17世纪末叶，台湾汉族与岛上先住民人口比数已经相当，总人口数不超过25万。[②]张学良曾评价郑成功：“丰功岂在尊明朔，确保台湾入版图。”[③]换言之，郑氏业绩将台湾华夏化的成果，还应从华夏国家文明的角度来看，其有着地缘政治的意义和价值。此后，华夏国家文明的政治和军事边界东移，台湾正式成为中国领土的组成，同时也是华夏面临“数千年未有之变局”的前线。而由于郑成功父子强烈的华夏认同，[④]决定了明郑时代台湾文教内涵的华夏化。明郑的文教政策总结来说是去除“荷兰化”的影响，包括撤废荷兰教会与学校；推行中华文化，例如建文庙、兴儒学；设立与大陆相仿的学校体制，如社学、州学、府学、太学等。[⑤]另外，科举制度在中国历朝具有提升文教水平、巩固政权向心力、促进社会阶级流动的作用。明郑即在台湾推行科举制度，促进了中华文化和儒学话语的传播。[⑥]而根据清代首任台湾知府蒋毓英的记载，郑成功父子建庙立祠的成绩斐然，[⑦]这对于清理荷兰宗教遗留，改变社会风气，稳定民心的统治需要，都起到一定作用。值得注意的是，明郑政权将台湾华夏化的宗旨在于争取华夏正统（反清复明），而不是“台湾独立”。包括维持军事体制、控制地权、寓兵于农、安抚先住民、发展对外贸易等，无不是从属于这个总的目标。郑氏三代号令台湾的名义不是“延平王”，而是“招讨大将军”，就是其政治属性的说明。

---

① 沈光文《感忆》《思归》等离情乡愁的作品，正是来自华夏认同的表现，见陈昭瑛《台湾诗选注》，台北：正中，1996年，第12—16页。

② 张海鹏、陶文钊主编：《台湾史稿》，南京：凤凰出版社，2012年，第34页。

③ 张学良拜访台南延平郡王祠的题诗：“孽子孤臣一稚儒，填膺大义抗强胡。丰功岂在尊明朔，确保台湾入版图。”引自吴琼恩《丰功岂在尊明朔，确保台湾入版图——评卜睿哲美国利益观点的“台湾未来”》，《海峡评论》第238期，台北：海峡学术，2010年10月号，第41页。

④ 1659年，郑成功北伐抗清时有七绝诗《出师讨满夷自瓜州至金陵》：“缟素临江誓灭胡，雄师十万气吞吴，试看天堑投鞭渡，不信中原不姓朱。”从“讨满夷”“誓灭胡”“气吞吴”“不信中原不姓朱”等处，可见郑成功的华夏意识。相关介绍见陈昭瑛《台湾诗选注》，第27—31页。又1680年，郑经有五绝诗《满酋使来，有不登岸、不易服之说，愤而赋之》：“王气中原尽，衣冠海外留；雄图终未已，日日整戈矛。”其中“满酋”“衣冠”“中原”“海外”等用词，说明华夏认同的坚持；而“雄图终未已，日日整戈矛”二句，则表现不图苟安，匡复中原的意志。其他相关说法，见陈昭瑛同书，第40—42页。

⑤ 袁辰霞《台湾“原住民”族语言政策与语言教育研究》，北京：中央民族大学，2013年，第41页。

⑥ 陈孔立主编：《台湾历史纲要》，台北：人间，2005年，第75页。

⑦ 郑道聪：《从王忠孝公集二则史料谈明郑时代台湾文教发展》，陈益源、郑大主编《科举制度在台湾》，台北：里仁，2014年，第4—5页。

台湾学者陈昭瑛说："孔庙与学校的设立使台湾的汉化更为彻底，由郑成功所带来的民族精神于是落实为具体的文教制度。"① 明郑与清廷的斗争，其实是华夏正统或中原之争，台海两岸都没超出华夏的边界。虽说明郑时期的遗民文学由"复国之志"转向"不归之思"，除了意识到中兴无望，也与台湾岛的绮丽风光有关。不过，奇秀山川成为遗民们故国之愁的起兴材料，说明那种"转向"究竟还是华夏因素。换言之，明郑台湾文学的"复国"与"不归"意识，② 都是以华夏中原为对象和凭借，并因而置身华夏边界之内。除了官方意识形态之外，大陆来台的知识分子对于台湾社会的影响尤为重要。台南市文献委员会委员郑道聪认为，郑成功来台时台湾还处于"洪荒初辟的状态"，然而有 800 余名士大夫随之东渡台湾，推动文教工作，使台湾从粗放的移民社会开始转型为文治的士绅社会。随明郑来台的崇祯元年进士王忠孝《东宁上帝序》说：

> 赐姓抚兹土，华人遂接踵而来，安平东宁，所见所闻，无非华者。人为中国之人，土则为中国之土，风气且因之而转矣！

就中文教育来看，由于华夏"言文分离"的传统，明郑对台湾的华夏化可说是"语""文"发展不同步的状况；但这无碍于台湾"人为中国之人，土则为中国之土"的认同与现实。所以"台湾民族建构论"者施正锋既承认"华人文化是台湾意识中不可磨灭的一部分"；但他也因此认为"华人文化是阻碍台湾民族意识成长的最大障碍"。在语言方面，施正锋则认为那并非民族建构的充要条件，只因为在新的政治现实下，闽南语缺乏充足的表达机制，且迄今既无法在标准化与现代化过程取得共识，更无法取得官方地位。③ 这种看法与后来安德森 (Benedict Anderson) 在台北一场演说中的观点类似——安德森承认自己"对

① 陈昭瑛：《台湾文学与本土化运动》，台北：正中，1998 年，第 47 页。

② 此所谓明郑"台湾的双重性格"，是因为华夏意识而存在的：无华夏意识则无"复国"之念；无华夏意识亦无"不归"之思。笔者认为，由于位处华夏边缘，隶属华夏意识的"台湾的双重性格"，在其后不同的历史阶段里表现为台湾特有的"抗争双重性"——具有离心力的边缘性格（内向反抗性）和具有向心力的前线性格（外向反抗性）。两种性格或力量的强弱显隐，与中外势力的对比伸缩有关，特别是在进入"帝国主义世纪"以后。

③ "如果硬要以语言来定义民族，语言反而沦为族群冲突的因素，因为共同的语言或文化并非民族认同的充分或必要条件。"——施正锋《台湾意识的探索》，夏潮基金会编《中国意识与台湾意识论文集》，台北：海峡学术，1999 年，第 68—69 页。

于大陆、台湾、日本却极端无知，而且也不懂这些地区的语言”[①]；但这无碍于他将台湾与缅甸、越南、蒙古国“等同齐观”，以至拿阿尔及利亚和爱尔兰来和台湾类比，而主张中国顺应、接受“台湾独立”。然而，缅甸、越南、外蒙并非汉人政权直接管辖，阿尔及利亚和爱尔兰也从未华夏化；且华夏民族本身是近代殖民主义受害者，在解放殖民地与半殖民地处境、恢复民族地位与权益的历史过程中，无法和英、法、德、日等占夺殖民地后又任之独立的帝国主义衰落情形进行类比。[②]反观经过明郑华夏化、儒学化的台湾，受到南宋至南明这一脉民族意识传统的洗礼时，比被报纸生发“民族想象共同体”的欧裔美洲人还早了一百多年，且清廷治台是对台湾华夏化的继承与强化，而不是相反。

在台湾推广“国语文运动”的后人看来，华夏“语”“文”是一体的组成。因为中国各地虽然方言复杂，但就中国是多民族统一国家的传统，且记录语言的符号（文字）又早已统一的视野来看，推行国字也就是推行国语运动的一部分。所以张博宇认为，明郑自 1666 年起“建圣庙，设明伦堂，并通令各里社广设学校，延聘中土通儒，以教子弟。凡人民子弟年届八岁者，都要入小学，课以经史文章。……此时把教育规范树立起来，换句话说，才正式在台湾传习国语”。也就是说，“在台湾推行国语，是自明郑开设学校起”。[③]康熙二十三年（公元 1684 年）清廷纳台湾入版图，在行政上采取“闽台合治”的方针，使台湾隶属福建省，教育上则多因袭明郑的体制；或者说，这是明郑兴学时移植大陆文教制度的必然发展。满人借用“夷狄入中国则中国之”的政治方法入主华夏，此后，清廷治台 211 年，是明郑在台兴学时间的 12 倍，其中《三字经》《百家姓》《千家诗》《千字文》《诗》《书》《左》和《四书》的教育，一样没少。台湾接受中国先秦以来文教传统的华夏化，有增无减。由于清廷治台长达两百余年，加上大量汉族人口的移入、[④]科举和闽派儒学的发展等原因，台湾的华夏化由深化继而普及化。

清代在台湾建省前，通过“闽台合治”的机制，呈现闽台社会高度联结与

① 班纳迪克·安德森 (Benedict Anderson) 演讲题名《帝国 / 台湾》，台北，2003 年 12 月 20 日，收录于安德森《想象的共同体：民族主义的起源与散布》，吴叡人译，台北：时报，2010 年二版，第 322 页。

② 关于安德森的“帝国类比法”，第 332—337 页。

③ 张博宇《明郑的兴学》，张博宇编《台湾地区国语运动史料》，台北：台湾商务印书馆，1974 年，第 7—8 页。

④ 清代官方记录显示台湾入版之后，汉族人口呈倍数成长，特别是在 1788 年容许携眷移民台湾以后。至《马关条约》签订前 20 年，台湾汉人人口数约达 300 万人。而由于竞争压力和逐利动机使然，众多闽粤移民渐由台南往台北方向扩散发展。《台湾史稿》，第 79 页。

台湾持续华夏化的趋势，其中台湾生员赴闽乡试与福建教员渡台任职，就是这种交流的表现方式之一。清廷统一台湾后，在明郑初步建立的科举制度上加大影响力度，甚至为台湾士子设立保障名额、“官送”台湾生员赴闽参加乡试等。这种台湾士子内渡大陆参加乡试的现象，穿过台湾建省，穿过日殖时期，至光绪末年大陆废止科举后才告结束。厦门大学教授刘海峰因此评论：“科举是清代闽台交流的重要纽带，是融合两地文化教育的关键制度。”① 由于台海两岸这种交流与融合是在华夏认同的背景下，因此台湾移民社会“土著化”的集体意识，② 其实无碍于台湾登科士子在内地活动的发展和视野。③

在民办的私塾（书房）方面，这是清代台湾数量最多、影响最广的启蒙学校，课程包括《三字经》《百家姓》《千字文》《昔时贤文》《朱子治家格言》《幼学琼林》《声律启蒙》《千家诗》《唐诗三百首》《四书》《五经》等，依然是中国先秦以来的华夏文教传统；而学子入塾的“开蒙”仪式，就是祭祖、拜孔、敬师，④ 可以想见乡间与庶民教育的儒学化程度。至于精英阶层的儒学化，台湾学者洪素香、林登顺从清廷推行“文以载道”的儒学背景入手，研究章甫、郑用锡、施琼芳、李望洋、施士洁、许南英等人的作品与行谊，总结台湾士子深切服膺儒家精神并成为儒家文化的传播者，其影响及于日据时期的抗日斗争。⑤ 此外，许多儒士文人自负教化百姓的责任，甚至深入民间宗教，或编撰鸾文鸾书，将儒家道德思想普及草根庶民，如前述举人李望洋便是宜兰新民堂的鸾生。⑥ 日本殖民统治时期

① 刘海峰:《清代福建乡试中的台湾因素》，陈益源、郑大主编《科举制度在台湾》，第29—31页。

② 台湾人类学学者陈其南认为移民社会在经过一段时间之后，即经土著化过程转化为土著社会。见陈其南《台湾的传统中国社会》，台北：允晨，1997年2版，第180—182页。

③ 例如在清代台湾文进士当中，彰化进士曾维桢最后任湖北孝感知县，另一位彰化进士施炳修最后任江西直隶州宁都知州。而10名台湾武进士当中，周士超曾任广东香山协副将，吴安邦曾任福建闽安协副将等，见张海鹏、陶文钊主编《台湾史稿》，南京：凤凰，2012年，第98页。另，根据毛晓阳考订，清代台湾文进士有33名；李晓岫考察其中曾任翰林院庶吉士者3人，曾任职六部者10人，曾任职内地地方官者15人，未赴任官职者6人，见李晓岫《清代台湾文进士官职变化考察》，第144—149页。而毛晓阳总结台湾进士的宦途迁转，指出33位台湾进士当中有30人具有较好的初仕经历，其中仕宦起点相对较高者约占一半。而清廷科举对台湾士子参加乡试、会试提供保障名额，是全国唯一的优待，这种优待持续到《马关条约》签订之后，内渡的台湾士子仍可继续享有，见毛晓阳《清代台湾进士的宦海梯航——以清代缙绅录为中心文献的考查》，同注17，第130—131页。

④ 郑吴富:《普及文化，功利导向——清领至日治初期的台湾教育》，第50—52页。

⑤ 洪素香、林登顺:《清代台湾本土士子对儒家文学观的接受与传播探析》，第74—80页。

⑥ 据研究，至日殖台湾末期，岛上设有鸾堂150所以上，遍及南北，成为台湾儒士文人躲避日警查缉，保存与传布汉文教育的秘密基地，见李世伟《宣化厉俗——清末“日治”时期台湾鸾堂与民间道德教育》，第62—65页。

发生的噍吧哖抗日事件，其主要策划地点就是在台南市的西来庵鸾堂。

台湾人从作为清廷治下华夏边区“三年一小反，五年一大反”的主体，[①]变成华夏反殖民前线的主体。而正是作为华夏抗争主体的一部分，台湾人才会引致日殖统治者的酷烈杀戮与“变种”改造的统治方式。反之，如果当时台湾人是像夏威夷民族那样独立的文明与认同主体，则日帝统治台湾就会像随后的美国扩张第 50 州一样，不必那么“费工”了。换言之，日据台湾正是从华夏国家边界外部证明台湾意识、台湾认同与台湾人的位置，是在中国边界之内。这可以从日殖当局在台湾长达半世纪的“国语运动”得到反证——“台湾人”概念与认同，是台湾华夏化的结果。

三、《国文天地》的光
——以两岸中学教育交流与“陈氏章法学”为中心

既然自明郑以来，台湾“人为中国之人，土则为中国之土”，则《国文天地》作为台湾本土知名的中文教育刊物，其宣称宗旨是“发扬中华文化、普及文史知识、辅助国文教学”，可谓名正言顺、义理自然。就其具体内容来看，最值得称道的是关于两岸中文教育交流的报导，以及陈满铭教授的章法教学两件事。前者不但继承台湾华夏化的传统，也在客观上呼应了反对分离主义的时代召唤；后者则体现华夏传统在台湾的创新成果，包含陈教授个人及其团队的独到见解。

（一）《国文天地》和两岸语文教育交流

作为《国文天地》的编辑顾问，台北教育大学教授、中华文化教育学会理事长孙剑秋曾多次带领教师团赴大陆各中学交流，并在《国文天地》策划两岸中学语文课交流的专辑。此外，孙教授还与福建师范大学文学院合作编辑出版高中国文课本，虽被岛内有些人渲染成“中国对台统战已深入高中教科书”；[②]

---

① 清廷治台期间，计大小民变 68 次，分类械斗 77 次，见李祖基《清代台湾边疆移垦社会之特点与妈祖信仰》，台湾史研究会主编《台湾史研究会论文集》第三集，台北：台湾史研究会，1991 年，第 196 页。

② 见《两岸合编国文教材 台湾多校采用》，《自由时报》，2017 年 11 月 27 日，A4 版。自 2014 年至 2018 年中，两岸合编版高中语文教材已完成《高中国文》前三册，还有《中华文化基本教材》《高中古诗文选读》等读物。除了大陆地区之外，台湾已有 20 所高中选用这些教材，相关报导见《两岸合编高中语文教材发布　台湾多所中学已经采用》，《两岸犇报》，2018 年 8 月 15 日，第 10 版。

但在台湾学生中文能力普遍低落化的背景下，两岸合编中文教科书既符合台湾华夏化的历史传统，也是回应两岸语文教育交流的现实需求，功在树人。

（二）台湾教改残局的终结、新局的诞生，与两岸政治关系的良性解决

以 2012 年 4 月桃园市国文教师赴大陆与上海、杭州、宁波语文教师交流为例，台湾语文课程教学辅导员蔡娟娟曾比较两岸概况如表 1：

表 1　两岸语文课程比较

项目	大陆	台湾
课文朗读	相当重视朗读，要求表现声情	中学以后，朗读沦为失落的一角
阅读理解	重视文本内容的理解与传达	重视课文赏析和作文延伸教学
教师提问	教师非常“善问”，循循深入主题	受备课用书制约，发问能力转弱
学生反应	自信十足，应答得体	害羞敦厚，临场表现不佳
师生互动	互动热络，发言踊跃，令人惊艳	教学趣味、多元，但缺乏刺激学生发言的能量
课堂气氛	拘谨、庄重，但企图心较强	轻松、活泼，自我感觉良好
课堂秩序	安静、用功，下课多在休息与学习	乐观、好动，下课如猛虎出闸
上台发表	平日有计划地进行学生口才训练	因应竞赛或活动而指训特定学生
学习环境	重视美化，强调竞争力的口号和标语	重视优美、整洁与多元的环境布置
阅读数量	《全日制义务教育语文课程标准》： 小学： 低年级背诵优秀诗文 50 篇、课外阅读总量不少于 5 万字。 中年级背诵优秀诗文 50 篇、课外阅读总量不少于 40 万字。 高年级背诵优秀诗文 60 篇、课外阅读总量不少于 100 万字。 初中： 背诵优秀诗文 80 篇、课外阅读总量不少于 260 万字、每学年阅读两三部名著。 背诵、阅读文本的数量极多。	“国民中小学九年一贯国语文领域课程纲要”： 并无明定中小学生背诵、阅读的范围与数量，弹性与自由度甚广。
社会风气	父母给予的压力大，学生很早确定目标	提倡民主自由，学生无忧患意识
语言文化	执行普通话政策，但也保存方言	重视乡土语言，并列入正式课程

在《二〇一二年两岸国中国语文课程交流之观课省思》一文中，蔡娟娟还特别介绍大陆已行之多年的“教师分级制度”，说明大陆中小学教师必须接受二至三年一次的教学能力评鉴。通过论文发表、专业笔试、观课甚至面试考核等方式，来进行初级、中级、高级、特级教师的分级。由于绩效工资和机动评鉴的落实，有效助长了大陆语文教师的专业意识和专业知能，学生成为直接的受惠者，而教育本身成为最大的赢家。另一位2012年桃园团成员、台湾语文课程与教学辅导教师吴韵宇也见识到这种优势，而建议台湾应“加速实施教师评鉴，推动教师分级制度”。[①]

可是，目前台湾煞有介事的教育评鉴工程，不过是多了让教员虚应其事的键盘作业，不但白白消耗少数自觉用功者的心力和时间，且根本没让学生受益，其根本原因是没建立有效的竞争机制。标榜“适性扬才”“快乐学习”，打着“多元”的旗号来闪避竞争力的淬炼，最终是师生和教育都输的局面。在校园内，教员同酬不同工，许多人在教室使劲骂完学生“不用功”“不长进”以后，气得转头回到办公室“追剧”“打妖怪”，甚至当着学生的面“冲积分”，把学校当成休闲中心者，不乏其人。而其工资竟然与洁身自好、自求上进者毫无差别。如此一来，那套形诸表面的“评鉴”也就徒具虚名；遑论以那种“评鉴”为基础的教师分级方法，恐怕会糟践整个教育制度。两岸教育成效差异的关键因素，其实就在于教师素质。更糟的是，在3.6万平方公里的海岛内，由于少子化的影响，台湾教师缺额本就有限，加上台湾当局因财库羞涩而实施的年金改革削减教师待遇，以及20多年来偏差的教改方向成就不少“大头症家长”和“玻璃心学生”，致使教师的社会地位与形象急速滑落，投入教师志业的青年越来越少（见表2）。

表2：台湾地区历年师资培育核定名额统计表 (2003—2015)[②]

年份	2003	2004	2005	2006	2007	2008	2009	2010	2011	2012	2013	2014	2015
人数	20211	21085	16658	14342	10615	9757	9123	8825	8698	8521	8515	8273	8298

在20世纪90年代以前，台湾师范教育体系保证毕业生就业，教师收入稳定且社会形象相对较好，许多家贫而绩优的学子愿意报考师范，又因竞争激烈

① 吴韵宇：《寻找文章中的柳暗花明——以比较阅读教学示例谈两岸语文教学之异同》，《国文天地》，2012年6月号，第30页。

② 数据引自《教大熄灯号——教书不再是铁饭碗　师培生人数骤减》，《中国时报》，2016年11月14日，B1版。

而保证了教师素质，从而保证了台湾社会经济成长所需的人口质量。1994 年以后，民粹主义教改大行其道，台湾改采多元师资培育的方法，岛内大学相继开设教育学程、师资培育学程或学分班，教师素质与竞争力大方松绑。在 2004 年度，全台大学校院师培生核定人数多达 21085 人；然而 2015 年度却只有 8298 人，是 2004 年度的 3 成 8。台湾从 3 所师范大学和 9 所教育大学，到 1994 年教改师资培育多元化以后，师培大学扩张到 75 间，不但供需严重失衡，还制造了大量素质参差的“流浪教师”，由教育问题扩延为社会问题。如今主事者不谋全局，狂刮整并风潮，仅图力保一间台中教育大学而已。[①] 台湾师资培育在教改 20 多年来暴起暴落的故事，说明当前的评鉴、课纲、升学制度之所以朝令夕改、乱无章法，其根本原因在于政治形态与格局。通过两岸教育交流，这种认识将愈加深刻。因此可以预测，台湾教改残局的终结与新局的诞生，系于两岸政治关系的良性解决。后者能为台湾教育挹注有效师资、生源和再生机制，也能帮助前《国文天地》编辑顾问庄万寿等人的“理性精神与公民意识”趋向健康与成熟。

不必讳言的是，“美化日殖”“认识台湾”“本土语言”“多元文化”“去中国化”等所谓“天然独”的教育套装，是 20 多年来台湾教改的重要组成，而解铃自须从系铃处着手。一旦两岸语文教育形成互动的支持教学体制，则台湾中文教育和身份认同的困境将可真正解套，孙剑秋教授等人的交流前导因此功不可没，而《国文天地》也在这个意义上值得称许。

（二）教师文史哲素质的高低，决定语文教育的成败

再以 2013 年 2 月高雄市中小学语文教育参访团赴北京交流为例，正如教辅团语文组组长陈俐伶所见，“文本不熟，不走进课堂”是大陆教师的基本要求。[②] 台湾教师既受惠于民编教科书因迎合教师求轻松的心理，而搜罗大量补充资料置入教用本当中；但也因此容易忽略文本核心的意旨和构思方式，而本末倒置地流于标新立异或散播零碎常识。教辅团语文辅导员林淑芳认为，大陆语文教师的能力是建构在中国五千年渊源的厚实文史基础之上，尤其特级教师浑身解数、一气呵成的精彩教学，令她很是感动。[③] 那种汇通文史的教师深厚素质，才

① 《师培学校合并潮　台中教大不会亡》，《自由时报》，2016 年 12 月 1 日，A8 版。

② 陈俐伶：《城南花落忆旧事——记北京教育学院附属中学观课活动》，《国文天地》第 29 卷第 1 期，台北：国文天地杂志社，2013 年 6 月号，第 29 页。

③ 林淑芳：《半生萦系京华梦，千年古都入眼来——二〇一三年高雄市国教辅导团国语文小组北京中小学教育参访记实》，《国文天地》，2013 年 6 月号，第 31 页。

是经过“去中国化”教改师培法出身的台湾教师，所亟须补充的文化底蕴；而不是当前键盘作业，或徒走流程的观摩活动就可以成事。高雄团的另一位辅导员则对北京初中生的课堂表现印象深刻，他说：

我观察到学生在课堂上的参与度颇高，回答的内容井井有条，令笔者由衷羡慕。…其中四位同学针对自己的作品来发表看法，侃侃而谈，落落大方。他们的发言，一字一句，条理分明，直逼大学生的程度！大陆顶尖国中（初中）的顶尖学生，其未来发展性，不容小觑！①

教师素质与学生参与是互为因果的关系，这牵动了师生课堂问答的热度与程度，并影响教科书文本的数量与质量。高雄教辅员王崇宪说大陆小学语文教科书的文本分量比台湾多、难度比台湾高，相当于台湾初中一年级的程度；又说台湾学生到了初中阶段，“手像绑了铅块、嘴像被缝了起来”，用“不抬头”“不举手”“不开口”来回应老师的问题云云，可谓语重心长。总的来说，台湾“本土化”“多元化”教改和师资培育的结果之一，就是师生对于中文的口语音准和朗读意愿全面退化，而闽南语、客家语和少数民族的程度也未见普及和提升。

因此，2013 年 12 月在台湾苗栗乌眉初中的一场两岸教师同课教学观摩后，乌眉初中辅导主任曾祥茹坦承台湾学生朗读课文时，总是胡乱地“念”完课文，“既无感受，也无法体会作者深意”，靠着台湾演示老师用音乐当教具，才引发课堂现场的声情。而大陆演示老师凭借其“绝佳的声音魔力及才华洋溢的风采”，撼动现场学生的心灵，并能引导学生通过找寻文本关键字而直探作者意旨，是“有效教学的成功范例”。其结论是：台湾演示老师设计小组合作学习；大陆演示老师感染学生主动寻思答案。② 头份初中语文教师黄昱章也有类似的观察心得，他说台湾演示老师“较少探讨文本内容”，而着重在相关题材的介绍，“可归纳为延伸学习”；大陆演示老师注重“教材文本的掌握”，从“抑扬鲜明的课文朗诵开始”，过程中“紧扣着文本发挥”，“时刻提醒学生回归文本寻找答案”，“此模式让学生更能掌握文本内容与作者意旨”。但他最后评价台湾演示老师是“引导者”，而大陆演示老师是“传授者”，则是以教师的个人风格为视角，并非

① 王崇宪：《北京教育参访记实》，《国文天地》，2013 年 6 月号，第 39 页。

② 曾祥茹：《两岸（宁波、苗栗）同课异构教学观摩研讨交流观后感》，《国文天地》第 29 卷第 11 期，台北：国文天地杂志社，2014 年 4 月号，第 24 页。

以教学效果为考虑。[①]然而在教学实践上，教师作为“引导者”与“传授者”的角色，是难以偏废的。

宁波市教育局教授褚树荣针对乌眉初中这场“同课异构”的交流指出，两岸演示老师的差异首先是因为对课文的认知不同，而决定了对教学内容的开发有别。比如针对台湾作家刘克襄的《大树之歌》一文，台湾演示老师依据已知的“自然环境写作派”理念来教学，没有价值判断失准的问题；大陆演示老师关注学生对于作品意义的“再生产”，因此立足在建构文本的“读者意义”。其次，对不同的教学成效的追求，也决定了不同的教学表现的侧重：台湾演示老师以“合作学习”为阅读素养的良方，因而在课堂上呈现师生与生生之间的分工合作；大陆演示老师重视教学内容的精准确定和课堂教学的精彩实施，因此在讲台上展现出色的教师素质。[②]然而，正如台北教育大学教授张新仁所说：“教师素质是预测学生成就的最重要因素，因此，教师素质高低攸关教育成败。”

褚教授作为来客，给两岸“各打五十板”，说“各自的优点，也恰好是各自的弱点”，最好“以对方之长处弥补自身之不足”等等。这固然印证前述两岸语文教育形成互动支教的必要，但也必须指出的是，语文教师的素质主要依靠自觉自强其文化底蕴和知识储备，这不是用其他巧门就足以掩饰或取代的条件。而且这种“身教”，比再好的“言教”管用。

（三）有朋自远方来的中文识见与中国气度

2014年12月，宁波市教育局与新北市中华文化教育学会合办“海峡两岸民国经典阅读”，孙剑秋安排两位台湾高中语文教师赴鄞州中学进行教学演示交流。据与会的高雄市国民教育辅导员刘怡君所述，这场在宁波的教学观摩共有两千人报名参加，但满额是一千人，主办方不得不劝退千人。[③]而共兴盛举的教师当中，除了来自宁波乃至浙江全省之外，还有来自吉林和新疆的老师，令与会的台湾团员深为感佩！[④]事实上，大陆语文教师的中文意识和胸怀，是包含

---

① 黄昱章：《两岸语文教学观摩交流——〈大树之歌〉同课异构观课心得》，第26—29页。

② 褚树荣：《从对方的眼中看见自己——两岸〈阅读素养学习与评量〉同课异构活动访谈》，第51页。

③ 刘怡君：《一切都是好的——海峡两岸“民国经典阅读”同课异构活动心得》，《国文天地》第31卷第1期，台北：国文天地杂志社，2015年6月号，第61页。

④ 徐长安：《召唤东方的感动——海峡两岸“民国经典阅读”同课异构活动有感》，《国文天地》，2015年6月号，第19页。

整个中国地理和整个中国历史，当然也就包含台湾。这是大陆语文教师不吝穿州过省学习和观摩中文教育，而视为当然乃至平常的内在因素。如果台湾的国文教师也能具有这种胸怀和器识，不但能提升自己的专业质量和资源，也能让自己的学生更加获益。否则，若听任像庄万寿那样的师范教授来建构自己的意识壁垒，认为“来自中国、东南亚的新娘教育程度与体能、知识皆远逊于国人，影响下一代的国民质量”云云，[①]因而故步自封的话，只能是平添夜郎自大的存量罢了。

从曾子所说“君子以文会友，以友辅仁”的角度来看，大陆教育的观课学风和制度，很值得台湾教师省思和学习。

高雄市明华初中教师王如香认为，分组合作学习法是“台湾近来课堂教学的显学”，她看到台湾演示老师透过分组答问和竞赛的方式，“让课堂较为活泼”，并据此评断“台湾教师非自居知识的权威者”。不过王如香也强调，大陆课堂“最令人惊艳的是声情的重视与训练”，语文教学中的“读”长期被台湾师生所忽略。她并意识到大陆教师是致力于“让学生将文章内涵理解内化为有节奏的韵律，透过发于唇齿的乐音自然流泻”，从而引领听者在自己心口诠释的时空之中产生共鸣。[②]旗山初中教师丁美雪也有这样的观课感受，她说大陆学生态度大方、口齿清晰、有层次、有逻辑，答问时的“表达力了得”，而且其朗读功力是声情并茂，“令与会的台湾老师大大折服”，“台湾学生与老师都该深自检讨与改善”等等。[③]其实，大陆学生的朗读与表达能力一再被台湾观课教师称道，并相对成为台湾师生的弱项，就台湾的语文教育来思考，这和语文课沦为偏狭的、矫情的、自怜的“本土化”政治的工具有直接关系。

“语言政治”和“族群政治”介入语文课以后，影响了教材的选择标准，影响了上课方式与时数，更影响台湾师生对于中文及其背后地理、历史、哲学和民族的认知。情思既然不到位，如何感知中文？如何表达中文？又如何完整地以中文感知和表达自己的世界观？台湾当局以“多元文化”为掩体，将语文课一分为三（课本、写作、文教），又分化出闽语、客语、少数民族语言、新住民语等“本土语言课程”来对冲中文共同语的教学质量，加上数十

---

① 庄万寿：《全球化对台湾文化主体性的挑战》，《国文天地》第29卷第4期，台北：国文天地杂志社，2013年9月号，第56—57页。

② 王如香：《舍/不得——谈两岸同课异构“生活的艺术”》，《国文天地》，2015年6月号，第52页。

③ 丁美雪：《精彩纷呈，宁波交流——教学设计，叹为观止》，《国文天地》，2015年6月号，第41页。

年来人为建构的“反中”壁垒，使得台湾师生在课堂上能真正接触到的中文佳作其实很局限。流于应付考试的中文佳作已然不多，意在沛公的“本土语言课程”倒是不少，加上教改师培出身的语文教师，其本身的中文感知和表达能力都成为问题。这样的条件，怎么教学生口齿清晰、声情并茂？台湾师生的中文朗读与表达能力确实需要大陆师生的支教，而其深层阻碍竟是身份认同的壁垒。

（四）教师素质与文本解读能力

经过2014年12月在鄞州中学的这场教学演示，丁美雪老师深深以为两岸语文教学的不同处是：

> 台湾的教学活泼、多元，失之文本的深度涵咏；大陆的文本教学深刻，甚至深入哲学意涵，失之文本的生活化。笔者以为将两岸的教学各取其长处，一方面对于文本深入分析索探，一方面将文本与生活结合，才是一篇好的课次。

问题在于：“文本的生活化”并不可能课课俱到，而“文本教学深刻”倒是可以透过教师的自觉自学来改善。以台湾的“本土语言课程”为例，它就是文本建构超乎学生生活实际和需要的典范。再比如我们学习英文和数学，有不少艰僻的生词或学理，也未必符合生活实际。台湾语文教育的困境也是如此，它绝不仅止于技术面的切换就足以解决，而是需要支配教学技术的整个历史观、世界观、民族观和其相关体制的重整与再建构，这是两岸语文教育形成互动支教体制的要义。丁美雪老师认为文本必须与学生的生活经验相互联结，否则难以让学生对文本产生认同与共鸣，这话没什么不对，只是它并非语文教育成败的核心关键。高雄中山大学师资培育中心兼任副教授李玲珠说：

> 如何超越文字障碍、时空的阻隔，如何提炼出经典的阅读价值，如何借由文本引领学生“上友古人”，激荡出今人与古人的同情共感，教师的诠释方式与观点才是国文教学成功的要素。因此，选文是文言抑或白话？是学生读过抑或是陌生的？教学方法的良窳？恐皆非大学国文成败的关键；运用之妙，存乎一心，此一心即是教师的诠释，也是即使在科技进步的今日，网络、计算机、远

距教学在其他学科适用，在国文教学里成效依旧不彰的主因。人文素养唯有仰赖“人”的实际引领，也是作为国文教师必须善自惕厉、不断精实所学、所体证的关键。[①]

也就是说，文本是古是今？是文言或白话？是否学生经验过？是否运用多媒体道具？在李玲珠看来都不是语文教学成败的关键。关键是相应于经典文本的经典素质，也就是前述的“教师素质”，后者是一种以经典身教和言教来演绎经典文本的个人素质。就这个角度来说，“文本教学深刻”与“文本的生活化”能相互为用无疑最好，但不能不认识其中的主次与本末。

2016年12月，孙剑秋等人策划“两岸主题式阅读教学观课交流”活动，地点是在台湾。福州第三中学教师陈原在亲身参与教学演示后，对两岸高中语文阅读教学的差异提出观感，他指出台湾与大陆是“作家中心与文本中心”“多元拓展与集约延伸”“类文对比与文内阐发”的侧重有别。[②]这三点意见的根本还是一点，即福建师范大学文学院教授孙绍振所说的“作者中心论”和“文本中心论”的差别——大陆聚焦于文本的微观分析，层层深入，不废知人论世的资源作为背景；台湾的长处是以一篇课文为中心，对作者的生平和成就做全面的展开，使用丰富的文献资料来做宏观的知人论世。[③]另一位福建师范大学文学院教授赖瑞云则做了比较详细的描述，他以“讨论课＋文本解读”的教学形态为例，指出台湾教师在上课的趣味活动较多、激励措施多、“煽情”的话语多、易答的问题也多，这使得课堂讨论能缩短彼此的“心理距离”，调动学生较积极地投入讨论课。而大陆教师的讨论招数不如台湾教师多，主要是依靠个人素质掌控课堂，从而调动学生的积极性。由于课时限制和课文篇数较多，大陆教师的施教特点是直奔主题，实施文本解读。

赖瑞云也认为大陆教材是以文本为中心组织资料，而大陆教学传统是以文本为中心；台湾教材则是以作家为中心进行知人论事，有较丰富的教本文献资料，可从事专业性解读。结论还是两岸优势互补、取长去短云云。不过，赖教授也提出建议，台湾课堂上过多的周边和延伸活动，可能使文本解读捉襟见肘，

① 李玲珠：《从基础到大学的语文教育反思》，《中国语文》第712期，台北：中国语文月刊社，2016年10月号，第35页。

② 陈原：《浅谈两岸高中语文阅读教学之差异》，《国文天地》第32卷第11期，台北：国文天地杂志社，2017年4月号，第41—43页。

③ 孙绍振：《两岸教师的个案分析成果及其学术价值》，《国文天地》，2017年4月号，第44页。

而后者毕竟才是主体的教学任务。① 提到文本解读方面，赖瑞云认为台湾文本解读教学能比较稳定的原因，首先是作家中心、知人论世的特色，其次是“教师手册”和“教师用书”的丰富材料与指引，再次是课文少、课时多加上教考不分离。而在讨论课方面，尽管台湾师生讨论互动的课程模式学自大陆，但也发展出如前段所述的特色。②

直到 2018 年暑期，孙剑秋率台湾教师团到福建进行“两岸合编语文教材研修交流观课”演示，观课教师的结论仍然是大陆教师为文本中心，而台湾教师为作者中心。③ 但就语文教育的临场操作来说，无论讲授型还是讨论型，无论作家中心还是文本中心，在教学成效上，教师素质还是第一位的。而教师素质应体现在课文解读的功力上，这包括教师的气质、声情、学养、体能等各方面的综合表现。

二、“陈氏章法学”
——台湾汉语教育文本解读的一枝独秀

尽管在课文解读的学养方面，台湾教育市场上巧立“翻转教室”的名目很多，但根本的条件还是对文本解读的深刻认识与表述能力。台湾在这方面的研发开拓，首应推崇《国文天地》总编辑兼社长陈满铭的贡献。

（一）从孤军奋战到两岸合作

陈满铭的章法学对于文本解读建构了极有说服力的科学方法，能比较准确地还原作者的创作心法，从而更突出文本的脉络和意旨。这固然让陈满铭的“师大帮”弟子受益良多，其他愿意自学应用的教员也获益匪浅（如图 1）。

---

① 赖瑞云：《讨论课与文本解读的缘起、发展及其两岸的交流互补》，《国文天地》，2017 年 4 月号，第 52—54 页。

② 赖瑞云：《讨论课与文本解读的缘起、发展及其两岸的交流互补》，《国文天地》，2017 年 4 月号，第 50—51 页。

③ 林宏信：《多层思辨及多元、跨域探索的教学方式》，《国文天地》第 34 卷第 5 期，台北：国文天地杂志社，2018 年 10 月号，第 29 页。

图 1：台湾教师运用陈满铭章法图示教学

陈满铭研发章法(教)学 40 多年，可说是一以贯之，集树成林。这期间遭遇过各种质疑和嘲讽，比如“章法好笑”“章法僵化”“章法琐碎”“章法无用”“章法莫须有”“章法庸人自扰”“章法走火入魔”等。① 这些批评不能说毫无道理，但它们反而成为陈满铭建构一家之言的推力。文人相轻，常常能锻造出真正的比较优势。陈满铭的优势是卓越的逻辑思维，不屈不挠的治学毅力以及审时知人、度势宣传的眼光。最早在 1974 年 6 月，陈满铭以他熟悉的稼轩词为材料，发表了包括今昔、远近、大小、虚实、正反、凡目(演绎)、目凡(归纳)等辞章作法的论文，② 这是日后“陈氏章法学”的先声。其后由于基础性(章法类型与结构)、概括性(章法规律与家族)、系统性(“多二一(O)”与“(O)一二多”双螺旋结构)的研究到位，而被大陆学者称誉为“台湾章法学”“陈氏章法学”或“陈章法”。③

陈满铭在他的著作里反复说过，当初接触“章法”是为了他讲授“国文教材教法”的需要。④ 换句话说，陈满铭章法学是针对文本读法与教法而来的，这

① 这是陈满铭的说法，见其《章法学综论·自序》，台北：万卷楼，2003 年 6 月，第 6 页。

② 该文为陈满铭《常见于稼轩词里的几种词章作法》，刊于台湾师范大学《文风》第 25 期，见陈满铭《章法学新裁·序》，台北：万卷楼，2001 年 1 月，第 2 页。

③ 王希杰、仇小屏、陈佳君：《章法学对话》，《章法学论丛》第二辑，台北：万卷楼，2008 年 3 月初版，第 36—87 页。引自陈满铭《试论辞章章法学的“完形”意涵》，《国文天地》第 28 卷第 10 期，台北：国文天地杂志社，2013 年 3 月号，第 65 页。

④ 比如陈满铭《章法学综论·前言》，台北：万卷楼，2003 年 6 月，第 1 页。

并非所谓“作家中心”“知人论世”的台湾惯有的教学模式，而是直探文本解读和教学的方法。既然陈满铭的章法学是“对文不对人”，有违台湾传统的“作家中心”教学范式，则其遭遇各方相轻也就不是什么意外的事情。但这种孤军奋战的情形，在进入21世纪以后有了较大转变，主要原因就是得到重视文本解读的大陆教育界的肯定，[①]这为陈满铭的章法学壮大了声势。而陈满铭也在其后的《国文天地》和自己的著作里，三复斯言大陆学者的肯定。比如2001年7月大陆学者郑韶风在《国文天地》刊文称：

由陈满铭教授及其研究生仇小屏、夏薇薇、陈佳君、黄淑贞等为主干，推出了汉语辞章章法学的论著，开了“章法”论的专门辞章学先河。此类论著，从其研究的深度与广度、科学性与实用性来讲，虽非“绝后”，实属“空前”。[②]

再如2001年11月福建师范大学中文系教授郑颐寿发表《台湾辞章学研究述评》一文，他说：

台湾学者陈满铭教授，在研究（章法学）这一方面具有突出的成就，虽非绝后，实属空前……由前人“见树不见林，与焉而不详”的状况，发展到对章法的范围、原则与内容等多视角的切入，形成一个体系。[③]

接着在2002年5月，郑颐寿发表《中华文化沃土，辞章学圃奇葩先秦篇——读陈满铭〈章法学新裁〉及其相关著作》一文，称道陈满铭的章法论能体现老子对立统一的辩证哲学，他说：

可贵的是，陈教授在细致分析的基础上，又善于概括、综述，用更大的“纲”，把目“统”起来……从以上分析可以看出：台湾的辞章章法学体系完整、

① 在台湾学界方面，《国文天地》或陈满铭作品的宣传中只提过张春荣曾肯定“陈氏章法学”：“其建构之功，诚有目共睹。”赞语原刊于张春荣《拓殖与深化——陈满铭〈章法学新裁〉》，台北：《文讯》，2001年6月，引自陈满铭《章法学综论·自序》，第3页。

② 郑韶风：《汉语辞章学四十年述评》，原刊于《国文天地》第17卷第2期，台北：国文天地杂志社，2001年7月号，引自陈满铭《章法学论粹》，台北：万卷楼，2002年7月初版，第439页。

③ 原刊于《首届海峡两岸闽南文化学术研讨会论文集》，引自陈满铭《章法学综论·自序》，第4页。

科学，已经具备成“学”的资格。[①]

2002年10月，《国文天地》刊出南京大学中文系教授王希杰发表的《章法学门外闲谈》，文中指出：

像陈教授这样一来以四大规律来建立章法学理论大厦，这还是第一次。如果说唐钺、王易、陈望道等人转变了中国修辞学，建立了学科的中国现代修辞学，我们也可以说，陈满铭及其弟子转变了中国章法学的研究大方向，建立了科学的章法学，把汉语章法学的研究转向科学的道路。[②]

2005年7月，台北万卷楼公司出版《陈满铭教授七秩荣退志庆论文集》，其中暨南大学中文系教授黎运汉发表的《陈满铭对辞章章法学的贡献》指出：

陈满铭教授的辞章章法学论著，展现了创新的章法观，建立了比较系统、合理的理论体系，揭示了章法现象本体的基本规律，运用了比较科学的研 究方法，使汉语章法学基本具备了成为一门新学科的资格，可喜可贺！[③]

而广东省肇庆学院修辞学家孟建安的〈陈满铭与汉语辞章章法学研究〉则指出：

陈先生在专著《章法学综论》中用了整整一章的篇幅来讨论“多、二、一(O)”逻辑结构，可见这一理论主张在陈先生心目中的重要性，以及在所建构的汉语辞章章法学体系中的显赫地位。

2007年12月，中国人民大学出版社出版了《21世纪中国修辞学》，主编宗廷虎为复旦大学修辞学名家，他对陈满铭《文章结构分析——以中学国文课文

① 郑颐寿:《中华文化沃土，辞章学圃奇葩先秦篇——读陈满铭〈章法学新裁〉及其相关著作》，《海峡两岸中华传统文化与现代化研讨会论文集》，2002年5月，132—139页。引自陈满铭《“章法学三观体系”中“微观”层之建构》，《国文天地》第32卷第7期，台北：国文天地杂志社，2016年12月号，第48—49页。

② 引自陈满铭《章法学综论·自序》，台北：万卷楼，2003年6月，第5—6页。

③ 引自陈满铭:《“章法学三观体系”中“微观”层之建构》，《国文天地》，2016年12月号，第50—51页。

为例》一书的评语，很准确地说出陈氏章法在文本教学现场上的功效：

作者确实“寻到了最好的角度”，创造了一个确实有效的文章结构分析方法，这就是绘制文章结构分析表……他确实能收到一种执简驭繁、直观 形象的效果，对于读者通过形式结构，迅速把握文章的思想内容提供了一 条便捷之径，无论于教还是学都有立竿见影的实用价值的。

同在2007年12月，南京大学王希杰教授又刊文说：

“福建郑”兵强马壮，人多势众，成果多多。可以同“福建郑”相提并论的是“台湾陈”。“台湾陈”指台湾师范大学国文系陈满铭教授。陈教授是台湾著名章法学家，他建立了现代章法学，他创建了章法学学派，他建设了一个章法学团队……陈满铭教授得到了福建辞章学研究团队的最高等级的承认，这是很不容易的，这是一个大成功！①

2008年2月，王希杰教授在贵州省《毕节学院学报》发表《陈满铭教授和章法学》一文，再度肯定陈满铭把章法变成一门科学“是一个了不起的贡献”，他说：

可贵的是，陈满铭教授…力图建立统率这些比较具体的法则的更高的原则。……创建了四大原则：(1) 秩序律 (2) 变化律 (3) 联贯律 (4) 统一律……这符合科学的最简单性原则，而且也是变化无穷的。这其实就是《周易》的方法论原则。②

2013年12月，《国文天地》刊出福建师范大学郑颐寿教授的《陈满铭与汉语辞章学》一文，文章开头就说：“台湾师范大学博士生导师陈满铭教授是位蜚声海内外的语言艺术国学——汉语辞章学的专家……”又说：“他首创篇词章学，并以之解读《易经》、四书和诗词，指导语文教学……三十多年来，陈教

---

① 王希杰：《陈满铭与辞章章法学——陈满铭辞章章法学术思想论集·序言》，台北：文津，2007年12月，第1—3页，引自陈满铭《两岸辞章学交流——侧记福建团队的支持与肯定》，《国文天地》第27卷第11期，台北：国文天地杂志社，2012年4月号，第7页。

② 引自陈满铭：《〈阴阳双螺旋互动论〉一书的推出》，《国文天地》第32卷第5期，台北：国文天地杂志社，2016年10月号，第115页。

授……创建了科学的，有严密理论体系、又富‘民族味’、‘中国风’的篇章辞章学（又称‘辞章章法学’）。”[①]郑颐寿介绍了陈满铭篇章辞章学之所以成“学”的“三观”理论：

“(O)一、二、多”的理论是以《老子》的哲学原理和《易经》“静”与“动”卦爻变化规律总结出来的……陈满铭教授以此为依据，总结出“(O)一、二、多”和“多、二、一(O)”的螺旋结构。我们认为，这应该就是篇章辞章学的宏观理论框架……篇章辞章学的中观理论框架，我们认为应该是章法的“四大规律”：秩序律、变化律、连贯律、统一律。这四律上承“(O)一、二、多”的宏观理论，并以之类聚成四个“族系”统领其下三十来种具体的辞章的“章法”……篇章辞章学微观的理论，我们认为就是具体的章法理论：今昔、远近、大小、高低、本末、深浅、贵贱、亲疏、差补、宾主、抑扬、立破、问答、平侧等等……言之成理，得到理论界的高度评价。

总之，如果不是陈满铭在《国文天地》和自己的著作里反复宣传，一般台湾师生是不知道大陆学界里有人这么推崇“陈氏章法学”的。换句话说，陈满铭章法学在上世纪的台湾岛内孤军奋斗，饱受批评与质疑；直到进入21世纪以后，大陆辞章学界和教育界超越“文人相轻”的藩篱，倾力赞扬并宣传“陈氏章法学”的贡献，局面才有所改观。正如陈满铭自己透露：

最令人感谢的是，从2003年开始到现在，我在大陆各大学学报发表的53篇论文，大部分就是由她（钟玖英，南京晓庄学院语言学教授）和王希杰教授所推介的。不仅如此，（她）又特别撰写了《台湾章法学研究对大陆修辞学研究的启示》一文，发表于《渤海大学学报·哲学社会科学版》(2005年6期，页8—10)认为台湾章法学研究值得大陆借鉴的有：“知行相成的研究模式”“在继承基础上的创新之举”“对学术的执着与努力打造学术后备军的远见”。（她）并且强调说：“……以台湾师大博导陈满铭教授为核心，以仇小屏博士等学者为主力阵容所建构的辞章章法学……作为修辞学研究者，我们以为台湾的辞章章法学研究给大陆的修辞学研究提供了有益的启示。”这种支持与肯定，虽使人感到

① 郑颐寿：《陈满铭与汉语辞章学》，《国文天地》第29卷第7期，台北：国文天地杂志社，2013年12月号，第97页。

受之有愧，却起了很大的鼓励作用。[①]

陈满铭的自述，让读者见识到这些大陆学者的襟怀与开放的学风，同时也注意到陈满铭和《国文天地》的认同变化。而值得反思的是，为何在大陆学界大力肯定“陈氏章法学”以前，本土生产的陈满铭章法学却在岛内相对不受待见？不同于“作家中心”“知人论世”的台湾惯有教法，直探文本脉络的解读方式固然是一种解释，但根本原因还在于台湾作为华夏边缘的“抗争双重性”使然。

（二）“陈氏章法学”的“中国风”与“中华味”

在全球地缘政治史上，台湾是东亚变局的开端，也是外力介入中国的必争之地。而20世纪90年代以来的“去中国化”和台湾文学系所带来的冲击，台湾政学两界同步表现出以华夏中原为对象的内向反抗性，甚至因为美、日等外力条件的加乘作用，而呈现分离主义的倾向；然而，陈满铭章法学的“民族味”与“中国风”却从台湾本土展现华夏向心的力道，这自然与岛上分离主义的念想不合。战前出生于日殖下台湾苗栗的陈满铭，其章法研究的“中国风”，显然令“台独”学界不对胃口。正如学者张慧贞所言：

> 辞章章法学植根于中华文化沃土之中，以先秦以来辩证法的思想和历代总结的“章法”理论的基础，再结合语文教学实践进行总结、归纳、升华，建构了章法哲学基础，总结其规律、方法。陈满铭教授及其高足仇小屏等博士在这方面做出了开拓性的贡献。[②]

郑颐寿说台湾的辞章章法论充满着辩证的哲学思辨，是“中国牌”的“民族化”的。[③] 他又称赞陈满铭：“陈教授的辞章学研究成果……一步一个脚印，踩出‘自己的’——中华民族的路子，不拉洋人的虎皮当大旗，扎扎实实地写

① 陈满铭：《两岸辞章学交流——侧记南京团队的支持与肯定》，《国文天地》第27卷第10期，台北：国文天地杂志社，2012年3月号，第7—8页。

② 原文刊于陈满铭名誉主编、郑颐寿主编《大学辞章学》，福州：福建人民出版社，2005年，第369页。引自《陈满铭与汉语辞章学》，《国文天地》第29卷第7期，台北：国文天地杂志社，2013年12月号，第100页。

③ 郑颐寿：《台湾辞章学研究述评》，原刊于《首届海峡两岸闽南文化学术研讨会论文集》，复转载于《国文天地》第17卷第10期，2001年3月，见陈满铭《章法学论粹》，第460页。

出具有浓厚的‘中国风’‘中华味’的专著。他的科研作风、爱国精神，在今天尤为珍贵。在不长的时间里，篇章辞章学这门新学科已经建立起来了。它大大弘扬了中华文化的优良传统，也获得两岸广大爱国者对中华文化的认同，为语文教学实践和理论研究，为加强两岸文化交流尽了一分力量。”在更早时，郑韶风就说过：“汉语语法学是借鉴西洋的语法理论建立起来的，修辞学又是借鉴于东洋。而作为汉语辞章学，则是地地道道的中国货，其理论已有三千多年的历史……四十年来，我国学者不断酝酿蓄积，形成了三支颇具实力的研究队伍。”郑韶风盛赞其中的台北陈满铭这一支研究队伍，是成果“空前”。①

这都是符合《国文天地》所称“发扬中华文化”的宗旨的赞语，也是陈满铭欣然刊载在自己著作中的佳评。无论陈满铭钻研章法学之初，是否主观上有这种自觉与自负；客观上，本土的陈满铭章法学“不拉洋人的虎皮当大旗”，正体现了台湾作为华夏前缘的外向反抗性。而由于华夏文明巨大稳固的存在和支撑，在台湾面临“美日新殖民地主义支配”下的“去中国化”氛围压迫时，自然会让陈满铭产生相应的华夏向心力和认同。就这个意义来说，《国文天地》看似成为“陈氏章法学”的宣传工具，②但它也成为中华文化在21世纪反抗新殖民主义及其附从者的教育阵地之一，这是陈满铭自己也未必意识到的客观存在。

不仅陈满铭本身受惠于大陆学者的义助相挺，陈氏门下弟子也受到大陆学者的高度肯定，从而壮大了团队声势，巩固了“陈氏章法学”在中华文化的地位，由此将产生更深远的影响。比如王希杰在2000年刊文称赞仇小屏的《文章章法论》，后者把陈满铭提出的章法规律具体化，“以四大规律为基础建立了一个章法学的体系。这一著作的出现，可以说是中国章法学科学化的一个标志”③。此外，陈满铭多次获得北京不同单位颁发的学术奖项，比如“优秀作品奖”“优秀征文一等奖”“诚信金奖”等，其中包括被选入纪念邓小平诞辰一百周年的《中国改革发展理论文集》、被编入《十六大的探索与成就》等。这些多发生在

① 另外两支队伍分别在北京和福州，前者影响遍及全国，后者的会长就是郑颐寿，见郑韶风《汉语辞章学四十年述评》，原刊于《国文天地》第17卷第2期，台北：国文天地杂志社，2001年7月号。引自陈满铭《章法学论粹》，台北：万卷楼，2002年7月初版，第435—439页。

② 截至2017年6月，陈满铭发表在一般期刊中的章法学论文有292篇，其中超过75%是发表在《国文天地》，达到220篇。举凡章法学方面的新构想或跨界性推广，陈满铭多首发相关论文于《国文天地》，希望中小学教师帮他在教学现场进行“验证”，从而获得广大受众的支持，见陈满铭《〈国文天地〉与我个人的“章法学”研究》，《国文天地》第33卷第1期，台北：国文天地杂志社，2017年6月号，第103—104页。

③ 王希杰：《读仇小屏博士的〈文章章法论〉》，《国文天地》第16卷第4期，2000年9月。引自陈满铭《〈阴阳双螺旋互动论〉一书的推出》，《国文天地》，2016年10月号，第113页。

2004年前后的“殊荣”，后来被公然刊载在《国文天地》上，考虑到台海两岸关系的特殊性，可说它们在某种程度上反映陈满铭的认同。

当然，有心人会说这是“中共统战”使然；然而陈满铭章法学能够被“统战”，首先它必须具有“中国风”与“中华味”的客观特质为条件。虽说陈满铭从不做政治表态，但这也不意味他没有起码的政治认识和认同。陈映真生前说过:“创作就是最好的雄辩！”[①]陈满铭章法学团队的出色创作，不但能突破台湾语文教育不善于文本解读的既有印象，且其“中国风”“中华味”的创作本身已成为身份认同的雄辩。再看为庆贺《国文天地》创刊32周年，感念台湾经学家林庆彰在20世纪“赴大陆勇购藏书十八万册”，以支撑《国文天地》、创立万卷楼图书公司的贡献，陈满铭题诗赠林庆彰：

岛滨闲昂首，伸掌拨浮尘。
潜咏专经学，笑开两岸亲。[②]

而“笑开两岸亲”的陈满铭，他对《国文天地》的展望是:“非常希望今后在两岸三地学术界、教学界与出版界的不断支持下，不但要顺利度过四十年，更将迈向五十年、六十年……日新月新、新新不已。”靠着“两岸三地”的支持，特别是大陆图书和学术界的不断支持，陈满铭的数十年展望是有底气的。反之，如果由“反共义士”来主持《国文天地》或万卷楼，认为大陆已成为“文化废墟”“再三百年中共也追不上台湾”的话,[③]恐怕读者就要为《国文天地》默哀了。

20世纪中叶，毛泽东在《丢掉幻想，准备斗争》一文中指出，中国共产党获得了大多数知识分子和青年学生们的拥护。[④]台湾作家李敖也指出，1948年中央研究院选出的第一届院士81人当中，后来去美国的比来台湾的还多，有12人，占全部院士的15%；来台湾的9人，只占11.9%；留在大陆迎接解放的

---

① 2017年3月18日起，厦门大学台湾研究院文学所连续两天举办“鞭子和提灯：陈映真文学与思想学术研讨会”，会中著名的台湾农民诗人詹澈提到陈映真生前曾说过:“创作就是最好的雄辩！”

② 陈满铭:《记〈国文天地〉创刊前后二三事——为庆贺创刊三十二周年而作》,《国文天地》第32卷第8期，台北：国文天地杂志社，2017年1月号，第7页。

③ 傅武光:《给新任文化总会会长的建言》,《国文天地》第32卷第11期，台北：国文天地杂志社，2017年4月号，第73页。

④ 毛泽东:《丢掉幻想，准备斗争》,《毛泽东选集》第四卷，北京：人民出版社，1991年6月，第1485页。

则有 60 人，占全部院士的 74%，以此可见人心所向，李敖因而对当年随蒋介石来台的大陆知识分子颇不以为然。[①] 至于傅武光、庄万寿等人，恐怕没超过那批来台知识人，但《国文天地》屡次刊载前者的分离主义文章，是否有违“发扬中华文化”的宗旨？

四、《国文天地》的影
——以庄万寿的刊文及其相关著作为中心

作为中华文化的主体，中华民族的自在先于自觉，实体早于称号，而中华民族的自觉和称号是缘于“帝国主义世纪”的降临。没有中华民族的主体意识，中华文化便只是学术言说的一个对象而已。然而，裂解中华民族，或将中华民族客体化，并将台湾文化抽离中华文化的背景，正是“台独”学人倾注心力的所在；而宣称“发扬中华文化”的《国文天地》，竟是这种所在的教育平台之一。这固然令人费解，但也正好激励读者借此重新认识中国，恢复并整理自己对中华民族与中华文化的历史记忆。

庄万寿在《国文天地》的刊文内容或主张，多出自他在 2011 年 12 月由允晨文化出版的《中国民族主义与文化霸权》一书。虽然庄万寿自述该书从属于“台独”的目标，其本质是一政治宣传品，而固无在学术上讨论的价值。但因庄万寿在 2018 年 5 月以前，长期担任《国文天地》的编辑顾问，并屡次节选该书内容刊载于自称“发扬中华文化”的《国文天地》，具有一定的宣传和教育效果。如今《国文天地》与福建师范大学文学院签约合作后，仍然置入庄万寿的《多元民族与先秦诸子》一文，且迟迟不见《国文天地》刊出相关的异议文章。那么，从两岸文教交流的影响来看，该书或变为值得一提。

庄万寿比一般政客深刻的地方在于，他明白台湾问题不仅是表面的国共、统“独”或蓝绿矛盾，而根本地是中西文明较量的问题。他认识到台湾文化实立基于中国文化，因此从根本上“真正破解活在台湾人体内的中国异形，台湾才能真正的成为‘完全的国家’”。只不过，庄万寿的根本思路是西方中心论，认为台湾人所追求的自由民主政治，“是与西方、日本的价值是合流的”；那么，台湾文化的根本——中国（孔儒）文化就必然要被他归类于落后的封建主义。正是在这样的见识上，他推崇初期的中国共产党，而忌惮“当今国共合流，谋我

① 李敖《大江大海骗了你：李敖秘密谈话录》，台北：李敖，2011 年 2 月，第 144 页。

台人”；他疾呼台湾学界以西方的民主、自由、人权、多元等价值，去破解“炎黄中华民族主义”“孔儒礼教封建主义”和“一元的文化霸权、政治神话”等。基于同样的用意，庄万寿也在《国文天地》宣传西方价值的“现代性”，批评大一统的汉文化传统，推崇分裂多元的欧洲历史；说汉语文一元化终至八股文的僵化，而激赏欧洲文艺复兴时代的多元化语文；更批评中国的帝制传统，说黄宗羲在此传统中批判帝制却一筹莫展，从而肯定霍布斯、伏尔泰和洛克在多元开放的欧洲社会中能推翻传统，并赞扬欧美的民主政治是普世价值云云；而最重要的，是批评大陆“回到孔孟怀抱”和台湾“恢复《四书》必读”等。①

从历史、地缘、移民和文化来看，《国文天地》所欲“发扬”的中华文化，或庄万寿所欲“破”的中国文化，正是台湾的“主体性”，后者不是欧洲强加的现代性。然而庄万寿的刊文，却表现台湾的“主体性”与欧洲强加的现代性两者违和的并存，这种“《国文天地》现象”，具体的例子就是 2011 年 9 月，《国文天地》推出由庄万寿策划的“台湾文化批判”专辑；以及 2013 年 8 月和 9 月，《国文天地》再推出由庄万寿策划的“台湾文化现代化”专辑。这些专辑，是《国文天地》提供庄万寿一个“破解活在台湾人体内的中国异形”的平台的文证，就如庄万寿所说：“《国文天地》设计《台湾文化批判》专号，是突破性的创举……烘托台湾新文化方向与特色。”② 既然批判内在于台湾的中国文化是庄万寿的重点，而发扬中华文化却又是《国文天地》的卖点；那么，读者对于中华文化的再认识，无疑是理解这些错谬或褒贬的前提。

① 庄万寿：《现代化与现代性》，《国文天地》第 29 卷第 3 期，台北：国文天地杂志社，2013 年 8 月号，第 13—14 页。

② 庄万寿：《编辑室手记：关于专辑“台湾文化批判”》，《国文天地》第 27 卷第 4 期，台北：国文天地杂志社，2011 年 9 月号，第 30 页。